शहरनामा फ़ैज़ाबाद

शहरनामा फ़ैज़ाबाद

सम्पादक

यतीन्द्र मिश्र

वाणी प्रकाशन

वाणी प्रकाशन
4695, 21-ए, दरियागंज, नयी दिल्ली 110 002

शाखा
अशोक राजपथ, पटना 800 004

फ़ोन : +91 11 23273167 फ़ैक्स : +91 11 23275710

www.vaniprakashan.in
vaniprakashan@gmail.com

In Association with

ESTD.-1986

Ayodhya Shodh Sansthan
presents

SHAHARNAMA FAIZABAD
edited by Yatindra Mishra

ISBN : 978-93-5229-587-6
Culture/History/Art

प्रथम संस्करण 2016
मूल्य : ₹995

एस.के. ऑफ़सेट, दिल्ली-110 095 में मुद्रित

वाणी प्रकाशन का लोगो मक़बूल फ़िदा हुसेन की कूची से

परामर्शदाता

डॉ. मधु त्रिवेदी
इतिहासकार एवं संस्कृति विशेषज्ञ, नयी दिल्ली

सलीम किदवई
इतिहासकार एवं अवध संस्कृति विशेषज्ञ, लखनऊ

डॉ. योगेश प्रवीन
इतिहासकार एवं अवध संस्कृति विशेषज्ञ, लखनऊ

मालिनी अवस्थी
लोक गायिका, संस्थापक-सोन चिरैया, नयी दिल्ली

डॉ. सच्चिदानन्द शुक्ल
इतिहास अध्येता एवं स्वतंत्र पत्रकार, फ़ैज़ाबाद

डॉ. मिर्ज़ा शहाब शाह
इस्लामी संस्कृति अध्येता, फ़ैज़ाबाद

डॉ. सत्य प्रकाश त्रिपाठी
लेखक एवं भक्ति साहित्य अध्येता, फ़ैज़ाबाद

डॉ. अपर्णा मिश्र
हिन्दी अध्येता एवं लोक-संगीत व साहित्य संग्राहिका, अयोध्या

विशेष सहयोग

रोहित शर्मा
शिक्षक, इतिहास एवं सिनेमा अध्येता

दीपक मिश्र
शिक्षक एवं स्वतंत्र पत्रकार

डॉ. देशराज उपाध्याय
वीथिका सहायक-कोसल संग्रहालय, डॉ. राममनोहर लोहिया अवध विश्वविद्यालय, फ़ैज़ाबाद

डॉ. आलोक मिश्र
शोध सहायक, ऋषभदेव जैन शोध पीठ, डॉ. राममनोहर लोहिया अवध विश्वविद्यालय, फ़ैज़ाबाद

राधेश्याम पाण्डेय
प्रवक्ता-अंग्रेज़ी, महाराजा इण्टर कॉलेज, अयोध्या

अनुक्रम

खण्ड-2

स्वतन्त्रता संग्राम आन्दोलन, घटनाएँ एवं नायक

खण्ड-3

धार्मिक मान्यताएँ एवं पौराणिक महत्त्व के स्थल

हिन्दू/सनातन धर्म

खण्ड-4
सांस्कृतिक एवं सामाजिक परिदृश्य

साहित्य

संगीत

भूमिका

फ़ैज़ाबाद : दस्तावेज़ों में एकत्र शहरनामा

> **सभ्यताओं का इसे शीश महल कहते हैं**
> **कुछ तो ऐसे हैं जो जन्नत का बदल[1] कहते हैं**
>
> **कोई कहता है अवध और कोई फ़ैज़ाबाद**
> **हम जुनूँ वाले इसे शहर-ए-ग़ज़ल कहते हैं**

—सैयद शमीम अहमद 'शमीम' की नज़्म
'अवध की शाम' की कुछ पंक्तियाँ

1. उसकी जगह पर

इतिहास के पन्नों पर फ़ैज़ाबाद शहर अवध की नवाबकालीन शासन-व्यवस्था व संस्कृति का प्रवेश-द्वार है। इसी से होकर अवध के उन गलियारों में जाया जा सकता है, जिसने इस अद्‌भुत गंगा-जमुनी तहज़ीब वाले समय की आधारशिला रची है। फ़ैज़ाबाद को अवध के नवाबी दौर की पहली राजधानी होने का गौरव प्राप्त है। ....और यह भी कि बाद में यहाँ से उठकर जब नवाबी शासन की सारी रस्मो-रवायत व संस्कृति लखनऊ जाकर अपना अस्तित्त्व पाती है, तो उसमें कहीं नीव की ईंट की तरह फ़ैज़ाबाद (तत्कालीन बंगला) ही धड़कता मिलता है।

फ़ैज़ाबाद से लखनऊ राजधानी स्थानान्तरण के पहले तक, अवध की ढेरों रवायतों का आरम्भ भी इसी शहर की देन रहा है। साथ ही, नवाब सआदत ख़ाँ 'बुरहान-उल-मल्क' द्वारा इस शहर में बंगला बनाकर रहने, तदुपरान्त नवाब मंसूर अली ख़ाँ 'सफदरजंग' द्वारा फ़ैज़ाबाद बसाये जाने एवं बाद में नवाब शुजाउद्दौला द्वारा इसे अवध की राजधानी बनाये जाने के लिए चुना जाना भी इसकी ऐतिहासिकता में कुछ दूसरे ढंग से रंग भरता है। एक हद तक यह कहा जा सकता है कि बाद में लखनऊ में अवध का जो वैभवशाली इतिहास बनता, सँवरता और विस्तृत होता जाता है, उन सब के लिए आरम्भिक तौर पर

फ़ैज़ाबाद शहर ही रचनात्मक ज़मीन मुहैया कराता है। इस अर्थ में यह किताब फ़ैज़ाबाद की नवाबकालीन अवध संस्कृति को इस शहर के माध्यम से पढ़ने की एक वैचारिक कोशिश भर है, जिसमें इतिहास, संस्कृति, स्थापत्य, रवायत, धर्म-अध्यात्म और समाज के अन्यान्य महत्त्वपूर्ण पहलुओं के तहत ही इस शहर के आन्तरिक विन्यास और अस्तित्त्व को समझने का जतन किया गया है।

इस लिहाज से **'शहरनामा फ़ैज़ाबाद'** कहीं न कहीं आधुनिक ढंग से इस पुराने शहर की परम्परा और संस्कृति को नये सन्दर्भों में देखने का एक रीडर या गाइड सरीखा है, जिसे हम 'सांस्कृतिक-गजेटियर' की तरह भी बरत सकते हैं। यह पुस्तक जो पूरी तरह इतिहास में प्रवेश करके वर्तमान तक लौटती है, उसमें तमाम ऐसे रास्ते और पगडण्डियाँ आसानी से देखी जा सकती हैं, जिनसे होकर हम अपनी सभ्यता में रचे-बसे पुराने शहर का कोई ऐतिहासिक पाठ बना सकते हैं। ऐसा पाठ, जो वर्तमान और अतीत के किसी निर्णायक बिन्दु पर आपकी जवाबदेही तय करता है। फ़ैज़ाबाद को यह गौरव हासिल रहा है कि इस शहर ने नवाबी संस्कृति के आगाज़ और यहीं से उसके प्रस्थान का बदलता हुआ दौर देखा है। यह वह शहर है, जहाँ अपने सारे गंगा-जमुनी प्रतीकों के साथ रहते हुए, हिन्दुओं की आस्था-नगरी व सप्तपुरियों में से एक अयोध्या भी स्थित है। यह फ़ैज़ाबाद ही है, जिसने 1857 ई. के पहले स्वतंत्रता आन्दोलन के लिए बड़ी सार्थक ज़मीन उपलब्ध करायी है और बाद में आज़ादी की लड़ाई के दौर में क्रान्तिकारियों के रूप में हमें अधिसंख्य नायक दिये हैं।

यह शहर थोड़ा अदब से बनता हुआ देखा जा सकता है, तो थोड़ा संगीत से भी। यहाँ मीर 'अनीस' और पं. ब्रजनारायण 'चकबस्त' जैसे आला दर्ज़े के रचनाकार जन्म लेते हैं, तो मलका-ए-ग़ज़ल अख़्तरीबाई 'फ़ैज़ाबादी' (बेगम अख़्तर) जैसी मशहूर गायिका का जन्मस्थान होने का यह शहर गौरव पाता है। इसी तरह राजनीति के सन्दर्भ में आचार्य नरेन्द्र देव और डॉ. राममनोहर लोहिया जैसे बड़े सामाजिक राजनेता का जुड़ाव भी फ़ैज़ाबाद को कुछ दूसरी तरह से वैचारिक अर्थ देता है। कहने का अर्थ यह है कि एक सार्थक और गौरवपूर्ण इतिहास के साथ साँस लेते हुए इस शहर का पुनर्पाठ भी इन्हीं सन्दर्भों के तहत करना आधुनिक अर्थों में प्रासंगिक होगा। **'शहरनामा फ़ैज़ाबाद'** पुस्तक की परिकल्पना ही इन्हीं आशयों के तहत रखी गयी है।

यह एक पहल है, जिससे हम अपने पुराने शहर को उसकी सम्पूर्ण बसावट में तिनका-तिनका इतिहास की तिथियों के साथ जोड़ते हुए और वर्तमान में उसकी भुला दी गयी उपलब्धियों के गहरे अभिप्रायों की रंगतों को सहेजते हुए विमर्श के लिए देख सकते हैं। यह दस्तावेज़ इस लिहाज से फ़ैज़ाबाद की

नवाबकालीन संस्कृति और उसके स्थापत्य के नमूनों की पड़ताल के साथ-साथ आम जीवन में रची-बसी लोक-लय व संस्कृति की आहटों का आमंत्रण भी है, जिसमें एक शहर की पूरी सभ्यता को उसकी मौजूद और लुप्त हो गयी आहटों के साथ समझने की कोशिश की गयी है। यह कहना ज़्यादा मुनासिब होगा कि यह पुस्तक एक हद तक फ़ैज़ाबाद को समझने का एक शब्द-मानचित्र है, जिसमें हर सम्भव यही प्रयास किया गया है कि हम दस्तावेज़ बनाते समय छोटी से छोटी बात को भी, यदि वह इस शहर के संस्कृति-निर्माण में ज़रूरी रही है, तो दर्ज़ करें।

इसी समय **'शहरनामा फ़ैज़ाबाद'** को लेकर कुछ प्रमुख बिन्दुओं की ओर भी ध्यान देना आवश्यक है, जिसके आधार पर ही इस पूरे ग्रन्थ का निर्माण किया गया है। इसमें सबसे महत्त्वपूर्ण बात यह है कि फ़ैज़ाबाद शहर का जो ऐतिहासिक मूल्यांकन किया गया है, उसके लिए इतिहास-निर्धारण की तिथि वहाँ से ली गयी है, जब नवाब सआदत ख़ाँ 'बुरहान-उल-मुल्क', 1722 ई. में इस शहर की आधारशिला अवध की राजधानी के तौर पर रखते हैं। अतः इस पुस्तक में विवेचित सामग्री, उसी वर्ष से अपना अस्तित्त्व पाती है। इसी के साथ भौगोलिक सीमा के रूप में इस शहर का कलेवर भी वर्तमान फ़ैज़ाबाद जनपद से कुछ अधिक विस्तृत है और उसकी सीमाएँ अम्बेडकरनगर (पूर्व में अकबरपुर) को जोड़ते हुए समीपवर्ती सुलतानपुर और बाराबंकी जिलों को भी छूती है। यह देखना महत्त्वपूर्ण है कि पुराने दौर से लेकर विगत शताब्दी के अन्तिम दशक के मध्य तक (अम्बेडकरनगर जनपद की स्थापना : सन् 1995) फ़ैज़ाबाद की भौगोलिक सीमा व्यापक तौर से इन दोनों जनपदों की सरहदों का स्पर्श करते हुए तथा पूरे अम्बेडकरनगर को शामिल करके अपना परिक्षेत्र निर्धारित करती थी। इनके अतिरिक्त फ़ैज़ाबाद के शेष भू-भाग से दूसरे जिलों का विभाजन यहाँ पर मौजूद कुछ नदियाँ करती हैं, जिनका विस्तृत अध्ययन भी पुस्तक में शामिल किया गया है। अतः पाठकों से निवेदन है कि पुस्तक में मौजूद फ़ैज़ाबाद से सम्बन्धित दस्तावेज़ों को पढ़ते हुए यदि वे अधिकांश जगहों पर अम्बेडकरनगर या सुलतानपुर से लगे हुए किसी क्षेत्र की चर्चा पाते हैं, तो उससे भ्रमित होने की आवश्यकता नहीं है, क्योंकि उसे पुराने फ़ैज़ाबाद के तहत ही अध्ययन के लिए शामिल किया गया है।

इसी तरह फ़ैज़ाबाद जनपद में आने वाले अयोध्या जैसे धार्मिक नगर का उल्लेख और उससे सम्बन्धित रवायतों, धर्म व स्थापत्य की चर्चा इस पुस्तक में नहीं की गयी है, क्योंकि 'अयोध्या शोध संस्थान' की इस वृहद परियोजना में **'शहरनामा अयोध्या'** अलग से प्रस्तावित है। अतः भौगोलिक रूप से अयोध्या

को हमने पंचकोसी परिक्रमा क्षेत्र के तहत लेते हुए, उतने भर परिक्षेत्र की चर्चा पुस्तक में नहीं की है। अतः सुधी पाठकों से यह भी निवेदन है कि फ़ैज़ाबाद को समग्र रूप से पढ़ते हुए, उसे अयोध्या की पंचकोसी परिक्रमा क्षेत्र से बाहर ही सन्दर्भित होकर देखने का जतन करें। अलग से अयोध्या पर प्रस्तावित ग्रन्थ में फ़ैज़ाबाद की ही तर्ज़ पर इस पौराणिक नगर पर एकाग्र संचयन भी आपको शीघ्र ही अध्ययन के लिए सुलभ होगा।

पुस्तक में इस बात का भी विशेष ध्यान रखा गया है कि प्रस्तुत सामग्री पूरी तरह प्रामाणिक ग्रन्थों, सत्यापित तथ्यों तथा सरकारी तौर पर जारी किये गये गजेटियरों को आधार बनाकर ही संयोजित की जाये। इसमें इस बात का भी गम्भीरतापूर्वक ध्यान रखा गया है कि प्राचीन महत्त्व के स्थलों तथा महत्त्वपूर्ण स्थापत्य के भवनों-भग्नावशेषों, कुण्डों-नदियों, धार्मिक स्थलों आदि का भौतिक निरीक्षण व सर्वेक्षण करते हुए ही किसी नतीजे को पुस्तक में स्थान दिया जाये। इसी के साथ हमारा प्रयास यह भी रहा है कि पूर्व प्रचलित मिथकों, कहानियों और लोक में व्याप्त तथ्यों का यदि कोई समुचित प्रमाण उपलब्ध है, तो उसका उल्लेख करते हुए ही हम उस तथ्य को रेखांकित करें। प्रमाण के अभाव में तथ्यों का सत्यापन न हो पाने के कारण, ऐसी बहुत सारी स्थापनाओं को पुस्तक में स्थान नहीं दिया गया है। इसके पीछे इस ग्रन्थ के परामर्शदाताओं और सहयोगियों की सम्मति भी यही रही कि हम आने वाली पीढ़ी को इस शहर की गौरवशाली-संस्कृति व इतिहास बताते हुए ऐसा कुछ भी न परोसें, जो तर्कहीन और अप्रमाणिक हो।

एक विशेष तथ्य का उल्लेख भी यहाँ ज़रूरी है, जो फ़ैज़ाबाद के सन्दर्भ में उसके छावनी-क्षेत्र (कैण्टोनमेण्ट एरिया) से सम्बन्धित है। इस सन्दर्भ में यह जानकारी रोचक ढंग से सामने आती है कि कुछ ऐतिहासिक इमारतें और नवाबकालीन स्थापत्य के दुर्लभ नमूने इस क्षेत्र के अन्तर्गत भी आते हैं। इन सब भवनों की सूचना और उनका विवरण इस पुस्तक में सुरक्षा और गोपनीयता के कारण शामिल नहीं किया गया है। फ़ैज़ाबाद छावनी क्षेत्र के मात्र उन्हीं महत्त्वपूर्ण स्थलों का ज़िक्र किया गया है, जो पूर्व प्रचलित हैं और जिनका पहले से ब्रिटिश दौर के गजेटियरों तथा बाद में प्रकाशित पुस्तकों में उल्लेख हुआ है। इनमें प्रमुख रूप से 'फोर्ट कलकत्ता', 'चर्च ऑफ इंग्लैण्ड' तथा 'कैण्टोनमेण्ट मिलिट्री पुलिस मन्दिर' का विवरण शामिल है।

पुस्तक में दर्ज़ सूचनाएँ और तथ्य जहाँ कहीं से भी हमें उपलब्ध हुए हैं, उनकी प्रामाणिकता की जाँच करते हुए ही यहाँ विन्यस्त किया गया है, ऐसी हमारी कोशिश रही है। फिर भी, यह सम्भव है कि कोई त्रुटि रह गयी हो, जिसका

भविष्य में सुधार भी किया जा सके। इसी के साथ यह कहना भी ज़रूरी लगता है कि किताब में समायोजित प्रत्येक खण्ड स्वयं में स्वतंत्र हैं और उन खण्डों के अन्तर्गत आए हुए दस्तावेज़ के पन्ने पूरी तरह दूसरे विषयों से अलग और अपनी मौलिक पहचान लिए हुए उपस्थित हैं। इस तरह यह शहरनामा कुल पाँच खण्डों तथा दो सौ दस्तावेज़ों में विभक्त है। इन दस्तावेज़ों से सम्बन्धित ज़रूरी सूचनाएँ प्रदान करने वाले नागरिकों व उन टिप्पणियों के लेखकों का उल्लेख और पुस्तकों के आवश्यक सन्दर्भ, फुटनोट के तौर पर लेखों की समाप्ति पर वहीं 'साभार' दिये गये हैं। यह सब इस विचार के तहत लिखा गया है कि एक पाठक उस विषय से सामंजस्य बनाते हुए उससे सम्बन्धित सारी महत्त्वपूर्ण जानकारियों को एक ही स्थान पर देख सके। इस सन्दर्भ में यह निवेदन करना भी प्रासंगिक है कि उक्त विषय से सम्बन्धित कुछ अन्य जानकारी भी हमारे सुधी पाठकों को मुहैया हो, जो हमारी दृष्टि में आने से रह गयी है। अतः किसी भी दस्तावेज़ में वर्णित समस्त सूचनाओं को पूरी तरह सम्पूर्ण न माना जाये। बहुत सारे विवेचन अपने गम्भीर विश्लेषण के बाद भी बहुत कुछ छूट जाने की सम्भावना रखते हैं। हमारा प्रयास एक शहर को समग्र रूप में रेखांकित करते हुए, समावेशी ढंग से देखने का उद्यम है, जिसमें परामर्शदाताओं से प्राप्त सार्थक जानकारियों के अतिरिक्त सहयोगियों के समूह से मिली हुई साझी मेहनत ने चमक पैदा की है।

इस लिहाज से **'शहरनामा फ़ैज़ाबाद'** के निर्माण की प्रक्रिया में सम्मिलित हमारे परामर्शदाताओं का विशेष आभार है। इनमें प्रमुख रूप से इतिहासकार और अवध संस्कृति के विशेषज्ञों, क्रमशः **डॉ. मधु त्रिवेदी, सलीम किदवई** और **डॉ. योगेश प्रवीन** के प्रति कृतज्ञ अनुभव करता हूँ, जिनका मार्गदर्शन इस ग्रन्थ के बनने में प्रेरणादायी रहा। इसी के साथ इतिहास अध्येता एवं स्वतंत्र पत्रकार **डॉ. सच्चिदानन्द शुक्ल** और इस्लामी संस्कृति के विशेषज्ञ **डॉ. मिर्ज़ा शहाब शाह** के प्रति भी आभार है, जिनके सहयोग ने सामग्री संचयन व सम्पादन में बड़ी भूमिका अदा की है। इनके अतिरिक्त हिन्दी भाषा व साहित्य के विद्वान् **डॉ. सत्य प्रकाश त्रिपाठी** तथा लोक-संगीत की जानकार एवं संग्राहिका **डॉ. अपर्णा मिश्र** को धन्यवाद देता हूँ, जिनके कारण इस पुस्तक को लालित्य सुलभ हुआ। अलग से, परामर्शदाता के रूप में मौजूद लोक-गायिका एवं विदुषी **मालिनी अवस्थी** जी का विशेष आभार है, जिनके जुड़ने से कलाओं के अध्याय में समृद्धि आयी है।

यह ग्रन्थ इस रूप में हमारे सामने न होता, यदि कुछ मित्रों और वरिष्ठों का सहयोग हमें प्राप्त न हुआ होता। ऐसे पाँच लोगों को हार्दिक रूप से याद करने की ज़रूरत है, जिनका जुड़ाव इस ग्रन्थ के निर्माण में काम आया। एक तरह से

यह पूरा प्रयास ही इन पाँचों लोगों की उपस्थिति से सम्भव हुआ है। इस बात को ऐसे भी कहा जा सकता है कि **'शहरनामा फ़ैज़ाबाद'** एक सामूहिक प्रयास के चलते निर्मित हुआ एक ऐसा ग्रन्थ है, जिसमें **श्री रोहित शर्मा, डॉ. देशराज उपाध्याय, डॉ. आलोक मिश्र, श्री राधेश्याम पाण्डेय** और **श्री दीपक मिश्र** की जीवन्त उपस्थिति रही है। इन्हीं लोगों ने सामग्री संचयन, स्थलों के भौतिक सर्वेक्षण तथा विभिन्न विषयों पर लेखन को सम्पादक के साथ सहयोग करते हुए सम्भव बनाया। **श्री राधेश्याम पाण्डेय** ने दूसरी भाषाओं से मिलने वाली सामग्री को अनुवाद के माध्यम से इस पुस्तक के लिए सहज ही उपलब्ध करवाया, जिसमें **सुश्री शुभांगी मिश्र** का सहयोग भी बेहद महत्त्वपूर्ण है। पूरी पुस्तक को इस कलेवर में प्रस्तुत करने में कम्पोजिंग का काम **श्री अश्वनी शुक्ल** ने किया है, जिनके सहयोग के बग़ैर इतनी विशद किताब का संकलन ही सम्भव न था। अन्त में, 'अयोध्या शोध संस्थान' के निदेशक **श्री योगेन्द्र प्रताप सिंह** का आभार व्यक्त करता हूँ, जिनके सहयोग व धैर्य ने इस ऐतिहासिक काम को पूरा होने में बड़ी भूमिका निभाई है। विशेष तौर पर अयोध्या के विधायक एवं वन-राज्यमंत्री **माननीय श्री तेज नारायण पाण्डेय 'पवन'** का हार्दिक आभार है, जिन्होंने इस ग्रन्थ के निर्माण में सार्थक सहयोग दिया है। वाणी प्रकाशन, नयी दिल्ली के **श्री अरुण माहेश्वरी** का विशेष धन्यवाद, जिन्होंने **'शहरनामा फ़ैज़ाबाद'** को इतनी सुन्दर सज्जा के साथ पाठकों को उपलब्ध कराया है।

आप सभी सुधी पाठकों को यह पुस्तक सौंपते हुए मुझे व्यक्तिगत तौर पर इस बात को लेकर आश्वस्ति है कि अपने शहर के प्रति कुछ भी सार्थक रच पाने का सुख एक रचनाकार बखूबी समझ सकता है। खुद फ़ैज़ाबाद का होने के कारण, जो आत्मीय लगाव इस शहर के प्रति बचपन से महसूस करता रहा हूँ, उस सुगन्ध को इस पुस्तक के माध्यम से भी महसूस कर सका हूँ; यह मेरे लिए एक बड़ी उपलब्धि सरीखा है।

विजयादशमी
11 अक्टूबर, 2016

—यतीन्द्र मिश्र

खण्ड-1

इतिहास में फ़ैज़ाबाद, नवाबकालीन स्थापत्य और संस्कृति

फ़ैज़ाबाद की स्थापना एवं नामकरण

बंगला से फ़ैज़ाबाद बनने की कहानी

सन् 1722 में मुगल दरबार के द्वारा अवध की सूबेदारी मिलने के बाद 'बुरहान-उल-मुल्क' नवाब सआदत ख़ाँ ने अयोध्या के लक्ष्मण घाट के समीप अपने रहने के लिए 'किला मुबारक़' नामक एक अस्थायी दुर्ग की स्थापना की। यहीं रहकर उन्होंने अवध सूबे का शासन-प्रबन्ध आरम्भ किया। इस के तहत किला मुबारक़ से कुछ दूरी पर एक ऊँचे टीले (वर्तमान अफीम कोठी का परिसर, चौदह कोसी परिक्रमा मार्ग, धारा रोड) पर अपने लिए एक छप्पर बनवाया, जिसके चारों तरफ उन्होंने कच्ची दीवार का एक बहुत लम्बा-चौड़ा वर्गाकार घेरा खिंचवाया। इस हाते के चारों कोनों पर चार कच्चे बुर्ज़ बनवाये, जहाँ से इसके निकटवर्ती क्षेत्रों की देखभाल की जा सके। ऐसा उन्होंने इसलिए किया कि वर्षा ऋतु में उन्हें और उनकी सेना को 'किला मुबारक़' में रहने में दिक्कत होती थी। यह हाता जो उन्होंने 'किला मुबारक़' से अलग हटकर बनवाया था, वह इतना बड़ा था कि इसमें उनकी सारी सेना अपने विभिन्न अंगों के साथ रहती थी। इसी को अपनी राजधानी बनाकर नवाब सआदत ख़ाँ इसमें रहने लगे। यहीं से वे आवश्यकता पड़ने पर सूबे के विभिन्न भागों का दौरा किया करते थे। धीरे-धीरे यही आबादी 'बंगला' के नाम से प्रसिद्ध हुई।

इतिहास में मिलने वाले साक्ष्यों के आधार पर यह कहा जा सकता है कि अयोध्या स्थित 'किला मुबारक़' से लगभग पाँच किमी. की दूरी पर सरयू नदी के किनारे सैनिकों के रहने के लिए स्थापित की गयी छावनी को 'बंगला' के नाम से जाना गया। बाद में, सआदत ख़ाँ के उत्तराधिकारी नवाब अब्दुल मंसूर अली ख़ाँ 'सफ़दरजंग' के समय में यही 'बंगला', 'फ़ैज़ाबाद' के नाम

से प्रसिद्ध हुआ और एक शहर के रूप में जाना गया।

सईद-ए-शेख़ की उर्दू शब्दकोश के अनुसार—'फ़ैज़ शब्द का अर्थ 'नफा', 'मुनाफा', 'फायदा', 'उपहार', 'भेंट' एवं 'दान' से है।' यहाँ पर फ़ैज़ाबाद के परिप्रेक्ष्य में 'फ़ैज़' शब्द का अर्थ नेकनीयति से दिये गये उपहार एवं दान से लिया जाता है। इस कारण यह बात बहुत वाज़िब लगती है कि सफदरजंग को यह शहर चूँकि नवाब सआदत ख़ाँ द्वारा उपहार में मिला था, इसीलिए उन्होंने 'बंगला' का नाम बदलकर 'फ़ैज़ाबाद' रख दिया होगा।

उत्तर प्रदेश डिस्ट्रिक्ट गजेटियर, फ़ैज़ाबाद (ई.बी. जोशी, संस्करण : 1960) में इस हवाले से यह बात दर्ज़ की गयी है कि अवध के दूसरे नवाब सफदरजंग (शासनकाल : 1739-54 ई.) के समय में ही 'बंगला' को नया नाम 'फ़ैज़ाबाद' मिला, जिसका इतिहास दो सौ बीस वर्षों से अधिक पुराना नहीं है। यह बात 1960 में दर्ज़ की गयी थी, जिसके अनुसार आज फ़ैज़ाबाद की ऐतिहासिकता लगभग दो सौ सतहत्तर वर्ष पुरानी मानी जायेगी। यही बात अवध संस्कृति के विश्लेषक योगेश प्रवीन भी अपनी पुस्तक 'ताजदारे अवध' में वर्णित करते हैं, जिसका मूल स्रोत उन्हें अब्दुल हलीम 'शरर' की 'गुज़िश्ता लखनऊ' से प्राप्त होता है।

'गुज़िश्ता लखनऊ' में 'शरर' इस बात को तफ़सील से बयाँ करते हैं और अपने तर्क के समर्थन में मुंशी फ़ैज़ बख़्श की 'तारीख़-ए-फ़राहबख़्श' का हवाला देते हैं। वे फ़ैज़ाबाद के निर्माण के सन्दर्भ में लिखते हैं— 'जब नवाब बुरहान-उल-मुल्क अमीनउद्दीन ख़ाँ नैशापुर दिल्ली के शहंशाही दरबार की तरफ से अवध के सूबेदार नियुक्त होकर आये, तो लखनऊ के शेख़जादों को परास्त करके अवध की प्राचीन राजधानी यानी पवित्र नगरी अयोध्या पहुँचे और आबादी के फासले पर यानी घाघरा नदी के किनारे एक ऊँचे टीले पर अपना शिविर बनाया। चूँकि वे प्रान्त के प्रबन्ध में व्यस्त थे और उन्हें आलीशान इमारतें बनाने की फुर्सत न थी और न ही सीधा स्वभाव होने के नाते इस तरह की झूठी शान दिखाने का उन्हें शौक़ था। इसलिए एक ज़माने तक वे तम्बुओं में रहते रहे और जब कुछ दिन के बाद उन्हें बरसात में तकलीफ़ हुई तो थोड़ी दूर हटकर एक मुनासिब जगह पर अपने लिए एक छप्पर बनवाया। फिर उसके बाद उस छप्पर के आस-पास कच्ची दीवार का एक बहुत लम्बा-चौड़ा वर्गाकार घेरा खिंचवा लिया, जिसके चारों कोने पर किलेबन्दी की शान से चार कच्चे बुर्ज बनवा दिये, ताकि इर्द-गिर्द के इलाके की निगरानी की जा सके। यह अहाता इतना विशाल था कि

उसके अन्दर असंख्य घुड़सवार, पलटनें, तोपखाने, अस्तबल और अन्य ज़रूरी कारख़ाने आसानी से रह सकते थे। बुरहान-उल-मुल्क को चूँकि इमारत का शौक़ न था इसलिए उसके जनाने और बेगमों के रहने के लिए भी कच्चे मकान ही बना लिये गये। गरज़ यह कि कच्चे बंगले में उस समय का अवध-नरेश जब जिलों के दौरे और सरकारी यात्राओं से फुर्सत पाता तो ऐश-आराम के साथ रहता था। उसका यह शासन-केन्द्र कुछ ही दिन में 'बंगला' के नाम से मशहूर हो गया।'

जैसा कि ऊपर लिखा जा चुका है, उपर्युक्त सन्दर्भ को अब्दुल हलीम 'शरर' ने मुंशी फैज बख़्श की जिस पुस्तक को आधार बनाकर लिखा था, उसका बाद में विलियम हो ने 'मेम्वॉयर्स ऑफ़ फ़ैज़ाबाद' नाम से अंग्रेजी में तर्जुमा किया। यह सारे सन्दर्भ विलियम हो की किताब की पृष्ठ संख्या 2 से 5 पर अंकित मिलते हैं। इसी सन्दर्भ में यह देखना भी महत्त्वपूर्ण होगा कि फ़ैज़ाबाद से ही सन् 1982 में प्रकाशित डॉ. जगदीश सहाय की पुस्तक 'अवध में नवाबी शासन का इतिहास' में फ़ैज़ाबाद के आरम्भ का दिलचस्प ब्यौरा मिलता है। उसका अंश यहाँ नहीं दिया जा रहा है, क्योंकि यह सारे सन्दर्भ ऊपर वर्णित हो चुके हैं।

बंगला से फ़ैज़ाबाद बनने की इस कहानी से अलग, उन्नीसवीं शताब्दी के उत्तरार्द्ध में जब अवध पर ब्रिटिश राज क़ायम हो चुका था, उस दौर में बनने वाले तमाम गजेटियरों में इस शहर की भौगोलिक स्थिति का वर्णन भी मिलता है, जिनके अक्षांश और देशान्तर की गणनाओं में थोड़ी भिन्नता भी मौजूद है। 'फ़ैज़ाबाद : अ गजेटियर (एच.आर. नेविल, संस्करण : 1905) के अनुसार– 'फ़ैज़ाबाद जनपद 26.47 डिग्री उत्तरी अक्षांश तथा 82.10 डिग्री पूर्वी देशान्तरों पर सरयू (घाघरा) नदी के दाहिने तट पर स्थित है। इसकी स्थिति लखनऊ से 78 मील पूर्व और इलाहाबाद से 92 मील उत्तर की ओर पड़ती है। साथ ही, हिमालय पर्वत श्रृंखला की सबसे नज़दीकी चोटी से फ़ैज़ाबाद की दूरी 70 मील दक्षिण की ओर पड़ती है।'

वर्तमान में फ़ैज़ाबाद उत्तर प्रदेश की राजधानी लखनऊ से राष्ट्रीय राजमार्ग संख्या-28 पर एक सौ तीस किलोमीटर पूर्व में स्थित है। जनपद का भौगोलिक क्षेत्रफल 2341 वर्ग किलोमीटर है, जबकि समुद्र तल से इसकी सामान्यतः ऊँचाई 26.90 मीटर है।

इतिहास में मिलने वाले तमाम साक्ष्यों से यह बात स्पष्ट होती है कि फ़ैज़ाबाद

शहर की स्थापना और उसका नामकरण नवाब सआदत ख़ाँ बुरहान-उल-मुल्क के समय से आरम्भ होकर नवाब मंसूर अली ख़ाँ सफदरजंग के समय तक अपना वजूद पा सका था। इसी के साथ यह भी जानना ज़रूरी है कि अवध की पहली राजधानी के तौर पर फ़ैज़ाबाद का आग़ाज नवाब शुजाउद्दौला के काल में उस वक्त हुआ, जब वे सन् 1764 ई. में बक्सर की लड़ाई में अंग्रेजों से हारकर वापस फ़ैज़ाबाद लौटे और फर्रुखाबाद के तत्कालीन शासक अहमद ख़ाँ बंगश के परामर्श पर फ़ैज़ाबाद को उन्होंने अपने स्थायी निवास और राजधानी के तौर पर अपनाया था। 'गुजिश्ता लखनऊ (अब्दुल हलीम शरर, संस्करण : द्वितीय, 1990) में इस बात का ज़िक्र मिलता है। पुस्तक के अनुसार– 'अहमद ख़ाँ बंगश ने शुजाउद्दौला को मशविरा दिया कि अबकी जो तुम जाकर अनाने हुक़ूमत हाथ में लेना, तो मेरी दो बातों को न भूलना। एक तो यह कि मुगलों का कभी एतबार न करना, बल्कि अपनी दीगर मुलाजिमों और ख़्वाज़ासराओं से काम लेना। दूसरे यह कि लखनऊ में रहना छोड़ दो और फ़ैज़ाबाद ही को अपना दारुल-हुक़ूमत बनाओ।' यहाँ अनाने-हुक़ूमत का अर्थ 'महलों में रहने वाले जनाने, रखवालों व सेवक' से है, जबकि 'ख़्वाज़ासरा' का आशय ऐसे नपुंसक व्यक्ति से है, जिसकी शाही हरम में सीधी पहुँच रहती थी और जो बेगमों के सेवक माने जाते थे।

सन् 1764 में अहमद ख़ाँ बंगश की सलाह पर फ़ैज़ाबाद लौटे नवाब शुजाउद्दौला की कहानी आरम्भ होती है, जिससे फ़ैज़ाबाद के नवाबी शासन का सुनहरा दौर भी जुड़ा हुआ है। इसी के साथ इस शहर को स्थापत्य, संस्कृति, कला, रहन-सहन, परम्परा, धार्मिक मान्यताओं और अन्यान्य क्षेत्रों में विकसित होने का अवसर मिला है। नवाब शुजाउद्दौला और उनकी बहू बेगम (अम्मत-उज़-ज़हरा) के समय में आबाद हुई फ़ैज़ाबाद की कहानी का एक दिलचस्प ऐतिहासिक महत्त्व है, जो समय बीतने के बाद और भी अधिक प्रासंगिक हुआ जाता है।

साभार : 1. 'फ़ैज़ाबाद : अ गजेटियर' : एच.आर. नेविल, आई.सी.एस. इलाहाबाद, 1905, 2. उत्तर प्रदेश डिस्ट्रिक्ट गजेटियर फ़ैज़ाबाद : ई.बी. जोशी, प्रकाशक : इण्डियन प्रेस लि. इलाहाबाद, उत्तर प्रदेश, संस्करण : 1960, 3. मेम्वॉयर्स ऑफ़ फ़ैज़ाबाद : 1 एण्ड 2, : विलियम हो, एडीटर : हमीद आफ़ाक कुरैशी, पब्लिशर : न्यू रॉयल बुक कम्पनी, लखनऊ, एडीशन : 1889, री-प्रिण्ट : 2005 4. गुज़िश्ता लखनऊ : अब्दुल हलीम शरर, प्रकाशक : भुवन वाणी ट्रस्ट, लखनऊ, संस्करण : द्वितीय, 1990, 5. ताजदारे

अवध : योगेश प्रवीन, प्रकाशक : भारत बुक सेण्टर, लखनऊ, संस्करण : द्वितीय, 2015, 6. अवध में नवाबी शासन का इतिहास - डॉ. जगदीश सहाय, प्रकाशक : अवध प्रकाशन, फ़ैज़ाबाद, संस्करण : 1982 से संक्षिप्त एवं संशोधित रूप में लेने के आधार पर इस अंक के सम्पादक यतीन्द्र मिश्र द्वारा लिखी गयी टिप्पणी। पहली बार प्रकाशित।

अवध के शाही निशान की कहानी
मछलियों का जोड़ा

अवध का सूबेदार नियुक्त होने पर सआदत ख़ाँ 'बुरहान-उल-मुल्क' ने अपनी सेना सुसंगठित की और अवध की ओर प्रस्थान किया। दिल्ली से चलकर बरेली होते हुए वे फ़र्रुखाबाद पहुँचे, जहाँ पर वे वहाँ के पठान नवाब मुहम्मद ख़ाँ बंगश के यहाँ ठहरे। मुहम्मद ख़ाँ बंगश ने सआदत ख़ाँ को लखनऊ की तमाम जानकारियों से परिचित कराया, जिसमें कई दूरदर्शी सलाहें भी शामिल थीं। इनमें फ़ैज़ाबाद को ही अपनी राजधानी बनाने की राय के अलावा लखनऊ में शेख़जादों को परास्त करने की कूटनीति समझायी, जिनका आतंक उन दिनों पूरे लखनऊ में फैला हुआ था।

मुहम्मद ख़ाँ बंगश से तमाम सारी राजनीतिक सलाहें लेने के उपरान्त, जब सआदत ख़ाँ विदा लेकर फ़र्रुखाबाद से निकले, तो वे गंगा नदी के तट पर आए। उस समय गंगा नदी में वर्षा के कारण बाढ़ आयी हुई थी। नदी को पार करते समय जब उनकी नाव बीच धार में पहुँची, तो अचानक से एक मछली नदी के पानी से उछलकर उनके दामन में आ गयी। इसको अच्छा शगुन मानते हुए नवाब सआदत ख़ाँ ने उस मछली को सँभालकर अपने पास रख लिया। उसका कंकाल अवध के अन्तिम शासक वाजिद अली शाह के समय तक अवध के खज़ाने में सुरक्षित रखा जाता था। तभी से अवध की नवाबी संस्कृति में मछलियों को शाही निशान के तौर पर शामिल किया गया।

बाद में, उत्तर प्रदेश का राजकीय चिह्न भी मछलियों का युग्म ही बनाया गया, जो सीधे नवाबी दौर के शाही-निशान से प्रेरित था। बस इसमें गंगा-जमुनी तहजीब की अतुलनीय प्रतिष्ठा के लिए 'रामायण' ग्रन्थ के आदर्श चरित्र

मर्यादा पुरुषोत्तम भगवान राम के आयुध धनुष-बाण को भी सम्मिलित किया गया। राजकीय चिह्न में जिस तरह प्रत्यंचा पर चढ़ा हुआ धनुष-बाण दर्शाया गया है, वह विषम परिस्थितियों में भी संयम और विवेक से अपने शक्ति के संधान का प्रतीक माना जाता है। इसके साथ मछलियों का जोड़ा शुभ, मांगल्य और वैभव के इज़हार के रूप में उकेरा गया है।

नोट : 1. गुज़िश्ता लखनऊ : अब्दुल हलीम शरर, प्रकाशक : भुवन वाणी ट्रस्ट, लखनऊ, संस्करण : द्वितीय, 1990, 2. ताजदारे अवध : योगेश प्रवीन, प्रकाशक : भारत बुक सेण्टर, लखनऊ, संस्करण : द्वितीय-2015 से संक्षिप्त व संशोधित रूप में लेने के आधार पर इस अंक के सम्पादक यतीन्द्र मिश्र द्वारा लिखी गयी टिप्पणी। पहली बार प्रकाशित।

फ़ैज़ाबाद 'अवध दरबार' के प्रमुख नवाब

सआदत ख़ाँ 'बुरहान-उल-मुल्क' (शासनकाल : 1722-1739 ई.)

अवध में नवाबी शासन की नींव रखने के लिए मीर मुहम्मद अमीन को याद किया जाता है। इन्हें 1722 ई. में मुगल दरबार ने सआदत ख़ाँ की पदवी से नवाजते हुए अवध का सूबेदार नियुक्त किया था। ब्रिटिश गजेटियरों में यह वर्णित है कि ये खुरासान (ईरान) के निवासी थे, जो हिन्दुस्तान में अपनी क़िस्मत आज़माने आए थे। ये नैशापुर (खुरासान) निवासी शियाओं के सातवें ईमाम से अपनी वंश परम्परा जोड़कर देखते हैं।

सन् 1720 ई. में तत्कालीन मुगल बादशाह मुहम्मद शाह 'रंगीला' की मदद करने तथा उन्हें सैय्यद बन्धुओं के षडयन्त्रों व अत्याचारों से निजात दिलाने के कारण सआदत ख़ाँ मुगल बादशाह के विश्वासपात्रों में शामिल हो गये। इसी के बाद जब उन्हें अवध का सूबेदार बनाकर यहाँ भेजा गया, तब अवध सूबे में बहुत अव्यवस्था और अराजकता व्याप्त थी। उन्होंने बहुत ही कुशलतापूर्वक विद्रोही संगठनों को कुचला और राजस्व को कई गुना बढ़ाकर अर्थव्यवस्था में भी इजाफ़ा किया।

अवध पर सफलतापूर्वक अपना अधिकार स्थापित कर लेने के बाद नवाब सआदत ख़ाँ ने सन् 1723 ई. के प्रारम्भ में तिलोई के राजा मोहन सिंह का दमन किया, जिनका उन दिनों बड़ा आतंक हो गया था। राजा मोहन सिंह ने अवध दरबार में सरकारी कर जमा करने तथा फ़ैज़ाबाद के कुछ परगने वापिस करने से इनकार कर दिया था। सआदत ख़ाँ ने उन्हें युद्ध में पराजित कर दिया था और युद्ध भूमि में ही राजा मोहन सिंह लड़ते

हुए वीरगति को प्राप्त हुए। इस घटना ने नवाब की प्रतिष्ठा अवध सूबे में बहुत बढ़ा दी, जिससे अनेक विद्रोही ज़मींदारों ने शीघ्र ही उनके प्रति आत्मसमर्पण कर दिया था। इसके बाद नवाब ने नये सिरे से अवध सूबे में पुनः राजस्व बन्दोबस्त लागू किया, जिसके परिणामस्वरूप सूबे की आय में काफ़ी वृद्धि हो गयी। अवध में शान्ति स्थापित करने तथा राजस्व में वृद्धि करने के कारण मुगल सम्राट मुहम्मद शाह ने प्रसन्न होकर नवाब सआदत ख़ाँ को 'बुरहान-उल-मुल्क' (देश के गौरव) की उपाधि से विभूषित किया।

अवध में शान्ति स्थापित होने के बाद नवाब सआदत ख़ाँ अयोध्या में स्थायी रूप से निवास करने के उद्देश्य से लखनऊ छोड़कर आए और लक्ष्मण घाट से थोड़ी दूर पर अपने रहने के लिए 'किला मुबारक़' नाम से एक कच्चा किला बनवाया। इतिहास में यह भी उल्लेख मिलता है कि वे बड़े सादगी पसन्द शासक थे, जो लखनऊ में एक साधारण सी कोठी 'पंचमहला' में रहने से सन्तुष्ट थे।

नवाब सआदत ख़ाँ ने अपने भांजे मिर्ज़ा मुहम्मद मक़ीम को अपने पैतृक शहर नैशापुर से बुलवा लिया और उनसे अपनी बड़ी पुत्री सदरुन्निसां बेगम से विवाह कराकर अपना उत्तराधिकारी घोषित किया। सआदत ख़ाँ ने अपने दामाद मुहम्मद मक़ीम को अवध में अपना नायब बना लिया था और बाद में मुगल सम्राट मुहम्मद शाह 'रंगीला' की ओर से अबुल मंसूर अली की उपाधि दिलवायी। यह भी गौरतलब है कि सफ़दरजंग की उपाधि इन्हें सआदत ख़ाँ की मृत्यु के बाद मिली थी।

सन् 1738-39 में ईरान से आये वहाँ के आततायी शासक नादिर शाह की सेना से लड़ने के लिए मुगल बादशाह मुहम्मद शाह 'रंगीला' ने इन्हें अवध से दिल्ली बुलवाया। ऐसा कहा जाता है कि सआदत ख़ाँ द्वारा मिथ्या भाषण करने तथा मुगल बादशाह मुहम्मद शाह तथा फ़ारस के बादशाह नादिर शाह से छल करने के कारण नादिर शाह उनसे बहुत क्रोधित हुआ और उन्हें शारीरिक दण्ड देने की भी धमकी दी। उस समय सआदत ख़ाँ ने नादिर शाह को मुगल सल्तनत के शाही खजाने से धनराशि तथा हीरे-जवाहरात का खजाना दिलाने की बात रखी थी। उस समय मुगल साम्राज्य की नींव दरक चुकी थी और शाही खजाने में इतना धन नहीं था, जिसे नादिर शाह लूटकर ईरान ले जा पाता। उसने दिल्ली के लाल-किले पर 19 मार्च, 1739 ई. को पूर्ण रूप से अधिकार कर लिया था और मुहम्मद शाह 'रंगीला' ने

आत्मसमर्पण कर दिया था। इन सब घटनाओं के परिप्रेक्ष्य में नादिर शाह से अपमानित होकर तथा उसके द्वारा कठोर दण्ड दिये जाने के भय से अत्यन्त कठिन व दुःखद परिस्थिति में सआदत ख़ाँ ने निराशा में विष पीकर इसी दिन (19 मार्च, 1739) खुदकुशी कर ली थी। इस तरह अवध के पहले नवाब का दुःखद अन्त 1739 ई. में हुआ और उन्हें शाहज़हाँनाबाद के बाहर सुपुर्द-ए-ख़ाक किया गया।

मृत्यु के समय बुरहान-उल-मुल्क ने अपने पीछे जो विशाल सम्पत्ति छोड़ी थी, उसकी गजेटियरों के अनुसार अनुमानित कीमत उस समय नब्बे लाख स्टर्लिंग पाउण्ड थी।

नवाब मंसूर अली ख़ाँ 'सफदरजंग'
(शासनकाल : 1739-1754 ई.)

नवाब सआदत ख़ाँ 'बुरहान-उल-मुल्क' के भांजे और दामाद व उनके द्वारा चुने गये उत्तराधिकारी मिर्ज़ा अबुल मंसूर अली ख़ाँ 'सफदरजंग' हुए। इनका जन्म 1708 ई. में फारस के खुरासान प्रान्त के नैशापुर जिले में हुआ था। मंसूर अली ख़ाँ का वास्तविक नाम मुहम्मद मक़ीम था। नवाब सआदत ख़ाँ ने 1724 ई. में अपनी बेटी सदरुन्निसां का निकाह इनसे कराया और शीघ्र ही अपने दामाद को अवध में अपना नायब बना लिया। ये सन् 1724 से 1730 ई. तक अवध के नायब सूबेदार के पद पर रहे।

इतिहास में वर्णित है कि इस अवधि में अपने मामा व श्वसुर नवाब सआदत ख़ाँ तथा उनके दीवान आत्माराम के संरक्षण में रहकर मंसूर अली ख़ाँ ने नागरिक एवं सैन्य मामलों में पर्याप्त अनुभव प्राप्त किया। 1739 ई. में सआदत ख़ाँ 'बुरहान-उल-मुल्क' की मृत्यु के बाद मुगल सुल्तान मुहम्मद शाह 'रंगीला' ने मंसूर अली ख़ाँ के पराक्रम को देखते हुए, अपनी सेना के प्रिय सिपहसालार के रूप में तथा इनके विश्वसनीय स्तर पर युद्ध कौशल में पारंगत होने के कारण 'सफदरजंग' (युद्ध में सिंह) की उपाधि से सम्मानित कर इन्हें अवध का सूबेदार नियुक्त किया। अवध की सत्ता सँभालने के बाद नवाब सफदरजंग ने सआदत ख़ाँ द्वारा बसायी गयी बस्ती जो बंगला के नाम से मशहूर थी, का नाम बदलकर फ़ैज़ाबाद रख दिया। इसी के उपरान्त वे तन्मयता से फ़ैज़ाबाद के विस्तार में लग गये।

इनके शासनकाल में फ़ैज़ाबाद की हर तरह से तरक्की हुई, जिसमें इस नगर की आबादी में इजाफ़ा के अलावा कला, संस्कृति के स्तर पर भी

गुणवन्त कलाकारों का जमावड़ा फ़ैज़ाबाद में होना शुरु हुआ। फ़ैज़ाबाद की सूबेदारी के अलावा नवाब सफदरजंग को इनकी क़ाबिलियत पर मुगल बादशाह द्वारा समय-समय पर तमाम पदों से नवाजते हुए कई सम्मानित ओहदों पर नियुक्ति भी की गयी थी। इसमें 'मीर आतिश' (शाही तोपखाने के संचालक) जैसा पद भी शामिल रहा। नवाब सफदरजंग ने मुगलों के खिलाफ़ ज़मींदारों और ज़ागीरदारों द्वारा चलाये गये विद्रोह एवं आन्दोलनों का बड़ी चतुराई से दमन किया, अनेक लड़ाईयाँ भी लड़ीं और विजयी हुए।

1750 ई. में नवाब सफदरजंग पठानों से युद्ध में बुरी तरह परास्त हुए। इसी युद्ध में राजा नवलराय वीरगति को प्राप्त हुए थे। इस युद्ध के उपरान्त कई राजनीतिक घटनाक्रमों के षड्यन्त्र-भरे चक्रों के चलते नवाब सफदरजंग की हैसियत दिल्ली दरबार में घट गयी थी। इसका परिणाम यह रहा कि तत्कालीन मुगल बादशाह अहमद शाह ने मार्च, 1753 ई. में सफदरजंग को दिल्ली छोड़ने का हुक़्म जारी कर दिया था। अन्ततः तमाम राजनीतिक ऊहापोहों से गुजरते हुए अपने जीवन के अन्तिम समय में दिल्ली से वापस लौटते हुए पैर की जाँघ में विषाक्त घाव के बढ़ जाने के कारण नवाब सफदरजंग की मृत्यु सन् 1754 में जनपद सुलतानपुर में प्रवाहित गोमती नदी के पापर घाट पर हुई।

मृत्यु के पश्चात नवाब सफदरजंग के शव को एक दिन के लिए फ़ैज़ाबाद में स्थित गुलाबबाड़ी के मक़बरे में रखा गया था, जिसके उपरान्त उन्हें दिल्ली ले जाकर दफनाया गया। दिल्ली में नवाब सफदरजंग का एक भव्य मक़बरा नवाब शुजाउद्दौला द्वारा बनवाया गया। चूँकि उनका शव एक दिन के लिए ही फ़ैज़ाबाद की ज़मीन पर गुलाबबाड़ी में रखा गया था, इस कारण उसके प्रतीक रूप में एक क़ब्र का निशान गुलाबबाड़ी में बनवाया गया, जो आज भी मौजूद है।

इतिहासकारों का नवाब सफदरजंग के बारे में यह मत है कि वे एक कुशल और सफल शासक थे, जिन्हें फ़ैज़ाबाद का संस्थापक माना जाता है। उन्होंने ही फ़ैज़ाबाद को अपना सैन्य मुख्यालय बनाते हुए अवध की इस धरती को विकसित किया था। इस बात में कोई सन्देह नहीं है कि परवर्ती काल में अवध की राजधानी जिस तरह लखनऊ जाकर आबाद हुई, उसकी फ़ैज़ाबाद में आधारशिला रखने में नवाब सफदरजंग की बड़ी भूमिका शामिल थी।

नवाब मिर्ज़ा जलालुद्दीन हैदर 'शुजाउद्दौला'

(शासनकाल : 1754-1775)

अवध की राजधानी के रूप में फ़ैज़ाबाद को स्थापित करने के लिए अवध के तीसरे नवाब मिर्ज़ा जलालुद्दीन हैदर 'शुजाउद्दौला' का नाम इतिहास में दर्ज़ है। इनका जन्म 19 जनवरी, 1732 ई., दिन रविवार को दिल्ली में दाराशिकोह के महल में हुआ था। इनके पिता नवाब अबुल मंसूर ख़ाँ 'सफदरजंग' तथा माँ सदरुन्निसां बेगम थीं। शुजाउद्दौला ने अपने श्रेष्ठ शिक्षकों के माध्यम से अरबी, फारसी, तुर्की तथा भारतीय भाषाओं में हिन्दी व मराठी पर बचपन से एकाधिकार कर लिया था। ऐसा माना जाता है कि वे अंग्रेजी भाषा के भी अच्छे जानकार थे। नवाब शुजाउद्दौला घुड़सवारी, कुश्ती तथा तीर-धनुष चलाने में दक्ष थे और उन्हें तैराकी का बेहद शौक़ था।

सन् 1745 में शुजाउद्दौला का निक़ाह अम्मत-उज़-ज़हरा के साथ दिल्ली में सम्पन्न हुआ, जिन्हें फ़ैज़ाबाद में 'बहू बेगम' के नाम से जाना गया। इतिहास में इस बात का बहुत गौरव के साथ विश्लेषण होता है कि इनके शाही विवाह में उस समय लगभग छियालीस (46) लाख रुपये खर्च हुए थे। उस समय तक स्वयं मुगल बादशाहों के यहाँ भी इतनी खर्चीली शादियाँ नहीं हुई थीं। 1748 ई. में सोलह वर्ष की अवस्था में ही मिर्ज़ा जलालुद्दीन हैदर को मुगल दरबार ने उच्चकोटि का मंसबदार नियुक्त किया तथा इन्हें 'शुजाउद्दौला बहादुर' की उपाधि से नवाजा। इसी के उपरान्त इन्हें आयुधागार का अध्यक्ष (मीर आतिश) नियुक्त किया गया। इसके बाद 1750 ई. में इन्हें मुगल दरबार का नायब वजीर उस समय बनाया गया, जब इनके पिता नवाब सफदरजंग, अहमद शाह बंगश के खिलाफ़ युद्ध पर गये थे। 1754 ई. में नवाब सफदरजंग के इन्तकाल के बाद मुगल दरबार ने इन्हें अवध का तीसरा नवाब बनाया।

अपने जीवनकाल में नवाब शुजाउद्दौला ने अनेक युद्धों में विजय हासिल की। सन् 1764 ई. में बक्सर के युद्ध में शाह आलम तथा मीर कासिम के साथ पराजित होने के बाद उन्होंने फ़ैज़ाबाद को अवध की राजधानी के रूप में स्थापित किया। सन् 1775 ई. तक उन्होंने फ़ैज़ाबाद को सँवारने का ऐतिहासिक प्रयास किया, जिसमें साहित्य, कला, संस्कृति, बाज़ार, व्यापार, स्थापत्य के तमाम स्तरों पर इस नवाबी नगर को ऊँचाई हासिल हुई। 26 जनवरी, 1775 ई. में ही नवाब शुजाउद्दौला की मृत्यु मात्र तैंतालीस वर्ष

की उम्र में हुई। इन्हें फ़ैज़ाबाद के गुलाबबाड़ी में सुपुर्द-ए-ख़ाक किया गया, जहाँ इनका एक आलीशान मक़बरा आज भी मौजूद है। यह मक़बरा नवाब शुजाउद्दौला के अतीत की गौरवशाली गाथा का एक जीता-जागता प्रमाण है।

इतिहासकारों के हवाले से यदि देखा जाये, तो इस बात के साक्ष्य मिलते हैं कि नवाब शुजाउद्दौला ने अनेकों शाही महल, बाज़ार तथा मस्ज़िदें फ़ैज़ाबाद में बनवायी थीं। उन्हीं के शासनकाल में संगीत और नृत्य भी फ़ैज़ाबाद दरबार में समृद्ध हुआ साथ ही ढेरों मूर्धन्य शायरों व विद्वानों को संरक्षण हासिल हुआ। एक क़ाबिल शासक के रूप में नवाब शुजाउद्दौला की गणना की जाती है, जो युद्ध-कला में प्रवीण एक वीर योद्धा थे। नवाब शुजाउद्दौला की मृत्यु के बाद उनके पुत्र तथा अवध-मसनद के उत्तराधिकारी नवाब आसिफुद्दौला ने अवध की राजधानी फ़ैज़ाबाद से लखनऊ स्थानान्तरित कर दी। तब भी शुजाउद्दौला की पत्नी अम्मत-उज़-ज़हरा (बहू बेगम) तथा इनकी माँ सदरुन्निसां बेगम (नवाब बेगम) ताउम्र फ़ैज़ाबाद में ही रहीं।

नोट : नवाब आसिफुद्दौला
(शासनकाल : 1775-1797 ई.)

इस खण्ड में नवाब शुजाउद्दौला और अम्मत-उज़-ज़हरा बहू बेगम के पुत्र नवाब आसिफुद्दौला का ज़िक्र फ़ैज़ाबाद के प्रमुख नवाब के रूप में नहीं किया जा रहा है। इसलिए कि इन्होंने अपने पिता की मृत्यु के उपरान्त नवाब बनते ही 1775 ई. के अन्त में अपनी राजधानी का स्थानान्तरण फ़ैज़ाबाद से लखनऊ कर दिया। अतः एक नवाब के रूप में उनकी सारी प्रतिष्ठा और राज्य प्रबन्धन का कौशल लखनऊ के खाते में शुमार होता है न कि फ़ैज़ाबाद के खाते में। नवाब आसिफुद्दौला के बारे में संक्षिप्त रूप में यह कहा जा सकता है कि वे एक दरियादिल नवाब के रूप में लोकप्रिय थे, जिन्होंने लखनऊ को राजधानी बनाने के साथ स्थापत्य, कला, संस्कृति एवं अन्यान्य क्षेत्रों में अत्यन्त समृद्ध कर दिया था। उन्होंने भव्य इमारतों और आलीशान बागों पर दिल खोलकर शाही कोष खर्च किया, जिसके तहत बड़ा इमामबाड़ा, भूल-भूलैया, रूमी दरवाज़ा, दौलतख़ाना तथा बिबियापुर कोठी जैसी अद्भुत इमारतों का निर्माण हुआ। आसिफुद्दौला ने ही सेना को बेहतर ढंग से व्यवस्थित करने का बन्दोबस्त आरम्भ किया। उन्हीं के समय में अंग्रेजों के साथ हुई सन्धि के तहत अफसरों को सेना में पदाधिकारी नियुक्त करने का प्रचलन शुरु हुआ। नवाब आसिफुद्दौला ने ही अपने पिता की स्मृति में उनके मक़बरे गुलाबबाड़ी (फ़ैज़ाबाद स्थित) को भव्य स्वरूप देने के लिए उदारतापूर्वक धन आवंटित किया था। उनके बारे में यह भी मशहूर है कि उनकी अपनी माँ व दादी (बहू बेगम व नवाब बेगम) से कभी नहीं पटी और अवध के शाही खजाने पर एकाधिकार

के लिए उन्होंने अपने नवाब बनने के आरम्भिक दिनों से ही इन दोनों बेगमों पर अत्याचार किए। नवाब आसिफुद्दौला के शासनकाल में कई प्रमुख पदों पर रहे राजा झाऊलाल से इनकी मैत्री को ऐतिहासिक माना जाता है। राजा झाऊलाल को षडयन्त्र के तहत अंग्रेजों द्वारा फाँसी दिये जाने के उपरान्त, इनकी जीवन जीने की इच्छा जाती रही, जिसके फलस्वरूप जल्दी ही उन्होंने भी प्राण त्याग दिये। नवाब आसिफुद्दौला की मृत्यु 21 सितम्बर, सन् 1797 में हुई, जिसके उपरान्त इन्हें, उन्हीं के द्वारा बनवाये गये आलीशान इमामबाड़े में सुपुर्द-ए-ख़ाक किया गया। आसिफुद्दौला के शासनकाल में अवध की अवाम में उनकी उदारता व दानशीलता के बारे में यह मशहूर रहा– 'जिसको न दे मौला, उसको दे आसिफुद्दौला।'

साभार : 1. द गॉर्डन ऑफ़ इण्डिया, एच.सी. इरविन, पब्लिशर : डब्ल्यू.एच. एलेन एण्ड कम्पनी, लन्दन, एडीशन, 1880 (द लाइब्रेरी ऑफ़ द यूनिवर्सिटी ऑफ़ कैलीफोर्निया, लॉस ऐन्जेल्स से प्राप्त), 2. शुजाउद्दौला, वॉल्यूम-1, 2 : आशीर्वादी लाल श्रीवास्तव, पब्लिशर : शिवलाल अग्रवाल एण्ड कम्पनी, आगरा, एडीशन - सेकेण्ड, 1961, 3. गजेटियर ऑफ द प्रॉविन्स ऑफ अवध, वॉल्यूम-1, प्रकाशक : बी.आर. पब्लिशिंग कार्पोरेशन, दिल्ली, संस्करण : फर्स्ट एडीशन : 1877, रीप्रिण्ट इन इण्डिया : 1985, 4. 'फ़ैज़ाबाद : अ गजेटियर' : एच.आर. नेविल, आई.सी.एस. इलाहाबाद, 1905, 5. लखनऊ : बिल्डिंग्स, बेगम्स एण्ड द ब्रिटिश : पी.सी. सरकार, पब्लिशर : कल्पॉज़ पब्लिकेशन्स, दिल्ली, एडीशन : फर्स्ट-2015, 6. ताजदारे अवध : योगेश प्रवीन, प्रकाशक : भारत बुक सेण्टर, लखनऊ, संस्करण : द्वितीय-2015, 7. द गाईड टू लखनऊ : विद हिस्टॉरिकल नोट्स ऑन द म्युटिनी ऑफ़ 1857 : एम.ए. बेग़, पब्लिशर, एशियन एजूकेशनल सर्विसेज़, नयी दिल्ली, एडीशन, 2012 से संक्षिप्त एवं संशोधित रूप में लेने के आधार पर इस अंक के सम्पादक यतीन्द्र मिश्र तथा इतिहास अध्येता डॉ. आलोक मिश्र द्वारा संयुक्त रूप से लिखी गयी टिप्पणी। उपर्युक्त पुस्तकों से अंग्रेजी अंशों का अनुवाद यतीन्द्र मिश्र तथा शुभांगी मिश्र द्वारा संयुक्त रूप से। पहली बार प्रकाशित।

फ़ैज़ाबाद : दस्तावेज़-4

मलका-ए-फ़ैज़ाबाद
नवाब बेगम तथा बहू बेगम

सद्र-ए-जहाँ/सदरुन्निसां/नवाब बेगम

भारत के इतिहास में अवध के नवाबों का एक महत्त्वपूर्ण स्थान रहा है, जिसमें उनके साथ एक समानान्तर इतिहास रचने का काम यहाँ की शाही बेगमों के द्वारा भी सम्भव हुआ है। यह समानान्तर इतिहास, जो महिलाओं के हस्तक्षेप से अवध की सियासी ज़मीन की कहानी गढ़ता है, उतना ही प्रभावशाली रहा है। इन बेगमों के बारे में यह तथ्य भी इतिहास में प्रमुख रूप से मौजूद मिलता है कि उन लोगों ने उस दौर की राजनीति और अवध सूबे के निर्णायक फैसलों को भी काफ़ी हद तक अपनी उपस्थिति से प्रभावित किया।

ऐसे में पहला किरदार जिस बेगम का है, उन्हें 'सद्र-ए-जहाँ' या सदरुन्निसां के नाम से जाना जाता है। ये बाद में अवध के नवाब मंसूर अली ख़ाँ 'सफदरजंग' से ब्याही जाने के कारण 'नवाब बेगम' कहलायीं। सद्र-ए-जहाँ या 'सदरुन्निसाँ' का जन्म 1712 ई. में अवध के पहले सूबेदार मीर मुहम्मद अमीन सआदत ख़ाँ 'बुरहान-उल-मुल्क' तथा उनकी बेगम खादेज़ा ख़ानम की बेटी के रूप में हुआ। जहाँ सआदत ख़ाँ ईरान के नैशापुर से सम्बन्धित थे, वहीं उनकी बेगम भारतीय थीं। ऐसा भी कहा जाता है कि नवाब की एक अन्य बेगम भी थीं, जो ईरानी मूल की थीं और जिन्हें कभी भी बुरहान-उल-मुल्क भारत लेकर नहीं आए।

बुरहान-उल-मुल्क के बेटे की मौत कम उम्र में हो गयी थी, इसलिए उन्होंने अपने भाँजे मुहम्मद मक़ीम, जिन्हें अबुल मंसूर ख़ाँ 'सफ़दरजंग' के नाम

से भी जाना जाता था, को अपना वारिस घोषित करते हुए सद्र-ए-जहाँ का निकाह उनसे कर दिया।

बुरहान-उल-मुल्क की सन् 1739 में मृत्यु के बाद, नादिर शाह के हमले ने अवध की सियासी जड़ें कमजोर कर दी थीं। इस कारण छोटे-मोटे ज़मींदारों और भूपतियों ने विद्रोह करना शुरु कर दिया था। तब नवाब बेगम की ही हिम्मत, सूझ-बूझ एवं कूटनीतिक सलाहों ने नवाब सफदरजंग को उन्हें काबू में कर पाने का हौसला दिया। गौरतलब है कि उनके शौहर व अवध के नवाब पर्याप्त सैन्य बल होने पर भी कार्यवाही करने से झिझक रहे थे। नवाब बेगम की फौलादी शख़्सियत की एक और झलक हमें तब मिलती है, जब नवाब सफदरजंग 1750 ई. में पठानों से एक जंग हार गये थे। इसके बाद उनका राज और पद छीनने की साज़िश होने लगी। ऐसे वक्त में बेगम सद्र-ए-जहाँ ने अपने दम पर दस हजार सैनिकों की सेना इकट्ठी करने के बाद अपने बेटे शुजाउद्दौला को सेनानायक नियुक्त किया और नवाब सफदरजंग के दुश्मनों को हराकर दोबारा से दिल्ली में मुगल दरबार का खोया हुआ विश्वास जीता।

अवध की बेगमों में ख़ास तौर से नवाब बेगम एक अत्यन्त अमीर महिला थीं। उनकी खुद-मुख़्तारी (आत्म-निर्भरता) का राज उनके वृहद दहेज में छिपा था। इन्हें प्राप्त दहेज में अमूल्य गहने, रत्न, सोना-चाँदी, कपड़े, घर के कीमती सामान, हाथी-घोड़े, मवेशी, नौकर-चाकर, एक छोटी (प्रतीकात्मक) सेना और गाँव तक शामिल थे। यह भी जानना गौरतलब है कि यह सारी धन और सम्पत्ति हमेशा बेगमों की अपनी मानी जाती थी, उस पर नवाबों का कोई अधिकार नहीं होता था।

इतिहासकारों का यह भी कहना है कि नवाब सफ़दरजंग एक वफादार पति थे, जो नवाब बेगम की समझदारी और हौसले की इज्ज़त करते थे। कई इतिहासकारों का आरोप है कि नवाब बेगम ने शुजाउद्दौला को मीर कासिम (बंगाल के नवाब) का समर्थन करने के लिए प्रोत्साहित किया था, जिससे अवध और ब्रिटिश 'ईस्ट इण्डिया कम्पनी' के बीच सीधी दुश्मनी की शुरुआत हो गयी। दुर्भाग्यवश नवाब शुजाउद्दौला की मृत्यु के बाद, नवाब बेगम एवं उनके पोते नवाब आसिफुद्दौला के बीच कभी भी सम्बन्ध सामान्य नहीं रहे, बल्कि सदैव वैचारिक मतभेद की स्थिति रही, जिसका असर फ़ैज़ाबाद और लखनऊ के दरबारों पर भी समान रूप से पड़ा।

इतिहास में उपलब्ध साक्ष्यों के हवाले से यह बात पता चलती है कि नवाब बेगम एक धार्मिक प्रवृत्ति की महिला थीं और अपनी रियाया को दिल खोलकर दान करती थीं। उन्होंने अपने पुत्र नवाब शुजाउद्दौला की मृत्यु के बाद, उनकी आत्मा की शान्ति के लिए फ़ैज़ाबाद में एक मस्जिद का निर्माण कराया था, जिसे 'मोती मस्ज़िद' के नाम से जाना जाता है।

कभी अपने उत्कर्ष के दौर में शान से रहने वाली नवाब बेगम की पालकी उठाने वाले चोपदार भी उतने ही शान से शाही पोशाकों में रहते थे और बाक़ायदा शाही निशान, शाही झण्डे व हाथियों की अगुवाई में उनकी पालकी जाती थी। उनके निकट रहने वाले विश्वासपात्र लोगों की एक लम्बी जमात थी, जिनमें मतबू अली ख़ाँ, मुहर्रम अली ख़ाँ, नाज़िर अली ख़ाँ, ज़ावेद अली और पुखराज अली जैसे ख़्वाज़ासरा शामिल थे। इसी के साथ नवाब बेगम के सन्दर्भ में यह जानना तक़लीफदेह है कि अपनी तमाम ताक़त, सम्पत्ति एवं शान-ओ-शौकत वाले जीवन के बावजूद उनकी मृत्यु हताशा एवं अवसाद की स्थिति में 1796 ई. में हुयी। उनको गुलाबबाड़ी में सुपुर्द-ए-ख़ाक किया गया, जहाँ आज भी उनकी मज़ार मौजूद है।

अम्मत-उज़-ज़हरा/उमत-उज़-ज़हरा/बहू बेगम

'अम्मत-उज़-ज़हरा' या 'उमत-उज़-ज़हरा' का जन्म ईरान में 31 जुलाई, 1731 ई. को हुआ था। इनके पिता नवाब मुतमन-उद-दौला मुहम्मद ईशाक दिल्ली के मुगल दरबार में दरबारी थे। इनका निकाह नवाब शुजाउद्दौला से अक्टूबर 1745 ई. में मुगल बादशाह मुहम्मद शाह 'रंगीला' के आदेश पर लाल किले में बड़े धूमधाम से सम्पन्न हुआ। निकाह के बाद जब 'अम्मत-उज़-ज़हरा' बहू बनकर पहली बार फ़ैज़ाबाद आयीं, तभी से इन्हें 'बहू बेगम' के नाम से सम्बोधित किया गया।

ब्रिटिश गजेटियरों में इनका नाम 'उमत-उज़-ज़हरा' वर्णित है, जबकि ख़ुद बहू बेगम की वसीयत के कागज़ात में उनका नाम 'अम्मत-उज़-ज़हरा' दर्ज़ है। हमने पूरी पुस्तक में ब्रिटिश दौर में बनाये गये गजेटियरों को आधार बनाते हुए साक्ष्यों का सन्दर्भ इन्हीं के आधार पर लिया है, मगर बहू बेगम के नाम के सन्दर्भ में उनकी वसीयत के कागजात ज़्यादा प्रामाणिक जान पड़ते हैं। किसी भी व्यक्ति के वसीयतनामे में उसका मूल नाम ही लिखा जाता है, इसलिए इस पुस्तक में बहू बेगम का नाम 'अम्मत-उज़-ज़हरा' ही दिया जा रहा है। हालाँकि इस खण्ड में, जहाँ उनके जीवन और व्यक्तित्व

पर चर्चा हो रही है, इसलिए उनके तीनों नामों का उल्लेख आवश्यक जान पड़ता है।

इतिहास में मिलने वाले तथ्यों के आधार पर एक रोचक तथ्य यह मिलता है कि नवाब शुजाउद्दौला और बहू बेगम के निकाह पर आज से लगभग 271 वर्ष पूर्व छियालीस लाख रुपये खर्च हुए थे, जबकि दाराशिकोह के निकाह पर मात्र बत्तीस लाख रुपये ही व्यय हुए। बहू बेगम खुद में एक अमीर महिला थीं, जो अपने साथ अत्यधिक दहेज लेकर आयी थीं। यह देखना भी दिलचस्प है कि उनकी नवाब के प्रति ईमानदारी व निष्ठा को देखते हुए नवाब शुजाउद्दौला ने अपने आखिरी वक्त में सारी सम्पत्ति उनके नाम कर दी थी।

सन् 1775 में नवाब शुजाउद्दौला की मात्र 43 वर्ष की उम्र में असमय मौत ने अवध में राजनैतिक खलबली मचा दी थी। फ़ैज़ाबाद को अवध की राजधानी बनाए रखना उस वक्त बहुत मुश्किल हो गया था। उस दौर में, ये दो विलक्षण महिलाओं का ही हौसला था, जिन्होंने आगामी सालों में फ़ैज़ाबाद और अवध की गरिमा बनाए रखी। इनमें शुजाउद्दौला की माँ नवाब बेगम और उनकी पत्नी बहू बेगम के योगदान को गौरवपूर्ण ढंग से याद किया जा सकता है। इन्हीं के बदौलत काफ़ी समय बाद तक अवध की दो राजधानियाँ फ़ैज़ाबाद एवं लखनऊ का सह-अस्तित्व बना रहा। इतिहासकारों का तो यहाँ तक कहना है कि जहाँ लखनऊ में एक मनमौजी नवाब (आसिफुद्दौला) का शासन था, वहीं फ़ैज़ाबाद में दो सशक्त महिलाओं का।

1764 ई. में बक्सर में शर्मनाक हार के बाद, ब्रिटिश सरकार ने नवाब से चालीस लाख रुपये मुआवजे (कहीं-कहीं पचास लाख रुपये दर्ज़ है) की माँग रखी, जिसकी धनराशि अदा न किये जाने पर नवाब शुजाउद्दौला से उनकी गद्दी और जागीर जब्त करने की बात कही गयी। उस समय शाही कोषागार खाली होने की वजह से नवाब का अपनी गद्दी (मसनद) बचाये रखना कठिन हो गया। ऐसे में बहू बेगम ने अपना पैसा, गहने और सोना नवाब को दे दिए। इस राशि के साथ नवाब बेगम (शुजाउद्दौला की माँ) के दिए हुए बीस लाख रुपये नकदी ने नवाब की गद्दी और इज्ज़त बचाने का काम किया था। इसी घटना के उपरान्त बहू बेगम की वित्तीय मामलों में कुशलता और दरियादिली से प्रभावित होकर नवाब ने उन्हें खजाने की व्यवस्था सौंप दी थी।

इतिहास में एक वाकया यह भी मिलता है कि नवाब शुजाउद्दौला और नवाब बेगम दोनों ही शहज़ादे आसिफुद्दौला के गद्दीनशीं होने के पक्ष में नहीं थे। वे शहजादे सआदत अली ख़ाँ को अवध के 'मसनद' (गद्दी) पर बैठे देखना चाहते थे। 1775 ई. में नवाब की मौत के बाद इनके विरुद्ध जाकर बहू बेगम ने आसिफुद्दौला को गद्दी पर बिठवाया। इस निर्णय की गलती का एहसास भी उन्हें बहुत जल्दी हो गया, क्योंकि नवाब की मृत्यु के दस दिन के भीतर ही आसिफुद्दौला ने अपनी माँ (बहू बेगम) से पैसे की माँग की और यह सिलसिला ताउम्र चला। यही निर्णय बहू बेगम के लिए भी भविष्य में दुर्भाग्यपूर्ण साबित हुआ।

बदनसीब बहू बेगम को ब्रिटिश सरकार ने उन्हीं के ख़ास दरबारियों मुर्तज़ा ख़ान और हैदर बेग़ ख़ान के साथ मिलकर उत्पीड़ित और बेइज्ज़त किया। ऐसा माना जाता है कि उसी दौर में बहू बेगम के ही समर्थन से बनारस नरेश महाराजा चेत सिंह ने 1781 ई. में ब्रिटिश सरकार के खिलाफ़ विद्रोह किया था। इस घटना ने अवध की बेगमों और ब्रिटिश हुकूमत के बीच दुश्मनी के बीज बो दिए। ब्रिटिश सरकार ने बेगमों को गिरफ़्तार कर लिया। उनके दो विश्वासपात्र ख़्वाज़ासरा जवाहिर अली और बहार अली जो हमेशा ही बहू बेगम के वफादार रहे थे, को अंग्रेजों ने तब तक उत्पीड़ित किया, जब तक उन्होंने बहू बेगम के खज़ाने के रहस्य नहीं उगल दिए।

यह उत्पीड़न यहीं तक सीमित नहीं रहा, बल्कि शाही जनाने और खुर्द महल के भी कई सदस्यों को उत्पीड़ित किया गया। साथ ही इन सभी को बहुत बुरी दशा में नज़रबन्द रखा गया। 1797 ई. में नवाब आसिफुद्दौला की मौत के बाद बहू बेगम की मदद से वज़ीर अली को अवध के नये नवाब के रूप में शासन की कमान सौंपी गयी। इस वक्त तक बहू बेगम की ताकत भी कुछ अर्थों में लौट आयी थी, क्योंकि वे अपने पसन्द का नवाब बनवाने में सफल रही थीं। बदनसीबी से वज़ीर अली का रवैया और नीतियाँ ब्रिटिश हुक़ूमत के खिलाफ़ थीं, जिसके चलते अंग्रेजी सरकार ने उन्हें हटाकर कलकत्ता से सआदत अली ख़ाँ को लाकर अवध का अगला नवाब बना दिया। अंग्रेजों का यह निर्णय बहू बेगम के सन्दर्भ में दुर्भाग्यपूर्ण रहा क्योंकि सआदत अली ख़ाँ ने बहू बेगम की अपने प्रति नफरत को याद रखते हुए उनकी जायदाद के लिए उन्हें लगातार उत्पीड़ित किया। यहाँ यह जानना भी ग़ौरतलब होगा कि सआदत अली ख़ाँ बहू बेगम के सौतेले बेटे थे, जो नवाब शुजाउद्दौला की दूसरी क्षत्रिय पत्नी (ख़ुर्द बेगम) से पैदा हुए थे।

बहू बेगम अनपढ़ थीं, पर राजनैतिक मामलों को सुलझाने में अद्भुत रूप से कुशल थीं। अपने अट्ठासी वर्ष के जीवन में वे अठारहवीं शताब्दी के हिन्दुस्तान के इतिहास की सबसे महत्त्वपूर्ण और निर्णायक घटनाओं का हिस्सा रहीं। यहाँ तक कि ब्रिटिश पार्लियामेण्ट में भी वॉरेन हेस्टिंग्स पर बहू बेगम से पैसा वसूलने के लिए अत्यधिक उग्रता से काम करने की निन्दा की गयी थी। बहू बेगम ने अपने जीवन के आखिरी दौर में अपनी गुप्त वसीगत तैयार करवायी थी, जिसका ट्रस्टी उन्होंने ईस्ट इण्डिया कम्पनी को बनाया था। इस तथ्य के साथ इतिहास में इस बात के भी साक्ष्य मिलते हैं कि बहू बेगम की मृत्यु के बाद ईस्ट इण्डिया कम्पनी ने बड़ी चालाकी से उनकी धन-सम्पत्ति में से लगभग एक करोड़ रुपये हड़प कर शेष सारी सम्पत्ति नवाब गाज़ीउद्दीन हैदर को सौंप दी थी।

एक सार्थक मगर दुःखद जीवन जीने के बाद बहू बेगम ने फ़ैज़ाबाद के दिलकुशा पैलेस में 8 जनवरी, 1815 ई. को अपनी आखिरी साँस ली। हालाँकि, ब्रिटिश गजेटियर में उनकी मृत्यु का वर्ष 1816 ई. दर्ज़ है। उनका मक़बरा 'बहू बेगम का मक़बरा' के नाम से मशहूर है एवं फ़ैज़ाबाद में नवाबी वास्तुकला के एक शानदार मिसाल के रूप में आज भी क़ायम है।

नोट : **खुर्द बेगम**

1. इस खण्ड में नवाब शुजाउद्दौला की दूसरी पत्नी का ज़िक्र मुख्य बेगमों की सूची में इसलिए नहीं किया गया है, क्योंकि वे पद और ओहदे से शाही दरबार की मुख्य भूमिका में शामिल नहीं थीं। उनके बारे में इतिहास में मौजूद तथ्यों से इतना पता लगता है कि वे नवाब शुजाउद्दौला की छोटी बेगम थीं, जिन्हें खुर्द बेगम कहा जाता था। उनके बारे में यह भी दर्ज़ मिलता है कि वे बहराईच जनपद के समीप स्थित बौड़ी रियासत के रैकवार क्षत्रिय की पुत्री थीं, जिनका वास्तविक नाम छतर कुँअरि था। उन्होंने अपने पुत्र नवाब सआदत अली ख़ाँ (जिन्हें मंगलवार के दिन पैदा होने के कारण मिर्ज़ा मंगली भी कहा जाता है) की गम्भीर बीमारी से निजात पाने की मनौती स्वरूप लखनऊ के अलीगंज मुहल्ले में एक भव्य हनुमान मन्दिर का निर्माण कराया था, जो आज भी लखनऊ में हनुमत उपासना का बड़ा केन्द्र माना जाता है। इसी के साथ यह भी उल्लेख ज़रूरी है कि जब नवाब सआदत अली ख़ाँ अवध के छठवें नवाब के तौर पर अवध में मसनद नशीन (1796 ई.) हुए, तब खुर्द बेगम को 'जनाब-ए-आलिया' (राजमाता) का ख़िताब मिला। मृत्यु के उपरान्त उन्हें लखनऊ के गोलागंज मुहल्ले में सुपुर्द-ए-ख़ाक किया गया, जहाँ उनका एक शानदार मक़बरा भी बना है।

– सम्पादक

साभार : **1. गजेटियर ऑफ द प्रॉविन्स ऑफ अवध, वॉल्यूम-1, प्रकाशक : बी.आर. पब्लिशिंग कार्पोरेशन, दिल्ली, संस्करण : फर्स्ट एडीशन : 1877, रीप्रिण्ट इन इण्डिया : 1985,**

2. 'फ़ैज़ाबाद : अ गजेटियर' : एच.आर. नेविल, आई.सी.एस. इलाहाबाद, 1905, 3. लखनऊ : बिल्डिंग्स, बेगम्स एण्ड द ब्रिटिश : पी.सी. सरकार, पब्लिशर : कल्पॉज़ पब्लिकेशन्स, दिल्ली, एडीशन : फर्स्ट-2015, 4. ताजदारे अवध : योगेश प्रवीन, प्रकाशक : भारत बुक सेण्टर, लखनऊ, संस्करण : द्वितीय-2015, 5. अवध की बेगमें : योगेश प्रवीन, प्रकाशक : हिन्दी वाङ्मय निधि, लखनऊ, संस्करण : 2010 से संक्षिप्त एवं संशोधित रूप में लेने के आधार पर इस अंक के सम्पादक यतीन्द्र मिश्र द्वारा लिखी गयी टिप्पणी। पहली बार प्रकाशित।

पी.सी. सरकार की किताब से अवध की दोनों बेगमों क्रमशः नवाब बेगम तथा बहू बेगम के बारे में दर्ज़ प्रमुख जानकारियों का अंग्रेजी से हिन्दी अनुवाद संयुक्त रूप से यतीन्द्र मिश्र एवं शुभांगी मिश्र ने किया है।

कलकत्ता खुर्द या फोर्ट कलकत्ता

फ़ैज़ाबाद छावनी क्षेत्र

फ़ैज़ाबाद के वर्तमान छावनी क्षेत्र में कभी नवाब शुजाउद्दौला का किला 'कलकत्ता खुर्द' या 'छोटा कलकत्ता' (Fort Calcutta) स्थित था। चौदह कोसी परिक्रमा मार्ग पर चलते हुए मीरन घाट की ओर से पुराने फायर रेंज रोड के समानान्तर बढ़ने वाली सड़क पर इस पुराने और ऐतिहासिक किले की फाउण्डेशन (आधारशिला) आज भी बेहद जीर्ण-शीर्ण अवस्था में दिखाई देती है। यह आधारशिला जहाँ पर लगी है, उसके पीछे थोड़ा ऊँचा टीलेनुमा स्थान आज भी मौजूद मिलता है। इसे देखकर यह अन्दाज़ा लगाया जा सकता है कि कभी यही जगह नवाब शुजाउद्दौला के इस कलकत्ता खुर्द किले का प्रवेश द्वार या अग्र भाग रही होगी। इसके फाउण्डेशन पर लिखा है— 'Fort Calcutta Fyzabad, This Fort das built by Shujauddowla Nawab Vazir of Oudh after his defeat in 1764 by the British at Buxar'.

इस पूरी सूचना के आधार पर यह जाना जा सकता है कि किस तरह अवध के तीसरे नवाब शुजाउद्दौला ने 1764 ई. में बक्सर की लड़ाई में अंग्रेजों से हारकर आखिरकार फ़ैज़ाबाद में स्थायी तौर पर अपना निवास बनाया था। यह शिलालेख आज बेहद उपेक्षित स्थिति में मौजूद है, जिसके लिए स्थानीय स्तर पर प्रशासन और कैण्टोनमेण्ट बोर्ड द्वारा इसे संरक्षित एवं सुरक्षित किये जाने की ज़रूरत है। इस कारण भी कि यह उस 'फोर्ट कलकत्ता' के सन्दर्भ में एकमात्र बचा हुआ जीवन्त अभिलेखीय प्रमाण है। 'फ़ैज़ाबाद गजेटियर' (एच.आर. नेविल, संस्करण : 1905) भी इस सन्दर्भ में अपनी मुहर लगाता है। इस गजेटियर के अनुसार 'नवाब शुजाउद्दौला

ने बक्सर युद्ध (1764 ई.) में पराजय के बाद फ़ैज़ाबाद आने पर अपना एक किला बनवाया, जिसे छोटा कलकत्ता कहा जाता रहा है; लेकिन अब उसका कोई वजूद नहीं मिलता है।'

'फोर्ट कलकत्ता' के सन्दर्भ में 'उत्तर प्रदेश डिस्ट्रिक्ट गजेटियर फ़ैज़ाबाद (ई.बी. जोशी, संस्करण : 1960) में विस्तार से चर्चा की गयी है, जो इस तरह है– 'सफदरजंग के उत्तराधिकारी शुजाउद्दौला कभी-कभी फ़ैज़ाबाद आते थे। लेकिन सन् 1764 में बक्सर में अंग्रेजों से पराजित होने के बाद वह फ़ैज़ाबाद में ही आकर रहने लगे और इसे अपनी राजधानी बना लिया। आज का भग्नावशेष किला जिसे छोटा कलकत्ता कहा जाता है, इसी समय बनवाया गया। इस किले के बाहर उन्नीस गाँवों का फासिल इलाका था, जो किले से पूरब, दक्षिण और पश्चिम दिशा में दो-दो मील तक फैला था। इस इलाके में दिलकुशा महल और मोतीमहल जैसी इमारतें तेजी से बनती गयीं।'

ब्रिटिश कलाकार विलियम हॉज़ द्वारा बनाये गये नवाब शुजाउद्दौला के महल 'फोर्ट कलकत्ता' का एक चित्र भी इतिहास में प्रामाणिक तौर पर मौजूद है। इस चित्र में यह पूरा किलेनुमा परिसर सरयू नदी के तट पर स्थित दर्शाया गया है। वर्तमान में मीरन घाट के समीप इसके फाउण्डेशन को देखते हुए यह कयास लगाया जा सकता है कि कभी इसके दुर्ग की सीमा सरयू नदी के समीप रही होगी और पूरा 'छोटा कलकत्ता' भूमि के काफ़ी बड़े रकबे में फैला रहा होगा। चित्र सन् 1787 का है, इसलिए इस बात का अनुमान और भी अधिक प्रामाणिक हो जाता है कि लगभग दो सौ तीस वर्ष पूर्व यह फोर्ट ज़रूर ही पूरे वैभव के साथ नवाबी शासनकाल में अवध की राजनीति का केन्द्र रहा होगा।

नोट : **फोर्ट कलकत्ता का फाउण्डेशन चिन्हित कराने के लिए लेखक श्री निरुपम मिश्र का विशेष आभारी है। –सम्पादक**

साभार : **1. 'फ़ैज़ाबाद : अ गजेटियर' : एच.आर. नेविल, आई.सी.एस. इलाहाबाद, 1905, 2. उत्तर प्रदेश डिस्ट्रिक्ट गजेटियर फ़ैज़ाबाद : ई.बी. जोशी, प्रकाशक : इण्डियन प्रेस लि. इलाहाबाद, उत्तर प्रदेश, संस्करण : 1960 से सन्दर्भ लेने के अतिरिक्त फोर्ट कलकत्ता की आधारशिला के सर्वेक्षण के आधार पर इस अंक के सम्पादक यतीन्द्र मिश्र द्वारा लिखी गयी टिप्पणी। पहली बार प्रकाशित।**

दिलकुशा पैलेस : नवाब शुजाउद्दौला का महल
अफीम कोठी, धारा रोड

फ़ैज़ाबाद शहर के चौक स्थित घण्टाघर, (यह पूरा इलाका नवाबी शासनकाल में त्रिपोलिया बाज़ार कहलाता था) से उत्तर दिशा की तरफ़ इकदरे से जाने वाले रास्ते से सीधे चलते हुए वर्तमान चौदह कोसी परिक्रमा मार्ग (धारा रोड) पर पहुँचते ही हमें दाहिनी तरफ़ इस विशाल प्राचीन महल के अवशेष दिखाई देते हैं। यह भव्य इमारत फ़ैज़ाबाद के नवाबी शासन के इतिहास के गौरवशाली स्वर्णिम काल का जीता जागता प्रमाण रही है। इस महल के निर्माण का आरम्भ अवध के पहले नवाब सआदत ख़ाँ ने किया था, जिसे वे अपनी मृत्यु के समय सन् 1739 तक पूरा नहीं करा सके। उनके बाद नवाब सफदरजंग ने इस इमारत में कोई दिलचस्पी नहीं ली क्योंकि उनका अधिकांश समय फ़ैज़ाबाद से बाहर विशेषकर दिल्ली में बीतता था।

अवध के तीसरे नवाब शुजाउद्दौला ने सन् 1764 में बक्सर के युद्ध में अंग्रेजों से पराजय के बाद फ़ैज़ाबाद को अपने रहने के लिए स्थायी निवास और राजधानी के रूप में चुना था। इसी के बाद से उनके शासनकाल में फ़ैज़ाबाद में तमाम सारे निर्माण कार्य हुए, जिसमें इस पैलेस को पूरा कराया जाना भी शामिल है। यह सारी जानकारी 'फ़ैज़ाबाद : अ गजेटियर' : एच.आर. नेविल, (संस्करण : 1905) के पृष्ठ 214-215 से प्राप्त होती है। सआदत ख़ाँ के सन्दर्भ से इसके निर्माण की शुरुआत का हवाला 'उत्तर प्रदेश डिस्ट्रिक्ट गजेटियर फ़ैज़ाबाद' (ई.बी. जोशी, संस्करण : 1960) में मिलता है। इसके अनुसार 'इसका निर्माण जनवरी, 1733 के दौरान जोर-शोर पर था, जिसमें एक साथ चालीस हजार लोग प्रतिदिन कार्य कर रहे थे। इस दुर्ग की दीवारें साठ फीट मोटी थीं और यह महल किलेनुमा परिसर की तरह आकार ले रहा था।'

इतिहास के हवाले से यदि देखा जाये, तो नवाब शुजाउद्दौला यहाँ सन् 1765 ई. से 1775 ई. तक रहे। कहा जाता है कि नवाब शुजाउद्दौला को तैराकी का बहुत शौक था, इसलिए उन्होंने अपने आवास का निर्माण सरयू नदी के किनारे कराया था। उस समय नदी इसी दिलकुशा महल के बगल से ही बहती थी। कहा जाता है कि इसमें बहू बेगम (अम्मत उज़ ज़हरा) की अदालत भी लगती थी। 'गजेटियर ऑफ द प्रॉविन्स ऑफ अवध' (वॉल्यूम-1, फर्स्ट एडीशन : 1877) भी इस तथ्य पर मुहर लगाता है कि 'दिलकुशा पैलेस शाही निवास स्थान था, जिसमें बहू बेगम की अदालत भी लगती थी।'

इस पैलेस का सबसे नायाब पक्ष यह रहा है कि इसे सरयू नदी की जलधारा से बचाने के लिए उत्तर दिशा से मजबूत दुर्गीकरण भी किया गया था, जो बाहर से किसी किले की मानिन्द सुदृढ़, वृहद और ऊँची दीवारों से निर्मित है। एक विस्तृत अहाते में बना यह महल नवाबी युग में सारे अवध की राजनीति का केन्द्र बिन्दु रहा था। दिलकुशा पैलेस में बहू बेगम तथा मोती महल में नवाब की अन्य बेगमों के रहने का जनानख़ाना बनाया गया था। मोती महल दिलकुशा महल परिसर में ही बनाया गया था और दोनों ही महल अन्दर से आपस में मिले हुए थे। वर्तमान में जहाँ दिलकुशा पैलेस के अवशेष बचे हैं, वहीं मोती महल पूरी तरह ध्वस्त हो चुका है।

अंग्रेजों ने सत्ता हस्तानान्तरण के बाद इसे अफीम का मुख्यालय बना दिया था। अफीम का मुख्यालय बनने के बाद इसकी पहचान 'अफीम कोठी' के रूप में हो गयी। देश के आज़ाद होने के बाद भी अफीम का सरकारी दफ़्तर व गोदाम इसमें संचालित होता रहा है। यह दफ़्तर अभी हाल के वर्षों में लगभग डेढ़ दशक पूर्व सन् 2000 के आस-पास समाप्त हुआ। तब से यह आलीशान इमारत, जिसका एक सुन्दर व समृद्ध इतिहास रहा है, एक वीरान खण्डहर के रूप में अपनी उपस्थिति दर्ज़ करा रही है।

साभार : 1. उत्तर प्रदेश डिस्ट्रिक्ट गजेटियर फ़ैज़ाबाद : ई.बी. जोशी, प्रकाशक : इण्डियन प्रेस लि. इलाहाबाद, उत्तर प्रदेश, संस्करण : 1960, 2. गजेटियर ऑफ द प्रॉविन्स ऑफ अवध, वॉल्यूम-1, प्रकाशक : बी.आर. पब्लिशिंग कार्पोरेशन, दिल्ली, संस्करण : फर्स्ट एडीशन : 1877, रीप्रिण्ट इन इण्डिया : 1985, 3. 'फ़ैज़ाबाद : अ गजेटियर' : एच.आर. नेविल, आई.सी.एस. इलाहाबाद, 1905 से संक्षिप्त एवं संशोधित रूप में लेने के आधार पर इस अंक के सम्पादक यतीन्द्र मिश्र द्वारा लिखी गयी टिप्पणी। पहली बार प्रकाशित।

त्रिपोलिया का शाही बाज़ार
चौक घण्टाघर का इलाका

नवाब शुजाउद्दौला ने फ़ैज़ाबाद को अवध की राजधानी बनाने के बाद यहाँ शहर के बीचो-बीच एक शाही बाज़ार का निर्माण भी कराया, जो तीनों ओर से बड़े मेहराबी दरवाज़ों से बन्द होने के कारण 'त्रिपोलिया' के नाम से प्रसिद्ध हुआ। 'फ़ैज़ाबाद गजेटियर' (एच.आर. नेविल, संस्करण : 1905) के अनुसार 'शुजाउद्दौला ने 1765 ई. में चौक और तीन भव्य दरवाज़े वाले दरों का निर्माण करवाया।' वर्तमान समय में इसे चौक, घण्टाघर का इलाका कहा जाता है। चारों दिशाओं से बड़े-बड़े प्रवेश-द्वारों से घिरा यह बाज़ार आज भी फ़ैज़ाबाद शहर की नवाबयुगीन स्थापत्य-कला की भव्यता का गवाह है। किसी समय इस बाज़ार के चारों ओर ऊँची-ऊँची दीवारें थीं, जिससे यह काफ़ी सुरक्षित बाज़ार समझा जाता था। बाज़ार का प्रथम प्रवेश द्वार पूर्व दिशा में बना है, इसी से होकर गुलाबबाड़ी को जाया जाता है। यह तीन मेहराबदार बड़े दरवाज़ों से युक्त एक मंजिला भव्य इमारत है। वर्तमान समय में चौक की तरफ से आने पर इसके दाहिने किनारे के दरवाज़े को बन्द कर दिया गया है, जिसके कारण बीच तथा बायीं ओर का दरवाज़ा ही यातायात के लिए खुला है। पूरब दिशा से त्रिपोलिया में प्रवेश करते समय यह पहला द्वार है।

चौक त्रिपोलिया का घण्टाघर, जो बाद में अंग्रेजों द्वारा बनवाया गया, बाज़ार के बिल्कुल बीच में अष्टभुजाकार स्वरूप में स्थापित है। इसके मध्य मौजूद मीनार चौकोर रूप में निर्मित है। मीनार के ऊपरी हिस्से पर बड़े कलात्मक ढंग से एक घड़ी लगायी गयी थी, जो हाल के कुछ वर्षों पहले तक चलती थी। इसके ऊपर एक मयूर की प्रतिमा भी लगी है, जो दिक्सूची या कुतुबनुमा का काम करती है। यह घण्टाघर दो मंजिला है,

जिसका निचला भाग ज़मीन के नीचे है। घण्टाघर के दक्षिणी भाग में एक वृहद तीन दरा अथवा तीन मेहराबदार बड़े दरवाज़ों से युक्त भव्य प्रवेश द्वार है, जिससे होकर बज़ाजा और फतेहगंज को वर्तमान रास्ता जाता है। इसी से सटा हुआ त्रिपोलिया का पश्चिमी द्वार है। एक मंजिला बने इस द्वार में मात्र एक मेहराबदार दरवाज़ा है, इसके अगल-बगल छोटी-छोटी दुकानें हैं, जो उसी युग में बनी रही होंगी। इसके दाहिने भाग में वक्फ़ मस्ज़िद हसन रज़ा ख़ाँ है, जिसे 1790 ई. में नवाब आसिफुद्दौला के वज़ीर-ए-आला हसन रज़ा ख़ाँ द्वारा बनवाया गया था।

घण्टाघर के उत्तर में बाज़ार का उत्तरी प्रवेश द्वार बना है। यह एकदरा मेहराब युक्त भव्य दरवाज़ा है। त्रिपोलिया का यह उत्तरी द्वार द्विमंजिला है। उसके ऊपरी मंजिल में छोटे-छोटे मेहराब बने हैं। इसकी छत के चारों ओर छोटे गुम्बदों की शृंखला है। फ़ैज़ाबाद पर मिलने वाली पुरानी सूचनाओं के आधार पर यह कहा जा सकता है कि चारों ओर से भव्य मेहराबदार दरवाज़ों से तथा अनेक भवनों से घिरे हुए इस बाज़ार की एक अलग शान रही है। ऐसा माना जाता है कि सन् 1770 से 1800 ई. तक यहाँ बड़े पैमाने पर व्यापार होता था, जिस दौरान यहाँ बाहर के देशों के व्यापारी भी विभिन्न वस्तुओं का व्यापार करने के लिए फ़ैज़ाबाद आते थे।

इस तरह आज का चौक घण्टाघर, फ़ैज़ाबाद का 'शाही त्रिपोलिया का बाज़ार' कभी नवाबों की बेगमों और शाही ख़जानों के इतिहास का एक बड़ा गवाह रहा है। आज सिर्फ़ वे यादें और त्रिपोलिया का छीजता हुआ वैभव ही बचे हैं, जो धीरे-धीरे आधुनिकीकरण के चलते अपने अस्तित्त्व को बचाने के लिए हर दिन संघर्षरत हैं। किसी ज़माने में स्थापत्य और परिकल्पना का नायाब उदाहरण रहा यह बाज़ार, आज अतिक्रमण की चपेट में भी है।

साभार : 1. 'फ़ैज़ाबाद : अ गजेटियर' : एच.आर. नेविल, आई.सी.एस. इलाहाबाद, 1905, 2. फ़ैज़ाबाद : इतिहास, कला एवं संस्कृति डॉ. देशराज उपाध्याय एवं डॉ. आलोक मिश्र, प्रकाशक : भारती पब्लिशर्स एण्ड डिस्ट्रीब्यूटर्स फ़ैज़ाबाद, संस्करण : 2012, 3. आईना-ए-वक्फ़ : वक्फ़ मस्ज़िद नवाब हसन रज़ा ख़ाँ (स्मारिका), चौक फ़ैज़ाबाद, सम्पादक : मिर्ज़ा मुहम्मद अब्बास, संस्करण : 2015 से संक्षिप्त एवं संशोधित रूप में लेने के आधार पर इस अंक के सम्पादक यतीन्द्र मिश्र द्वारा लिखी गयी टिप्पणी। पहली बार प्रकाशित।

फ़ैज़ाबाद : दस्तावेज़-8

नवाबकालीन हसीन बाग-बगीचे

लाल-बाग, अंगूरी-बाग, मोती-बाग एवं जवाहिर-बाग

फ़ैज़ाबाद के नवाबकालीन बागों का विवरण उसी तरह यहाँ जस का तस दिया जा रहा है, जिस तरह 'गजेटियर ऑफ द प्रॉविन्स ऑफ अवध, वॉल्यूम-1, संस्करण : 1877', 'फ़ैज़ाबाद : गजेटियर' : एच.आर. नेविल, संस्करण : 1905', 'उत्तर प्रदेश डिस्ट्रिक्ट गजेटियर फ़ैज़ाबाद : ई.बी. जोशी, संस्करण : 1960', विलियम हो के 'मेम्वायॅर्स ऑफ़ फ़ैज़ाबाद' तथा अब्दुल हलीम शरर की 'गुज़िश्ता लखनऊ' में इन ऐतिहासिक बागों के बारे में जानकारियाँ दर्ज़ हुईं हैं।

लाल बाग

नवाब शुजाउद्दौला द्वारा बनाया गया यह बाग उस ज़माने का सर्वाधिक प्रसिद्ध बाग रहा है। इसे ऊँची चहारदीवारी से घेरा गया था, जिसके भीतर कुछ खूबसूरत इमारतों के अलावा आम के सैकड़ों पेड़ थे। अब्दुल हलीम 'शरर' अपनी पुस्तक 'गुज़िश्ता लखनऊ' में इस बाग का रोचक वर्णन करते हैं। उनके अनुसार— 'लाल बाग जो सब बागों से अधिक विशाल था। इसमें बड़ी सुन्दरता से पेड़-पौधे लगाये गये थे और हर तरह के नाजुक और दिलफ़रेब फूल बड़े सलीके से लगाये गये थे। सारे सूबे में इसकी शोहरत थी और दूर-दूर के लोगों को तमन्ना थी कि कोई खुशनसीबी की शाम उस रुहअफ़ज़ा बाग में बसर करें। शहर के नौजवान शरीफ़ज़ादों के झुण्ड रोज तीसरे पहर को इसमें गश्त लगाते और दिल बहलाते नज़र आते। यह बाग कितना सुखद और सुहावना था इसकी ख्याति यहाँ तक थी कि दिल्ली के शहंशाह शाहआलम जब इलाहाबाद से पलटे तो इसी बाग़ की सैर के शौक में फ़ैज़ाबाद होते हुए दिल्ली गये और कुछ ज़माने तक वे इसी के अन्दर रहे।'

लाल बाग के अतिरिक्त तीन और बाग भी उस दौर के याद रखने लायक हैं, जिनमें 'ऐश' या 'आसिफ़ बाग', 'बुलन्द बाग' और 'राजा झाऊलाल का बाग' प्रमुख हैं। नवाब शुजाउद्दौला ने 'बुलन्द बाग' और 'आसिफ बाग' को शहर के पश्चिम छोर पर निर्मित किया था। अब्दुल हलीम 'शरर' 'आसिफ बाग' और 'बुलन्द बाग' को शहर के आस-पास लखनऊ के रास्ते में स्थित मानते हैं।

अंगूरी बाग

सन् 1765 ई. में नगर के चौक और वहाँ के शाही बाज़ार (त्रिपोलिया) के निर्माण के तुरन्त बाद नवाब शुजाउद्दौला ने अंगूरी बाग का निर्माण अपने किले के भीतरी हिस्से में करवाया। (वह किला जिसे फोर्ट कलकत्ता या छोटा कलकत्ता कहा जाता है) बहू बेगम (अम्मत-उज़-ज़हरा) के सर्वप्रिय बागों में से एक अंगूरी बाग का नाम लिया जाता है। बहू बेगम ने इसे अपने दामाद मोहम्मद तक़ी को अपनी बेटी से निकाह के समय उपहार में दिया था। यह नगर में चौक के समीप स्थित है और बाद में यह मोहम्मद तक़ी के बेटे आगा हैदर के पास विरासत के रूप में पहुँचा।

मोती बाग

नगर के चौक के दक्षिण में स्थित मोती बाग नवाबकालीन समय में सबसे प्रसिद्ध राजसी बागों में से एक गिना जाता है। इसे नवाब के सबसे प्रिय हक़ीम **शफ़िआउद्दौला** *को भेंट स्वरूप दिया गया था। इस शर्त के साथ कि हकीम साहब इसे सामान्य जनता की इबादत करने की जगह के रूप में इसकी देखभाल करेंगे।*

मुहम्मद फ़ैज़ बख़्श की पुस्तक 'तारीख़-ए-फ़राहबख़्श', जिसका अंग्रेजी तर्जुमा विलियम हो ने 'मेम्वायर्स ऑफ़ फ़ैज़ाबाद' के नाम से किया है, में मोती बाग के सन्दर्भ में यह उल्लेख मिलता है कि– शुजाउद्दौला की माँ सदरुन्निशां बेगम, नवाब शुजाउद्दौला की मृत्यु के बाद कुछ दिनों के लिए फ़ैज़ाबाद के किले को छोड़कर मोती बाग में रहने चली गयी थीं, जहाँ पर वे बाद में काफ़ी वर्षों तक रहीं। उनकी सुरक्षा के लिए चार सौ सिपाही तैनात थे, जबकि उनके साथ इस परिसर में आकर रहने वालों में अनेकों चिकित्सक, बुद्धिजीवी और ढेरों सम्भ्रान्त लोग शामिल थे। इस दौरान उनके साथ मोती बाग के परिसर में कई ख़ास ख़्वाजासरा (ऐसा नपुंसक व्यक्ति, जिसकी शाही जनानखाने तक सीधी पहुँच रहती थी) भी रहने के लिए

आए। इनमें मुहर्रम अली ख़ाँ, मतबू अली ख़ाँ, नज़ीर, इत्तिफात अली ख़ाँ, मियाँ सुख़नफहीम, मियाँ जावेद, बहरयाब, बख़्तावर और दाना प्रमुख थे।

जवाहिर बाग

यह बाग नवाबकालीन पुराने राजसी बागों में से एक है। बहू बेगम की मृत्यु जब 1816 ई. में हुई, तो उन्हें इसी बाग के परिसर में दफनाया गया, जो नगर के दक्षिण में स्थित है और इलाहाबाद की ओर जाने वाले मार्ग पर पड़ता है। बाद में, दराब अली ख़ाँ ने अपनी मृत्यु (1818 ई.) के पूर्व बहू बेगम के मकबरे की आधारशिला रख दी थी, जिसके लिए स्वयं बेगम तीन लाख रुपये छोड़ गयी थीं। इस मकबरे के काम को फिर पनाह अली ने जारी रखा, जो बेगम के वकील थे। इसके बाद मिर्जा हैदर ने इस काम को आगे बढ़ाया और आखिरकार यह मकबरा 1901 ई. में जाकर पूरी तरह बन सका, जब इसे अवध के नवाब ने अपनी सरपरस्ती में लिया।

वर्तमान परिदृश्य

फ़ैज़ाबाद के वर्तमान परिदृश्य में यह सारे बाग मौजूद हैं, बस इनका स्वरूप बदल चुका है। आज 'मोती बाग', 'लाल बाग', 'अंगूरी बाग' जैसी नवाब के समय की फुलवारियों वाले बगीचे शहर की घनी आबादी वाले रिहायशी मोहल्लों में तब्दील हो चुके हैं। इन तीनों ही बागों के ऐतिहासिक नाम अभी भी वही हैं, परन्तु वहाँ बगीचे का स्वरूप जाता रहा। 'जवाहिर बाग' भी आज बहू बेगम के मकबरे के रूप में अधिक प्रसिद्ध है, उसका वास्तविक नाम अब अतीत की बात हो चुकी है। यह पूरा इलाका ही आज मकबरा का इलाका कहलाता है। 'जवाहिर बाग' के परिसर में आजकल बहुजन समाज पार्टी का कार्यालय संचालित होता है। 'आसिफ बाग' के नाम से कोई बाग तो वर्तमान परिदृश्य में दिखाई नहीं देता, परन्तु अयोध्या-दर्शन नगर मार्ग को जहाँ पंचकोसी परिक्रमा मार्ग विभाजित करता है, उस चौराहे के आस-पास के क्षेत्र को 'आसिफ बाग' के नाम से जाना जाता है। इस 'आसिफ बाग' क्षेत्र का कोई साक्ष्य नहीं मिलता कि यह बाग पुराने गजेटियर में वर्णित 'आसिफ बाग' है या अन्य कोई क्षेत्र है।

साभार : **1. गजेटियर ऑफ द प्रॉविन्स ऑफ अवध, वॉल्यूम-1, प्रकाशक : बी.आर. पब्लिशिंग कार्पोरेशन, दिल्ली, संस्करण : फर्स्ट एडीशन : 1877, रीप्रिण्ट इन इण्डिया : 1985,**

2. 'फ़ैज़ाबाद : अ गजेटियर' : एच.आर. नेविल, आई.सी.एस. इलाहाबाद, 1905,

3. उत्तर प्रदेश डिस्ट्रिक्ट गजेटियर फ़ैज़ाबाद : ई.बी. जोशी, प्रकाशक : इण्डियन प्रेस लि. इलाहाबाद, उत्तर प्रदेश, संस्करण : 1960, 4. मेम्वॉयर्स ऑफ़ फ़ैज़ाबाद : 1 एण्ड 2, : विलियम हो, एडीटर : हमीद आफ़ाक कुरैशी, पब्लिशर : न्यू रॉयल बुक कम्पनी, लखनऊ, एडीशन : 1889, री-प्रिण्ट : 2005 5. गुज़िश्ता लखनऊ : अब्दुल हलीम शरर, प्रकाशक : भुवन वाणी ट्रस्ट, लखनऊ, संस्करण : द्वितीय, 1990, से संक्षिप्त एवं संशोधित रूप में लेने के आधार पर इस अंक के सम्पादक यतीन्द्र मिश्र द्वारा लिखी गयी टिप्पणी। पहली बार प्रकाशित।

जवाहर अली ख़ाँ का इमामबाड़ा
राठहवेली

फ़ैज़ाबाद स्थित जवाहर अली ख़ाँ (उर्दू में जवाहिर के नाम से विख्यात) का इमामबाड़ा उच्च कोटि के इमामबाड़े का शानदार नमूना है, जो राठहवेली मोहल्ले में स्थित है। राठहवेली मोहल्ला दरअसल एक ज़माने से शिया मुस्लिम समुदाय की एक प्रमुख बस्ती रही है, जिसके केन्द्र में यह इमामबाड़ा प्रमुखता से स्थापित है। कहा जाता है कि इस इमामबाड़े को जवाहर अली ख़ाँ ने बनवाया था, जो बहू बेगम (अम्मत-उज-ज़हरा) के शासनकाल में ख्वाज़ासरा (नवाबी दौर का ऐसा नपुंसक व्यक्ति जिसकी आवाजाही जनानखाने में भी रहती थी) रहे थे। इमामबाड़े के मुख्य हाल में जवाहर अली ख़ाँ एवं दराब अली ख़ाँ की कब्रें भी मौजूद हैं।

पूर्णतया लाखौरी ईंट से बना यह इमामबाड़ा चार भागों में विभक्त है, जिसके पीछे का भाग लगभग दो फीट ऊँचे चबूतरे पर बनाया गया है। इस इमामबाड़े में पाँच मेहराबदार दरवाज़े बने हैं, जिसके मध्य के मेहराब के अन्दर बहू बेगम के समय की 'ज़री' रखी गयी है। ज़री कर्बला (ईराक) में मौजूद हज़रत इमाम हुसैन की कब्र का प्रतीक है। कहा जाता है कि इस ज़री को बहू बेगम ने कर्बला से मँगवाया था। ज़री के दाहिनी ओर हज़रत इमाम हुसैन के रौज़े (मक़बरा) तथा उनके भाई व उनकी फौज़ के अलमदार (कमाण्डर) जनाबे अब्बास के रौज़े से उतरे हुए झण्डे लगे हैं। इसी तरह बायीं ओर नज़फ (ईराक में स्थित) हज़रत अली के रौज़े व काज़मैन (ईराक में स्थित) हज़रत मुहम्मद मुस्तफा के सातवें उत्तराधिकारी हज़रत इमामे मूसा काज़िम के रौज़े के उतरे हुए झण्डे लगे हुए हैं।

यहीं बगल में ही एक 'मिम्बर' (मौलवी के बैठने का ऊँचा स्थान, जिस

पर बैठकर तकरीर होती हैं) रखा गया है, जिस पर बैठकर मौलाना लोग मजलिस पढ़ते हैं। मिम्बर के पास एक पालकी (नवाबकालीन) रखी गयी है, जो मुहर्रम के कार्यक्रमों में इमाम हुसैन के परिवार की महिलाओं के कर्बला की यात्रा में बैठने के प्रतीक के रूप में प्रयुक्त होती है। इस इमामबाड़े की संरचना ही कई प्रकार से मेहराबदार दरवाज़ों से होती हुई एक बड़े हॉल और बरामदे के माध्यम से अपना आकार पाती है। इमामबाड़े के दोनों किनारों पर खुली हुई एक गैलरी है, जो मेहराबदार आकृतियों द्वारा ही सुनियोजित ढंग से परिकल्पित है।

बहू बेगम चूँकि बेहद धर्म पारायण महिला थीं, इसलिए उन्होंने इस इमामबाड़े में सम्पादित होने वाले धार्मिक कार्यक्रमों, मजलिसों एवं शिया समुदाय की नमाज़ के लिए गाजीपुर जिले के देवकठिया गाँव से मौलाना अब्दुल अली को पेश नमाज़ के रूप में बुलाकर यहाँ बाइज़्ज़त बसाया था। तब से आज तक पेश नमाज़ी का दायित्व इन्हीं के परिवार में है। वर्तमान में मौलाना सैय्यद अहमद अली आब्दी फ़ैज़ाबाद के शिया समुदाय के 'इमामे जुमा-ओ-जमाअत' (जुमा की नमाज पढ़ाने वाला) हैं। मौलाना अब्दुल अली का परिवार उस ज़माने से विस्तार लेते हुए आज काफ़ी विस्तृत हो गया है, जिसमें अधिकांश वंशज अब भी इस इमामबाड़े के विभिन्न परिसरों में अलग-अलग रहते हैं। इमामबाड़ा परिसर में बने आवास मौलाना की मदद व सेवा में तैनात खिदमतदारों के लिए बनाये गये थे। यही जगह शिया धर्म के एक बड़े केन्द्र के रूप में प्रतिष्ठा पा सकी। शायद इसीलिए आज भी यहाँ के मुहर्रम को 'शाही मुहर्रम' का दर्ज़ा दिया जाता है। इस इमामबाड़े में मुहर्रम की मजलिसों के अतिरिक्त अंजुमनों की शब्बेदारियाँ, दो रबी-उल-अव्वल की 'अमारी' का कार्यक्रम (इमाम हुसैन के परिवार के सदस्यों का कर्बला से मदीने लौटने का दृश्य), 'बहत्तर शहीदों का ताबूत' एवं 'शाम-ए-ग़रीबाँ' की मजलिस आयोजित होती है। इसके अतिरिक्त भी वर्ष पर्यन्त इस इमामबाड़े में मजलिसों एवं महफिलों का आयोजन हुआ करता है।

इसके अलावा पूरे फ़ैज़ाबाद शहर में जहाँ-जहाँ नवाबी शासनकाल में शाही मस्ज़िदों का निर्माण हुआ है, वहाँ भी छोटे-छोटे इमामबाड़े बनाये गये थे। ऐतिहासिक साक्ष्यों से ज्ञात होता है, लेकिन उनकी निशानदेही करना आज मुश्किल है, क्योंकि इनमें से अधिकांश आज अस्तित्व में नहीं हैं या लगभग ध्वस्त हो चुके हैं। उदाहरण के तौर पर गुलाबबाड़ी परिसर के प्रवेश-द्वार

के मुख्य बाग में निर्मित तथा बहू बेगम के मकबरे में मौजूद इमामबाड़े को देखा जा सकता है, जो नवाबी स्थापत्य के अनुपम उदाहरण के रूप में मौजूद हैं। इनमें मुहर्रम के दसों दिनों में आज भी मजलिस का आयोजन होता है। मुहर्रम की छठवीं तारीख़ को इमाम हुसैन के भतीजे जनाबे क़ासिम की मेंहदी का जुलूस गुलाबबाड़ी स्थित इमामबाड़े से उठकर गुलाबबाड़ी के मुख्य भवन में जाता है, जहाँ मजलिस का आयोजन भी होता है।

साभार : 1. गजेटियर ऑफ द प्रॉविन्स ऑफ अवध, वॉल्यूम-1, प्रकाशक : बी.आर. पब्लिशिंग कार्पोरेशन, दिल्ली, संस्करण : फर्स्ट एडीशन : 1877, रीप्रिण्ट इन इण्डिया : 1985, 2. 'फ़ैज़ाबाद : अ गजेटियर' : एच.आर. नेविल, आई.सी.एस. इलाहाबाद, 1905, 3. मेम्वॉयर्स ऑफ़ फ़ैज़ाबाद : 1 एण्ड 2, : विलियम हो, एडीटर : हमीद आफ़ाक कुरैशी, पब्लिशर : न्यू रॉयल बुक कम्पनी, लखनऊ, एडीशन : 1889, री-प्रिण्ट : 2005 से संक्षिप्त एवं संशोधित रूप में लेने के अतिरिक्त इमामबाड़े के सर्वेक्षण के आधार पर उर्दू संस्कृति अध्येता डॉ. मिर्ज़ा शहाब शाह एवं इस अंक के सम्पादक यतीन्द्र मिश्र द्वारा संयुक्त रूप से लिखी गयी टिप्पणी। पहली बार प्रकाशित।

फ़ैज़ाबाद : दस्तावेज़-10

समय के साथ वजूद गवाँ चुकी इमारतें
नवाबकालीन विलुप्त इमारतों का ब्यौरा

फ़ैज़ाबाद की नवाबकालीन ऐसी इमारतें, जो बाद में समय बीतने के साथ लुप्त हो गयीं अथवा उंनका स्वरूप बदलकर कुछ दूसरा हो गया; का विवरण उसी तरह यहाँ जस का तस दिया जा रहा है, जिस तरह 'गजेटियर ऑफ द प्रॉविन्स ऑफ अवध, वॉल्यूम-1, संस्करण : 1877', 'फ़ैज़ाबाद : गजेटियर' : एच.आर. नेविल, संस्करण : 1905', 'उत्तर प्रदेश डिस्ट्रिक्ट गजेटियर फ़ैज़ाबाद : ई.बी. जोशी, संस्करण : 1960', विलियम हो के 'मेम्वायॅर्स ऑफ़ फ़ैज़ाबाद' तथा अब्दुल हलीम 'शरर' की 'गुज़िश्ता लखनऊ' में इन ऐतिहासिक जगहों के बारे में ज़ानकारियाँ दर्ज़ हुईं हैं।

समनबुर्ज़

नवाब शुजाउद्दौला द्वारा बनवाया गया समनबुर्ज़ अफीम के गोदाम के पास (अफीम कोठी, धारा रोड) स्थित था। परम्परा कहती है कि नवाब ने सरयू नदी को एक लाख पच्चीस हजार गायें और उसी के अनुरूप उतना ही दूध का भोग अर्पित किया था, जिसके फलस्वरूप नदी ने अपनी धारा मोड़कर समनबुर्ज़ के किनारे से बहना आरम्भ किया। इस सन्दर्भ में ब्रिटिश गजेटियरों में जो सूचनाएँ मिलती हैं, उसमें इस बात की चर्चा नहीं हुई है कि नवाब शुजाउद्दौला ने सरयू नदी के तट पर इतनी संख्या में गायों को प्रतीक रूप में लाकर छोड़ दिया था अथवा बाक़ायदा पुरोहितों को दान किया था।

यह बुर्ज़ अब समाप्त हो चुका है और नदी ने भी अपनी पुरानी धारा को अपना लिया है और दूर से बहने लगी हैं। अतः समनबुर्ज़ का वजूद अब मात्र इतिहास ही रह गया है।

सराय युनूस

नवाब आसिफुद्दौला के समय में मियाँ युनूस एक किन्नर (हिंजड़ा या नपुंसक व्यक्ति) और जाने-माने ख़्वाज़ासरा (ऐसा नपुंसक व्यक्ति जिसकी पहुँच शाही हरम तक सीधे रहती थी) अल्मास अली के शिष्य थे, जिनके नाम पर एक सराय नगर के रिकाबगंज मुहल्ले में स्थित थी। फ़ैज़ाबाद पर बनाये गये तमाम आधिकारिक गजेटियरों के अनुसार– 'सराय युनूस को ध्वस्त करके वहाँ पर बलरामपुर के महाराजा के निज़ी भवन का बाद में निर्माण किया गया।' इस तरह युनूस की सराय का अस्तित्त्व अतीत की बात हो गयी और वर्तमान में वह जगह बलरामपुर सराय के रूप में विद्यमान है।

मोहम्मद तक़ी और मिर्ज़ा हैदर के भवन

मोहम्मद तक़ी और मिर्ज़ा हैदर बहू बेगम के रिश्तेदार थे और उनकी वसीयत के अनुरूप वसीक़ादार (पेंन्शन पाने वाले) भी हुए। इतिहास में मौजूद साक्ष्यों के हवाले से मात्र इतना पता लगता है कि इन दोनों के भवन, नगर में स्थित चौक के पूर्व की ओर थे। इन दोनों की मृत्यु के बाद ये भवन तत्कालीन सरकार के आधिकारिक कामों के लिए प्रयोग में लाये जाने लगे। इस बात का उल्लेख गजेटियर में नहीं मिलता कि इन्हें अफसरों के रहने के लिए आवंटित किया जाता था अथवा इनका इस्तेमाल बतौर सरकारी कार्यालय होता था।

गजेटियर में इस बात का भी उल्लेख मिलता है कि वर्तमान में यह बुरी तरह क्षतिग्रस्त हो चुके हैं और लुप्त होने के क़गार पर हैं। जिस समय इन भवनों की स्थिति का ज़िक्र 'गजेटियर ऑफ द प्रॉविन्स ऑफ अवध' में मिलता है, वह वर्ष सन् 1877-78 का है। इस तरह देखने पर यह बात पता चलती है कि आज से तक़रीबन 138 वर्ष पूर्व ही यह भवन लगभग नष्ट हो चुके थे।

दराब अली ख़ाँ की हवेली

बहू बेगम के कार्यकाल में उनके विश्वासपात्र ख़्वाज़ासराओं में से एक दराब अली ख़ाँ की हवेली गोप्रतार घाट के पास बने बगीचे में स्थित थी। इस हवेली का ऐतिहासिक महत्त्व इस बात से बढ़ जाता है कि बाद में इसका इस्तेमाल वारेन हेस्टिंग्स के ऊपर चले मुकदमे की सुनवाई के दौरान होता था। आज इसका अस्तित्त्व समाप्त हो चुका है। दराब अली के अन्य भवनों

का बाद में सरकार द्वारा आधिकारिक तौर पर इस्तेमाल किया जाने लगा, जिनमें तहसील कार्यालय से लेकर चुँगी विभाग द्वारा प्रयोग में लाया जाना सामने आता है।

वर्तमान में दराब अली से सम्बन्धित किसी नवाबी इमारत का कोई वजूद दिखाई नहीं पड़ता। यह बात ज़रूर है कि नगर के सआदतगंज वार्ड में एक बस्ती 'दराबगंज' नाम से आज भी मौजूद है। यह बहुत सम्भव है कि इस बस्ती का नाम दराब अली के नाम पर पड़ा होगा।

ख़ुर्द महल

नवाबी दौर की प्रमुख इमारतों में शुमार ख़ुर्द महल के आज अवशेष भी नहीं मिलते हैं। नवाबी शासन के इतिहास में इस महल का अस्तित्त्व नवाब शुजाउद्दौला की दूसरी बेगम छतर कुँवरि या ख़ुर्द बेगम के महल के रूप में होता है। 'गजेटियर ऑफ द प्रॉविन्स ऑफ अवध' (संस्करण : फर्स्ट एडीशन : 1877, रीप्रिण्ट इन इण्डिया : 1985) के अनुसार 'मोती महल' और 'ख़ुर्द महल' दो पुराने शाही महल हुआ करते थे, जो दिलकुशा के समीप स्थित थे और जिन्हें अवध की शाही बेगमों के लिए नवाब शुजाउद्दौला के काल में बनवाया गया था।'

यह भवन चौक, फ़ैज़ाबाद से धारा रोड जाने वाले मार्ग पर कहीं बना था, जिसके बारे में आज दावे से यह नहीं कहा जा सकता कि भौगोलिक रूप से इस महल का अस्तित्त्व कहाँ पर था। वर्तमान समय में पूरी तरह लुप्त हो चुके इस महल के बारे में गजेटियरों में वर्णित सूचनाओं के आधार पर ही हमें पूर्व में रहे इसके वजूद का पता लगता है।

सालार जंग का महल

शुजाउद्दौला के मामा व श्वसुर सालार जंग के महल का अस्तित्त्व आज फ़ैज़ाबाद में कहीं भी नज़र नहीं आता, न ही गजेटियरों में इसके बारे में कोई विशेष जानकारी ही हासिल होती है। 'गजेटियर ऑफ द प्रॉविन्स ऑफ अवध' (संस्करण : फर्स्ट एडीशन : 1877, रीप्रिण्ट इन इण्डिया : 1985) में मात्र इतना उल्लेख हुआ है कि सालार जंग का महल पुराने टकसाल के निकट स्थित था। आज फ़ैज़ाबाद में चौक, टकसाल के मुहल्ले में किसी भी महल के अवशेष नहीं मिलते।

साभार : 1. गजेटियर ऑफ द प्रॉविन्स ऑफ अवध, वॉल्यूम-1, प्रकाशक : बी.आर. पब्लिशिंग कार्पोरेशन, दिल्ली, संस्करण : फर्स्ट एडीशन : 1877, रीप्रिण्ट इन इण्डिया : 1985, 2. 'फ़ैज़ाबाद : अ गजेटियर' : एच.आर. नेविल, आई.सी.एस. इलाहाबाद, 1905, 3. उत्तर प्रदेश डिस्ट्रिक्ट गजेटियर फ़ैज़ाबाद : ई.बी. जोशी, प्रकाशक : इण्डियन प्रेस लि. इलाहाबाद, उत्तर प्रदेश, संस्करण : 1960, 4. मेम्वॉयर्स ऑफ़ फ़ैज़ाबाद : 1 एण्ड 2, : विलियम हो, एडीटर : हमीद आफ़ाक कुरैशी, पब्लिशर : न्यू रॉयल बुक कम्पनी, लखनऊ, एडीशन : 1889, री-प्रिण्ट : 2005, 5. गुज़िश्ता लखनऊ : अब्दुल हलीम शरर, प्रकाशक : भुवन वाणी ट्रस्ट, लखनऊ, संस्करण : द्वितीय, 1990, से संक्षिप्त एवं संशोधित रूप में लेने के आधार पर इस अंक के सम्पादक यतीन्द्र मिश्र द्वारा लिखी गयी टिप्पणी। पहली बार प्रकाशित।

बहू बेगम की गुप्त वसीयत
ईस्ट इण्डिया कम्पनी से क़रार

नवाब शुजाउद्दौला की बेगम (अम्मत-उज़-ज़हरा) ने सन् 1808 में अपनी एक गुप्त वसीयत तैयार करने के बारे में सोचा। वे ऐसा इसलिए करना चाहती थीं, क्योंकि वे नवाब शुजाउद्दौला की दूसरी पत्नी ख़ुर्द बेगम से पैदा हुए पुत्र सआदत अली ख़ाँ (मिर्ज़ा मंगली) को नापसन्द करती थीं और उन्हें डर था कि यदि वसीयत के द्वारा वे अपनी सम्पत्ति को गाज़ीउद्दीन हैदर (सआदत अली ख़ाँ के पुत्र) को नहीं सौंप पाती हैं, तो कहीं सआदत अली ख़ाँ सारे शाही खजाने को हड़प न जाये। यह तथ्य इस सन्दर्भ में रोचक है कि जहाँ वे अपने सौतेले बेटे को अवध की शाही मसनद और ख़ज़ाना सौंपने के पक्ष में नहीं थीं, वहीं दूसरी ओर उन्हीं के बेटे और अपने सौतेले पोते (गाज़ीउद्दीन हैदर) के पक्ष में न सिर्फ़ अवध का उत्तराधिकार स्थानान्तरित करना चाहती थीं, बल्कि उसे पुख़्ता करने के लिए अपनी वसीयत तक़ तैयार करने के बारे में दृढ़तापूर्वक कृतसंकल्प थीं।

उसी दौर में बहू बेगम एक अंग्रेज अधिकारी लैम्सडन से बहुत प्रभावित थीं, जिसका फायदा उन्होंने अपनी वसीयत बनाने के सन्दर्भ में उठाया। बेगम ने कुशल कूटनीतिक फैसला लेते हुए अपनी मृत्यु के बाद सारी सम्पत्ति का ट्रस्टी ईस्ट इण्डिया कम्पनी को बनाने की इच्छा लैम्सडन से ज़ाहिर की। बहू बेगम की वसीयत के बारे में, यह बात स्पष्ट थी कि इसे नवाब सआदत अली ख़ाँ से छुपाकर तैयार किया जाना था, इसलिए उसकी सूचना लैम्सडन ने गुप्त रूप से पत्र के माध्यम से तत्कालीन गवर्नर जनरल जॉन शोर के पास कलकत्ता भेजी। जॉन शोर ने लैम्सडेन के पत्र को आधिकारिक रूप से आगे बढ़ाते हुए लन्दन भेज दिया। कुछ वर्ष बाद लन्दन से जवाब आया कि बहू बेगम द्वारा कम्पनी को ट्रस्टी बनाने की इच्छा मात्र लैम्सडेन के

सम्मुख रखी गयी है, जो सिर्फ़ वार्ता के आधार पर ही है। इस सन्दर्भ में यदि बहू बेगम अपनी इच्छा को लिखित रूप में शाही मुहर के साथ भेजती हैं, जिसमें अवध दरबार की सम्पत्ति का ट्रस्टी कम्पनी को बनाया जाना, उन्होंने तय किया है, तभी आगे कार्यवाही की जा सकती है। इसके बाद लैम्सडन ने बहू बेगम से लिखित इक़रारनामा लेकर भारत के गवर्नर के माध्यम से लन्दन भेजा। वहाँ यह पत्र ब्रिटिश कॉउन्सिल के समक्ष प्रस्तुत किया गया।

अन्ततः लगभग तीन वर्ष के बाद लन्दन से लखनऊ के रेजीडेन्ट मिस्टर वैली को निर्देशित किया गया कि वह फ़ैज़ाबाद में बहू बेगम के पास जाकर उनकी सारी चल एवं अचल सम्पत्ति का ब्यौरा और उसकी कीमत की एक सूची बनाकर सूचित करें, जिस पर बहू बेगम की सील (मुहर) एवं हस्ताक्षर अवश्य अंकित हो। लन्दन से आदेश मिलने के बाद मिस्टर वैली लखनऊ से फ़ैज़ाबाद आये और 'मोती महल' (बहू बेगम का निवास) में उपस्थित हुए।

अवध की शाही परम्परा के अनुसार महल के आगन्तुक कक्ष में पर्दे के एक तरफ मिस्टर वैली बैठे और पर्दे के अन्दर की तरफ बहू बेगम पधारीं। इस वार्तालाप में, जो नवाबी शासन के इतिहास में एक महत्त्वपूर्ण तारीख़ के रूप में दर्ज़ होने जा रहा था, मिस्टर वैली, बहू बेगम तथा दराब अली (बहू बेगम के विश्वासपात्र ख़्वाज़ासरा) के अलावा रेजीडेन्सी के मुंशी भी मौजूद थे। रेजीडेन्सी के मुंशी को एक वसीयत तैयार करने का निर्देश दिया गया, जिसमें 'ईस्ट इण्डिया कम्पनी' बहू बेगम के लिए एक ट्रस्टी की तरह कार्य करेगी और उनके इन्तकाल के बाद बहू बेगम द्वारा तय की गयी शर्तों के अनुसार उसके क्रियान्वयन का ज़िक्र शामिल था। यहाँ पर हम वसीयत के समस्त बिन्दुओं के तहत शर्तों की चर्चा, उनकी वसीयत के मसौदे के प्रामाणिक पाठ, **द लॉस्ट विल एण्ड टेस्टामेण्ट ऑफ़ बहू बेगम : अब्दुल अली** के आधार पर कर रहे हैं। यहाँ यह भी सूचित करना आवश्यक है कि बहू बेगम की असली वसीयत चौबीस पृष्ठों की जिस उल्लिखित पुस्तिका में मौजूद है, वह कनाडा विश्वविद्यालय की लाइब्रेरी में मौजूद है। यह वसीयत 25 जुलाई, 1813 ई. को तैयार हुई थी, जिसकी प्रमुख शर्तें इस तरह थीं–

1. वसीयत की पहली शर्त के अनुसार तीन लाख रुपए (अशर्फियों के रूप में प्रचलित सिक्के) उनके मकबरे के निर्माण के लिए उनके मंत्री एवं सलाहकार दराब अली को दिया जाये।

2. रुपये एक लाख (अशर्फियों के रूप में प्रचलित सिक्के) ईराक़ स्थित कर्बला नज़फ़-ए-अशरफ की दरगाहों के लिए दान दिया जाये।

3. रुपये दस हजार जो पश्चिमराठ के गाँवों से प्रतिवर्ष वसूली में आते थे, उसे बहू बेगम के मकबरे के सालाना रख-रखाव के लिए खर्च किया जायेगा तथा बची धनराशि को गरीबों में बाँट दी जायेगी।

4. वसीयत में इस बात का भी ज़िक्र किया गया था कि उनके द्वारा एकत्र कोष से शाही परिवार के सदस्यों, रिश्तेदारों तथा नौकरों के साथ-साथ अन्य आश्रितों (नवाबी ख़ानदान से सम्बन्धित लोगों) के लिए, जो फ़ैज़ाबाद एवं लखनऊ में ही रहेंगे, एक ट्रस्ट बनाकर पेंशन (वसीका) की व्यवस्था सुनिश्चित की जायेगी।

बहू बेगम की वसीयत को पढ़ने के साथ इतिहास में यह देखना भी महत्त्वपूर्ण होगा कि उनकी मृत्यु (1815 ई., कहीं-कहीं सन् 1816 भी दर्ज़ है) के बाद ईस्ट इण्डिया कम्पनी ने बड़ी चालाकी से उनकी सम्पत्ति में से लगभग एक करोड़ रुपये चुराकर शेष सारी धन-दौलत व जायदाद नवाब गाज़ीउद्दीन हैदर को सौंप दी थीं।

नोट : **कनाडा विश्वविद्यालय की लाइब्रेरी से प्राप्त द लॉस्ट बिल एण्ड टेस्टामेण्ट ऑफ़ बहू बेगम बाइ ए.एफ.एम. अब्दुल अली, प्रिण्टेड बाइ एन. मुखर्जी, बी.ए. द ऑर्ट प्रेस, 1 वेलिंग्टन स्कॉवायर, कैलकटा, (रिफ़ेरेंस नम्बर C978 . A13008L) का विशेष आभार है। – सम्पादक**

साभार : **बहू बेगम की प्रामाणिक वसीयत को दर्ज़ करने के अतिरिक्त यह टिप्पणी, मेम्वॉयर्स ऑफ़ फ़ैज़ाबाद : 1 एण्ड 2, : विलियम हो, एडीटर : हमीद आफ़ाक कुरैशी, पब्लिशर : न्यू रॉयल बुक कम्पनी, लखनऊ, एडीशन : 1889, री-प्रिण्ट : 2005 से संक्षिप्त एवं संशोधित रूप में लेने के आधार पर इस अंक के सम्पादक यतीन्द्र मिश्र द्वारा लिखी गयी टिप्पणी। पहली बार प्रकाशित।**

फ़ैज़ाबाद में शिया-संस्कृति का आगमन
अवध में ईरानी विद्वानों का प्रभाव

अठारहवीं शताब्दी के मध्यकाल में जब कला और संस्कृति दिल्ली से फ़ैज़ाबाद स्थानान्तरित हुयी, उसी समय नवाब शुजाउद्दौला के संरक्षण में भारत के विभिन्न भागों और ईरान से आए अनेक शिया उलेमा, विद्वान और उच्चवर्गीय परिवार फ़ैज़ाबाद में एकत्र हुए। कश्मीरी उलेमा जो कि ईरानी विद्वानों के शागिर्द थे, भी यहाँ काफ़ी प्रभावी हुए। जैसे कि नवाब शुजाउद्दौला के ही शासनकाल में **मुल्ला मोहम्मद अली कश्मीरी,** *जिन्हें* **'मुल्ला पादशाह'** *के नाम से जाना जाता था, फ़ैज़ाबाद आये थे और शुजाउद्दौला की मृत्यु के बाद बहू बेगम ने उन्हें संरक्षण प्रदान किया। फ़ैज़ाबाद में सामूहिक रूप से जुमा (शुक्रवार) की नमाज़ की शुरुआत कराने वाले वही प्रमुख व्यक्ति थे। मुल्ला पादशाह के निर्देश पर नवाब हसन रज़ा ख़ाँ ने सैय्यद दिलदार अली को बाक़ायदा शुक्रवार की नमाज़ सम्पन्न कराने के लिए अपने यहाँ नियुक्त किया था। फ़ैज़ाबाद के इतिहास में शियाओं की पहली शुक्रवारी सामूहिक नमाज़ नवाब हसन रज़ा ख़ाँ के महल में रज़ब माह की तेरह तारीख़ को 1200 हि. में सम्पन्न हुई थी, जिस दिन इमाम अली का जन्मदिन मनाया जाता है। ईसाई कैलेण्डर के अनुसार यह तिथि 12 मई, 1785 को पड़ी थी।*

मुल्ला पादशाह के बेटों में मुल्ला अब्दअल अली, मुल्ला क़ासिम अली और मुल्ला ज़वाद अली अपने धार्मिक ज्ञान के लिए जाने जाते थे, जिनकी विद्वता धीरे-धीरे शिया जगत में लोकप्रिय हो गयी थी। सद्र-जहाँ बेगम (नवाब बेगम) और अम्मत-उज़-ज़हरा (बहू बेगम) के उदार संरक्षण में उत्तर भारत में फ़ैज़ाबाद, शिया संस्कृति के एक केन्द्र के रूप में फलता-फूलता

रहा, जबकि अवध की राजधानी यहाँ से लखनऊ स्थानान्तरित हो चुकी थी।

प्रसिद्ध धार्मिक विद्वान **अल बिहाबानी** *1807 ई. में फ़ैज़ाबाद में आकर बस गये थे, जिनका बहू बेगम ने गर्मजोशी से इस्तकबाल किया। अल बिहाबानी धार्मिक विषयों पर लेखन कार्य किया करते थे। उनकी महत्ता इस बात से सिद्ध होती है कि नवाब आसिफुद्दौला अनेक धार्मिक समस्याओं पर उनकी राय लेते थे और उनके फतवों से बहुत प्रभावित रहते थे। इसके बाद भी अनेक शिया विद्वानों का फ़ैज़ाबाद आना होता रहा और यहाँ की तहज़ीब में शिया-संस्कृति के विस्तार की महक घुलने लगी।*

नोट : द मेकिंग ऑफ़ द अवध कल्चर : मधु त्रिवेदी, पब्लिशर : प्राइमस बुक्स, नयी दिल्ली, एडीशन : फर्स्ट-2010 से संक्षिप्त एवं संशोधित रूप में प्रस्तुत। इस अंश का अंग्रेजी से हिन्दी अनुवाद राधेश्याम पाण्डेय और इस अंक के सम्पादक यतीन्द्र मिश्र ने संयुक्त रूप से किया है। पहली बार प्रकाशित।

'अवध दरबार' के हिन्दू ओहदेदार

नायब, दीवान, रिसालेदार, राजा और महाराजा की पदवियाँ

राजा लक्ष्मीनारायण

अवध के प्रथम नवाब सआदत ख़ाँ 'बुरहान-उल-मुल्क' के काल में उनके अत्यन्त विश्वासपात्र रहे राजा लक्ष्मीनारायण अवध के शासन के इतिहास में बिल्कुल आरम्भ के हिन्दू दीवान या नायब के रूप में जाने जाते हैं। यह राजा हरनारायण के बेटे थे तथा नवाब की मृत्यु के बाद इन्होंने ही नादिरशाह को समझाया था, जिसकी बदौलत उनका दिल साफ हुआ और तब उन्होंने लक्ष्मीनारायण की कुशल पैरवी के बाद नवाब मंसूर अली ख़ाँ 'सफदरजंग' को अवध का सूबेदार बनाया और सआदत ख़ाँ की सारी जागीरें भी उन्हें वापस सौंप दीं।

राजा लक्ष्मीनारायण जाति से कायस्थ थे और अवध दरबार की यह परम्परा रही कि दरबारी तहजीब की योग्यता के अनुसार फारसी और उर्दू की अच्छी जानकारी के लिए नायब का पद अधिकतर कायस्थों को दिया जाता था। राजा लक्ष्मीनारायण चूँकि अपने काम में बेहद निपुण और दूरदर्शी व्यक्ति थे, अतः इनकी निकटता भी नवाब सआदत ख़ाँ के साथ जीवन-पर्यन्त रही।

आत्माराम

पंजाब के भिलोवाल क्षेत्र के निवासी आत्माराम खत्री परिवार से सम्बन्धित थे। उनकी योग्यता व निष्ठा से प्रसन्न होकर सआदत ख़ाँ ने उनको हिण्डवान और बयाना का राजस्व अधिकारी बनाया था। बाद में सआदत ख़ाँ ने उनको अवध राज्य का दीवान भी बना दिया था। आत्माराम के ही बड़े

बेटे रामनारायन ने फ़ैज़ाबाद में दिल्ली दरवाज़ा बनवाया था, तो छोटे बेटे महानारायन ने लखनऊ को सँवारने में अपनी शक्ति लगायी, जहाँ उनका निवास-स्थान 'बाग महानारायन' के नाम से आज भी जाना जाता है। यह देखना भी गौरतलब है कि अवध के तीसरे नवाब शुजाउद्दौला ने अपने समय में आत्माराम के बेटों रामनारायन तथा महानारायन को अपना दीवान तथा सलाहकार नियुक्त किया था।

इतिहास में मौजूद साक्ष्यों से यह बात भी पता चलती है कि रामनारायन की दृढ़ पैरवी के चलते बेनीप्रसाद को शुजाउद्दौला ने सन् 1755 में 'बेनी बहादुर' का ख़िताब देकर अपना दीवान बनाया था और बाद में सन् 1759 में नवाब ने उनको महाराजा बेनी बहादुर का ख़िताब देकर अपना नायब बनाया।

महाराजा नवलराय

महाराजा नवलराय का जन्म जिला इटावा के चकवा परसन गाँव के एक कानूनगो परिवार में हुआ था। अवध के दूसरे नवाब सफदरजंग, जिन्होंने फ़ैज़ाबाद की आधारशिला रखी थी और अपना बंगला यहीं बनाया था, के दरबार में वह लेखक की मामूली नौकरी से शुरुआत करते हुए अवध की सेना में सेनानायक के पद तक पहुँचे। अक्टूबर 1743 ई. में सफदरजंग ने इनको अपना उपराज्यपाल बनाया। साथ में बहराईच जिले के फ़िरोज़ाबाद परगने में जागीर प्रदान की। सन् 1748 ई. में जब सफदरजंग को इलाहाबाद का भी राज्यपाल बनाया गया, तो उन्होंने इलाहाबाद भी नवलराय के नियन्त्रण में सौंप दिया। बाद में नवाब ने लखनऊ जिले के मोहान कस्बे में सराय दौलत और कुछ गाँवों की जागीरदारी भी नवलराय को दी। जनवरी, 1750 ई. में सराय फ़र्रुख़ाबाद के बंगश नवाब की रियासत भी उनके प्रशासन में रख दी गयी थी। पहले नवलराय को राजा की उपाधि मिली और बाद में महाराजा की उपाधि से सम्मानित किया गया।

नवाब सफदरजंग की अनुपस्थिति में सारा काम-काज ये ही देखते थे। उनको परदा माफ़ था और वे महलों में भीतर जनानखानों तक आने-जाने को स्वतंत्र थे। नवलराय ने ही अयोध्या में नागेश्वरनाथ महादेव का वर्तमान मन्दिर बनवाया था। अयोध्या के ही लक्ष्मण जी के मन्दिर के विषय में प्राप्त जानकारियों के आधार पर अवधवासी लाला सीताराम ने अपनी पुस्तक 'अयोध्या का इतिहास' में यह लिखा है कि इस मन्दिर को बनवाने वाला भी नवलराय ही था। उनके अनुसार 'सफ़दरजंग के समय

से अयोध्या के दिन फिरे। उसका प्रधानमंत्री और सेना-नायक इटावा का रहने वाला सक्सेना कायस्थ नवलराय था। नवलराय ने रुहेलों को अवध से मार भगाया। ...नवलराय वीर तो था ही, बड़ा धर्मात्मा भी था और नवाब वज़ीरों में बड़ा प्रशंसनीय गुण यह था कि अपने सेवकों और अपनी प्रजा को पूरी धार्मिक स्वतंत्रता दिये हुए थे।'

महाराजा नवलराय फ़र्रुख़ाबाद जिले के खुदागंज में फ़र्रुख़ाबाद के पठानों की सेना से लड़ते हुए 13 अगस्त सन् 1750 को वीरगति को प्राप्त हुए। इनके पुत्र राजाराम बाद में नवाब नसीरुद्दीन हैदर के दीवान हुए।

राजा टिकैतराय

बाराबंकी जिले के इटौली कस्बे में जन्में राजा टिकैतराय एक धर्म पारायण वैष्णव माने जाते हैं। इनके पिता का नाम जयमल था। उनके बारे में यह मशहूर रहा है कि अनेक ध्वस्त हिन्दू तीर्थ स्थानों का जीर्णोद्धार कराने के अलावा उन्होंने उन जगहों पर मन्दिर, तालाब और घाटों का नये ढंग से निर्माण कराया था। उनके बारे में यह मशहूर रहा है कि उन्होंने पूरे अवध सूबे में एक सौ आठ शिव मन्दिर बनवाए थे, जिनमें प्रमुख शिव-मन्दिर हैं– शिव मन्दिर व घाट, बिठूर, कानपुर, चौमुखा शिव मन्दिर, मलिहाबाद, राजराजेश्वर महादेव मन्दिर, लखनऊ और महमूद नगर का शिवाला, लखनऊ। उन्होंने लखनऊ में टिकैतराय का तालाब और इलाहाबाद के दारागंज में धर्मशाला बनवायी थी। लखनऊ का नक्ख़ास बाज़ार और राजा का बाज़ार इन्हीं का बसाया हुआ है।

अवधवासी लाला सीताराम ने अपनी पुस्तक 'श्री अवध की झाँकी' में उनके अयोध्या में सबसे बड़े योगदान की चर्चा की है, जो हनुमानगढ़ी मन्दिर की स्थापना के सन्दर्भ में है। लाला सीताराम लिखते हैं– 'यह गढ़ी शुजाउद्दौला के उत्तराधिकारी नवाब आसिफुद्दौला के प्रधानमंत्री कायस्थ कुलभूषण महाराज टिकैतराय के प्रबन्ध से पूरी हुई।' उन्हें ही अयोध्या में हनुमानगढ़ी का निर्माता माना जाता है।

राज टिकैतराय ने नवाब शुजाउद्दौला के यहाँ बीस रुपये मासिक पर नौकरी शुरु की थी तथा अपनी योग्यता के बल पर धीरे-धीरे अवध दरबार में हैसियत जमाते हुए पहले नवाब आसिफुद्दौला के दीवान बने और फिर सन् 1792 में वज़ीर-ए-ख़ास बनाये गये। इन्हें अवध दरबार से खिलअत और 'महाराजाधिराज टिकैतराय नृपेन्द्र बहादुर' की उपाधि मिली थी। इन्हें नवाबों

द्वारा मुकुट प्रदान किया गया था, उसमें अवध का राजचिन्ह मछलियों का जोड़ा बना हुआ था। फ़ैज़ाबाद गजेटियर, ई.बी. जोशी, संस्करण 1960 में यह वर्णित हुआ है कि आसिफुद्दौला की मृत्यु के उपरान्त उनकी माँ बहू बेगम ने नवाब के व्यक्तिगत शाही खज़ाने को अपने अधीन करने के प्रयास के तहत जिन लोगों से परामर्श लिया था, उनमें हसन रज़ा ख़ाँ और अल्मास अली के अलावा राजा टिकैतराय भी शामिल थे।

अन्तिम दिनों में ये भगवान राम की उपासना के लिए अयोध्या में रहने लगे थे, जहाँ उनका देहावसान 30 मई, 1800 ई. को हुआ था। टिकैतराय की सदाशयी धार्मिक नीतियों के लिए उस जमाने में उन्हें 'हिन्दू धर्म का कवच' कहा जाता था।

राजा झाऊलाल

नवाब आसिफुद्दौला के शासनकाल में सर्वाधिक प्रतिष्ठित ओहदे पर रहे कायस्थ कुल के राजा झाऊलाल मूल रूप से शाहजहाँपुर के निवासी थे। आसिफुद्दौला के दरबार में लखनऊ आने से पूर्व ये उनकी माँ बहू बेगम तथा दादी नवाब बेगम के यहाँ शाही खजाने के देखभाल के लिए नियुक्त थे। इतिहास में मौजूद ढेरों कहानियों से यह बात सामने आती है कि महाराजा झाऊलाल ने फ़ैज़ाबाद के खज़ाने की भरसक हिफ़ाजत उस वक्त की थी, जब वारेन हेस्टिंग्ज ने उसे लूटने का बन्दोबस्त किया था। राजा झाऊलाल से हिन्दू धर्म के तमाम धार्मिक आयोजनों एवं संस्थाओं को दान प्राप्त होता रहता था, इस कारण अयोध्या के लोग इन्हें 'राजा दहीराज' कहकर पुकारते थे।

इन्हें लखनऊ में पहले तोपखाने का दरोगा बनाया गया था, बाद में नवाब आसिफुद्दौला ने अपनी तमाम जागीरों का प्रबन्ध भी इनको सौंप दिया। लखनऊ संस्कृति के जानकार योगेश प्रवीन की किताब 'बहार-ए-अवध' के माध्यम से यह जानकारी प्राप्त होती है कि राजा झाऊलाल के सफर के वास्ते उन्हें हाथी और आठ कहारों वाली झालरदार पालकी प्राप्त थी। झाऊलाल सन् 1795 से 1797 तक अवध के वजीर दोयम रहे। लखनऊ के अमीनाबाद की साप्ताहिक बाज़ार राजा झाऊलाल की देन मानी जाती है। इन्होंने ही लखनऊ में महबूबगंज, तोप दरवाज़ा, ख़्यालीगंज जैसे मुहल्ले बसाये थे और अमीनाबाद के पास एक पुल बनवाया, जिसे 'राजा झाऊलाल का पुल' कहा जाता है। ठाकुरगंज का इमामबाड़ा जिसे

'शिया बैतुलमाल' कहा जाता है, राजा झाऊलाल का ही बनवाया है। इसी के सामने उनके द्वारा बनवायी हुई एक मस्ज़िद भी है, जिसे 'इमली वाली मस्ज़िद' कहा जाता है। यह इमामबाड़ा और मस्ज़िद आज भी कौमी एकता की मिसाल माने जाते हैं। अंग्रेजों की चालबाजियों के सदैव विरुद्ध रहने वाले राजा झाऊलाल को षड़यन्त्र के तहत फँसाकर अंग्रेजों द्वारा फाँसी दी गयी थी। नवाब आसिफुद्दौला से इनकी मित्रता को मिसाल के तौर पर याद किया जाता है।

राजा झाऊलाल के सन्दर्भ में अलग से एक विस्तृत टिप्पणी 'राजा झाऊलाल : गंगा जमुनी तहज़ीब की मिसाल' के अन्तर्गत दी जा रही है।

लाला हेमराज

नवाब शुजाउद्दौला की बेगम अम्मत-उज़-जेहरा (बहू बेगम) के शासनकाल में लाला हेमराज नाम के अधिकारी हुए। वह मूल रूप से जाति के ब्राह्मण थे तथा सुलतानपुर जिले के रहने वाले थे। पहले वे नवाब के दरबारी रहे, याकूत ख़ाँ के लेखाधिकारी थे। याकूत ख़ाँ की मृत्यु के बाद वह मुहर्रम अली ख़ाँ की सेवा में आए और उसके बाद बहू बेगम के मुख्य प्रतिनिधि के पद पर रहकर उनकी सरकार के सभी विभागों पर लाला हेमराज का नियंत्रण रहा।

मुहम्मद फ़ैज़ बख़्श की पुस्तक 'तारीख़-ए-फ़राहबख़्श' में इस बात का ज़िक्र मिलता है कि नवाब शुजाउद्दौला के मकबरे 'गुलाबबाड़ी' के निर्माण के लिए हसन रज़ा ख़ाँ ने लाला हेमराज और उनके बेटे भवानी प्रसाद को अधीक्षक के तौर पर नियुक्त किया था। सरकारी खज़ाने से मिली हुई स्वर्ण मुहरें और नवाब आसिफुद्दौला द्वारा मकबरे के निर्माण के लिए उस समय भेजी गयी सात लाख रुपये की धनराशि के खर्च और हिसाब की सारी जिम्मेदारी लाला हेमराज के सुपुर्द की गयी थी। यह तथ्य इस बात की ओर इशारा करता है कि लाल हेमराज की उस समय नवाबी शासन में कितनी बड़ी हैसियत रही थी कि उन पर बहू बेगम भी भरोसा करती थीं और वे नवाब आसिफुद्दौला के भी विश्वासपात्र रहे थे।

उनके सन्दर्भ में यह बात भी प्रचलित रही है कि वे बहुत पढ़े-लिखे नहीं थे, लेकिन अपनी कार्यकुशलता और वाक्पटुता से सभी को प्रभावित कर लेते थे। हेमन्त कुमार द्वारा लिखी गयी पुस्तक 'अवध दरबार के हिन्दू ओहदेदार' में एक प्रसंग का ज़िक्र आता है, जिसका उल्लेख यहाँ प्रासंगिक

होगा। इस घटना के अनुसार 'एक बार बहू बेगम के यहाँ बारात रात में देर से आई। बेगम ने दूल्हे के लिए एक सोने का मुकुट बनवाया था। ग़लती से उसमें सोने की डोर नहीं लगी थी। अब देर रात में डोर कहाँ से मिले? बेगम ने लाला हेमराज को याद किया। उन्होंने फौरन तीन प्रकार की डोर हाज़िर कर दी और वाहवाही पायी।

राजा बख़्तावर सिंह एवं राजा दर्शन सिंह

नवाब सआदत अली ख़ाँ ने अपने रिसाले के एक वीर हिन्दू ब्राह्मण 'ओरी' की बहादुरी से प्रसन्न होकर, उन्हें 'खिलअत' देकर पलिया की जागीर सौंपी और सौ सवारों का अफसर बनाया। ऐसा उन्होंने इस सैनिक की वीरता से प्रसन्न होकर किया था, जिसमें ओरी ने एक दुश्मन के तलवार के घात से नवाब सआदत अली ख़ाँ के प्राणों की रक्षा की थी। बाद में नवाब सआदत अली ख़ाँ की मृत्यु के उपरान्त जब गाज़ीउद्दीन हैदर बादशाह हुए, तब उन्हें राजा की उपाधि मिली और वे राजा बख़्तावर सिंह कहलाए।

राजा बख़्तावर सिंह कुशल सूझ-बूझ के एक अच्छे प्रबन्धक और वीरता से भरे हुए सेना-नायक थे, जिसके चलते अवध दरबार में उनकी प्रतिष्ठा और अधिकार बढ़ते चले गये। इसी कारण कुछ दिनों बाद उन्होंने अपने भाई दर्शन सिंह को भी दरबार में प्रवेश दिलवाया। दर्शन सिंह ने भी अपने अच्छे प्रबन्धन और कुशल नेतृत्व के चलते अवध दरबार में 'बहादुर' का पद हासिल किया। नवाब नसीरुद्दीन हैदर के काल में दोनों भाईयों की उन्नति होती रही।

राजा बख़्तावर सिंह ने अपने भाईयों को जब ऊँचे-ऊँचे पद दिलवा दिये, तो उनकी इच्छा हुई कि अब जमींदारी लेनी चाहिए और उन्होंने अनुमानतः पन्द्रह सौ गाँव मोल ले लिये और अपने सुप्रबन्ध से प्रजा को प्रसन्न रखा। इस सन्दर्भ में अवधवासी लाला सीताराम की पुस्तक 'अयोध्या का इतिहास' में वर्णित है कि राजा बख़्तावर सिंह को मेंहदौना की जागीर और राजा की पदवी मुहम्मद अली शाह के शासनकाल में मिली थी। इसी समय बख़्तावर सिंह को वह तलवार भी दी गयी थी, जो ईरान के बादशाह नादिरशाह ने दिल्ली के बादशाह मुहम्मद अली शाह को उपहार में दी थी और मुहम्मद शाह से नवाब सफदरजंग ने पायी थी।

राजा दर्शन सिंह ने मेंहदौना रियासत के भीतर शाहगंज में सुदृढ़ किला, बाज़ार और महल बनवाए थे। अयोंध्या में दर्शनेश्वरनाथ महादेव का शिवाला

और दर्शननगर बाज़ार का निर्माण भी राजा दर्शन सिंह ने ही कराया था। साथ ही, इन्होंने ही दर्शननगर में स्थित सूर्यकुण्ड का प्राचीन मन्दिर और पक्के तालाब का निर्माण भी करवाया।

राजा बख़्तावर सिंह चूँकि निःसन्तान थे और इन्होंने अपने भाई दर्शन सिंह के पुत्र राजा मानसिंह के हक़ में वसीयतनामा लिखा था, जिसके अनुसार इनकी मृत्यु के उपरान्त मानसिंह को राजा के रूप में प्रतिष्ठित होना था। मानसिंह ने राजा बनने के उपरान्त अपने कार्यकाल में ही अपनी पुत्री बृजविलास कुँवरि के पुत्र प्रताप नारायण सिंह को, जिन्हें बाद में 'ददुआ महाराज' के नाम से अपार ख्याति मिली, अपने उत्तराधिकारी के रूप में चुना था। महाराजा प्रताप नारायण सिंह ने मेंहदौना से हटकर अपने राज्य का विस्तार करते हुए अयोध्या में आकर अपने आप को प्रतिष्ठित किया था। इन्हें ब्रिटिश सरकार ने 'अयोध्या राजा' की पदवी दी और 'के.सी. आई.ई.' व 'महामहोपाध्याय' का ख़िताब भी प्रदान किया। अयोध्या का भव्य राजप्रासाद 'राजसदन' ददुआ महाराज के ही प्रशासन-काल में बनकर तैयार हुआ, जो आज भी स्थापत्य का अनुपम उदाहरण माना जाता है।

अन्य उल्लेखनीय ओहदेदार

अवध के नवाबी शासन के इतिहास में उपर्युक्त विवेचित प्रमुख नायब, दीवान, रिसालदार, राजा और महाराजा के अतिरिक्त कुछ अन्य हिन्दू ओहदेदार भी शामिल रहे हैं, जिनका योगदान इस कालखण्ड की प्रगति से सम्बन्धित रहा है। इनमें प्रमुख रूप से याद किये जाने वाले लोगों में शामिल हैं— नवाब सफदरजंग की सेना के हिन्दू कमाण्डर **राजेन्द्र सिंह गिरि गोसाईं,** खत्री जाति के **राजा सूरत सिंह,** नवाब शुजाउद्दौला की सेना के प्रमुख अधिकारी **महाराजा सिताबराय, राजा बेनी बहादुर,** नवाब आसिफुद्दौला के अत्यन्त खास रहे **भवानी महरा** और उनके तोपखाने के दूसरे दारोगा **जोरावर सिंह,** ग़ाज़ीउद्दीन हैदर के समय **राजा दयाकृष्ण, राजा मेवाराम,** नवाब नसीरुद्दीन हैदर की सम्पत्ति के प्रबन्धक **मुंशी भोलानाथ, लाला रामदयाल,** नवाब अमज़द अली शाह के वक्त में मुंशी **ज्वाला प्रसाद,** वाजिद अली शाह के दीवान और अर्थ मंत्री **महाराजा बालकृष्ण** तथा उनके सरकारी अभिलेखागार के प्रमुख बाबू **पूरनचन्द सक्सेना** आदि के नाम इतिहास में दर्ज़ हैं।

साभार : 1. अयोध्या का इतिहास : रायबहादुर अवधवासी लाला सीताराम बी.ए., प्रकाशक : आर्य बुक डिपो, नयी दिल्ली, संस्करण : प्रथम 1932, पुनर्मुद्रित 2001, 2. श्री अवध की झाँकी : अवधवासी लाला सीताराम बी.ए., प्रकाशक : राजपाली प्रेस तथा कायस्थ पाठशाला प्रेस, प्रयाग, इलाहाबाद, संस्करण-1933, 3. बहार-ए-अवध : योगेश प्रवीन, प्रकाशक : लखनऊ महोत्सव पत्रिका समिति, लखनऊ, संस्करण : प्रथम 1987, 4. अवध दरबार के हिन्दू ओहदेदार : हेमन्त कुमार, प्रकाशक : हिन्दी वाङ्मय निधि, लखनऊ, संस्करण : 2015, 5. मेम्वॉयर्स ऑफ़ फ़ैज़ाबाद : 1 एण्ड 2, : विलियम हो, एडीटर : हमीद आफ़ाक कुरैशी, पब्लिशर : न्यू रॉयल बुक कम्पनी, लखनऊ, एडीशन : 1889, री-प्रिण्ट : 2005, से संक्षिप्त एवं संशोधित रूप में लेने के आधार पर इस अंक के सम्पादक यतीन्द्र मिश्र द्वारा लिखी गयी टिप्पणी। पहली बार प्रकाशित।

नवाबी युग में ख़्वाज़ासराओं की भूमिका
शाही परिवार के वफ़ादार पहरेदार

फ़ैज़ाबाद के नवाबी शासन के इतिहास में कुछ ऐसे बिसरा दिये गये चरित्र भी मौजूद रहे हैं, जिन्होंने नवाबों और बेगमों की सेवा में रहकर अवध के शासन-तंत्र में अपनी महत्त्वपूर्ण भूमिका सुनिश्चित की थी। दरबार के कुछ ऐसे वफ़ादार मुलाज़िम, जिन्होंने शाही परिवार के समर्पित पहरेदारों के रूप में इतिहास में काम किया है। ऐसे लोग एक खास वर्ग की नुमाइन्दगी करते थे, जिन्हें प्रचलित अर्थों में 'ख़्वाज़ासरा' कहा जाता है। ख़्वाज़ासरा का अर्थ ऐसे नपुंसक व्यक्तियों से सम्बन्धित है, जिनकी बेरोकटोक पहुँच शाही हरम तक हुआ करती थी। इसके चलते कई बार ख़्वाज़ासराओं ने ज़नानख़ानों से लेकर दरबार के मध्य एक महत्त्वपूर्ण सम्पर्क व्यक्ति या बुद्धिमान मध्यस्थ के रूप में प्रमुख भूमिका निभाई थी।

यह देखना अत्यन्त महत्त्वपूर्ण होगा कि फ़ैज़ाबाद के नवाबी इतिहास में तमाम ऐसे भी ख़्वाज़ासरा हुए हैं, जो अपनी ईमानदारी, वफादारी, बुद्धिमत्ता, कार्यकुशलता एवं दूरदर्शिता के बल पर पूरे सूबे की राजनीतिक, आर्थिक एवं कूटनीतिक स्थितियों पर अपना नियन्त्रण रखते थे तथा नवाबों के विश्वास-पात्र हुआ करते थे। इसी तरह उनकी वफ़ादारी का मामला नवाबों की बेगमों तक भी फैला हुआ था, जिसमें ये सभी ख़्वाज़ासरा बेगमों के मनोरंजन, पहनावे, रहन-सहन, आमोद-प्रमोद तथा वित्त सम्बन्धी सभी अहम जिम्मेदारियाँ निभाते हुए स्वास्थ्य तक की उचित खबरें शाही हकीमों तक पहुँचाते थे। इसी कारण इतिहास में तमाम ऐसी कहानियाँ और दृष्टान्त मिलते हैं, जिनमें कई बार कुछ प्रमुख पदों पर नियुक्त ख़्वाजासराओं ने बेगमों का विश्वास अर्जित करते हुए खुद को तत्कालीन सत्ता में बेहद शक्तिशाली

बना लिया था। इन सभी का प्रभुत्व इस बात से आँका जा सकता है कि कई बार इनमें से अनेकों लोगों को शाही खजाने के रखवालों के तौर पर भी नियुक्त किया गया। नवाबी दौर के इतिहास को बनाने में जितनी बड़ी भूमिका स्वयं नवाबों और उनके परिवार के सदस्यों के साथ-साथ दरबार में मौजूद विद्वानों, संगीतज्ञों, ज्योतिषियों, खगोलशास्त्रियों, शायरों, पण्डितों, वैद्यराजों तथा जाँबाज सेनापतियों की रही है, उसी अनुपात में ख़्वाज़ासराओं ने भी अपनी उपस्थिति से नवाबीकाल का इतिहास कुछ अलग सा बनाया, सँवारा और बचाया है। फ़ैज़ाबाद के अवध दरबार में मौजूद ढेरों ऐसे लोगों में प्रमुख ख़्वाज़ासरा के रूप में हम **जवाहर अली ख़ाँ, दराब अली ख़ाँ, बहार अली ख़ाँ, अल्मास अली ख़ाँ, याकूब अली ख़ाँ, खुशनज़र अली ख़ाँ** और **हाज़ी इकबाल ख़ाँ** के नाम याद कर सकते हैं।

इनमें **जवाहर अली ख़ाँ** का ओहदा सबसे महत्त्वपूर्ण माना जाता है, क्योंकि उन्होंने अपनी बुद्धिमत्ता, व्यवहार कुशलता और युद्ध कौशल में पारंगत होने के कारण सन् 1767 में नवाब शुजाउद्दौला के शाही हरम के निरीक्षक का पद पाया था। इस पद पर रहकर उन्होंने शाही हरम की सुरक्षा व्यवस्था की जिम्मेदारी को इतनी ईमानदारी से निभाया था कि वे नवाब शुजाउद्दौला के खास दरबारियों में शुमार हो गये थे। इसके चलते धीरे-धीरे उनके प्रभाव क्षेत्र में वृद्धि हुई और उनके पास इस्माइलगंज, वजीरगंज, सलौन, तुबाह तथा हवेली खास आदि परगनों के हिसाब-किताब की जिम्मेदारी आ गयी। साथ ही अवध सूबे के आधे से अधिक क्षेत्र के प्रशासन की जिम्मेदारी भी जवाहर अली के सुपुर्द थी। इतिहास में मिलने वाले तमाम विवरणों के आधार पर यह कहा जा सकता है कि जवाहर अली ख़ाँ नवाब शुजाउद्दौला के साथ-साथ बहू बेगम के भी चहेते बने रहे। यहाँ तक कि नवाब शुजाउद्दौला के इन्तकाल के बाद भी बहू बेगम का उन पर विश्वास कम नहीं हुआ। फ़ैज़ाबाद नगर में शियाओं की प्रमुख बस्ती रही राठहवेली में जवाहर अली ख़ाँ ने ही इमामबाड़े का निर्माण करवाया था।

जवाहर अली ख़ाँ के बाद दूसरे बड़े ख़्वाज़ासरा के रूप में **दराब अली ख़ाँ** का नाम आता है। दराब अली ख़ाँ को इनके पिता ने नवाब शुजाउद्दौला की सरपरस्ती में दिया था, जिसके उपरान्त उनकी सारी शिक्षा-दीक्षा को नवाब ने जवाहर अली ख़ाँ की देख-रेख में पूरा कराया। आगे चलकर यही दराब अली ख़ाँ दरबार के इतने बड़े विश्वासपात्र बने कि उन्हें कई बड़े ओहदों पर नियुक्त किया गया। मुंशी फ़ैज़बख़्श की लिखी 'तारीख़-ए-फ़राहबख़्श'

में दराब अली के पदों और उनके नेतृत्व में हुए कामों की विस्तार से चर्चा की गयी है। यह जानना भी महत्त्वपूर्ण है कि अंग्रेजों के अधीन आ चुके नवाबी दरबार के दो लोगों मुंशी फैज़ बख़्श और दराब अली ख़ाँ को ही अंग्रेजों ने जवाहर अली ख़ाँ के मार्फत बातचीत, पत्र व्यवहार तथा सन्देश पहुँचाने के लिए नियुक्त किया था। इसके अलावा बहू बेगम के ख़ास खिदमतगार के रूप में कार्यरत दराब अली ख़ाँ ने बहू बेगम की मृत्यु के उपरान्त फ़ैज़ाबाद के जवाहिर बाग में उनके मकबरे का निर्माण भी अपनी निगरानी में करवाया था।

एक अन्य ख़्वाज़ासरा **बहार अली ख़ाँ** *भी बहू बेगम के विश्वासपात्र लोगों में एक रहे, जो बेगम साहिबा की सारी सूचनाएँ और पत्राचार नवाब शुजाउद्दौला को पहुँचाते थे और नवाब साहब के सारे सन्देशों को बेगम तक ले जाते थे। नवाब शुजाउद्दौला ने बहार अली ख़ाँ को अपने विश्वासपात्र एक वृद्ध ख़्वाज़ासरा* **खुशनज़र अली ख़ाँ** *के संरक्षण में पाला था। इसी तरह एक अन्य ख़्वाज़ासरा का ज़िक्र भी इतिहास में दर्ज़ है, जिन्हें* **अल्मास अली ख़ाँ** *के नाम से याद किया जाता है। इनकी तैनाती सबसे पहले बन्नी ख़ानम के साथ की गयी थी। अपनी वफादारी तथा ईमानदारी के कारण उन्होंने न सिर्फ़ बन्नी ख़ानम का विश्वास अर्जित किया, बल्कि वे जल्दी ही नवाब शुजाउद्दौला तथा बहू बेगम की निगाहों में ऊपर उठ गये। उन्हें दरबार के कई अहम ओहदों से नवाजा गया था और बन्नी ख़ानम का मकबरा, जो वर्तमान में फ़ैज़ाबाद में आकाशवाणी के नज़दीक बेगमगंज गढ़ैया में स्थित है, अल्मास अली ख़ाँ की देख-रेख में बनकर तैयार हुआ था।*

अब्दुल हलीम शरर की 'गुज़िश्ता लखनऊ' में कुछ अन्य ख़्वाज़सराओं के ओहदों का ज़िक्र आता है, जिनमें **बसन्त अली ख़ाँ** *के बारे में यह वर्णित है कि उनके मातहत दो डिवीजन फ़ौज यानी चौदह हजार सिपाही नियुक्त थे, जिनकी वर्दियाँ लाल थीं। एक दूसरा ख़्वाज़ासरा भी बसन्त नाम का था, जिसकी कमान में एक हजार बाक़ायदा भाले चलाने वाले सवार और एक पल्टन थी।* **अम्बर अली ख़ाँ** *ख़्वाज़ासरा की अफसरी में पाँच सौ सवार और एक पल्टन थी, जिनकी वर्दियाँ काली थीं।* **महबूब अली ख़ाँ** *ख़्वाज़ासरा से ट्रेनिंग लेने वाले पाँच सौ सवार थे और चार पल्टनें थीं। यह सारा ब्यौरा इस बात की गवाही देता है कि नवाबी दरबार में ख़्वाज़ासराओं की सिपाहियों के अफसरों के रूप में भी तैनाती होती रही थी। इन प्रमुख ख़्वाज़ासराओं के अलावा जिन अन्य के नाम भी प्रामाणिक रूप से नवाबी शासन के*

इतिहास में दर्ज़ हैं और उनकी वफ़ादारियाँ असंदिग्ध मानी जाती हैं, उनमें **युसुफ अली ख़ाँ, अनवर अली ख़ाँ, याकूब अली ख़ाँ, महबूब अली ख़ाँ** *तथा* **निशान्त अली ख़ाँ** *के नाम भी शामिल हैं।*

साभार : **1. मेम्वॉयर्स ऑफ़ फ़ैज़ाबाद : 1 एण्ड 2, : विलियम हो, एडीटर : हमीद आफ़ाक कुरैशी, पब्लिशर : न्यू रॉयल बुक कम्पनी, लखनऊ, एडीशन : 1889, री-प्रिण्ट : 2005, 2. गुज़िश्ता लखनऊ : अब्दुल हलीम शरर, प्रकाशक : भुवन वाणी ट्रस्ट, लखनऊ, संस्करण : द्वितीय, 1990, 3. ताजदारे अवध : योगेश प्रवीन, प्रकाशक : भारत बुक सेण्टर, लखनऊ, संस्करण : द्वितीय-2015 से संक्षिप्त एवं संशोधित रूप में लेने के अतिरिक्त इस अंक के सम्पादक यतीन्द्र मिश्र तथा इतिहास अध्येता डॉ. आलोक मिश्र द्वारा संयुक्त रूप से लिखी गयी टिप्पणी। पहली बार प्रकाशित।**

फ़ैज़ाबाद : दस्तावेज़-15

राजा झाऊलाल
गंगा-जमुनी तहज़ीब की अनूठी मिसाल

राजा झाऊलाल का नाम अवध के इतिहास में बहुत महत्त्वपूर्ण है। मूल रूप से शाहजहाँपुर के कायस्थ घराने से ताल्लुक रखने वाले झाऊलाल नौजवानी में ही फ़ैज़ाबाद आ गये थे। अयोध्या में इनकी गहरी श्रद्धा थी। अयोध्या के बहुत सारे मन्दिरों को बहुत सारा दान राजा झाऊलाल से मिलता था। मशहूर है कि अयोध्या वालों ने राजा झाऊलाल को राजाधिराज का ख़िताब दिया था। नवाब शुजाउद्दौला के ज़माने में फ़ैज़ाबाद में ये शाही अस्तबल के दरोगा मुकर्रर हुए थे। ये बहू बेगम के ख़ास विश्वासपात्र थे। वो इन्हें प्यार से लल्लू जी पुकारती थीं। जब आसफ़ुद्दौला अपनी माँ से नाराज़ होकर फ़ैज़ाबाद से लखनऊ आ गये और पैसा वसूलने के लिए माँ से लड़ने पर आमादा हो गए, तब झाऊलाल फ़ैज़ाबाद ही में डटे रहे थे और बहू-बेगम का साथ दिया था। इतना ही नहीं, उन्होंने आसफ़ुद्दौला को समझाया कि लेन-देन का मामला अलग रहा, पर बुज़ुर्गों के साथ बेअदबी अच्छी बात नहीं। इसके बाद जब आसफ़ुद्दौला ने लखनऊ में अपना दरबार जमा लिया तो झाऊलाल की प्रतिभा, निष्ठा और प्रतिष्ठा को समझकर उन्हें लखनऊ बुला लिया और अपना ख़ास वज़ीर और सलाहकार मुकर्रर किया।

यहीं से दोनों की मशहूर दोस्ती भी परवान चढ़ी। झाऊलाल को आसफ़ुद्दौला ने पहले शाही तोपख़ाने का इन्चार्ज बनाया। फिर वज़ीर-ए-ख़ज़ाना। इतना ही नहीं इन्हें राजा की प्रतिष्ठित पदवी भी प्रदान की। दोनों एक-दूसरे के धर्म को लेकर बेहद उदार थे। आसफ़ुद्दौला का होली खेलना मशहूर है। राजा झाऊलाल इमाम हुसैन के शैदाई थे और कर्बला की ज़ियारत तक कर चुके थे। उनकी मौत भी कर्बला में ही हुई। आसफ़ुद्दौला और झाऊलाल

की दोस्ती से उपजे सद्भाव की यादगारें शहर में आज भी मौजूद हैं। नवाब ने हरदोई रोड पर बाबा हज़ारा, बाबा गोमतीदास और कल्याणगिरि का मन्दिर बनवाया, तो इसी के पास राजा झाऊलाल ने इमामबाड़ा बैतुलमाल और मस्ज़िद बनवाई।

सन् 1797 में अंग्रेज गवर्नर सर जॉन शोर ने आसफुद्दौला पर एक अन्यायपूर्ण समझौते का दबाव बनाया। आसफुद्दौला ने झाऊलाल की सलाह लेने के बाद इस समझौते से इन्कार कर दिया। अंग्रेजों ने इसका ज़िम्मेदार झाऊलाल को माना क्योंकि नवाब उन्हीं की सलाह से काम करते थे। इसके बाद अंग्रेजों ने आसफुद्दौला पर दबाव बनाकर झाऊलाल को पहले पद से हटवाया और फिर अंग्रेजों की मुखालफत के इल्ज़ाम में गिरफ़्तार कर पटना भिजवा दिया। इसके बाद जो हुआ वो दोस्ती और लखनऊ दोनों की तारीख़ में एक मिसाल है। झाऊलाल की जुदाई ने आसफुद्दौला को एकदम तोड़ दिया। दोस्त के साथ हुआ सितम वो भुला नहीं पाए। इस वाकए से नवाब इस कदम ग़मजदा हुए कि गहरे अवसाद में चल गये। एक दिन उन्होंने अपने हकीम को बुलवाया और उससे पूछा– 'क्या कोई ऐसी बीमारी है, जिसका इलाज मुमकिन न हो और आदमी जल्द से जल्द मर जाए'। हकीम बोला– 'अगर इंसान खाना खाने के तुरन्त बाद रोज़ देर तक पानी में नहाए, तो उसे कोई नहीं बचा सकता।' इसके बाद आसफुद्दौला ने इसको अपना नियम बना लिया। दोपहर और रात में खाना खाने के बाद वे सीधा गोमती की तरफ जाते थे और पानी में उतरकर देर तक नहाते थे। नतीजतन बहुत जल्दी ही उनकी तबीयत ख़राब हो गयी। इलाज उन्हें करवाना भी नहीं था और हो भी नहीं सका। आख़िरकार एक दिन नवाब दुनिया-ए-फानी से कूच कर गए।

साभार : **हिन्दू-उर्दू, संस्कृति के अध्येता और युवा पत्रकार हिमांशु वाजपेयी द्वारा लिखी गयी टिप्पणी। पहली बार प्रकाशित।**

फ़ैज़ाबाद : दस्तावेज़-16

नवाबों और बेगमों के ऐतिहासिक मक़बरे

नवाब शुजाउद्दौला का मक़बरा
गुलाबबाड़ी, फ़ैज़ाबाद

फ़ैज़ाबाद शहर में अवध के तीसरे नवाब शुजाउद्दौला का मक़बरा निर्मित है, जो **'गुलाबबाड़ी'** *के नाम से प्रसिद्ध है। इस मक़बरे के निर्माण की शुरुआत स्वयं शुजाउद्दौला ने करायी थी। नवाब 'सफदरजंग' (अबुल मंसूर अली ख़ाँ) की मृत्यु के पश्चात् उनका पार्थिव शरीर एक दिन के लिए यहाँ रखा गया था, जो बाद में दिल्ली ले जाया गया। 1775 ई. में नवाब शुजाउद्दौला की मृत्यु के बाद उन्हें यहीं सुपुर्द-ए-ख़ाक किया गया। वे अवध के पहले ऐसे नवाब थे, जिन्हें फ़ैज़ाबाद में ही दफ़नाया गया। इससे पहले इनके पूर्वजों को दिल्ली ले जाकर ही सुपुर्द-ए-ख़ाक किया गया था।*

इस मक़बरे के समुचित निर्माण का आरम्भ 1789 ई. से माना जाता है, जब हसन रज़ा ख़ाँ ने तत्कालीन नवाब आसिफुद्दौला से इस मक़बरे के विस्तार और भव्य निर्माण का प्रस्ताव रखा। नवाब आसिफुद्दौला से आदेश मिलने के बाद हसन रज़ा ख़ाँ ने यह इमारत बनवानी शुरु की। इसके लिए हसन रज़ा ख़ाँ ने हेमराज ब्राह्मण और उनके बेटे भवानी प्रसाद को अधीक्षक के तौर पर इस मक़बरे को बनाने के लिए नियुक्त किया। उन्होंने सात हजार सोने की मुहरें मतबू अली ख़ाँ के माध्यम से हेमराज को खर्च के लिए दी थीं। इस पूरे निर्माण कार्य में मतबू अली ख़ाँ की महत्त्वपूर्ण भूमिका शामिल थी, जो शुजाउद्दौला की माँ नवाब बेगम के अति प्रिय ख़्वाजासरा (ऐसा नपुंसक व्यक्ति, जिसकी पहुँच शाही ज़नानखाने तक सीधे रहती थी) थे।

जिस समय गुलाबबाड़ी का यह मक़बरा बनना शुरु हुआ था, उससे

पहले शुजाउद्दौला की कब्र बहुत छोटे स्वरूप में यहाँ स्थापित थी। नवाब आसिफुद्दौला ने उस ज़माने में लगभग सात लाख रुपये हसन रज़ा ख़ाँ को दिये गये थे, जिससे वर्तमान में मौजूद गुलाबबाड़ी का भव्य परिसर आकार ले सका। इसमें वह सात हजार सोने की मुहरें अलग से शामिल थीं। गुलाबबाड़ी के बनने की यह सारी कहानी मुहम्मद फ़ैज़ बख़्श की पुस्तक **'तारीख़-ए-फ़राहबख़्श'**, जिसका अंग्रेजी तर्जुमा विलियम हो ने **'मेम्वायॅर्स ऑफ़ फ़ैज़ाबाद'** के नाम से किया है, से प्राप्त होती हैं।

यह कहना अधिक प्रासंगिक होगा कि यह सारा निर्माण कार्य नवाब शुजाउद्दौला की पत्नी बहू बेगम (अम्मत-उज़-ज़हरा) के समय में पूरा कराया गया था, जबकि फ़ैज़ाबाद शहर के मध्य में स्थित गुलाब-बाड़ी नामक बाग को नवाब सफदरजंग ने बनवाया था। इसे उन्होंने अपनी पसन्द के विभिन्न प्रकार के गुलाब के फूलों से सजाया था। गुलाबबाड़ी, फ़ैज़ाबाद चौक से पूर्व दिशा की ओर जाने पर रीडगंज मुहल्ले में स्थित है।

गुलाबबाड़ी का जो भव्य स्वरूप बनकर बाद में तैयार हुआ, उसके अन्दर मक़बरे का ऊपरी गुम्बद, प्रवेश द्वार, मस्ज़िद, इमामबाड़ा, सराय, फौव्वारे, हौज आदि इमारतें वास्तुकला की दृष्टि से बेहद कलात्मक ढंग से बनायी गयीं। गुलाबबाड़ी के मक़बरे के अन्दर दो मज़ारें हैं, जिसमें एक में नवाब शुजाउद्दौला तथा दूसरे में उनकी माँ नवाब बेगम (सद्रुन्निसां बेगम) दफ़न हैं। इन दो मज़ारों के अलावा, यहाँ एक और मज़ार का चिह्न बनाया गया है, जो नवाब सफदरजंग की मज़ार का प्रतीक है, क्योंकि उनका शव कुछ दिनों के लिए यहाँ रखा गया था। उनका भव्य मक़बरा बाद में दिल्ली में बनवाया गया। वर्तमान में गुलाबबाड़ी मक़बरे की व्यवस्था व देख-रेख का कार्य तीन विभागों द्वारा किया जाता है। भवन की मरम्मत का कार्य पुरातत्त्व विभाग, भारत सरकार, धार्मिक अनुष्ठान नजूल विभाग एवं फूल-पौधों का रख-रखाव उद्यान विभाग द्वारा किया जाता है।

बहू-बेगम का मक़बरा

जवाहिर बाग, नाका मुजफ़्फरा

सन् 1816 में बहू बेगम (अम्मत उज़ ज़हरा) की मृत्यु के बाद उनके द्वारा अपने मक़बरे के बनाये जाने के लिए छोड़े गये लगभग तीन लाख रुपये की लागत से उनकी मज़ार के निर्माण का काम उनके ख़ास दरबारी रहे दराब अली ख़ाँ ने आरम्भ कराया था। सन् 1818 में इसकी नींव रखने

के साथ ही उनकी मृत्यु हो गयी। इसके बाद मक़बरे के निर्माण का बाक़ी काम बहू बेगम के वकील पनाह अली तथा उनकी गोद ली हुई बेटी के पुत्र मिर्जा हैदर ने पूरा करवाया। इन्हीं दोनों के संरक्षण में फ़ैज़ाबाद के जवाहिर बाग में एक भव्य एवं शानदार मक़बरा बनकर तैयार हुआ। यह जानकारी 'फ़ैज़ाबाद गजेटियर' (एच.आर. नेविल, संस्करण : 1905) से प्राप्त होती है।

ऐतिहासिक दृष्टि से भी यह बात लोक-प्रचलन में है कि 1816 ई. में बहू बेगम की मृत्यु के उपरान्त उन्हें यहीं पर सुपुर्द-ए-ख़ाक किया गया था। फ़ैज़ाबाद से इलाहाबाद जाने वाले राजमार्ग पर मुख्य मार्ग के पूर्व नवाब शुजाउद्दौला द्वारा बनवाये गये जवाहिर बाग के पश्चिमी किनारे पर यह स्मारक स्थित है। स्थापत्य कला की दृष्टि से **बहू बेगम का मक़बरा** *ईरानी चारबाग शैली में बनाया गया है। तीन मंजिला बने इस मक़बरे का गुम्बद चौथी मंजिल पर है। यह देखना महत्त्वपूर्ण है कि हर एक मंजिल की वास्तु संरचना बड़ी ही सुनियोजित है।*

बहू बेगम के मक़बरे के स्थापत्य का आकर्षित करने वाला पहलू यह भी है कि इस पूरी इमारत में गुम्बदों की भव्यता, मेहराबदार दरवाज़ों का आलेखन, झरोखों की संरचना और कंगूरों की महीन पच्चीकारी के साथ-साथ छोटे-छोटे मेहराबों का कलात्मक निर्माण चकित करने वाला है। साथ ही उनकी भव्यता को बढ़ाने के लिए जगह-जगह बनायी गयी फूल-पत्तियाँ, बेल-बूटे और तमाम कलात्मक आकल्पन स्थापत्य की दृष्टि से अनुपम हैं। बहू बेगम के मक़बरे का प्रांगण काफ़ी विस्तृत है और इसे चारों ओर से सरहद देने वाली चहारदीवारी लखौरी ईंटों से निर्मित है।

मक़बरे की संरचना में यह भी देखने वाली बात है कि मुख्य गुम्बद बेहद सुन्दर, सन्तुलित और कलात्मक रूपांकन का नायाब नमूना बनकर उभरा है। मुख्य गुम्बद की संरचना बल्ब के आकार की है, जिसके नीचे सर्प के फड़ के समान फूले हुए नागपुष्प बने हैं। पूरी संरचना ही महीन पच्चीकारी का आदर्श उदाहरण बनकर उभरती है। गुम्बद के सबसे ऊपर धातु निर्मित मोर की सुन्दर कलात्मक आकृति का अपना आकर्षण है, जो दूर से ही देखने वाले का ध्यान अपनी ओर खींचती है। ऐतिहासिक रूप से नवाबी शासनकाल में निर्मित वास्तुकला के अद्‌भुत उदाहरणों में से अवध क्षेत्र में मिलने वाली अधिसंख्य उत्कृष्ट इमारतों में फ़ैज़ाबाद के बहू बेगम के मक़बरे को गिना जा सकता है। वर्तमान में इस मक़बरे की व्यवस्था व देख-रेख

का कार्य दो विभागों द्वारा किया जाता है। इस भवन की मरम्मत पुरातत्त्व विभाग, भारत सरकार द्वारा एवं वक़्फ़ बोर्ड द्वारा नियुक्त प्रबन्ध समिति के माध्यम से धार्मिक कार्यक्रमों का आयोजन किया जाता है।

बनी ख़ानम का मक़बरा

बेगमगंज गढ़ैया, फ़ैज़ाबाद

नवाब युगीन मक़बरों में गुलाबबाड़ी तथा बहू बेगम के मक़बरे के पश्चात् तीसरा महत्त्वपूर्ण **मक़बरा बनी ख़ानम** *का माना जाता है। बनी ख़ानम का यह मक़बरा धारा रोड से कैण्ट जाने वाले मार्ग पर आकाशवाणी फ़ैज़ाबाद के समीप बेगमगंज गढ़ैया नामक मोहल्ले में स्थित है। बन्नी ख़ानम, बहू बेगम के भाई नज्मुद्दौला (सभी सन्दर्भों में यही नाम मिलता है, परन्तु गजेटियर ऑफ द प्रॉविन्स ऑफ अवध, वॉल्यूम-1, संस्करण : फर्स्ट एडीशन : 1877, रीप्रिण्ट इन इण्डिया : 1985 में नवाब अज़्मुद्दौला वर्णित है) की पत्नी थीं। यह मक़बरा बनी खानम के खास दरबारी एवं विश्वासपात्र अल्मास अली ख़ाँ द्वारा बनवाया गया था, जिसकी शिनाख़्त 'गजेटियर ऑफ द प्रॉविन्स ऑफ अवध', (वॉल्यूम-1, संस्करण : फर्स्ट एडीशन : 1877, रीप्रिण्ट इन इण्डिया : 1985) के माध्यम से भी होती है।*

शुजाउद्दौला के मक़बरे की तरह बना यह मकबरा वास्तुकला की दृष्टि से अत्यन्त महत्त्वपूर्ण है। मक़बरे का गुम्बद दो भागों में बना है। मज़ार के ऊपर दिखने वाला गुम्बद प्रथम मंजिल पर चढ़ने पर ऊपर से पाट दिया गया है। इसके ऊपर दूसरा गुम्बद है, जो बाहर से दिखाई देता है। दरवाज़ों के ऊपर छत से निकला हुआ छज्जा मक़बरे की सुन्दरता में चार चाँद लगा देता है।

इस मक़बरे के बाहर खुले आसमान के नीचे एक मज़ार और है, जिसे लोक में प्रचलित कथाओं के अनुसार बनी ख़ानम के दरबारी अल्मास अली की मानी जाती है। मक़बरे के मध्य भाग में बनी ख़ानम की मज़ार है। मज़ार के ऊपर संगमरमर की ताबूत के समान संरचना है, जिसमें फारसी भाषा में लिखा एक अभिलेख मौजूद है।

मक़बरा नवाब ज़फ़रउद्दौला

नहरबाग, फ़ैज़ाबाद

अम्मत-उज़-ज़हरा 'बहू बेगम' साहिबा के बड़े भाई नवाब अकबर अली ख़ाँ नज्मउद्दौला की शादी बनी ख़ानम से हुई थी। नवाब नज्मउद्दौला व बनी

ख़ानम से उत्पन्न बेटी का विवाह नवाब ज़फरउद्दौला से हुआ था। नवाब आसिफुद्दौला के कार्यकाल में नवाब ज़फरउद्दौला की अवध हुकूमत में महत्त्वपूर्ण भूमिका रही थी। नवाब आसिफुद्दौला के कार्यकाल (दौर-ए-हुकूमत) में फ़ैज़ाबाद के नहरबाग मुहल्ले में नवाब जफरुद्दौला का महल बना था, जिसमें एक इमामबाड़े का भी निर्माण हुआ था। **नवाब ज़फरुद्दौला के मकबरे** *का निर्माण भी इसी महल के अन्दर हुआ है।*

वर्तमान समय में नवाब ज़फरुद्दौला द्वारा बनवाए हुए महल व इमामबाड़े का अस्तित्व मिट चुका है, जो कभी नहरबाग मुहल्ले में नियावां मार्ग पर आई.सी.आई.सी.आई. बैंक के सामने वाली पटरी पर अन्दर दक्षिण की ओर जाने वाली गली में स्थित थे। यह अवश्य है कि उनका मक़बरा आज भी बचा हुआ है, जो यहीं पर स्थित है। यह मक़बरा भी चारों तरफ से अतिक्रमण का शिकार व शासन-प्रशासन व वक्फ़ बोर्ड की उपेक्षा के कारण अत्यधिक जीर्ण-शीर्ण अवस्था में है और यदि आगे भी यही स्थिति रही, तो कुछ वर्षों में इस मक़बरे का भी नामोनिशान मिट जायेगा।

हाज़ी इकबाल का मक़बरा
बेनीगंज, फ़ैज़ाबाद

मुस्लिम यतीमखाना बड़ी बुआ साहिबा, बेनीगंज के समीप ही एक ऊँची चहारदीवारी के भीतर **हाज़ी इकबाल का मक़बरा** *स्थित है। हाज़ी इकबाल एक ख़्वाजासरा (ऐसा नपुंसक व्यक्ति, जिसकी आवा-जाही शाही ज़नानखाने तक रहती थी) थे और नवाब शुजाउद्दौला के समय के माने जाते हैं। यह सारी जानकारी डॉ. दबीर अहमद की पुस्तक* **'शहर-ए-औलिया'** *के पृष्ठ संख्या 139 से प्राप्त होती है। इसी पुस्तक में यह भी वर्णित है कि अधिकांश इतिहासकार हाजी इकबाल को नवाब सआदत अली ख़ाँ के समय का मानते हैं, जो इतिहास-सम्मत दृष्टि से बहुत सही नहीं लगता।*

इस मक़बरे के साथ ही हाज़ी इकबाल की मस्ज़िद भी इसी परिसर में मौजूद है। मक़बरे के भीतर प्रवेश करने के लिए दक्षिण दिशा की ओर दरवाजा बनाया गया है। **'शहर-ए-औलिया'** *किताब इस मक़बरे को फ़ैज़ाबाद की नवाबकालीन संस्कृति के एक प्रमुख मक़बरे के रूप में चिह्नित करता है। आज भी यह मक़बरा अपने स्थापत्य में अनुपम है और इसके भीतर आठ गुम्बद और चौबीस मेहराब बने हैं, जिनमें बीच का गुम्बद सबसे बड़ा है। इसी मुख्य गुम्बद के नीचे हाज़ी इकबाल की मज़ार है। हाज़ी इकबाल के*

अलावा इसमें दो मज़ारें और हैं, जिनमें एक उनके ख़ास ख़्वाजासरा की मानी जाती है, जिनका कोई नामोल्लेख नहीं मिलता। इसी तरह दूसरी मज़ार के विषय में अभी तक कोई प्रामाणिक जानकारी प्राप्त नहीं हो सकी है। स्थापत्य की दृष्टि से मुख्य गुम्बद के चारों ओर छोटे-छोटे गुम्बद बनाये गये हैं। इन गुम्बदों के नीचे वर्गाकार कोठरियाँ बनी हैं, जिनके मेहराबदार दरवाजे सामने की ओर खुलते हैं। दरवाज़ों के ऊपर छत का छज्जा निकला हुआ है। छज्जों के ऊपर मेहराबदार लघु दरवाज़ों की रचना हुई है। प्रत्येक लघु गुम्बदों के कोनों पर मीनारें बनी थीं, जिनका अधिकांश भाग आज नष्ट हो चुका है।

मक़बरे के परिसर में पूर्वाभिमुख जो मस्ज़िद बनायी गयी है, वह हाज़ी इकबाल की मस्ज़िद ही कहलाती है। इस पर फारसी भाषा में एक अभिलेख भी अंकित है। मक़बरे के चारों ओर कमरे बने हैं, जिनमें वर्तमान समय में मदरसा और मुस्लिम यतीमख़ाना चलता है। डॉ. दबीर अहमद ने लिखा है– 'अपने निर्माण के समय यह मक़बरा चारों ओर से खुला हुआ था। हर ओर से देखने पर मकबरे की कब्रें दिखाई देती थीं, लेकिन यतीमख़ाना बन जाने के बाद अधिकांशतः मेहराबों को बन्द कर दिया गया और कोठरियाँ बना दी गयीं। इसके दक्षिणी मेहराब में दरवाज़ा लगा दिया गया, जो आज भी लगा हुआ है।'

अन्य मक़बरे

बहू बेगम, नवाब शुजाउद्दौला, बनीख़ानम तथा हाज़ी इकबाल के मक़बरे के अलावा तीन अन्य मक़बरे भी फ़ैज़ाबाद में नवाबी शासन के इतिहास का प्रतिनिधित्व करते नज़र आते हैं। इनमें हाजी इकबाल के मकबरे के अलावा दो अन्य मक़बरे भी बड़ी बुआ परिसर के समीप स्थित हैं, जो आज पूरी तरह क्षतिग्रस्त हो चुकें हैं। इसी तरह तीसरा मक़बरा, आई.टी.आई. बेनीगंज से सटा हुआ, अत्यन्त जर्जर और लगभग समाप्त होने की कगार पर मौजूद मिलता है। यह मक़बरा एक गुम्बद वाला है और इसके चारों ओर बरामदा तथा तीन मेहराबदार दरवाजे हैं। इसके चारों तरफ इतनी अधिक झाड़ियाँ और पेड़-पौधे उग आये हैं कि यह खण्डहर के रूप में तब्दील हो चुका है। इन तीनों ही मक़बरों के बारे में शोधपरक पुस्तकों और गजेटियरों से कोई भी प्रामाणिक जानकारी नहीं मिलती। स्थानीय लोगों से पूछताछ के बाद भी कोई तार्किक सूत्र हाथ नहीं लगता, जिससे इनके इतिहास, स्थापत्य और

नामकरण के सन्दर्भ में कोई ज़रूरी जानकारी पता लग सके। इन मक़बरों के अतीत और इतिहास को समझने के लिए गहरे शोध और अध्ययन की आवश्यकता है।

साभार : **1. गजेटियर ऑफ द प्रॉविन्स ऑफ अवध, वॉल्यूम-1, प्रकाशक : बी.आर. पब्लिशिंग कार्पोरेशन, दिल्ली, संस्करण : फर्स्ट एडीशन : 1877, रीप्रिण्ट इन इण्डिया : 1985, 2. फ़ैज़ाबाद : अ गजेटियर' : एच.आर. नेविल, आई.सी.एस. इलाहाबाद, 1905 3. मेम्वॉयर्स ऑफ़ फ़ैज़ाबाद : 1 एण्ड 2, : विलियम हो, एडीटर : हमीद आफ़ाक कुरैशी, पब्लिशर : न्यू रॉयल बुक कम्पनी, लखनऊ, एडीशन : 1889, री-प्रिण्ट : 2005 4. शहर-ए-औलिया : डॉ. दबीर अहमद, प्रकाशक : दानिश बुक डिपो, टाण्डा, फ़ैज़ाबाद, संस्करण : 1984 5. फ़ैज़ाबाद इतिहास, कला एवं संस्कृति : डॉ. देशराज उपाध्याय, डॉ. आलोक मिश्र, प्रकाशक : भारती पब्लिशर्स एण्ड डिस्ट्रीब्यूटर्स, फ़ैज़ाबाद, संस्करण : प्रथम, 2012 उपर्युक्त पाँचों पुस्तकों से संक्षिप्त एवं साभार रूप में लेने के अतिरिक्त इस्लामिक संस्कृति के अध्येता डॉ. मिर्ज़ा शहाब शाह तथा लखनऊ निवासी वज़ाहत अली रिज़वी, एडवोकेट, 'शहरुख़ नवाब' से बातचीत के आधार पर इस अंक के सम्पादक यतीन्द्र मिश्र द्वारा लिखी गयी टिप्पणी। पहली बार प्रकाशित।**

फ़ैज़ाबाद की नवाबकालीन मस्ज़िदें

वसीक़ा मस्जिद

राठहवेली

राठहवेली वार्ड में नवाबी युग की एक महत्त्वपूर्ण मस्जिद स्थित है, जो **'वसीक़ा मस्जिद'** *कहलाती है। इसके बारे में इतिहास में दर्ज़ हुआ कि यह पूरी तरह अवध के नवाब की बेगमों के लिए बनायी गयी मस्जिद थी। मोती महल की सारी बेगमें इस इबादतगाह में जाकर अपनी नमाज़ अदा करती थीं। इसी के लिए इस मस्जिद में विशेष तौर पर पानी के हौज, फौव्वारों और गुसलखाने की व्यवस्था भी की गयी, जिससे मस्जिद परिसर के भीतर ही शाही हरम में रहने वाली सारी बेगमें अपने हाथ-पाँव धुलकर नमाज़ पढ़ सकें। इसका निर्माण नवाब शुजाउद्दौला ने करवाया था। यह मस्जिद एक पूरे बड़े परिसर में बनी है, जिसके भीतर बाक़ायदा एक वसीक़ा स्कूल भी चलता है।*

इतिहास में मिलने वाले साक्ष्यों से पता लगता है कि जब बहू बेगम ने अंग्रेजों के साथ एक करार (डीड ऑफ डिपॉजिट) किया था, तो उसमें कई शर्तों के तहत तीन मुख्य बातें रखी गयी थीं। इसमें पहली, उनकी मृत्यु के उपरान्त मक़बरे का निर्माण, और उस मक़बरे का रख-रखाव, दूसरी मुहर्रम के दिनों में अजादारी को सम्पन्न करने के लिए व्यय की व्यवस्था तथा तीसरी शर्त शाही परिवार और मुलाज़िमों के जीवन-यापन के लिए वसीका (गुजारा भत्ता या पेंन्शन जैसी व्यवस्था) देने की व्यवस्था का मामला शामिल था। इसके बाद उनके अनुबन्ध के अनुसार इसी मस्ज़िद परिसर में मौजूद स्कूल से पहले वसीक़ा बाँटने का दफ़्तर खोला गया। बाद में जब

वसीक़ा का दफ़्तर लखनऊ स्थानान्तरित हुआ, तब इस परिसर में वसीक़ा के नाम से ही स्कूल खोल दिया गया, जो आज तक संचालित हो रहा है। इसी कारण यह सारा परिसर 'वसीक़ा स्कूल' और 'वसीक़ा मस्जिद' के रूप में जाना जाने लगा।

नवाबी युग में निर्मित होने वाली मस्जिदों का एक विशेष स्थापत्य रहा है, जिसमें तीन गुम्बद और दो मीनारें बनायी जाती थीं। वसीक़ा मस्जिद भी इसी आधार पर बनायी गयी है। मस्जिद परिसर में जाने के लिए मुख्य द्वार को काफ़ी भव्य बनाया गया है, जो पूर्व दिशा की ओर है। वर्तमान समय में इस मस्जिद के प्रांगण में परा-स्नातक (फ़ाजिल) स्तर तक एक अरबी कॉलेज भी संचालित होता है।

मस्ज़िद गुलाबबाड़ी

रीडगंज

गुलाबबाड़ी के परिसर में मुख्य फाटक से प्रवेश करने पर दाहिनी तरफ इमामबाड़ा तथा बायीं ओर मस्जिद का निर्माण किया गया है। इतिहास में मिलने वाले साक्ष्यों तथा 'गजेटियर ऑफ द प्रॉविन्स ऑफ अवध' (वॉल्यूम-1, संस्करण : फर्स्ट एडीशन : 1877, रीप्रिण्ट इन इण्डिया : 1985,) से यह बात स्थापित होती है कि गुलाबबाड़ी के भीतर बनायी गयी सभी इमारतें नवाब शुजाउद्दौला ने अपने जीवनकाल में निर्मित करायी थीं। हालाँकि गजेटियर अलग से मस्जिद या इमामबाड़े के बारे में यह उल्लेख नहीं करता कि इसे कब और किसने बनवाया था। फिर भी, गजेटियर नवाब शुजाउद्दौला के शासनकाल में गुलाबबाड़ी के परिसर में स्थापित तमाम स्थापत्य को इन्हीं की देन के रूप में दर्ज़ करता है। इसलिए यह कहा जा सकता है कि **गुलाबबाड़ी मस्जिद** *का निर्माण नवाब शुजाउद्दौला ने ही करवाया था।*

नवाबी स्थापत्य कला के अनुरूप इस मस्जिद में तीन गुम्बद और दो मीनारें बनायी गयी हैं। अपनी कलात्मकता और सौन्दर्य में यह मस्जिद उस दौर की कुशल कारीगरी की याद दिलाती है।

मोती मस्जिद

मुगलपुरा

मोती मस्जिद, *मुगलपुरा मुहल्ले में मोतीबाग के ठीक पीछे स्थित है। इस मस्ज़िद का निर्माण नवाब शुजाउद्दौला की माँ सदरुन्निसां बेगम (नवाब*

बेगम) ने अपने पुत्र शुजाउद्दौला की मृत्यु के उपरान्त उनके 'ईसाल-ए-सवाब' (आत्मा की शान्ति) के लिए 1200 हिजरी में करवाया था। इस आशय का एक शिलालेख भी फ़ारसी भाषा में मस्जिद पर लगा हुआ है। नवाब बेगम की एक उपाधि 'मोती बेगम' भी थी, इस कारण इस मस्जिद का नाम उन्हीं के उपाधि नाम से मशहूर हो गया।

मोती मस्जिद स्थापत्य तथा कलात्मकता की दृष्टि से फ़ैज़ाबाद की सबसे सुन्दर मस्जिद है, जिसकी ऊँचाई और भव्यता अन्य मस्जिदों से काफ़ी अलग है। इस मस्जिद पर किया गया नक्काशी का काम बेहद आकर्षक है और नवाबयुगीन दक्ष कारीगरी की गवाही पेश करता है। यह मस्जिद भी एक बड़े परिसर में स्थापित है तथा इसका मुख्य द्वार उत्तर दिशा की ओर खुलता है, जो अपनी बनावट में अत्यन्त सुन्दर और भव्य है।

फ़ैज़ाबाद के नवाबी इतिहास में यह दर्ज़ है कि नवाब वाज़िद अली शाह ने सैय्यद अफ़ज़ल अली रिज़वी को अपना शाही हक़ीम नियुक्त किया था और उन्हें 'नवाब हक़ीम शिफाउद्दौला' की पदवी प्रदान की थी। इसी के साथ उन्होंने फ़ैज़ाबाद में मोती मस्ज़िद का परिसर तथा मोती बाग व मुगलपुरा की जायदादें भी इन्हें भेंट में दी थीं। तभी से नवाब शिफाउद्दौला का परिवार, मोती मस्जिद परिसर में रहता आया है और इस मस्जिद की व्यवस्था तथा प्रबन्धन का काम देखता है। नवाब शिफाउद्दौला के ख़ानदान में हुए मशहूर लेखक नवाब मिर्ज़ा ज़ाफर हुसैन, जो पेशे से एडवोकेट भी थे ने अपनी आत्मकथा **'कश्मकश-ए-हयात'** (नुसरत पब्लिशर्स, लखनऊ, 1984) में मोती मस्जिद परिसर में बसने का तफ़सील से ज़िक्र किया है।

मस्जिद हसन रज़ा ख़ाँ

चौक, घण्टाघर

मस्जिद हसन रज़ा ख़ाँ, 1786 ई. में बनना शुरु हुई और इसके चार साल बाद 1790 ई. में बनकर तैयार हुई। नवाब हसन रज़ा ख़ाँ, मुहम्मद इब्राहिम ख़ाँ के बेटे थे, जो नवाब शुजाउद्दौला के बावर्चीखाने के मैनेजर रहे थे। नवाब शुजाउद्दौला ने इन्हें **'दरोगा-ए-दीवानख़ाना'** (अतिथि-गृह का संचालक/मैनेजर) नियुक्त किया था। नवाब शुजाउद्दौला की मृत्यु के उपरान्त उनके पुत्र नवाब आसिफुद्दौला ने अवध की राजधानी जब फ़ैज़ाबाद से लखनऊ स्थानान्तरित की, तो वे अपने साथ हसन रज़ा ख़ाँ को भी लखनऊ ले गये और उन्हें 'सरफराजुद्दौला इन्तेज़ामुल-मुल्क' की उपाधि देकर अपना वज़ीर (मंत्री) बनाया।

यह मस्ज़िद, चौक, घण्टाघर के सामने पश्चिमी किनारे पर स्थित है। इस मस्जिद में तीन बड़े गुम्बद और दो मीनारें बनायी गयी हैं। वर्तमान में इस मस्जिद को बने हुए दो सौ छब्बीस साल का लम्बा वक्त बीत चुका है और यह फ़ैज़ाबाद के नवाबयुगीन स्थापत्यों की सबसे पुरानी इमारतों में से एक है। यह मस्ज़िद चूँकि पहले तल पर बनी है, इसलिए इसके नीचे वाले परिसर (भूतल) पर चारों ओर दुकानें बनी हैं, जो इसी मस्जिद की सम्पत्ति हैं। सन् 1950 से पूर्व इस मस्जिद का संचालन नज़ूल विभाग करता था, जिसके बाद इस मस्जिद का प्रबन्ध एवं नियंत्रण **'शिया सेण्ट्रल बोर्ड ऑफ वक्फ़, उत्तर प्रदेश'**, लखनऊ द्वारा नियुक्त प्रबन्ध-समिति **'वक्फ़ मस्जिद नवाब हसन रज़ा ख़ाँ'** द्वारा किया जाता है। वर्तमान में इस मस्जिद के मुन्तज़िम मुतवल्ली डॉ. मिर्ज़ा शहाब शाह हैं।

गुसलखाने की मस्जिद

चौक

नवाब आसिफुद्दौला के चचेरे भाई असद-उद-दौला, रुस्तम-उल-मुल्क नवाब मोहम्मद तक़ी ख़ाँ का विवाह नवाब शुजाउद्दौला की दूसरी पत्नी सरफराजुन्निसां बेगम से हुआ था। मोहम्मद तक़ी ख़ाँ व सरफराज़ुन्निसां बेगम के बेटे नवाब दिलेरउद्दौला, दिलावर-उल-मुल्क, मुहम्मद अली ख़ाँ बहादुर थे।

चौक घण्टाघर से गुदड़ी बाज़ार जाने के रास्ते में बायीं तरफ प्रयाग इलेक्ट्रिकल्स की दुकान के पीछे स्थित मस्जिद का निर्माण नवाब मुहम्मद अली ख़ाँ बहादुर ने कराया था। इस मस्जिद की एक विशेष व्यवस्था यह है कि व्यक्ति की मृत्यु के उपरान्त इस्लामिक परम्परा के अनुसार मृतक के शरीर को नहलाने हेतु दो बड़े हौज़ (पानी इकट्ठा होने का स्थान) एवं दो बड़े हॉल भी निर्मित हैं। यहाँ मय्यतों को नहलाया एवं कफ़न पहनाया जाता है। वर्तमान में इस मस्जिद में आज भी यह परम्परा निभायी जा रही है। मस्जिद का प्रबन्ध एवं नियंत्रण **'शिया सेण्ट्रल बोर्ड ऑफ़ वक्फ़, उत्तर प्रदेश'**, लखनऊ द्वारा नियुक्त मुन्तज़िम मुतवल्ली द्वारा किया जाता है।

मस्जिद नवाब मेंहदी हसन ख़ाँ 'खजूर वाली मस्जिद'

गुदड़ी बाज़ार

गुदड़ी बाज़ार चौराहे पर स्थित इस मस्जिद का भी निर्माण नवाब दिलेरउद्दौला दिलावर-उल-मुल्क मुहम्मद अली ख़ाँ बहादुर ने कराया था। यह मस्जिद

उत्तराधिकार में नवाब मुहम्मद अली ख़ाँ बहादुर के पौत्र नवाब मेंहदी हसन ख़ाँ पुत्र नवाब मुहम्मद जक़ी ख़ाँ को प्राप्त हुई थी। नवाब मेंहदी हसन ख़ाँ के जीवन में इस मस्जिद में आम जनता नमाज़ पढ़ने लगी थी। इसलिए यह **'मस्जिद नवाब मेंहदी हसन ख़ाँ'** के नाम से सुप्रसिद्ध हो गयी। इस मस्जिद का प्रबन्ध एवं नियंत्रण **'शिया सेण्ट्रल बोर्ड ऑफ़ वक्फ़, उत्तर प्रदेश'**, लखनऊ द्वारा किया जाता है, वर्तमान में इस मस्जिद के मुन्तज़िम मुतवल्ली श्री सैय्यद रिज़वान हसनैन रिज़वी हैं।

बारह पत्थर की मस्जिद

नियावां

'बारह पत्थर की मस्जिद' नियावां मुहल्ले के अन्तर्गत आने वाले बकरा मण्डी के पीछे स्थित है। इस मस्जिद का निर्माण भी नवाब शुजाउद्दौला के कार्यकाल में ही हुआ था। ऐसा कहा जाता है कि नवाब शुजाउद्दौला के काल में कश्मीर से बुलाये गये शिया धर्मगुरु मुल्ला अली पाशा कश्मीरी के रहने के लिए इस मस्जिद और इसके परिसर का निर्माण कराया गया था। इस परिसर में मुल्ला अली पाशा का परिवार रहता था और उनकी व उनके परिवार के सदस्यों की कब्रें भी इसी परिसर में हैं।

इस मस्जिद की बाहरी दीवारों में बारह पत्थर लगाये गये थे, जो कि मुहम्मद साहब के बारह उत्तराधिकारियों के प्रतीक हैं। इसीलिए इस मस्जिद को बारह पत्थर की मस्जिद कहा जाता है। इस मस्जिद में भी अन्य नवाबकालीन मस्जिदों की भाँति तीन गुम्बद तथा दोनों किनारों पर दो मीनारें बनायी गयी हैं।

जिन्नाती मस्जिद

नहरबाग

इस मस्जिद के सन्दर्भ में यह प्रसिद्ध है कि इस मस्जिद का निर्माण बहू बेगम साहिबा के भाई नवाब सालार जंग ने कराया था, जो जिन्नाती मस्जिद के नाम से प्रसिद्ध हुई। यह मस्जिद नवाब जफरउद्दौला के महल से सटी हुई निर्मित थी, जो वर्तमान में नहरबाग मुहल्ले में नियावां मार्ग पर आई. सी.आई.सी.आई. बैंक के सामने वाली पटरी पर अन्दर दक्षिण की ओर जाने वाली गली में स्थित है। तीन गुम्बदों व दो मीनारों से सुसज्जित यह मस्जिद अपने नवाबकालीन स्थापत्य का आदर्श उदाहरण प्रस्तुत करती है।

गुर्जी बेग की मस्जिद

हसनू कटरा

फ़ैज़ाबाद के हसनू कटरा मुहल्ले में पुलिस स्टेशन के समीप **गुर्जी बेग की मस्जिद** *स्थित है। इस मस्जिद का निर्माण गुर्जी बेग ने करवाया था, जो नवाब शुजाउद्दौला की घुड़सवार सेना में अफसर के पद पर तैनात थे। 'गजेटियर ऑफ द प्रॉविन्स ऑफ अवध' (वॉल्यूम-1, संस्करण : फर्स्ट एडीशन : 1877, रीप्रिण्ट इन इण्डिया : 1985,) भी इस बात पर अपनी मुहर लगाता है। गुर्जी बेग की मस्जिद अपने स्थापत्य में अनुपम और सुन्दर ढंग से बनी हुई है। इसका आकार बाक़ी की अन्य मस्जिदों से काफ़ी छोटा है, मगर यह अलग से ध्यान आकर्षित करती है।*

ज़ामा मस्जिद टाटशाह

कोठापार्चा, चौक

नगर के चौक इलाके के कोठापार्चा में स्थित प्राचीन **ज़ामा मस्जिद टाटशाह,** *मुस्लिम धर्म के सुन्नी सम्प्रदाय का मजहबी केन्द्र है। ऐसी परम्परा है कि इसी मस्जिद के पेश-इमाम के निर्णय ही धार्मिक मामलों में फ़ैज़ाबाद के लिए निर्णायक माने जाते हैं। इस मस्जिद के भीतर अरबी या फारसी में लगे पत्थर में इसके जीर्णोद्धार का समय 1936 से 1939 ई. अंकित है, जबकि इस मस्ज़िद का निर्माण इससे काफ़ी पहले हुआ था। इस मस्ज़िद की दीवारों में आज भी मौजूद लखौरी ईंटों से इसकी प्राचीनता का पता लगता है।*

ऐसी मान्यता है कि इस मस्ज़िद का निर्माण यहाँ रहने वाले एक सिद्ध फकीर 'बाबा टाटशाह रहमतउल्लाह अलैह' ने जन-सहयोग से कराया था। उन्होंने अपने जीवन का काफ़ी समय यहाँ बिताया था। वर्तमान में उनकी मज़ार रामपुर में स्थित है। इस मस्जिद का प्रबन्धन **'सुन्नी वक्फ़ बोर्ड'** *के द्वारा नियुक्त प्रबन्ध समिति द्वारा किया जाता है। नगर के सिविल लाइन स्थित ईदगाह का प्रबन्ध एवं नियंत्रण भी इसी मस्जिद की प्रबन्ध समिति द्वारा किया जाता है। इस मस्जिद की अन्य परि-सम्पत्तियों में इसके परिसर के बाहरी हिस्से में स्थित दुकानें भी शामिल हैं। इसके अलावा चौक के ही कंघी गली इलाके में एक* **'टाटशाह मुसाफिरख़ाना'** *स्थापित है। मुसाफिरख़ाने के बगल में मौजूद टाटशाह मार्केट भी इसी मस्ज़िद की सम्पत्ति है।*

मस्जिद हाज़ी इकबाल

बेनीगंज

यह मस्जिद अयोध्या-फ़ैज़ाबाद की सीमा पर 'बड़ी बुआ की दरगाह' के समीप बने हुए 'बड़ी बुआ यतीमख़ाने' के परिसर में स्थित है। इस परिसर में एक ओर मस्जिद स्थापित है, तथा दूसरी तरफ यतीमख़ाना संचालित होता है। यह **'हाज़ी इकबाल की मस्जिद'** *कहलाती है और परिसर के मध्य भाग में हाज़ी इक़बाल का मक़बरा भी बना हुआ है। नवाबयुगीन मस्जिदों के स्थापत्य के अनुरूप यहाँ भी तीन गुम्बद और दो मीनारें बनी हैं। इस मस्जिद में प्रवेश करने के लिए तीन मेहराबदार दरवाजे बने हैं।*

साभार : **1. गजेटियर ऑफ द प्रॉविन्स ऑफ अवध, वॉल्यूम-1, प्रकाशक : बी.आर. पब्लिशिंग कार्पोरेशन, दिल्ली, संस्करण : फर्स्ट एडीशन : 1877, रीप्रिण्ट इन इण्डिया : 1985, 2. फ़ैज़ाबाद : अ गजेटियर' : एच.आर. नेविल, आई.सी.एस. इलाहाबाद, 1905 3. मेम्वॉयर्स ऑफ़ फ़ैज़ाबाद : 1 एण्ड 2, : विलियम हो, एडीटर : हमीद आफ़ाक कुरैशी, पब्लिशर : न्यू रॉयल बुक कम्पनी, लखनऊ, एडीशन : 1889, री-प्रिण्ट : 2005 4. शहर-ए-औलिया : डॉ. दबीर अहमद, प्रकाशक : दानिश बुक डिपो, टाण्डा, फ़ैज़ाबाद, संस्करण : 1984 5. फ़ैज़ाबाद इतिहास, कला एवं संस्कृति : डॉ. देशराज उपाध्याय, डॉ. आलोक मिश्र, प्रकाशक : भारती पब्लिशर्स एण्ड डिस्ट्रीब्यूटर्स, फ़ैज़ाबाद, संस्करण : प्रथम, 2012 उपर्युक्त पाँचों पुस्तकों से संक्षिप्त एवं साभार रूप में लेने के अतिरिक्त इस्लामिक संस्कृति के अध्येता डॉ. मिर्ज़ा शहाब शाह तथा युवा पत्रकार दीपक मिश्र द्वारा संयुक्त रूप से लिखी गयी टिप्पणी। पहली बार प्रकाशित।**

फ़ैज़ाबाद की प्रमुख तालुकेदारियाँ

21 छोटी-बड़ी तालुकेदारियों का संक्षिप्त विवरण

अवध के नवाबी शासन के इतिहास में तालुकेदारों का अस्तित्त्व भी एक अलग पहचान रखता है। उस ज़माने में तालुकेदारों को अपने इलाकों और अपनी प्रजा पर दीवानी और फ़ौजदारी के अधिकार प्राप्त थे। इनके कार्यों में शासकों की तरफ से कभी हस्तक्षेप नहीं किया जाता था। तालुकेदारी का चलन इस कारण शुरु हुआ, क्योंकि नवाब 'बुरहान-उल-मुल्क' सआदत ख़ाँ जब अवध प्रान्त के सूबेदार (राज्यपाल) नियुक्त होकर आए, तो उन्हें यहाँ के हालातों को देखकर यह महसूस हुआ कि अवध में मालगुजारी वसूल करने का सबसे बड़ा तरीका यही है कि अपने-अपने क्षेत्रों और इलाकों पर काबिज शक्तिशाली राजपूत क़ौम के अमीर व ख़ानदानी लोगों के माध्यम से सीधे उन क्षेत्रों का कर वसूल करके शाही कोष में जमा कराया जाए। इस व्यवस्था के तहत तमाम सारी तालुकेदारियाँ क़ायम हुईं, जिन्होंने नवाबों के शासन में 'अवध दरबार' (सन् 1722-1857) को अपने-अपने ढंग से अपनी रियासतों/तालुकेदारी/ज़मींदारी/गुजारेदारी की हैसियत के अनुरूप कर जमा करना शुरु किया और धीरे-धीरे अवध का नवाबी दरबार भी राजस्व के लिहाज से समृद्ध होता गया।

इस कर को शाही ख़जाने में जमा करने के भी कई तरीके थे, जिनमें बड़े-बड़े तालुकेदार और राजा-महाराजा अपने स्वामित्व वाले इलाकों का कर सीधे शाही कोष में जमा करते थे, जबकि अन्य ज़मींदारों से 'नाज़िम' (उस समय आज के कमिश्नर के समकक्ष का पद) या 'चकलेदार' (किसी भूखण्ड, जिसे नवाबी दौर में चकला भी कहा जाता था, का कर-संग्रह करने वाला अधिकारी) द्वारा कर वसूला जाता था।

इस सन्दर्भ में यह तथ्य ऐतिहासिक रूप से विवेचनीय है कि अंग्रेजों से बक्सर की लड़ाई 1764 ई. में हारने के बाद नवाब शुजाउद्दौला की ईस्ट इण्डिया कम्पनी से सन् 1765 ई. में इलाहाबाद-सन्धि हुई। इसका नतीजा यह रहा कि जहाँ एक ओर नवाबी शासन के स्तर पर अंग्रेजों का वर्चस्व बढ़ना आरम्भ हुआ, वहीं दूसरी ओर तालुकेदारियों के मामले में 'महाराजा', 'राजा', 'जागीरदार' और 'गुजारेदार' जैसे पदों का ओहदेदार बनाने में अंग्रेजी हुकूमत की मान्यता आवश्यक हो गयी। कहने का आशय यह है कि भले ही नवाबी शासन उस समय से लेकर बाद तक क़ायम रहा था, मगर राजा और महाराजा की पदवियाँ देने के अलावा ज़ागीरदारी को बाक़ायदा कानूनी मान्यता देने का काम अंग्रेजों के द्वारा किया जाने लगा था।

जनपद फ़ैज़ाबाद में लगभग इक्कीस छोटी-बड़ी तालुकेदारियाँ शामिल रही हैं, जिनकी पदवियों को विभिन्न कालखण्डों में नवाबों तथा कम्पनी सरकार ने वैधानिक रूप से स्वीकृत किया था। इनमें बड़ी तालुकेदारियों में **मेंहदौना (अयोध्या), पीरपुर, बिड़हर (चन्दीपुर), हँसवर, खपराडीह, समनपुर (लोरपुर)** *तथा* **रसूलपुर** *गिने जाते हैं। इनसे अलग कुछ अन्य छोटी तालुकेदारियाँ भी रहीं हैं, जिनका अपना इतिहास भी गौरवपूर्ण माना जाता है। इनमें प्रमुख रूप से* **मेवपुर-धौरुआ, भीटी, सीहीपुर, खजुरहट, मकरही, मेवपुर-डिहला, कल्याणपुर, तिघरा, बड़ा-गाँव, देव-गाँव, दामोदरा, मुडेरा** *तथा* **बिड़हर-राजेसुल्तानपुर** *के नाम शामिल हैं।*

इनमें अवध सूबे में मेंहदौना (अयोध्या) की तालुकेदारी हैसियत के लिहाज़ से दूसरे स्थान पर मानी जाती थी तथा 'अंजुमन-ए-हिन्द' अवध की ओर से भेंट देने के लिए इस तालुके के लिए अस्सी (80) अशर्फियाँ निश्चित की गयी थीं। इसी तरह अन्य बड़ी रियासतों में पीरपुर के तालुके का नम्बर पिचहत्तर (75) और भेंट के लिए पैंतीस (35) अशर्फियाँ निश्चित थीं, जबकि बिड़हर-चन्दीपुर के तालुके का नम्बर एक सौ दो (102) और बीस (20) अशर्फियाँ, समनपुर के तालुके का नम्बर (82) और पच्चीस (25) अशर्फियाँ मुक़र्रर थीं। यह एक तरह से तालुकेदारियों के स्तर को व्यक्त करने का माध्यम था, जो अवध दरबार द्वारा तय किया गया था।

वर्तमान समय में इन तालुकेदारों/ज़मींदारों/गुजारेदारों के वंशजों में अनेकों लोग राजनीति में सक्रिय हैं तथा कुछ परिवारों ने व्यवसाय व उद्योग-धन्धों में नूतन कीर्तिमान स्थापित किया है। तालुकेदार परिवार के कुछ लोग शासन

में विभिन्न पदों पर भी विराजमान हैं, जबकि कुछ लोगों ने समाज-सेवा के कामों में भी बड़ा योगदान किया है। इनमें प्रादेशिक तथा राष्ट्रीय स्तर पर समादृत विभूतियों में कुछ उल्लेखनीय नाम इस प्रकार हैं– मेवपुर-धौरुआ के **बाबू महेश प्रताप बहादुर सिंह,** जो फ़ैज़ाबाद के प्रतिष्ठित वकील हुए। पीरपुर के **सैय्यद मोहम्मद मेंहदी,** जो 1930 ई. में लेजिस्लेटिव काउंसिल के सदस्य निर्वाचित हुए। खजुरहट के **बाबू अवधेश प्रताप सिंह** जो दो बार (1952 तथा 1957) विधानसभा के निर्दलीय विधायक निर्वाचित हुए, साथ ही 1962 से 1971 ई. तक जिला परिषद के अध्यक्ष रहे। अवधेश प्रताप सिंह की पत्नी **रानी मानवती देवी** 1969 से 1974 ई. तक विधायिका रहीं। इसी तालुकेदारी के **नरेन्द्र प्रताप सिंह 'मद्दन सिंह'** 1982 ई. में ब्लॉक प्रमुख, 1984 से 1994 तक जिला सहकारी बैंक के चेयरमैन, तथा 1990 से 1996 ई. तक विधान परिषद के सदस्य रहे।

यहीं के **अखण्ड प्रताप सिंह,** भारतीय प्रशासनिक सेवा में उत्तर प्रदेश काडर में कार्यरत रहे तथा प्रमुख सचिव के पद से सेवा निवृत्त हुए। अखण्ड प्रताप सिंह की पुत्री **सुश्री जूही सिंह** राजनेता हैं और वर्तमान में समाजवादी पार्टी की सक्रिय सदस्य हैं। रसूलपुर के **राय श्रीराम बहादुर** लखनऊ के प्रसिद्ध वकील हुए और उन्होंने समाज सेवा के अनेकों कार्य किए, जिसमें अयोध्या में श्रीराम अस्पताल बनाने के अलावा लखनऊ में एक अनाथालय भी स्थापित करने का श्रेय उन्हें जाता है। ये हेरॉल्ड समाचार-पत्र के एडीटर भी थे, जो हिन्दी, अंग्रेजी और उर्दू में एक साथ प्रकाशित होता था। खपराडीह के **अखण्ड प्रताप सिंह,** बीकापुर विधान-सभा क्षेत्र से 1962 से 1967 ई. तक विधायक रहे। हंसवर के **नृपेन्द्र बहादुर सिंह** 1974 से 1980 ई. तक विधान परिषद के सदस्य हुए तथा उनके पुत्र **नरेन्द्र मोहन सिंह 'संजय सिंह'** दो बार बसखारी क्षेत्र से ब्लॉक प्रमुख रहे।

यह कहना अतिश्योक्ति न होगा कि शुरुआती दौर में शिक्षा के विकास में तालुकेदारों ने अपना अमूल्य योगदान दिया है। ग्रामीण तथा शहरी क्षेत्रों में अधिकांश शिक्षण संस्थाएँ इन्हीं के द्वारा सबसे पहले स्थापित की गयीं हैं, जिनमें अधिकांश तालुकेदारियों ने अपने-अपने इलाकों में माध्यमिक शिक्षा के लिए हाई-स्कूल तथा इण्टर कॉलेजों की स्थापना करवायी। इनमें से कुछ लोगों द्वारा उच्च शिक्षा के लिए महाविद्यालयों की स्थापना कराने का श्रेय भी जाता है। इस तरह यह देखा जा सकता है कि फ़ैज़ाबाद जनपद की प्रमुख तालुकेदारियों ने अपने अतीत को सहेजे हुए वर्तमान

में भी राजनैतिक, सामाजिक तथा सांस्कृतिक स्तर पर अपना अस्तित्व गरिमापूर्ण ढंग से बनाये रखा है।

साभार : **1. उत्तर प्रदेश डिस्ट्रिक्ट गजेटियर फ़ैज़ाबाद : ई.बी. जोशी, प्रकाशक : इण्डियन प्रेस लि. इलाहाबाद, उत्तर प्रदेश, संस्करण : 1960, 2. 'फ़ैज़ाबाद : अ गजेटियर' : एच.आर. नेविल, आई.सी.एस. इलाहाबाद, 1905, 3. अवध के तालुकदार : पवन बख्शी, प्रकाशक : रूपा एण्ड कम्पनी, नयी दिल्ली, संस्करण : प्रथम-2009 से संक्षिप्त व संशोधित रूप में लेने के आधार पर इस अंक के सम्पादक यतीन्द्र मिश्र, डॉ. देशराज उपाध्याय तथा डॉ. आलोक मिश्र की संयुक्त रूप से लिखी गयी टिप्पणी। पहली बार प्रकाशित।**

मुंशी फ़ैज़ बख़्श और 'तारीख़-ए-फराहबख़्श'

नवाबकालीन संस्कृति निर्माण का लेखा-जोखा

नवाबयुगीन फ़ैज़ाबाद की राजनीतिक, सामाजिक, आर्थिक तथा सांस्कृतिक स्थिति की जानकारी की सबसे पहली प्रामाणिक किताब मुंशी फ़ैज़बख़्श कृत 'तारीख़-ए-फ़राहबख़्श' मानी जाती है। इस किताब का बाद में विलियम हो ने 'मेम्वॉयर्स ऑफ़ फ़ैज़ाबाद' नाम से अंग्रेजी में अनुवाद भी किया था। मुंशी फ़ैज़ बख़्श, नवाब शुजाउद्दौला के दौर में फ़ैज़ाबाद के एक जाने-माने दानिशमन्द इंसान के रूप में शुमार थे। इनका जन्म 1164 हिज़री तद्नुसार सन् 1750-51 में काकोरी में हुआ था, जो लखनऊ से नौ मील पश्चिम में स्थित है। मुंशी फ़ैज़ बख़्श ने अरबी तथा फारसी भाषा एवं साहित्य का अध्ययन गुलाम मुर्तजा, मुंशी लक्ष्मी नारायण, मुल्ला हमीदुद्दीन, मौलवी नज़्मुद्दीन अली ख़ाँ तथा मुहम्मद असलम बंगाली से प्राप्त किया था। इसके साथ ही शेरो-शायरी की उच्च कोटि की तालीम भी मुल्ला हमीदुद्दीन से हासिल की। इसी कारण वे एक उम्दा क़िस्म के अदीब के रूप में इतिहास में अमर हैं कि उन्हें ढेरों विद्वानों का सान्निध्य मिला था। फ़ैज़ बख़्श की हस्तलेखन कला इतनी बढ़िया क़िस्म की थी कि उस समय समूचे फ़ैज़ाबाद में इस प्रकार की लिखावट वाला कोई दूसरा नहीं था।

सन् 1770-71 में बीस वर्ष की युवा उम्र में ही वह फ़ैज़ाबाद आए, जिस समय शुजाउद्दौला अवध के नवाब के पद पर आसीन थे। रोजगार की तलाश में कुछ दिनों तक मुंशी फ़ैज़ बख़्श कलकत्ता खुर्द के क़रीब ही एक घर में रुके। सन् 1772 ई. में नवाब शुजाउद्दौला फ़ैज़ाबाद से रुहेलखण्ड मराठों के ख़िलाफ रुहेलों की सहायता के लिए जा रहे थे, तब उन्होंने फ़ैज़ बख़्श को अपने महल की सुरक्षा अथवा देख-रेख की जिम्मेदारी के

लिए नियुक्त किया। इसकी निगरानी के लिए किले के सुरक्षाधिकारी के मातहत के रूप में ही फ़ैज़ बख़्श का पहला पद सृजित किया गया था। नवाब शुजाउद्दौला की मृत्यु के बाद अहमद अली की संस्तुति पर मुंशी फ़ैज़ बख़्श को जवाहर अली (ख़्वाज़ासरा) की सेवा में रख लिया गया। इनके साथ मुंशी फ़ैज़ बख़्श सत्ताईस वर्षों तक रहे। सन् 1776 में उन्हें बहू बेगम की रियासत का 'तहविल्दार-ए-खजाना' अथवा कोषाधिकारी नियुक्त किया गया। इस पद के साथ समय-समय पर उन्हें अनेक जिम्मेदारियाँ दी गयीं, जिसे उन्होंने बखूबी निभाया। सन् 1815 ई. में बहू बेगम की मृत्यु (कई गजेटियर इनकी मृत्यु का वर्ष 1816 ई. दर्ज़ करते हैं) तथा सन् 1818 में दराब अली के मरने के बाद वह फ़ैज़ाबाद से चले गये।

मुंशी फ़ैज़ बख़्श के विषय में कहा जाता है कि उन्होंने पचास वर्ष की उम्र तक पहुँचकर लगभग सौ किताबों से अधिक लेखन का कार्य किया था। इनमें कुछ पुस्तकें बहुत कम पृष्ठों की हैं तथा कुछ के बारे में तो आज जानकारियाँ भी प्राप्त नहीं होती हैं। उनकी लिखी हुई केवल चार किताबें ही उपलब्ध हैं, जिनके बारे में आगे दिया जा रहा है।

मसनवी बाग-ओ-बहार : मुख्यतः यह किताब काकोरी निवासी शाह मुहम्मद काज़िम कलन्दर के बारे में लिखी गयी है, जो सूफ़ी सन्त मुहम्मद काज़िम कलन्दर की शख्सियत के विभिन्न पहलुओं पर केन्द्रित है। इस किताब का अधिकांश हिस्सा सन् 1894 में तरब अली कलन्दर द्वारा **'उसूल-उल-मक़सूद'** नामक किताब में प्रकाशित किया गया है।

नस्बनामा काकोरी अथवा चश्मा-ए-फ़ैज़ : इस किताब को **'अहवल-ए-ज़िन्दगी-ए-फ़ैज़ बख़्श'** नाम से भी जाना जाता है। इस पुस्तक में मुख्यतया काकोरी का इतिहास वर्णित है, जिसमें काकोरी में बसने वाले लोगों के परिवारों तथा उनके पूर्वजों का विवरण दिया गया है। यह पुस्तक सन् 1815-16 में लिखी गयी।

इन्शा-ए-फ़ैज़ बख़्श : सन् 1790-91 में लिखी गयी इस किताब में मुंशी फ़ैज़ बख़्श ने मुंशी लक्ष्मी नारायण के पत्रों को संकलित किया है। सन् 1882 में इस किताब को लखनऊ के नवल किशोर प्रेस ने **'रुक्का-ए-लक्ष्मीनारायण'** के नाम से प्रकाशित किया था। इस किताब से नवाबी-काल के प्रमुख शख़्सियतों तथा शाही फरमानों की जानकारी प्राप्त होती है। इसमें मुख्य रूप से नवाब शुजाउद्दौला, आसिफुद्दौला, बहू बेगम, मुहब्बत ख़ान, गुलाम कादिर

ख़ान तथा अन्य नवाबी ओहदेदारों के शाही फरमानों का ज़िक्र मिलता है।

तारीख़-ए-फ़राहबख़्श : 'तारीख़-ए-फ़राहबख़्श', *मुंशी फ़ैज़ बख़्श द्वारा लिखित एक ऐसा ग्रन्थ है, जिसको उन्होंने प्रत्यक्ष अनुभवों एवं घटनाओं के आधार पर लिपिबद्ध किया था। इसका एक भाग उन लोगों के बारे में है, जो रोजगार की तलाश में शुजाउद्दौला और बहू बेगम के समय में फ़ैज़ाबाद आकर बसे थे। बहू बेगम को केन्द्र में रखकर फ़ैज़ाबाद का इतिहास तथा अन्य अमीर व उमरा वर्ग का प्रामाणिक वर्णन यहाँ किया गया है। इसके साथ ही इस किताब में आसिफुद्दौला के शासनकाल की सभी रोचक घटनाएँ तथा वारेन हेस्टिंग्स द्वारा अवध की बेगमों पर किये गये अत्याचार का सजीव वर्णन प्राप्त होता है।*

साभार : **मेम्वॉयर्स ऑफ़ फ़ैज़ाबाद : 1 एण्ड 2, : विलियम हो, एडीटर : हमीद आफ़ाक कुरैशी, पब्लिशर : न्यू रॉयल बुक कम्पनी, लखनऊ, एडीशन : 1889, री-प्रिण्ट : 2005 से संक्षिप्त एवं संशोधित रूप में लेने के आधार पर इतिहास अध्येता डॉ. देशराज उपाध्याय तथा डॉ. आलोक मिश्र द्वारा संयुक्त रूप से लिखी गयी टिप्पणी। पहली बार प्रकाशित।**

फ़ैज़ाबाद : दस्तावेज़-20

मिर्ज़ा जाफ़र हुसैन और 'क़दीम लखनऊ की आखिरी बहार'

नवाबी शासन के अन्तिम दौर की कहानी

जाने-माने लेखक व लखनऊ की तहज़ीब के ख़ास जानकार मिर्ज़ा जाफ़र हुसैन का जन्म फ़ैज़ाबाद के एक रईस ख़ानदान में 31 जनवरी, 1899 को हुआ था। वे ख़ान अल्लामा नवाब मिर्ज़ा तफज्जुल हुसैन ख़ाँ के वंशज थे, जो नवाब शुजाउद्दौला के काल में मुगल दरबार छोड़कर लखनऊ में बस गये थे। तफज्जुल हुसैन ख़ाँ फिरंगी महल से शिक्षित थे और ग्रीक (यूनानी), लैटिन, अरबी, फारसी व अंग्रेजी भाषाओं के विद्वान के रूप में लखनऊ के अदब (साहित्य) वाले माहौल में जाने जाते थे। उन्होंने ज्योतिष विज्ञान, संगीतशास्त्र, दर्शन एवं गणित की रचनाओं का अनुवाद भी किया था।

मिर्ज़ा ज़ाफ़र हुसैन के पिता नवाब मिर्ज़ा दिलावर हुसैन ख़ाँ ने अहमदी बेगम से विवाह किया था, जिनके वालिद अफज़ल अली, अवध के आखिरी नवाब वाजिद अली शाह के शाही चिकित्सक थे। उन्हें नवाब द्वारा 'नवाब हक़ीम शिफाउद्दौला' की उपाधि दी गयी थी। बहरहाल, शाही दरबार की कुछ साजिशों के चलते नवाब हकीम फ़ैज़ाबाद आकर बस गये। इसी कारण जाफ़र हुसैन का बचपन यहीं नाना के घर (मोती मस्ज़िद परिसर) फ़ैज़ाबाद में बीता था। नवाब हकीम के इन्तकाल के बाद उनकी बेगमों में जायदाद के लिए जंग छिड़ गयी, जिसने ख़ानदान को आर्थिक रूप से कमजोर कर दिया। मिर्ज़ा जाफ़र हुसैन ने बचपन में असीम वैभव देखा था और दुर्भाग्यवश उसके बाद उन्हें बेहद तंगहाली एवं गरीबी का सामना भी करना पड़ा। वे बचपन में अरबी मदरसे में पढ़ते थे। उनका परिवार पाश्चात्य शिक्षा के विरुद्ध था पर अपने नाना के देहान्त के बाद ख़ुद की ज़िद पर वे फ़ैज़ाबाद के 'सरकारी स्कूल' में गये। यहाँ इन्होंने पाँचवीं कक्षा

तक की पढ़ाई की, जिसके बाद वे 'इस्लामिया कॉलेज' में पढ़ने के लिए लखनऊ चले गये। परिवार की बेरुखी और आर्थिक तंगी के कारण, लखनऊ में जाफ़र हुसैन को अपना खर्चा खुद उठाना पड़ा। इसके चलते उन्होंने कई छोटे-मोटे काम किए। मसलन, उन्होंने विद्यार्थियों के लिए अनुशिक्षण (ट्यूशन) का काम किया, मिट्टी का तेल बेचा और उर्दू उपन्यासों की घोस्ट राइटिंग (अन्यार्थ लेखन) तक किया।

लखनऊ विश्वविद्यालय से कानून की तालीम लेने के बाद वे एक बेहतरीन अधिवक्ता के रूप में विकसित हुए और एक शायर के तौर पर भी लखनऊ के मुशायरों और आभिजात्य महफिलों का अहम हिस्सा बनते चले गये। जाफ़र हुसैन एक काबिल लेखक थे, जिन्होंने कई विधाओं में एक साथ काम किया था। उन्होंने कुछ दिनों के लिए **'सरफराज़', 'परचम'** *और* **'पयाम-ए-नौ'** *का सम्पादन किया, जबकि अंग्रेजी पत्रिकाओं* **'मूनलाइट'** *और* **'द नेशन'** *की स्थापना की तथा सम्पादन का दायित्व भी सम्भाला। उन्होंने ग्यारह किताबें लिखीं हैं, जिनमें कुछ सम्पादित भी हैं।*

उनकी लखनऊ में बितायी ज़िन्दगी के आधार पर लिखी गयी पुस्तक **'क़दीम लखनऊ की आखिरी बहार'** *ऐतिहासिक मानी जाती है। इस किताब में उन्होंने नवाबी शासन के अन्तिम दौर का दिलचस्प इतिहास लिखा है, जो इस कालखण्ड पर एक बेहतरीन सामाजिक अध्ययन के तौर पर सामने आता है। इस किताब के कारण मिर्जा जाफ़र हुसैन का नाम अदब की दुनिया में बड़े इज्ज़त के साथ लिया जाता है। उनकी अन्तिम पुस्तक आत्म-कथा के रूप में* **'कश्मकश-ए-हयात'**, *सन् 1984 में प्रकाशित हुई थी। एक बेहतरीन शायर, लखनऊ के दस्तरख़्वान और जायकों के दुर्लभ जानकार व नवाबी संस्कृति के विश्लेषक के तौर पर जाफ़र हुसैन ख़ाँ फ़ैज़ाबाद की संस्कृति को समझने के लिए भी एक ज़रूरी किरदार हैं। उनकी मृत्यु सन् 1989 में हुई।*

साभार : द क्लॉसिक क्यूजिन ऑफ़ लखनऊ : अ फूड मेम्वॉयर बाई मिर्ज़ा जाफ़र हुसैन, ट्रांसलेटर : सूफिया किदवई, पब्लिशर : सनतकदा पब्लिेशन्स, लखनऊ, एडीशन : 2016 से संक्षिप्त एवं संशोधित रूप में प्रस्तुत। इस अंश का हिन्दी अनुवाद इस अंक के सम्पादक यतीन्द्र मिश्र तथा शुभांगी मिश्र द्वारा संयुक्त रूप से किया गया है। पहली बार प्रकाशित।

फ़ैज़ाबाद दरबार में अवध चित्रकला

यूरोपियन चित्रकला से प्रभावित तैलचित्रों का विवरण

सन् 1764 से अवध की चित्रकला 'इण्डो-ब्रिटिश' शैली में परिवर्तित होना शुरु हो गयी थी। इस पर अवध दरबार से संलग्न फ्रांसीसी सैन्य अधिकारियों के व्यक्तिगत निर्देशन में निर्मित होने वाले चित्रों की शैली का विशेष प्रभाव पड़ा। ये सैन्य अधिकारी, फ़ैज़ाबाद दरबार में अपना विशेष महत्त्व रखते थे। इन्होंने स्थानीय चित्रकारों से बहुत से एलबम (मुरक़्क़ा) तैयार कराये, जिनमें फ्रांसीसी चित्रकला शैली का प्रभाव दृष्टिगोचर होता है। यहीं से अवध की विशिष्ट शैली का सूत्रपात माना जा सकता है। अवधी पेन्टिंग पर शुरुआती दौर में कई तरह के प्रभाव पड़े और उनका कई चरणों में विभिन्न तकनीकी और शैलियों के अन्तर्गत विकास हुआ। इसके तहत पहले चरण की पेन्टिंग्स में, जो शुजाउद्दौला के शासनकाल की हैं, शुरुआत में वे फ्राँसीसी प्रभाव के अन्तर्गत आती हैं। यह पेन्टिंग्स एक फ्राँसीसी फौजी **जेन्टिल** *के नेतृत्व व देख-रेख में फ़ैज़ाबाद में बनायी जाती थीं। यह सन् 1763 से लेकर 1775 ई. तक अवध में रहे। जेन्टिल ने तीन स्थानीय कलाकारों को दस वर्ष तक के लिए इस काम में लगाया था। इनमें से एक कलाकार* **निवासीलाल** *थे, जिनकी अद्वितीय प्रतिभा को राजा लक्ष्मीनारायण ने भी एक पत्र के माध्यम से सराहा है। बाक़ी के दो कलाकारों के बारे में ज़्यादा ज्ञात नहीं है, पर यह माना जाता है कि वे सभी हिन्दू थे क्योंकि जो सारे निर्देश इस बाबत प्राप्त हस्तलिखित ग्रन्थ में पाये जाते हैं, वे देवनागरी लिपि में हैं।*

यह जानना प्रासंगिक है कि यह कलाकार यूरोपियन तकनीकी, स्वरूप, दृष्टिकोण और रंगों के प्रयोगों में पूर्णतया प्रशिक्षित थे। इनके द्वारा बनाये

गये चित्र हल्के जल-रंगों से निर्मित हैं और एक सादगी का एहसास दिलाते हैं। अट्ठारहवीं शताब्दी के अन्त और उन्नीसवीं शताब्दी के प्रारम्भ में ब्रिटिशों के लिए बनाये गये एल्बमों में जेन्टिल का प्रभाव कई तरह से शामिल है। उदाहरण के तौर पर चित्रों में जो धुँधलापन दिखाई पड़ता है, वह कोहरे को दर्शाने वाली फ्राँसीसी चित्रकला की एक तकनीक है। स्थानीय कलाकारों में **मेहर चन्द** *इस कला के लिए विख्यात थे। मेहर चन्द एक विलक्षण प्रतिभा के धनी प्रयोगवादी कलाकार थे। वे राजसी मुगल चित्रकला में प्रवीण थे और उन्होंने सम्भवतः सन् 1758 में दिल्ली तब छोड़ी, जब उनके संरक्षक शाह आलम पूर्व की ओर भाग गये।*

यूरोपीय कलात्मक तकनीकी की उपस्थिति के अतिरिक्त, जो विशेषता मेहर चन्द की कृतियों में दिखाई पड़ती है, वह थी उनमें दूर के दृश्यों को छोटा बनाकर अपने चित्रों में एक गहराई का आभास देना। यह बात तब और भी अधिक महत्त्वपूर्ण बन जाती है, जब इसकी कोई औपचारिक शिक्षा उनको प्राप्त नहीं थी, ये ज्ञात होता है। हालाँकि ऐसी सम्भावना बनती है कि वे मीर कासिम के दरबारी चित्रकार **दीपचन्द** *से प्रभावित रहे हों, जो स्वयं में एक बेहतरीन चित्रकार थे। दीपचन्द के बारे में माना जाता है कि इस तरह के लैण्डस्केप बनाने में वे निष्णात थे।*

इसी चरण में सन् 1771 में ब्रिटिश चित्रकार **टिल्ली केटल** *का फ़ैज़ाबाद आगमन हुआ। केटल भारत आने वाले पहले यूरोपीय व्यावसायिक कलाकार थे। यह एक रोचक बात है कि नवाब शुजाउद्दौला ने उन्हें अपने और अपने परिवार की पोट्रेट बनवाने के लिए बुलवाया था। केटल ने छः बड़े तैलचित्र नवाब के लिए बनाये। ये इस तरह हैं–*

1. एक बड़े पुस्तकालय में नवाब सुनहरी पोशाक और फर टोपी पहने हुए, 2. एक समूह चित्र नवाब शुज़ाउद्दौला और उनके चार बेटों का, जिसमें वे एक अंग्रेज जनरल रॉबर्ट बारकर का उनके ए.डी.सी. और एक अन्य अफसर के साथ स्वागत कर रहे हैं। इस चित्र में एक फारसी दुभाषिया भी साथ में है, 3. इस चित्र में नवाब एक अंग्रेज जनरल का फ़ैज़ाबाद में स्वागत कर रहे हैं, जिसकी पृष्ठभूमि में उनका हाथी भी मौजूद है, 4. नवाब और उनके बड़े साहबजादे आसफुद्दौला का चित्र, 5. नवाब को मराठी वेशभूषा में दिखाता हुआ एक पोट्रेट तथा 6. नवाब और उनके दस बेटों का एक बृहद चित्र कैनवास।

केटल तक़रीबन दो साल (1771-1773 ई.) तक फ़ैज़ाबाद के दरबार में रहे, हालाँकि वह दरबार को ज़्यादा प्रभावित नहीं कर सके, क्योंकि उनका माध्यम तैल (ऑयल) था, जो कि न तो उनके संरक्षकों को पसन्द आया और न ही वह भारतीय कलाकारों की परम्परागत तकनीकी से मेल खाता था। हालाँकि उन्होंने स्थानीय कलाकारों को दूसरे तरीके से प्रभावित भी किया। इनमें मेहर चन्द और निवासी लाल का विशेष उल्लेख किया जा सकता है। जेन्टिल के अगुवाई में उनके कुछ विशेष चित्रों की नकल भी बाद में मिनियेचर तकनीकी में बनाई गयी।

साभार : द मेकिंग ऑफ द अवध कल्चर : मधु त्रिवेदी, प्रकाशक : प्राइमस बुक्स, दिल्ली, संस्करण, 2010 (अंग्रेजी) से संशोधित व संक्षिप्त रूप में प्रस्तुत। हिन्दी अनुवाद : मंजरी एवं शुभांगी मिश्र। पहली बार प्रकाशित।

फ़ैज़ाबाद (अवध) में कला-संरक्षण
मुगल मिनिएचर पेन्टिंग्स के संरक्षण का युग

नवाब सफदरजंग (शासन-काल : 1739-54 ई.) की छत्र-छाया में अठारहवीं शताब्दी में **'मुगल मिनिएचर चित्रकला'** *की बची हुई शाही परम्परा की सबसे महत्त्वपूर्ण शिल्प-शाला के रूप में अवध को प्रसिद्धि प्राप्त हुई। यह कालखण्ड 'मुगल मिनिएचर परम्परा' के पुनर्जीवित होने के लिए जाना जाता है, जिसे नवाबों ने अपने दरबार में संरक्षण दिया। नये और प्रतिष्ठित दोनों तरह के कलाकारों को दरबार में भर्ती किया जाता था और उन्हें नवाब स्वयं कार्य सौंपते थे। इन कलाकारों द्वारा बनाये गये चित्रों की विषयवस्तु पर नवाब अथवा उनके सहयोगियों के व्यक्तिगत अभिरुचि और स्वभाव की छाप मिलती है। मुगल चित्रकला के तमाम लक्षण या विशेषताएँ इन पेंटिंग्स में विस्तार से दिखाई देती हैं। ये चित्र धार्मिक प्रभाव से मुक्त, अभिजातीय और नगरीय प्रतीत होते हैं और इनकी विषयवस्तु, पूरी तरह से दुनियादारी से जुड़ी हुई लगती है।*

सफदरजंग कला-प्रेमी थे और उनके पास 'मुगल मिनिएचर' का बहुत अच्छा, विशाल संग्रह था। दिल्ली के प्रमुख बड़े कलाकारों में से एक **फ़ैजुल्लाह ख़ाँ** *ने उनके लिए बहुत बड़ी संख्या में मिनिएचर्स बनाए थे। फ़ैजुल्लाह ख़ाँ की पचास पेंटिंग्स का एक एलबम, जिसमें कि स्वर्णजड़ित 'हाशिए' पर तस्वीरें लगी हैं, इस बात का प्रमाण है कि मिनिएचर पेंटिंग्स की भव्यता अभी तक बनी हुई थी। लकीरों की नज़ाकत, रंगों की चमक और पृष्ठभूमि की उपयुक्तता उनकी शैली की प्रमुख विशेषताएँ हैं। इस अवधि में चित्रों के विषयों को एक नये और पहले से विस्तृत रूप में प्रस्तुत किया गया।*

नवाब शुजाउद्दौला के शासनकाल में **'नव-मुगल-राजपूत चित्रकला शैली'** *के*

विस्तार को बहुत बढ़ावा मिला। **'लौस्टी'** के विचार से शुजाउद्दौला के दरबार में सबसे प्रमुख चित्रकारों में से एक **मीर कलाँ ख़ान** सत्रहवीं शताब्दी की शाही कला शैली को सीधे फ़ैज़ाबाद लाने वाले कलाकार थे। 1730 ई. में मुहम्मद शाह के शाही दरबार में उन्होंने चित्रकार के रूप में अपने नये जीवन की शुरुआत की थी। वे 1750 ई. में वापस आ गये। मीर कलाँ ख़ाँ द्वारा एक अति सुन्दर काल्पनिक भूदृश्य का सुन्दर उदाहरण है– **'फरहाद की मृत्यु का दृश्य।'** मीर कलाँ ख़ाँ का अपने समसामयिक कलाकारों पर बड़ा प्रभाव था और **ल्यूबर हाईजैक** का विश्वास है कि मुगल मिनिएचर्स का लखनऊ में पुनर्जागरण इन्हीं के आस-पास केन्द्रित रहा। पुरानी पेंटिंग्स की नक़ल बनाना अठारहवीं शताब्दी में शाह आलम (1761-1805 ई.) के समय से अधिक लोकप्रिय हो गया। इसका उद्देश्य था कि गायब पाण्डुलिपियों को पुनर्स्थापित किया जाए और सत्रहवीं शताब्दी की उत्कृष्ट रचनाओं जैसा फिर कुछ बनाया जाए।

संग्रहण के लिए शाही शिल्प-शाला में कई **राजसी मुरक्कों** (एलबम) का निर्माण किया गया। इनमें सत्रहवीं शताब्दी की पेंटिंग्स की नकल भी शामिल थी। कभी-कभी **'पादशाहनामा'** और **'शाहजहाँनामा'** जैसी सम्पूर्ण पाण्डुलिपियों की नकल उनकी प्रतिनिधि शैली में की गयी है।

चरबा (पारदर्शी मृगछाला) पर मूल प्रतियों से काले रंग से स्टेन्सिल बनायी जाती थीं, जिनसे अनेक प्रतियाँ बन सकती थीं। यूरोपीय लोगों की भारी माँग पर अनेक स्वतंत्र कलाकारों द्वारा स्टेन्सिलों के माध्यम से बहुत सारे एलबम बनाये गए। सन् 1767-76 की अवधि में एक कलाकार **पोलियर** ने बहुत सारी ऐसी पेंटिंग्स बनायी, जिनमें से छः कलाकृतियाँ बर्लिन म्यूजियम में हैं। कई और भी यूरोपीय अवध की इन पेंटिंग्स के संग्रह में रुचि रखते थे। जैसे, **रिचर्ड जॉनसन** (असिस्टेण्ट रेज़ीडेण्ट 1780-84 ई.), **गोरे आउज़ली** (नवाब के ए.डी.सी., 1793-1805 ई.) **जॉन बेली** (रेज़ीडेण्ट 1807-13 ई.) **क्लॉड मार्टिन** (नवाब आसिफुद्दौला के सैन्य सलाहकार)। नवाब आसिफुद्दौला की मृत्यु के बाद दरबारी शैली की इस चित्रकारी का विकास अवरुद्ध हो गया।

इस कालखण्ड की प्रमुख विशेषता **'हाशिया शैली'** थी, जो चित्रों एवं दृश्यों से बनायी जाती थी। नवाब सफदरजंग के लिए दिल्ली में जो पेंटिंग्स बनीं, उनमें अरबी प्रभाव स्पष्ट है। इन पेंटिंग्स में फूल, पत्ती और ज़्यामितीय सजावट दिखाई पड़ती है। उन्नीसवीं शताब्दी में 'हाशिया' तकनीकी प्रचलन

से बाहर हो गयीं थी।

आसिफुद्दौला चित्रकला के बहुत बड़े शौकीन थे और उनके पास मुगल पेंटिंग्स का दुर्लभ संग्रह था। **बहादुर सिंह नामी** के अनुसार 'शाह आलम' के शासनकाल में अधिकांश मुगल पेंटिंग्स **'गुलाम क़ादिर रोहेला'** के हाथ में पड़ गयी। सौन्दर्यबोध से रहित होने और बहुमूल्य ख़जाने के महत्त्व को न समझने के कारण उन्होंने इन पेंटिंग्स को बेच दिया, जिसका एक बड़ा हिस्सा नवाब ने खरीद लिया था। उन्होंने **'सम्राट जहाँगीर द्वारा एक हाथी को काबू में करने का दृश्य'** की पेंटिंग के लिए तीस हजार रुपये दिये। इसके अतिरिक्त आसिफुद्दौला अपने कलाकारों को पुरस्कार भी देते थे। विन्डसर कासल में संरक्षित **'शाहजहाँनामा'** के कुछ पन्नों पर चित्रकारी अवध में की गयी थी।

नवाब आसिफुद्दौला के बाद इस कला को नवाबी दरबार का आश्रय मिलना बन्द हो गया, जिसके चलते इस शैली का विकास प्रवाह बाधित हो गया। बाद के नवाबों के यहाँ चित्रकार बहुत सीमित संख्या में रहे और वे सब तत्कालीन नवाबों की पसन्द का कार्य ही करते रहे।

साभार : द मेकिंग ऑफ द अवध कल्चर : मधु त्रिवेदी, प्रकाशक : प्राइमस बुक्स, दिल्ली, संस्करण, 2010 (अंग्रेजी) से संक्षिप्त एवं संशोधित रूप में ली गयी टिप्पणी। अंग्रेजी से इस अंश का अनुवाद राधेश्याम पाण्डेय तथा शुभांगी मिश्र ने संयुक्त रूप से किया है। पहली बार प्रकाशित।

नवाबी तहज़ीब में 'रक्स़' और 'मौसीक़ी'

फ़ैज़ाबाद दरबार में नृत्य और संगीत की उपस्थिति

फ़ैज़ाबाद को अवध की राजधानी के रूप में (1722 से 1775 ई.) कई स्तरों पर ऊँचाई हासिल थी। इसमें कला-संस्कृति के वर्ग में संगीत और नृत्य को अद्भुत संरक्षण और प्रोत्साहन प्राप्त था। यहाँ फ़ैज़ाबाद में कोई भी उत्सव संगीत के बिना पूरा नहीं होता था। सिर्फ़ नवाब और रईस ही नहीं, बल्कि आम लोग भी संगीत का सम्मान करते थे और कलावन्तों को संरक्षण देने के लिए तत्पर रहते थे। अवध में 'रक्स़' (नृत्य) और 'मौसीक़ी' (संगीत) एक हद तक गतिशील और परिवर्तनकारी परम्परा की वाहक थी। एक संग्रहणवादी उद्देश्य से प्रेरित, जहाँ हर एक परम्परा को अपनाने की ललक व्याप्त थी।

अवध में तहज़ीब की खुशबू इस कदर फैली हुई थी कि अधिकांश इतिहासकारों ने इस सूबे को तहज़ीब और नफ़ासत के एक बड़े केन्द्र के रूप में भी देखा। इस सन्दर्भ में यह तथ्य जानना महत्त्वपूर्ण है कि ब्रिटिश राज से पहले अवध के नवाबी दौर में तहज़ीब और रवायतों की संरक्षिकाएँ तवायफें होती थीं। वे उम्दा कलाकार होती थीं और हिन्दुस्तानी संगीत, नृत्य तथा तत्कालीन संस्कृति के विकास में इनका बहुत बड़ा योगदान रहता था। उस समय उच्च कुलीन मर्द कोठों पर अदब-कायदे, नफ़ासत-भरी बातचीत और शेर-ओ-सुख़न (उर्दू शायरी) के तौर-तरीके सीखने जाते थे। इन कोठों से महफ़िलों के निमंत्रण मिलना, जिसमें बड़े घरों के युवक और पुरुष आमंत्रित किये जाते थे; बहुत ही सम्मानित बात मानी जाती थी।

अवध में नवाब शुजाउद्दौला के शासनकाल में फ़ैज़ाबाद की गलियाँ नृत्य और संगीत में प्रवीण अदाकाराओं से भरी रहती थीं। संस्कृति समीक्षक

अंग्रेजी विद्वान फ्रांचेस्का ऑर्सीनी ने अब्दुल हलीम 'शरर' के मार्फत अपनी पुस्तक **'प्रिंट एण्ड प्लेज़र : पॉपुलर लिटरेचर एण्ड इण्टरटेनिंग फिक्शन्स इन कोलोनियल नॉर्थ इण्डिया'** *में इस बारे में गहराई से बातचीत की है। उनके अनुसार 'शुजाउद्दौला के काल में फ़ैज़ाबाद नगर के मीना-बाज़ारों की रौनक बढ़ाने में नाचनेवाली सुन्दरियों (बाज़ार ब्यूटीज़) की बहुत बड़ी संख्या थी। उनसे यहाँ की कोई गली खाली नहीं रहती थी।'*

इसी सन्दर्भ में यह देखना भी प्रासंगिक है कि समाज में एक रसूख और इज़्जत का ओहदा रखते हुए ये औरतें आर्थिक ढंग से आत्मनिर्भर भी थीं, जिन्हें अपने इस हुनर के चलते **'मालज़ादियाँ'** *(अमीर तवायफों के लिए प्रयुक्त विशेषण) कहा जाता था। ये मालज़ादियाँ नवाबी दरबार में काफ़ी दखल रखती थीं। इस हद तक कि अपने संरक्षकों के अधीन होते हुए भी ये तवायफें सामाजिक और लैंगिक अक्षमताओं व संकीर्णताओं से परे थीं। अकसर ये दरबार की षडयंत्र का भी हिस्सा होती थीं। इनमें अधिकांश नाचनेवालियों की दरबार में इतनी बड़ी हैसियत होती थी कि नवाब और समाज के रईस, रसूखदार लोग इन्हें हीरे-जवाहरात और सोने की मुहरों से तौलते रहते थे। फ़ैज़ाबाद के सन्दर्भ में एक रोचक बात यह भी सामने आती है कि निम्न वर्ग की नर्तकियाँ बाज़ारों और चौकों पर नृत्य करती थीं और एक बड़ी भीड़ को एकत्र करने का सामर्थ्य रखती थीं। मुंशी मुहम्मद फ़ैज़बख़्श के मुताबिक 'इस तरह की सभाएँ सिर्फ़ फ़ैज़ाबाद में ही होती थीं। ऐसे कलाकारों को उस दौर में* **'रहसवालियाँ'** *और* **'जलसेवालियाँ'** *भी कहा जाता था। इनमें महत्त्वपूर्ण कलाकारों के अलावा कुछ नवोदित अदाकार भी शामिल रहते थे।'*

नवाब शुजाउद्दौला के बाद जब राजधानी लखनऊ स्थानान्तरित हुई, तब नवाब आसिफुद्दौला के दरबार में संगीत और नृत्य को स्थापित होने के साथ-साथ उसके फैलने का भी अवसर मिला। एक ऐसी स्थिति में 'रक़्स' और 'मौसीक़ी' पहुँची, जिसमें नये सिरे से एक ख़ास तरह की नृत्य शैली को अपने पूरे सौन्दर्य के साथ विशाल कलेवर पर बिखरने का मौक़ा मिला। इसमें **'कथक'** *जैसी नृत्य शैली सर्वोपरि मानी जाती है, जिसे बाद में नवाब वाजिद अली शाह के दरबार में जाकर शिखर प्राप्त होता है। नवाब आसिफुद्दौला के बारे में यह बात पता चलती है कि उन्होंने* **प्रकाश नर्तक** *को संरक्षण दिया था, जो कथक के बेहतरीन कलाकार थे। प्रकाश नर्तक रहसधारी परम्परा से जुड़े थे और उनके परिवार में उनके बेटे* **ठाकुर**

प्रसाद *और दो पोते क्रमशः* **कालिका प्रसाद** *और* **बिन्दादीन** *हुए। प्रकाश नर्तक परम्परा ने ही कथक जैसे नृत्य को* **'नटवरी नृत्य'** *के पद से उठाकर* **'दरबारी नृत्य'** *के स्थान पर ला खड़ा किया। इसी समय से कथक में वह सारे आवर्तन और शैलीगत सौन्दर्य जुड़ने प्रारम्भ हुए, जो आज का विकसित कथक माना जाता है। ग़ौर करने वाली बात यह भी है कि प्रकाश नर्तक के ही प्रपौत्र* **पं. बिरजू महाराज** *हैं, जिन्हें कथक के महान नर्तक के रूप में जाना जाता है।*

इसी समय से संगीत व नृत्य कला को लखनऊ के दरबार में भी अतिशय सम्मान प्राप्त होना शुरु हुआ, जिसे बाद के दौर में कई प्रकार के पुरुष और महिला नर्तक समूहों ने समृद्ध किया। इनमें बनारस के **'कथक नर्तक'** *मथुरा के* **'रहसधारी'**, *कश्मीरी समुदाय के* **'भाँड़ लोग'** *तथा अन्य स्थानीय कलाकारों ने अपनी सार्थक उपस्थिति से फ़ैज़ाबाद के दरबार से शुरु हुई संगीत संरक्षण की परम्परा को लखनऊ में काफ़ी ऊँचाई पर लाकर प्रतिष्ठित किया। इसी समय* **दरोगा अब्बास अली** *की* **'ब्यूटीज़ ऑफ़ लखनऊ'** *की चर्चा भी मुनासिब है, जिन्होंने चौबीस* **'नाचनेवालियों'** *या* **'जलसेवालियों'** *का बाक़ायदा फोटो-शूट करते हुए एक एल्बम (मुरक्का) तैयार किया, जिसे उस दौर के महफिली संगीत और कोठों की रवायत का प्रतिनिधि काम माना जाता है। यह काम उन्होंने 1857 ई. के गदर के उपरान्त अवध के नवाबी शासन के लगभग छीज जाने के बाद ब्रिटिश राज क़ायम होने के समय में सम्पादित किया था। दरोगा अब्बास अली के द्वारा चुनी गयी इन नर्तकी सुन्दरियों की छवि-चित्रों को आज देखने पर यह बात समझ में आती है कि नवाबी शासनकाल में मालजादियों का कितना अहम मुक़ाम उस दौर में रहा होगा।*

साभार : 1. प्रिंट एण्ड प्लेज़र : पॉपुलर लिटरेचर एण्ड इण्टरटेनिंग फिक्शन्स इन कोलोनियल नॉर्थ इण्डिया : फ्रांचेस्का ऑर्सीनी, पब्लिशर : परमानेण्ट ब्लैक, रानीखेत, एडीशन - 2009, 2. द मेकिंग ऑफ द अवध कल्चर : मधु त्रिवेदी, प्रकाशक : प्राइमस बुक्स, दिल्ली, संस्करण, 2010 (अंग्रेजी) 3. दरोगा अब्बास अली : ब्यूटीज़ ऑफ़ लखनऊ पर टायगा हेल्मे के आलेख से संक्षिप्त एवं संशोधित रूप में लेने के आधार पर इस अंक के सम्पादक यतीन्द्र मिश्र द्वारा लिखी गयी टिप्पणी। पहली बार प्रकाशित।

नवाबी दरबार के प्रमुख बाजे

ढोल-ताशा, रौशन-चौकी, नौबत, तुरही तथा अन्य साज़

नवाब शुजाउद्दौला के दरबार में संगीत रचने के लिए प्रयुक्त होने वाले ढेरों ऐसे बाजे हैं, जो फ़ैज़ाबाद की ज़मीन से निकलकर लखनऊ जाकर उस समय विकसित और लोकप्रिय हुए, जब पूरे ताम-झाम के साथ नवाब आसिफुद्दौला ने लखनऊ को अपनी राजधानी और संस्कृति का गढ़ बनाना शुरु किया था। एक समय तो लखनऊ में ऐसा भी आया, जब वहाँ की शान-ओ-शौकत ने दुनिया भर के तमाम मुल्कों के समृद्ध शहरों को भी पीछे छोड़ दिया था। लखनऊ अपनी नफासत, बेजोड़ स्थापत्य-कला व साहित्य, संगीत तथा कलाओं की दुनिया में उत्कर्ष पर जा पहुँचा था। हर एक चीज़, फिर चाहे वह मौसीकी (संगीत) का मामला हो या साहित्य की दुनिया में मसनवी, मर्सिया, अफसाना और कलाम लिखने का चलन; हाथ से की जाने वाली ज़रदोज़ी, तंजेब, कामदानी और चिकन की गुलुकारी — सभी जगह लखनऊ और सिर्फ़ लखनऊ मौजूद था। इस समय लखनऊ की धूमधाम सारी दुनिया में छा गयी थी और इसे अपनी उपलब्धियों के चलते 'हिन्दुस्तान का बाबुल' कहा जाने लगा था।

हालाँकि इस बात को जानना ज़रूरी है कि लखनऊ को इस ज़मीन पर ला खड़ा करने में फ़ैज़ाबाद ने नींव बनने का काम किया। फ़ैज़ाबाद में कलाओं और विशेषकर संगीत का माहौल बेहद उर्वर था, जिसमें बहू बेगम के संरक्षण में कई बार उनके विश्वासपात्र जवाहिर अली ख़ाँ के द्वारा बाक़ायदा संगीतज्ञों, उस्तादों को बढ़ावा देने और दरबार में सम्मान सहित बुलाने की रवायत मिलती है। इतिहास में मौजूद साक्ष्यों के हवाले से यह देखना सुखद है कि फ़ैज़ाबाद में छह तरह के बाजे नवाबी दौर में

प्रचलित थे, जिनका संरक्षण भी शुजाउद्दौला के महल से होता था और जो बाद में लखनऊ जाकर आसिफुद्दौला के यहाँ अपना उत्कर्ष पाते हैं। इनमें **ढोल-ताशा, रौशन-चौकी, नौबत, तुरही** *और* **करना** *(शंख),* **डंके** *और* **बिगुल** *तथा* **ऑर्गन** *(अंग्रेजी बाजा) रोज़-ब-रोज़ की ज़िन्दगी में शामिल थे।*

ढोल-ताशा *बजाने वालों के समूह में तीन-तीन या चार-चार बड़े-बड़े ढोल होते थे और कम से कम एक या दो ताशे वाले। एक झांझ वाला भी होता था, जो पूरे संगीत को अपनी लय से गुंजायमान बनाता है। हालाँकि झांझ ईरान में भी चलता था और ताशे मिस्र में प्रचलित थे। पूरी तरह भारतीय वाद्य के अर्थ में ढोल का रिवाज़ ही यहाँ प्रचलन में रहा है, जबकि ढोल-ताशा के सम्मिलित वादन में तीनों (ढोल, ताशा और झांझ) मिलकर एक अजब क़िस्म का उतार-चढ़ाव और लय पैदा करते थे। अब्दुल हलीम 'शरर' ने अपनी 'गुज़िश्ता लखनऊ' में इस बात ज़िक्र भी किया है कि ख़ुद उन्होंने कलकत्ता के मटियाबुर्ज़ में मुहर्रम की सातवीं तारीख़ को मेंहदी के जुलूस में नवाब वाज़िद अली शाह को गले में ताशा डालकर बजाते हुए देखा था।*

दूसरा प्रमुख बाजा **रौशन-चौकी** *है, जो बहुत पुराना साज़ है। कहा जाता है कि अगर सारे नहीं, तो कम से कम उसके प्रमुख घटकों को मुसलमान अपने साथ लाये, क्योंकि शहनाई उसका एक महत्त्वपूर्ण अंग है और उसके बारे में मशहूर है कि यह शेख उर्रईस इब्ने-सीना की ईज़ाद है। रौशन चौकी में कम-से-कम दो शहनाई-वादक होते हैं और एक तबलची, जिसकी कमर में छोटे-छोटे दो तबले बँधे होते हैं। तबले लय को क़ायम रखते हैं। एक शहनाईवादक असली सुर क़ायम रखने के लिए सुर देता है और एक आवाज़ की चलत-फिरत और गलेबाज़ी का अभ्यास दिखाता है। यही असली शख़्स होता है, जो ग़ज़लों या ठुमरियों वगैरह को अजब दिलकश सुरों में अदा करता है।*

रौशन चौकी हिन्दुस्तान का ख़ास दरबारी बाजा था, जो बादशाहों और बड़े-बड़े अमीरों के खाने के वक्त बजा करती थी। रात को आराम के वक्त रौशन चौकी शाही महल के इर्द-गिर्द गश्त किया करती और उसका गाना दूर से बहुत ही आनन्द देता था। मुगल शासन में यह बहुत ही महत्त्वपूर्ण और आनन्दप्रद बाजा समझा जाता था। ऐसा माना जाता है कि दिल्ली से ही अवध की नवाबी संस्कृति में रौशन-चौकी का आगमन हुआ। फ़ैज़ाबाद में एक निश्चित समय में रहने के बाद, यह लखनऊ गयी और वहाँ इसकी

कला में रंग आया। आज भी ऐसा माना जाता है कि शहनाईयों के समूह से सजा हुआ रौशन-चौकी का वादन लखनऊ से बेहतर हिन्दुस्तान में कहीं नहीं होता।

तीसरे बाजे के रूप में **नौबत** का नाम लिया जाता है। नौबत भी एक हद तक ऐतिहासिक वाद्य है और वैभव-प्रदर्शन के लिए मुद्दतों काम में लाया जाता रहा है। ऐसा माना जाता है कि यह दमिश्क, बगदाद और मिस्र के राजदरबारों में पहले बजती थी और हिन्दुस्तान में यह मुसलमानों के साथ ही आयी। आज भी नौबत का जो वर्तमान स्वरूप है, जिसमें शहनाई, नक्कारा और झांझ एक साथ बजते हैं, ईरानी तरीके से ही बजाये जाते हैं। हालाँकि भारत में नौबत बजने की परम्परा नवाबी शासन के इतिहास व मुगलों से भी पहले मिलती है। पहले राज-दरबारों और बड़े सामन्तों की ड्योढ़ियों में नौबत बजती थी और अकसर भोर में राजा को जगाने के लिए बजायी जाती थी। इसका प्रचलन मन्दिरों और ठाकुरद्वारों में देवताओं को जगाने के लिए भी होता था। भक्तिकाल में मिलने वाली सन्तों की अधिसंख्य कविताओं और बानियों में भी नौबत का ज़िक्र आता है। कृष्ण-जन्माष्टमी के पर्व पर अवध में प्रचलित लोक-गीतों में भी 'नौबत' दिखाई दे जाती है। जैसे, इस गीत के मुखड़े में नौबत मौजूद है– **'नौबत बाज रही मोरी आलि, बृज में नन्द बाबा के द्वार।'** कहने का आशय यह है कि भारत में शाही परम्परा के एक प्रमुख बाजे के रूप में प्रसिद्ध रहा 'नौबत', अवध के नवाबों के शासनकाल में भी खूब लोकप्रिय हुआ।

अब्दुल हलीम 'शरर' इस बात का ज़िक्र अपनी पुस्तक में इस सन्दर्भ में भी करते हैं कि 'बादशाहों और प्रतिष्ठित सामन्तों के जुलूस और लश्कर के साथ नौबत बहुत ही अनिवार्य बाजा था। पराक्रमी सम्राटों के जुलूस के आगे-आगे हाथियों पर नौबत बजती चलती थी। लड़ाईयों में विजेता पक्ष अपनी विजय प्रकट करने के लिए जोर-शोर से नौबत बजवाया करता था। शहंशाह औरंगज़ेब ने हैदराबाद को जीतकर उसके क़रीब एक पहाड़ी पर नौबत बजवायी थी, जो आज भी 'नौबत पहाड़' कहलाता है। अवध के सन्दर्भ में यह खासतौर से देखा जा सकता है कि नौबत बजाने वालों के लिए महलों के पास कोई ऊँचा बुर्ज चुना जाता था। अकसर शाही महलों के फाटकों के ऊपर नौबतखाना बना होता था, जिसके नमूने हर एक महल में नज़र आते हैं।

इसी तरह **तुरही** और **करना** तथा **बिगुल** और **डंका** भी दरबार की शान समझी जाती थी। तुरही और करना जैसे बाजों का लखनऊ के जुलूसों में बजाया जाना आम रिवाज़ रहा है। यह बहुत सम्भव है कि इसकी परम्परा भी फ़ैज़ाबाद दरबार से उठकर लखनऊ तक गयी होगी और बाद में उसका प्रचलन लखनऊ में हो गया होगा। इसी तरह बिगुल और डंका बजाने की भी परम्परा रही है, जिसमें शादी के जुलूसों में यह पुराने दौर में बजती थी। प्राचीन काल में इसे सेना तथा विजेताओं के साथ बजाये जाने की चर्चा मिलती है। फ़ैज़ाबाद से लेकर लखनऊ तक अवध की दो राजधानियों के बनने और स्थानान्तरित होने की यात्रा में ढेरों ऐसे मौकों पर, जब सेना का प्रस्थान रहा हो या उत्सवों का जुलूस आगे बढ़ रहा हो– सभी जगह बिगुल बजने की बात दर्ज़ मिलती है।

नवाबी दौर में अंग्रेजी शासकों के आने के बाद अथवा ब्रिटिश हुकूमत की अवध दरबार में दखलन्दाजियों के साथ अंग्रेजी वाद्य भी हमारी संस्कृति में धीरे-धीरे रच-बस गये। इसमें सबसे महत्त्वपूर्ण और बिल्कुल आम तबकों में मशहूर **ऑर्गन बाजा** या **ब्रॉस बैण्ड** का मामला भी शुमार है। यह भी देखा गया है कि परम्परा में हर जगह इस वाद्य से अधिकतर अंग्रेजी चीज़ें ही बजायी जाती रही हैं। हालाँकि राज-दरबारों के सम्मुख अगर कभी अंग्रेजी बाजे वाले अपने बाजों से कुछ अदा कर रहे थे, तो उसमें लखनऊ का रंग घुला हुआ था। वे सब ऐसे मौक़ों पर ग़ज़लों और ठुमरियों को बिल्कुल रौशन-चौकी वालों की तरह अदा करते थे। सेना में जिस तरह सैनिक एक तरह की वर्दियाँ पहनते हैं, उसी तरह इन अंग्रेजी बाजे वालों ने अपनी सुन्दर और एक जैसी वर्दियाँ सिलवाकर यह अदायगी देनी शुरु की थी। ऐसे में इनको ऑर्गन बाजा बजाते हुए तथा वर्दियों में शानदार ढंग से देखकर एक अलग क़िस्म का प्रभावतारी होता था, जो नवाबों के यहाँ किसी समारोह में बजाते हुए और भी अधिक शिद्दत से महसूस किया जा सकता था।

इस तरह देखा जा सकता है कि इन कुछ वाद्यों के सहमेल से नवाबी दौर में संगीत रचने का काम हुआ है, जिसकी शुरुआत फ़ैज़ाबाद से होती है और उसका विकास बाक़ायदा आसिफुद्दौला के लखनऊ जाने के बाद होना शुरु होता है, जब वे इन सब बाजों के कलावन्तों को अपने साथ लखनऊ ले जाकर बसाते हैं।

नोट : 1. गुज़िश्ता लखनऊ : अब्दुल हलीम शरर, प्रकाशक : भुवन वाणी ट्रस्ट, लखनऊ, संस्करण : द्वितीय, 1990, 2. बहार-ए-अवध : योगेश प्रवीन, प्रकाशक : लखनऊ महोत्सव पत्रिका समिति, लखनऊ, संस्करण : प्रथम 1987 और 3. 'फ़ैज़ाबाद : अ गजेटियर' : एच.आर. नेविल, आई.सी.एस. इलाहाबाद, 1905, से संक्षिप्त एवं संशोधित रूप में लेने के आधार पर इस अंक के सम्पादक यतीन्द्र मिश्र द्वारा लिखी गयी टिप्पणी। पहली बार प्रकाशित।

फ़ैज़ाबाद में इंशा-लेखन पद्धति का विकास
अलंकृत पत्र लेखन की शैली

दफ़्तरी काम-काज के लिए औपचारिक रूप से पत्र-लेखन की अलंकृत पद्धति को **'इंशा लेखन'** *कहा जाता है। कार्यालय में भेजे जाने वाले औपचारिक पत्रों, मसविदों और शाही दरबार द्वारा ज़ारी की जाने वाली सनदों के प्रारूप बनाने की कला इसी शैली के अन्तर्गत आती है। इंशा लेखन एक प्राचीन लेखन पद्धति है, जिसका काफ़ी विकास नवाबी दौर के दरम्यान फ़ैज़ाबाद में हुआ। उस समय जब नवाब शुजाउद्दौला ने बाक़ायदा अपना दफ़्तर और कचेहरी यहाँ फ़ैज़ाबाद में स्थापित की और कामकाज प्रारम्भ किया, तो तमाम फ़ारसी और उर्दू के पारंगत विद्वानों व मुंशियों की उनके दफ़्तर में आमद बढ़ी। इसी के साथ दफ़्तरी काम-काज के लिए प्रयुक्त होने वाली भाषा और लेखन पद्धति का विकास होना भी शुरु हुआ, जिससे इंशा लेखन पद्धति भी समृद्ध होती चली गयी। इस शैली के अन्तर्गत बेहद आलंकारिक ढंग से औपचारिक पत्रों की ड्राफ्टिंग ही मुख्य कार्य माना जाता था।*

इंशा लेखकों में उस दौर में सर्वाधिक नाम **राजा लक्ष्मीनारायण** *का हुआ है। उन्हें बहू बेगम के प्रमुख ख़्वाज़ासरा जवाहर अली ख़ाँ ने संरक्षण दिया था। इतिहास में यह भी दर्ज़ है कि राजा लक्ष्मीनारायण के पत्रों को मुंशी फ़ैज़ बख़्श ने सम्पादित किया था। इनके अलावा* **अमीर हिलाल सरशार** *एक स्थापित इंशा लेखक के रूप में जाने जाते थे।* **मुंशी मुहम्मद फ़ैज़बख़्श** *ने भी इंशा पद्धति में गहरा अधिकार प्राप्त करते हुए खुद को इस शैली के एक संजीदा लेखक के तौर पर प्रतिष्ठित किया था। उस दौर के मिलने वाले पत्रों व कार्यालय सम्बन्धी दस्तावेज़ों के आधार पर यह कहा जा*

सकता है कि फ़ैज़ाबाद में नवाबी शासन-काल के दौरान विशेषकर बहू बेगम के ज़माने में इंशा लेखन पद्धति का अत्यधिक विकास हुआ था। राजा लक्ष्मीनारायण के कुछ पत्र मौलाना आज़ाद पुस्तकालय, अलीगढ़ मुस्लिम विश्वविद्यालय में सुरक्षित हैं।

साभार : द मेकिंग ऑफ द अवध कल्चर : मधु त्रिवेदी, प्रकाशक : प्राइमस बुक्स, दिल्ली, संस्करण, 2010 (अंग्रेजी) से संक्षिप्त एवं संशोधित रूप में लेने के आधार पर इस अंक के सम्पादक यतीन्द्र मिश्र द्वारा लिखी गयी टिप्पणी। पहली बार प्रकाशित।

अवध के कलात्मक और विलुप्त गहने

फ़ैज़ाबाद के मीना बाज़ार के विशेष सन्दर्भ में

सदा से वैभव का प्रतीक माने जाने वाले आभूषण, गहने या जेवरात का समृद्धशाली इतिहास भी अवध से ताल्लुक रखता है। मुख्यतः अवध की पहली राजधानी रहा फ़ैज़ाबाद इन गहनों के इतिहास का एक बड़ा गवाह रहा है, जिसमें बाद में लखनऊ, आगरा, रामपुर और बनारस जैसे नगरों का भी दखल देखा जा सकता है। अवध की प्राचीनतम और दुर्लभ कलाकारी का नमूना रहे तमाम गहनों का अस्तित्त्व भी नवाबी शासनकाल में अपने चरम पर देखा जा सकता है।

बाद में नवाबी शासन के पतन और नये युग की आमद के साथ देश की स्वतंत्रता प्राप्ति के समय जिस तरह नवाबी शासनकाल के ढेरों कलाओं का अवमूल्यन और ह्रास हुआ, ठीक उसी तरह स्त्रियों के शृंगार के बहाने सोने-चाँदी के गहने और उन पर मीनाकारी व जड़त के काम की अनोखी दस्तकारी भी धीरे-धीरे विलुप्त होती चली गयी। नवाबी दौर के मौजूद कागजी दस्तावेज़ों से, ब्रिटिश हुकूमत द्वारा तैयार करवाये गये ढेरों गजेटियरों से तथा साहित्य और अन्य कलाओं के माध्यम से आम-फहम ज़िन्दगी में बरबस चले आये बनाव-शृंगार के ज़िक्र को खंगालते हुए अवध क्षेत्र के कुछ प्रमुख गहनों का दस्तावेज़ीकरण भी यहाँ प्रासंगिक जान पड़ता है। इस कारण भी कि इनमें ज़्यादातर आभूषण पहले फ़ैज़ाबाद में ही बनते थे और उनके व्यापार का विस्तार फ़ैज़ाबाद से होकर लखनऊ, आगरा, दिल्ली और फिर जयपुर तक गया था।

जिन गहनों के नामों का जिक्र यहाँ किया जा रहा है, उनमें से अधिकांश अब सिर्फ दस्तावेज़ में उल्लेख मात्र के लिए बचे रह गये हैं। इनमें से

अधिकांश अब न तो देखने को मिलते हैं और न ही इनके बनाने वाले आज दुनिया में मौजूद हैं।

इस तरह पूरे शरीर के अनुसार प्रयुक्त होने वाले जेवरों की गणना अवध में इस तरह होती रही है—

माथे के जेवर : बेंदा, टीका, पतंग्गी, बन्दी (झालर के साथ), अलीबन्द (साथ में झुमका), बिजली, छपका और झूमर।

बालों के जेवर : जूड़े का फूल, काँटा, बेनी पान और क्लिप।

कान के जेवर : झाला, बुन्दा, गेंदहवा झुमका, बाली और पात, कर्णफूल, बाला, चाँद-बाला, बैकुण्ठी और बीर या गलचुमनी।

नाक के जेवर : कील, नथुनी, बेसर और नाक के बीच में पहने जाने वाले जेवर हैं— सबना, बुलाका, पत्ती।

गले के जेवर : गुलुबन्द, कण्ठा, जुगनू, हँसुली, डार, कठसुरी, ठोंसिया, हबेल या हमेल, तौंक, चोकर, रामनौमी, बदग्घी, चम्पाकली, नेकलेस, हार, जवादानी, जवाकुसुम, तिलड़ी, पँचलड़ा, सतलड़ा, गिन्नी हार, मटर-माला, मोहन-माला, मोहर-माला, रानी-हार।

बाँह के जेवर : आर्मलेट, बिजायठ, जोसन, बाजूबन्द, टेंड़िया।

कलाई के जेवर : कंगन, छन्दी, अगेला, बिचेला, पछेला, परीबन्द, दस्तबन्द, चूहादन्ती, बघमुखा कंगन, गजमुखा कंगन, पहुँची, तोड़ा, जँहगीरी, ब्रेसलेट, हथफूल, आरसी, अंगूठी, बताशा।

कमर के जेवर : अद्धी, करधनी, कमरपेटी, छुद्रघण्टिका।

पैर के जेवर : कड़ा, छड़ा, छैल-चूड़ी, झाँझ, लच्छी, चौरासी घुँघरु, पायजेब, तोड़ा, पतली जंजीर, पायल।

पैर के पंजे का जेवर : पगपान, पलनिया, महावर, बिछिया, नहिया, अनवट।

उपर्युक्त गहनों में सात गहने ऐसे हैं, जो पूरी तरह अवध क्षेत्र से आज विलुप्त हो चुके हैं। जानकारों के अनुसार अब यह गहने न तो कोई कलाकार बनाता है और न ही आसानी से यह कहीं देखने को ही मिलते हैं। किसी के पास यदि परम्परा में यह मौजूद हों, तो बात अलग है। अलबत्ता इनका निर्माण अब पूरी तरह समाप्त हो चुका है। इनमें से कुछ कभी फ़ैज़ाबाद

क्षेत्र में भी बनते थे। यह गहने हैं– **छन्दी, पछेला, टड्डा, हबेल टैंटा, हँसुली, ककना** *और* **छैलचूड़ी।**

इस समय यह जानना भी औचित्यपूर्ण होगा कि फ़ैज़ाबाद नगर में इन विलुप्त हो चुके गहनों को बनाने का काम पुराने समय में जिन कारीगरों ने किया था, वे भी अब इस दुनिया में नहीं हैं। इनमें प्रमुख रूप से **राज मुहम्मद** *का नाम लिया जा सकता है, जो चाँदी की हबेल या हमेल बनाते थे, उस पर सोने के वरक का काम भी बड़े नाजुक ढंग से अंजाम देते थे, जिसे* **'बन्धेल का काम'** *कहा जाता है। आज बन्धेल का काम करने वाले कोई कारीगर मौजूद नहीं हैं। इसी तरह* **बुच्चीलाल** *भी बेहद प्रतिष्ठित कारीगर के रूप में याद किये जाते हैं, जो हँसुली और कड़ा बनाने का काम करते थे। ये ठोस चाँदी के कड़े बनाते थे, जिसे ठोंक-ठोंक कर हाथों से ही आकार दिया जाता था। कड़ों के ऊपर नक्काशी भी होती थी।*

इन सबसे अलग **सुन्दरलाल सोनार** *की प्रतिष्ठा अलग से रही है। जानकार लोग बताते हैं कि फ़ैज़ाबाद नगर में यह अकेला और सबसे पुराना कारीगर था, जो सोने की हँसुली बनाता था। उसके काम की सफाई और सोने के आभूषण में मिलने वाले खरेपन की गारण्टी की चर्चा आज भी होती है। यह सारी हाथ की चीजें प्रभात सिनेमा के आगे, टकसाल मोहल्ले में गढ़ी जाती थी। यह कलाकार अब नहीं हैं, मगर उनके हाथों से पैदा की गयी कलात्मक उत्कृष्टता आज भी अवध के नवाबी शासनकाल के वैभवपूर्ण दिनों और बाद में रईसों के खानदानों में मिलने वाली तहज़ीब की निशानदेही करती हुई दिखाई पड़ती है।*

साभार : **बौड़ी रियासत की राजकुमारी श्रीमती लक्ष्मी देवी से प्राप्त जानकारियों तथा फ़ैज़ाबाद नगर के स्वर्णकार श्री योगेश सोनार एवं श्री राधेश्याम गुप्ता से बातचीत के आधार पर इस अंक के सम्पादक यतीन्द्र मिश्र द्वारा लिखी गयी टिप्पणी। पहली बार प्रकाशित।**

फ़ैज़ाबाद : दस्तावेज़-27

नवाबी युग में ज़ामदानी और तंजेब कला
मलमल के कपड़े पर गुलतराशी

मलमल के कपड़े पर सूती धागे के महीन और कलात्मक काम को **ज़ामदानी** *का काम कहा जाता है। ज़ामदानी में एक ही तरह के जाल या गुलबूटे को पूरे थान पर एक-सा बनाया जाता है। फ़ैज़ाबाद के सांस्कृतिक परिदृश्य पर हस्तशिल्प उद्योग के मूल्यांकन में यह तथ्य ज्ञात होता है कि नवाबी शासन-काल में ही टाण्डा एक बड़े बुनकर केन्द्र के रूप में स्थापित हो चुका था। ऐतिहासिक साक्ष्यों से इस बात की पुष्टि होती है कि नवाबीकाल के अन्त तक ज़ामदानी का कारोबार टाण्डा में फलता-फूलता रहा। अवध संस्कृति विशेषज्ञ मधु त्रिवेदी की किताब 'द मेकिंग ऑफ़ द अवध कल्चर' में इस बात पर गहराई से विमर्श हुआ है कि किस तरह उस दौर में ज़ामदानी और तंजेब कला को कुशल कारीगरों ने अपने हुनर से पूरे अवध प्रान्त में शिखर पर ला खड़ा किया था।*

मधु त्रिवेदी लिखती हैं– 'उस दौर में ज़ामदानी के लिए टाण्डा के बारे में ज़िक्र मिलता है कि लगभग दस तरह के कला-नमूने (मोटिफ पैटर्न) इस क्षेत्र में बनते थे। वे थे– **'पेंच', 'जूही', 'खड़ा-बेल', 'खड़ा-बेल-बारीक़', 'आड़ी-बेल', 'ताज-मार्का', 'चाँद-मार्का', 'बूटीदार', 'जालदार'** *और* **'जाली'**। *इनमें 'पेंच', 'जूही', 'खड़ा-बेल-बारीक़' काफ़ी महँगे समझे जाते थे, जिसमें पेंच तो अति उच्च वर्ग के लिए ही बनायी जाती थी।' यह देखना रोचक है कि कुछ कलात्मक नमूनों का विशेष संयोजन होता था, जिसके आधार पर उनके नाम रखे जाने का चलन था। उदाहरण के तौर पर जब छोटे-छोटे फूलों के गुलबूटों को आपस में इस तरह संयोजित किया जाता था कि वे एक जवाहरात में लगे हुए नगीनों की मानिन्द दिखायी पड़ें, तब ज़ामदानी*

का वह नमूना **'पन्ना हज़ारी'** कहलाता था। इसी तरह जब फूलों की कतारों को बेल के रूप में पूरे कपड़े पर दौड़ाया जाता था, तो उसे **'बेल-पटरीदार'** कहा जाता था।

नवाबी शासन में ज़ामदानी कला में **'ताज मार्का'** बहुत मशहूर थी, जिसमें नवाबी राजचिह्न बनाया जाता था। इसमें नवाब वाज़िद अली शाह के समय में प्रचलित अवध की शाही मुहर की तरह की डिजाईन बनायी जाती थी, जिसमें दो परियाँ नवाब का ताज लेकर खड़ी हैं। इन परियों के दोनों हाथों में पंख भी लगे होते थे। यह जानना ज़रूरी है कि शुरुआती ज़ामदानी के काम में, जो विशेषकर फ़ैज़ाबाद में बनती थी और बाद में नवाब वाज़िद अली शाह के समय तक और भी अधिक विकसित हुई, सभी तरह की डिजाईनें मुख्य रूप से टाण्डा में ही बनायी जाती थीं। इनमें उसी दौर में एक अन्य शैली **'ताज-बूटी'** भी प्रचलन में आयी, जिसमें यूरोपीय राजाओं के मुकुटों की तरह ही नवाबों के मुकुटों व उनमें लगाये गये सरपेचों (कलंगी) की तरह की सजावट बनायी जाती थी। 'ताज-बूटी' और 'ताज-मार्का' सर्वाधिक महँगे डिज़ाईन पैटर्न थे, जो समाज के एक ख़ास तबके के लिए ही बनाये जाते थे।

यह देखना भी दिलचस्प है कि ज़ामदानी के काम से सजे कपड़ों के इन थानों का इस्तेमाल अधिकतर पुरुष वर्ग के कपड़ों के लिए ही होता था। इनमें प्रमुख रूप से सिले जाने वाले कपड़े– **जामा, अँगरखा, चपकन, अचकन** और **कुर्ता** होता था। नवाबी युग में ज़ामदानी के काम में **'पन्ना-हज़ारी', 'ताज-बूटी', 'ताज-मार्का', 'गुलदस्ता', 'पेंच'** और **'खड़ा बेल बारीक़'** की विशेष माँग रहती थी।

ज़ामदानी की ही तरह **'तंजेब'** भी एक महँगी बुनायी की कला थी, जो मलमल के सूती कपड़े पर बुनी जाती थी। तंजेब का काम टाण्डा और रायबरेली में होता था। कई बार इसके कला-नमूने अरबी और देवनागरी भाषा की लिपियों में लिखी हुई आयतों और छन्द की तरह भी रखे जाते थे। यह माना जाता है कि तंजेब बुनकरी की शुरुआत नवाब आसिफुद्दौला के शासनकाल में अठारहवीं शताब्दी के उत्तरार्द्ध में हुई।

इस तरह एक बात यह भी स्पष्ट होती है कि हाथों से बुने जाने वाले कपड़ों के काम में जहाँ ज़ामदानी फ़ैज़ाबाद में विकसित हुयी व प्रचलन में थी, वहीं तंजेब लखनऊ में अपना अस्तित्त्व पाती है। यह अलग बात है

कि उसका काम भी अधिकतर टाण्डा (फ़ैज़ाबाद) में ही कराया जाता था।

बाद में नवाब सआदत अली ख़ाँ (छठवें नवाब) के काल में बनारस और ढाका के बुनकरों से भी ज़ामदानी का काम कराया जाना शुरु हुआ, जिन्हें टाण्डा, जलालपुर और अकबरपुर लाकर बाक़ायदा इस काल में बसाया गया था। इन्हीं कारीगरों ने मिलकर बाद में ज़ामदानी के एक बड़े केन्द्र के रूप में फ़ैज़ाबाद परिक्षेत्र को रचा है।

साभार : द मेकिंग ऑफ द अवध कल्चर : मधु त्रिवेदी, प्रकाशक : प्राइमस बुक्स, दिल्ली, संस्करण, 2010 (अंग्रेजी) से संक्षिप्त एवं संशोधित रूप में लेने के आधार पर इस अंक के सम्पादक यतीन्द्र मिश्र द्वारा लिखी गयी टिप्पणी। पहली बार प्रकाशित।

आज़ादी से पहले स्थापित फ़ैज़ाबाद के बैंक

अवध कामर्शियल बैंक लिमिटेड तथा अन्य बैंक

फ़ैज़ाबाद शहर के सिविल लाइन्स इलाके में स्थित लाजपत नगर कॉलोनी परिसर के बीच स्थित मौजूदा जिला पूर्ति कार्यालय की पुरानी इमारत में कभी **'अवध कामर्शियल बैंक लिमिटेड'** *हुआ करता था। शत-प्रतिशत भारतीयों की पूँजी से सन् 1881 में स्थापित इस बैंक को शुरुआती हिन्दुस्तानी बैंकों में से एक प्रतिष्ठित बैंक होने का गौरव हासिल था। इस बैंक के संस्थापक साहूकार* **श्री हरि प्रसाद अग्रवाल** *थे, जिन्हें हरि सिंह भी कहा जाता था। बैंक की समृद्धि का इतिहास इसी बात से साबित होता है कि इसने अपने शेयर धारकों को उस ज़माने में दस फीसदी की दर से सालाना लाभ मुहैया कराया था। इस कार्यालय की पुरानी इमारत में मौजूद एक दीवार पर इस बैंक का धुँधला सा नाम आज भी देखा जा सकता है। यही साक्ष्य, इस बैंक के वजूद की आज के समय में मिलने वाली एकमात्र गवाही है। तत्कालीन अवध की तक़रीबन सभी रियासतों, मसलन— 'मेंहदौना' (बाद में अयोध्या रियासत के नाम से विख्यात) के साथ-साथ 'भीटी', 'पीरपुर', 'टाण्डा', 'हँसवर', 'मकरही' और 'दियरा' आदि का पूँजी निवेश इस बैंक में उस दौर में होता रहा था।*

एच.आर. नेविल की गजेटियर फ़ैज़ाबाद (संस्करण : 1905) में भी इस बात का ज़िक्र मिलता है कि अवध कामर्शियल बैंक भारतीयों के प्रबन्धन में अपने तरह का सबसे पुराना बैंक है और दस प्रतिशत लाभांश देते हुए यह प्रारम्भ से ही प्रगति के पथ पर अग्रसर रहा। हालाँकि इस बैंक के अलावा गजेटियर तीन अन्य बैंकों का भी उल्लेख करता है, जिसमें **'द अजोध्या बैंक लि.'**, *जिसकी स्थापना अक्टूबर, 1894 ई. में की गयी थी। इस बैंक की*

कार्यरत पूँजी छह लाख रुपये थी और यह आठ प्रतिशत लाभांश देता था। दूसरा बैंक, **'द कश्मीरी बैंक'** *है, जिसकी स्थापना सन् 1882 में फ़ैज़ाबाद के एक कश्मीरी बैंकर द्वारा की गयी थी। पहले यह सिर्फ़ कश्मीरी लोगों के लाभ के लिए शुरु किया गया था, जिसे बाद में आम जनता के लिए भी खोल दिया गया। गजेटियर में यह भी वर्णित है कि यद्यपि अन्य बैंकों की तुलना में यह बहुत छोटा था, फ़िर भी फ़ैज़ाबाद बाज़ार की दृष्टि से इसने बहुत समृद्ध व्यवसाय किया। एक आख़िरी बैंक, सन् 1894 में फ़ैज़ाबाद के पचास व्यापारियों के समूह द्वारा प्रारम्भ किया गया था, जिसे* **'फ़ैज़ाबाद स्मॉल लोन कम्पनी लिमिटेड, फतेहगंज'** *कहा जाता था। इसका उद्देश्य छोटे व्यापारियों को मासिक क़िस्तों में 'उगाही' के आधार पर कर्ज़ देना था।*

उपर्युक्त उल्लिखित चारों बैकों में सर्वाधिक प्रतिष्ठा **'अवध कामर्शियल बैंक'** *की ही थी, जो ब्रितानी पूँजी के वर्चस्व वाले दौर में सर्वाधिक समृद्ध हुआ, लेकिन देश में राष्ट्रीयकृत बैंकों के आगमन के बाद यह बैंक पूरी तरह से घाटे में चला गया। इसके चलते शेयर धारकों ने अपना लाभ लेने के लिए न्यायालय का दरवाजा खटखटाया, जिसका निर्णय उनके पक्ष में 1962 ई. में आया था। निर्णय में बैंक की परिसम्पत्तियों को बेचकर शेयर धारकों को भुगतान करने के लिए कहा गया था। जिस दौर में अवध कामर्शियल बैंक लिमिटेड खोला गया था, उस समय इसके लिए ब्रिटेन के बर्मिंघम की* **'जे एच इलियट एण्ड कम्पनी' से तिजोरी मँगायी गयी थी। इस तिजोरी पर दो हाथों में तलवार का अंकन मोनोग्राम के रूप में किया गया था। हरि सिंह की पाँचवीं पीढ़ी के श्री बृजराज अग्रवाल के पास इस ऐतिहासिक बैंक की यह धरोहर आज भी सुरक्षित है, जो आज़ादी के पहले फ़ैज़ाबाद में अपने होने के गौरवशाली दिनों का प्रमाण है।**

साभार : **'फ़ैज़ाबाद : अ गजेटियर' : एच.आर. नेविल, आई.सी.एस. इलाहाबाद, 1905 से संक्षिप्त एवं संशोधित रूप में लेने के अतिरिक्त युवा पत्रकार उमेश सिंह से प्राप्त जानकारियों के आधार युवा पत्रकार दीपक मिश्र तथा इस अंक के सम्पादक यतीन्द्र मिश्र द्वारा संयुक्त रूप से लिखी गयी टिप्पणी। पहली बार प्रकाशित।**

फ़ैज़ाबाद : इतिहास, संस्कृति और रवायत

कुछ दिलचस्प तथ्य

1. फ़ारसी और उर्दू के महान शायर **मीर तक़ी 'मीर'** *ने अवध के चौथे नवाब आसिफुद्दौला के निक़ाह पर एक मसनवी लिखी थी, जिसका शीर्षक* **'मसनवी-दर-बयान-ए-क़त-खुदाई-ए-आसिफुद्दौला'** *था।*

2. अवध के नवाबी शासन के आरम्भिक दौर में, राजकीय और सामाजिक कामों के लिए फ़ारसी भाषा का प्रयोग सामान्य तौर पर प्रचलित था। ऐसे में फ़ैज़ाबाद से लेकर लखनऊ तक इस भाषा के विद्वान अध्येताओं के रूप में **'खत्री'** *तथा* **'कायस्थ'** *वर्ग के लोग ही भारी संख्या में मौजूद थे।*

3. यह जानना काफ़ी रोचक है कि 1775 ई. तक 200 फ्रांसिसी और यूरोपीय लोग नवाब शुजाउद्दौला के दरबार में कार्यरत थे। इनमें सबसे प्रमुख **जे. जे. जेण्टिल** *हैं, जो नवाब के सलाहकार और गहरे मित्र थे। वे नवाब शुजाउद्दौला की मृत्यु तक, क़रीब बारह साल की अवधि के लिए अवध के दरबार से जुड़े रहे। जेण्टिल एक बेहतरीन चित्रकार थे और उन्होंने ही अवध में* **तैल माध्यम चित्रकारी** *की शुरुआत की।*

4. **टिली केटल** *भारत में आने वाले पहले यूरोपीय चित्रकार थे, वे 1766 ई. में मद्रास पहुँचे। वे ब्रिटिश थे और उन्होंने नवाब शुजाउद्दौला के लिए पोट्रेट भी बनाए। ऐसा माना जाता है कि अवध दरबार के लिए उनके द्वारा बनाये गये* **छह पोट्रेट (कैनवास पर तैल माध्यम)** *आज भी उस दौर के चित्रकला की नुमाइन्दगी करते हैं।*

5. शम्सुन्निसां बेगम, नवाब आसिफुद्दौला को उनके युवराज-काल (वली-अहद) में सन् 1766 में फ़ैज़ाबाद में ब्याही गयी थीं। फ़ैज़ाबाद ससुराल आकर वो

'नवाब बहू' कहलायीं। उनके सन्दर्भ में एक रोचक तथ्य यह भी मिलता है कि वे **'दुल्हन फ़ैज़ाबादी'** *के नाम से शेर-ओ-शायरी करती थीं।*

6. बहू बेगम ने अपने बेटे नवाब आसिफुद्दौला को लखनऊ के बाज़ार से बनवाया एक रत्नजड़ित मीनाकारी का हुक्का उपहार में दिया था, जिसकी कीमत उन दिनों सत्तर हज़ार रुपये आयी थी।

7. अवध की राजधानी फ़ैज़ाबाद से लखनऊ स्थानान्तरण के साथ बड़ी संख्या में यहाँ के कश्मीरी पण्डित भी लखनऊ जा बसे, इनमें प्रख्यात लेखक **रतननाथ 'सरशार'** *के दादा* **बेनीराम दर** *एवं मशहूर शायर* **पं. दयाशंकर कौल 'नसीम'** *के पिता* **पं. गंगाप्रसाद कौल** *के अलावा* **पं. ब्रजनारायण 'चकबस्त'** *के पूर्वज विशेष रूप से उल्लेखनीय हैं।*

8. अवध के नवाबी दरबार में गुलाम रज़ा सर्वाधिक महत्त्वपूर्ण मिनियेचर चित्रकार के रूप में जाने जाते हैं, जिन्होंने यूरोपीय संग्रहकर्ता **रिचर्ड जॉनसन** *के आग्रह पर* **'रागमाला-पेंन्टिंग्स'** *बनायीं। इनके बनाए दो चित्र विशेष रूप से प्रसिद्ध हैं, जिनमें* **'राग भैरव'** *और* **'तोड़ी रागिनी'** *के चित्र प्रमुख हैं। इनमें तोड़ी रागिनी का चित्र ब्रिटिश लाइब्रेरी, लन्दन में संग्रहीत है।*

9. ईस्ट इण्डिया कम्पनी और अवध के नवाब शुजाउद्दौला के मध्य हुई सन्धि के अनुसार नवाब ने ईस्ट इण्डिया कम्पनी के प्रतिनिधि (रेज़ीडेण्ट) को अवध में रखना स्वीकार कर लिया था, जिसका सारा खर्च शाही खज़ाने से वहन किया जाना था। इस आधार पर **मिस्टर नथेनियल मिडिल्टन**, *सन् 1773 में अवध की राजधानी फ़ैज़ाबाद में* **प्रथम रेज़ीडेण्ट** *नियुक्त हुए।*

10. *अवध-संस्कृति में मुहर्रम से सम्बन्धित* **'सोज़ख्वानी'** *(हज़रत इमाम हुसैन की शहादत के किस्सों का शोकपूर्ण पाठ या गायन) के एक बेहतरीन कलाकार के रूप में* **'अली फ़ैज़ाबादी'** *को याद किया जाता है, जो मूल रूप से फ़ैज़ाबाद के रहने वाले थे।*

11. **'सरापा लेखन पद्धति'** *एक विशिष्ट कला मानी जाती है, जो अवध की देन है। इसमें नायक की पूरी देहा-कृति का सूक्ष्म वर्णन किया जाता है, जिसमें इस हद तक सूक्ष्मता निहित होती है कि वर्णन किये जा रहे नायक की आँखों के साथ-साथ आँख की पुतलियों तक का वर्णन मिलता है। मर्सियागोई के लिए मशहूर* **मीर अनीस** *को सरापा लेखन में भी उत्कृष्ट माना जाता है, जिन्होंने इमाम हुसैन की शहादत की शोकपूर्ण घटनाओं का वर्णन करते हुए, उनकी सेना में मौजूद योद्धाओं की देहाकृति का सूक्ष्म विश्लेषण इसी*

'सरापा शैली' में लिखा है।

12. *यह देखना महत्त्वपूर्ण है कि फ़ैज़ाबाद में विकसित हुए* **'इंशा लेखन पद्धति'** *के तहत लिखे गये ढेरों पत्रों को सिर्फ़ इसलिए उस दौर में लिखा जाता रहा, जिससे वाक्पटुता का अभ्यास किया जा सके।*

13. *नवाब शुजाउद्दौला की बेगम अम्मत-उज़-ज़हरा (बहू बेगम) के परदादा मुगल बादशाह औरंगज़ेब के महल में मुख्य ख़ानसामा (रसोईया) थे।*

14. *उन्नीसवीं शताब्दी के पूर्व में* **'बाज़ार-चित्रकारों'** *(स्थानीय बाज़ारों में स्वतंत्र रूप से चित्रकला करने वाले कलाकार) द्वारा बनाये गये चित्रों के तीन महत्त्वपूर्ण एलबम इंग्लैण्ड में सुरक्षित हैं। इसमें–* **वेलेज़ली संग्रह**, *इण्डिया ऑफ़िस लाईब्रेरी में;* **महारानी का शाही-संग्रह** *विंडसर कॉसल में और* **तीसरा संग्रह** *विक्टोरिया और एल्बर्ट म्यूज़ियम में संग्रहीत हैं।*

15. *सन् 1776 में* **जेण्टिल की शैली** *में मिनिएचर पेंटिंग्स का एक* **'मुरक्का'** *(चित्रों का एल्बम) बनाया गया, जो भारतीय लोगों और भारतीय नवाबों पर आधारित था। इसमें नवाब सआदत ख़ान 'बुरहान-उल-मुल्क', 'सफ़दरजंग' और नवाब 'शुजाउद्दौला' के अलावा अन्य शासकों, मसलन– बंगाल, आरा, पूर्णिया, पटना, वीरभूमि और बनारस के शासकों के अलावा स्थानीय व आम लोगों के चित्र सम्मिलित हैं। इस एल्बम की शैली में यूरोपीय पद्धति का प्रभाव दिखायी पड़ता है। आज यह मुरक्का* **'इण्डिया ऑफिस लाइब्रेरी'**, *इंग्लैण्ड में संरक्षित है।*

16. **'शाहजहाँनामा'** *के कुछ पृष्ठ जो अवध में तैयार किए गए थे, आज विन्डसर कॉसल, लन्दन के पुस्तकालय में सुरक्षित हैं।* **स्टुअर्ट सी वेल्च** *के हवाले से इस पर* **नवाब आसिफुद्दौला** *की मुहर लगी हुई है और एक नोट में यह भी लिखा है कि उन्होंने यह पाण्डुलिपि बारह हजार रुपये में खरीदी थी।*

17. **'पादशाहनामा'** *की एक प्रति जो अवध में रंगी गयी थी, आज* **विन्डसर कॉसल,** *लन्दन के शाही पुस्तकालय में संरक्षित है। इस शैली का एक फोलियो नेशनल लाइब्रेरी, भारत में भी मौजूद है।*

18. **नवाब आसिफुद्दौला** *के शासनकाल में स्विस संग्रहकर्ता* **एण्टोन** *तथा* **लुई हेनरी पोलियर** *ने चित्रकला शैली को बहुत प्रभावित किया था। उन्होंने सन् 1767-76 के बीच बाज़ार के कलाकारों द्वारा बनाए गए* **'मुरक्का'** *(चित्रों के एल्बम) का विशाल संग्रह किया था। इसमें से आज छह एल्बम* **बर्लिन**

म्युजियम *में संग्रहीत हैं।*

19. *बहू बेगम ने नवाब आसिफुद्दौला को भेंट स्वरूप चाँदी के* **'चम्बल'** *(दीवानख़ाने में सजाया जाने वाला सामान) दिये थे, जिनकी संख्या चालीस थी। इन पर बेहतरीन नक्काशी और सोने का काम किया गया था।*

20. *नवाबकालीन अवध में बहू बेगम की एक सशक्त उपस्थिति थी।* **नवाब शुजाउद्दौला** *जब ईस्ट इण्डिया कम्पनी का विरोध सह रहे थे, तब शासन की कमान बहू बेगम के ही हाथ में थी। पहले उद्यमकर्त्ताओं में से एक* **बहू बेगम** *ने गोण्डा और बलरामपुर के खतरनाक बीहड़ों को शान्त कर वहाँ उपनिवेश स्थापित किया। बहू बेगम की ही पहल से नवाबी बेगमों और राजपूतों में सौहार्दपूर्ण सम्बन्ध स्थापित हुए। दोआब और बनारस के क्षेत्रों में बहू बेगम ने सरायों का भी निर्माण करवाया, जिनमें अधिकतर लोक-कल्याण और कुछ मुनाफे के लिए थीं।*

21. *यह एक महत्त्वपूर्ण तथ्य है कि अवध के पहले* **नवाब सआदत ख़ाँ 'बुरहान-उल-मुल्क'** *ने फ़ैज़ाबाद में अपनी जो सेना तैयार की थी, उसमें दिलचस्प ढंग से* **नागा साधुओं** *की बड़ी संख्या भी सम्मिलित थी।*

साभार : **1. द गॉर्डन ऑफ़ इण्डिया, एच.सी. इरविन, पब्लिशर : डब्ल्यू.एच. एलेन एण्ड कम्पनी, लन्दन, एडीशन, 1880 (द लाइब्रेरी ऑफ़ द यूनिवर्सिटी ऑफ़ कैलीफोर्निया, लॉस ऐन्जेल्स से प्राप्त), 2. 'फ़ैज़ाबाद : अ गजेटियर' : एच.आर. नेविल, आई.सी.एस. इलाहाबाद, 1905, 3. मेम्वॉयर्स ऑफ़ फ़ैज़ाबाद : 1 एण्ड 2, : विलियम हो, एडीटर : हमीद आफ़ाक कुरैशी, पब्लिशर : न्यू रॉयल बुक कम्पनी, लखनऊ, एडीशन : 1889, री-प्रिण्ट : 2005, 4. द मेकिंग ऑफ द अवध कल्चर : मधु त्रिवेदी, प्रकाशक : प्राइमस बुक्स, दिल्ली, संस्करण, 2010 (अंग्रेजी) 5. गुज़िश्ता लखनऊ : अब्दुल हलीम शरर, प्रकाशक : भुवन वाणी ट्रस्ट, लखनऊ, संस्करण : द्वितीय, 1990, 6. लखनऊ की शायरी जहान की जुबान पर : डॉ. योगेश प्रवीन, प्रकाशक : हिन्दी वाङ्मय निधि, संस्करण - 2008, 7. लखनऊ के नक़्क़ाल व भाँड़ : डॉ. रौशन तक़ी, : हिन्दी वाङ्मय निधि, संस्करण - 2014 से संक्षिप्त एवं संशोधित रूप में लेने के आधार पर इस अंक के सम्पादक यतीन्द्र मिश्र तथा सुश्री शुभांगी मिश्र द्वारा संयुक्त रूप से लिखी गयी टिप्पणी। पहली बार प्रकाशित।**

फ़ैज़ाबाद : दस्तावेज़-30

फ़ैज़ाबाद का वर्तमान स्वरूप

तहसील एवं विकास-खण्ड का निर्धारण

अवध की पहली राजधानी होने का गौरव पाए और अपनी शानदार विरासत के साथ आबाद रहने के बाद फ़ैज़ाबाद का अधिग्रहण 1856 ई. में अंग्रेजों द्वारा किया गया। इसी वर्ष अंग्रेजों ने इस नगर के बड़े कद को देखते हुए इसे जनपद का दर्ज़ा भी प्रदान कर दिया। इस तथ्य की पुष्टि उत्तर प्रदेश डिस्ट्रिक्ट गजेटियर फ़ैज़ाबाद (ई.बी. जोशी, संस्करण : 1960) से भी होती है। जिस समय अंग्रेजों द्वारा इस शहर को जनपद के रूप में तब्दील किया गया था, उस वक्त यह जिला चार तहसीलों और तेरह परगनों में विभाजित था, जो इस प्रकार है—

तहसील	परगने
1. अकबरपुर	*अकबरपुर, टाण्डा, बिड़हर*
2. दोस्तपुर	*मिझौड़ा, अल्देमऊ, सुरहुरपुर*
3. फ़ैज़ाबाद	*हवेली अवध, मंगलसी, अमसिन, पश्चिमराठ*
4. भरतीपुर	*सुलतानपुर-बरौसा, इसौली, जगदीशपुर-खण्डासा*

फ़ैज़ाबाद जिले की भौगोलिक संरचना की यह उपर्युक्त तालिका— गजेटियर ऑफ द प्रॉविन्स ऑफ अवध, वॉल्यूम-1, प्रकाशक : बी.आर. पब्लिशिंग कार्पोरेशन, दिल्ली, संस्करण : फर्स्ट एडीशन : 1877, रीप्रिण्ट इन इण्डिया : 1985 से प्राप्त होती है, जिसे यथावत यहाँ दिया गया है।

इसके अलावा इस जनपद की भौगोलिक दशा को नदियों द्वारा निर्धारित किये गये सीमा क्षेत्रों से भी आँका जा सकता है। ऐसे में गजेटियरों द्वारा प्राप्त साक्ष्यों के आधार पर यह देखा जा सकता है कि जिला बनने के समय

(1856 ई.) फ़ैज़ाबाद जनपद की दक्षिणी सीमा गोमती नदी द्वारा निर्धारित होती थी, किन्तु सन् 1869 में सुलतानपुर जनपद के अस्तित्व में आने के पश्चात् फ़ैज़ाबाद जनपद के दक्षिणी सीमा से लगे हुए तीन परगने (इसौली, सुलतानपुर-बरौंसा और अल्देमऊ) फ़ैज़ाबाद जनपद से कट गये । इसके कारण फ़ैज़ाबाद जनपद की नयी दक्षिणी सीमा मझुई (मंजूषा) नदी द्वारा तथा उत्तरी सीमा सरयू (घाघरा) नदी द्वारा निर्धारित होने लगी। फ़ैज़ाबाद के सन्दर्भ में यह एक बड़ा भौगोलिक परिवर्तन था, जिसका अध्ययन इतिहास के सन्दर्भ में भी प्रासंगिक जान पड़ता है। जनपद बनने से पूर्व नवाबी शासनकाल में तथा वर्तमान परिस्थितियों में इस शहर की संरचना को इस दृष्टि से पढ़ना भी महत्त्वपूर्ण साबित हो सकता है, जिसके अन्तर्गत तमाम प्रकार के बदलाव लक्षित किये जा सकते हैं। इसी समय फ़ैज़ाबाद जनपद के पूर्व में आजमगढ़ जिला तथा पश्चिम में बाराबंकी जिला द्वारा इसके सीमाओं का निर्धारण होते हुए देखना, भौगोलिक दृष्टि से विमर्शकारी है।

इतिहास में मौजूद साक्ष्यों के आधार पर यह देखा जा सकता है कि जब 1867 ई. में फ़ैज़ाबाद के कुछ हिस्सों को काटकर सुलतानपुर जिला बनाया गया था, तब फ़ैज़ाबाद जनपद का कुल क्षेत्रफल 1714 वर्ग मील हुआ करता था। उस वक्त सम्पूर्ण जनपद चार तहसीलों क्रमशः टाण्डा, फ़ैज़ाबाद, बीकापुर एवं अकबरपुर में विभक्त था। इसी क्रम में 29 सितम्बर, सन् 1995 को फ़ैज़ाबाद जनपद का एक और विभाजन हुआ, जिसके अन्तर्गत फ़ैज़ाबाद के पूर्वी भाग में स्थित टाण्डा एवं अकबरपुर तहसीलों को काटकर एक नया जनपद अम्बेडकर नगर नाम से तत्कालीन उत्तर प्रदेश सरकार के द्वारा बनाया गया।

वर्तमान में जनपद फ़ैज़ाबाद का कुल परिक्षेत्र 2,340 किमी. का है, जिसमें 2,266 किमी का ग्रामीण क्षेत्र तथा 74 किमी. शहरी क्षेत्र शामिल है। भारत की जनगणना 2011 के आकड़ों के अनुसार फ़ैज़ाबाद जनपद की कुल जनसंख्या 24,70,996 है। वर्तमान में फ़ैज़ाबाद जनपद, पाँच तहसीलों क्रमशः सदर, बीकापुर, मिल्कीपुर, रुदौली एवं सोहावल तथा ग्यारह ब्लॉकों क्रमशः अमानीगंज, बीकापुर, हरिंग्टनगंज, मसौधा, मवई, मया बाज़ार, मिल्कीपुर, पूरा बाज़ार, रुदौली, सोहावल तथा तारुन में विभक्त है।

ठीक इसी तरह फ़ैज़ाबाद से काटकर बनाये गये अम्बेडकर नगर जिले की कुल जनसंख्या 23,97,888 है, जिसमें 12,12,410 महिलाएँ तथा 11,85,478

पुरुष शामिल हैं। अम्बेडकरनगर जिला पाँच तहसीलों, क्रमशः अकबरपुर, आलापुर, जलालपुर, टाण्डा तथा भीटी और नौ ब्लॉकों क्रमशः अकबरपुर, बसखारी, भीटी, भियांव, जहाँगीरगंज, जलालपुर, कटेहरी, रामनगर तथा टाण्डा में विभक्त है।

साभार : **1. उत्तर प्रदेश डिस्ट्रिक्ट गजेटियर फ़ैज़ाबाद : ई.बी. जोशी, प्रकाशक : इण्डियन प्रेस लि. इलाहाबाद, उत्तर प्रदेश, संस्करण : 1960, 2. भारत की जनगणना-2011 से संक्षिप्त एवं संशोधित रूप में लेने के आधार पर डॉ. आलोक मिश्र एवं डॉ. देशराज उपाध्याय द्वारा संयुक्त रूप से लिखी गयी टिप्पणी। पहली बार प्रकाशित।**

खण्ड-2

स्वतंत्राता संग्राम आन्दोलन, घटनाएँ एवं नायक

गदर के समय फ़ैज़ाबाद में ब्रिटिश कार्यवाही

अस्त्र-शस्त्रों, तोपखानों तथा सैन्य दलों का विवरण

सन् 1857 के गदर में फ़ैज़ाबाद का रणनीति के आधार पर एक महत्त्वपूर्ण स्थान रहा है। मई, 1857 ई. के अन्त तक फ़ैज़ाबाद छावनी में कई सैन्य दल एकत्रित हो चुके थे। इनमें कर्नल लेनॉक्स के नेतृत्व में बंगाल की अपनी पैदल सेना की बाईसवीं रेजीमेण्ट सबसे प्रभावशाली थी। लेफ्टीनेण्ट कर्नल ओ. ब्राईन के नेतृत्व वाली अवध की अनियमित पैदल सेना की छठीं रेजीमेण्ट के अलावा घुड़सवारों की एक अनियमित टुकड़ी और कम्पनी के तोप संचालन विभाग में नियुक्त मेजर मिल के नेतृत्व में बंगाल तोपचियों की सातवीं बटालियन की एक टुकड़ी प्रमुख रूप से गिनी जा सकती है। बंगाल तोपचियों की बटालियन के पास अश्व-शक्ति वाले हल्की मैदानी तोपों का एक तोपख़ाना भी था। सामान्य तौर पर शहर से थोड़ी दूरी पर फ़ैज़ाबाद की छावनी में गदर के दौरान, इतने ही सैन्य-दल तैनात थे।

ब्रिटिशों द्वारा नियुक्त इतनी प्रभावी फ़ौज़ के बाद अंग्रेजी हुकूमत को इस बात पर जरा भी सन्देह नहीं था कि गदर की चिन्गारी यहाँ तक भी पहुँच सकती है। इसका एक कारण यह भी था कि फ़ैज़ाबाद के लोग अधिकतर अमन-चैन पसन्द माने जाते थे।

साभार : **द हिस्ट्री ऑफ द इण्डियन म्यूटिनी : वॉल्यूम-1, 2 : चॉर्ल्स बॉल, पब्लिशर : संग-ए-मील पब्लिकेशन्स, लाहौर, पाकिस्तान, एडीशन-2005 से संक्षिप्त एवं संशोधित रूप में प्रस्तुत। पहली बार प्रकाशित।**

मंगल पाण्डे

1857 की क्रान्ति के अग्रदूत–एक

भारत के प्रथम स्वाधीनता-संग्राम में, जिसमें भारत की जनता ने अंग्रेज़ों की गुलामी के इस जुए को अन्तिम बार अपने कन्धे से उतारकर फेंक देने के लिए भीषण संग्राम किया था, फ़ैज़ाबाद जिला पीछे नहीं रहा। स्वतंत्रता-संग्राम के आरम्भ होने का श्रेय यद्यपि मेरठ जिले को अवश्य प्राप्त हो गया, किन्तु इस संग्राम को प्रारम्भ करने की समस्त योजनाएँ फ़ैज़ाबाद जिले में बनायी गयीं और कानपुर में उन्हें विकसित कर बैरकपुर में क्रियान्वित किया गया। योजना इसे फ़ैज़ाबाद से ही प्रारम्भ करने की बनायी गयी थी, किन्तु योजना के विपरीत कार्यक्रम न रहते हुए भी मेरठ से उसका प्रारम्भ हो गया। यही कारण है कि सुनियोजित एवं सुनिश्चित होते हुए भी यह विद्रोह असफल हो गया।

'श्री मंगल पाण्डे का जन्म फ़ैज़ाबाद जिले की अकबरपुर तहसील के सुरहुपुर नामक ग्राम में सन् 1827 के जुलाई की 19वीं तारीख को, अर्थात् आषाढ़ शुक्ल द्वितीया शुक्रवार विक्रमीय संवत् 1884 में हुआ था। इनके पिता का नाम दिवाकर पाण्डे था। वे वस्तुतः फ़ैज़ाबाद जिले की सदर तहसील के दुगवां-रहीमपुर नामक ग्राम के रहने वाले थे और अपने ननिहाल की सम्पत्ति के उत्तराधिकारी होकर सुरहुरपुर (मालीपुर, अम्बेडकरनगर) में जाकर बस गये थे। वहीं पर उनकी पत्नी अभयरानी देवी के गर्भ से मंगल पाण्डे का जन्म हुआ। 22 वर्ष की आयु में, अर्थात् 10 मई, सन् 1849 में आप 'ईस्ट इण्डिया कम्पनी' की सेना में भरती हुए। किसी काम से आप सुरहुरपुर से अकबरपुर आए हुए थे। उसी समय कम्पनी की सेना ग्रांड ट्रंक रोड होती हुई बनारस से लखनऊ को जा रही थी। आप सेना का मार्च देखने के

लिए कौतूहलवश सड़क के किनारे आकर खड़े हो गये। सैनिक अधिकारी ने आपको हृष्ट-पुष्ट और स्वस्थ देखकर सेना में भरती हो जाने का आग्रह किया, आप राज़ी हो गये। बस, यहीं से आपका सैनिक जीवन प्रारम्भ हुआ।

अपनी उपरोक्त बातों के प्रमाण में हम कर्नल मार्टिन की वह रिपोर्ट उद्धृत करते हैं, जो उन्होंने फ़ैज़ाबाद के सैनिक अधिकारी कर्नल हण्ट के पास उस समय भेजी थी, जब फ़ैज़ाबाद जिले में विद्रोहियों की ज़बरदस्त सभाएँ हो रही थीं और एक ही दिन में समस्त जिले-भर के अंग्रेज़ों को मौत के घाट उतार देने के लिए रोमांचकारी सैनिक तैयारियों के साथ कार्यक्रम बनाया जा रहा था। मार्टिन लिखता है–

'मंगल पाण्डे को जब से फाँसी दे दी गयी है, तब से समस्त भारत की सैनिक छावनियों में जबर्दस्त विद्रोह प्रारम्भ हो गया है। फ़ैज़ाबाद जिले में बलवाइयों का इतना अधिक जोर है कि एक प्रकार से बागियों का वहाँ सैनिक अड्डा ही कायम हो गया है। फ़ैज़ाबाद में विद्रोहियों का सैनिक अड्डा कायम हो जाने की वजह यह है कि मशहूर बागी मंगल पाण्डे फ़ैज़ाबाद जिले की अकबरपुर तहसील के सुरहुरपुर गाँव का रहने वाला था।'.....

'मंगल पाण्डे के ख़ानदान में जो भी मिला, उसे तोप के मुँह पर धरकर अंग्रेजों ने उड़ा दिया। फिर भी मंगल पाण्डे के कई एक निकट-सम्बन्धी बच गए, जिनमें मंगल पाण्डे के सगे भतीजे बुझावन पाण्डे भी थे। वह अपनी जमात के सभी रिश्तेदारों, ख़ानदानियों और साथियों को साथ लेकर क्रान्तिकारी दल में मिल गये। 25 अगस्त को इन सबने मिलकर फ़ैज़ाबाद की सैनिक छावनी पर रात में धावा बोल दिया, जिसके फलस्वरूप सभी हिन्दुस्तानी सैनिक उनसे मिल गए और छावनी के सभी अंग्रेज़ या तो मार डाले गए या बलवाइयों के हाथ बन्दी हो गए।

साभार : गदर के फूल : अमृतलाल नागर, प्रकाशक : राजपाल एण्ड सन्स, दिल्ली, संस्करण-2002 से संक्षिप्त व संशोधित रूप में प्रस्तुत।

मौलवी अहमद उल्ला शाह (डंका शाह)

1857 की क्रान्ति के अग्रदूत–दो

सन् 1857 ई. के प्रथम स्वतंत्रता संग्राम के नायक मौलवी **अहमद उल्ला शाह उर्फ़ 'डंका शाह'** *का परिवार गोपामऊ, जिला : हरदोई से सम्बन्धित था किन्तु इनके परदादा नौकरी करने दक्षिण में चले गये थे। बाद में इनके दादा कर्नाटक के पाया घाट के शासक बने, और पिता को यह पद विरासत में मिला। अहमद उल्ला ने अपने लिए एक विस्तृत क्षेत्र एवं कठिन काम और उच्च स्थान का चुनाव किया। वे अपने गृह-स्थान का त्याग करके हैदराबाद चले गये। वहाँ से इंग्लैण्ड गये, जहाँ सरकार इनको पदाधिकारी बनाना चाहती थी, किन्तु अहमद उल्लाह शाह इस जाल में नहीं फँसे। वह मद्रास में ईस्ट इण्डिया कम्पनी की चालाकियाँ देखकर सजग हो गये थे। कोई धोखा सफल नहीं हुआ और वह हज और ज़ियारत के लिए अरब, ईरान और इराक़ की यात्रा पर चले गये। वहाँ से जिहाद का हौसला लेकर वापस आये।*

सन् 1857 के फरवरी माह में मौलवी अहमद उल्ला शाह फ़ैज़ाबाद आये और अपनी तकरीरों के कारण साधारण जनता के बीच में सम्मान के पात्र बन बैठे। एक तकरीर में उन्होने कहा कि 'आज़ादी जन्नत और गुलामी दोजख़ है। अपने मुल्क की हुकूमत, गैर मुल्क की हुकूमत के मुकाबले में हज़ार दर्ज़े बेहतर है। अगर हुक्मरान फिरंगी जिस मुल्क में हुकूमत करते हैं, उस मुल्क के बाशिन्दों के साथ इंसानियत का बर्ताव नहीं करते, तो उसकी खिलाफत की जाये।' इसी तरह के जोशीले भाषणों के चलते फकीरी बाना वाले मौलवी अहमद उल्ला शाह के शागिर्दों की संख्या तेजी से बढ़ने लगी। इससे भयाक्रान्त कर्नल थार्बन ने राजद्रोह के अपराध में उन्हें पकड़ना चाहा

पर फौजी मदद मिलने के बाद ही अपने मकसद में कामयाब हो सके। मौलवी अहमद उल्ला शाह को गिरफ़्तार कर फ़ैज़ाबाद जेल में क़ैद कर दिया गया और सजा-ए-मौत का हुक़्म ज़ारी हुआ।

इससे सिपाहियों में फिरंगियों के प्रति बगावत घर करने लगी। सन् 1857 के गदर के दौरान फ़ैज़ाबाद में एक बड़ी फौज थी, जिसमें 22 नम्बर और 6 नम्बर की देशी पलटनें व घुड़सवारों और तोपचियों की भी पलटनें शामिल थीं। पैदल सेना का नायक कर्नल लिनॉक्स और तोपखाने का सेनापति मेजर मिल था। जेहाद की खबरें सुन लिनॉक्स ने देशी सिपाहियों से हथियार रखवाकर उन्हें मुअत्तल करने का फैसला किया, पर वह उन्हें बर्खास्त न कर पाया। 8 जून, 1857 ई. को फ़ैज़ाबाद में पैदल सिपाहियों ने विद्रोह कर दिया और अंग्रेजों को गिरफ़्तार कर लिया गया। जेल में क़ैद मौलवी साहब की हथकड़ी बेड़ी काटी गयी और उन्हें क्रान्तिकारियों का नेता चुन लिया गया। 9 जून को डुग्गी पिटवाकर फ़ैज़ाबाद में अंग्रेजी राज्य के खात्मे की घोषणा हुई। इसी समय आजमगढ़, जौनपुर, बनारस आदि आस-पास के जिलों में भी क्रान्ति हो गयी और क्रान्तिकारी फौज़ें फ़ैज़ाबाद पहुँचने लगीं।

सत्तावन की क्रान्ति में फ़ैज़ाबाद एक मुख्य केन्द्र बना। अवध दरबार द्वारा नियुक्त अधिकारियों ने पास-पड़ोस के जिलों को आज़ाद कराने की मुहिम चलाई। अवध दरबार की सेनाओं के कई केन्द्र फ़ैज़ाबाद में खोले गये। लखनऊ रेजीडेंसी पर घेरा डालने के लिए मौलवी अहमद उल्ला शाह एक बड़ी फौज लेकर आगे बढ़े। चिनहट के पास फिरंगी फौजों से युद्ध हुआ और क्रान्तिकारियों ने अंग्रेजी फौजों को रौंद डाला और लखनऊ के काफ़ी हिस्सों को उन्होंने आज़ाद करा लिया।

फ़ैज़ाबाद जनवरी, 1858 ई. तक पूर्णरुपेण स्वतंत्र रहा। 6 जनवरी, 1858 ई. को नेपाल ने आक्रमण शुरु कर दिया। अकबरपुर में घमासान युद्ध हुआ और नेपाली सेना जीत गयी। फ़ैज़ाबाद की अवध दरबार की फौजों को चहुँओर से हुए हमलों का मुकाबला करना पड़ा। अक्टूबर, 1858 ई. में अवध दरबार की चार हज़ार फौजों को जंगलों में छिपने को विवश होना पड़ा। टाण्डा और अकबरपुर फिर परतंत्र हो गये। क्रान्तिकारी सेनाओं ने हटकर घाघरा के दूसरे तट पर अपना मोर्चा लगाया और एक माह तक फिरंगी फौजियों को घाघरा (सरयू) पार न करने दिया। होपग्राण्ट, कर्नल टेलर और निकलसन की फौजों ने भारी गोलाबारी की आड़ में सरयू नदी

पर पुल बना लिया और 27 नवम्बर को नदी पार कर क्रान्तिकारी सेनाओं को पीछे हटने को मजबूर कर दिया। क्रान्तिकारी फौजों को फिरंगी फौज़ें गोण्डा तक ढकेल ले गयीं। इस तरह एक बार फिर 10 माह आज़ाद रहने के बाद अवध के नवाबों की पहली राजधानी फ़ैज़ाबाद परतंत्रता की बेड़ियों से जकड़ गयी, परन्तु मौलवी अहमद उल्ला शाह के कुशल नेतृत्व में क्रान्तिकारियों ने फ़ैज़ाबाद से फिरंगियों को क़रीब दस माह तक दूर रखा।

सन् 1857 के इस हिन्दुस्तानी जंग-ए-आज़ादी को फिरंगियों ने फौजी बगावत की संज्ञा दी और इसे कुचल देने का दावा किया; लेकिन बगावत की चिन्गारी को फिरंगी पूरी तरह बुझा नहीं पाए। मौलवी अहमद उल्ला शाह भूमिगत हो गये, परन्तु सत्तावतन के वीर सेना-नायक का ख़ौफ अन्त तक फिरंगियों के ऊपर छाया रहा।

साभार : 1. द हिस्ट्री ऑफ द इण्डियन म्यूटिनी : वॉल्यूम-1, 2 : चॉर्ल्स बॉल, पब्लिशर : संग-ए-मील पब्लिकेशन्स, लाहौर, पाकिस्तान, एडीशन-2005, 2. स्वतंत्रता संग्राम के सैनिक - जिला फ़ैज़ाबाद संक्षिप्त परिचय, संपादक : ठाकुर प्रसाद सिंह, प्रकाशक : सूचना विभाग, उत्तर प्रदेश लखनऊ, 3. स्वतंत्रता संग्राम के सौ वर्ष : रमानाथ मेहरोत्रा, प्रकाशक : स्वतंत्रता सेनानी स्मारक प्रकाशन, फ़ैज़ाबाद, संस्करण : 1978, 4. नया दौर-अवध अंक, सम्पादक : सय्यद अमजद हुसैन, प्रकाशक : सूचना एवं जनसम्पर्क विभाग, लखनऊ, उत्तर प्रदेश तथा स्वतंत्र पत्रकार रामतीर्थ विकल द्वारा फ़ैज़ाबाद के स्वतंत्रता संग्राम सेनानियों पर आधारित लेखमाला से संक्षिप्त व संशोधित रूप में प्रस्तुत।

फ़ैज़ाबाद : दस्तावेज़-34

बयालिसी आन्दोलन और बाबा रामचन्द्र
किसान आन्दोलन की कहानी–एक

किसानों में जागृति फैलाने तथा उन्हें संगठित करने का श्रेय **बाबा रामचन्द्र** *को जाता है। बाबा रामचन्द्र फ़ैज़ाबाद, प्रतापगढ़ और रायबरेली के किसानों के मध्य बहुत ही प्रसिद्ध थे। पण्डित जवाहरलाल नेहरू ने अपनी पुस्तक 'मेरी कहानी' में बाबा रामचन्द्र के विषय में लिखा है कि 'उन्होंने किसानों को आपस में समय-समय पर सभा करना और अपनी तकलीफ़ों पर चर्चा करना सिखलाया और हर तरह उनमें आपस में एकता का भाव पैदा किया। कभी-कभी बड़ी सभाएँ होतीं और उनसे उन्हें एक बल का अनुभव होता। यों सीताराम एक पुरानी प्रचलित धुन है, मगर उसने उसे क़रीब-क़रीब एक युद्धघोष का रूप दे दिया गया। वह ज़रूरत के वक्त लोगों को बुलाने तथा जुदा-जुदा गाँवों को आपस में बाँधने का संकेत बन गयी।'*

सन् 1920 में ही किसानों के अनेक संगठन बन गये थे। फ़ैज़ाबाद के किसानों ने अपने संगठन में बयालीस गाँवों को समेट लिया था। फलतः यह सारा क्षेत्र ही 'बयालिसी' के नाम से प्रसिद्ध हो गया और यहाँ के आन्दोलन का नाम भी बयालिसी पड़ गया था। हर ग्राम में एक पंचायत और बयालिस गाँवों के न्याय-माल के मुकदमों के निपटारे के लिए एक बड़ी पंचायत बनी। रघुनन्दन सिंह, जगत सिंह, रामभिलाष पुजारी, गुलाब मौर्य और कलपनाथ सिंह इसके सरपंच नियुक्त हुए। यह सारा इलाका पीरपुर के राजा साहब का था। शासक और शासित में मतभेद तथा असन्तोष बढ़ता गया और जाकर उतरा स्थानीय शासकों पर, जैसे– छोटे तालुकेदारों और उनके धनी मातहतों पर। नतीजतन कुछ अप्रिय घटनाएँ होने लगीं थीं।

चरखा-प्रचार के दौर में, पिछली शताब्दी के दूसरे दशक के अन्त तक

रायबरेली जिले में एक महती किसान सभा का आयोजन हुआ। उसमें भाग लेने के लिए फ़ैज़ाबाद जिले के लगभग अट्ठारह सौ किसान क्रमशः रवाना हुए। ये लोग अपने भोजन और बिछाने-ओढ़ने का सामान अपने-अपने ऊपर लिये एक साथ चल रहे थे। अभी सब लोग रायबरेली तक पहुँचे भी नहीं थे कि वहाँ के जमींदारों ने किसान सभा पर गोली चलवा दी। परिणामस्वरूप किसान नेताओं ने तार द्वारा अन्य किसानों को वहाँ जाने से रोक दिया। उत्तेजित किसान फ़ैज़ाबाद जिले में ही कुछ तोड़-फोड़ की कार्यवाही करने लगे। गोशाईगंज में रेलवे पटरी पर लेटकर ट्रेन का चलना इसलिए रोक दिया कि उन्हें गाड़ी पर बैठने को नहीं मिला था। तत्कालीन ज्वाइण्ट मजिस्ट्रेट श्री डब्लू. अमीर अली ने इन किसानों पर सख्ती की। फलतः टाण्डा तहसील में सर्वत्र किसानों में असन्तोष भड़क उठा। समाचार पाकर प्रसिद्ध किसान नेता बाबा रामचन्द्र जी टाण्डा आये और किसानों का नेतृत्व संभाल लिया।

बाबा रामचन्द्र 'हरी-बेगारी' के विरुद्ध किसानों को उत्साहित करने लगे। उनकी सभाओं में किसान हजारों की संख्या में सम्मिलित होते थे। एक खटोले को रस्से में बाँध उसे पेड़ में लटकाकर बाबा जी उसे मंच बना लेते थे और उसी पर चढ़कर बोलते। वे जमींदारों के खिलाफ किसानों को एक हो जाने के लिए ललकारते थे। एक दूसरे की सहायता के लिए दौड़ पड़ने को प्रोत्साहित करते थे।

बाबा रामचन्द्र सब कुछ कहते थे, किन्तु मारपीट करने को कभी नहीं कहते थे। उन्होंने एक नारा दिया 'पंचों खाली सीताराम'। 'किसी संकट के समय कोई किसान जब यह नारा लगाता था, तब सुनने वाले सभी किसान उसकी सहायता के लिए दौड़ पड़ते थे।' इससे किसान आन्दोलन में एकजुटता आयी और ढेरों ऐसे मौकों पर किसानों ने अपनी शक्ति का प्रदर्शन किया। इसके फलस्वरूप उनके दमन की प्रक्रिया भी आरम्भ हो गयी, जिसका बुरा प्रभाव किसान संगठनों पर भी पड़ना शुरु हुआ।

नतीजतन दमन के खिलाफ़ जो प्रतिक्रिया हुई, उसके कारण छोटे-छोटे गाँवों तक बड़ी-बड़ी किसान सभाएँ होने लगीं, जिसमें भाग लेने के लिए फ़ैज़ाबाद के किसानों के बड़े-बड़े जत्थे सिर पर खाने-पीने का सामान लादकर जाने लगे। फ़ैज़ाबाद जिले में किसानों की एक महती सभा अकबरपुर के पास गोहन्ना में हुई, जिसमें देशबन्धु चितरंजनदास, राजर्षि पुरुषोत्तम दास टण्डन,

पण्डित जवाहरलाल नेहरू आदि नेताओं ने भाग लिया। दूसरी महती सभा अयोध्या में सरयू के किनारे नये-घाट के मैदान में हुई, जिसमें पण्डित मोतीलाल नेहरू तथा पण्डित जवाहरलाल नेहरू के अतिरिक्त कतिपय अन्य नेताओं ने भी भागीदारी की थी।

भार : स्वतंत्रता संग्राम के सैनिक - जिला फ़ैज़ाबाद संक्षिप्त परिचय, संपादक : ठाकुर प्रसाद सिंह, प्रकाशक : सूचना विभाग, उत्तर प्रदेश लखनऊ से संक्षिप्त एवं संशोधित रूप में प्रस्तुत।

फ़ैज़ाबाद : दस्तावेज़-35

बयालिसी आन्दोलन और डॉ. गणेश कृष्ण जेटली

किसान आन्दोलन की कहानी–दो

द्वितीय विश्वयुद्ध हो रहा था और फिरंगी हर मोर्चे पर मुँह की खा रहे थे। सन् 1947 में राजस्थान के देवली में जर्मनी युद्ध बन्दियों के लिए फिरंगियों ने एक ऐसा यातना शिविर बनाया, जिसमें कठोर यातनाएँ दी जाती थीं। इस यातना शिविर को 'देवली कन्सन्ट्रेशन कैम्प' कहा जाता था। इस यातना कैम्प में फिरंगी सरकार जिसे खतरनाक किस्म का स्वतंत्रता संग्राम सेनानी समझती उसे निरुद्ध करती थी। फ़ैज़ाबाद के तीन सेनानी **डॉ. गणेश कृष्ण जेटली, महाशय केदारनाथ** *और* **रामकृष्ण** *को इसमें कैद रखा गया था। स्पष्ट है कि इस कैम्प को द्वितीय विश्वयुद्ध के समय जंग-ए-आज़ादी के कैदियों के लिए इस्तेमाल किया गया।*

डॉ. जेटली अकबरपुर के नेताओं में से एक माने जाते थे। उन्होंने दो साल के कारावास के मध्य 'देवली कैम्प' के राजनीतिक बन्दियों की अनिश्चितकालीन भूख हड़ताल में भी हिस्सा लिया, उनकी माँग थी कि यहाँ निरुद्ध राज बन्दियों को उनके अपने-अपने जिलों की जेलों में सजा काटने के लिए भेजा जाय। जेलर ने भूख हड़तालियों को जबरन फीडिंग करायी और अनेकों के तो दाँत तक तोड़ डाले।

डॉ. गणेश कृष्ण जेटली *शहजादपुर, अकबरपुर (अब अम्बेडकरनगर) निवासी महादेव प्रसाद के पुत्र थे। सन् 1933-34 में जिले के किसान नेताओं और कार्यकर्ताओं की एक बैठक अकबरपुर में हुई, जिसकी अगुवाई डॉ. जेटली और चन्दूलाल मेहरोत्रा ने की थी। बैठक का उद्देश्य खजुरहट जमींदार के जुल्म के खिलाफ अकबरपुर के किसानों को संगठित कर यहाँ से किसानों का मार्च खजुरहट के लिए कराना था। डॉ. जेटली आदि के नेतृत्व में ढोल,*

मजीरा व नगाड़ा बजाते हुए किसानों का जत्था खजुरहट तक गया और कई दिनों तक वहाँ डेरा डाले रहा। अन्ततः खजुरहट के तालुकेदार को झुकना पड़ा और डॉ. जेटली आदि नेताओं से समझौता करना पड़ा। यह इस क्षेत्र में किसानों की सबसे बड़ी विजय थी।

डॉ. जेटली ने सन् 1937-38 में किसानों का जो नेतृत्व किया, उसने उन्हें किसान नेता के रूप में स्थापित किया। इनके नेतृत्व में किसानों की बड़ी-बड़ी सभाएँ, प्रदर्शन, जुलूस और जमींदारों का बहिष्कार आदि होने लगा। इसी मध्य लोरपुर रियासत के कुछ कारिन्दों ने कांग्रेस का ध्वज जला दिया, जिस पर डॉ. जेटली के नेतृत्व में जबर्दस्त प्रदर्शन किया गया। डॉ. जेटली के नेतृत्व में किसानों ने लोरपुर रियासत की कोठी को घेर लिया। इस घेराबन्दी में किसानों की संख्या हजारों में थी। अन्ततः लोरपुर के जमींदार को माफ़ी माँगनी पड़ी। इस भाँति मकरही रियासत ने भी झण्डे का अपमान किया और उसके खिलाफ भी जबर्दस्त किसान प्रदर्शन हुए। मकरही के बाबू साहब को भी किसान शक्ति के सामने झुकना पड़ा था।

डॉ. जेटली के नेतृत्व में अकबरपुर में अब लाखों किसान एकत्र हुए और फ़ैज़ाबाद में जिलाधिकारी के सामने अपनी माँगों के समर्थन में प्रदर्शन करने का फैसला हुआ। अकबरपुर से डॉ. जेटली के नेतृत्व में क़रीब एक लाख किसान, जिसमें काफ़ी संख्या में ग्रामीण महिलाएँ भी शामिल थीं, तिरंगा झण्डा ले, ढोल मजीरा और नगाड़े बजाते, राष्ट्रीय गीत गाते हुए अकबरपुर से फ़ैज़ाबाद पैदल आए। किसानों का इतना बड़ा प्रदर्शन जिला मुख्यालय पर इससे पूर्व कभी नहीं हुआ था।

इस सब का ही परिणाम था कि आगे चलकर फ़ैज़ाबाद से जमींदारी प्रथा का अन्त हो गया। उन्हें 9 अप्रैल, 1940 को गिरफ़्तार कर लिया गया, मुकदमा भारत रक्षा कानून की दफा 36 में चला और 9 माह की कैद की सजा दी गयी। सन् 1942 के अगस्त की 8 तारीख़ को 'भारत छोड़ो आन्दोलन' की घोषणा होते ही डॉ. जेटली को 9 अगस्त को ही गिरफ़्तार कर जेल भेज दिया गया। वहाँ वे 19 जुलाई, 1945 तक नज़रबन्द रखे गये। देश के स्वतंत्र होने के बाद उत्तर प्रदेश विधान-सभा चुनाव में उन्होंने भाग लिया और विधायक चुने गये। डॉ. जेटली आज हमारे मध्य नहीं हैं पर उनकी यशगाथा अभी भी जिले के लोगों में बड़े सम्मान से कही व सुनी जाती है।

साभार : 1. स्वतंत्रता संग्राम के सैनिक - जिला फ़ैज़ाबाद संक्षिप्त परिचय, संपादक : ठाकुर प्रसाद सिंह, प्रकाशक : सूचना विभाग, उत्तर प्रदेश लखनऊ, 2. स्वतंत्रता संग्राम के सौ वर्ष : रमानाथ मेहरोत्रा, प्रकाशक : स्वतंत्रता सेनानी स्मारक प्रकाशन, फ़ैज़ाबाद, संस्करण : 1978 तथा स्वतंत्र पत्रकार रामतीर्थ विकल द्वारा फ़ैज़ाबाद के स्वतंत्रता संग्राम सेनानियों पर आधारित लेखमाला से संक्षिप्त व संशोधित रूप में प्रस्तुत।

फ़ैज़ाबाद : दस्तावेज़-36

बयालिसी आन्दोलन और लल्लन जी अरोड़ा

किसान आन्दोलन की कहानी–तीन

अंग्रेजी राज के दौरान फ़ैज़ाबाद में किसानों की ज़मीनी हक़ की लड़ाई के लिए मशहूर 'बयालिसी आन्दोलन' छिड़ा। जमींदारी और तालुकेदारी प्रथा के खिलाफ किसानों को शोषण से मुक्ति दिलाने के लिए इसी क्षेत्र से आरम्भ हुए किसान आन्दोलन में फ़ैज़ाबाद तहसील से **लल्लन जी अरोड़ा** *एक बड़े नेतृत्वकर्ता के रूप में खड़े नज़र आते हैं।*

किसान नेता के रूप में विख्यात लल्लन जी अरोड़ा, फ़ैज़ाबाद शहर के अलीगढ़ मोहल्ले के निवासी मेढ़ीलाल जी के पुत्र थे और इनके परिवार की गिनती उस समय फ़ैज़ाबाद के बड़े लोगों में होती थी। यह गौरतलब है कि सन् 1920 से लेकर 1942 तक चली आज़ादी के हक़ की ढ़ेरों लड़ाइयों में लल्लन जी का सक्रिय दखल रहा था। यह इसी बात से स्पष्ट है कि उन्हें कई बार अंग्रेज सरकार की ओर से गिरफ़्तार किया गया, मुकदमे चले और जेल में बन्दी बनाकर कड़ी यातनाएँ दी गयीं।

उदाहरण के तौर पर सन् 1922 के 'असहयोग आन्दोलन' में आठ माह की कड़ी कैद और सौ रुपये जुर्माने की सज़ा और व्यक्तिगत सत्याग्रह में हिस्सा लेने के कारण चार मास का सश्रम कारावास और पाँच रुपये जुर्माने का दण्ड, सन् 1930 में नमक कानून को तोड़ने के लिए चले आन्दोलन में फ़ैज़ाबाद में नमक बनाते समय पकड़े जाने पर तीन हजार रुपये की दो जमानतों का मुचलका माँगा गया, जिसे अस्वीकार करने पर जेल की यातना भोगनी पड़ी। इसी तरह सन् 1932 में 'सविनय अवज्ञा आन्दोलन' के दौरान दो वर्ष की कड़ी कैद और सौ रुपये जुर्माने के दण्ड के अलावा सन् 1942 के 'भारत छोड़ो आन्दोलन' में भारत रक्षा कानून की दफा 26

के तहत गिरफ़्तार किये गये और 9 अगस्त, 1942 से लेकर 29 फरवरी, 1944 (डेढ़ वर्ष) तक नज़रबन्द रहे।

बाबू लल्लन जी अरोड़ा फ़ैज़ाबाद में कांग्रेस के कर्णधार के रूप में भी याद किये जाते हैं। उन्होंने साबरमती आश्रम में हुए अखिल भारतीय कांग्रेस कमेटी के वार्षिक अधिवेशन में हिस्सा लिया था। जब सन् 1921 में गाँधी जी फ़ैज़ाबाद आये, तो उनके स्वागत के लिए बनायी गयी संचालन समिति के एक सदस्य के रूप में भी वह मौजूद रहे। वर्तमान में मौजूद कांग्रेस पार्टी का फ़ैज़ाबाद कार्यालय जिस कमला नेहरू भवन में मौजूद है, उसके लिए रिकाबगंज, फ़ैज़ाबाद में उन्होंने ही भूमि उपलब्ध करवायी थी। यह उनका बड़ा योगदान है, जो ऐतिहासिक कमला नेहरू भवन की धरती को एक बड़े किसान जन-नायक और स्वतंत्रता संग्राम सेनानी के विराट व्यक्तित्व से जोड़कर प्रासंगिक बना देता है।

भारत को स्वाधीनता मिलने के बाद हुए पहले आम चुनाव में फ़ैज़ाबाद जिले को पहला सांसद बाबू लल्लन जी अरोड़ा के रूप में ही मिला था, और इतना ही नहीं, उन्हें फ़ैज़ाबाद जिला परिषद का पहला अध्यक्ष होने का गौरव भी हासिल है। श्री लल्लन जी अरोड़ा के सन्दर्भ में प्राप्त जानकारियों के आधार पर यह तथ्य भी ज्ञात होता है कि उनकी मृत्यु सम्भवतः सन् 1955 या 56 के आसपास हुई।

साभार : **1. स्वतंत्रता संग्राम के सैनिक - जिला फ़ैज़ाबाद संक्षिप्त परिचय, संपादक : ठाकुर प्रसाद सिंह, प्रकाशक : सूचना विभाग, उत्तर प्रदेश लखनऊ, 2. स्वतंत्रता संग्राम के सौ वर्ष : रमानाथ मेहरोत्रा, प्रकाशक : स्वतंत्रता सेनानी स्मारक प्रकाशन, फ़ैज़ाबाद, संस्करण : 1978 तथा स्वतंत्र पत्रकार रामतीर्थ विकल द्वारा फ़ैज़ाबाद के स्वतंत्रता संग्राम सेनानियों पर आधारित लेखमाला से संक्षिप्त व संशोधित रूप में लेने के आधार पर युवा पत्रकार दीपक मिश्र एवं इस अंक के सम्पादक यतीन्द्र मिश्र द्वारा संयुक्त रूप से लिखी गयी टिप्पणी। पहली बार प्रकाशित।**

मौलाना हुसैन अहमद 'मदनी'

स्वतंत्रता संग्राम के प्रमुख नायक–एक

ब्रिटिश हुकूमत के खिलाफ़ उग्र आन्दोलन करने वाले फ़ैज़ाबाद के स्वतंत्रता सेनानियों में एक नाम टाण्डा, अकबरपुर (अब अम्बेडकरनगर) निवासी **मौलाना हुसैन अहमद 'मदनी'** *का लिया जाता है। मौलाना मदनी का जन्म सन् 1876 में बंगरमऊ, उन्नाव में हुआ था। इनके वालिद (पिता) मौलवी हबीबुल्ला, मिडिल स्कूल, टाण्डा में अध्यापक थे और बाद में यहीं के होकर रह गये। मौलवी मदनी देवबन्द डिग्री कॉलेज, टाण्डा में सात साल पढ़े और आलिम की डिग्री हासिल की। इसके बाद 17 साल हिन्दुस्तान से बाहर कई देशों का भ्रमण किया, जिसमें अरब, फिलिस्तीन, मिस्र व माल्टा आदि देश शामिल हैं।*

मौलाना मदनी के सन्दर्भ में यह जानना उल्लेखनीय है कि जिन वर्षों में भारत से बाहर रहे, उनमें भी अपनी क्रान्तिकारी गतिविधियों के चलते कई बार भिन्न-भिन्न देशों में गिरफ़्तार किए गये। उन्हें यातनाएँ दी गयीं और कई दफा सश्रम कारावास भी मिला। उनके बारे में प्राप्त प्रामाणिक जानकारियों के अनुसार 12 मार्च, सन् 1920 को उन्हें माल्टा के जेल से रिहाई मिली और वे 08 जून, सन् 1920 को बम्बई पहुँचे। उनके सम्मान के खाते में यह भी दर्ज़ है कि सन् 1921 में हुए कराची (अब पाकिस्तान) के खिलाफ़त अधिवेशन में कई महत्त्वपूर्ण स्वतंत्रता संग्राम सेनानियों, विचारकों और नेताओं के साथ मौलाना मदनी ने भी शिरकत की थी।

इसी अधिवेशन में अंग्रेजों ने फतवा जारी कर इन सभी को गिरफ़्तार कर कराची जेल में कैद कर दिया था। जेल से रिहा हुए तो सिलहट स्कूल में अध्यापक हो गये, जिसके उपरान्त टाण्डा चले आए। सन् 1927 में देवबन्द

डिग्री कॉलेज के प्रिंसिपल नियुक्त हुए। इसके कुछ समय बाद इन्होंने मुल्क का सियासी और मज़हबी दौरा शुरु किया और मुजफ़्फ़रनगर रेलवे स्टेशन पर गिरफ़्तार हो गये। सिविल नाफरमानी के जुर्म में 24 जून, 1941 को हिन्दू-मुस्लिम इत्तेहाद की सभा थी, सत्याग्रह के पूर्व ही इन्हें बन्दी बना लिया गया और मुरादाबाद जेल में बन्द कर दिया गया था। सन् 1942 में 'भारत छोड़ो आन्दोलन' में भी इन्हें जेल की सजा हुई। 1943 ई. में जेल से छूटने पर बधरावां जाते समय पुनः गिरफ्तार करके 18 माह के सश्रम करावास की सजा दी गयी, वहाँ से नैनी जेल भेज दिये गये। 25 जून, सन् 1941 से आठ अगस्त, सन् 1942 तक तन्हा रहे और 27 अगस्त, 1945 को रिहा किये गये। इस तरह, मौलाना मदनी 1920 ई. से 1957 ई. तक हिन्दुस्तान में रहे, जिस दौरान सन् 1947 तक के स्वतंत्रता आन्दोलनों में भाग लेते रहे।

'स्वतंत्रता संग्राम के सैनिक' *पुस्तक में वर्णित है, 'अपनी उग्र गतिविधियों के कारण 1915 ई. से 1920 ई. तक माल्टा में नजरबन्द रहे। असहयोग आन्दोलन के दौरान सन् 1921 ई. में कराची के मुकदमे में दो साल कैद की सजा पायी थी। सन् 1930 व 1932 के आन्दोलनों में जेल गये थे। सन् 1940 ई. में भी आप गिरफ़्तार हुए और मुकदमे में सजा हुई। भारत छोड़ो आन्दोलन के दौरान सन् 1942 से 1945 तक नजरबन्द रहे।'*

फ़ैज़ाबाद के इस वीर सेनानी का निधन पाँच दिसम्बर, 1957 को हुआ था।

साभार : 1. स्वतंत्रता संग्राम के सैनिक - जिला फ़ैज़ाबाद संक्षिप्त परिचय, संपादक : ठाकुर प्रसाद सिंह, प्रकाशक : सूचना विभाग, उत्तर प्रदेश लखनऊ, 2. स्वतंत्रता संग्राम के सौ वर्ष : रमानाथ मेहरोत्रा, प्रकाशक : स्वतंत्रता सेनानी स्मारक प्रकाशन, फ़ैज़ाबाद, संस्करण : 1978 तथा स्वतंत्र पत्रकार रामतीर्थ विकल द्वारा फ़ैज़ाबाद के स्वतंत्रता संग्राम सेनानियों पर आधारित लेखमाला से संक्षिप्त व संशोधित रूप में प्रस्तुत।

वसुधा सिंह

स्वतंत्रता संग्राम के प्रमुख नायक–दो

वसुधा सिंह *का नाम भारतीय इतिहास में इसलिए भी सम्मानजनक ढंग से याद किया जाता है कि उन्होंने स्वतंत्रता आन्दोलनों के विभिन्न कार्यक्रमों में सक्रिय भागीदारी निभाते हुए भारतीय राष्ट्रीय कांग्रेस के एक सच्चे सिपाही के रूप में लगातार सक्रियता दिखायी। वसुधा सिंह फ़ैज़ाबाद जनपद के गाँव : पोखर भिट्ठा, पोस्ट : चकभदयाँ के निवासी श्री भुलई सिंह और श्रीमती मोतीसरा देवी की सन्तान थे।*

उन्होंने सन् 1930 के कांग्रेस के अधिवेशन में भाग लिया और उसके बाद लगातार एक सक्रिय कार्यकर्त्ता के रूप में विभिन्न आन्दोलनों से जुड़े रहे। लगान बन्दी आन्दोलन के दौरान सन् 1932 में उन्हें 6 माह का सश्रम कारावास और पचास रुपये जुर्माने की सज़ा सुनायी गयी। उनके जुर्माना न देने पर यह सज़ा पैंतालीस दिन की अतिरिक्त बढ़ाकर कर दी गयी। वे जब कलकत्ता कांग्रेस के अधिवेशन में एक प्रतिनिधि के रूप में फ़ैज़ाबाद से गये, तो वहाँ भी उन्हें अलीपुर जेल में पन्द्रह दिन कारावास में बिताने पड़े। व्यक्तिगत सत्याग्रह आन्दोलन के सिलसिले में लगभग एक मास हवालात में रहने के बाद 1941 ई. में पच्चीस रुपये जुर्माने और अदालत उठने तक कैद की सज़ा मिली।

वसुधा सिंह की ही अगुवाई में कई अन्य स्वनामधन्य कांग्रेसी कार्यकर्त्ताओं व क्रान्तिकारियों मसलन– फौजदार सिंह, जमुना यादव, भृगनाथ सिंह और श्याम बिहारी मौर्य आदि ने साथ मिलकर 23 अगस्त, 1942 ई. को एक बड़ी ऐतिहासिक सभा का आयोजन किया था, जिसमें दूर-दूर के क्षेत्रों से

किसान, ग्रामीण लोग और आज़ादी की कामना रखने वाले ढेरों कार्यकर्ता संगठित होकर एकत्र हुए थे। वे सब राष्ट्रीय नेताओं की गिरफ़्तारी के कारण उद्वेलित थे, जिसमें फ़ैज़ाबाद जिले के प्रमुख कार्यकर्ता मसलन– उमाशंकर मस्त, ब्रह्मचारी वासुदेवाचार्य, लल्लन जी और गणेश कृष्ण जेटली की गिरफ़्तारी भी प्रमुख कारण थी। यह सभा तब राजे सुलतानपुर क्षेत्र के जहाँगीरगंज थाने के अन्तर्गत मवेशी बाग में सम्पन्न हुई थी। यह क्षेत्र जहाँगीरगंज के अन्तर्गत आता है, अतः इस पूरे आन्दोलन व इसके प्रभावों को 'जहाँगीरगंज काण्ड' भी कहा जाता है। इस पूरे प्रदर्शन, जुलूस और सभा की अध्यक्षता वसुधा सिंह ने ही की थी।

इस आन्दोलन से उपजे प्रभाव के चलते अंग्रेजों की यातनाएँ और अधिक बढ़ गयीं, जिसने क्रान्ति का इन तमाम गाँवों और इलाकों में बुरी तरह से दमन किया। इसके फलस्वरूप वसुधा सिंह सहित सारे क्रान्तिकारी फ़रार हो गये और बावन राजनैतिक कार्यकर्ताओं के ऊपर तीन किस्तों में कत्ल का लम्बा मुकदमा चला। उनकी अनुपस्थिति में घर और सारा सामान तक नीलाम हो गया। महात्मा गाँधी के निर्देश पर उन्होंने सन् 1944 में पुलिस के आगे आत्मसमर्पण कर दिया था, और सन् 1945 में उन्हें मृत्यु-दण्ड की सज़ा सुनायी गयी। महात्मा गाँधी के हस्तक्षेप से अंग्रेज वायसराय ने उनकी दया याचिका का सम्मान करते हुए फाँसी की सज़ा को रद्द कर आजीवन कारावास की सज़ा में बदल दिया था। वसुधा सिंह उसके बाद देश आज़ाद होने के बाद ही कारावास से मुक्त हुए।

उनकी मृत्यु आज़ाद भारत में सन् 1982 में हुई। कुछ लोगों के सकारात्मक हस्तक्षेप से बाद में राजे सुल्तानपुर के मवेशी बाग में उनकी स्मृति में एक स्मारक बनाया गया है। संयोगवश यह वही बाग है, जिसमें वसुधा सिंह ने राष्ट्रीय आन्दोलन का शंखनाद किया था।

साभार : 1. स्वतंत्रता संग्राम के सैनिक - जिला फ़ैज़ाबाद संक्षिप्त परिचय, संपादक : ठाकुर प्रसाद सिंह, प्रकाशक : सूचना विभाग, उत्तर प्रदेश लखनऊ, 2. स्वतंत्रता संग्राम के सौ वर्ष : रमानाथ मेहरोत्रा, प्रकाशक : स्वतंत्रता सेनानी स्मारक प्रकाशन, फ़ैज़ाबाद, संस्करण : 1978 उपर्युक्त दोनों पुस्तकों से संक्षिप्त व संशोधित रूप में लेने के अतिरिक्त युवा पत्रकार दीपक मिश्र एवं इस अंक के सम्पादक यतीन्द्र मिश्र द्वारा संयुक्त रूप से लिखी गयी टिप्पणी। पहली बार प्रकाशित।

फ़ैज़ाबाद : दस्तावेज़-39

पं. रामनारायण त्रिपाठी

स्वतंत्रता संग्राम के प्रमुख नायक–तीन

स्वतंत्रता संग्राम सेनानी **पं. राम नारायण त्रिपाठी** *का जन्म फ़ैज़ाबाद नगर के दक्षिणी-पश्चिमी छोर पर स्थित खोजनपुर गाँव में 31 दिसम्बर, 1914 को पिता राम दवर त्रिपाठी व माता रुक्मिणी के पुत्र के रूप में हुआ था। उनके परिवार की आजीविका खेती-किसानी पर निर्भर थी। उन्होंने छात्र जीवन में 15 वर्ष की अवस्था में ही फिरंगी हुकूमत के खिलाफ़ चल रहे आन्दोलनों में हिस्सा लेना आरम्भ कर दिया था। सन् 1929 में चले किसान आन्दोलन में उनकी सक्रिय भूमिका के मद्देनज़र पुलिस ने गिरफ्तार कर जेल में कैद कर दिया। साढ़े तीन साल के कारागार जीवन के मध्य देशभक्त कैदियों के सान्निध्य ने उनके जीवन में क्रान्तिकारी परिवर्तन को जन्म दिया।*

उनकी पुत्री मधुबाला त्रिपाठी बताती हैं– 'बाबू जी, हिन्दू, मुस्लिम, ईसाई भाईचारे के प्रबल समर्थक थे। इसलिए उन्होंने अपने बेटों का नाम राम रहीम (राजेश), कृष्ण करीम (राकेश) और पीटर प्रदीप (अमरीश) रखे थे'। पं. रामनारायण त्रिपाठी जब कारागार से रिहा होकर बाहर आये तो स्वाधीनता संग्राम में हिस्सा लेने के साथ-साथ अपनी अधूरी पढ़ाई भी पूरी करने लगे। बी.ए. की शिक्षा के लिए जब उन्होंने बनारस हिन्दू विश्वविद्यालय में प्रवेश लिया, तो क्रान्तिकारियों के सम्पर्क में आये। उन्होंने हिन्दुस्तान सोशलिस्ट आर्मी की सदस्यता ग्रहण कर ली और संगठन की पत्रिका के सम्पादन व वितरण का कार्य करने लगे।

सन् 1933-34 में कांग्रेस सोशलिस्ट पार्टी की स्थापना हुई। स्थापना काल में ही वे कांसोपा के सदस्य बने। सन् 1948 में उन्होंने सोशलिस्ट पार्टी

की सदस्यता ग्रहण की। इसी साल इनका विवाह आशा देवी से हो गया। आशा देवी भी क्रान्तिकारी मानसिकता की रहीं। सन् 1941 में जब ब्रिटिश भारत की सरकार के मंत्रिमण्डल से कांग्रेस के नेता इस्तीफा दे चुके थे, उन्होंने 'न एक पाई और न एक भाई' का आन्दोलन छेड़ रखा था। सेनानी पं. रामनारायण त्रिपाठी ने 1941 के व्यक्तिगत सत्याग्रह आन्दोलनों में हिस्सा लेना आरम्भ कर दिया था। कांग्रेस पर फिरंगी हुकूमत ने शिकंजा कस दिया और सत्याग्रहियों की बड़े पैमाने पर देशव्यापी गिरफ्तारियाँ चल रही थीं।

पं. राम नारायण त्रिपाठी को भी सत्याग्रह के दौरान गिरफ़्तार कर ढाई साल की कड़ी कैद और 100 रुपया जुर्माने की सजा दी गयी। 'भारत छोड़ो आन्दोलन', जिसे सन् 1942 की 'अगस्त क्रान्ति' के नाम से जाना जाता है के दौरान पं. राम नारायण त्रिपाठी ने भूमिगत रहकर आन्दोलन किया था। पं. राम नारायण त्रिपाठी की लोकप्रियता का आकलन इसी से किया जा सकता है कि स्वाधीन भारत के सन् 1952 के विधान-सभा चुनाव में उन्हें जनता ने जलालपुर क्षेत्र से विधायक चुना था। सन् 1957 में उन्हें उत्तर प्रदेश विधान-सभा का उपाध्यक्ष चुना गया, वे प्रदेश क्रान्ति दल के संस्थापकों में से एक थे। वह 1970 में उत्तर प्रदेश नागरिक परिषद के महामंत्री नियुक्त हुए। उन्होंने सरकारी सांस्कृतिक प्रतिनिधिमण्डल के सदस्य के रूप में अमेरिका, ब्रिटेन, जर्मनी, फ्रांस, हॉलैण्ड आदि अनेक देशों का भ्रमण भी किया था।

उन्होंने चाणक्य नीति साप्ताहिक का जहाँ एक ओर सम्पादन किया, वहीं ज़मीनी हक़ीकत का पर्दाफाश करने वाले उपन्यास **'लछमनिया', 'दोषी कौन'** *और* **'नरपति'** *का लेखन भी किया। फ़ैज़ाबाद की धरती का यह ओजस्वी सपूत 13 दिसम्बर, 1990 को इस दुनिया से विदा हो गया।*

साभार : 1. स्वतंत्रता संग्राम के सैनिक - जिला फ़ैज़ाबाद संक्षिप्त परिचय, संपादक : ठाकुर प्रसाद सिंह, प्रकाशक : सूचना विभाग, उत्तर प्रदेश लखनऊ, 2. स्वतंत्रता संग्राम के सौ वर्ष : रमानाथ मेहरोत्रा, प्रकाशक : स्वतंत्रता सेनानी स्मारक प्रकाशन, फ़ैज़ाबाद, संस्करण : 1978 तथा स्वतंत्र पत्रकार रामतीर्थ विकल द्वारा फ़ैज़ाबाद के स्वतंत्रता संग्राम सेनानियों पर आधारित लेखमाला से संक्षिप्त व संशोधित रूप में प्रस्तुत।

फ़ैज़ाबाद : दस्तावेज़-40

केदारनाथ आर्य

स्वतंत्रता संग्राम के प्रमुख नायक–चार

स्वतंत्रता संग्राम के सच्चे सिपाही के रूप में ***बाबू केदारनाथ आर्य*** *को आज भी सम्मान से याद किया जाता है। वे न सिर्फ़ स्वतंत्रता आन्दोलन से जुड़े रहे, बल्कि उन्होंने समाज के हर सकारात्मक क्षेत्र में बढ़-चढ़कर अगुवाई की। उन्हें 'असहयोग आन्दोलन' में सक्रिय रूप से भाग लेने के कारण सन् 1922 में दो वर्ष का सश्रम कारावास तथा पाँच सौ रुपये जुर्माने की सज़ा दी गयी। इसी तरह सन् 1930 'सविनय अवज्ञा आन्दोलन' के दौरान, सन् 1932 में 'लगान बन्दी आन्दोलन' के तहत और सन् 1940 में ब्रिटिश हुकूमत के खिलाफ़ उग्रवादी गतिविधियों के कारण क्रमशः एक वर्ष, दो वर्ष और अट्ठारह महीने की कड़ी कैद की सज़ा मिली। इसी तरह उन्हें सन् 1942 में 'भारत छोड़ो आन्दोलन' में अपने क्षेत्र का नेतृत्व करने के कारण ब्रिटिश हुकूमत ने यातना कैम्प (देवली कैम्प) में बन्द कर दिया था, जहाँ से उनको तीन वर्ष बाद सन् 1945 में आज़ाद किया गया।*

यह जानना सम्मानजनक है कि फ़ैज़ाबाद नगर के बल्ला-हाता मोहल्ले के निवासी और विचारों से आर्य समाजी मान्यताओं के कट्टर समर्थक श्री गोप्तार सोनार के पुत्र केदारनाथ आर्य एक सच्चे समाज-सेवी और आर्य समाज के विचारों के अनुयायी थे। नगर का प्रख़्यात कांग्रेस दफ़्तर 'कमला नेहरु भवन', जिसकी भूमि श्री लल्लन जी अरोड़ा स्वतंत्रता सेनानी ने दान की थी, पर दो मंजिला इमारत केदारनाथ आर्य जी की ही देन है। इनकी स्मृति में नगर आर्य समाज ने मन्दिर के सामने के पार्क का नाम 'केदारनाथ आर्य पार्क' रखा है। निश्चित ही फ़ैज़ाबाद के गौरव पुरुष के रूप में बाबू केदारनाथ आर्य अमर हैं।

साभार : 1. स्वतंत्रता संग्राम के सैनिक - जिला फ़ैज़ाबाद संक्षिप्त परिचय, संपादक : ठाकुर प्रसाद सिंह, प्रकाशक : सूचना विभाग, उत्तर प्रदेश लखनऊ, 2. स्वतंत्रता संग्राम के सौ वर्ष : रमानाथ मेहरोत्रा, प्रकाशक : स्वतंत्रता सेनानी स्मारक प्रकाशन, फ़ैज़ाबाद, संस्करण : 1978 उपर्युक्त दोनों पुस्तकों से संक्षिप्त व संशोधित रूप में लेने के अतिरिक्त मनोज कुमार मेहरोत्रा से प्राप्त लिखित सामग्री के आधार पर इस अंक के सम्पादक यतीन्द्र मिश्र द्वारा लिखी गयी टिप्पणी। पहली बार प्रकाशित।

दयाकृष्ण गंजूर
स्वतंत्रता संग्राम के प्रमुख नायक–पाँच

लगानबन्दी से लेकर 'भारत छोड़ो आन्दोलन' तक का भारतीय स्वतंत्रता संग्राम का एक लम्बा इतिहास रहा है। इन आन्दोलनों में आम से खास तक की भागीदारी रही है, जिनमें से एक फ़ैज़ाबाद का गंजूर परिवार भी रहा है। इस परिवार के **दयाकृष्ण गंजूर, कृष्णकान्त गंजूर** *और* **चन्द्रानी गंजूर** *का नाम विशेष उल्लेखनीय रहा है। स्वतंत्रता संग्राम सेनानी* **दयाकृष्ण गंजूर,** *जो हरीकिशन गंजूर के पुत्र थे और नगर की मुख्य बाज़ार रिकाबगंज के निवासी थे।*

फ़ैज़ाबाद में गाँधीवादी आन्दोलनों के शुरुआती दौर से ही सेनानी दयाकृष्ण गंजूर स्वातंत्र्य समर में हिस्सा लेने लगे थे। फिरंगी व्यवस्था की रीति-नीति के चलते जब जिले के किसानों पर लगान लागू किया गया, तो किसान तबाह व बर्बाद होने लगे। किसानों ने खेती किसानी छोड़ शहरों की ओर रुख किया, जिससे मजदूरों की संख्या में लगातार वृद्धि होने लगी। किसानों की दुर्दशा और जमींदारों के उत्पीड़न से निजात दिलाने के लिए जिले में लगानबन्दी आन्दोलन राष्ट्रवादी नेताओं ने आरम्भ किया। इस आन्दोलन में दयाकृष्ण गंजूर ने बढ़-चढ़कर भागीदारी की। नतीजतन सन् 1921 को पुलिस ने इन्हें गिरफ़्तार कर फ़ैज़ाबाद जिला कारागार में क़ैद कर दिया गया। इन्हें अट्ठारह माह की क़ैद और पाँच सौ रुपये जुर्माने की सजा दी गयी।

फ़ैज़ाबाद के कांग्रेस के प्रमुख नेताओं में शुमार दयाकृष्ण गंजूर ने सन् 1910 में लखनऊ में हुए कांग्रेस के वार्षिक अधिवेशन में आचार्य नरेन्द्रदेव, लल्लन जी अरोड़ा व महाशय केदारनाथ के साथ जिले का प्रतिनिधित्व किया था। वहाँ से लौटने के बाद स्वतंत्रता प्राप्ति के हर आन्दोलन में

उन्होंने बढ़-चढ़कर हिस्सा लिया। 'सविनय अवज्ञा आन्दोलन' 1930 में इन्हें गिरफ़्तार कर छह माह की कड़ी क़ैद और सौ रुपये जुर्माने की सज़ा दी गयी। इसी आन्दोलन में सन् 1932 में पुनः इन्हें गिरफ़्तार कर फ़ैज़ाबाद जेल में अट्ठारह माह की कड़ी कैद की सजा भोगने के लिए डाल दिया गया। व्यक्तिगत सत्याग्रह आन्दोलन सन् 1941 में भी इन्होंने एक वर्ष की क़ैद और पचास रुपये जुर्माने की सजा दी गयी। 'भारत छोड़ो आन्दोलन', जिसे 'अगस्त क्रान्ति' के रूप में जाना जाता है, में भी इन्हें गिरफ़्तार कर लम्बी नज़रबन्दी की सजा दी गयी।

दयाकृष्ण गंजूर के परिवार के ही बद्रीनाथ गंजूर के पुत्र कृष्णकान्त गंजूर भी प्रख्यातः स्वतंत्रता संग्राम सेनानी थे। प्रायः फ़ैज़ाबाद में चले सभी प्रमुख आन्दोलनों में इनकी सक्रिय भागीदारी रही। 1941 ई. का साल व्यक्तिगत सत्याग्रह आन्दोलन के नाम रहा। कृष्णकान्त गंजूर सन् 1941 में सत्याग्रह के दौरान गिरफ़्तार कर लिये गये। उन्हें एक साल की कड़ी क़ैद और एक सौ रुपये जुर्माने की सजा दी गयी। कृष्णकान्त गंजूर की पुत्री चन्द्रानी गंजूर को भी सन् 1932 के आन्दोलन में छह माह की क़ैद और पचास रुपये जुर्माने की सजा मिली थी। गंजूर परिवार फ़ैज़ाबाद से बहुत पहले ही लखनऊ चला गया था। इस परिवार का वर्तमान ब्यौरा अनुपलब्ध है।

साभार : **1. स्वतंत्रता संग्राम के सैनिक - जिला फ़ैज़ाबाद संक्षिप्त परिचय, संपादक : ठाकुर प्रसाद सिंह, प्रकाशक : सूचना विभाग, उत्तर प्रदेश लखनऊ, 2. स्वतंत्रता संग्राम के सौ वर्ष : रमानाथ मेहरोत्रा, प्रकाशक : स्वतंत्रता सेनानी स्मारक प्रकाशन, फ़ैज़ाबाद, संस्करण : 1978 तथा स्वतंत्र पत्रकार रामतीर्थ विकल द्वारा फ़ैज़ाबाद के स्वतंत्रता संग्राम सेनानियों पर आधारित लेखमाला से संक्षिप्त व संशोधित रूप में प्रस्तुत।**

रमानाथ मेहरोत्रा

स्वतंत्रता संग्राम के प्रमुख नायक–छह

फ़ैज़ाबाद के सम्भ्रान्त परिवार में जन्में श्री गजाधर प्रसाद मेहरोत्रा के पुत्र **रमानाथ मेहरोत्रा** *का जन्म शहज़ादपुर, अकबरपुर (अब अम्बेडकरनगर) में सन् 1924 में हुआ था। उनकी प्रारम्भिक शिक्षा बी.एन. हाईस्कूल में हुई थी और बचपन से ही वे स्कूल में छात्र नेता के रूप में उभरने लगे थे। राष्ट्रकवि मैथिलीशरण गुप्त की 'भारत भारती' उन्हें इतनी प्रिय थी कि वह उन्हें कण्ठस्थ थी। इस किताब के साथ ही उन्हें रामायण भी खुद के लिए प्रेरणादायक लगती थी।*

मात्र तेरह-चौदह वर्ष की उम्र में रमानाथ एक ऐसे क्रान्तिकारी में तब्दील हो चुके थे, जो लाल परचे गुप्त रूप से बाँटने में माहिर था। साथ ही, पिस्तौल चलाने, क्रान्तिकारी साहित्य पढ़ने व वितरित करने, मालीपुर से लेकर कटेहरी तक टेलीफ़ोन के तार बार-बार काटने तथा राजनैतिक उद्देश्यों को लेकर सरकारी ख़जाने, डाकख़ाने लूटने के कार्यक्रम में उनकी सक्रिय भागीदारी होने लगी थी। सन् 1940 में 'रामपुर मेल डकैती', जो उस समय एक विख़्यात काण्ड समझा गया था, में उनकी गिरफ्तारी हुई। इस काण्ड में क्रान्तिकारी कार्यों के लिए रुपया केन्द्रीय कार्यालय को भेजा जाना था, इसलिए सरकारी कोष को लूटने का कार्यक्रम बना था। रमानाथ जी के साथ इस केस में कई अन्य क्रान्तिकारी भी गिरफ़्तार हुए थे, जिनमें चन्दूलाल मेहरोत्रा, इन्द्रभान सिंह, सूरजनाथ पाण्डेय, और रामकृपाल के नाम प्रमुख हैं।

इस गिरफ़्तारी का असर यह रहा कि बाद में अधिकतर विद्यालयों में उनका प्रवेश वर्जित हो गया और उन्हें अपने अध्ययन के लिए काशी विद्यापीठ,

बनारस जाना पड़ा। वहाँ भी सन् 1942 में 'भारत छोड़ो आन्दोलन' के दौरान उनकी फिर से गिरफ़्तारी हुई। संघर्ष के दिनों में पढ़ाई का खर्च उठाने के लिए ट्यूशन करना, कॉपी जाँचना और आकाशवाणी, लखनऊ में कार्य करना शामिल रहा है। उनकी युवावस्था में ही उनके माता-पिता का स्वर्गवास हो चुका था और संयुक्त परिवार के अन्य सदस्यों द्वारा उनकी सहायता कभी नहीं हुई। स्वतंत्रता के पश्चात वे डॉ. राममनोहर लोहिया के सम्पर्क में आकर समाजवादी हो गये। फ़ैज़ाबाद प्रजा सोशलिस्ट पार्टी के अध्यक्ष रहे। सोशलिस्ट पार्टी का चौधरी चरण सिंह के दल के साथ जब राजनारायण ने विलय कर दिया, तब रमानाथ जी की लम्बी बहस फ़ैज़ाबाद सर्किट हाऊस में राजनारायण से विलय के विरोध को लेकर हुई। 19 दिसम्बर, सन् 1967 को फ़ैज़ाबाद जेल के शहीद कक्ष में जाकर, वहाँ की साफ-सफाई कराने के बाद, फ़ाँसी के तख़्ते पर फूल-माला चढ़ाने का श्रेय सबसे पहले उन्हीं को जाता है।

सन् 1975 में कांग्रेस सरकार द्वारा आपातकाल लगा दिये जाने के दौरान जिले के कई नेता गिरफ्तार कर जेल भेज दिये गये, तो उनके मुकदमों की पैरवी के लिए कोई वकील नहीं मिलता था। फ़ैज़ाबाद में रमानाथ मेहरोत्रा ने अपने पूरे सामर्थ्य से मुकदमों की पैरवी शुरु की और सवेरे कोर्ट में जाकर इन नेताओं का मुकदमा लड़ते हुए कोर्ट में बहस करना जारी रखा। इसका एक असर यह भी हुआ कि आपातकाल लगने के तीन महीने बाद उन्हें 'मीसा' में बन्द कर दिया गया। तब भी जेल में मुकदमों की रिटें तैयार कर हाईकोर्ट भेजना उनका दायित्व बन गया था। रमानाथ मेहरोत्रा, स्वतंत्रता सेनानियों के लिए अपने जनपद से लेकर प्रदेश स्तर तक हर मामलों को लेकर जीवन के अन्तिम समय तक लड़ते रहे। उन्हें स्वतंत्रता आन्दोलन के स्मारकों के प्रति भी अगाध प्रेम था और उसको लेकर भी उनके संरक्षण और रख-रखाव के लिए वे सदैव प्रयत्नशील रहे। उनकी मृत्यु सन् 1994 में हुई।

साभार : **रमानाथ मेहरोत्रा के मित्र और उनके जेल-जीवन के साथी डॉ. सुरेन्द्र नाथ द्वारा लिखित टिप्पणी से संक्षिप्त व संशोधित रूप में प्रस्तुत। इसे उपलब्ध कराने के लिए उनके पुत्र श्री मनोज मेहरोत्रा का आभार। पहली बार प्रकाशित।**

पं. शम्भू नारायण सिंह
स्वतंत्रता संग्राम के प्रमुख नायक–सात

स्वतंत्रता संग्राम सेनानी **पं. शम्भू नारायण सिंह** *वामपन्थी विचारधारा के ऐसे क्रान्तिकारी थे, जिन्होंने एक साथ फ़ैज़ाबाद, आजमगढ़ और वाराणसी में स्वतंत्रता आन्दोलन की अलख जगा रखी थी। सेनानी शम्भू नारायण सिंह के पिता वासुदेव नारायण सिंह भी सन् 1920 के आन्दोलन के सेनानी रहे, बाद में आचार्य नरेन्द्र देव के निकटवर्ती लोगों में भी उनका नाम शुमार रहा है। वाराणसी के चेतगंज में स्थित उनका मकान समाजवादी आन्दोलनकारियों का एक बड़ा केन्द्र था।*

पं. शम्भू नारायण सिंह का जन्म सन् 1914 में आजमगढ़ जिले की सिगड़ी तहसील के रामगढ़ ईसरापार गाँव में हुआ था। इनकी माँ गंगाजली सिंह थीं, जो गाजीपुर जिले के रेवतीपुर गाँव की रहने वाली थीं। वासुदेव नारायण सिंह व्यवसाय के सिलसिले में फ़ैज़ाबाद आए और दर्शननगर में मकान बनवाकर यहीं के होकर रह गये। पं. शम्भू नारायण सिंह ने बनारस हिन्दू विश्वविद्यालय से एम.ए. और एल.एल.बी. की उपाधि ग्रहण की परन्तु वकालत के क्षेत्र में नहीं आये। भारतीय कम्युनिस्ट पार्टी के वह फ़ैज़ाबाद और आजमगढ़ जिले के संस्थापक सदस्य थे। शम्भू नारायण सिंह ने साथियों के साथ मिलकर आजमगढ़ जिले में लाट का पुल तोड़ दिया था, इसका उद्देश्य यह था कि जिले में अंग्रेज़ सेना पुल के रास्ते प्रवेश न कर पाये। इनके नेतृत्व में सेनानियों ने कलेक्टर की कुर्सी पर कब्जा कर आजमगढ़ के स्वतंत्र होने की घोषणा कर दी, परन्तु अंग्रेज़ी फौज ने शीघ्र ही आजमगढ़ पर अपना दबाव बना लिया।

सन् 1942 के 'भारत छोड़ो आन्दोलन' के दौरान इन्हें गिरफ़्तार कर 6 माह

की कड़ी कैद और 100 रुपये के जुर्माने की सजा दी गयी। क्रान्तिकारी भगत सिंह को जब फाँसी दी गयी, तो वह फ़ैज़ाबाद के मनोहर लाल मोतीलाल इण्टर कॉलेज में पढ़ते थे। यह कॉलेज छात्र आन्दोलन में अग्रणी था और विद्यालय पर लहरा रहे यूनियन जैक को उतारकर तिरंगा फहराने का साहसी काम यहीं के छात्रों ने किया था।

भगत सिंह की फाँसी से सेनानी पं. शम्भू नारायण सिंह उग्र हो गये। साथियों के साथ रौनापार और मधुवन थाना लूट लिया और थानेदार को काफ़ी मारा-पीटा, जिसके कारण इन्हें भारत रक्षा कानून के तहत गिरफ़्तार कर लिया गया था। देश आज़ाद हुआ तो इन्होंने 1952 ई. में भारतीय कम्युनिस्ट पार्टी के टिकट पर आजमगढ़ जिले के विधानसभा क्षेत्र सगड़ी से चुनाव लड़ा, परन्तु 200 मतों से हार गये। 1962 ई. में फिर विधानसभा का चुनाव लड़ा। 1969 ई. के चुनाव में इन्होंने क्षेत्र बदल दिया और फ़ैज़ाबाद की अमसिन विधानसभा क्षेत्र से विधायक निर्वाचित हुए। सन् 1974 का चुनाव भी इसी क्षेत्र से लड़कर उन्होंने जीता। वे भारतीय कम्युनिस्ट पार्टी के जिला मंत्री और राज्य काउंसिल के सदस्य भी वह रहे।

इसके अतिरिक्त अनेक शिक्षण संस्थानों के प्रबन्धक और अध्यक्ष का भी दायित्व उन्होंने सँभाला। सहकारी दैनिक समाचार-पत्र जनमोर्चा के भी वह संस्थापक सदस्य रहे। शम्भू नारायण सिंह के परिवार में तीन पुत्र और एक पुत्री क्रमशः सर्वश्री हरिनारायण, विजय कुमार, शिवकुमार और प्रतिभा सिंह रहे। उनकी मृत्यु 73 वर्ष की अवस्था में 07 सितम्बर, 1984 को हो गयी।

साभार : **1. स्वतंत्रता संग्राम के सैनिक - जिला फ़ैज़ाबाद संक्षिप्त परिचय, संपादक : ठाकुर प्रसाद सिंह, प्रकाशक : सूचना विभाग, उत्तर प्रदेश लखनऊ, 2. स्वतंत्रता संग्राम के सौ वर्ष : रमानाथ मेहरोत्रा, प्रकाशक : स्वतंत्रता सेनानी स्मारक प्रकाशन, फ़ैज़ाबाद, संस्करण : 1978 तथा स्वतंत्र पत्रकार रामतीर्थ विकल द्वारा फ़ैज़ाबाद के स्वतंत्रता संग्राम सेनानियों पर आधारित लेखमाला से संक्षिप्त व संशोधित रूप में प्रस्तुत। पं. शम्भुनारायण सिंह पर कुछ ज़रूरी तथ्य उपलब्ध कराने के लिए हम उनके पौत्र श्री अतुल कुमार सिंह के विशेष आभारी हैं।**

महावीर प्रसाद 'बिगुलर'

स्वतंत्रता संग्राम के प्रमुख नायक–आठ

पं. जवाहर लाल नेहरू भारत के प्रथम प्रधानमंत्री बनने के बाद नवाबों की नगरी फ़ैज़ाबाद में जब पहली बार आए, तो जंग-ए-आज़ादी में बिगुल बजाकर अंग्रेजी हुकूमत की नींद हराम करने वाले सेनानी **महावीर प्रसाद** *को* **'बिगुलर'** *की उपाधि से विभूषित किया था। तभी से, वे 'बिगुलर' के नाम से जाने पहचाने जाने लगे। यह भी कहा जाता है कि सन् 1938 में सेनानी महावीर प्रसाद ने कांग्रेस सेवादल के 'स्वतंत्रता बैण्ड ग्रुप' की स्थापना की थी।*

वे गणेश शंकर विद्यार्थी के पत्र 'प्रताप' के फ़ैज़ाबाद में संवाददाता थे और हॉकर भी, जिसके लिए उन्हें अनेक बार पुलिस का कोपभाजन भी बनना पड़ा। उन्होंने 'भारतवर्ष और गरीब किसान' नामक नाटक को निर्देशित ही नहीं किया, वरन् उसमें अभिनय कर समाज में जनजागरण अभियान भी छेड़ा था। वे 'झण्डा कप्तान' के नाम से भी चर्चित थे।

फ़ैज़ाबाद के मोहल्ला हैदरगंज निवासी शक्कर व खाण्डसारी व्यापारी माता प्रसाद गुप्त के पुत्र के रूप में कार्तिक मास सन् 1901 को महावीर प्रसाद गुप्त का जन्म हुआ था। स्कूल में 'शिवाजी ट्रूप' नामक एक छात्र दल हुआ करता था, महावीर प्रसाद उसमें शामिल हुए तो जल्दी ही उन्हें उसका मुखिया बना दिया गया। यह दल देशवासियों में राष्ट्रीयता का प्रचार-प्रसार करता था। पन्द्रह साल के थे, तो इनका विवाह बिराजा देवी से हो गया। उसी साल महात्मा गाँधी फ़ैज़ाबाद आये, बिगुलर उनके भाषण सुन इतने प्रभावित हुए कि कांग्रेस से जुड़ गये और कांग्रेस स्वयं सेवक संघ के जिले

के प्रधान बना दिये गये। प्रख्यात समाजसेवी केदारनाथ इनके राजनीतिक गुरु थे। 19 दिसम्बर, 1927 ई. को जब सेनानी अशफ़ाक उल्ला ख़ाँ को फ़ैज़ाबाद जेल में फाँसी दी गयी, तो विरोध आन्दोलन में वे शामिल हुए और पकड़कर जेल में डाल दिये गये। सन् 1928 में इनकी पत्नी क़ी मृत्यु हो गयी, तब दुःख की इस घड़ी में भी वे राष्ट्रीय आन्दोलन में पीछे नहीं हटे। इनका दूसरा विवाह 1931 ई. में मैना देवी से हुआ।

कांग्रेस ने लगानबन्दी आन्दोलन छेड़ा, तो सेनानी महावीर प्रसाद गुप्त ने उसमें बढ़-चढ़ कर हिस्सा लिया और अंग्रेजी हुकूमत की नज़र में चढ़ गये। पुलिस ने सन् 1932 में इन्हें गिरफ़्तार कर लिया और साढ़े छः माह की कड़ी कैद और पचास रुपये जुर्माना की सजा दी। इनकी महात्मा गाँधी के स्वदेशी आन्दोलन में भी इनकी सक्रिय भूमिका रही। इसमें भी इन्हें कैद व जुर्माने की सज़ा मिली, जुर्माना न अदा करने पर डेढ़ माह की क़ैद और बढ़ा दी गयी।

सन् 1932 का दौर था और सेनानी महावीर प्रसाद जेल में क़ैद थे। अंग्रेज सरकार का गवर्नर जेल में आया, उसके सम्मान में कैदियों की परेड जेलर ने आयोजित की। परेड में शामिल होने से इन्कार करने पर इन्हें काल कोठरी में डालकर यातनाएँ दी गयीं। फिर इन्हें कैम्प कारागार लखनऊ स्थानान्तरित कर दिया गया, जहाँ 186 सेनानी कैद थे। वहीं जेलर ने इटावा के सेनानी अच्छेलाल को इतना सताया कि उनकी मृत्यु हो गयी। सेनानी बिगुलर ने वैदिक रीति से इस शहीद का अन्तिम संस्कार कराया। लखनऊ से इन्हें इटावा जेल भेज दिया गया, जहाँ से जब वे रिहा हुए तो सन् 1933 में पुनः इन्हें तीन महीने की नज़रबन्दी की सज़ा दे दी गयी। इनकी मृत्यु 11 जनवरी, सन् 1982 को हुई।

साभार : 1. स्वतंत्रता संग्राम के सैनिक - जिला फ़ैज़ाबाद संक्षिप्त परिचय, संपादक : ठाकुर प्रसाद सिंह, प्रकाशक : सूचना विभाग, उत्तर प्रदेश लखनऊ, 2. स्वतंत्रता संग्राम के सौ वर्ष : रमानाथ मेहरोत्रा, प्रकाशक : स्वतंत्रता सेनानी स्मारक प्रकाशन, फ़ैज़ाबाद, संस्करण : 1978 तथा स्वतंत्र पत्रकार रामतीर्थ विकल द्वारा फ़ैज़ाबाद के स्वतंत्रता संग्राम सेनानियों पर आधारित लेखमाला से संक्षिप्त व संशोधित रूप में प्रस्तुत।

फ़ैज़ाबाद : दस्तावेज़-45

राजबली यादव

स्वतंत्रता संग्राम के प्रमुख नायक–नौ

स्वतंत्रता संग्राम सेनानी और वामपन्थी विचारों के जन-नेता **राजबली यादव** *इस मायने में भी आदर से याद किये जाने वाली शख़्सियत रहे हैं कि उन्होंने जंग-ए-आज़ादी के विखण्डित स्वप्न को तेवर देता हुआ एक अद्भुत नाटक* **'धरती हमारी है'** *लिखा था, जिसकी प्रासंगिकता आज और भी अधिक बढ़ गयी है। उनके द्वारा लिखित, मंचित और निर्देशित इस नाटक के देश-भर में छोटे-बड़े कुल मिलाकर लगभग आठ सौं से अधिक मंचन हो चुके हैं। यह तथ्य इस बात की शिनाख़्त करने में सफल है कि कामरेड राजबली यादव की इस कृति का व्यापक समाज में क्या असर रहा है।*

7 नवम्बर, 1906 ई. को फ़ैज़ाबाद जनपद (अब अम्बेडकरनगर) के अरई गाँव में श्री राम हर्ष यादव के पुत्र के रूप में जन्में श्री राजबली यादव प्राथमिक शिक्षा से अधिक ग्रहण नहीं कर पाए थे। यह उनकी क्रान्तिकारिता का पक्ष था, जो उन्हें अंग्रेज़ी हुकुमत के एक विरोधी के रूप में एक ओर शिक्षा से रोक रहा था, तो दूसरी ओर स्वतंत्रता संग्राम के लिए एक सच्चे सिपाही के रूप में लड़ते हुए, बार-बार यंत्रणादायक जेल-यात्राएँ करा रहा था। 1930 ई. में महात्मा गाँधी के 'सत्याग्रह-आन्दोलन' से प्रभावित रहे राजबली यादव विख्यात स्वतंत्रता सेनानी वसुधा सिंह के निकटतम लोगों में गिने जाते हैं। वे हर स्तर पर एक सच्चे कामरेड के रूप में अपने सिद्धान्तों पर अडिग रहकर जुल्म के खिलाफ़ लड़ते रहे। फिर वह उत्तर प्रदेश में जमींदारी उन्मूलन एक्ट लागू होने के बाद चकबन्दी के दौरान सामन्ती व्यवस्था से जन की बात हो या खेतिहर मज़दूरों और गरीबों पर हमेशा से होने वाले अत्याचार के प्रति लड़ने का मामला हो– हर जगह राजबली

यादव मुस्तैदी से तैनात रहे। उन्होंने आज़ादी के लिए लड़ते हुए विभिन्न आन्दोलनों के तहत लगभग दर्जनों बार जेल जाने पर इतनी कड़ी यातनाएँ झेली हैं, जिसका उल्लेख सुनकर मन और शरीर दोनों ही सिहर उठता है। इसमें फ़ैज़ाबाद, हरदोई, उन्नाव, लखनऊ और जौनपुर की जेलों में ढाई गयी यातनाएँ स्मरणीय हैं। **'स्वतंत्रता-संग्राम के सैनिक'** पुस्तक के अनुसार– 'राजबली यादव ने 'सविनय अवज्ञा आन्दोलन' के दौरान सन् 1931 में एक माह क़ैद और पच्चीस रुपये जुर्माने की सज़ा पायी। इसी आन्दोलन के सिलसिले में सन् 1933 में छह मास क़ैद की सज़ा पायी। पचास रुपये जुर्माना भी हुआ। अपनी उग्र गतिविधियों के कारण सन् 1939 में एक वर्ष क़ैद की सज़ा पायी। 'भारत छोड़ो आन्दोलन' के दौरान सन् 1943 में कारागार निवास में ही जेल कानून की धारा 52 के अन्तर्गत छह माह की और सज़ा हुई। छूटने के पश्चात नज़रबन्द कर दिये गये तथा 1 सितम्बर 1945 में अट्ठारह मास की सज़ा पायी।'

उन्होंने क्रान्तिकारी वसुधा सिंह के साथ मिलकर राजेसुल्तानपुर के थाने पर लगा हुआ ब्रिटिश हुकुमत का झण्डा 'यूनियन जैक' फाड़कर भारत का तिरंगा फहराया था। वे भारतीय कम्युनिस्ट पार्टी से 1967 ई. में मया विधान-सभा क्षेत्र से प्रदेश की विधान-सभा के सदस्य निर्वाचित हुए। वे जन-नाट्य मंच (इप्टा) की राष्ट्रीय कार्यकारिणी के सदस्य भी रहे। साथ ही, भारत की प्रगतिशील सोच के महत्त्वपूर्ण कलाकारों मसलन– क़ैफ़ी आज़मी, शौकत क़ैफ़ी, ए.के. हंगल आदि के मित्र के रूप में भी पहचाने गये। उन्हें भारत के स्वतंत्रता की पच्चीसवीं वर्षगाँठ पर भारत सरकार द्वारा ताम्र-पत्र से सम्मानित किया गया था।

जीवन-भर अमीरी-गरीबी के बीच बढ़ते हुए वर्ग-संघर्ष को कम करने में, बेकारी, मँहगाई और भ्रष्टाचार के आपसी गठबन्धन को समाप्त करने और आम आदमी के जीवन में सम्मान और उजाला लाने के लिए संघर्षरत राजबली यादव को पूर्वांचल में किसानों का मसीहा कहा जाता है। उनकी मृत्यु 9 अगस्त, 2000 ई. को हुई थी। संयोगवश यह वही ऐतिहासिक तारीख़ है, जिस दिन देश के क्रान्तिकारियों ने 'अंग्रेज़ों भारत छोड़ो' का नारा दिया था। यह देखना महत्त्वपूर्ण है कि उनकी स्मृति में फ़ैज़ाबाद जनपद के विकास खण्ड पूरा बाज़ार के मड़ना गाँव में एक पब्लिक स्कूल बनाया गया है, जिसका नाम है– **'राजबली स्मारक पब्लिक स्कूल'**।

'धरती हमारी है' जैसे नयी सोच के सामयिक नाटक के प्रणेता के रूप में

राजबली यादव का नाम अमर है और उन्होंने आज फ़ैज़ाबाद और अम्बेडकर नगर जैसे दो-दो जनपदों का मान इतिहास में बढ़ाते हुए प्रदेश ही नहीं, बल्कि राष्ट्रीय स्तर पर विस्तृत कर दिया है। उनके नाटक में आए हुए एक गीत की कुछ प्रेरणादायी पंक्तियों के साथ उनका पुण्य स्मरण महत्त्वपूर्ण होगा, जिसमें हमारे नगर की धरती को ऐसे सच्चे और विचारवान नायक दिए हैं। गीत की पंक्तियाँ हैं–

देश हमारा, धरती अपनी, हम धरती के लाल
नया इन्सान बनायेंगे, नया संसार बनायेंगे
एक करेंगे हम जनता को, सीचेंगे जग ममता को
नयी सभ्यता रचना रच के, उन्नत हाल बनायेंगे
नया संसार बनायेंगे....

साभार : 1. स्वतंत्रता संग्राम के सैनिक - जिला फ़ैज़ाबाद संक्षिप्त परिचय, संपादक : ठाकुर प्रसाद सिंह, प्रकाशक : सूचना विभाग, उत्तर प्रदेश लखनऊ तथा सूर्यकान्त पाण्डेय, प्रबन्ध निदेशक - अशफ़ाक उल्ला ख़ाँ मेमोरियल शहीद शोध संस्थान, फ़ैज़ाबाद द्वारा प्राप्त सूचनाओं के आधार पर इस अंक के सम्पादक यतीन्द्र मिश्र द्वारा लिखी गयी टिप्पणी। पहली बार प्रकाशित।

फ़ैज़ाबाद : दस्तावेज़-46

जयराम वर्मा

स्वतंत्रता संग्राम के प्रमुख नायक - दस

भारतीय स्वतंत्रता संग्राम में फ़ैज़ाबाद जिले में एक शख़्सियत **जयराम वर्मा** *भी थे, जिन्होंने अंग्रेजी हुकूमत के कुशासन का जमकर विरोध किया। उनके पिता ननकू बड़गाँव, इब्राहिमपुर, टाण्डा के निवासी थे। उन्होंने टाण्डा में चले 'किसान आन्दोलन' को समीप से देखा ही नहीं था वरन् उसमें हिस्सा भी लिया था। जयराम वर्मा में फिरंगी व्यवस्था के खिलाफत का बीजारोपण बाल्यकाल से ही हो चुका था। इसलिए वे बड़े होने पर कांग्रेस की सदस्यता ग्रहण करके विधिवत सत्याग्रह आन्दोलन में शिरकत करने लगे। सन् 1930 में महात्मा गाँधी ने दो महत्त्वपूर्ण आन्दोलन, एक 'विदेशी वस्त्र बहिष्कार' और दूसरा 'नमक सत्याग्रह' करीब-करीब एक ही साथ शुरु किये। चूँकि टाण्डा और गोसाईंगंज कपड़े की बड़ी मण्डी थी, इसलिए विदेशी वस्त्र बहिष्कार का आन्दोलन यहीं केन्द्रित रहा। सेनानी जयराम वर्मा ने स्वतंत्रता संग्राम में पदार्पण इसी आन्दोलन से किया था।*

टाण्डा के पुराने स्वतंत्रता संग्राम सेनानी जब सत्याग्रह करने जाते तो उस टोली के साथ वह भी रहते। इसी तरह उन्होंने नमक आन्दोलन में भी शिरकत की। उस समय सेनानी जयराम वर्मा कांग्रेस के साधारण कार्यकर्ता थे, इसीलिए वे गिरफ़्तारी से बचे रहे। जयराम वर्मा की कांग्रेस में निष्ठा और सक्रियता के कारण उन्हें धीरे-धीरे जिम्मेदारियाँ मिलने लगीं।

महात्मा गाँधी ने सन् 1941 में 'न एक पाई और न एक भाई' का नारा देते हुए राष्ट्रव्यापी व्यक्तिगत सत्याग्रह का आन्दोलन छेड़ा। जयराम वर्मा ने भी अपने क्षेत्र में व्यक्तिगत सत्याग्रह आन्दोलन छेड़ा। सत्याग्रह के दौरान उन्हें गिरफ़्तार कर फ़ैज़ाबाद जिला जेल भेज दिया गया। उन पर मुकदमा

चलाकर तीन माह की कड़ी क़ैद और सौ रुपये जुर्माने की सजा दी गयी। जेल से रिहा हुए तो फिर कांग्रेस के आन्दोलनों में सक्रिय हो गये।

8 अगस्त, सन् 1942 को महात्मा गाँधी ने जंग-ए-आज़ादी की आख़िरी लड़ाई 'अंग्रेजों भारत छोड़ो' आरम्भ की और 9 अगस्त, 1942 की भोर से ही अंग्रेजी हुकूमत ने गिरफ़्तारियाँ शुरु कर दीं। सेनानी जयराम वर्मा भी 12 अगस्त, सन् 1942 को गिरफ़्तार कर जेल भेज दिये गये। इन्हें कारागार में 10 नवम्बर, 1943 ई. तक नज़रबन्द रखा गया।

सन् 1947 में देश स्वतंत्र हुआ, तो सेनानी जयराम वर्मा कांग्रेस में सक्रिय हुए। कांग्रेस के टिकट से उन्होंने फ़ैज़ाबाद संसदीय क्षेत्र से चुनाव लड़ा और जीते। सेनानी जयराम वर्मा सन् 1980 से 1984 तक सांसद रहे। इसके बाद टाण्डा विधान-सभा क्षेत्र से उन्होंने चुनाव जीता और विधायक निर्वाचित हुए। वह प्रदेश सरकार में नियोजन विभाग में काबीना मंत्री भी रहे। उनका निवास फ़ैज़ाबाद शहर के दिल्ली दरवाज़ा मुहल्ले में था।

फ़ैज़ाबाद के इस स्वतंत्रता संग्राम सनोनी को सरकार ने ताम्र-पत्र और सेनानी सम्मान पेंशन भी प्रदान किया था। स्वतंत्रता संग्राम के इस सेनानी का निधन सन् 1987 में हुआ।

साभार : 1. स्वतंत्रता संग्राम के सैनिक - जिला फ़ैज़ाबाद संक्षिप्त परिचय, संपादक : ठाकुर प्रसाद सिंह, प्रकाशक : सूचना विभाग, उत्तर प्रदेश लखनऊ, 2. स्वतंत्रता संग्राम के सौ वर्ष : रमानाथ मेहरोत्रा, प्रकाशक : स्वतंत्रता सेनानी स्मारक प्रकाशन, फ़ैज़ाबाद, संस्करण : 1978 तथा स्वतंत्र पत्रकार रामतीर्थ विकल द्वारा फ़ैज़ाबाद के स्वतंत्रता संग्राम सेनानियों पर आधारित लेखमाला से संक्षिप्त व संशोधित रूप में प्रस्तुत।

फ़ैज़ाबाद : दस्तावेज़-47

अशफ़ाक़ उल्ला ख़ाँ की फाँसी

महान क्रान्तिकारी का बलिदान

19 दिसम्बर, 1927 का दिन चारों क्रान्तिकारियों की फाँसी के लिए निश्चित था.....

फाँसी के एक दिन पहले कुछ मित्र अशफ़ाक़ से मिलने गये। वे उस समय कुछ दुबले हो गये थे। मित्रों ने कारण पूछा तो बोले– 'तुम समझते होगे कि काल कोठरी ने मुझे दुबला कर दिया है। मगर ऐसी बात नहीं हैं। मैं आजकल बहुत कम खाता हूँ और इबादत में ज़्यादा समय गुजारता हूँ। कम खाने से इबादत में खूब मन लगता है।'

मित्र उन्हें देखते रह गये। कैसी मस्त तबीयत थी उनकी। देशभक्ति के साथ ही उनमें भावुकता भी कूट-कूटकर भरी हुई थी। उस दिन उन्हें अपने पुराने कपड़े मिल गये थे, जिन्हें धोकर उन्होंने पहना था। पैरों में जूता भी था। पहले उबटन लगाकर उन्होंने स्नान किया और बालों को, जिन्हें इस बीच उन्होंने बढ़ा रखा था, साफ किया। काफ़ी सज-धजकर मित्रों से मिले। चेहरे पर फाँसी का कोई भय नहीं था और वे बहुत ख़ुश नज़र आ रहे थे। बोले– 'आज मेरी शादी है।'

और 19 दिसम्बर का वह दिन भी आ गया, जिसकी प्रतीक्षा की जा रही थी....

अशफ़ाक़ उल्लाह ख़ाँ फ़ैज़ाबाद जेल में उस क्षण की प्रतीक्षा कर रहे थे, जब उन्हें शहादत का जाम पीना था। वे खुशी के साथ कुरान शरीफ का बस्ता कन्धे से लटकाए हाजियों की भाँति कलमा पढ़ते हुए फाँसी के तख़्ते पर गए। तख़्ते का उन्होंने बोसा (चुम्बन) लिया और सामने खड़े लोगों को सम्बोधित करते हुए कहा– 'मेरे हाथ इन्सानी खून से कभी नहीं रंगे। मेरे

ऊपर जो इल्ज़ाम लगाया गया, वह गलत है। ख़ुदा के यहाँ मेरा इन्साफ़ होगा।'

उसके बाद गले में फाँसी का फन्दा पड़ा और वे ख़ुदा का नाम लेते हुए इस दुनिया से कूच कर गए। अशफ़ाक़ के रिश्तेदार उनकी लाश को शाहजहाँपुर ले जाना चाहते थे। इसके लिए उन्होंने बहुत आरजू-मिन्नत की, तब आज्ञा मिली। शाहजहाँपुर ले जाते समय रास्ते में लखनऊ स्टेशन पर उनकी लाश उतारी गयी। 18 दिसम्बर को अशफ़ाक़ कंडेम्ड सेल से गणेश शंकर विद्यार्थी के नाम एक तार भेज चुके थे, जिसमें लिखा था– '19 दिसम्बर को दो बजे दिन में लखनऊ स्टेशन पर मुझे मिलना। उम्मीद है कि आप मुझसे आखिरी मुलाकात ज़रूर करेंगे।' लखनऊ स्टेशन पर विद्यार्थी जी नौ साथियों के साथ मौजूद थे। वे डिब्बे के अन्दर आए और अशफ़ाक़ के चेहरे से कफ़न हटाकर शहीद के अन्तिम दर्शन किए। परसी शाह फोटोग्राफर से एक फोटो खिंचवाया। उस समय दस घण्टे बाद भी अशफ़ाक़ के चेहरे पर अपूर्व शान्ति थी, मानो अभी-अभी नींद में सोए हों। पर यह नींद अनन्त थी, कभी न टूटने वाली।

फाँसी के दिन पूरे देश में शोक की लहर दौड़ गयी। शोक-सभाओं में शहीदों को श्रद्धाँजलि अर्पित की गयी। कई जगह छात्रों ने व्रत रखे और फाँसियों की निन्दा की। दुःख में सभी डूबे थे। देशवासियों के लिए तो जैसे वह अन्धकारमय दिन था। पर इन अन्धेरों में से ही प्रकाश की किरण फूटने की आशा हम सदैव से करते आए हैं। बिस्मिल ने अन्तिम समय कहा भी था–

मरते बिस्मिल, रोशन, लहरी, अशफ़ाक़ अत्याचार से,
होंगे पैदा सैकड़ों उनके रुधिर की धार से।

साभार : **अशफ़ाक़ उल्ला और उनका युग - सुधीर विद्यार्थी राजकमल पेपर बैक्स, नयी दिल्ली, संस्करण-1991 से संक्षिप्त एवं संशोधित रूप में प्रस्तुत।**

अशफ़ाक़ उल्ला ख़ाँ : इन्क़लाब के तराने

देशप्रेम के प्रेरक गीत

(1)

बुज़दिलों ही को सदा मौत से डरते देखा,
गो कि सौ बार उन्हें रोज़ ही मरते देखा।
मौत से वीर को हम ने नहीं डरते देखा,
ख्तये मौत पै भी खेल ही करते देखा।
मौत एक बार जब आना है तो डरना क्या है,
हम सदा खेल ही समझा किये, मरना क्या है।
वतन हमेशा रहे शाद काम और आज़ाद,
हमारा क्या है, अगर हम रहे, रहे न रहे।

(2)

पहिनाने वाले अगर बेड़ियाँ पहनाएंगे।
खुशी से क़ैद के गोशे को हम बसाएंगे।।
जो सन्तरी वीर जिन्दा के सो भी जाएंगे।
यह राग गाके उन्हें नींद से जगाएंगे।।
तलब फजूल है काँटे को फूल के बदले।
न ले बहिश्त भी हम होमरूल के बदले।।
सन्तरी देख कर इस जोश को शरमाएंगे।
राग जंजीर की झंकार में हम गाएंगे।।

साभार : रामप्रसाद 'बिस्मिल' रचनावली, सम्पादन : दिनेश शर्मा एवं आशा जोशी स्वर्ण जयन्ती प्रकाशन, दिल्ली, संस्करण-1997 से प्रस्तुत।

फाँसीघर से एक चिट्ठी
एक मार्मिक पैगाम

फाँसीघर
फ़ैज़ाबाद जेल
अलविदा *16.12.1927*

मेरी स्नेहमयी दीदी,

मैं अब दूसरी दुनिया में जा रहा हूँ, जहाँ दुनियावी मुसीबतें नहीं रहेंगी और न जीवन को ज़्यादा उत्तम बनाने के लिए संग्राम करने की ज़रूरत होगी। जहाँ न मौत होगी और न मरने का प्रश्न। दीदी! मैं मरने जा रहा हूँ, वरन वस्तुतः अमरत्व प्राप्त करने जा रहा हूँ।

जब कभी मेरे साथी बख़्शी जी रिहा हों, उन्हें बताइएगा कि मैंने स्थिर मन तथा प्रसन्नचित होकर ज़िन्दगी की आख़िरी साँस पूरी की है।

अगला सोमवार मेरे जीवन का अन्तिम दिन होगा। आपको मौका मिले, तो अन्तिम बार इस भाई से मुलाकात कर जाइएगा। अगर अनुकूल परिस्थिति न हो, तो मैं आप सब लोगों से हमेशा के लिए यहीं से विदा लेता हूँ। मेरा आख़िरी प्रणाम स्वीकार कीजिए और विदा दीजिए। आपको बाद में पता चलेगा कि मैंने मृत्यु को कैसे अपनाया है।

ख़ुदा आप सबके साथ रहे। बाबा (बख़्शी जी के पिता) को मेरा विनम्र प्रणाम कहिएगा। सावित्री, गौर, कानू तथा अन्य बच्चों को प्यार। नेपाल (बख़्शी जी के छोटे भाई) को मेरा नमस्कार। सब बड़ों को प्रणाम तथा छोटों को प्यार। मेरी यह अभिलाषा है कि आप सबको एक बार फिर से देखूँ। अगर सम्भव हो तो आप लोग आ जाइएगा। ख़ुदा का ख़्याल कीजिए और मेरे

लिए दुःखी न होइएगा। मेरे विषय में बख़्शी जी को ख़बर दीजिएगा। मैं आपको अपनी दीदी मानता हूँ। आप मुझे भूलेंगी नहीं। प्रसन्नचित रहिए– यह भी जानिए कि मैं वीरगति प्राप्त कर रहा हूँ। सबको प्रणाम।

अपठनीय हस्ताक्षर *आपका,*

मोहर *अशफ़ाक़ उल्ला ख़ाँ वारसी*

ले. कर्नल, आई.ए.एस. *(मूल हस्ताक्षर अंग्रेज़ी में)*

सुप, जेल, फ़ैज़ाबाद

नोट : यह पत्र अशफ़ाक़ उल्ला ख़ाँ ने अपने साथी शचीन्द्रनाथ बख़्शी की बड़ी बहन नलिनी को लिखा था। नलिनी बनारस बम काण्ड में गिरफ़्तार हुई थीं और वे क्रान्तिकारियों के दल की बंगाल व उत्तर प्रदेश की शाखाओं के बीच एक कड़ी का काम करती थीं। बख़्शी जी की इन्हीं बड़ी बहन को अशफ़ाक़ 'दीदी' कहते थे।

साभार : **अशफ़ाक़ उल्ला और उनका युग - सुधीर विद्यार्थी, राजकमल पेपर बैक्स, नयी दिल्ली, संस्करण-1991 से प्रस्तुत।**

अकबरपुर का 'गाँधी आश्रम'

अम्बेडकरनगर

स्वतंत्रता आन्दोलन का उद्देश्य देशवासियों को एकजुट कर सामाजिक रूप से समरस बनाने के अलावा, आर्थिक स्वावलम्बन की ओर भी ले जाना रहा है। इसी की कड़ी के रूप में स्थापित हुआ अकबरपुर (अब अम्बेडकरनगर) का 'गाँधी आश्रम' अपनी ऐतिहासिक पृष्ठभूमि रखता आया है। कभी फ़ैज़ाबाद जिले का हिस्सा रहे अकबरपुर में 30 नवम्बर, सन् 1920 को प्रसिद्ध गाँधीवादी आचार्य जे.बी. कृपलानी ने इस 'गाँधी आश्रम' की आधारशिला रखी थी। अस्सी के दशक तक देश के प्रमुख गाँधी आश्रमों में गिने जाने वाले अकबरपुर के गाँधी आश्रम ने कुटीर उद्योग और स्वावलम्बन के क्षेत्र में शानदार उपलब्धियाँ हासिल कर अंग्रेज़ों के आर्थिक साम्राज्य पर करारी चोट की थी। यही नहीं, सामाजिक रूप से अत्यन्त रुढ़िवादी विचारों से लैस इस इलाके में छुआछूत के खिलाफ़ भी अलख जगाने में यह आश्रम अग्रणी रहा।

चम्पारन में जब महात्मा गाँधी ने सत्याग्रह का शंखनाद किया था, तो उस समय की भारतवासियों की दशा देखकर उन्होंने भाँप लिया था कि भारत के लोगों को जागृत करने की ज़रूरत है। उन्हें अंग्रेजों के खिलाफ़ खड़ा करने के लिए, उनमें साहस का संचार करना होगा। इसके लिए वस्त्रों समेत अन्य ज़रूरी चीजों जैसे साबुन, तेल आदि के निर्माण की कला सिखाकर इन्हें आत्मनिर्भर बनाना होगा। यह सर्वविदित है कि अंग्रेजों का वस्त्र उद्योग पर पूरी तरह कब्जा था और सामान्य ज़रूरत की चीजें भी विदेश से आती थीं। जैसे, उस जमाने में भारत में इस्तेमाल होने वाले साबुन भी विदेश से आते थे, जो इतने मँहगे होते थे कि गरीब तो दूर, निम्न मध्यमवर्गीय तबके के

लोगों के लिए भी उसकी खरीद मुश्किल होती थी। ऐसे में, चरखा क्रान्ति ने लोगों को सूत कातकर गाँधी आश्रम के माध्यम से वस्त्र पाने का हुनर सिखाया, जो आज ऐतिहासिक रूप से याद किया जाता है। गाँधी जी के ही आह्वान पर 1920 ई. में पच्चीस-तीस नवयुवकों के साथ आचार्य जे.बी. कृपलानी ने पढ़ाई छोड़ी और वाराणसी में ईश्वर गंगी मुहल्ले में गाँधी आश्रम की स्थापना की। उनके इस मिशन को लालबहादुर शास्त्री, पं. कमलापति त्रिपाठी, त्रिभुवन नारायण सिंह, अलगू नारायण शास्त्री, भगवानदास, धीरेन्द्र मजूमदार आदि का सान्निध्य मिला। इसके तहत ही बहराइच की शाखा में रूप में इस गाँधी आश्रम की नींव दो सौ रुपये के प्रारम्भिक सहयोग से रखी गयी। 1921 ई. में गाँधी जी ने 'पद्मा' नामक चरखा भेजकर इस गाँधी आश्रम की उम्मीदों को जैसे पंख लगा दिए। तीन माह के भीतर ही 20 लाख चरखा, 20 लाख सदस्य और एक करोड़ रुपये का तिलक फण्ड एकत्र हो गया, जिसमें अवध क्षेत्र का योगदान अविस्मरणीय है।

सन् 1956 में आश्रम दो क्षेत्रों में विभक्त हुआ। एक का कार्यालय मेरठ बना, तो दूसरे का अकबरपुर, फ़ैज़ाबाद। 1964 ई. में नौ क्षेत्रीय कार्यालय स्थापित किए गये, जबकि 1980 ई. में आश्रम की शाखाएँ लगभग 26 क्षेत्रों में फैलीं। अकबरपुर गाँधी आश्रम कुल 15 एकड़ भूमि में फैला हुआ एक विशाल परिसर है, जिसकी ज़मीन बाबू शिव प्रसाद गुप्त ने उपलब्ध करायी थी। आज के समय में आश्रम की पूँजी लगभग 20 करोड़ रुपये के आसपास आँकी जाती है। यह भी एक दिलचस्प तथ्य है कि जब यह आश्रम अपने उत्कर्ष पर था, तो इससे जुड़े कामगारों, मजदूरों की संख्या अस्सी के दशक में पच्चीस हज़ार से अधिक पहुँच गयी थी। यहाँ हथकरघा बुनकरों की तादात 1400, सूत कातने वाले कत्तिम तेइस हजार से अधिक तथा लगभग सात-आठ सौ अन्य कारीगर भी रहे हैं। इन अन्य कारीगरों में मुख्य रूप से पैकर, कुंदी, दर्ज़ी, धोबी, छीपी, रंगरेज़ शामिल हैं। इस गाँधी आश्रम को ऊँचाइयों तक पहुँचाने में एक समय मंत्री रहे ठाकुर देवकरन सिंह, भवानी प्रसाद पाण्डेय तथा राजाराम सिंह का योगदान उल्लेखनीय माना जाता है।

आज भी इस गाँधी आश्रम में पुरानी पद्धति से विकसित हस्तशिल्प और कुटीर उद्योग का काम बन्द नहीं हुआ है। इस आश्रम में आज तीन सौ से कुछ अधिक कर्मचारी कार्यरत हैं। यहाँ परिसर में गाँधी औषधालय, गाँधी पुस्तकालय, साबुन विभाग, रंगाई विभाग, सरंजाम विभाग, गौशाला समेत

ढेरों विभाग बने हुए हैं। इनमें आज भी खादी के कपड़े, तिरंगा झण्डा, रजाई-गद्दा, चादरें, जाजिम और तौलिए आदि बनते हैं। साथ ही, साबुन निर्माण विभाग कुछ बेहद सुन्दर साबुनों का निर्माण भी करता है, जिनमें 'कुटीर', 'चन्दन' और 'स्वास्तिक' नामक नहाने के साबुन प्रमुख हैं। इसके अलावा लकड़ी के सामान बनाने में भी यहाँ का गाँधी आश्रम अग्रणी रहा है, जिनमें कुर्सी, मेज, चारपाई, आलमारी, सिंगारदान, खड़ाऊँ और लकड़ी के छोटे-छोटे सामान शामिल हैं।

आश्रम परिसर में प्रवेश करते ही महात्मा गाँधी और आचार्य जे.बी. कृपलानी की सुन्दर संगमरमर प्रतिमाएँ कलात्मक रूप से बगीचे में स्थापित नज़र आती हैं, जिनकी पट्टिकाओं में इन दोनों महान चिन्तक नेताओं के युग-प्रवर्तक विचार अंकित हैं।

साभार : **युवा पत्रकार मुकेश पाण्डेय द्वारा लिखी गयी टिप्पणी तथा उत्तर प्रदेश डिस्ट्रिक्ट गजेटियर फ़ैज़ाबाद : ई.बी. जोशी, प्रकाशक : इण्डियन प्रेस लि. इलाहाबाद, उत्तर प्रदेश, संस्करण : 1960, से संशोधित रूप में लेने के अतिरिक्त गाँधी आश्रमों (अम्बेडकरनगर एवं फ़ैज़ाबाद) के मैनेजरों क्रमशः श्री नथुनी प्रसाद गुप्त तथा श्री शिव प्रसाद तिवारी से बातचीत के आधार पर इस अंक के सम्पादक यतीन्द्र मिश्र द्वारा लिखी गयी टिप्पणी। पहली बार प्रकाशित।**

फ़ैज़ाबाद : दस्तावेज़-51

रनीवां का 'गाँधी आश्रम'
गोसाईंगंज

सन् 1934 में रनीवां में 'गाँधी आश्रम' की स्थापना हुई थी। रनीवां फ़ैज़ाबाद, जनपद के बिल्कुल मध्य में है। लोग बताते हैं कि धीरेन्द्र भाई (धीरेन्द्र मजूमदार) ने पटरी रखकर जिले की लम्बाई नापा था और बिल्कुल मध्य में उन्हें जब यह गाँव मिला, तो इस स्थान को अपना राजनैतिक केन्द्र बनाने के लिए चुना। जनपद में राजनैतिक कार्यकर्ताओं को तैयार करने के लिए इस आश्रम को खोला गया था। अगर यह कहा जाय कि स्वतन्त्रता की लड़ाई लड़ने वाले कार्यकर्ताओं और क्रान्तिकारियों को प्रेरणा देने के लिए यह स्थान चुना गया था, तो अतिशयोक्ति न होगी। लोग बताते हैं कि इसका जन्म ही संघर्षों में हुआ था। इसकी भूमि को दान देने वाले रामलाल भाई के परिवार के श्री लालता प्रसाद मिश्र थे। यहीं की निवासिनी चाची जी, जो कृपलानी जी, विचित्र भाई और धीरेन्द्र भाई की भी चाची बन गयी थीं; उन्होंने अपना घर-द्वार राजनैतिक कार्यकर्ताओं को दे दिया था, और खुद मड़इया बनाकर रहती थीं। उन्होंने अपना घर-द्वार ही नहीं दिया, बल्कि अपने दो बेटों को भी मातृभूमि की सेवा में लगा दिया था और वे दोनों राजनैतिक आन्दोलनों में गिरफ़्तारियाँ देते रहे थे।

फ़ैज़ाबाद के तत्कालीन कलेक्टर रेड्ची ने धीरेन्द्र भाई को धमकी दी थी और कहा था कि यहाँ आश्रम मत बनाओ, इसका परिणाम बुरा होगा। उसने यह भी कहा था कि यह बंगाल नहीं है। धीरेन्द्र मजूमदार स्वयं बंगाली थे और बढ़िया लड़ाई लड़ना जानते थे। वे रेड्ची की धमकियों से डरने वाले व्यक्ति नहीं थे। गाँव के एक जंगली टीले को समतल कर गाँव के ही साधनों से आश्रम बनाया। इसी आश्रम को कार्यकर्त्ताओं के प्रशिक्षण के साथ ही

जागृति लाने, ब्रिटिश हुकूमत और तालुकेदारों-जमींदारों के जुल्म से संघर्ष करने और 'हरी बेगारी' के विरोध के केन्द्र के रूप में विकसित किया गया।

धीरेन दा ने गाँव में पॉलिटेक्निक इंस्टीट्यूट और खादी विद्यालय की स्थापना के साथ चर्मकला, तेलधानी, बढ़ईगिरी, बुनाई, साबुन बनाने और हाथ कागज निर्माण के प्रशिक्षणों से ग्रामीणों को आत्मनिर्भरता का पाठ पढ़ाया। ग्राम स्वराज्य का यह सपना साकार हो पाता, उससे पहले ही धीरेन दा को सन् 1941 में ही गिरफ़्तार कर लिया गया। सन् 1942 में 9 अगस्त को रनीवां आश्रम ज़ब्त कर लिया गया और उसका बचा-खुचा सामान गाँधी आश्रम अकबरपुर ले जाना पड़ा अथवा रनीवां में ही औने-पौने बेच देना पड़ा।

अकबरपुर 'गाँधी आश्रम' अंग्रेजों के लिए सिरदर्द बना हुआ था, सैकड़ों कार्यकर्ता खद्दर पहनकर गाँव-गाँव में गाँधी जी का सन्देश और स्वराज का संदेश सुना रहे थे। अब दूसरा आश्रम खुलने का मतलब था कि बीकापुर और फ़ैज़ाबाद के तहसीलों में भी गाँधी की बात चले और अंग्रेजी राज्य के खिलाफ़ घृणा और नफरत का वातावरण बने। 'रनीवां आश्रम' बनने में रेड़ूची की तरफ से अड़चनें पैदा की गयीं, मुठभेड़ और संघर्ष हुआ तथा कर्ण भाई की गिरफ़्तारी भी हुई। उनके ऊपर राजद्रोह का मुकदमा भी चला। तत्कालीन कांग्रेस के नेता और वरिष्ठ वकील पं. कृष्णनाथ कौल ने इसकी पैरवी की थी। 'रनीवां आश्रम' और अकबरपुर का 'गाँधी आश्रम' कांग्रेस की छावनी के रूप में काम करते थे, जहाँ कांग्रेस की रिजर्व शक्ति संजोयी रहती थी। कार्यकर्ताओं को धन की सहायता और प्रेरणा इन केन्द्रों से मिलती थी। जन-जन तक गाँधी जी का सन्देश पहुँचाने में इन केन्द्रों का हाथ रहा है। इस जनपद के ये दो कांग्रेस के किले थे, जहाँ से हर प्रकार की सहायता कार्यकर्ताओं को उपलब्ध करायी जाती थी।

साभार : **स्वतंत्रता संग्राम के सौ वर्ष : रमानाथ मेहरोत्रा, प्रकाशक : स्वतंत्रता सेनानी स्मारक प्रकाशन, फ़ैज़ाबाद, संस्करण : 1978, पुस्तक से संक्षिप्त व संशोधित रूप में प्रस्तुत।**

खादी आन्दोलन और स्वावलम्बन के प्रतीक
धीरेन्द्र मजूमदार

विनोबा और जयप्रकाश नारायण के साथ जीवन-दान की घोषणा करने वाले सर्व सेवा संघ के तत्कालीन अध्यक्ष **धीरेन दा (धीरेन्द्र मजूमदार)** *का जन्म 10 सितम्बर, 1900 ई. को गोरखपुर, उत्तर प्रदेश में हुआ था। धीरेन ने मैट्रिक तक की शिक्षा वाराणसी में चाचा के साथ रहकर प्राप्त की। बाद में कोलकाता के स्काटिश चर्च कॉलेज से इण्टर की परीक्षा उत्तीर्ण की और आगे की शिक्षा के लिए बनारस हिन्दू विश्वविद्यालय के मैकनिकल इंजीनियरिंग कॉलेज में प्रवेश लिया। 1920 ई. में आज़ादी की लड़ाई में सक्रिय होने के कारण पढ़ाई बीच में ही छोड़ दी और आचार्य कृपलानी के सम्पर्क में आ गए। कृपलानी जी ने उन्हें वाराणसी के गाँधी आश्रम में लकड़ी के काम का जिम्मा सौंपा और बदलते हुए दायित्वों के क्रम में उन्होंने चरखा प्रचार और हरिजनोत्थान के कामों में अहम भूमिका निभायी।*

उनके जीवन में सबसे बड़ा परिवर्तन तब आया, जब वे श्रीनिवास के साथ भारत भ्रमण पर निकले और उत्तर प्रदेश, मध्य प्रदेश व गुजरात में 1450 किलोमीटर की यात्रा कर साबरमती आश्रम पहुँचे। सन् 1930 से 1934 के बीच आन्दोलनों और रचनात्मक कार्यों में अधिक श्रम के कारण धीरेन्द्र मजूमदार का स्वास्थ्य फिर बिगड़ गया और उन्हें आराम की सलाह दी गयी। आराम करने के बजाय वे फ़ैज़ाबाद जिले के रनीवां गाँव चले आये। साथियों के साथ मिलकर 'रनीवां आश्रम' की स्थापना की।

धीरेन्द्र मजूमदार को सन् 1941 में ही गिरफ़्तार कर लिया गया था। जब वे जेल से छूटे तो रनीवां में कस्तूरबा ट्रस्ट को सक्रिय कर महिलाओं का प्रशिक्षण चलाने लगे। 1946-1947 ई. में उन्होंने 'कृषक स्वावलम्बी विद्यालय'

नाम से एक शिक्षा संस्थान खोला, जिसका नाम बाद में बदलकर 'ग्राम स्वावलम्बी विद्यालय' कर दिया गया। इसी विद्यालय में तेल धानी व काष्ठ कला उद्योग भी शुरु किये गये।

1950 ई. में विद्यालय के नाम को ही संस्था का नाम बनाकर खादी वस्त्रों का उत्पादन और बिक्री शुरु की गयी, जिसका काम आस-पास के सौ गाँवों तक फैल गया। इसके उपरान्त 1956-57 ई. में इन सबकी जिम्मेदारी तीन सघन विकास समितियों (भीटी, रनीवां और रामबाबा) को सौंपकर धीरेन दा ने ग्राम स्वावलम्बी विद्यालय का मुख्यालय फ़ैज़ाबाद नगर के पास लाने का निश्चय किया। 28 जनवरी, 1960 को ग्राम जनौरा में निःशुल्क प्राप्त हुई 10 एकड़ भूमि पर आचार्य नरेन्द्र देव नगर का नामकरण करते हुए धीरेन दा ने नया मुख्यालय बनाया। 'रनीवां आश्रम' के ही नाम से जाना जाने वाला 'ग्राम स्वावलम्बी विद्यालय' अब अपनी रजत जयन्ती मना चुका है। आज भी, अत्यन्त विपरीत हो चली परिस्थिति में काष्ठ-कला, साबुन, जूता-चप्पल निर्माण, तेलधानी, अगरबत्ती, हाथ कागज द्वारा रंगाई-छपाई और रुई प्रशोधन के उद्योग चला रहा है, जिसमें हज़ारों-हज़ार लोगों को प्रत्यक्ष या अप्रत्यक्ष स्वावलम्बन प्राप्त है।

रनीवां ही धीरेन दा की एकमात्र सन्तान नहीं है। वे प्रयोग करते हुए संस्थाएँ खड़ी करते और जब वे सफलतापूर्वक चलने लगतीं, तो उनका दायित्व साथियों को सौंपकर अन्यत्र नया प्रयोग करने चले जाते। अपने अन्तिम दिनों में भी वे आचार्य कृपलानी की इच्छा पर राजस्थान के मानिक लख गाँव में 'सुचेता स्मारक समिति' की ओर से एक केन्द्र चलाने का काम कर रहे थे। स्वास्थ्य बिगड़ने पर उन्हें पहले दिल्ली, फिर वाराणसी लाया गया, जहाँ 21 नवम्बर, 1978 को शाम चार बजे उनका निधन हो गया।

साभार : **स्वतंत्रता संग्राम सेनानी रमानाथ मेहरोत्रा की पुस्तक 'स्वतंत्रता संग्राम के सौ वर्ष' में दिये गये विवरण से संक्षिप्त एवं संशोधित रूप में लेने के आधार पर युवा पत्रकार दीपक मिश्र द्वारा लिखी गयी टिप्पणी। पहली बार प्रकाशित।**

'हमें आज़ाद कराने को गाँधी जी आते हैं'

महात्मा गाँधी का फ़ैज़ाबाद आगमन

लखनऊ कांग्रेस में हिन्दू-मुस्लिम एकता पर जो बल दिया गया, उसका देश पर व्यापक प्रभाव पड़ा। अब 'असहयोग आन्दोलन' और 'खिलाफत आन्दोलन' दोनों मिलकर एक हो गये थे। महात्मा जी के साथ अली बन्धु भी देश के दौरे पर निकल पड़े थे। 20 फरवरी, 1921 ई. को महात्मा गाँधी काशी की ओर से फ़ैज़ाबाद आये। इस दिन फ़ैज़ाबाद का उत्साह व उमंग देखते बनता था। सारे शहर में उत्साह की एक अभूतपूर्व लहर छा गयी थी। महात्मा जी फ़ैज़ाबाद रेलवे स्टेशन पर उतरे। एक आम सभा अयोध्या-फ़ैज़ाबाद के बीच जालपा नाला के पश्चिम तथा सड़क के उत्तर तरफ होने वाली थी। रेलवे स्टेशन से लेकर चौक, धारा रोड तथा साहबगंज आदि में सड़क की दोनों तरफ छत और सड़कें खचाखच भरी हुईं थीं। महाशय केदारनाथ आदि कुछ लोग महात्मा जी के स्वागतार्थ आगे चले गये थे। वे ट्रेन पर महात्मा जी के डिब्बे में तिरंगा-झण्डा लहराते हुए उनके साथ आए।

मोटर पर आगे-आगे मोहम्मद अली दोनों हाथों से सलाम लेते हुए पहले दिखाई पड़े। उनके पीछे दूसरी मोटर पर महात्मा जी, माता कस्तूरबा तथा कृष्णा नेहरू थीं। कृष्णा को पहले लोगों ने महात्मा जी की पुत्री समझा। बाद में यह स्पष्ट हुआ कि वह जवाहरलाल की छोटी बहन कृष्णा नेहरू हैं। धारा रोड स्थित श्री शिव प्रसाद की कोठी पर दर्शनार्थियों की भारी भीड़ उमड़ पड़ी। यहीं महात्मा जी के ठहरने की व्यवस्था थी। प्रबन्ध करना कठिन हो गया। जिस समय महात्मा जी चौक, फ़ैज़ाबाद पहुँचे थे, घण्टाघर पर शहनाई **'हमें आज़ाद कराने को गाँधी जी आते हैं'** *की सुमधुर लय बज*

रही थी। यह यहाँ उल्लेखनीय है कि महात्मा जी की ट्रेन जब फ़ैज़ाबाद जिले में घुसी, तब यहाँ तहसील में अहिंसा के विरुद्ध हुए काम के विरोध में उन्होंने अपने डिब्बे की खिड़कियाँ बन्द कर ली थीं। जालपा नाले के निकट फ़ैज़ाबाद-अयोध्या सड़क की उत्तर तरफ सभा का आयोजन किया गया था। सभा स्थल पर महात्मा जी के पहुँचने से पहले ही सूर्य अस्त हो गया। सभा में लगभग 50 हज़ार का जनसमूह उमड़ पड़ा था। उन दिनों न तो बिजली थी, न ध्वनि विस्तारक यंत्र, फिर भी सब लोगों ने महात्मा जी की वाणी एवं उनके आवाहन को सुना। अपने भाषण में गाँधी जी ने किसानों द्वारा की गयी हिंसा की चर्चा की और झगड़ा कराने के समस्त प्रयत्नों की भर्त्सना की। उन्होंने किसानों को सलाह दी कि वे इस प्रकार लड़ने के बजाय स्वयं कष्ट सहें।

रात भर महात्मा जी धारा रोड वाली कोठी में रहे। ऐसी व्यवस्था थी कि महात्मा जी विश्राम करें और दर्शनार्थी चुपचाप उनका दर्शन करने आते-जाते रहें। प्रातः महात्मा जी स्नानार्थ अयोध्या जी गये। लौटकर लगभग सात बजे मुहल्ला फतेहगंज स्थित स्वर्गीय बाबूराम वकील की कोठी में एक राष्ट्रीय विद्यालय का 'तिलक स्कूल' के नाम से उद्‌घाटन किया और फ़ैज़ाबाद से चले गये।

साभार : स्वतंत्रता संग्राम के सैनिक : जिला फ़ैज़ाबाद सूचना विभाग, उत्तर प्रदेश, लखनऊ संस्करण से संक्षिप्त एवं संशोधित रूप में प्रस्तुत।

स्वतंत्रता संग्राम में महिलाओं का योगदान
फ़ैज़ाबाद जनपद के परिप्रेक्ष्य में

गाँधी युग में भारत की राजनीति में राष्ट्रीय स्तर पर महिलाओं का पदार्पण हो चुका था। 'चरखा' अंग्रेजी राज के विरोध का प्रतीक बन गया था। इस स्वदेशी आन्दोलन के प्रति निष्ठा के चलते फ़ैज़ाबाद जनपद की महिलाओं ने भी घर-घर चरखा चलाकर अपने परिवार के वस्त्र की न्यूनतम आवश्यकता पूरी की थी। साथ ही, प्रमुख राजनीतिक परिवारों की महिलाओं ने 1930 से 1942 ई. तक के आन्दोलनों में बढ़-चढ़कर भागीदारी भी की थी, ऐसे साक्ष्य स्वतंत्रता-आन्दोलन के दस्तावेज़ों से भरे पड़े हैं।

सन् 1930 के 'नमक तोड़ो आन्दोलन' में स्वतंत्रता संग्राम सेनानी भगवती सिंह शास्त्री की पत्नी **हुबराजी** *व करकी निवासी* **रामराजी** *का अकबरपुर क्षेत्र में नारी जागरण में विशेष योगदान रहा था। श्रीमती हुबराजी के साथ उनकी माता* **श्रीमती सताऊ** *भी इस आन्दोलन में जेल गयी थीं। श्रीमती हुबराजी की गोद में तो बच्चा भी था। इसी आन्दोलन में श्रीमती* **रामा देवी** *पत्नी महाशय केदारनाथ, श्रीमती* **बिट्टन देवी** *पत्नी बाबू लल्लन जी,* **माता चाँदरानी देवी** *पत्नी श्री दयाकृष्ण गंजूर, श्रीमती* **कृष्णा देवी चौरसिया** *पत्नी मैकूलाल चौरसिया,* **रामकली** *पत्नी महावीर प्रसाद गुप्ता आदि ने अपने पतियों के कन्धे से कन्धा मिलाकर आज़ादी की लड़ाई में अहम योगदान दिया था।*

श्रीमती रामा देवी ने सन् 1930 में पुलिस से भरे हुए चौक में नमक बनाकर कानून तोड़ा था। जिसके बाद उनकी गिरफ़्तारी हुई और छह मास के कठोर कारावास की सजा भी उन्हें मिली थी। श्रीमती बिट्टन देवी ने भी अपने पति किसान नेता बाबू लल्लन जी के साथ सम्पूर्ण जीवन देश को समर्पित कर दिया था। सन् 1941 में अंग्रेजों के खिलाफ़ भाषण देते समय उनकी

गिरफ़्तारी हुई और उनको छह माह का कारावास भोगना पड़ा। वह सन् 1942 के 'भारत छोड़ा आन्दोलन' में भी गिरफ़्तार हुई थीं। माता चाँदरानी भी 1941 ई. के 'सत्याग्रह आन्दोलन' में छह माह जेल में रहीं। श्रीमती कृष्णा देवी चौरसिया ने तो पति मैकूलाल चौरसिया के साथ एक वर्ष के पुत्र को गोद में लेकर सत्याग्रह किया था। श्रीमती रामकली को भी 1941 ई. के सत्याग्रह में पति महावीर प्रसाद गुप्ता के साथ जेल जाना पड़ा था।

उत्तर प्रदेश की भूतपूर्व मुख्यमंत्री श्रीमती **सुचेता कृपलानी** का कार्य क्षेत्र भी फ़ैज़ाबाद जनपद रहा था। उनके भाई धीरेन्द्र मजूमदार 'रनीवाँ गाँधी आश्रम' के संचालक थे। सुचेता जी ने अपना राजनीतिक जीवन फ़ैज़ाबाद से ही शुरु किया था। वह सन् 1941 के सत्याग्रह में उत्तर प्रदेश के भूतपूर्व विधान-सभा उपाध्यक्ष राम नारायण त्रिपाठी की पत्नी **आशा देवी** के साथ पूरा बाज़ार में शामिल हुई थीं। इसके अलावा श्रीमती **बिरजा देवी** पत्नी जमुना प्रसाद तिवारी, श्रीमती **रामपती** पत्नी राम लखन गुप्ता, श्रीमती **सत्यवती देवी** व **कमला देवी** चौरसिया पत्नी मेढ़ीलाल ने भी अपने स्वतंत्रता सेनानी पतियों के साथ सत्याग्रह करते हुए जेल यात्राएँ की थीं।

'व्यक्तिगत सत्याग्रह आन्दोलन' में फ़ैज़ाबाद जनपद की पहली महिला विधायक **रानी लक्ष्मी देवी** को भी पुलिस ने गिरफ़्तार कर जेल में डाल दिया था। फ़ैज़ाबाद के रुद्रनाथ की पुत्री **अन्नपूर्णा रस्तोगी**, रीडगंज निवासी जयकरन की पुत्री **रामावती**, श्रीमती **किशोरी देवी** पत्नी फकीर चन्द अरोड़ा, अकबरपुर के गुरुशरण की पुत्री **सतवन्ती**, टाण्डा निवासी खिदई की पुत्री **हिना** व ग्रामीण क्षेत्र जाना बाज़ार के निवासी राम लखन गुप्त की पत्नी **रामपति** ने भी स्वतंत्रता आन्दोलन में सहभागिता करते हुए जेल-यात्रा की थी।

साभार : **स्वतंत्रता संग्राम सेनानी रमानाथ मेहरोत्रा की पुस्तक 'स्वतंत्रता संग्राम के सौ वर्ष में दिये गये आलेख' 'फ़ैज़ाबाद जनपद का महिला आन्दोलन' और पत्रकार रामतीर्थ 'विकल' द्वारा लिखित एवं पूर्व प्रकाशित टिप्पणी 'जंग-ए-आज़ादी में महिलाओं का महत्त्वपूर्ण योगदान' से संक्षिप्त एवं संशोधित रूप में लेने के आधार पर युवा पत्रकार दीपक मिश्र द्वारा लिखी गयी टिप्पणी। पहली बार प्रकाशित।**

फ़ैज़ाबाद : दस्तावेज़-55

आचार्य नरेन्द्र देव

समाजवादी विचारधारा के उन्नायक–एक

आचार्य नरेन्द्र देव *का जन्म 31 अक्टूबर सन् 1889 ई. में उत्तर प्रदेश के सीतापुर शहर में हुआ था। इनके पिता श्री बल्देव प्रसाद एक अधिवक्ता थे और 1891 ई. में फ़ैज़ाबाद आकर वकालत करने लगे। उन्होंने बालक नरेन्द्र देव की शिक्षा-दीक्षा में गहरी रुचि ली थी, जिसके फलस्वरूप नरेन्द्र देव जी ने बचपन से ही संस्कृत व हिन्दी का अच्छा ज्ञान प्राप्त कर लिया था। आचार्य नरेन्द्र देव जी का आरम्भिक नाम अविनाशी लाल था। जब वे पण्डित माधवप्रसाद मिश्र के सम्पर्क में आए, तो उन्होंने उनका नाम नरेन्द्र देव रख दिया। सन् 1906 ई. में नरेन्द्र देव जी दसवीं कक्षा के छात्र थे, तो स्वामी राम तीर्थ उसी वर्ष फ़ैज़ाबाद में उनके अतिथि रहे।*

उन्होंने युवावस्था तक आते-आते गीता, रामायण और महाभारत जैसे ग्रन्थों का भी गहराई से अध्ययन कर लिया था और इन ग्रन्थों की वैज्ञानिक दृष्टि से व्याख्या को तरज़ीह देने लगे थे। प्रयाग विश्वविद्यालय के छात्र के रूप में वे राजनीति में आए और लोकमान्य तिलक और महर्षि अरविन्द के अतिवादी राष्ट्रवाद के अनुयायी के रूप में अपना राजनीतिक जीवन आरम्भ किया। जब महात्मा गाँधी ने अहसयोग आन्दोलन छेड़ा, तो वे उसमें सम्मिलित हो गये। वे भारतीय समाजवादी विचारकों में अग्रणी रहे हैं। 1934 ई. में अखिल भारतीय कांग्रेस समाजवादी दल के उद्घाटन सम्मेलन का सभापतित्त्व उन्होंने ही किया था। देश के राष्ट्रीय आन्दोलनों में नरेन्द्र देव जी ने ढेरों जेल-यात्राएँ की हैं।

आचार्य नरेन्द्र देव ने एक महान शिक्षाविद् के रूप में भी भारी ख्याति अर्जित की है। सन् 1947 में वे लखनऊ विश्वविद्यालय के और 1952 ई. में बनारस

विश्वविद्यालय के उपकुलपति नियुक्त हुए। 1952 ई. में ही वे राज्यसभा के लिए चुने गये। आचार्य नरेन्द्र देव ने केवल एक महान राजनीतिक नेता के रूप में ही नहीं, अपितु बौद्ध दर्शन के प्रकाण्ड पण्डित तथा हिन्दी और अंग्रेज़ी के उत्कृष्ट वक्ता एवं लेखक के रूप में भी भारी ख्याति कमाई।

नरेन्द्र देव विचारधारा की दृष्टि से मार्क्सवादी थे, तथापि मार्क्सवादी के रूप में भौतिकवाद के सम्पूर्ण दर्शन को सम्भवतः उन्होंने कभी भी स्वीकार नहीं किया। नरेन्द्र देव जी स्वयं को एक वैज्ञानिक समाजवादी कहते थे। समाजवाद के मानववादी स्वरूप पर उनका आग्रह था। उन्होंने समाजवाद को एक राजनीतिक आन्दोलन के साथ ही एक सांस्कृतिक आन्दोलन भी माना। उनकी धर्मनिरपेक्षता सभी धर्मों के प्रति उदासीनता में नहीं, बल्कि इस विचार से प्रेरित थी कि देश, काल और धर्मशास्त्र सम्बन्धी बातें सामाजिक नियोजन के औचित्य को प्रभावित नहीं कर सकतीं। उनकी 'सोशलिज़्म एण्ड नेशनल रिव्यूल्यूशन' अपने में ऐतिहासिक और मार्गदर्शी पुस्तक मानी जाती है।

नरेन्द्र देव जी ने सहकारिता में विश्वास प्रकट किया था। समाजवाद में किसानों को समान भागीदार बनाने और सहकारिता लागू करने की वे जीवन भर प्रेरणा देते रहे। वे न केवल देश में, वरन अन्तरराष्ट्रीय आधार पर भी सहयोग, शान्ति और सुरक्षा के पोषक थे। निरपेक्ष राजनीति उनके समाजवाद का एक मुख्य आधार रही। यह दुर्भाग्यपूर्ण रहा कि गिरते हुए स्वास्थ्य को सुधारने के लिए 1954 में वे यूरोप गये, लेकिन कुछ ही अरसे बाद 19 फरवरी, 1956 को पेन्दुराई, मद्रास में उनका देहावसान हो गया। उनकी कीर्ति आज भी अक्षुण्ण है।

साभार : **1. आचार्य नरेन्द्र देव युग और नेतृत्व-प्रो. मुकुट बिहारी लाल आचार्य नरेन्द्र देव समाजवादी संस्थान, वाराणसी, संस्करण-1987, 2. आधुनिक भारतीय सामाजिक एवं राजनीतिक चिन्तन, डॉ. अमरेश्वर अवस्थी तथा डॉ. राम कुमार अवस्थी, रिसर्च पब्लिकेशन, जयपुर, संस्करण-1974, 3. भारतीय राजनीतिक विचारक-डॉ. रामकृष्ण जायसवाल, डॉ. गणेश प्रसाद, भवदीय प्रकाशन, अयोध्या, फ़ैज़ाबाद, संस्करण-1994, 4. आचार्य नरेन्द्र देव : व्यक्तित्व एवं कृतित्व-डॉ. संजय कुमार सिंह, कला प्रकाशन, वाराणसी, संस्करण-2009, उपर्युक्त चारों पुस्तकों से संयुक्त, संक्षिप्त एवं संशोधित रूप में प्रस्तुत।**

डॉ. राममनोहर लोहिया

समाजवादी विचारधारा के उन्नायक–दो

डॉ. राममनोहर लोहिया *का जन्म 1910 ई. में शहज़ादपुर, फ़ैज़ाबाद (अब अम्बेडकर नगर) में हुआ था। स्वाधीनता संग्राम के अग्रणी सेनानी और भारत में समाजवादी आन्दोलन के अग्रणी उन्नायक के रूप में उनकी ख्याति अमर है। वे समाजवादी विचारों के 'उग्र-प्रचारक' माने जाते थे, पर मास्को का पिछलग्गू बनने की बजाय वे गाँधीवादी समाजवाद के समर्थक रहे। 1952 में वे कांग्रेस समाजवादी दल के अध्यक्ष रहे और उन्हीं के प्रयत्नों के फलस्वरूप 1953 में 'एशियाई समाजवादी सम्मेलन' सम्पन्न हुआ। 1953 में लोहिया ने 'इक्वीडिस्टैन्ट थ्योरी' (Equidistant Theory) नामक पुस्तक लिखी और समाजवादियों को कांग्रेस तथा साम्यवादियों से दूर रहने का परामर्श दिया। जून 1953 में बैतूल अधिवेशन के समय डॉ. लोहिया ने अपने सहयोगियों से कांग्रेस-सहयोगी नीति की आलोचना की। जब प्रजा समाजवादी दल कांग्रेस के प्रति मैत्री एवं समझौतावादी रुख अपनाता रहा, तो उग्रवादी लोहिया ने 1955 में एक नये समाजवादी दल का निर्माण कर लिया, जिसका नाम 'भारतीय समाजवादी दल' रखा गया। कुछ समय बाद वे संयुक्त समाजवादी दल के अध्यक्ष बने।*

लोहिया जी ने भारत की परराष्ट्र नीति की कटु आलोचना की। नेहरू की गुट-निरपेक्षता की नीति पर प्रहार करते हुए उन्होंने माँग की कि भारत को विदेशों में पक्के मित्रों की खोज करनी चाहिए। डॉ. लोहिया का व्यक्तित्व एक हद तक ऐसे क्रान्तिकारी विचारक का रहा है, जिन्होंने समाज और राष्ट्र-निर्माण के हितों के सन्दर्भ में कई बार अपनी वैचारिकी से तत्कालीन सत्ता व्यवस्था को चौंकाया भी था। उन पर मार्क्स और गाँधी दोनों का

प्रभाव रहा, लेकिन न तो वे पूरे मार्क्सवादी ही बने और न पूरे गाँधीवादी ही हो पाए। वे बहुत हद तक 'समन्वयवादी विचारधारा' के समर्थक थे और चाहते थे कि मार्क्सवाद या गाँधीवाद का अन्धानुकरण न करके हमें इनके सिद्धान्तों की अमूल्य बातों को सीखना चाहिए।

डॉ. राममनोहर लोहिया ने अनेक महत्त्वपूर्ण पुस्तकों की रचना की, जिनको देश में ही नहीं अपितु विदेशों में भी बड़ी रुचि के साथ पढ़ा गया। आज भी यह पुस्तकें उनकी विचारधारा और ज्ञान के विस्तार को देखने का प्रामाणिक दस्तावेज़ बनी हुईं हैं। उनकी कुछ प्रमुख पुस्तकें हैं– **हिमालयन ब्लन्डर, व्हील ऑफ़ हिस्ट्री, गाँधी सोशलिज़्म एण्ड मार्क्स, गिल्टी मैन ऑफ़ इण्डियाज़ पार्टीशन** इत्यादि।

लोहिया जी को भारतीय संस्कृति से अगाध प्रेम था। समाजवाद की यूरोपीय सीमाओं और आध्यात्मिकता की राष्ट्रीय सीमाओं को तोड़कर उन्होंने एक विश्व दृष्टि विकसित की। उनका विश्वास था कि पश्चिमी विज्ञान और भारतीय अध्यात्म का वास्तविक व सच्चा मेल तभी हो सकता है, जब दोनों को इस प्रकार संशोधित किया जाये कि वे एक दूसरे के पूरक बन जायें। भारत माता से लोहिया जी की माँग थी 'हे माता! हमें विष्णु का मस्तिष्क दो, कृष्ण का हृदय दो और राम का कर्मठ वचन दो। हमें असीम मस्तिष्क और उत्सुक हृदय के साथ जीवन की मर्यादा से निर्मित करो।' यह एक विश्व व्यक्तित्व की माँग है। इसी भावभूमि से विभोर होकर डॉ. लोहिया सत्यम्, शिवम्, सुन्दरम् के प्राचीन आदर्श और आधुनिक विश्व के समाजवाद, स्वतन्त्रता और अहिंसा के तीन सूत्रीय आदर्श की इस रूप में रचना चाहते थे कि वे एक दूसरे का स्थान ग्रहण कर सकें।

विभिन्न संस्कृतियों में मिलने वाली राम-कथा के प्रति लोहिया जी का अनुराग सर्वविदित है। इसी से प्रेरित होकर उन्होंने एक अन्तरराष्ट्रीय रामायण-मेले की शुरुआत चित्रकूट में आरम्भ की थी। उनका मानना था कि दक्षिण एवं दक्षिण-पूर्व एशियाई देशों में राम-कथा के माध्यम से व्यापक स्तर पर एक सांस्कृतिक समन्वय रचा जा सकता है। इसी के चलते उन्होंने अपने मित्र और प्रख्यात चित्रकार मक़बूल फ़िदा हुसैन को रामायण और महाभारत की कथाओं को चित्रित करने के लिए प्रेरित किया था।

आजीवन सादगी में रहना, निश्चिन्तता एवं मस्ती, अन्याय के विरुद्ध संघर्ष, गलत नीतियों का विरोध आदि उनके व्यक्तित्व के अभिन्न गुण थे। आज हर

एक भारतवासी उन पर गर्व कर सकता है कि उन्होंने दलितों, शोषितों एवं भारत की आम जनता को सुख व समृद्धि का स्वप्न दिखाया है। उनकी दुखद व असामयिक मृत्यु 12 अक्टूबर, 1967 ई. को मात्र सत्तावन वर्ष की उम्र में हुई। उनकी स्मृति में फ़ैज़ाबाद जनपद में स्थापित अवध विश्वविद्यालय का नामकरण 1994 ई. में डॉ. राममनोहर लोहिया विश्वविद्यालय किया गया था, जिसे 1995 ई. के आरम्भ में डॉ. राममनोहर लोहिया अवध विश्वविद्यालय कर दिया गया, जो आज भी इसी नाम से जाना जाता है।

साभार : 1. आधुनिक भारतीय सामाजिक एवं राजनीतिक चिन्तन डॉ. अमरेश्वर अवस्थी तथा डॉ. राम कुमार अवस्थी, रिसर्च पब्लिकेशन, जयपुर, संस्करण-1974 2. भारतीय राजनीतिक विचारक - डॉ. रामकृष्ण जायसवाल, डॉ. गणेश प्रसाद भवदीय प्रकाशन, अयोध्या, फ़ैज़ाबाद, संस्करण-1994 उपर्युक्त दोनों पुस्तकों से संयुक्त, संक्षिप्त एवं संशोधित रूप में प्रस्तुत।

खण्ड-3

धार्मिक मान्यताएँ एवं पौराणिक महत्त्व के स्थल

फ़ैज़ाबाद परिक्षेत्र को अपने जल से भिगोती नदियाँ

तिलोदकी या तिलई

फ़ैज़ाबाद परिक्षेत्र और अयोध्या तीर्थ की सबसे प्राचीन, पौराणिक और अब लुप्त हो चुकी नदी तिलोदकी का ऐतिहासिक महत्त्व माना जाता है। स्कन्द पुराण के वैष्णव-खण्ड में आए 'अयोध्या माहात्म्य' के अनुसार— 'यज्ञ-वेदी के दक्षिण भाग में सिद्धों से सेवित सरयू नदी का 'संगम' या 'सम्भेद' नामक तीर्थ है। इसी सरयू संगम पर तिलोदकी का अस्तित्व माना जाता है। 'श्री अयोध्या-माहात्म्य' की पौराणिक मान्यता यह भी रही है कि 'सिन्धु देश के घोड़ों के जल पीने के लिए अपने राज्यकाल में दूसरी सिन्धु नदी के समान इस तिलोदकी नदी का निर्माण करके स्वयं श्रीरामचन्द्र ने स्थापित किया था। तिल के समान श्याम वर्ण जल के कारण इस नदी का नाम तिलोदकी पड़ा।' इससे सन्दर्भित स्कन्द-पुराण का यह साक्ष्य भी देखना चाहिए—

'रामेण निर्मिता पूर्व नदी सिन्धुरिवापरा।
सिन्धुजानां तुरंगानां जलपानयि सुबते।।
तिलवत् श्याममुदकं यतस्तस्याः सदाबभौ।
तिलोदकीति साख्याता पुण्यतोया सदानदी।।'

लोक-मान्यता में कहीं-कहीं इसे तिलोदकी गंगा भी कहा जाता है, जिसकी पुष्टि अयोध्या माहात्म्य में भी की गयी है। इस कारण संगम से अन्यत्र जहाँ कहीं भी इस तिलोदकी गंगा का जल है, उसमें स्नान करने वाला आस्तिक समस्त पाप कर्मों से छूटकर पवित्र हो जाता है। फ़ैज़ाबाद गजेटियर (1905 ई.) में इस नदी के बारे में इस तरह वर्णन मिलता है— 'एक छोटी नदी,

जिसे 'तिलई' या 'तिलंग' कहा जाता है, मंगलसी से निकलती है और मुख्य धारा में मिलकर मंगलसी के पूर्व और हवेली अवध के पश्चिम से होकर बहती है।' अयोध्या के प्रसिद्ध सन्त स्व. राम कुमार दास जी रामायणी, जो श्रीराम ग्रन्थागार, मणिपर्वत के संस्थापक थे, ने अपनी पुस्तक 'रत्नाचल का इतिहास' (मणिपर्वत का इतिहास) में तिलोदकी की धारा की चर्चा की है, जो कभी मणिपर्वत से सटकर बहती थी।

इस पुस्तक की पृष्ठ संख्या 29-30 पर तिलोदकी के सन्दर्भ में यह कलात्मक वर्णन मिलता है– 'मणिपर्वत के उत्तरांचल में तिलोदकी गंगा प्रवाहित होती है। अयोध्यापुरी के अन्तर्गत सरयू नदी के अतिरिक्त चार और छोटी-बड़ी नदियाँ हैं, जो अयोध्या में ही श्रीसरयू जी में मिल गयी हैं। उन चारों में सबसे छोटी तिलोदकी है, जो अयोध्या के पूर्व सरयू जी में मिलती है। अन्य तीन नदियों के नाम इस प्रकार हैं– मनोरामा, कुब्जा (टेढ़ी), बृद्धा (मड़हा)। तिलोदकी के उत्तर भाग में रत्नाचल पर्वत के ठीक सामने ही वर-विश्राम बाग के दक्षिण द्वार पर तिलोदकी नदी प्रवाहित होती है। भगवान श्रीराम का जब से अवतार कालीन लीला का समापन हो गया, तभी से श्री राम वियोग में आँसू बहाती हुई जैसी यह तिलोदकी नदी वर्ष के दस महीने सूख जाती है। पुनः जब श्री राघवेन्द्र सरकार की वर्षा ऋतु में झूलन लीला प्रारम्भ होने का समय आता है, तो यह नदी पुनः प्रवाहित होने लग जाती है। इस छोटी सी नदी की विशेषता है कि जब तक युगल सरकार श्री सीताराम जी बरसात के दो महीने मणिपर्वत की तलहटी में झूलन-विहार का आनन्द लेते हैं और वर विश्राम बाग में रात्रिकालीन विश्राम करते हैं, तभी तक यह नदी प्रवाहित रहती है। जब प्रभु शेष ऋतुओं में अन्यत्र वनों में विहार-निवास की लीला सम्पन्न करने चले जाते हैं, तो उनके वियोग में यह सूख जाती है।'

इसके समर्थन में एक मत अवधवासी लाला सीताराम बी.ए. की पुस्तक 'श्री अवध की झाँकी' से भी मिलता है, जिसमें वे रत्नाचल (मणिपर्वत) पर तिलोदकी गंगा का स्रोत मानते हैं और इसी नदी के किनारे पर्वत पर ही भगवान बुद्ध के छह वर्ष ठहरने की चर्चा करते हैं। इस पुस्तक में यह भी वर्णित है कि तिलोदकी के किनारे भगवान बुद्ध को 'मार' ने तंग किया था, जिसको महीनों उपवास के अनन्तर बुद्ध परास्त कर पाए। आगे के साधकों को मार से रक्षा होती रहे, इस हेतु इसी क्षेत्र से 'मार-सूत्र' की रचना हुई, जो एक प्रकार का कवच माना जाता है।

संस्कृत के महान रचनाकार श्री हर्ष द्वारा रचित 'रत्नावली' ग्रन्थ में कोसल राज्य के उत्तर तथा दक्षिण दोनों ओर प्रवाहित नदी को गंगा बताया गया है। इस सन्दर्भ से कोसल को 'उत्तर कोसल' तथा 'दक्षिण कोसल' के नाम से गंगा नदी विभाजित करती है। अयोध्या के सन्दर्भ में, इक्ष्वाकु सूर्यवंशी राजवंश का इतिहास दक्षिण कोसल में माना जाता है। चूँकि अयोध्या में सरयू के अतिरिक्त गंगा का कोई भी अस्तित्व नहीं है, अतः यह बहुत सम्भव है कि इस क्षेत्र में बहने वाली पौराणिक नदी तिलोदकी ही दक्षिण कोसल राज्य में तिलोदकी गंगा रही होगी, जिस गंगा का उल्लेख श्री हर्ष करते हैं। इसी समय यह उल्लेख करना भी ज़रूरी है कि नदियों की महानता का अंकन करने हेतु सभी नदियों को कई बार गंगा कहकर पारिभाषित किया गया है। इसलिए यह सम्भावना भी बनती है कि गंगा की तरह वर्णित नदी सरयू ही हो। इस तर्क के समर्थन में उत्तर प्रदेश डिस्ट्रिक्ट गजेटियर, फ़ैज़ाबाद (ई.बी. जोशी, 1960) भी यह लिखता है– 'उत्तर कोसल और दक्षिण कोसल को सरयू नदी विभाजित करती है।'

'एडवर्ड अयोध्या तीर्थ विवेचनी सभा', 'श्री सरयू तिलोदकी संगम' स्थान को शिलालेख क्रमांक 50 से सन्दर्भित करती है, जो शिलालेख आज से बीस-पच्चीस वर्ष पूर्व तक अस्तित्व में था। अयोध्या के विद्याकुण्ड चौराहे से यज्ञवेदी (आज जिसे बड़ी यज्ञवेदी कहते हैं) से आगे बढ़ने पर पौराणिक सीताकुण्ड के पीछे तिलोदकी गंगा की धारा के पास 'तिलोदकी-सरयू संगम' का शिलापट लगा था, आज जहाँ सी.सी. रोड बना दी गयी है। यह बहुत सम्भव है कि नयी सड़क और नये मकान बनाने के फेर में वह शिला कहीं उखाड़कर फेंक या तोड़ दी गयी हो। शिलालेखों का क्रमांक भी उसी अनुपात में अपनी संख्या दर्शाता है। मसलन 49 क्रमांक का शिलालेख 'श्री यज्ञवेदी' पर लगाया गया था, जो आज भी बड़ी यज्ञवेदी के सामने मौजूद है। उसके आगे बढ़ने पर 'तिलोदकी संगम' का क्रमांक 50 था, जो लुप्त हो चुका है। इसी तरह उससे आगे बढ़ने पर 'श्री अशोक वाटिका' और 'सीताकुण्ड' के शिलालेख क्रमशः 51 एवं 52 क्रमांकों के थे, जो आज भी उपस्थित हैं। इस तरह यह बात समझ में आती है कि एक ही क्रम में बढ़ने वाली संख्याओं में 49 से शुरु होकर 52 के मध्य 50 नम्बर की पट्टिका कहाँ चली गयी? स्कन्द पुराण का अयोध्या माहात्म्य भी यज्ञवेदी के दक्षिण भाग में तिलोदकी संगम को 'सम्भेद तीर्थ' के रूप में पुष्टि करता है, जिसके आधार पर 'एडवर्ड अयोध्या तीर्थ विवेचनी सभा' के समस्त शिलालेख लगाए गये हैं।

इस सन्दर्भ में सीताकुण्ड क्षेत्र के स्थानीय निवासी श्री ऋषिकेश उपाध्याय बताते हैं कि आज से पच्चीस-तीस वर्ष पूर्व अपने बचपन में उन्होंने इसी स्थान पर शिलालेख स्थापित देखा था, जहाँ पर आज सी.सी. मार्ग बना दिया गया है। वे यह भी जोड़ते हैं कि उन दिनों कुशोत्पाटनी अमावस्या के दिन इसी जगह पर 'तिलई का मेला' लगता था और उसके संगम पर अच्छी-खासी भीड़ होती थी। आज न तिलई बची है, न उसकी पुरातनता का साक्षी वह शिलालेख और न ही तिलई का मेला। तिलोदकी गंगा उसी तरह अयोध्या-फ़ैज़ाबाद की धरती के भीतर अन्तःसलिल हो चुकी हैं, जिस तरह पौराणिक सरस्वती नदी अदृश्य होकर कहीं प्रतीक रूप में गंगा-यमुना के बीच अन्तरधारा की तरह बहती हैं।

इसी कारण ग्रन्थों, शिलालेखों और प्रचलित मान्यताओं के आधार पर ही इस नदी की चर्चा होती है, जबकि मूल रूप से इस नदी का अस्तित्व आज समाप्तप्राय है। वर्तमान में भौगोलिक रूप से केवल प्रतीकात्मक अर्थों में यदि इस नदी का अंकन करना हो, तो मणिपर्वत, यज्ञवेदी के पास पौराणिक रूप से मुखर होने के अतिरिक्त इसकी सूक्ष्म उपस्थिति को इन दोनों ही स्थानों पर एक लम्बी, पतली सूख चुकी धारा के रूप में आसानी से आज भी देखा जा सकता है। इस नदी का विस्तार क्षेत्र अयोध्या पंचकोसी परिक्रमा मार्ग से चौदह कोसी परिक्रमा मार्ग की ओर जाने पर इसी मार्ग के समानान्तर पड़ने वाले पूर्व माध्यमिक विद्यालय, शाहनेवाज़पुर के बगल से होकर गुजरते हुए हमें मिलता है। वर्तमान में यह क्षेत्र पूरी तरह से खेतों के रूप में बदल चुका है और किसी भी प्रकार के नदी या छोटे तालाब आदि के रूप में दिखाई नहीं देता; इसलिए यहाँ पहुँचकर भी नदी का समुचित मार्ग पूरी तरह आकार लेता हुआ नज़र नहीं आता। मात्र अवशेष रूप में मिलने वाले एक सूख चुके नाले की उपस्थिति से तिलोदकी का वर्तमान भूगोल कुछ-कुछ समझ में आता है कि इसकी धारा प्राचीन समयों में किस तरह आगे बढ़ी होगी। ऐसे महत्त्व की पौराणिक नदी के विलुप्त होने का हाल अत्यन्त दुःखद है, क्योंकि तमाम तरह से विभिन्न पौराणिक ग्रन्थों में इसकी महत्ता का बढ़-चढ़ कर गुणगान किया गया है। उसमें एक महत्त्वपूर्ण बात यह भी सन्निहित है कि इस नदी के तट पर अन्न-दान करने वाले व्यक्ति को 'सौत्रामणि-यज्ञ' करने का फल मिलता है। इस नदी की यात्रा में दर्शन, स्नान के लिए भाद्रपद मास की अमावस्या (कुशोत्पाटनी अमावस्या) के दिन सर्वाधिक पुण्य लाभ का फल बताया गया है। यह उल्लेख भी यहाँ ज़रूरी

होगा कि आज इस नदी के संगम का जो शिलालेख गायब हो चुका है, उस पर भी वार्षिक पर्व की तिथि भाद्रपद, कृष्ण पक्ष अमावस्या अंकित थी।

तमसा या मड़हा

तमसा नदी फ़ैज़ाबाद की दूसरी प्राचीन नदी के रूप में याद की जाती है। यद्यपि वर्तमान समय में यह नदी केवल वर्षा ऋतु में ही प्रवाहित रहती है, जब बारिश का जल इस नदी को थोड़ा-बहुत भरता है। पौराणिक मान्यता के अनुसार तमसा नदी के तट पर ही वन-गमन काल में श्रीरामचन्द्र ने यहाँ प्रथम रात्रि-विश्राम किया था। यह स्थान रामपुर भगन के समीप गौरा घाट, गयासपुर के रूप में आज भी जाना जाता है। इसी स्थान पर तमसा नदी नाम से 'एडवर्ड अयोध्या तीर्थ विवेचनी सभा' का 119 क्रमांक का शिलालेख भी लगाया गया था। इसी शिलालेख के अनुसार मार्गशीर्ष मास की पूर्णिमा को इस नदी में स्नान और दर्शन से अक्षय पुण्य की प्राप्ति होती है। कभी गयासपुर स्थल की पहचान इसी तमसा नदी के कारण होती थी, जो कालान्तर में जाकर लगभग सूख गयी।

इसी तरह 'माण्डव्याश्रम' का शिलालेख क्रमांक 125 भी तमसा नदी के तट पर माण्डव्य मुनि की तपोभूमि स्थल के रूप में वर्णित है। परन्तु भ्रमवश या अज्ञानता के कारण तमसा के तट से हटाकर यह 'एडवर्ड अयोध्या तीर्थ विवेचनी सभा' का शिलालेख नन्दीग्राम में लाकर गाड़ दिया गया है, जिस क्षेत्र से इसका कोई भी सम्बन्ध स्थापित नहीं होता। इसके अतिरिक्त गौतम ऋषि आश्रम का भी तमसा नदी के साथ सम्बन्ध देखा जा सकता है क्योंकि रुदौली बाज़ार के पश्चिम में स्थित इस आश्रम के शिलालेख (क्रमांक 124) पर तमसा तट भी लिखा हुआ है। यह इस बात को सत्यापित करता है कि कभी प्राचीन काल में यहाँ पर तमसा नदी का प्रवाह अवश्य रहा होगा।

यह नदी अवधी में 'मड़हा' नाम से भी प्रसिद्ध है। मवई क्षेत्र से होती हुई यह नदी अमानीगंज, रुदौली, सोहावल, मिल्कीपुर, मसौधा, बीकापुर, तारुन आदि विकास खण्डों को विभाजित करती हुई गोशाईंगंज, अम्बेडकरनगर के समीप से प्रवाहित होकर आजमगढ़ के समीप सरयू से मिलती है। फ़ैज़ाबाद गजेटियर के अनुसार– 'अम्बेडकरनगर के पश्चिमी किनारे पर तमसा बिसुही नदी से संगम करते हुए आगे चलकर पूर्व दिशा की ओर 'टोंस' के नाम से भी जानी जाती है। फिर यह टोंस नदी अकबरपुर (अब अम्बेडकरनगर) और सुरहुरपुर परगने से होकर बहती है।'

तमसा से सम्बन्धित तमाम सारी पौराणिक कथाएँ जनमानस में व्याप्त हैं, जिनमें इसके तट पर महर्षि वाल्मीकि के हृदय से निकले हुए क्रौंच पक्षी के वध से आक्रान्त पहले श्लोक की कथा सर्वविदित है। ठीक इसी तरह राम, लक्ष्मण और जानकी के वन-गमन मार्ग में रात्रि-विश्राम की बात आती है, जिसके लिए गोस्वामी तुलसीदास 'प्रथम वास तमसा भयो, दूसर सुरसरि तीर' लिखते हैं। तमसा के सन्दर्भ में यह बात स्पष्ट है कि इस नदी का अपना एक पौराणिक ऐतिहासिक चरित्र रहा है, जिसमें राम-कथा और अयोध्या माहात्म्य से सम्बन्धित अनेकों क्षेत्र आते हैं।

बिसुही या वेदश्रुति

वाल्मीकि रामायण में 'वेदश्रुति' नाम से अभिहित यह नदी, लोक-जीवन में बिसुही के नाम से विख्यात है। फ़ैज़ाबाद-सुलतानपुर राजमार्ग पर चलते हुए खजुरहट और चौरे बाज़ार के मध्य यह नदी पश्चिम से पूर्वाभिमुख होकर बहती है। हालाँकि इस नदी का अस्तित्व भी बरसात में तब आकार पाता है, जब वर्षा का जल संचयन इस नदी को समृद्ध करता है। वर्ष भर यह नदी या तो सूखी रहती है अथवा बहुत क्षीण रूप में अपना अस्तित्व प्रदर्शित करती है।

यह नदी सुलतानपुर जनपद के उत्तर से होकर फ़ैज़ाबाद जिले में दक्षिण दिशा की ओर से प्रवेश करती है। 'उत्तर प्रदेश डिस्ट्रिक्ट गजेटियर फ़ैज़ाबाद' (ई.बी. जोशी, संस्करण : 1960) के अनुसार– 'बिसुही नदी का उद्गम स्थल सुलतानपुर जिले के उत्तर में स्थित ऐंजुर गाँव का एक बड़ा ताल है।'

पूर्व दिशा में प्रवाहित होती हुई बिसुही अम्बेडकरनगर के दक्षिण में स्थित मिझौड़ा परगने में जाकर तमसा नदी (मड़हा) से मिल जाती है। इसी तमसा-बिसुही संगम पर पौराणिक 'श्रवण क्षेत्र' तीर्थ है, जिसके लिए यह मान्यता रही है कि इसी संगम-तट पर राजा दशरथ के बाण से श्रवण कुमार की मृत्यु हुई थी। श्रवण क्षेत्र में अगहन के महीने की पूर्णिमा को आज भी बड़ा मेला लगता है, जिसमें दर्शन के लिए श्रद्धालु दूर-दूर से आते हैं।

सरयू या घाघरा

ऋग्वेद में सर्वप्रथम सरयू का उल्लेख उन इक्कीस बड़ी नदियों के सन्दर्भ में आता है, जिसमें सरस्वती, सिन्धु आदि की भी चर्चा की गयी है। 'रुद्रयामल अयोध्या माहात्म्य' में घाघरा को 'नद' मानकर इसे सरयू नदी का भाई कहा गया है और इसीलिए यह वर्णित किया गया कि यह अपनी ज्येष्ठ भगिनी

सरयू की रक्षा में सदैव तत्पर रहता है। श्लोक इस तरह है–

यस्याः पश्चिमतो नदः प्रवहति ब्रह्मात्मजो घर्घरः,
सामीप्यं न जहाति यत्र सरयूः पुण्या नदी सर्वदा।

'उत्तर प्रदेश डिस्ट्रिक्ट गजेटियर फ़ैज़ाबाद' (ई.बी. जोशी, संस्करण : 1960) के अनुसार– 'यह नदी फ़ैज़ाबाद जिले में मगलसी परगना के एकदम उत्तरी-पश्चिमी छोर पर प्रवेश करती है और बिड़हर के एकदम पूर्वी छोर पर जिले से बाहर चली जाती है। इससे इन दोनों परगनों के साथ-साथ हवेली अवध, अमसिन और टाण्डा को जल प्राप्त होता है।' यह गजेटियर घाघरा या सरयू की भौगोलिक स्थिति की विवेचना करते हुए उसके पौराणिक आधार तक जाता है। इस सन्दर्भ में गजेटियर में यह उल्लेख हुआ है कि 'फ़ैज़ाबाद में यह नदी सरयू नाम से जानी जाती है। हिन्दू धर्म ग्रन्थों के अनुसार महर्षि वशिष्ठ सरयू नदी को मानसरोवर झील से अयोध्या की जनता की माँग पर यहाँ लाये थे। मानसरोवर ब्रह्मा जी द्वारा संकलित भगवान विष्णु के खुशी के आँसुओं का संग्रह माना जाता है। इसीलिए सरयू को कभी-कभी 'वशिष्ठ कन्या' अथवा 'वशिष्ठ-गंगा' भी कहा जाता है।'

इसी से सन्दर्भित अयोध्या के विद्वान रामरक्षा त्रिपाठी 'निर्भीक' की 'अयोध्या दिग्दर्शन' पुस्तक में सरयू की उत्पत्ति की जो कथा वर्णित है, उसमें उनके कुछ पौराणिक नामों की चर्चा भी आती है। इस पुस्तक के अनुसार– 'श्री सरयू जी के अनेकों नाम हैं। इनमें भगवान के नेत्रों से उत्पन्न होने से 'नेत्रजा', चिदानन्द वारिणी होने से 'ब्रह्मानन्द-द्रव', मानसरोवर में रहने और इससे निर्गत होने से 'सरयू' और 'मानस-नन्दिनी' तथा वशिष्ठ जी के द्वारा आने से 'वाशिष्ठी' उनका नाम पड़ा।' इसी के सन्दर्भ में वे आगे भी लिखते हैं– 'श्री सरयू जी साक्षात् जल स्वरूप ब्रह्म हैं (जलरूपेण ब्रह्मे व सरयू मोक्षदा सदा।)'।

अन्य अभिलेखों में भी सरयू की महत्ता उत्कर्ष पर दिखायी देती है, जिसमें उसके स्वरूप व विस्तार की चर्चा आती है। उदाहरण के तौर पर, चन्द्रदेव के चन्द्रावती अभिलेख के अनुसार– 'सरयू का एक भाग घाघरा है.... सरयू नाम की दो अन्य धाराएँ हैं, जिसमें नेपाल के क्षेत्र में इसे बबई नदी और भारतीय क्षेत्र में सरयू या सरजू कहा जाता है।' अयोध्या की चौरासी कोस परिक्रमा परिधि के भीतर पड़ने वाली रामरेखा नदी (वर्तमान में छावनी, बस्ती में प्रतीकात्मक रूप से मौजूद) भी सरयू में आकर मिलती है। कहने का आशय यह है कि अपनी पौराणिक और प्राचीन मान्यताओं के लिहाज

से सरयू का माहात्म्य बहुत विशद रूप से फैला हुआ है, जिसकी प्रतिष्ठा में राम-चरित्र महिमा गायन के दो प्रमुख ग्रन्थ 'रामायण' (वाल्मीकि-कृत) तथा 'रामचरितमानस' (गोस्वामी तुलसीदास-कृत) का विशेष योगदान है।

फ़ैज़ाबाद के सन्दर्भ में सरयू का सर्वाधिक महत्त्व है। अयोध्या तीर्थ के उत्तर बहने वाली सरयू फ़ैज़ाबाद में सर्वाधिक प्रशस्त रूप में गोप्रतार घाट में प्रवाहित होती है, जहाँ राम ने जल-समाधि ली थी। गोप्रतार तीर्थ की महिमा में यह भी कहा गया है कि सरयू-घाघरा के प्रवाह में यहाँ कार्तिक मास-भर स्नान करना चाहिए।

इसके अतिरिक्त फ़ैज़ाबाद के ही तमाम क्षेत्रों के समीप से गुजरते हुए सरयू नदी उनका पौराणिक सन्दर्भों में माहात्म्य स्थापित करती है, जिनमें अधिकांश क्षेत्र अयोध्या में आते हैं। इनमें प्रमुख रूप से ढेरों तीर्थ हैं, जिनमें– गुप्तहरि, चक्रहरि, चक्रतीर्थ, प्रहलाद घाट, ब्रह्मकुण्ड, ऋणमोचन घाट, पापमोचन घाट, लक्ष्मण किला, सहस्रधारा, चन्द्रहरि, नागेश्वरनाथ, रामघाट, शृंगी ऋषि आश्रम, बिल्वहरि तथा यम-स्थल (आजकल जमथरा के नाम से विख्यात) विशेष उल्लेखनीय हैं।

फ़ैज़ाबाद के सन्दर्भ में सरयू नदी के संगम स्थल भी बेहद महत्त्वपूर्ण माने जाते हैं, जिन सभी को तीर्थ की संज्ञा प्राप्त है। ऐसे सारे स्थल 'एडवर्ड अयोध्या तीर्थ विवेचनी सभा' के अन्तर्गत ही गिने जाते हैं। इनमें श्रीराम रेखा तीर्थ (शिलालेख क्रमांक 106), श्री सरयू घाघरा संगम तीर्थ (शिलालेख क्रमांक 138), श्री कुटिला-वरस्रोत संगम तीर्थ (शिलालेख क्रमांक 147), श्री सरयू कुटिला संगम तीर्थ (शिलालेख क्रमांक 148) प्रमुख हैं। इस तरह देखने पर यह ज्ञात होता है कि सरयू नदी के चार प्रमुख संगम बनते हैं, जिनमें 'श्री सरयू-घाघरा', 'श्री सरयू-तिलोदकी', 'कुटिला वरस्रोत' और 'श्री सरयू कुटिला' हैं।

गोमती या धेनुमती

आदिकाल से प्रवाहमान गोमती नदी, जिसे पौराणिक अर्थों में 'धेनुमती' भी कहा जाता है, अपनी सांस्कृतिक महिमा के कारण लक्ष्मणपुर (लखनऊ) में 'लक्ष्मण-गंगा' भी कहलाती है। इस नदी का सम्बन्ध फ़ैज़ाबाद परिक्षेत्र के भीतर से न होते हुए भी अपना जुड़ाव इसकी बाहरी सीमा से बनाए हुए है। लखनऊ से निकलकर यह नदी बाराबंकी जिले से पूर्व दिशा की ओर बढ़ते हुए जब आगे चलकर सुलतानपुर जिले में प्रवेश करती है, तो

उसी के बीच यह नदी फ़ैज़ाबाद की रुदौली तहसील के कुछ क्षेत्रों को छूते हुए आगे बढ़ती है। यह देखना भी गौरतलब है कि फ़ैज़ाबाद की सीमा के भीतर आने वाले रुदौली के अलावा यह नदी कुमारगंज के समीप से होकर भी गुजरती है। गोमती नदी का यही योगदान फ़ैज़ाबाद से उसका जुड़ाव बनाता है।

मझुई या मंजूषा

फ़ैज़ाबाद गजेटियर (एच.आर. नेविल, 1905) के अनुसार– 'एक छोटी नदी के रूप में अस्तित्व में आयी हुई 'मझुई', बिसुही नदी के दक्षिण से निकलती है। यह नदी किनावाँ गाँव के समीप एक झील से उत्पन्न होती है, जो फ़ैज़ाबाद-इलाहाबाद राजमार्ग के पश्चिम में पड़ता है। पूर्व दिशा की ओर प्रवाहित होने वाली यह नदी पश्चिमराठ, मिझौड़ा, अकबरपुर (अब अम्बेडकरनगर) और सुरहुरपुर से होती हुई आजमगढ़ जिले में टोंस से मिल जाती है।' यह नदी कहीं से भी फ़ैज़ाबाद परिक्षेत्र के भीतर से होकर नहीं गुजरती। स्थानीय परम्परा में इसे 'मंजूषा' नदी भी कहा जाता है।

साभार : 1. श्री हर्षाज़ रत्नावली बाई शरद रंजन रे 'विद्याविनोद', पब्लिशर-कुमुद रंजन रे, 7-भवानीदत्त लेन, कलकत्ता, एडीशन-4, 1944 2. श्री अयोध्या माहात्म्य : हिन्दी भाषानुवाद व टीका : पाणिनी पाण्डेय, वेद व्याकरणाचार्य, प्रकाशक व मुद्रक : श्रीमती सूर्य्यकला देवी पाण्डेय, श्री जानकीजानि निगमागम निकुंज, अयोध्यापुरी, संस्करण-1975, 3. फ़ैज़ाबाद : अ गजेटियर' : एच.आर. नेविल, आई.सी.एस. इलाहाबाद, 1905, 4. उत्तर प्रदेश डिस्ट्रिक्ट गजेटियर फ़ैज़ाबाद : ई.बी. जोशी, प्रकाशक : इण्डियन प्रेस लि. इलाहाबाद, उत्तर प्रदेश, संस्करण : 1960, 5. मणिपर्वत (रत्नाचल) का इतिहास : डॉ. श्री रामकुमार दास जी रामायणी, प्रकाशक : श्री राम ग्रन्थागार, मणिपर्वत, अयोध्या, संस्करण : तृतीय, 1994, 6. श्री अवध की झाँकी : अवधवासी लाला सीताराम बी.ए., प्रकाशक : राजपाली प्रेस तथा कायस्थ पाठशाला प्रेस, प्रयाग, इलाहाबाद, संस्करण-1933, 7. अयोध्या-दिग्दर्शन : रामरक्षा त्रिपाठी 'निर्भीक', प्रकाशक : रामलखन गुप्त बुकसेलर, श्री अयोध्या जी, संस्करण : 1970, उपर्युक्त ग्रन्थों से संक्षिप्त एवं संशोधित रूप में लेने के अतिरिक्त डॉ. जनार्दन उपाध्याय, ए.पी. गौड़, राधेश्याम पाण्डेय, रोहित शर्मा, डॉ. देशराज उपाध्याय और ऋषिकेश उपाध्याय से बातचीत के आधार पर इस अंक के सम्पादक यतीन्द्र मिश्र द्वारा लिखी गयी टिप्पणी। पहली बार प्रकाशित।

फ़ैज़ाबाद : दस्तावेज़-58

त्याग, तप और तर्पण की भूमि : नन्दीग्राम तीर्थ क्षेत्र
भरत-कुण्ड, गया-कुण्ड, जटा-कुण्ड, शत्रुघ्न-कुण्ड, कालिका देवी एवं पिशाच मोचन

भरत-कुण्ड और नन्दीग्राम तीर्थ स्थलों का स्मरण करते ही सबसे पहली जो बात ध्यान में आती है, वह यह है कि इन्हीं स्थानों पर रहकर त्रेतायुग के नायक श्रीराम के छोटे भाई भरत ने अपने अग्रज की अनुपस्थिति में अयोध्या (तत्कालीन कोसल) का राज्य-संचालन किया था। साथ ही, भरत ने राम, लक्ष्मण तथा सीता की ही तरह वैभव का जीवन त्यागकर लगभग आत्म-निर्वासित रहते हुए नन्दीग्राम में चौदह वर्षों तक निवास किया था। इस कारण भी इस स्थान की महत्ता, तब से एक ऐसे पुण्यभूमि के रूप में की जाती है, जहाँ से भारतीय सनातन धर्म में त्याग और तप का सन्देश प्रसारित हुआ था। वर्तमान में भरत-कुण्ड और नन्दीग्राम तीर्थ जनपद फ़ैज़ाबाद में फ़ैज़ाबाद-सुलतानपुर राजमार्ग पर फ़ैज़ाबाद से लगभग पन्द्रह किलोमीटर दूर चलने पर दक्षिण दिशा में स्थित है। भदरसा गाँव से यह स्थल दो किलोमीटर पूर्व में मौजूद पाया जाता है, जिसकी भौगोलिक स्थापना हमें डच इतिहासकार हंस बेकर की 'अयोध्या' पुस्तक से प्राप्त होती है। इसमें वे भदरसा को संस्कृत शब्द 'भ्रातृदर्शन' का किंचित बिगड़ा हुआ तद्भव रूप भी मानते हैं।

वर्तमान में भरत की तपस्थली पर बने नवीन मन्दिर के गर्भगृह के बाहरी दीवार पर विष्णु की एक प्रतिमा स्थापित है। यह प्रतिमा प्रस्तर फलक पर निर्मित है, जिसमें विष्णु के सिर पर मुकुट सुसज्जित है और इस किरीट के पृष्ठ भाग में वृत्ताकार प्रभा-मण्डल बना है। देवता के कानों का कुण्डल पारम्परिक है और गले के हार की सभी आलंकारिक पत्तियाँ अलग-अलग

हैं। बायें कन्धे से लटकता हुआ यज्ञोपवीत उनके कटि प्रदेश को स्पर्श करता है। देवता का निचला हाथ वरद मुद्रा में तथा ऊपरी दायें हाथ में गदा शोभायमान है। वहीं बाएँ हाथ में चक्र तथा निचले बाएँ हाथ में शंख का निरूपण है। प्रभामण्डल के दाएँ ब्रह्मा और बाएँ शिव का अंकन है। इस मूर्ति अंकन में कई और भी मुद्राएँ और आकृतियाँ अंकित हैं, जिनमें चक्र पुरुष, लक्ष्मी, पूजारत स्त्री और पुरुष समेत मानव आकृतियाँ भी आसीन हैं। इस प्रतिमा में कुल मिलाकर तेरह आकृतियाँ बनी हैं, जो समभंग मुद्रा में भगवान विष्णु की मनोहारी छवि का दार्शनिक निरूपण भी करती हैं। **भरत-कुण्ड** *में मौजूद इस कलात्मक व पौराणिक देव प्रतिमा के अलावा तमाम कुण्डों, कालिका देवी के मन्दिर और अन्यान्य धार्मिक स्थापत्यों का अपना महत्त्व है। अलग से रेखांकित करने योग्य वह सरोवर है, जिसके जल का मज्जन और आचमन लोग अयोध्या के पवित्र सरयू के जल या फ़ैज़ाबाद के सीमावर्ती अन्यान्य नदियों में तमसा आदि के जल के समान करते हैं। इस सरोवर में कई बार अनावश्यक ढंग से सेवार और जलकुम्भी का भी प्रकोप बढ़ जाता है, जिसे कुछ समाजसेवी संगठन समय-समय पर सफाई अभियान के तहत स्वच्छ व निर्मल करते रहते हैं।*

इसी समय यह देखना इतिहास की दृष्टि से महत्त्वपूर्ण है कि आज भी 'भरत-कुण्ड' पर उस दौर का एक शिलापट प्रस्तर खण्ड पर नोटिस की तरह लगा है, जिस पर 31 जनवरी, 1927 की तिथि अंकित है। इस शिलापट के अनुसार तत्कालीन डिप्टी कमिश्नर आर.सी. होबर्ट ने यह सरकारी आदेश पारित किया है कि 'शिकार इस तालाब भरत-कुण्ड पर बिलकुल मना है।' यह सूचना अंग्रेजी, हिन्दी और उर्दू तीनों ही भाषाओं में अंकित है।

अयोध्या के पवित्र क्षेत्रों में सर्वाधिक आदर प्राप्त **'भरत-कुण्ड'** *आज के समय में भी इस कारण प्रासंगिक बना हुआ है कि अवध क्षेत्र में इसी स्थान पर मौजूद त्रेताकालीन* **'गया-कुण्ड'** *भी है, जहाँ पितरों का श्राद्ध-कर्म और पिण्ड-दान किया जाता है। 'श्री अयोध्या माहात्म्य' के अनुसार– 'श्रीराम ने गया नामक तीर्थ का यहीं पर आवाहन किया था, तभी से विसर्जन के समय की एक वेदी यहीं अयोध्या क्षेत्र में विराजमान है। भरत-कुण्ड के दक्षिण तट पर स्थित इस प्रसिद्ध कुण्ड से इस क्षेत्र की जनता गया तीर्थ की यात्रा प्रारम्भ करती है।' कुछ लोग गया श्राद्ध के उपरान्त यहाँ पर भी पितृ श्राद्ध करते हैं। जिस तरह समस्त हिन्दू संस्कृति के लिए श्राद्ध-कर्म और पिण्ड-दान का आदि क्षेत्र बिहार राज्य के गया तीर्थ को हासिल है,*

ठीक उसी तरह पूर्वी उत्तर प्रदेश में या कि अवध क्षेत्र में तर्पण के लिए 'भरत-कुण्ड' तीर्थ के 'गया-कुण्ड' की प्रतिष्ठा सर्वोपरि है। लोक मान्यता के अनुसार सोमवती अमावस्या के दिन यहाँ श्राद्ध का विशेष महत्त्व है, हालाँकि किसी भी अमावस्या को यहाँ पर तर्पण किया जा सकता है।

भरत-कुण्ड से लगभग तीस मीटर पश्चिम की ओर चलने पर 'कालिका देवी' का एक पुराना मन्दिर मिलता है, जबकि भदरसा से एक किलोमीटर उत्तर में 'शत्रुघ्न-कुण्ड' का होना प्रमाण सहित मौजूद है। यह देखना महत्त्वपूर्ण है कि भरत-कुण्ड के समीप **'नन्दीग्राम'** और **'जटा-कुण्ड'** का वर्णन स्कन्द पुराण में भी प्राप्त होता है, जबकि वहाँ **'कालिका देवी'** का मन्दिर और **'शत्रुघ्न-कुण्ड'** का वर्णन नहीं है। चूँकि हंस बेकर ने अपने अध्ययन और शोध का विषय अयोध्या के सन्दर्भ में 'श्री अयोध्या माहात्म्य' और 'अगस्त संहिता' को बनाया है, इसलिए बेकर इन्हीं ग्रन्थों के आधार पर 'कालिका मन्दिर' और 'शत्रुघ्न-कुण्ड' नामक तीर्थ का भी उल्लेख करते हैं और उनकी भौगोलिक स्थितियाँ निरूपित करते हैं। हालाँकि **'शत्रुघ्न-कुण्ड'**– **'भरत-कुण्ड'**, **'नन्दीग्राम'** और **'जटा-कुण्ड'** से दूर पश्चिम दिशा में रेलवे लाइन को पार करके भदरसा से उत्तर दिशा की ओर एक किलोमीटर चलने पर दोस्तपुर गाँव में 'दोस्तपुर प्राथमिक विद्यालय' के ठीक सामने पड़ता है।

वहाँ पर मौजूद स्थानीय लोगों से बातचीत करने पर यह मालूम चला कि आजकल दोस्तपुर ग्राम सभा गाँव वालों के सहयोग से एक नया मन्दिर बना रहा है, जो ठीक 'शत्रुघ्न-कुण्ड' पर स्थित है। उन लोगों ने यह भी बताया कि शत्रुघ्न जी की एक छोटी पीतल की प्रतिमा यहाँ पहले स्थापित थी, जो आजकल श्री शीतला प्रसाद बढ़ई के घर पर नया मन्दिर बन जाने तक के लिए रखी गयी है। शीतला प्रसाद ही इस मूर्ति का पुराने मन्दिर में काफ़ी समय से पूजन-अर्चन करते चले आ रहे हैं। कुण्ड पर लगा 'एडवर्ड अयोध्या तीर्थ विवेचनी सभा' का शिलालेख (क्रमांक 133) आज भी वहाँ सुरक्षित है। सबसे सुन्दर बात इस कुण्ड के सन्दर्भ में आज यह प्राप्त होती है कि मई, 2016 ई. के अन्तिम सप्ताह में भ्रमण करते हुए भी वहाँ पर्याप्त जल मौजूद मिला। एक हद तक यह कुण्ड सबसे बड़ा, सुरक्षित और जल संचयन के हिसाब से आदर्श लगा।

भरत-कुण्ड तीर्थ के साथ लगे हुए **'जटा-कुण्ड'** के पश्चिम भाग में **'श्री अजित देव का स्थान'** माना जाता है, जबकि **'अजिता तीर्थ'** वर्तमान कैलपारा गाँव

में स्थित है। भदरसा से पश्चिम की ओर लगभग पाँच किलोमीटर चलने पर कैलपारा नामक गाँव मिलता है। 'जटा-कुण्ड' के बारे में मान्यता यह है कि इसका नाम सम्भवतः इस कारण भी पड़ा होगा कि मान्यताओं के अनुसार श्रीराम ने वनवास समाप्ति के बाद और रावण वध के उपरान्त अयोध्या लौटने पर सबसे पहले इसी स्थान पर अपनी जटा-जूट का त्याग किया था और फिर अयोध्या में प्रवेश किया था। वर्तमान में यह कुण्ड पूरी तरह लुप्त हो चुका है और उपेक्षित ढंग से झाड़-झंखाड़ के बीच इसके अभिलेख का पत्थर (एडवर्ड अयोध्या तीर्थ विवेचनी सभा) मिलता है। कभी पौराणिक रूप से समृद्ध रहे इस कुण्ड के समीप स्थित मन्दिर के नींव का अवशेष मिलता है, मगर सरोवर या जल का कोई भी चिन्ह आज बाक़ी नहीं है। इसी के समीप प्राचीन सूर्य प्रतिमा का क्षतिग्रस्त अधोभाग स्थित है, जिसे पर्याप्त संरक्षण की आवश्यकता है। प्रशासनिक स्तर पर इस क्षेत्र की साफ-सफाई की विशेष ज़रूरत है, अन्यथा इस बात का गम्भीर संकट है कि कभी इस स्थान का प्रमाण भी भविष्य में समाप्त हो जायेगा और आने वाली पीढ़ी 'जटा-कुण्ड' के पौराणिक महत्त्व की जानकारी हेतु उसकी प्रतीकात्मक भौगोलिक उपस्थिति से भी वंचित रह जायेगी।

'भरत-कुण्ड' तीर्थ के समीप ही **'पिशाच मोचन'** तीर्थ भी मौजूद है, जहाँ मार्गशीर्ष शुक्ल पक्ष की चतुर्दशी को स्नान व दर्शन का माहात्म्य माना जाता है। यहीं पर शिलारहित दो तीर्थ हैं, जिन्हें **'हत्या-हरण तीर्थ'** और **'पट-धावन तीर्थ'** के रूप में मान्यता प्राप्त है। **'पिशाच मोचन'** तीर्थ का जल बेहद सुन्दर है और सरोवर आज भी अपनी रमणीयता में आकर्षित करता है। सरोवर के पास जाकर देखने से एक उल्लेखनीय चीज़ यह दृष्टि में आती है कि सरोवर के बीचों-बीच आधे पानी में और थोड़ा बाहर निकली हुई एक पुराने प्रस्तर खण्ड पर क्षतिग्रस्त गणेश जी की प्रतिमा वर्तमान में मौजूद है। 'एडवर्ड अयोध्या तीर्थ विवेचनी सभा' का 126 क्रमांक का शिलालेख यहीं पर लगा है। इसके समीप ही पूर्व दिशा में **'मानस तीर्थ'** भी स्थित है। ऐसा माना जाता है कि पहले यह विशाल जलाशय के रूप में था, किन्तु वर्तमान में यहाँ जल घट गया है और अधिकांश सरोवर के सूखे भाग में खेती होती है। प्रतीक रूप में ही यह तीर्थ आज जीवित है और शिलालेख के अनुसार भाद्रपद की पूर्णिमा को यहाँ विशेष दर्शन व स्नान का महत्त्व माना जाता है। 'एडवर्ड अयोध्या तीर्थ विवेचनी सभा' का 127 क्रमांक का शिलालेख यहीं पर स्थापित है।

राम की कथा से अनुप्राणित अयोध्या धाम और उसके समीप स्थित फ़ैज़ाबाद के सीमावर्ती इलाकों में मात्र **'नन्दीग्राम'** *और* **'भरत-कुण्ड'** *ही ऐसे तीर्थ हैं, जिनकी मान्यता और पौराणिकता राम या सीता पर आधारित न होकर पूरी तरह भरत की उपस्थिति से जीवन्तता पाती है। उपर्युक्त विवेचित 'भरत-कुण्ड' व 'नन्दीग्राम' तीर्थ तथा उससे सम्बन्धित अन्यान्य पौराणिक स्थलों के जो शिलालेख (एडवर्ड अयोध्या तीर्थ विवेचनी सभा) अलग-अलग इस क्षेत्र में स्थापित हैं, वे क्रमशः इस तरह हैं–* **पिशाच मोचन** *(शिलालेख क्रमांक 126),* **मानस तीर्थ** *(शिलालेख क्रमांक 127),* **गया-कुण्ड** *(शिलालेख क्रमांक 128),* **भरत-कुण्ड** *(शिलालेख क्रमांक 129),* **नन्दीग्राम** *(शिलालेख क्रमांक 130),* **कालिका देवी** *(शिलालेख क्रमांक 131),* **जटा-कुण्ड** *(शिलालेख क्रमांक 132),* **शत्रुघ्न-कुण्ड** *(शिलालेख क्रमांक 133),* **भगवान अजित** *(शिलालेख क्रमांक 134) आदि। इन्हीं शिलालेखों के अनुसार गया कुण्ड को छोड़कर 'भरत-कुण्ड', 'नन्दीग्राम' तथा 'जटा-कुण्ड' के लिए विशेष पर्व की तिथि चैत्र मास की कृष्ण चतुर्दशी है।*

साभार : **1. अयोध्या : हंस बेकर, पब्लिशर - ग्रॉनिनजेन ओरियण्टल स्टडीज़, नीदरलैण्ड्स एडीशन, 1986 (अंग्रेजी), 2. श्री अयोध्या माहात्म्य : हिन्दी भाषानुवाद व टीका : पाणिनी पाण्डेय, वेद व्याकरणाचार्य, प्रकाशक व मुद्रक : श्रीमती सूर्य्यकला देवी पाण्डेय, श्री जानकीजानि निगमागम निकुंज, अयोध्यापुरी, संस्करण-1975, 3. अयोध्या दर्पण- ब्रह्मचारी श्री भगीरथ राम जी, प्रकाशक : भक्ति साहित्य सुरक्षा समिति, गोकुल भवन, वशिष्ठ कुण्ड, अयोध्या, संस्करण-चौथा, 1996, 4. अयोध्या की मूर्तिकला : डॉ. देशराज उपाध्याय, प्रकाशक : शृंखला पब्लिशिंग हाऊस, फ़ैज़ाबाद, संस्करण : 2015 उपर्युक्त पुस्तकों से संक्षिप्त एवं साभार रूप में लेने के अतिरिक्त स्थल के सर्वेक्षण तथा स्थानीय लोगों से प्राप्त सूचनाओं के आधार पर इस अंक के सम्पादक यतीन्द्र मिश्र द्वारा लिखी गयी टिप्पणी। पहली बार प्रकाशित।**

श्रीराम वन-गमन का पहला विश्राम स्थल

गौरा गयासपुर

फ़ैज़ाबाद के दर्शननगर से लगभग पन्द्रह किलोमीटर दूरी पर, अलावलपुर होते हुए करमा कोडरी चौराहा पार करने के उपरान्त राम वन-गमन मार्ग से चलते हुए तमसा नदी के तट पर गौरा घाट, गयासपुर स्थित है। दूसरी ओर फ़ैज़ाबाद- इलाहाबाद मुख्य मार्ग पर लगभग तेरह किलोमीटर चलने पर रोडवेज कार्यशाला से पूर्व दिशा में मधुपुर मार्ग से होते हुए भी गौरा घाट जाया जा सकता है। यह तीर्थ-स्थल बीकापुर तहसील के तारुन ब्लॉक में स्थित है।

इस स्थल की पौराणिक मान्यता यह रही है कि राम को वनवास मिलने पर वे जानकी और लक्ष्मण समेत अयोध्या की सीमा से पैदल ही वन-गमन के लिए इसी मार्ग से आगे बढ़े थे। यहीं दक्षिण में स्थित तमसा नदी के गौरा घाट पर उन्होंने अपने साथ अयोध्या से चलकर आने वाले ढेरों अयोध्यावासियों से वापस अयोध्या नगर लौट जाने की मार्मिक अपील की थी। उनके दृढ़ संकल्प को सुनकर इसी नदी के तट से दुःखी अयोध्यावासी वापस लौट आए थे और राम को रोके रखने की उनकी अन्तिम आस यहीं पर चली गयी थी, जिसके लिए 'गई-आस' के स्थल के रूप में कालान्तर में यह जगह 'गयासपुर' के नाम से विख्यात हुई। लोक-मान्यता यह भी है कि अयोध्या छोड़ते समय उन्होंने पहला रात्रि-प्रवास यहीं पर किया था, जिसके बाद सुबह उन्होंने नगरवासियों को लौट जाने का सन्देश दिया। इस स्थल की मान्यता के अनुरूप ही इसका महत्त्व इसीलिए रामकथा विषयक क्षेत्रों में आज भी स्वीकारा जाता है।

'एडवर्ड अयोध्या तीर्थ विवेचनी सभा' ने इस स्थान पर 119 क्रमांक का अपना शिलालेख लगाया था, जो तमसा नदी के नाम पर है, जिसमें मार्गशीर्ष पूर्णिमा के दिन विशेष स्नान व दर्शन की परम्परा वर्णित है। इसी के लिए कहा जाता है 'गया सा पुरम्' या 'गयास पुर गतः सः पुरात्' अर्थात 'श्रीराम अयोध्यापुर से चले गये'। इस वाक्य उच्चारण के साथ किया गया अयोध्या पुरवासियों का विलाप, उस वाक्य के स्मारक के रूप में गयासपुर गाँव हो गया। इसी तथ्य की रोचक पड़ताल हम गोस्वामी तुलसीदास द्वारा रचित 'रामचरितमानस' के अयोध्या काण्ड के उस दोहे से भी कर सकते हैं, जहाँ तमसा नदी पर राम के वन-गमन को प्रथम विश्राम-स्थल के रूप में वर्णित किया गया है। गोस्वामीजी लिखते हैं–

बालक वृद्ध बिहाइ गृहँ लगे लोग सब साथ।
तमसा तीर निवासु किय प्रथम दिवस रघुनाथ।।

साभार : श्री अयोध्या माहात्म्य : हिन्दी भाषानुवाद व टीका : पाणिनी पाण्डेय, वेद व्याकरणाचार्य, प्रकाशक व मुद्रक : श्रीमती सूर्य्यकला देवी पाण्डेय, श्री जानकीजानि निगमागम निकुंज, अयोध्यापुरी, संस्करण-1975 एवं रामचरितमानस - गोस्वामी तुलसीदास, टीकाकार : हनुमान प्रसाद पोद्दार, प्रकाशक : गीताप्रेस गोरखपुर से संक्षिप्त रूप में लेने के अतिरिक्त स्थल के सर्वेक्षण के आधार पर इस अंक के सम्पादक यतीन्द्र मिश्र द्वारा लिखी गयी टिप्पणी। पहली बार प्रकाशित।

श्रीराम वन-गमन मार्ग का दूसरा व तीसरा तीर्थ

पुरवा चकिया तथा तारडीह का श्रीराम मन्दिर

प्रचलित मान्यता के अनुसार जब भगवान राम अयोध्या छोड़कर वन-गमन के लिए आगे बढ़े, तो पहले विश्राम-स्थल के रूप में चिन्हित गौरा-घाट, गयासपुर पर एक दिन रुकने के उपरान्त आगे बढ़ते हुए तमसा नदी के तट पर इन्हीं स्थानों से होकर गुजरे थे। इनमें गौरा घाट, गयासपुर के बाद वहीं तमसा के तट पर स्थापित पुरवा-चकिया के बाद तीसरे महत्त्वपूर्ण तीर्थ के रूप में तमसा तट पर बने श्रीराम मन्दिर का अस्तित्व प्रकाश में आता है, जो तारुन ब्लॉक के तारडीह गाँव में स्थित है।

पुराना श्रीराम मन्दिर गौरा घाट से दशरथपुर मार्ग पर तारडीह ग्राम-सभा के अन्दर तमसा नदी के दाहिनी छोर पर स्थित है। वर्तमान में यह मन्दिर अपने भग्नावशेष में उपस्थित है, जिसके बाहरी प्रवेश द्वार पर बहुत सुन्दर ढंग से विष्णु की लेटी हुई प्रतिमा अंकित है, जो सुर्खी-चूने से निर्मित है। मन्दिर का भवन आज जर्जर हो चुका है और मुख्य मन्दिर के बाहर वाले फाटक पर दो विशाल शेरों के जोड़े बने हैं। इस मन्दिर के भीतर भी कोई मूर्ति स्थापित नहीं है। ग्राम सभा गौरा के निवासी श्री अजय कुमार शर्मा से बातचीत के माध्यम से पता लगता है कि यहाँ पर स्थापित प्राचीन राम-जानकी की अष्टधातु की प्रतिमा आज से लगभग पच्चीस-तीस वर्ष पूर्व चोरी चली गयी।

वर्तमान में यहाँ पर एक छोटा नया मन्दिर बना है, जिसके एक गर्भगृह में हनुमान लला की मूर्ति तथा दूसरे में दुर्गा की प्रतिमा स्थापित है। मन्दिर के बाहर एक छोटे से मण्डप में 'कमरिया बाबा का आश्रम सन् 1948' लिखा हुआ है, जबकि बिल्कुल बाहर बाबा हरिभजन दास की विशाल समाधि बनी

है, जो कहीं से भी क्षतिग्रस्त नहीं है। यहाँ आने पर स्थानीय लोगों द्वारा यह भी जानकारी मिलती है अब इस स्थान को कोई 'श्रीराम मन्दिर' के रूप में न याद करते हुए 'कमरिया बाबा' के आश्रम के रूप में जानता है, जहाँ हर वर्ष यम द्वितीया के दिन मेला लगता है और कुश्ती का दंगल होता है।

यह देखना महत्त्वपूर्ण है कि राम वन गमन मार्ग पर स्थित तीर्थों की यात्रा करते हुए हमें आज के समय में राम अवतार शर्मा के 'श्रीराम सांस्कृतिक शोध संस्थान न्यास, नयी दिल्ली' द्वारा स्थापित राम वन गमन मार्ग की सूची पट्टिका मिलती है। साथ ही, उसी तीर्थ क्षेत्र में इसी संस्थान द्वारा लगवाये गये संगमरमर पत्थर के राम चरण-चिन्ह मिलते हैं, जिन पर समस्त मंगल चिन्ह उकेरे गये हैं। यह प्रयास स्तुत्य है, अन्यथा ऐसे जर्जर हो चुके तीर्थों में कोई भी साक्ष्य ढूँढ पाना अब दुर्लभ होता जा रहा है।

इसी तरह गौरा घाट के समीप पुरवा चकिया स्थान पर भी यह पट्टिका मौजूद है, जो राम के दूसरे विश्राम-स्थल के रूप में चिन्हित की जाती है। इस तरह देखने पर गौरा घाट के समीप तीन स्थानों पर राम वन गमन मार्ग के सूत्र मिलते हैं, जो सभी कहीं न कहीं तमसा के तट से अपना सम्बन्ध बनाते हैं।

साभार : 'श्रीराम सांस्कृतिक शोध संस्थान न्यास, नयी दिल्ली' द्वारा स्थापित राम वन गमन मार्ग की सूची पट्टिका के अध्ययन, स्थान के सर्वेक्षण तथा स्थानीय निवासी अजय कुमार शर्मा से बातचीत के आधार पर इस अंक के सम्पादक यतीन्द्र मिश्र द्वारा लिखी गयी टिप्पणी। पहली बार प्रकाशित।

श्रीराम वन-गमन मार्ग का चौथा तीर्थ : सूर्यकुण्ड

रामपुर भगन

श्रीराम वन-गमन मार्ग के स्थल के रूप में चिन्हित इस चौथे तीर्थ 'सूर्यकुण्ड' की महत्ता सूर्य नारायण की उपासना से अधिक राम कथा के अर्थ में आँकी जाती है। इस स्थल पर जो विशाल कुण्ड पूर्व-पश्चिमाभिमुख है, उसे ही सूर्य कुण्ड की मान्यता प्राप्त है।

इस कुण्ड में पर्याप्त जल है, मगर वह पूरी तरह प्रदूषित है और असंख्य खर-पतवारों से अटा पड़ा है। यहाँ पर प्रतिवर्ष भाद्रपद मास के बड़े इतवार के दिन मेला लगता है। 'सूर्य कुण्ड तीर्थ' तक पिपरी-जलालपुर मोड़ से तारुन को जाने वाली सड़क पर रामपुर भगन बाज़ार में स्थित प्राथमिक विद्यालय-ऊँचगाँव, शिक्षा-क्षेत्र तारुन, जिला फ़ैज़ाबाद के बगल दक्षिण दिशा को जाने वाली सड़क से पहुँचा जा सकता है।

इस कुण्ड के समीप एक पुराना सा मन्दिर अवश्य मौजूद है, जिसके भीतर सूर्य देव की प्रस्तर प्रतिमा मौजूद है। सूर्य के सम्मुख द्वारपाल के रूप में यहाँ हनुमान की प्रतिमा विराजमान है। फिर भी, पुरातात्त्विक आधार पर यह प्रतिमाएँ बहुत प्राचीन प्रतीत नहीं होतीं। सामने ही एक नये मन्दिर में शिवलिंग भी स्थापित है। यह निर्माण सम्भवतः बहुत बाद का है। इन दोनों ही मन्दिरों का रख-रखाव और पूजा-अर्चना यहाँ पर रहने वाली राजकली और उसका पुत्र रामकेवल यादव करते हैं।

इस स्थल पर भी रामावतार शर्मा के 'श्रीराम सांस्कृतिक शोध संस्थान न्यास, नयी दिल्ली' द्वारा स्थापित राम वन-गमन मार्ग की सूची पट्टिका मिलती है। साथ ही, इसी संस्थान द्वारा लगवाये गये संगमरमर पत्थर के राम चरण-चिन्ह

मिलते हैं, जिन पर समस्त मंगल चिन्ह उकेरे गये हैं।

साभार : श्रीराम सांस्कृतिक शोध संस्थान न्यास, नयी दिल्ली' द्वारा स्थापित राम वन गमन मार्ग की सूची पट्टिका के अध्ययन तथा स्थान के सर्वेक्षण के आधार पर इस अंक के सम्पादक यतीन्द्र मिश्र द्वारा लिखी गयी टिप्पणी। पहली बार प्रकाशित।

राम की जल समाधि का स्थल : गोप्रतार घाट

चक्रहरि एवं गुप्तहरि (हरि-स्मृति) मन्दिर

प्राचीन अयोध्या के पश्चिमी छोर पर वर्तमान में फ़ैज़ाबाद के छावनी क्षेत्र में सरयू नदी के तट पर प्रसिद्ध तीर्थ गोप्रतार घाट स्थित है। पौराणिक ग्रन्थों से ज्ञात होता है कि प्राचीनकाल में हुए देवासुर संग्राम में देवताओं की पराजय हुई थी, जिसके बाद ब्रह्मा और शिव के निर्देशन में सभी देवगण विष्णु के पास गये। विष्णु ने देवों से राक्षसों पर विजय हेतु अयोध्या में तपस्या करने का निर्देश दिया तथा स्वयं विष्णु ने भी गुप्त रूप से गोप्रतार घाट पर आकर तप किया। 'रुद्रयामलीय अयोध्या माहात्म्य' जैसे पौराणिक ग्रन्थ के अनुसार– जिस स्थान पर भगवान विष्णु ने गुप्त रूप से तप किया, वह स्थान 'गुप्तहरि' का प्रतिनिधि स्थल है तथा जिस स्थल पर उनके हाथ का सुदर्शन चक्र भूमि पर गिरा, वह स्थान 'चक्रहरि तीर्थ' के नाम से प्रसिद्ध हुआ। इन्हीं की स्मृति में यहाँ प्राचीन काल में 'हरि-स्मृति' मन्दिर का निर्माण हुआ। इसके अतिरिक्त इस स्थान की धार्मिक महत्ता का उल्लेख कालजयी कवि कालिदास ने अपने ग्रन्थ 'रघुवंशम' के सर्ग-15, छन्द-101 में विस्तृत रूप से किया है।

गोप्रतार घाट (वर्तमान में गुप्तार घाट के रूप में पहचान प्राप्त) के इस पवित्र स्थल पर एक, दो मंजिला भवन स्थित है, जिसके भू-तल पर 'गुप्तहरि' (हरि-स्मृति) तथा प्रथम तल पर 'चक्रहरि' मन्दिर निर्मित है। अपनी ऊँची चारदीवारियों तथा कोनों पर स्थित बुर्ज़ के कारण बाहर से देखने में यह विशालकाय भवन एक किले की भाँति प्रतीत होता है। यह देखना भी महत्त्वपूर्ण है कि 1902 ई. में अयोध्या-फ़ैज़ाबाद के ऐतिहासिक स्मारकों को चिन्हित करने के लिए बनायी गयी 'एडवर्ड अयोध्या तीर्थ विवेचनी

सभा' ने गुप्तहरि और चक्रहरि के लिए जो शिलाखण्ड लगाया, उसकी संख्या 97/98 है।

आस्ट्रियन मिशनरी ली पेयरे जोसेफ टिफेंथलर, जिसने अवध क्षेत्र की 1766 से 1771 ई. के मध्य यात्रा की थी, ने अपनी यात्रा-वृत्तान्त 'हिस्टोरिकल एण्ड जुग्राफिकल डिस्क्रिप्शन ऑफ इण्डिया' (प्रकाशित 1786, भाषा-फ्रेंच) के पृष्ठ-XIV पर गोप्रतार घाट का नक्शा प्रकाशित किया है, जिसमें मन्दिर के वर्तमान भवन को चारों बुर्ज़ सहित स्पष्ट रूप से प्रदर्शित किया है। इसी पुस्तक के 182 पृष्ठ पर टिफेंथलर ने स्पष्ट रूप से गुप्तहरि तीर्थ का उल्लेख करते हुए लिखा है कि– 'विशाल भवन के चारों कोनों पर बुर्ज़ बने हैं। भवन के मध्य में एक खुले स्थल पर एक प्राचीन इमली का पेड़ है, जिसके नीचे एक छिद्रनुमा स्थान है। इसी गड्ढेनुमा स्थान को गुप्तार कहते हैं और माना जाता है कि राम यहीं पर गुप्त हुए थे।' हंस बेकर (डच इतिहासकार) ने अपनी प्रसिद्ध पुस्तक 'अयोध्या' के पृष्ठ 317 पर टिफेंथलर के इस भौगोलिक मानचित्र का उल्लेख किया है। डॉ. राम मनोहर लोहिया अवध विश्वविद्यालय, फ़ैज़ाबाद के मध्यकालीन इतिहास के वरिष्ठ प्रोफेसर डॉ. राम आधार पाण्डेय (अवकाश प्राप्त) का कहना है कि टिफेंथलर द्वारा लगभग 250 वर्ष पूर्व बनाए गये इसके भौगोलिक मानचित्र को ही इस भवन व स्थान की ऐतिहासिकता सिद्ध करने के लिए पर्याप्त माना जाना चाहिए।

वर्तमान भवन के भू-तल पर स्थित मन्दिर में भगवान राम के चरण चिन्ह बने हुए हैं। यह स्थान गुप्तहरि (हरि-स्मृति) के नाम से जाना जाता है। ऐसी मान्यता है कि सरयू नदी में अपने मानव अवतार के रूप में अंतिम पवित्र डुबकी लगाने से पूर्व भगवान राम ने अपनी खड़ाऊँ को यहीं पर उतारा था। भवन के प्रथम तल पर स्थित मन्दिर को 'चक्रहरि मन्दिर' के रूप में पहचान प्राप्त है। इस मन्दिर में ढेरों मूर्तियाँ हैं, लेकिन सबसे प्राचीन मूर्ति भगवान विष्णु की 'श्री चक्रहरि' के रूप में है। डॉ. राममनोहर लोहिया अवध विश्वविद्यालय, फ़ैज़ाबाद के पुरातत्त्व के जाने-माने प्रोफेसर अशोक कुमार मिश्र (अवकाश प्राप्त) इस मूर्ति को नौ सौ वर्षों से अधिक प्राचीन बताते हैं। मन्दिर के इस भाग में भगवान राम, लक्ष्मण, सीता, हनुमान, राधाजी, भगवान कृष्ण, शेष नारायण, लक्ष्मीनारायण, सत्य नारायण, लड्डू गोपाल और गरुण देव की प्रतिमाएँ मौजूद हैं। ऐसा लगता है कि चक्रहरि जी के अतिरिक्त अन्य मूर्तियाँ विभिन्न कालखण्डों में गर्भगृह में स्थापित की गयी होंगी, तथापि इस मन्दिर का स्थापना-काल तथा संस्थापन के बारे में

शोध की आवश्यकता है।

ऐतिहासिक तथ्य बताते हैं कि भूतल पर स्थित 'गुप्तहरि तीर्थ' की सीढ़ियों (घाट की सीढ़ियाँ) का निर्माण अयोध्या के राजा दर्शन सिंह के पुत्र राजा रघुवर दयाल सिंह ने कराया था। इसका उल्लेख एक संस्कृत अभिलेख में दिया गया है, जिसका शिलापट राजा दर्शन सिंह द्वारा गोप्रतार घाट पर बनवाये गये भव्य राम-जानकी मन्दिर के प्रांगण में लगा है। इस मन्दिर का प्राचीन नाम 'ठाकुरद्वारा गुप्तार घाट' है। इस मन्दिर के रख-रखाव का कार्य अयोध्या के राजा प्रताप नारायण सिंह 'ददुआ महाराज' द्वारा 1901 में धार्मिक कार्यों के लिए पंजीकृत ट्रस्ट 'प्रताप धर्म सेतु वक्फ़' द्वारा संचालित किया जाता है। वर्तमान में यह मन्दिर इसी ट्रस्ट द्वारा संचालित है और अयोध्या के राजपरिवार के स्वामित्व के अन्तर्गत आता है। इस मन्दिर की ऐतिहासिकता और कलात्मक स्थापत्य के चलते इसके संरक्षण का दायित्व क़रीब पन्द्रह-बीस वर्ष पूर्व भारत सरकार के पुरातत्त्व विभाग ने अपने अधीन ले लिया है।

साभार : **श्री अयोध्या माहात्म्य : हिन्दी भाषानुवाद व टीका : पाणिनी पाण्डेय, वेद व्याकरणाचार्य, प्रकाशक व मुद्रक : श्रीमती सूर्य्यकला देवी पाण्डेय, श्री जानकीजानि निगमागम निकुंज, अयोध्यापुरी, संस्करण-1975, 2. अयोध्या : हंस बेकर, पब्लिशर - ग्रॉनिनजेन ओरियण टल स्टडीज़, नीदरलैण्ड्स एडीशन, 1986 (अंग्रेजी), 3. हिस्टोरिकल एण्ड जुग्राफिकल डिस्क्रिप्शन ऑफ इण्डिया : ली पेयरे जोसेफ टिफेंथलर, प्रकाशित : 1786, (भाषा-फ्रेंच) 4. फॉरगॉटेन एन्शेण्ट टेम्पल्स ऑफ़ अयोध्या : डॉ. सच्चिदानन्द शुक्ल, द हिन्दुस्तान टाईम्स, अंग्रेज़ी दैनिक समाचार-पत्र में प्रकाशित लेख शृंखला तथा ठाकुरद्वारा गुप्तारघाट में स्थापित संस्कृत अभिलेख से संक्षिप्त व संशोधित रूप में लेने के आधार पर डॉ. सच्चिदानन्द शुक्ल एवं इस अंक के सम्पादक यतीन्द्र मिश्र द्वारा संयुक्त रूप से लिखी गयी टिप्पणी। पहली बार प्रकाशित।**

बिल्वहरि तीर्थ और राजा दशरथ समाधि
बिल्वहरि घाट, पूरा बाज़ार

वर्तमान समय में बिल्वहरि तीर्थ फ़ैज़ाबाद-अम्बेडकरनगर राजमार्ग पर मौजूद पूरा बाज़ार से पूर्व कामता सिंह बालिका इण्टर कॉलेज, राजेपुर के बगल से जाने वाली सड़क पर अन्दर लगभग एक किलोमीटर उत्तर दिशा की ओर सरयू नदी के तट पर स्थित है। फ़ैज़ाबाद परिक्षेत्र के एक प्रमुख वैष्णव तीर्थ के रूप में प्रचलित 'बिल्वहरि तीर्थ' या 'बिल्वहरि घाट' की मान्यता रामकथा विषयक क्षेत्रों में आने वाले एक प्रमुख स्थान के रूप में भी रही है। ऐसा इसलिए है क्योंकि यही वह स्थान है जहाँ राजा दशरथ की समाधि स्थापित है।

डच इतिहासकार हंस बेकर के अनुसार 'बिल्वहरि घाट ही वह तीर्थ है, जहाँ वाचिक परम्परा के अनुसार यह कहा जाता है कि इसी स्थान पर राजा दशरथ का अन्तिम संस्कार सम्पन्न हुआ था।' बेकर इसके प्रमाण में उस चित्रांकन का भी हवाला देते हैं, जिसमें राजा दशरथ और कौशल्या के साथ उनके चारों पुत्र राम, लक्ष्मण, भरत और शत्रुघ्न को एक प्रस्तर खण्ड पर उकेरा गया है। बिल्वहरि के वर्तमान मन्दिर में भगवान विष्णु की कोई प्रतिमा नहीं है, जबकि जो प्रतिमा स्थापित है, वह सम्भवतः राजा दशरथ की ही प्रतिमा जान पड़ती है। वैशाख मास की अमावस्या तिथि को यहाँ उत्सव मनाया जाता है।

बिल्वहरि तीर्थ में मन्दिर परिसर के भीतर ही संगमरमर की बड़ी वेदिका पर चार जोड़े चरण-चिन्ह स्थापित हैं और उसी वेदिका पर तीन पिण्डियाँ भी निर्मित हैं। इस वेदिका पर समाधि-स्थल लिखा है। अलग से एक दूसरी संगमरमर की वेदिका पर एक जोड़ी चरण-चिन्ह स्थापित है, जो इन चारों

की तुलना में बड़ी है। इसी तरह, इस चरण-चिन्ह वेदिका के सम्मुख एक छोटी वेदिका (काले पत्थर से निर्मित) के ऊपर एक जोड़ी चरण-चिन्ह बनी है, जो बाक़ी के चरण-चिन्हों से ज़्यादा कलात्मक है और उसे लाल रंग से रंगा गया है। हालाँकि यह चरण-चिन्ह संगमरमर की है।

हंस बेकर इस तीर्थ के सन्दर्भ में एक रोचक बात यह कहते हैं कि इसका नाम बिल्वहरि इसलिए पड़ा होगा कि अपने नाम के अनुरूप और पुरातत्त्व साक्ष्यों के हिसाब से यह शिव-उपासना का केन्द्र रहा होगा। ऐसा तीर्थ, जिसके हरि का बिल्व-पत्रों और बिल्व-फलों से आराधना की जाती है। आज भी एक हद तक यह एक शैव उपासना केन्द्र ही माना जायेगा, क्योंकि यहाँ के घाट पर दो छोटे मन्दिर ऐसे हैं, जिनमें शिवलिंग स्थापित हैं। हंस बेकर ने वहाँ एक प्राचीन उमा-महेश्वर की प्रस्तर प्रतिमा का होना भी स्वीकारा है, जो कभी इसी तीर्थ में पीपल के पेड़ के पास स्थापित थी। वर्तमान में यह प्रतिमा यहाँ पर उपलब्ध नहीं है। इसके सन्दर्भ में यह कहा जाता है कि लगभग अट्ठाईस-तीस वर्ष पूर्व यहाँ से यह प्रतिमा या तो गायब हुई अथवा खण्डित होने की वजह से सरयू में प्रवाहित कर दी गयी।

हंस बेकर अलग से उस पौराणिक मान्यता को भी तरजीह देते हैं, जिसके अनुसार यह वह स्थान रहा, जहाँ बिल्व नामक एक अति सुन्दर गन्धर्व रहता था और जो नारद मुनि के शाप से एक महिष (भैंसे) के रूप में परिवर्तित होकर अपना शापित जीवन व्यतीत कर रहा था। वह गन्धर्व महिष का रूप धारण कर सरयू के तट पर राम-जन्म की प्रतीक्षा करता हुआ अपना कालक्षेप करने लगा। कालान्तर में जब श्रीराम का जन्म हुआ, तो राम-जन्म का समाचार सुनकर वह सभी श्रापों से मुक्त हो गया और उसे अपना पूर्व सुन्दर शरीर फिर से प्राप्त हुआ।

हंस बेकर के अनुसार ही बिल्वहरि तीर्थ की गणना उन अन्य सप्तहरियों में की जा सकती है, जिसके तहत इसे लेकर अन्य छः हरि मन्दिर क्रमशः 'विष्णुहरि', 'चन्द्रहरि', 'चक्रहरि', 'धर्महरि', 'पुण्यहरि' तथा 'गुप्तहरि' आते हैं। लोक-मान्यता में आज भी इस तीर्थ की महत्ता इस कारण ही सर्वाधिक प्रचलित रही है कि यहाँ भगवान राम के पिता राजा दशरथ की समाधि मौजूद है। 'एडवर्ड अयोध्या तीर्थ विवेचनी सभा' का एक सौ नौ (109) क्रमांक का शिलालेख यहीं पर स्थापित है।

वर्तमान स्थिति में यह तीर्थ क्षेत्र पूरी तरह उपेक्षित है और तमाम प्रकार

से क्षरण को प्राप्त हो रहा है। मन्दिर में स्थापित इसकी जीर्णोद्धार पट्टिका पर सन् 1986 की तिथि पड़ी है, जब फ़ैज़ाबाद के तत्कालीन सांसद निर्मल खत्री ने उस समय के विधायक सुरेन्द्र प्रताप सिंह की अध्यक्षता में इस समाधि-स्थल के जीर्णोद्धार का शुभारम्भ किया था। हालाँकि इस बात को भी बीते हुए तीस वर्ष का समय हो चुका है।

साभार : **1. अयोध्या : हंस बेकर, पब्लिशर - ग्रॉनिनजेन ओरियण्टल स्टडीज़, नीदरलैण्ड्स एडीशन, 1986 (अंग्रेजी), 2. अयोध्या की मूर्तिकला : डॉ. देशराज उपाध्याय, प्रकाशक : शृंखला पब्लिशिंग हाऊस, फ़ैज़ाबाद, संस्करण : 2015, उपर्युक्त दोनों पुस्तकों से संक्षिप्त एवं साभार रूप में लेने के अलावा तीर्थ-क्षेत्र से प्राप्त शिलापट्टिकाओं के आधार पर प्रस्तुत। इस अंक के सम्पादक यतीन्द्र मिश्र द्वारा लिखी गयी टिप्पणी। पहली बार प्रकाशित।**

श्री पुण्यहरि तीर्थ
पुनहद, पूरा बाज़ार

अयोध्या के सप्तहरि तीर्थों में वर्णित अन्तिम हरि तीर्थ के रूप में विख्यात पुण्यहरि तीर्थ क्षेत्र फ़ैज़ाबाद के पूरा बाज़ार विकास खण्ड में ख़ानपुर ग्राम-सभा के अन्तर्गत पुनहद मजरे में स्थित है। पुण्यहरि के नाम पर ही इस स्थान का नाम पुनहर या पुनहद कहलाता है। वर्तमान में यह स्थान पूरा बाज़ार-रसूलाबाद मार्ग पर कृष्णापुर गाँव के मोड़ से अन्दर जाने पर पड़ता है। पुण्यहरि का कुण्ड आज बहुत अच्छी स्थिति में नहीं है, मगर उसमें जल पर्याप्त मात्रा में संचित दिखाई दिया। अलबत्ता यह ज़रूर है कि इसे प्रदूषित होने से बचाये जाने की आवश्यकता है।

पुण्यहरि तीर्थ में भगवान विष्णु की कोई प्रतिमा स्थापित नहीं है, बल्कि मिट्टी से किसी ऋषि की बैठी हुई स्तूपाकार आकृति बनी है, जिसे स्थानीय लोग परम्परा में 'बन्धु बाबा' कहते हैं। वहाँ गाँव में यह मान्यता है कि प्रभु राम के वनवास से लौटने के उपरान्त अयोध्या क्षेत्र में प्रवेश से पहले चारों बन्धुओं राम, लक्ष्मण, भरत और शत्रुघ्न के मिलन का स्थल यही स्थान रहा है, इसलिए इसे 'बन्धु बाबा का स्थान' भी कहा जाता है। हालाँकि यह स्थापना प्रचलित अयोध्या माहात्म्य, स्कन्द पुराण या हंस बेकर की किताबों से प्राप्त नहीं होती। यह एक लोक-मान्यता है, जिसके चलते आजकल पुण्यहरि तीर्थ से ज़्यादा लोग इसे 'बन्धु बाबा का स्थान' के रूप में ही जानते हैं। इसकी पौराणिकता के साक्ष्य के रूप में कुण्ड के समीप मौजूद 'एडवर्ड अयोध्या तीर्थ विवेचनी सभा' का 111 क्रमांक का शिलालेख आज भी स्थापित है, जो पुण्यहरि की ऐतिहासिकता को स्पष्ट करता है।

श्री पुण्यहरि कुण्ड के बारे में यह धारणा भी मान्यता के रूप में व्याप्त है

कि इसके मृतिका लेपन और जल-स्नान से चर्म रोग का शमन होता है और पाण्डु-रोग (पीलिया) से मुक्ति मिलती है।

इतिहास अध्येता डॉ. देशराज उपाध्याय के अनुसार– 'पुनहद ग्राम और पुण्यहरि तीर्थ किसी विशिष्ट ग्रामीण व नागर संस्कृति के अवशेष को अपने भीतर संजोए हुए लगते हैं, क्योंकि यहाँ पहुँचने पर जिस तरह यह क्षेत्र ऊँचे टीले पर अवस्थित मिलता है और गाँव के दक्षिण में मौजूद एक प्राचीन वैष्णव खण्डित प्रतिमा के साथ अनेक छोटी-बड़ी मूर्तियाँ प्राप्त होती हैं, उसके चलते यह बहुत सम्भव है कि कभी यहाँ इस तीर्थ क्षेत्र में कोई प्राचीन मन्दिर या वैष्णव स्थापत्य निर्मित रहा होगा।' इस तर्क की स्थापना में भी श्री पुण्यहरि क्षेत्र के बारे में गहरे शोध की आवश्यकता है।

फिलहाल इस तीर्थ के सन्दर्भ में यह सन्तोषजनक है कि वर्तमान में वहाँ तक पहुँचने के लिए सी.सी. मार्ग का निर्माण हो चुका है और कुण्ड के समीप पुण्यहरि तीर्थ पर संगमरमर के पत्थर लगवाने का कार्य चल रहा है। स्थानीय विधायक एवं वन राज्य मंत्री श्री तेज नारायण पाण्डेय 'पवन' के प्रयासों से इस स्थान का जीर्णोद्धार और साफ-सफाई की व्यवस्था व्यापक स्तर पर हो रही है। इस तीर्थ के जीर्णोद्धार की शुरुआत सन् 2002 में तत्कालीन विधायक श्री लल्लू सिंह के प्रयासों से हुई थी।

साभार : 1. श्री अयोध्या माहात्म्य : हिन्दी भाषानुवाद व टीका : पाणिनी पाण्डेय, वेद व्याकरणाचार्य, प्रकाशक व मुद्रक : श्रीमती सूर्य्यकला देवी पाण्डेय, श्री जानकीजानि निगमागम निकुंज, अयोध्यापुरी, संस्करण-1975, 2. अयोध्या दर्पण- ब्रह्मचारी श्री भगीरथ राम जी, प्रकाशक : भक्ति साहित्य सुरक्षा समिति, गोकुल भवन, वशिष्ठ कुण्ड, अयोध्या, संस्करण-चौथा, 1996, 3. अयोध्या की मूर्तिकला : डॉ. देशराज उपाध्याय, प्रकाशक : शृंखला पब्लिशिंग हाऊस, फ़ैज़ाबाद संस्करण : 2015 से संक्षिप्त रूप में लेने के अतिरिक्त स्थानीय निवासी से बातचीत तथा सर्वेक्षण के आधार पर इस अंक के सम्पादक यतीन्द्र मिश्र द्वारा लिखी गयी टिप्पणी। पहली बार प्रकाशित।

फ़ैज़ाबाद : दस्तावेज़-65

पौराणिक महत्त्व के विलुप्त कुण्ड, स्थल एवं आश्रम

श्री नर कुण्ड

दर्शननगर-रसूलाबाद मार्ग पर स्थित मिनी स्टेडियम, बैसिंह से दाहिनी ओर जाने वाली सड़क पर लगभग ढाई-तीन किलोमीटर चलने पर नरियावां गाँव के अन्तर्गत नरकुण्ड का शिलालेख (एडवर्ड अयोध्या तीर्थ विवेचनी सभा) मिलता है। यह शिलालेख वर्तमान में गाँव के मुख्य मार्ग पर ही श्री गोपाल जी श्रीवास्तव के मकान के ठीक सामने लगा है। समीप ही इसका प्राचीन कुण्ड है, जो पूरी तरह मलबे और कूड़े से पटा हुआ है और इसके सफाई और संरक्षण की विशेष आवश्यकता है। 'एडवर्ड अयोध्या तीर्थ विवेचनी सभा' का जो शिलालेख यहाँ लगा है, उसका क्रमांक 46 है और कार्तिक शुक्ल एकादशी को यहाँ स्नान की मान्यता रही है। 'श्री अयोध्या माहात्म्य' के अनुसार 'सूर्यकुण्ड से अग्निकोण में नरियावां ग्राम में नरकुण्ड नामक तीर्थ है। इसके दर्शन मात्र से सब पापों का नाश होता है।'

स्थानीय निवासी बताते हैं कि आज से कुछ वर्षों पूर्व तक इस गाँव तथा अगल-बगल क्षेत्रों के लोग अयोध्या की चौदह कोसी परिक्रमा को इसी नरकुण्ड के तिराहे से उठाते थे और अचारी का सगरा पर जाकर जुड़ते थे। आज यह कुण्ड बेहद दयनीय स्थिति में लगभग लुप्त होने के कगार पर है, जिसके लिए प्रशासनिक स्तर पर भी ध्यान दिये जाने की ज़रूरत है।

श्री नारायण कुण्ड

फ़ैज़ाबाद-इलाहाबाद राजमार्ग पर रोडवेज वर्कशाप मसौधा के ठीक बगल से बायीं ओर जाने वाले गौरा घाट मार्ग पर लगभग पाँच किलोमीटर चलने पर प्राथमिक विद्यालय : रामपुर खण्डासी, शिक्षा-क्षेत्र : मसौधा, फ़ैज़ाबाद

पड़ता है। इससे तक़रीबन दो सौ मीटर आगे बढ़ने पर पड़ने वाले प्राइवेट स्कूल बजरंग बली के ठीक पीछे नारायण कुण्ड या नारायण तीर्थ स्थित है, जो ग्राम-सभा कछौली, विकास खण्ड : पूरा बाज़ार में पड़ता है। कछौली से ही सटा हुआ नारायणपुर गाँव है, जिसका नाम सम्भवतः इसी कुण्ड के नाम पर ही पड़ा होगा। पुराने ग्रन्थों में इसे नारायणपुर ग्राम में स्थापित बताया गया है, मगर वर्तमान में यह कुण्ड व 'एडवर्ड अयोध्या तीर्थ विवेचनी सभा' का इसका शिलालेख, ग्राम-सभा : कछौली के अन्तर्गत ही आते हैं। इसका शिलालेख क्रमांक 87 है और यहाँ भी कार्तिक शुक्ल एकादशी को स्नान और दर्शन की मान्यता है।

आज यह कुण्ड बेहद उपेक्षित अवस्था में लगभग सूखा पड़ा है, लेकिन यह बहुत सम्भव है कि अच्छी बरसात के बाद इसमें कुछ जल-संचयन हर वर्ष जुलाई-अगस्त के माह में हो जाता होगा। इसके ठीक पीछे एक बड़ा ताल या झील है, जिसे स्थानीय लोग 'डोमवा ताल' कहते हैं। पौराणिक मान्यता में तो नर और नारायण दोनों कुण्डों (नरियावां और नारायणपुर की समवेत यात्रा) को मिलाकर की जाने वाली वार्षिक यात्रा सर्वार्थ सिद्धि देने वाली मानी गयी है, परन्तु आज तो यह दोनों तीर्थ अपने अस्तित्व को बचाये रखने में ही असमर्थ हैं। स्थानीय लोग भी नारायणपुर, कछौली और नरियावां गाँवों में इनके बारे में पूछने पर कुछ बता नहीं पाते हैं।

श्री रति कुण्ड एवं श्री कुसुमायुध कुण्ड

फ़ैज़ाबाद से दर्शननगर मार्ग पर स्थित मण्डलीय चिकित्सालय से कुसुमाहा गाँव की तरफ चलने पर दाहिनी ओर कुसुमायुध कुण्ड स्थापित हैं। कुसुमायुध कुण्ड के नाम पर मात्र 'एडवर्ड अयोध्या तीर्थ विवेचनी सभा' का शिलालेख (क्रमांक 89) ही मिलता है, जिसके समीप कुण्ड की दशा अत्यन्त दयनीय है। इस कुण्ड पर बसन्त पंचमी के दिन स्नान करने से सब सुखों की प्राप्ति मानी गयी है।

'श्री अयोध्या माहात्म्य' के अनुसार कुसुमायुध कुण्ड तथा रति कुण्ड, इन दोनों कुण्डों में जो पति-पत्नी सदा साथ स्नान करते हैं, वे दम्पति रति और कामदेव की तरह सदैव सुन्दर बने रहते हैं। रति कुण्ड को भी कुसुमाहा गाँव में ही स्थापित माना गया है, परन्तु यह दुःखद स्थिति है कि रति कुण्ड का कोई भी अवशेष या शिलालेख बहुत ढूँढने, सर्वेक्षण और शोध के बावजूद नहीं मिला। यहाँ पर भी स्नान और दर्शन की तिथि बसन्त पंचमी

ही है। 'एडवर्ड अयोध्या तीर्थ विवेचनी सभा' अपने दस्तावेज़ों में इसका क्रमांक 88 अंकित करता है। इस लिहाज से श्री रति कुण्ड (क्रमांक 88) तथा श्री कुसुमायुध कुण्ड (क्रमांक 89) को एक ही साथ बसन्त पंचमी के दिन कुसुमाहा ग्राम में दर्शन किया जाता था, मगर आज जहाँ रति कुण्ड विलुप्त हो चुका है, वहीं कुसुमायुध कुण्ड भी लगभग समाप्ति की ओर है।

यह देखना भी समीचीन है कि रति और कामदेव पति-पत्नी थे और उनका पर्व बसन्त पंचमी माना जाता है। कुसुमायुध का अर्थ ही कामदेव होता है। इसका आशय ही यह है कि कुसुम के आयुध वाले देवता अर्थात फूलों के बाणों को धारण करने वाले कामदेव। इस तरह वृहद अयोध्या तीर्थ क्षेत्र (चौरासी कोसी परिक्रमा परिधि) के अन्तर्गत रति और कामदेव की प्रतिष्ठा भी पौराणिक अर्थों में यहाँ पर की गयी होगी। इसके बाद भी आज ऐसे तीर्थों की बदहाली और उपेक्षा को देखकर दुःख होता है कि यह दोनों ही कुण्ड अपनी पौराणिकता के बावजूद समाप्त हो चुके हैं, जिसमें रति कुण्ड तो विलुप्त ही है।

श्री योगिनी कुण्ड

'श्री अयोध्या माहात्म्य' के अनुसार इस कुण्ड की अत्यधिक प्रतिष्ठा मानी गयी है, जिसके तहत यहाँ पर चौंसठ योगिनियों का जल में निवास करना बताया गया है। साथ ही इस योगिनी कुण्ड में स्नान और दानादि सत्कर्म से जीवन में सफलता, प्रसन्नता और सुख प्राप्त होता है। तंत्र साधना के अर्थ में भी इस पौराणिक कुण्ड का महत्त्व इस आशय के तहत स्वीकारा गया है कि यहाँ पर यक्षिणी सर्वप्रथम सिद्ध होती हैं। इन सब पौराणिक सन्दर्भों के बावजूद यह कुण्ड समाप्त होकर आज विलुप्त हो चुका है।

श्री योगिनी कुण्ड की भौगोलिक स्थिति दर्शाने वाला 'एडवर्ड अयोध्या तीर्थ विवेचनी सभा' का शिलालेख ही प्राप्त होता है, जो फ़ैज़ाबाद से अयोध्या मार्ग पर बेनीगंज में औद्योगिक प्रशिक्षण संस्थान के भीतर स्थित है। फ़ैज़ाबाद से आने पर आई.टी.आई. के पहले गेट से सीधे अन्दर पचास मीटर बढ़ने पर बायीं ओर बिजली के खम्भे के पास इसका उपेक्षित पत्थर पड़ा है, जो कि आधा से अधिक ज़मीन के भीतर धंस चुका है।

स्थानीय लोग बताते हैं कि आस-पास की महिलाएँ इस शिलापट को देवी रूप में पूजती हैं। वर्तमान में कुण्ड का अस्तित्व तो विलुप्त हो ही चुका है और कुण्ड क्षेत्र में ही एक बाग बना दिया गया है, जो कहीं से भी श्री

योगिनी कुण्ड के यहाँ होने के अस्तित्व को मिटाता ही है।

श्री घृताची कुण्ड

अयोध्या की चौरासी कोसी परिक्रमा के अन्तर्गत स्थित 'घृताची तीर्थ', वर्तमान समय में विकास खण्ड : सोहावल, जनपद : फ़ैज़ाबाद के ग्राम-सभा : हरिबन्धनपुर के अन्तर्गत आता है। फ़ैज़ाबाद-लखनऊ राजमार्ग पर पूरे कीरत कांटा चौराहे से दाहिनी ओर लगभग चार किलोमीटर चलने पर सरयू नदी के तट पर 'घृताची कुण्ड' का शिलालेख स्थापित है। 'एडवर्ड अयोध्या तीर्थ विवेचनी सभा' के इस शिलालेख का क्रमांक 137 है।

आज यह कुण्ड लगभग लुप्त हो चुका है, जिसकी पौराणिकता की पड़ताल हम इसी शिलालेख के माध्यम से कर सकते हैं। अन्यथा इसके अभाव में यह बता पाना मुश्किल होगा कि कभी यहाँ 'श्री घृताची तीर्थ' हुआ करता था, जिसके सन्दर्भ में 'अयोध्या माहात्म्य' में यह कहा गया है कि घृताची नाम की अप्सरा ने पुराकाल में श्री वात्स्य ऋषि की तपस्या को भंग किया था, जिसके फलस्वरूप ऋषि ने उसे शाप दिया। शाप मुक्ति के लिए जब उसने प्रार्थना की तो वात्स्य ऋषि ने उसे सरयू स्नान का आदेश दिया, जिससे उसे श्रापजन्य कुरुपता से मुक्ति मिले। घृताची ने ऋषि के आशीर्वाद से इस परम पुण्य तीर्थ पर स्नान किया और वह शाप मुक्त हुयी। तभी से यह तीर्थ 'घृताची तीर्थ' या 'घृताची कुण्ड' कहलाता है। यहाँ की वार्षिक यात्रा की तिथि पौष शुक्ल चतुर्दशी को मानी गयी है। आज इस स्थान पर बाबा रामदास जी झुग्गी-झोपड़ी की कुटिया बनाकर विगत बारह वर्षों से रह रहे हैं और बताते हैं कि आश्रम के पीछे बरगद के पेड़ के पास ही यह पौराणिक कुण्ड स्थित है। उन्होंने शिलालेख से सटाकर हनुमान जी की एक पाषाण प्रतिमा भी स्थापित कर रखी है, जिसके कारण शिलालेख तो बच गया है, मगर स्पष्ट रूप से दिखायी नहीं देता। पौराणिक कथा के इतने महत्त्वपूर्ण कुण्ड का आज विलुप्त हो जाना दुःखद है, साथ ही अयोध्या माहात्म्य के महत्त्वपूर्ण तीर्थों के सन्दर्भ में भी चिन्ताजनक। इससे अयोध्या-फ़ैज़ाबाद के तमाम ऐतिहासिक स्थलों का क्षय ही होता जा रहा है।

स्थानीय भाषा में घृताची तीर्थ क्षेत्र को 'घियारी' भी कहा जाता है और यहाँ लगने वाले मेले को 'घियारी का मेला' कहते हैं। सूख जाने की वजह से पौराणिक घृताची कुण्ड में स्नान अब सम्भव नहीं रहा। इसीलिए कभी-कभार यहाँ आए हुए श्रद्धालु उस माहात्म्य की फल प्राप्ति के लिए समीप बहने

वाली सरयू नदी की धारा में ही स्नान करते हैं।

श्री निर्मली कुण्ड

पौराणिक गोप्रतार घाट के पास ही निर्मली कुण्ड तीर्थ स्थित है। इस स्थान के बारे में पौराणिक मान्यता यह रही है कि वृत्रासुर को मारकर ब्रह्म-हत्या के दोष से युक्त इन्द्र निर्मली कुण्ड में स्नान कर लेने भर से ही निष्पाप हो गये थे। तभी से निर्मली कुण्ड में स्नान-दान करने से प्राणियों के ब्रह्म-हत्या के पाप नष्ट होते हैं और उन्हें पूर्ण निर्मलता प्राप्त होती है, ऐसा 'श्री अयोध्या माहात्म्य' में वर्णित किया गया है। यहाँ की वार्षिक यात्रा श्रावण मास की पूर्णिमा के दिन मानी गयी है, जिसे लोक-प्रचलित अर्थों में रक्षाबन्धन का पर्व भी कहते हैं।

हालाँकि इतने पौराणिक महत्त्व के तीर्थ निर्मली कुण्ड का अस्तित्व आज लगभग समाप्त है। वहाँ मौजूद 'एडवर्ड अयोध्या तीर्थ विवेचनी सभा' का शिलालेख क्रमांक 95 मिलता है, जो इसकी ऐतिहासिकता की पुष्टि करता है। यह शिलालेख जिस छोटे से मन्दिर परिसर में लगा है, वहाँ पर एक पुराना राम-जानकी मन्दिर भी स्थापित है, जिसकी प्राचीन मूर्तियाँ कई वर्षों पूर्व चोरी हो गयीं। मन्दिर परिसर के समीप ही एक छोटे मण्डप में शिवलिंग स्थापित है, जिसकी प्राचीनता के बारे में कोई भी बात दावे के साथ नहीं कही जा सकती। अयोध्या से सम्बन्धित कई ग्रन्थों में इस बात का उल्लेख भी मिलता है कि निर्मली कुण्ड तीर्थ क्षेत्र स्वामी युगलानन्य शरण जी महाराज की साधना-भूमि रही है।

आज निर्मली कुण्ड का अस्तित्व बचा ही नहीं है, इसलिए सारी पौराणिकता और ऐतिहासिक तथ्यों के बावजूद मन्दिर के सामने पड़ने वाले कुण्डनुमा तालाब को कुण्ड न मानकर सरयू नदी का कछार या विस्तार मानना ही अधिक न्यायसंगत होगा। वर्तमान में इसका जल प्रदूषित है और जलीय वनस्पतियों से अटा पड़ा है।

श्री गौतम आश्रम

फ़ैज़ाबाद-लखनऊ राष्ट्रीय राजमार्ग पर रौजागाँव ओवर ब्रिज के ठीक नीचे बायीं ओर जो सम्पर्क मार्ग रुदौली की ओर जाता है, उस पर आगे लगभग पाँच किलोमीटर अन्दर जाने पर रुदौली (पूर्व प्रचलित समय में रुद्रावली बाज़ार) के मुहल्ला : शेख़ाना दक्षिणी में दाहिनी ओर 'श्री गौतम आश्रम' का

'एडवर्ड अयोध्या तीर्थ विवेचनी सभा' का 124 क्रमांक का शिलालेख लगा है। अन्य विलुप्त आश्रमों और कुण्डों की तरह यह आश्रम भी समाप्तप्राय है और मात्र इस शिलालेख को छोड़कर गौतम ऋषि के आश्रम का कोई भी चिह्न यहाँ दिखाई नहीं देता।

वर्तमान में यहाँ तमसा नदी के तट पर, जो इस आश्रम के समीप कभी निर्मल ढंग से प्रवाहित थीं, आज हिन्दुओं का पक्का श्मशान घाट बना दिया गया है। इसी से सटा हुआ एक नया शिव मन्दिर भी है, जिसमें शिवलिंग के अतिरिक्त गणेश-पार्वती समेत अष्टभुजी देवी, सिंहवाहिनी दुर्गा, चतुर्भुज स्वरूप में सन्तोषी माता और पहाड़ लिए हुए हनुमान की प्रतिमाएँ स्थापित हैं। सभी मूर्तियाँ पत्थर की हैं और इस मन्दिर पर लगी हुयी पट्टिका के अनुसार इसका निर्माण सन् 1993 में हुआ है। इसी तरह इस परिसर में भैरव जी का मन्दिर भी चालीस वर्ष पूर्व स्थापित हुआ, जिसके लिए यहाँ पर कहा जाता है कि एक साध्वी माता जी ने इसे बनवाया था। मन्दिर में सभी प्रतिमाएँ प्रस्तर की हैं, जिनमें गणपति, शिव, हनुमान, काली एवं काल भैरव जी की मूर्तियाँ विराजमान हैं। एक बड़ा त्रिशूल और अवधूतों का संड़सा भी यहाँ गाड़ा गया है। इतने सब निर्माण के बावजूद, जो आज रुदौली के श्मशान घाट का हिस्सा है, प्राचीन 'गौतम आश्रम' से उसका कोई सरोकार नहीं है। इस तरह यह आश्रम भी अपनी पौराणिक स्मृति ही बचाए हुए है। भौतिक रूप से उसका कोई स्वरूप यहाँ दिखायी नहीं देता। इस आश्रम के समीप तमसा का तट भी प्रदूषित और उपेक्षित है।

श्री प्रमोद वन

फ़ैज़ाबाद-लखनऊ राष्ट्रीय राजमार्ग पर कार्यालय क्षेत्रीय वन अधिकारी, रुदौली (बसौढ़ी पौधशाला), फ़ैज़ाबाद के ठीक सामने बसौढ़ी ग्राम को जाने वाले खड़ण्जा मार्ग पर लगभग डेढ़ किलोमीटर चलने पर बसौढ़ी-नेवरा सड़क मिलती है। इसी सड़क से बायीं ओर लगभग सात सौ मीटर चलकर पुनः बाएँ एक किलोमीटर जाने पर ग्राम : लखनीपुर, पोस्ट : हुनहुना, विकास-खण्ड : मवई में 'श्री प्रमोद वन' स्थान प्राप्त होता है।

यह स्थान तमसा नदी के उद्गम स्थल के रूप में प्रचलित और पूजित रहा है। ऐसी लोक-मान्यता है कि प्रसिद्ध तमसा नदी श्री माण्डव्य ऋषि की तपस्या से यहीं प्रकट हुईं थीं। विशाल सरोवर के रूप में उनका उद्गम स्थल इस स्थान पर रहा है, जो वर्तमान में पूरी तरह सूख चुका है। हालाँकि सूखने

के बाद भी तमसा का बड़ा पाट दूर तक दिखाई देता है। 'एडवर्ड अयोध्या तीर्थ विवेचनी सभा' का शिलालेख (क्रमांक 120) यहाँ अवश्य सुरक्षित है, जिस पर श्री प्रमोद वन के अतिरिक्त 'तमसोत्पत्तिस्थान' अंकित है।

यह स्थान भी आज पूरी तरह उपेक्षित और भक्तजनों की पहुँच से दूर चला गया है, क्योंकि अब तमसा की धारा लुप्त होने की वजह से यहाँ लोग स्नान के लिए नहीं आते। इस स्थान से सम्बन्धित एक अच्छी बात मात्र यह दिखाई पड़ी कि पिछले अट्ठाईस वर्षों से यहाँ एक बुजुर्ग सन्त बाबा रामराज रह रहे हैं, जिन्होंने इसी शिलालेख से सटा हुआ हनुमान जी का एक छोटा-सा मन्दिर बनाकर इसे सुरक्षित कर दिया है। वे ही इस शिलापट की सुरक्षा करते हैं और हनुमान जी की पूजा-अर्चना। बाक़ी पौराणिक रूप से व्यक्त 'श्री प्रमोद वन' कहीं से भी ढूँढ़े नहीं मिलता।

श्री रमणक आश्रम

विकास खण्ड : सोहावल, फ़ैज़ाबाद के सुचित्तागंज बाज़ार से आगे नौव्वा कुआँ मार्ग पर चलने पर आगे ग्राम-सभा : पण्डितपुर पड़ती है। इससे थोड़ी ही दूरी पर पौराणिक 'श्री रमणक आश्रम' तीर्थ का शिलालेख मात्र मिलता है, जो 'एडवर्ड अयोध्या तीर्थ विवेचनी सभा' द्वारा लगाया गया था। इसका क्रमांक 136 है।

आज यह आश्रम विलुप्त हो चुका है और इसका शिलालेख श्री रमणक माध्यमिक विद्यालय, पण्डितपुर, सोहावल, फ़ैज़ाबाद के एक कक्ष के भीतर जीर्ण-शीर्ण अवस्था में स्थापित है। यह विद्यालय भी कतिपय विवाद के चलते बन्द है और यह स्थान पूरी तरह निर्जन हो चुका है। इस तरह रमणक आश्रम की ऐतिहासिकता समाप्त हो चुकी है, जिसके लिए 'श्री अयोध्या माहात्म्य' में यह वर्णित रहा कि रमणक जी के स्थान के दर्शन से सब प्रकार के पाप नष्ट होते हैं।

श्री वाल्मीकि आश्रम

वर्तमान में यह आश्रम पूरा बाज़ार के आगे बबुआपुर माझा में सरयू नदी के तट पर निर्जन में स्थित है। सरयू की कटान के चलते मन्दिर की दीवार काफ़ी क्षतिग्रस्त हो चुकी है और आश्रम का मुख्य गर्भगृह बीच से फट गया है। मन्दिर की परिक्रमा भी मुश्किल है और यहाँ पहुँचना आज के समय में भी कठिन हो चला है, क्योंकि यह स्थान ही एकदम निर्जन में पड़ता है।

हालाँकि यहाँ पहुँचने पर प्राकृतिक सुषमा के दर्शन होते हैं, जिसमें आश्रम बढ़िया वृक्षों से आच्छादित दिखाई देता है।

एक स्थानीय विधवा स्त्री यहाँ रहती हैं, जो आश्रम की देख-रेख करती हैं। वैसे हर समय यहाँ आश्रम पर ताला लगा रहता है। इस स्थल की पौराणिकता के बारे में बताने वाला आज कोई नहीं मिलता। 'एडवर्ड अयोध्या तीर्थ विवेचनी सभा' का 108 क्रमांक का शिलालेख यहाँ स्थापित है और फिलहाल सुरक्षित है। इस पौराणिक स्थल की स्थिति अत्यन्त जीर्ण-शीर्ण है और मुख्य मन्दिर कभी भी गिर सकता है, इसलिए यह कहा नहीं जा सकता कि यह स्थान कब तक सुरक्षित बचा रहेगा। 'रुद्रयामलीय अयोध्या माहात्म्य' के एक प्रमुख तीर्थ के रूप में स्वीकृत 'वाल्मीकि आश्रम' भी अन्य प्राचीन आश्रमों, विशेषकर 'गौतम आश्रम', 'रमणक आश्रम' और 'प्रमोद वन' की तरह लगभग समाप्त होने के कगार पर है।

श्री महाभरसर सरोवर

वर्तमान में महोबरा बाज़ार चौराहे से फ़ैज़ाबाद-गोरखपुर राष्ट्रीय राजमार्ग की ओर जाने वाले मार्ग पर लगभग सौ मीटर चलने पर दाहिनी ओर श्री महाभरसर का 'एडवर्ड अयोध्या तीर्थ विवेचनी सभा' का शिलालेख स्थापित है, जिसका क्रमांक 65 है। यहाँ पर भाद्रपद मास की चतुर्दशी को स्नान की परम्परा मानी गयी है। वर्तमान में इस शिलालेख के पीछे लगभग तीस मीटर की दूरी पर एक तालाब उपेक्षित अवस्था में मौजूद है। इसे ही पौराणिक 'श्री महाभरसर' की मान्यता प्राप्त है।

इस सरोवर के बारे में 'श्री अयोध्या माहात्म्य' कहता है कि 'इस स्थल पर विष्णु और शिव मिलकर कुछ मंत्रणा कर रहे थे, इतने में ही महाभर और दुर्भर नामक दो भाई कमल पुष्पों का भार कन्धे पर लिए हुए आए और वहीं पर विश्राम करने लगे। दिव्य कमल पुष्पों को देखकर विष्णु और शिव दोनों प्रसन्न हो गये और इन देवों ने दर्शन देकर दोनों भ्राताओं को कृतार्थ किया और वरदान दिया कि यहीं पर तुम्हारे दोनों के नाम से 'दुर्भरसर' और 'महाभरसर' तीर्थ होंगे, जिनमें स्नान करने वाले स्त्री-पुरुष वांछित फलों को प्राप्त करेंगे।' इसी कारण दोनों भ्राताओं के नामों में 'सर' प्रत्यय लगाकर 'सरोवर' या 'सरणि' की परिकल्पना की गयी है।

इसी मान्यता के तहत पंचकोसी परिक्रमा परिधि पर ही फ़ैज़ाबाद क्षेत्र में महाभरसर सरोवर तीर्थ स्थापित हुआ। वर्तमान में यह सरोवर अपनी क्षीण

उपस्थिति के बावजूद किसी भी प्रकार से श्रद्धालुओं के आगमन का केन्द्र नहीं रह गया है। इस स्थान की पौराणिक मान्यता भले ही बेहद पवित्र रही है, मगर आज यह स्थान इस सरोवर से अधिक महोबरा बाज़ार के नाम से प्रसिद्ध है, जहाँ सप्ताह में दो दिन (बुधवार और शनिवार) स्थानीय बाज़ार लगती है। यह तथ्य भी समझ में आता है कि मोहबरा या मोहबिरा 'महाभर' शब्द का अपभ्रंश होगा।

इसी के साथ श्री भगीरथराम जी ब्रह्मचारी की यह स्थापना भी देखनी चाहिए जिसे वे अपनी पुस्तक 'अयोध्या दर्पण' (संस्करण : 1965, दूसरा) में यह लिखकर स्थापित करते हैं– 'यह दोनों परम पवित्र कुण्ड केवल स्मरणीय हैं।' इस लिहाज से पचास वर्ष पूर्व ही महाभरसर सरोवर की धार्मिक व भौगोलिक उपस्थिति लगभग क्षीण हो चुकी थी और वह सिर्फ़ मान्यताओं में ही संरक्षित रही है। इसी समय यह उल्लेख भी ज़रूरी है कि हम श्री 'दुर्भरसर तीर्थ' की चर्चा इसलिए नहीं कर रहे हैं कि वह अयोध्या की पंचकोसी परिक्रमा परिधि के अन्तर्गत आता है और उस पर विधिवत टिप्पणी अयोध्या से सम्बन्धित ग्रन्थ में अलग से की जायेगी।

वैतरणी तीर्थ

वैतरणी तीर्थ फ़ैज़ाबाद-अम्बेडकरनगर राजमार्ग पर दर्शननगर बाज़ार से आगे बढ़ने पर सूर्यकुण्ड मोड़ से बाएँ फ़ैज़ाबाद-गोरखपुर राष्ट्रीय राजमार्ग को जोड़ने वाले मार्ग पर स्थित ग्राम-सभा : कूढ़ा केशवपुर के पंचायत भवन के ठीक बगल में स्थित है। 'एडवर्ड अयोध्या तीर्थ विवेचनी सभा' का 84 क्रमांक का शिलालेख यहाँ पर स्थापित था, जो कुछ वर्षों से दिखाई नहीं देता। इसके पीछे यही कारण हो सकता है कि सम्भवतः सड़क निर्माण के दौरान यह पट्टिका टूट गयी होगी और उसी क्षेत्र में कहीं मलबे में दबकर लुप्त हो चुकी है। इस बात की तस्दीक वहाँ के निवासी भी करते हैं। वैतरणी तीर्थ को 'श्री अयोध्या माहात्म्य' में विद्याकुण्ड से दक्षिण दिशा में बताया गया है और ऐसी प्राचीन मान्यता है कि इसमें स्नान करने वाला व्यक्ति यमलोक का दर्शन नहीं करता है। इस तीर्थ में वार्षिक यात्रा भाद्रपद मास की पूर्णिमा को मानी गयी है।

वर्तमान में प्रदूषित जल और असंख्य जलीय वनस्पतियों से अटा पड़ा यह सरोवर बेहद उपेक्षित दशा में मौजूद है, जिसमें बरसों से लोग स्नान-कर्म करना छोड़ चुके हैं। कूढ़ा केशवपुर के निवासी श्री राजाराम विश्वकर्मा और

श्री सियाराम यादव से बात करने पर पता चलता है कि काफ़ी वर्षों पूर्व यहाँ पर लोग दान करते थे और वैतरणी में चाँदी और सोने के टुकड़े चढ़ाते थे। इसी के पक्के घाट पर पूजन होता था और ढेरों पण्डे अपने-अपने गौशालों से बछिया लाकर भाद्रपद पूर्णिमा के दिन गोदान करवाते थे। उन्हें याद है कि उनके बचपन में श्रद्धालु यहाँ स्नान करने के अलावा वस्त्र, लोटा और अनाज दान करते थे। जिस समय की वे चर्चा करते हैं, वह पचास वर्ष से कुछ अधिक पूर्व की बात है, जिसे हम पिछली शताब्दी के पचास का दशक कह सकते हैं।

वे लोग यह भी बताते हैं कि आज भी जब चौदह कोसी परिक्रमा में लोग इस मार्ग से गुजरते हैं, तो पुराने दर्शनार्थी, जिन्हें वैतरणी का माहात्म्य पता है, वे आज भी सीधा (अनाज), लोटा और कपड़ा दान करते हैं। अब इस कुण्ड में उतरकर स्नान नहीं होता, मगर वे लोग इसके जल को छूकर माथे पर लगाते हैं। इसके स्नान पर्व और चौदह कोसी परिक्रमा के दिनों में यहाँ पुराने वर्षों में बहुत भीड़ होती थी, जो धीरे-धीरे क्षीण ही हुई है।

अयोध्या के पौराणिक आख्यानों के अनुसार वैतरणी तीर्थ के समीप दो अन्य तीर्थों का भी ज़िक्र आता है, जिनमें 'महाकाली का स्थान' और 'द्रोण कुण्ड' गिने जाते हैं। वर्तमान समय में सर्वेक्षण के दौरान महाकाली का तो स्थान लगभग बीस मीटर पहले ही दाहिनी ओर मिला, जिसका अच्छे ढंग से रख-रखाव हो रहा है। इस स्थान पर दर्शन करने से यह भी ज्ञात हुआ कि स्थानीय लोगों में इस काली चौरे की विशेष मान्यता है और गाँव भर के लोग यहाँ आकर पूजा, अनुष्ठान आदि सम्पन्न करते हैं, परन्तु द्रोण कुण्ड का अस्तित्व अब ढूँढने पर भी नहीं मिलता। इस तरह देखा जाये, तो तमाम अन्य पौराणिक तीर्थों की तरह ही अयोध्या के बाहर, फ़ैज़ाबाद की सीमा से लगे हुए क्षेत्रों में वैतरणी तीर्थ भी धीरे-धीरे जन-मानस की स्मृति से विलुप्त होता जा रहा है।

धोपाप तीर्थ

दर्शननगर से भरतकुण्ड मार्ग को आचारी का सगरा बाज़ार में जहाँ चौदह कोसी परिक्रमा मार्ग विभाजित करती है, 'धोपाप तीर्थ या कुण्ड' स्थित है। यहाँ पहुँचकर एक प्राचीन कुण्ड की पौराणिकता लुभाती है, जो अब उपेक्षा का शिकार है। कुण्ड में उतरने के लिए चारों ओर से पक्की सीढ़ियाँ बनी हैं और चारों कोनों में स्नान के लिए गोल मण्डपनुमा बुर्ज बने हैं। कुण्ड में

प्रदूषित जल है और देखने से यह आभास मिलता है कि बरसों से न तो इस कुण्ड की सफाई हुई है और न ही यहाँ लोगों ने कभी आकर स्नान ही किया है।

कुण्ड का परिसर चहारदीवारी से घिरा है और एक छोटा सा शिव मन्दिर भी यहाँ स्थापित है, जिस पर नये मन्दिर का निर्माण किया गया है। शिवलिंग देखने से प्राचीन नज़र आता है और यहाँ पर स्थानीय लोग आकर पूजा-पाठ करते हैं। मन्दिर के समीप ही एक विशाल पीपल का वृक्ष है, जिस पर पताकाएँ और चुनरियाँ चढ़ी हैं।

धोपाप तीर्थ से यह आशय निकलता है कि इसके कुण्ड में स्नान करने या शरीर धोने से अपने पापों से मुक्ति मिलती है। ऐसी मान्यता है कि किसी साधु-महात्मा ने यहाँ पर धोपाप तीर्थ का आवाहन करके इसकी स्थापना की थी। मान्यता में गंगा दशहरा पर्व के दिन इस कुण्ड में स्नान का पर्व लगने की बात कही जाती है। वर्तमान में इस कुण्ड परिसर को देखकर और आचारी के सगरा पर मौजूद स्थानीय लोगों से बातचीत के आधार पर यह बात समझ में आती है कि इस जगह की पौराणिक मान्यता अब वैसी नहीं रही, जैसी धर्मग्रन्थों में कही गयी है। एक तरह से धोपाप तीर्थ भी धीरे-धीरे ध्यान न दिये जाने के कारण उपेक्षित और बदहाल हो रहा है।

नोट : **उपर्युक्त विलुप्त कुण्डों के सन्दर्भ में यह कहना ज़रूरी लग रहा है कि जहाँ आज सरकारें जल संचयन को लेकर अत्यन्त संवेदनशील हैं तथा उसके संरक्षण व संवर्धन के लिए गाँवों में नये तालाब मनरेगा के तहत खुदवा रही हैं। वहीं, दूसरी ओर यह भी विचारणीय है कि पौराणिक नगरों से सम्बन्धित ढेरों प्राचीन कुण्डों व जल-तीर्थों के संरक्षण पर ध्यान नहीं दिया गया है, जिसके चलते ये प्राचीन जल-संचयन के स्रोत मिट रहे हैं। एक ओर गाँवों में नये तालाब खोदे जा रहे हैं, जबकि उसी समय दूसरी ओर उन्हीं गाँवों में पौराणिक कुण्ड उपेक्षित हैं और उनका अतिक्रमण हो रहा है। ऐसे में एक प्रश्न स्वाभाविक रूप से उठता है कि क्या यह सम्भव नहीं कि नये तालाबों को बनाने के साथ-साथ इन पौराणिक कुण्डों के साफ-सफाई व संरक्षण का कार्य प्रशासनिक स्तर पर सम्भव कराया जाये, जिससे न केवल उनकी पौराणिकता व ऐतिहासिक विरासत संजोयी जा सके, बल्कि वर्तमान समय में उनसे जल-संरक्षण भी सम्भव बनाया जा सके, जो ध्यान न दिये जाने के कारण जल-संचयन के स्रोत होकर भी अपनी सार्थकता नहीं सिद्ध कर पा रहे। – सम्पादक**

साभार : **उपर्युक्त विवेचित सभी कुण्डों, तीर्थों एवं आश्रमों के सर्वेक्षण के आधार पर तथा 1. श्री अयोध्या माहात्म्य : हिन्दी भाषानुवाद व टीका : पाणिनी पाण्डेय, वेद व्याकरणाचार्य, प्रकाशक व मुद्रक : श्रीमती सूर्य्यकला देवी पाण्डेय, श्री जानकीजानि**

निगमागम निकुंज, अयोध्यापुरी, संस्करण-1975, 2. अयोध्या दर्पण- ब्रह्मचारी श्री भगीरथ राम जी, प्रकाशक : भक्ति साहित्य सुरक्षा समिति, गोकुल भवन, वशिष्ठ कुण्ड, अयोध्या, संस्करण-चौथा, 1996 3. अयोध्या : हंस बेकर, पब्लिशर - ग्रॉनिनजेन ओरियण्टल स्टडीज़, नीदरलैण्ड्स एडीशन, 1986 (अंग्रेजी) से संक्षिप्त व संशोधित रूप में लेने के अतिरिक्त स्थानीय निवासियों क्रमशः गोपाल जी श्रीवास्तव, विद्यावती, राम मोल, राम अंजोर, राजा राम विश्वकर्मा, सियाराम यादव, संजय कुमार मांझी, बाबा रामराज, शाह फ़ारुक अहमद, विजय कुमार निषाद, बृजनन्दन निषाद, रघुनन्दन निषाद तथा डॉ. देशराज उपाध्याय से बातचीत के आधार पर इस अंक के सम्पादक यतीन्द्र मिश्र द्वारा लिखी गयी टिप्पणी। पहली बार प्रकाशित।

श्रृंगी ऋषि आश्रम

महबूबगंज बाज़ार, अम्बेडकरनगर

राम-कथा की पौराणिक मान्यताओं के अनुसार श्रृंगी ऋषि ने ही अयोध्या के अधिपति राजा दशरथ को सन्तान प्राप्ति के लिए पुत्र कामेष्टि यज्ञ करवाया था, जिसके तहत उन्हें राम, लक्ष्मण, भरत और शत्रुघ्न जैसे चार श्रेष्ठ व योग्य पुत्र प्राप्त हुए। उन्हीं ऋषि की तपोभूमि के रूप में स्थापित श्रृंगी ऋषि आश्रम की धार्मिक मान्यता अवध क्षेत्र के एक ऐसे प्रमुख तीर्थ क्षेत्र के रूप में होती है, जिसे अयोध्या की चौरासी कोस की परिक्रमा में गिना जाता है। डच इतिहासकार हंस बेकर की 'अयोध्या' के अनुसार– 'इस परिक्रमा के उठाने के तीसरे दिन श्रृंगी ऋषि के आश्रम पर जाकर भक्त और श्रद्धालु विश्राम करते हैं और वहीं से आगे की परिक्रमा बढ़ाते हैं।'

हंस बेकर ने इसकी जो भौगोलिक सीमा दर्शायी है, उसके अनुसार– 'बिल्वहरि घाट से और आगे यह आश्रम साढ़े आठ किलोमीटर पूरब दिशा की ओर सरयू नदी के तट पर स्थित है।' दूसरी ओर, फ़ैज़ाबाद से अकबरपुर (अब अम्बेडकर नगर) मार्ग पर चलते हुए मया बाज़ार पहुँचने पर टाण्डा की ओर जाने वाले मार्ग पर सीधे लगभग छह किलोमीटर चलकर महबूबगंज बाज़ार से शेरवा घाट को जो सड़क जोड़ती है, उस पर लगभग दो किलोमीटर उत्तर की ओर बढ़ने पर हमें यह आश्रम मिलता है।

वर्तमान में आश्रम का 1985 ई. में जीर्णोद्धार शुरु हुआ, जिसके बाद यहाँ पर आना काफ़ी आसान हो गया है। आश्रम के मुख्य पुजारी ऋषि प्रसाद गोस्वामी बताते हैं कि उसके पहले तो यहाँ आना लगभग दुष्कर था, क्योंकि तब तक यह आश्रम बिल्कुल निर्जन जंगल में पड़ता था। आश्रम में दो गुफाएँ हैं, जो समीप ही स्थित हैं और बगल में ही सरयू बहती हैं। एक

गुफा में शृंगी ऋषि की समाधि है, जो देवी पिण्डों की तरह ही उभरे हुए आकार में निर्मित है और इसी तरह अलग से दूसरी गुफा के अन्दर माँ शान्ता की समाधि विद्यमान है। इन दोनों गुफाओं को मन्दिर का प्रारूप दिया गया है और आश्रम में ही इनसे अलग थोड़ी ऊँचाई पर एक प्राचीन शिव मन्दिर भी है। इस शिव मन्दिर के गर्भगृह में मुख्य शिवलिंग मनोहारी दिव्य रूप में उपस्थित हैं। साथ ही, अलग से पंचमुखी शिवलिंग भी स्थापित हैं। इनके अतिरिक्त गर्भगृह में गणेश, पार्वती, हनुमान और नन्दी की मूर्तियाँ भी मौजूद हैं। यह पूरा आश्रम सरयू तट पर स्थित होने के कारण बड़े ही मनोरम तीर्थ के रूप में दिखायी देता है। पुराने समय से आश्रम में यही तीन प्रमुख स्थापत्य (शृंगी ऋषि की गुफा, माँ शान्ता की गुफा तथा महादेव शिवाला) मौजूद रहे हैं, जिनका धीरे-धीरे जीर्णोद्धार भी हुआ है। अलग से बाद में एक रामजानकी मन्दिर भी परिसर में स्थापित हुआ है।

इस आश्रम के सन्दर्भ में दो तिथियाँ सर्वाधिक महत्त्व की हैं, जब यहाँ श्रद्धालुओं की भीड़ होती है। यह दो तिथियाँ– कार्तिक पूर्णिमा और चैत्र रामनवमी हैं। 'एडवर्ड अयोध्या तीर्थ विवेचनी सभा' का एक सौ सात (107) क्रमांक का शिलालेख यहीं पर स्थापित है। इस आश्रम की मान्यता पुत्र प्राप्ति के सन्दर्भ में अधिक प्रचलन में रही है, जिसके अनुसार वहाँ जाकर दर्शन, परिक्रमा और ध्यान-जप करना प्रमुख कृत्य माना गया है। हंस बेकर के अनुसार अधिकतर योगी इस आश्रम को जप-तप के एक प्रमुख साधना-केन्द्र के रूप में देखते हैं।

साभार : अयोध्या : हंस बेकर, पब्लिशर - ग्रॉनिनजेन ओरियण्टल स्टडीज़, नीदरलैण्ड्स एडीशन, 1986 (अंग्रेजी) तथा शृंगी ऋषि आश्रम के वर्तमान मुख्य पुजारी ऋषि प्रसाद गोस्वामी से प्राप्त जानकारियों के आधार पर संक्षिप्त व संशोधित रूप में इस अंक के सम्पादक यतीन्द्र मिश्र द्वारा लिखी गयी टिप्पणी। पहली बार प्रकाशित।

श्री च्यवन आश्रम

कुन्दुर्खाकला, खण्डासा

फ़ैज़ाबाद-लखनऊ राष्ट्रीय राजमार्ग पर रौनाही थाने के ठीक सामने से जो मार्ग ड्योढ़ी बाज़ार की ओर जाता है, उस पर चलते हुए ड्योढ़ी बाज़ार पहुँचकर वहाँ से बायीं तरफ आगे बढ़ने पर पूरे टीका पाण्डेय पहुँचा जा सकता है। पूरे टीका पाण्डेय पहुंचने के बाद वहाँ से फिर बायीं ओर आगे बढ़ने पर कुन्दुर्खाकला ग्राम-सभा (पूर्व प्रचलित नाम : राजा का पुरवा) तक पहुँचा जा सकता है। यहीं पर प्राथमिक विद्यालय : कुन्दुर्खाकला, शिक्षा क्षेत्र : खण्डासा, फ़ैज़ाबाद स्थित है, जिससे थोड़ी दूर पर भीतर लगभग निर्जन में 'च्यवन मुनि आश्रम' स्थित है। वहाँ पहुँचकर इस बात का अन्दाजा लगता है कि जब वर्तमान में इस आश्रम तक पहुँचना श्रम-साध्य कार्य है, तो आज से पचास-साठ वर्ष पूर्व वहाँ जाना कितना दुष्कर रहा होगा। पौराणिक समयों की तो बात ही नहीं कही जा सकती।

च्यवन मुनि आश्रम के नाम पर वहाँ मात्र एक पक्का चबूतरा दिखायी देता है, जिसे हाल के वर्षों में फ़ैज़ाबाद जिला पंचायत के सदस्य श्री कृष्ण कुमार पाण्डेय (खुन्नु) ने जीर्णोद्धार करके सुदृढ़ करा दिया है। गुलाबी रंग से रंगा हुआ यह चबूतरा ही च्यवन मुनि के रहने का स्थान कहा जाता है, जिसके समीप ही 'अयोध्या एडवर्ड तीर्थ विवेचनी सभा' का 123 क्रमांक का शिलालेख भी स्थापित है, जो इस स्थल की पौराणिकता का सत्यापन करता है।

आश्रम परिसर में दो छोटी-छोटी छप्पर की मड़इया बनी है, जो पुरातन कुटियों जैसी ही प्रतीत होती हैं। यहाँ पर बाबा मनोराम जी पिछले आठ वर्षों से कुछ अधिक समय से रह रहे हैं, जो इस आश्रम में पूजा-पाठ व

व्यवस्था देखते हैं। बेहद सादगीपूर्ण ढंग से जीने वाले मनोराम जी के लिए इस आश्रम को ठीक से रख पाना आज कठिन हो चला है, क्योंकि यहाँ पर न तो श्रद्धालु आते हैं और न ही किसी भी तरह से आश्रम को चढ़ावा मिलता है।

च्यवन आश्रम के सामने ही एक सुन्दर सरोवर भी है, जिसे च्यवन कुण्ड कहा जाता है। जून, 2016 माह में वहाँ सर्वेक्षण के दौरान मैंने पाया कि सुन्दर ढंग से पक्के बने हुए इस कुण्ड में पानी नहीं था। शायद बरसात में वहाँ कुण्ड में कुछ जल संचयन हो सके। मनोराम जी ने बताया कि कुछ वर्षों पूर्व यहाँ के प्रधान महादेव ने मनरेगा योजना के अन्तर्गत कुण्ड का सौन्दर्यीकरण करवाया था।

आज भले ही फ़ैज़ाबाद का दस्तावेज़ीकरण करते हुए हमें यह सारे स्थान 'अयोध्या तीर्थ विवेचनी सभा' के शिलालेखों तथा अन्यान्य सन्दर्भों के माध्यम से मिल पा रहे हैं। साथ ही, वहाँ पर मौजूद कुछ बीतरागी सन्तों के कारण स्थानों का अवशेष बचा हुआ है, मगर इस बात की कल्पना करके तकलीफ होती है कि भविष्य में अपनी पौराणिकता के लिए मशहूर ऐसे तमाम स्थानों का कोई चिन्ह शायद रह न जाये। इस सन्दर्भ में प्रशासनिक स्तर पर व्यापक हस्तक्षेप और संरक्षण की ज़रूरत है।

साभार : **इलाके के सर्वेक्षण के आधार पर तथा स्थानीय पुजारी मनोराम से बातचीत के अतिरिक्त इस अंक के सम्पादक यतीन्द्र मिश्र द्वारा लिखी गयी टिप्पणी। पहली बार प्रकाशित।**

श्री पाराशर आश्रम

देवराकोट, सोहावल

फ़ैज़ाबाद-लखनऊ राष्ट्रीय राजमार्ग पर कांटा चौराहा से बायीं तरफ़ ढाई किलोमीटर चलने पर देवराकोट ग्राम-सभा में प्राथमिक विद्यालय देवराकोट, शिक्षा क्षेत्र : सोहावल के बगल में यह आश्रम स्थित है। पौराणिक रूप से विख्यात पाराशर आश्रम आज 'झण्डहवा बाबा' के नाम से अधिक जाना जाता है। कुछ लोग इसे 'डाकोरदास बाबा की कुटिया' के रूप में भी जानते हैं, जो वर्षों पहले यहाँ के स्वनामधन्य महान्त रहे थे। झण्डहवा बाबा का नाम इस स्थान का इसलिए पड़ा क्योंकि आश्रम परिसर में ही एक विशाल बरगद के पेड़ पर उसकी शाखाओं और प्रशाखाओं से कुछ ऐसी आकृति उभरी, जो बिल्कुल पहाड़ उठाए हुए बजरंग बली की लगती है। तभी से इस पेड़ की महत्ता हुई और उतनी भर आकृति को महावीरी से लेपकर हनुमान जी का स्थान बना दिया गया, जहाँ पर हनुमान का झण्डा और पताका चढ़ाये गये। तभी से यहाँ पर अखण्ड रामायण पाठ, सुन्दरकाण्ड पाठ और भागवत कथा वर्ष भर श्रद्धालु कराते रहते हैं।

पाराशर आश्रम के पुराने मन्दिर का जीर्णोद्धार पिछले चार-पाँच वर्षों में हुआ है, जिसे सोहावल तृतीय से जिला पंचायत सदस्य श्रीमती आशा सिंह एवं उनके प्रतिनिधि श्री अर्जुन कुमार सिंह 'गुड्डू' का विशेष सहयोग मिला। वैसे यह स्थान वर्तमान में कई वर्षों से 'श्री मणिराम दास जी की छावनी', अयोध्या की व्यवस्था के अन्तर्गत आता है। इसलिए भी यहाँ पर होने वाली सेवा और पूजा-पाठ नियमित रूप से होती है, जिसे 'श्री मणिराम दास जी छावनी' द्वारा नियुक्त बाबा श्रीराम सेवक दास जी करते हैं। वे ही पच्चीस वर्षों से यहाँ के पुजारी नियुक्त हैं और महान्त श्री बजरंग दास जी के शिष्य

हैं। पाराशर आश्रम में मौजूद प्राचीन मन्दिर में एक बड़ी प्रतिमा चतुर्भुज स्वरूप में भगवान विष्णु की है, जो पत्थर की है। प्रतिमा संयोजन और विग्रह के स्वरूप को देखकर यह अन्दाज़ा लगता है कि यह बेहद प्राचीन मूर्ति है, जो सम्भवतः सात-आठ सौ वर्ष पूर्व की लगती है। विष्णु के सम्मुख ही राम-दरबार की अष्टधातु की प्राचीन प्रतिमाएँ स्थापित हैं, जिनमें राम, लक्ष्मण, भरत, शत्रुघ्न एवं जानकी की प्रतिमाएँ हैं। अलग से हनुमान जी की तीन छोटी-बड़ी मूर्तियाँ भी मौजूद हैं, जो पत्थर की हैं और जिन्हें पारम्परिक रूप से महावीरी से लेप कर रखा गया है।

मन्दिर के सामने ही एक शिवाला है, जिसका भवन तो नया कर दिया गया है, मगर उसमें मौजूद सारी प्रतिमाएँ भी अत्यन्त प्राचीन नज़र आती हैं। इनमें शिवलिंग बेहद सुन्दर ढंग से स्थापित है, जो पंचमुखी स्वरूप में उपस्थित है। साथ ही परिसर में गणेश, पार्वती, लक्ष्मी, महिषासुर मर्दिनी दुर्गा और नन्दी की मूर्तियाँ भी स्थापित हैं। शिवलिंग समेत समस्त प्रतिमाएँ संगमरमर की हैं और देखने में भव्य, आकर्षक और कला की दृष्टि से अनुपम हैं।

पाराशर आश्रम की पौराणिकता की शिनाख़्त कराने वाला ऐतिहासिक 'एडवर्ड अयोध्या तीर्थ विवेचनी सभा' का शिलालेख यहाँ मौजूद है, जो पीपल के पुराने वृक्ष के नीचे लगा हुआ है। इसका क्रमांक 122 है। लोक-मान्यता में यह श्री पाराशर मुनि की जन्मभूमि है और अपनी दर्शनीयता में आज भी उतनी ही सुन्दर और रमणीक है। यहाँ आश्रम में होने वाले तमाम पर्व और अनुष्ठान स्थान की पौराणिकता को आज भी संजोए हुए हैं।

साभार : **इलाके के सर्वेक्षण के आधार पर तथा स्थानीय निवासियों– बाबा राम सेवक दास, संजीव कुमार सिंह तथा जुगल किशोर सिंह से बातचीत के आधार पर इस अंक के सम्पादक यतीन्द्र मिश्र द्वारा लिखी गयी टिप्पणी। पहली बार प्रकाशित।**

श्री श्रवण आश्रम
बारुन बाज़ार, मिल्कीपुर

फ़ैज़ाबाद-रायबरेली राजमार्ग पर बारुन बाज़ार से लगभग दो सौ मीटर पूर्व दायीं ओर अन्दर एक किलोमीटर चलने पर ग्राम-सभा : खिहारन, विकास-खण्ड : मिल्कीपुर, फ़ैज़ाबाद में बायीं ओर रोड पर ही प्राचीन 'श्री श्रवण कुमार आश्रम' स्थित है। 'एडवर्ड अयोध्या तीर्थ विवेचनी सभा' का 121 क्रमांक का शिलालेख यहाँ पर स्थापित है। श्रवण कुमार आश्रम से सटा हुआ पितिया सगरा या सागर है, जिसे पितृ तीर्थ रूपी जलाशय की मान्यता प्राप्त है। कहा जाता है कि पितिया सागर में रविवार या मंगलवार के दिन स्नान करने से शरीर में किसी भी प्रकार का चर्म रोग हो, तो उसका शमन होता है।

ऐसी लोक-मान्यता है कि आश्रम परिसर में ही वह वृक्ष भी है, जिस पर श्रवण कुमार ने अपनी काँवर लटकायी थी। इस वृक्ष को यहाँ के क्षेत्रीय लोग अनजान बिरवा कहते हैं और बहुत पवित्र मानते हैं। आश्रम परिसर में ही एक पुराना मन्दिर है, जिसे विगत वर्षों में मरम्मत और रंग-रोगन से नया किया गया है। इसमें अधिकतम आठ इंच के आकार की पाँच प्राचीन प्रस्तर प्रतिमाएँ स्थापित हैं, जो राम, लक्ष्मण, जानकी, हनुमान और वाल्मीकि ऋषि की हैं। इस आश्रम में पिछले दस वर्षों से कुछ अधिक समय से पुजारी रहे श्री राजेन्द्र कुमार मिश्र बताते हैं कि श्री श्रवण कुमार आश्रम में इन्हीं पारम्परिक प्रतिमाओं की पूजा-अर्चना के अलावा परिसर में मौजूद नीम के पेड़ की भी पूजा होती है और पितिया सागर में लोग स्नान करते हैं। बहुत बाद में स्थापित की गयी काली की प्रतिमा की भी पूजा यहाँ की परम्परा का एक अंग बन गयी है।

नीम के पेड़ के नीचे एक बहुत ही छोटी (लगभग छः इंच) शिव और पार्वती की प्रतिमा है, जिसमें शिव की जटा से गंगा निकलकर पार्वती की ओर वाम भाग में विसर्जित होती हैं। संगमरमर पर उत्कीर्ण यह प्रतिमा बेहद कलात्मक और मूर्ति-कला की दृष्टि से अनुपम है। इसी मूर्ति पर स्थानीय लोग आकर जल चढ़ाते हैं और नीम की पूजा करते हैं।

पुजारी श्री राजेन्द्र कुमार मिश्र बताते हैं कि श्रवण कुमार आश्रम में न तो आज तक कभी कोई चोरी हुई है और न ही कभी यहाँ पर भक्तजनों की मनौती खाली गयी है। स्थानीय लोग इस आश्रम को 'अन्धी-अन्धा आश्रम' के नाम से जानते हैं और इसी नाम से यहाँ आकर इसे पूजते हैं।

साभार : **इलाके के सर्वेक्षण तथा स्थानीय निवासी राजेन्द्र कुमार मिश्र एवं इतिहास अध्येता डॉ. देशराज उपाध्याय से बातचीत के आधार पर इस अंक के सम्पादक यतीन्द्र मिश्र द्वारा लिखी गयी टिप्पणी। पहली बार प्रकाशित।**

विश्वामित्र तपोभूमि
दलपतपुर, मया

फ़ैज़ाबाद-अम्बेडकर नगर राजमार्ग से मया बाज़ार पहुँचकर टाण्डा मार्ग पर मुड़ते ही प्राथमिक विद्यालय : मया, शिक्षा-क्षेत्र : मया बाज़ार, फ़ैज़ाबाद पड़ता है। इसी मार्ग पर आगे लगभग चार किलोमीटर अन्दर जाने पर प्राथमिक एवं पूर्व माध्यमिक विद्यालय दलपतपुर, शिक्षा-क्षेत्र : मया बाज़ार के ठीक सामने विश्वामित्र तपोभूमि का पौराणिक आश्रम स्थापित है।

ऐसी लोक-मान्यता है कि अपने यज्ञादि कर्मों के लिए ऋषि-मुनियों की राक्षसों से सुरक्षा हेतु महर्षि विश्वामित्र राजा दशरथ से उनके दोनों पुत्रों राम और लक्ष्मण को माँगकर अपने आश्रम ले गये थे तथा इन्हीं दोनों राजकुमारों ने विश्वामित्र के आश्रम में रहकर ऋषियों और सन्तों की साधना के लिए असुरों से रक्षा की थी। लोक-परम्परा के तहत यह आश्रम इसी कथा से सम्बन्धित बताया जाता है। इस तथ्य के प्रमाण के लिए हमारे पास पर्याप्त ऐतिहासिक साक्ष्य नहीं हैं, जिससे हम इस आश्रम की ऐतिहासिकता के बारे में कोई दावा कर सकें कि वर्तमान का यही आश्रम विश्वामित्र का पौराणिक आश्रम रहा होगा। फिर भी, आश्रम की निर्जन स्थान पर व्याप्ति, परिसर में मौजूद हनुमान की प्राचीन प्रस्तर प्रतिमा, भव्य यज्ञशाला और कुटिया की रमणीयता आदि देखकर यह अनुमान अवश्य होता है कि यह स्थान काफ़ी पुराना है।

मन्दिर परिसर में हनुमान प्रतिमा जिस गर्भगृह में स्थापित है, उसका अभी हाल के वर्षों में यहाँ के महान्त श्री गोपाल दास ने जीर्णोद्धार करवाया है और वहीं पर राम, लक्ष्मण व जानकी की मनोहारी प्रतिमाएँ स्थापित करायी हैं। उन्हीं की देखरेख में पूरे आश्रम का सौन्दर्यीकरण और विकास पिछले

कई वर्षों से हो रहा है। मन्दिर परिसर काफ़ी बड़े भू-भाग में फैला है, जिसके चारों ओर ऊँची चहारदीवारी भी निर्मित है। वर्तमान में इस मन्दिर के पुजारी श्री बालेश्वर दास हैं, जिनकी उम्र अस्सी वर्ष से कुछ ऊपर है।

साभार : **इलाके के सर्वेक्षण तथा बाबा बालेश्वर दास से बातचीत के आधार पर इस अंक के सम्पादक यतीन्द्र मिश्र द्वारा लिखी गयी टिप्पणी। पहली बार प्रकाशित।**

सूर्य-उपासना का आदिकेन्द्र : सूर्यकुण्ड

दर्शननगर

फ़ैज़ाबाद क्षेत्र के सबसे प्रमुख सूर्य उपासना के केन्द्र के रूप में सूर्यकुण्ड मन्दिर की मान्यता है। यह मन्दिर, अयोध्या और फ़ैज़ाबाद से लगभग समान दूरी पर स्थित दर्शन नगर कस्बे में स्थापित है। इस कुण्ड का निर्माण अयोध्या के पूर्व राजा दर्शन सिंह ने करवाया था, जिनके नाम पर ही इस क्षेत्र का नाम भी 'दर्शन नगर' पड़ा। दर्शन सिंह शाकद्वीपीय ब्राह्मण राजा थे और उन्होंने अपने आदि-देव सूर्य की आराधना एवं कृपाकांक्षा पाने के लिए इस मन्दिर की बड़ी भव्यता के साथ स्थापना करायी थी।

अवधवासी लाला सीताराम की पुस्तक 'अयोध्या का इतिहास' के अनुसार—'शाकद्वीपीय ब्राह्मण सूर्य नारायण की पूजा-उपासना के लिए ही इस देश में आकर बसे थे और ऐसी पौराणिक मान्यता है कि श्रीकृष्ण और जाम्बवती के पुत्र शाम्ब अपने पिता के शाप से कुष्ठ रोग से पीड़ित हो गये थे। इस रोग से मुक्त होने का उपाय उन्हें सूर्य नारायण की उपासना में मिला, जिसके लिए उन्होंने यह संकल्प किया कि सूर्य देव के मन्दिर की स्थापना कराकर एक योग्य ब्राह्मण को उनकी पूजा-अर्चना के लिए वहाँ नियत कर दिया जाये। इस सन्दर्भ में उन्होंने देवर्षि नारद से जब पूछा, तो नारद मुनि ने उनसे इसकी अनुमति के लिए सूर्यनारायण से ही आज्ञा लेने की बात कही। इस पर शाम्ब, सूर्यदेव की तपस्या करने लगे। उनकी तपस्या से प्रसन्न हो सूर्य नारायण ने उनको दर्शन दिया और कहा कि तुम शाकद्वीप चले जाओ और वहाँ तुम्हें ब्राह्मण मिलेंगे, जिन्हें लाकर तुम यह स्थापना और पूजन आरम्भ करा सकते हो। यह सारी कथा शाम्ब ने श्रीकृष्ण से कही और उनकी आज्ञा से गरुण पर सवार होकर वे शाकद्वीप को गये और वहाँ से

अट्ठारह ब्राह्मणों को लेकर आये, जिनसे बाद में भारत में शाकद्वीपियों की वंश बेल फैली।' इसी परम्परा के शाकद्वीपीय राजवंश के महाराजा दर्शन सिंह ने सूर्य मन्दिर और वहाँ पर कुण्डों का निर्माण भी इसीलिए कराया होगा, जिससे सूर्यदेव की कृपा सदैव उनको तथा राजवंश के अन्य सदस्यों समेत समस्त अयोध्यावासियों को मिलती रहे।

सूर्यकुण्ड का यह स्थल प्राचीन काल में अयोध्या में 'घोषार्क तीर्थ' या 'घोषार्क कुण्ड' कहलाता था, ऐसा प्रमाण डच इतिहासकार हंस बेकर की 'अयोध्या' पुस्तक से मिलता है। स्कन्द पुराण (स्कन्द पुराण : गीता प्रेस, गोरखपुर, पृ. 524) के अनुसार– 'उर्वशी कुण्ड के दक्षिण भाग में उत्तम घोषार्क तीर्थ है, जो सब प्रकार के पापों का नाश करने वाला है। पुराण की मान्यता के अनुसार पुराने समयों में घोष नामक एक राजा ने इसी तीर्थ में ऋषि-मुनियों को स्नान और संन्ध्या करते हुए देखा। उस राजा ने भी उसी विधि सम्मत ढंग से इस तीर्थ (कुण्ड) में जाकर स्नान किया जैसा कि ऋषि लोग कर रहे थे। स्नान करते ही इस राजा का शरीर दिव्य हो गया। मुनियों से इस तीर्थ की महिमा जानकर राजा ने सूर्य देव की प्रसन्नता के लिए स्तुति की। इसके फलस्वरूप सूर्य देव ने प्रसन्न होकर उन्हें आशीष दिया। सूर्यदेव आशीष देकर लुप्त हो गये, परन्तु उनके तेज से एक प्रतिमा उत्पन्न हुई, जिसे राजा ने वहीं स्थापित किया।' राजा घोष द्वारा स्थापित होने के कारण ही यह स्थान 'घोषार्क तीर्थ' कहलाता है।

हंस बेकर के मतानुसार– 'वर्तमान में स्थापित सूर्यकुण्ड, फ़ैज़ाबाद-अकबरपुर (अब अम्बेडकरनगर) मार्ग पर वैतरणी के दक्षिण में स्थित है।' वर्तमान मन्दिर पक्के घाटों से सज्जित स्थापत्य का एक सुन्दर नमूना है, जिसमें सूर्य देव की प्रतिमा स्थापित है। सूर्यकुण्ड परिसर में ही एक शिवलिंग भी अलग से एक मन्दिर में स्थापित है। 'एडवर्ड अयोध्या तीर्थ विवेचनी सभा' का पिचासी (85) क्रमांक का शिलालेख यहीं पर स्थापित है।

हंस बेकर ने यह भी वर्णित किया है कि इस स्थान पर पौष मास में मकर संक्रान्ति के दिन दर्शन करने की बड़ी महत्ता है और प्रत्येक रविवार को भी यहाँ दर्शन-पूजन और स्नान की परम्परा रही है। वे यह भी लिखते हैं कि 'धर्मशास्त्र का इतिहास' लिखने वाले पी.वी. काणे के अनुसार– 'मार्गशीर्ष मास में पड़ने वाली रथ सप्तमी या अचला सप्तमी का दिन सूर्य उपासना का श्रेष्ठ दिन होता है। इस दिन व्रत रखने का भी माहात्म्य है।' बेकर इस

ओर भी इशारा करते हैं कि यहाँ पर होने वाला सूर्यकुण्ड का सबसे प्राचीन और बड़ा मेला भाद्रपद मास में सम्पन्न होता है, जब इसी मास की शुक्ल पक्ष की षष्ठी तिथि के बाद का रविवार आता है, जिसे 'बड़ा इतवार' भी कहा जाता है। यह मेला लगभग डेढ़ सौ से भी अधिक वर्षों से सम्पन्न हो रहा है। यह इस परिक्षेत्र का सौर नियमों के अनुसार सबसे प्रतिष्ठित मेला है, जो फ़ैज़ाबाद के एकमात्र दर्शन नगर के इस सूर्यदेव मन्दिर में परम्परागत तरीके से सम्पन्न होता है।

एक दिलचस्प तथ्य की ओर इतिहासकार यह भी इशारा करते हैं कि सूर्यकुण्ड का बड़े इतवार का मेला वाराणसी के लोलार्क कुण्ड के 'लोलार्क षष्ठी मेले' की तरह ही सम्पन्न होता है। कई बार वैदिक पंचांग के अनुसार पड़ने वाले सूर्य ग्रहण के बाद भी यहाँ कुण्ड में स्नान और सूर्यदेव के दर्शन करने की महत्ता मानी जाती है। स्कन्द पुराण और रुद्रयामल की कथाओं के अनुसार– 'सूर्यकुण्ड में दर्शन, स्नान और पूजन का विधान इसलिए भी श्रद्धालुओं में गहरी आस्था का केन्द्र रहा है क्योंकि इस कुण्ड में स्नान करने से उनको कुष्ठ रोग समेत किसी भी प्रकार के चर्म रोग से मुक्ति मिलती है।'

वर्तमान में सूर्यकुण्ड के मेले की व्यवस्था राजा दर्शन सिंह के वंशजों के द्वारा संचालित होती है, जबकि सूर्य-मन्दिर में भोग-राग की व्यवस्था, पूजा-अर्चना एवं रख-रखाव हनुमानगढ़ी, अयोध्या की बसन्तिया पट्टी संचालित करती है। हनुमानगढ़ी के पास जब से इस मन्दिर के भोग-राग-शृंगार की जिम्मेदारी आयी है, तब से वहाँ कुछ और भी मूर्तियाँ स्थापित की गयी हैं। इनमें प्रमुख रूप से सूर्यदेव की प्राचीन प्रतिमा के चरणों के दोनों ओर उनके पुत्र और पुत्री क्रमशः शनि देव और यमुना नदी की अष्टधातु की मनोहारी प्रतिमाएँ स्थापित हैं। वहीं चरण के बगल ही एक काले प्रस्तर फलक पर बेहद सुन्दर और प्राचीन सूर्य प्रतिमा अवस्थित है, जिसके बारे में वर्तमान पुजारी श्री धनुषधारी जी ने यह बताया है कि यह तभी से मौजूद है, जब सूर्यकुण्ड की खुदाई हुई थी और यह उसी खुदाई में निकली हुई प्रतिमा है। सूर्य देव के दाहिनी ओर अदिति माता की संगमरमर की प्रतिमा के अलावा गर्भगृह में ही अलग से कई अन्य मूर्तियाँ भी मौजूद हैं, जिनमें– राम-जानकी, शिव-पार्वती, गणेश, कार्तिकेय, लड्डू गोपाल, हनुमान और शालिग्राम के विग्रह स्थापित हैं। हनुमान की पाँच मूर्तियाँ हैं, जो सभी महावीरी से लिपटी हुई हैं।

यह देखना भी महत्त्वपूर्ण है कि सूर्यकुण्ड में स्थापित भगवान सूर्य की प्रतिमा की तरह ही दूसरी प्रतिमा अयोध्या के राजा दर्शन सिंह ने अपने महल 'राजसदन', अयोध्या में स्थित शिवाला में करायी थी। यह प्रतिमा, उन्होंने अपने आराध्य देव की शिवलिंग के अलावा अन्य मूर्तियों के साथ स्थापित की थी। इस शिवाला में स्थापित शिवलिंग भी उन्हीं के नाम पर 'श्री दर्शनेश्वरनाथ महादेव' के नाम से अवध क्षेत्र में विख्यात हैं। अपने राजमहल में सूर्य प्रतिमा स्थापित करने के पीछे यही कारण हो सकता है कि हर दिन उनका सूर्यकुण्ड तक जाना शायद सम्भव न रहा होगा, इसलिए नित-दर्शन एवं आराधना के लिए उन्होंने सूर्यदेव को महल के प्रांगण में ही विधि-विधान से स्थापित करवाया।

साभार : सूर्यकुण्ड मन्दिर के सर्वेक्षण, 1. अयोध्या : हंस बेकर, पब्लिशर - ग्रॉनिनजेन ओरियण टल स्टडीज़, नीदरलैण्ड्स एडीशन, 1986 (अंग्रेजी), 2. अयोध्या का इतिहास, अवधवासी लाला सीताराम बी.ए., प्रकाशक : आर्य बुक डिपो, नयी दिल्ली, संस्करण : पुनर्मुद्रित - 2001 से संक्षिप्त एवं संशोधित रूप में लेने के अतिरिक्त, राजसदन अयोध्या में मौजूद मन्दिरों से सम्बन्धित दस्तावेज़ों के आधार पर इस अंक के सम्पादक यतीन्द्र मिश्र द्वारा लिखी गयी टिप्पणी। पहली बार प्रकाशित।

फ़ैज़ाबाद : दस्तावेज़-72

श्री त्रिपुरारि

तिहुरा माझा, पूरा

फ़ैज़ाबाद-अम्बेडकर नगर राजमार्ग पर दर्शननगर से आगे बढ़ने पर प्राथमिक विद्यालय तिहुरा, शिक्षा क्षेत्र : पूरा, फ़ैज़ाबाद से बायीं ओर लगभग सौ मीटर जाने पर आगे दाहिनी मुड़ते ही एक सी.सी. मार्ग मिलता है, यहीं 'श्री त्रिपुरारि कुण्ड' स्थित है।

'श्री अयोध्या दर्पण' के अनुसार 'सूर्य कुण्ड पूर्व कुछ दूर सड़क पर तिहुरा ग्राम में श्री त्रिपुरारि महादेव जी का स्थान है। यहाँ पर त्रिपुरारि शंकर जी का पूजन करने से शंकर जी प्रसन्न होकर प्राणियों की सब कामनाओं की पूर्ति करते हैं।' कुण्ड के समीप ही 'एडवर्ड अयोध्या तीर्थ विवेचनी सभा' का 110 क्रमांक का शिलालेख स्थापित है। इसकी वार्षिक-यात्रा कार्तिक पूर्णिमा की तिथि मानी गयी है।

त्रिपुरारि के प्राचीन शिव के मन्दिर का दस वर्ष पूर्व गाँव वालों ने चन्दे से पुनर्निमाण कराया है और उसी प्राचीन शिवलिंग को स्थापित किया है, जो कभी इस तीर्थ में यहाँ मौजूद शिवाले में विराजमान था। यह मन्दिर तिहुरा गाँव से दक्षिण की ओर सटा हुआ है और ग्राम-सभा : तिहुरा के अन्तर्गत आता है। तिहुरा गाँव कहीं न कहीं त्रिपुरारि का अपभ्रंश भी जान पड़ता है, जिसका नाम सम्भवतः इस प्राचीन तीर्थ के कारण ही पड़ा होगा।

त्रिपुरारि मन्दिर के अलावा यहाँ पर स्थापित कुण्ड उसी तरह उपेक्षित और प्रदूषित हो रहा है, जिस तरह बाक़ी के अन्य पौराणिक कुण्ड नष्ट होते जा रहे हैं। इस ओर प्रशासनिक स्तर पर गम्भीरतापूर्वक ध्यान दिये जाने और संरक्षण की आवश्यकता है।

साभार : इलाके के सर्वेक्षण तथा अयोध्या दर्पण- ब्रह्मचारी श्री भगीरथ राम जी, प्रकाशक : भक्ति साहित्य सुरक्षा समिति, गोकुल भवन, वशिष्ठ कुण्ड, अयोध्या, संस्करण-चौथा, 1996 से संक्षिप्त व साभार रूप में लेने के अतिरिक्त स्थानीय निवासी रामपियारे वर्मा और राजकुमारी से बातचीत के आधार पर इस अंक के सम्पादक यतीन्द्र मिश्र द्वारा लिखी गयी टिप्पणी। पहली बार प्रकाशित।

श्री मंत्रेश्वर तीर्थ तथा गिरिजा कुण्ड
जनकौरा

अयोध्या की चौदह कोसी परिक्रमा क्षेत्र में पड़ने वाले जनकौरा (आजकल जनौरा गाँव के नाम से प्रचलित) में दो प्रमुख तीर्थ आते हैं, जिनका उल्लेख 'एडवर्ड अयोध्या तीर्थ विवेचनी सभा' के शिलालेख भी करते हैं। इनमें गिरिजा कुण्ड (शिलालेख क्रमांक 91) और श्री मंत्रेश्वर (शिलालेख क्रमांक 92) हैं।

जनौरा का अर्थ जनकपुर है, जो जनकौरा का अपभ्रंश रूप होकर लोक मानस में इसी नाम से प्रचलित हो गया है। लाला सीताराम की 'अयोध्या का इतिहास' किताब में इस आशय का यह वर्णन मिलता है कि राम के युग में जब महाराज जनक अयोध्या आते थे, तो अयोध्या के बाहर यहीं ठहरते थे। पारम्परिक रूप से बेटी के घर सनातन धर्म को पालन करने वाले लोग नहीं रुकते, इसी मान्यता निर्वाह के चलते जनक भी अयोध्या की बाहरी सीमा में आने वाले जनकौरा ग्राम में ठहरते थे। इस कारण यहाँ पर बसे हुए क्षत्रिय समुदाय के लोग अपने को रामचन्द्र के उपासक के रूप में देखते हैं।

स्कन्द पुराण में वर्णित कुसुमायुध कुण्ड से पश्चिम दिशा की ओर जिस मंत्रेश्वर तीर्थ की बात कही गयी है, वह यही मंत्रेश्वर महादेव का मन्दिर है, जो फ़ैज़ाबाद के जनौरा गाँव में स्थित है। आज इस तीर्थ में मुख्य गर्भगृह में जिस विराट शिवलिंग की पूजा होती है, उसे अभी हाल के वर्षों में ही प्रतिष्ठित किया गया है। मुख्य शिवलिंग जिसे मंत्रेश्वर महादेव की मान्यता प्राप्त है, वह मन्दिर परिसर में ही एक किनारे पीपल के पेड़ के नीचे एक छोटे से मण्डप में रख दिया गया है। यह पत्थर की प्राचीन प्रतिमा एकमुखी

शिवलिंग की है। यह शिवलिंग अत्यन्त उपेक्षित हालत में मन्दिर परिसर में मौजूद है, जबकि मुख्य गर्भगृह में स्थापित नये शिवलिंग के चारों ओर अन्य देवी-देवताओं की मूर्तियाँ भी स्थापित की गयी हैं, जिनमें गणपति, कार्तिकेय, दुर्गा, शिव-पार्वती, हनुमान तथा नन्दी विद्यमान हैं। अलग से एक हनुमान प्रतिमा और है, जो महावीरी से पुती हुई पारम्परिक ढंग से उपस्थित है। मन्दिर के गर्भगृह से बाहर न्किलते ही एक अष्टकोणीय बड़ा हवन कुण्ड बनाया गया है, जो नये समय का निर्माण है।

'रुद्रयामल अयोध्या माहात्म्य' में यह वर्णित है कि इस पृथ्वी पर श्री मंत्रेश्वर महादेव के समान अन्य कोई तीर्थ नहीं है—'मन्त्रेश्वर समं लिङ्गं न भूतं न भविष्यति'। मंत्रेश्वर का प्राचीन शिवलिंग चूँकि एक मुख लिंग है, अतः यह कहा जा सकता है कि मुख लिंग के निर्माण की परम्परा के अनुसार यह अत्यन्त प्राचीन होगा। वैसे भी मान्यता के अनुसार इसे स्वयं भगवान राम द्वारा स्थापित माना जाता है। विष्णु धर्मोत्तर पुराण में एक से पाँच मुखी शिवलिंगों के निर्माण की विधि वर्णित है। उस पुराण के अध्ययन से मंत्रेश्वर की प्राचीनता के साथ-साथ उनके प्रतिमा-विज्ञान (Iconography) को समझा जा सकता है।

मन्दिर के बाहर से प्रवेश करने पर अवध की पारम्परिक स्थापत्य कला के दर्शन होते हैं, जिनमें फूल, पत्तियाँ, कमलदल और आलेखन के ऊपर नवाबी शासनकाल में अवध का राजचिन्ह मछलियों का एक जोड़ा भी निर्मित है। मंत्रेश्वर तीर्थ के समीप ही पुराना और धार्मिक रूप से मान्य गिरिजा कुण्ड भी निर्मित है, जिसकी परिक्रमा व स्नान के लिए अक्षय नवमी का पर्व निर्दिष्ट है। आजकल स्थानीय निवासियों की मदद से और जनौरा ग्राम की प्रधान श्रीमती सुनीता सिंह के नेतृत्व में गिरिजा कुण्ड की सफाई का कार्य हो रहा है, जिसमें मन्दिर परिसर का सौन्दर्यीकरण भी शामिल है।

फिलहाल तो यह दोनों तीर्थ ही जनौरावासियों के उत्साह और प्रयास से संरक्षित किये जा रहे हैं, मगर यह बात कष्टकारी है कि प्राचीन शिवलिंग का पर्याप्त संरक्षण नहीं हो रहा।

साभार : 1. श्री अयोध्या माहात्म्य : हिन्दी भाषानुवाद व टीका : पाणिनी पाण्डेय, वेद व्याकरणाचार्य, प्रकाशक व मुद्रक : श्रीमती सूर्य्यकला देवी पाण्डेय, श्री जानकीजानि निगमागम निकुंज, अयोध्यापुरी, संस्करण-1975, 2. अयोध्या दर्पण- ब्रह्मचारी श्री

भगीरथ राम जी, प्रकाशक : भक्ति साहित्य सुरक्षा समिति, गोकुल भवन, वशिष्ठ कुण्ड, अयोध्या, संस्करण-चौथा, 1996, 3. अयोध्या की मूर्तिकला : डॉ. देशराज उपाध्याय, प्रकाशक : शृंखला पब्लिशिंग हाऊस, फ़ैज़ाबाद संस्करण : 2015 से संक्षिप्त रूप में लेने के अतिरिक्त स्थानीय निवासी मनीष सिंह और विनीत सिंह से बातचीत के आधार पर इस अंक के सम्पादक यतीन्द्र मिश्र द्वारा लिखी गयी टिप्पणी। पहली बार प्रकाशित।

फ़ैज़ाबाद : दस्तावेज़-74

श्री दुग्धेश्वर तीर्थ तथा समीपवर्ती पौराणिक कुण्ड

दराबगंज

फ़ैज़ाबाद से बीकापुर तहसील पहुँचने पर कोतवाली, बीकापुर के ठीक सामने जाना बाज़ार जाने वाली सड़क पर लगभग दो-तीन किलोमीटर के बाद दराबगंज बाज़ार पड़ती है। इसी क्षेत्र में श्री दुग्धेश्वर तीर्थ स्थापित है, जहाँ सनातन काल से उपस्थित स्वयंभू शिवलिंग की प्रतिमा मिलती है। इन्हें ही दुग्धेश्वर महादेव कहा जाता है। 'एडवर्ड अयोध्या तीर्थ विवेचनी सभा' का 117 क्रमांक का शिलालेख यहाँ स्थापित है। इसके अनुसार ज्येष्ठ शुक्ल चतुर्दशी के दिन यहाँ दर्शन, पूजन तथा रुद्राभिषेक की विशेष मान्यता है। वर्तमान में दुग्धेश्वर महादेव का नये ढंग से टाईल्स द्वारा मरम्मत किया हुआ छोटा मन्दिर 'सीता कुण्ड' के समीप ही स्थापित है।

ऐतिहासिक मान्यता के अनुसार श्रीराम के पूर्वज महाराज रघु का जन्म इन्हीं दुग्धेश्वर की कृपा से हुआ था। वशिष्ठ मुनि की गौ नन्दिनी के स्तनों से प्रवाहित दुग्धधारा से भगवान आशुतोष प्रकट हुए थे, जिनकी प्रतिष्ठा के लिए श्रीराम चन्द्र ने इस शिवलिंग की स्थापना श्री दुग्धेश्वर के रूप में की। यह कथा स्कन्द पुराण के पूर्वोक्त खण्ड में दी गयी है।

दुग्धेश्वर तीर्थ के बारे में सबसे महत्त्वपूर्ण बात यह है कि इस तीर्थ के समीप लगभग एक किलोमीटर परिधि के मध्य छः कुण्ड स्थापित हैं, जिनकी स्थापना अपने-अपने नामों के स्वरूप उनके देवों ने की थी। इनमें 'राम कुण्ड', 'सीता कुण्ड', 'हनुमान कुण्ड', 'विभीषण कुण्ड', 'सुग्रीव कुण्ड' तथा 'भैरव कुण्ड' आते हैं। 'एडवर्ड अयोध्या तीर्थ विवेचनी सभा' के अनुसार शिलालेखों के क्रमांक क्रमशः इस तरह हैं– श्री हनुमान कुण्ड (शिलालेख क्रमांक 112), विभीषण कुण्ड (शिलालेख क्रमांक 113), सुग्रीव कुण्ड (शिलालेख क्रमांक

114), राम कुण्ड (शिलालेख क्रमांक 115), सीता कुण्ड (शिलालेख क्रमांक 116)। इन सभी कुण्डों में विशेष पर्व का दिन भाद्रपद मास की शुक्ल चतुर्दशी है। इनसे अलग भैरव कुण्ड (शिलालेख क्रमांक 118) भी दुग्धेश्वर क्षेत्र में स्थापित है, मगर उसका विशेष पर्व भैरवाष्टमी के दिन (मार्गशीर्ष कृष्ण पक्ष की अष्टमी) को माना जाता है।

वर्तमान समय में इन सारे कुण्डों का जल सूख चुका है और अब यह सारे स्थान पहचान के रूप में मात्र शिलालेखों के द्वारा ही जाने जा सकते हैं। हर एक कुण्ड का अस्तित्व समाप्त हो चुका है और अधिकतर जगहों पर खेतों के मध्य या कि अत्यन्त प्रदूषित स्थिति में यह सारे शिलाखण्ड स्थापित हैं। मात्र सीता कुण्ड ही ऐसा बचा है, जहाँ पर जल उपस्थित है और उसके दक्षिण तट पर ही दुग्धेश्वर मन्दिर निर्मित है। स्थानीय निवासियों से बातचीत के आधार पर यह भी ज्ञात होता है कि दुग्धेश्वर तीर्थ में आज भी महाशिवरात्रि के पर्व पर मेला लगता है। आजकल इस मन्दिर की देख-रेख और पूजा का काम बिलौता देवी कर रही हैं और उनसे पहले उनके पति स्वर्गीय दूधनाथ गोस्वामी इस मन्दिर के सेवक या पुजारी रहे थे। मन्दिर जिस तरह विशाल बरगद के पेड़ से सटा हुआ है और पेड़ की ऊँचाई तक पुराने ढंग की मोटी ईंटें आज भी भीतर धंसी हुई मिलती हैं, उससे इस बात का कयास लगाया जा सकता है कि कभी यह मन्दिर कुछ और भव्य और इस वटवृक्ष से सटकर रहा होगा।

दुग्धेश्वर की मान्यता में 'भैरव कुण्ड' का माहात्म्य भी आज तक इसलिए बचा हुआ है क्योंकि ऐसी लोक-परम्परा रही है कि सुदूर यात्रा से वापस आने पर, पहले घर से दूर स्थित देव स्थान पर उपासना करके गृह या ग्राम में प्रवेश करना चाहिए। इस मान्यता का अनुसरण करते हुए चौदह वर्षों के वनवास के उपरान्त जब भगवान राम अयोध्या में पहली बार लौटे, तो उससे पूर्व ही इसी स्थान पर उन्होंने भैरव जी की उपासना करके नगर आगमन किया था। राम के मंगल आगमन के अर्थ में भी यह तीर्थ उल्लेखनीय ढंग से श्रद्धालुओं में पूज्य माना जाता है। बावजूद इसके, आज 'भैरव कुण्ड' के नाम पर शिलालेख को छोड़ कुछ भी मौजूद नहीं है। जो ज़मीन खेत के रूप में वहाँ दिखाई पड़ती है, वह ग्राम समाज की है। पूजन, स्नान की विधि का यहाँ लोप हो चुका है।

साभार : 1. श्री अयोध्या माहात्म्य : हिन्दी भाषानुवाद व टीका : पाणिनी पाण्डेय, वेद व्याकरणाचार्य, प्रकाशक व मुद्रक : श्रीमती सूर्य्यकला देवी पाण्डेय, श्री जानकीजानि निगमागम निकुंज, अयोध्यापुरी, संस्करण-1975, 2. अयोध्या दर्पण- ब्रह्मचारी श्री भगीरथ राम जी, प्रकाशक : भक्ति साहित्य सुरक्षा समिति, गोकुल भवन, वशिष्ठ कुण्ड, अयोध्या, संस्करण-चौथा, 1996 से सन्दर्भ लेने के अतिरिक्त स्थान के सर्वेक्षण तथा स्थानीय निवासी सुनील गोस्वामी, रामअचल निषाद एवं वासुदेव निषाद से बातचीत के आधार पर इस अंक के सम्पादक यतीन्द्र मिश्र द्वारा लिखी गयी टिप्पणी। पहली बार प्रकाशित।

श्री पृथ्वीश्वर तीर्थ
करमदाण्डा, पटखौली

करमदाण्डा पुरास्थल, फ़ैज़ाबाद-रायबरेली राजमार्ग पर चलते हुए मिल्कीपुर तहसील के पहले पटखौली चौराहे से सड़क के बायीं ओर मुड़ने पर लगभग तीन सौ मीटर भीतर जाने पर पड़ता है। यह स्थान वर्तमान में स्थित 'रोहिणी माण्टेसरी हाईस्कूल' के समीप एक प्राचीन टीले पर अवस्थित है। यह टीला प्राचीन मन्दिर का अवशेष है।

टीले के ऊपर एक चतुर्मुखी प्राचीन शिवलिंग स्थापित हैं, जिन्हें स्थानीय लोग परम्परा में **'महादेवन करमदाण्डा'** *कहते हैं। हालाँकि यह उल्लेखनीय है कि इस शिवलिंग से सम्बन्धित एक गुप्तकालीन अभिलेख प्राप्त हुआ है, जिसके अनुसार गुप्त राजवंश के नरेश कुमारगुप्त के मंत्री पृथ्वीषेण ने यहाँ* **पृथ्वीश्वर** *नामक शिवलिंग की स्थापना की थी। साथ ही, उसने अयोध्या के वेदपाठी तथा स्वाध्याय में संलग्न ब्राह्मणों को दानादि देकर आत्मनिर्भर बनाया था। यह अभिलेख वर्तमान में राजकीय संग्रहालय, लखनऊ में संरक्षित है।*

मूर्तिकला की दृष्टि से भी यह शिवलिंग हजारों वर्ष पुराना लगता है, जो प्रस्तर से निर्मित है। इस शिवलिंग में चारों दिशाओं में चार मुख बनाये गये हैं। जटाजूट रूपी मुकुट धारण किए हुए शिव के कानों में कुण्डल हैं और देवता के समस्त मुखों के नेत्र आधे खुले हुए और आधे बन्द हैं। ऊपर का भाग सादा है और पूरे शिवलिंग का आकार एक भव्य स्थापत्य का नमूना दिखाई पड़ता है।

वहाँ मौजूद स्थानीय निवासी कैलाश नाथ तिवारी, जो स्वयं रोहिनी माण्टेसरी हाईस्कूल का संचालन करते हैं, ने बातचीत में यह बताया है कि सारे गाँव

वाले मिलकर इस मन्दिर की सेवा करते हैं। कोई एक व्यक्ति अलग से अधिकृत नहीं है, जो मन्दिर में ताला लगाकर रखता हो। चूँकि इस मन्दिर की मान्यता असन्दिग्ध है और यहाँ चोरी करने से लोगों को शिव के कोप का अधिकारी बनना पड़ता है, इसलिए भी लोग यहाँ इस मन्दिर में चोरी आदि नहीं करते।

उन्होंने यह भी बताया कि कुछ वर्षों पूर्व यहाँ रामकथा संग्रहालय के लोगों ने समीप ही खुदाई का कार्य भी करवाया था, जिसमें कुछ मृण्मयी मूर्तियाँ भी प्राप्त हुईं थीं। यह सारी मूर्तियाँ वर्तमान में रामकथा संग्रहालय, अयोध्या में सुरक्षित हैं। प्राचीनकाल से यह शिवलिंग इस क्षेत्र में शैवोपासना का प्रमुख केन्द्र रहा है। 'पृथ्वीश्वर' नामक ऐतिहासिक मान्यता के इस शिवलिंग का नामकरण यहाँ सन् 2007 में मन्दिर का जीर्णोद्धार कराने वाली कमेटी ने बदलकर **'महाकल्याणेश्वर महादेव'** कर दिया। तब से आज तक मन्दिर में लगायी गयी पट्टिका में यही नाम अंकित है। ऐतिहासिक नाम को बदलने के लिए स्थानीय लोग बातचीत में रोष भी व्यक्त करते हैं।

साभार : **मन्दिर के सर्वेक्षण, अयोध्या की मूर्तिकला : डॉ. देशराज उपाध्याय, प्रकाशक : शृंखला पब्लिशिंग हाऊस, फ़ैज़ाबाद, संस्करण : 2015 से संक्षिप्त व संशोधित रूप में लेने के अतिरिक्त स्थानीय निवासी कैलाश नाथ तिवारी से बातचीत के आधार पर इस अंक के सम्पादक यतीन्द्र मिश्र द्वारा लिखी गयी टिप्पणी। पहली बार प्रकाशित।**

फ़ैज़ाबाद : दस्तावेज़-76

वामदेव आश्रम

बवाँ, कुमारगंज

फ़ैज़ाबाद-रायबरेली राजमार्ग पर कुमारगंज बाज़ार से पश्चिमोत्तर दिशा में स्थित ग्रामसभा बवाँ, विकास खण्ड : खण्डासा में वामदेव आश्रम स्थित है। प्राचीन काल से मान्यता पाए हुए इस आश्रम में भगवान शिव का एक बृहद शिवलिंग स्थापित है, जिसके अरघे पर अन्य छोटे-बड़े सत्रह शिवलिंग अलग से शोभायमान हैं। जिस गर्भगृह में यह प्राचीन शिवलिंग स्थापित हैं, वहीं गणेश, पार्वती, हनुमान एवं नन्दी की मूर्तियाँ भी मौजूद हैं। गर्भगृह से बायीं ओर पार्वती जी का प्राचीन मन्दिर भी है, जिसमें स्थापित उनकी प्रतिमा को बहुत अधिक पुराना नहीं माना जाता। मन्दिर परिसर में ही अलग से कुछ बेहद सुन्दर और कलात्मक देवताओं की खण्डित प्रतिमाएँ भी रखी हैं, जो सम्भवतः प्राचीन मन्दिर का ही अवशेष रही होंगी। इन प्रतिमाओं में पार्वती, शिव तथा अन्य देवताओं के मूर्तिखण्ड मिलते हैं। इस आश्रम के सन्दर्भ में उपलब्ध प्राचीन ग्रन्थों तथा अन्यान्य स्रोतों से कोई पौराणिक, मिथकीय या ऐतिहासिक जानकारी प्राप्त नहीं होती, जबकि यहाँ की खण्डित मूर्तियों को देखकर इस स्थल की प्राचीनता की पर्याप्त पुष्टि होती है।

मन्दिर के गर्भगृह में चढ़ते हुए जो चीज़ अलग से ध्यान आकर्षित करती है वह पुरानी चौखट पर उत्कीर्ण मूर्तियाँ हैं। इस चौखट को देखने से यह पता लगता है कि पुराने प्रस्तर खण्डों पर कलात्मक मूर्तियाँ उत्कीर्ण की गयी होंगी, जिनमें आज भी सजी-धजी हाथी, परिचारिकाएँ, चंवर डुलाती स्त्रियाँ और अन्यान्य सौष्ठव मौजूद है। हालाँकि इस चौखट के आगे बेहद गन्दे ढंग से संगमरमर की एक चौड़ी चौखट बना दी गयी है, जो इसकी

प्राचीनता को कहीं दबा रही है। मात्र चौखट के अवलोकन से इस बात का अन्दाज़ा लगाया जा सकता है कि पूर्व में इस आश्रम के गर्भगृह का सौन्दर्य और मन्दिर का दरवाजा कितना भव्य रहा होगा।

वामदेव शिव के गर्भगृह के दोनों तरफ दो छोटे मन्दिर बने हैं, जिनमें एक हनुमान जी का और दूसरा भगवती गायत्री का है। यह दोनों ही मन्दिर के मुख्य गर्भगृह की तुलना में काफ़ी नये लगते हैं। वैसे तो मन्दिर की व्यवस्था देखने में सन्तोषजनक है। वहाँ रख-रखाव भी बहुत खराब स्थिति में नहीं है, फिर भी आश्रम की पौराणिकता और ऐतिहासिकता के साथ संवेदनशील ढंग से बर्ताव नहीं किया गया है। यह पूरे परिसर को देखकर समझा जा सकता है।

आश्रम तक पहुँचने के लिए मिल्कीपुर विधानसभा क्षेत्र के विधायक और सपा सरकार के कैबिनेट मंत्री अवधेश प्रसाद ने एक सी.सी. रोड का निर्माण तथा वहीं आश्रम के निकट एक विश्राम गृह की स्थापना वर्ष 2012-13 के दौरान करायी है।

साभार : **वामदेव आश्रम से प्राप्त जानकारियों के आधार पर इस अंक के सम्पादक यतीन्द्र मिश्र द्वारा लिखी गयी टिप्पणी। पहली बार प्रकाशित।**

सिद्धनाथ मन्दिर
महुलारा, मिल्कीपुर

फ़ैज़ाबाद-रायबरेली राजमार्ग पर स्थित मिल्कीपुर बाज़ार से अमानीगंज जाने वाली सड़क पर लगभग दो किलोमीटर अन्दर जाने पर दाहिनी ओर सिद्धनाथ मन्दिर स्थित है। यह प्राचीन मन्दिर जिसकी स्थापना सन् 1903 में मानी जाती है, ग्राम-सभा : महुलारा के अन्तर्गत आता है। मन्दिर के मुख्य द्वार पर यह वर्णित भी है कि इसे महुलारा के श्री लाल बहादुर सिंह ने बनवाया था।

मुख्य द्वार से प्रवेश करने पर प्राचीन शिव प्रतिमा के बाहर से ही दर्शन हो जाते हैं, जिनका गर्भगृह ठीक सामने पड़ता है। इस शिवलिंग के साथ दो अन्य शिवलिंग भी स्थापित हैं। मुख्य शिवलिंग प्राचीन लगती है और यदि मन्दिर की स्थापना के वर्ष से ही इसका होना माना जाये, तो यह लगभग एक सौ तेरह वर्ष पुरानी प्रतिमा है। हालाँकि स्थानीय निवासी इसे पुराना मानते हैं और यह बताते हैं कि उन्होंने अपने बचपन में बड़े-बुजुर्गों से इस शिवलिंग के बारे में यह सुन रखा है कि यह मन्दिर निर्माण से पूर्व की स्थापना है। शिवलिंग के बगल ही एक अति प्राचीन परन्तु खण्डित चतुर्भुज विष्णु की पाषाण प्रतिमा भी रखी है। उसे देखकर यह अन्दाज़ा लगता है कि यह प्रतिमा तो और भी अधिक प्राचीन होगी, जिसका काल निर्धारण पाँच सौ वर्षों से ऊपर का ही जान पड़ता है। इसलिए भी कि इस प्रतिमा का संयोजन जिस तरह का है, वह मूर्ति विज्ञान कला के लिहाज से छः-सात सौ वर्ष पूर्व की लगती है।

गर्भगृह के बगल बायीं ओर एक गर्भगृह ऐसा भी है, जो पूरी तरह खाली है। इस गर्भगृह में भगवान के विराजने का जो ऊँचा आसन बना है, उसका

स्थापत्य भी बरसों पुराना लगता है। हो सकता है कि प्राचीन विष्णु प्रतिमा इसी गर्भगृह में कभी स्थापित रही हो, जिसे टूटने के बाद वहाँ शिवलिंग के पास रख दिया गया है। मन्दिर में नियुक्त दो पुजारी क्रमशः हर बहादुर सिंह और काली सहाय सिंह से बातचीत करने के बाद यह पता नहीं चल पाता कि इस खाली मण्डप में किस देवता की प्रतिमा पूर्व में स्थापित थी। वे दोनों ही यह बताते हैं कि जब से उन्होंने इस मन्दिर में सेवा-अर्चना शुरु की है, तभी से वह मण्डप खाली है।

मन्दिर के सामने सड़क के उस पार एक बहुत लम्बी झील है, जिसे 'उदहला झील' कहा जाता है। आजकल इस झील का पानी सूखा हुआ है, मगर उसके पाट और विस्तार को देखकर यह बात समझ में आती है कि वाकई इस झील का अस्तित्व कितना बड़ा है। मन्दिर के बाहर मुख्य द्वार के पास पीपल, नीम, पाकड़ और वट के बड़े वृक्ष लगे हैं, जो आपस में मिलकर इस पूरे परिसर को छाँह और हरीतिमा से भरते हैं। बाहर का मुख्य द्वार जो लकड़ी का बना है, बहुत बाद की संरचना नजर आता है। इस द्वार में शिव-कथा के कुछ प्रसंग उकेरे गये हैं, जो बरबस मन मोहते हैं।

इस मन्दिर के लिए यह लोक-मान्यता रही है कि यहाँ पर माँगी गयी कोई भी मनौती सिद्धनाथ बाबा अवश्य पूरी करते हैं। स्त्रियाँ यहाँ पुत्र की कामना और विवाह होने की मनौती पूरी होने पर मुख्य गर्भगृह की दीवार पर 'पुतरा' का चित्र तथा 'कोहबर' का प्रसंग रंग देती हैं। ऐसे ढेरों चित्र इस मन्दिर की दीवार पर बने हुए हैं, जो किन्हीं दर्शनार्थियों की मनौती पूरी होने का संकेत देते हैं। यहाँ पर महाशिवरात्रि का बड़ा मेला होता है और हर पुरुषोत्तम या अधिक मास वाले वर्ष में यहाँ पूरे माह भर मेला लगा रहता है। स्थानीय निवासी बताते हैं कि सिद्धनाथ मन्दिर में मिल्कीपुर, अमानीगंज के अलावा तमाम अन्य क्षेत्रों व दूर-दराज के इलाकों के दर्शनार्थी अपनी मनौती लेकर आते हैं।

साभार : स्थान के सर्वेक्षण तथा स्थानीय निवासियों क्रमशः काली सहाय सिंह, हर बहादुर सिंह, हरेन्द्र सिंह तथा सचिन यादव से बातचीत के आधार पर इस अंक के सम्पादक यतीन्द्र मिश्र द्वारा लिखी गयी टिप्पणी। पहली बार प्रकाशित।

फ़ैज़ाबाद : दस्तावेज़-78

नवाबकालीन पौराणिक चित्रांकनों से सज्जित देवालय : मऊशिवाला मन्दिर

फ़ैज़ाबाद-रायबरेली राजमार्ग पर सीधे आगे बढ़ने पर शहर से लगभग दस किलोमीटर दूरी पर मऊशिवाला नाम की एक छोटी सी बाज़ार पड़ती है, जो सम्भवतः यहीं पर स्थापित एक विशाल शिव मन्दिर के कारण पुराने समय में बसी होगी। यह शिवाला बाज़ार में सड़क की पश्चिमी पटरी पर स्थित है। शिव मन्दिर के मुख्य प्रवेश द्वार पर अंकित नवाबी शासनकाल के शाही चिन्ह 'मछलियों के जोड़े' को देखकर यह बात प्रतिष्ठित होती है कि इस देवालय का निर्माण नवाबों के समय में ही उनके संरक्षण में हुआ होगा। इस बात की पुष्टि इस तथ्य से भी होती है कि मन्दिर के मुख्य गर्भगृह के पहले पड़ने वाली वीथिका या परिक्रमा (प्रदक्षिणा) की दीवारों पर पुरानी चित्रकारी के जो अवशेष हमें आज भी मिलते हैं, उनमें देवी-देवताओं और पौराणिक कथाओं के चित्रण के अतिरिक्त दो चित्र ऐसे भी प्राप्त होते हैं, जिनमें से एक किसी नवाब या मुस्लिम शासक का और दूसरा अपने रूपाकार में किसी हिन्दू सामन्त या राजा का प्रतीत होता है।

इतिहास में मिलने वाले साक्ष्यों के आधार पर यह अनुमान लगाया जा सकता है कि मुस्लिम शासक का जो चित्र उकेरा गया है, वह अवध के पाँचवें नवाब सआदत अली ख़ाँ का और दूसरा उन्हीं के दौर में हुए कुर्मी राजा दर्शन सिंह का है। ऐसा कहा जाता है कि इस मन्दिर का निर्माण राजा दर्शन सिंह ने ही करवाया था, जो जाति से कुर्मी थे। इनका सम्बन्ध अयोध्या (पूर्व में मेंहदौना स्टेट) के राजा दर्शन सिंह से नहीं है, जिन्होंने फ़ैज़ाबाद के समीप दर्शन नगर नामक कस्बा बसाया था, बल्कि इनका ताल्लुक आजमगढ़ में स्थित मऊ यदुवंशपुर नामक तालुकेदारी से सम्बन्धित है। इनके परिवार के

इतिहास के बारे में यह भी उल्लेखनीय है कि इसी परम्परा के राजा जयलाल एवं राजा बेनी माधव ने 1857 ई. के स्वाधीनता संग्राम में अवध दरबार की ओर से अंग्रेजों के विरुद्ध युद्ध किया था। बाद में जाकर राजा दर्शन सिंह के परिवार का सम्बन्ध इस मन्दिर से नहीं रहा। सम्भवतः उनके वंशज वर्तमान में आजमगढ़ जनपद के अतरौलिया में निवास कर रहे हैं। अंग्रेजी हुकुमत के दौरान मऊशिवाला मन्दिर की सरबराहकारी (देख-रेख, पूजा-पाठ और व्यवस्था की जिम्मेदारी) सुलतानपुर की दियरा रियासत के पास चली गयी। आज भी इस देवालय में सरबराहकारी का जो शिलाखण्ड लगा है, उसमें वर्णित है कि 'रुद्रेश्वर महादेव जी का यह मन्दिर (मऊशिवाला) श्री राजराजेश्वरी सीताराम स्थापित मन्दिर दियरा सरबराहकार राजा रामानुज प्रताप शाही निजी ट्रस्ट का है।'

मन्दिर की संरचना बेहद सुन्दर और कलात्मक दृष्टि से अनुपम है। प्रवेश द्वार के ठीक सामने एवं प्रांगण के मध्य भाग में लगभग तीन फीट ऊँचे चबूतरे पर मन्दिर का गर्भगृह निर्मित है। गर्भगृह के मध्य भाग में काले पत्थर का विशाल शिवलिंग स्थापित है। गर्भगृह की परिक्रमा करने हेतु प्रदक्षिणा पथ एक पतली वीथिका के सदृश निर्मित है, जिसमें नवाबकालीन चित्रकला की सुन्दर बानगियाँ चारों तरफ दीवार पर अंकित है। आज यह चित्र लगभग छीज रहे हैं, फिर भी जो चिन्ह अवशेष रूप में मौजूद हैं, उन्हें देखकर यह बरबस ही कहा जा सकता है कि सम्भवतः यह कला 'कम्पनी स्कूल' शैली से प्रभावित रही होगी।

इस मन्दिर की मुख्य विशेषता प्रदक्षिणा पथ की दीवारों पर निर्मित चित्रावली है, जिसका उल्लेख ऊपर किया गया है। विस्तार से यदि इन चित्रों का आकलन किया जाये, तो एक मनोहारी कला दृष्टि के दर्शन होते हैं, जो मऊशिवाला मन्दिर को अलग से उल्लेखनीय बनाता है। इनमें प्रवेश द्वार के दोनों ओर शहनाई बजाती हुई नारी आकृतियाँ चित्रित हैं। सम्भवतः यह गंगा एवं यमुना के चित्र होंगे। गर्भगृह के ही सामने आन्तरिक भित्ति पर समुद्र मन्थन का चित्र है। इस चित्र में एक ओर दानव तथा दूसरी ओर देव समूह द्वारा समुद्र मन्थन करते हुए दिखाया गया है। समुद्र मन्थन से उत्पन्न रत्न एवं अन्य विभूतियाँ शेषनाग के ऊपर चित्रित की गयी हैं। चित्र में मेरु पर्वत के मध्य भाग में भगवान विष्णु को अंकित किया गया है।

मन्दिर के भित्ति चित्रों में एक वर्णनीय चित्र दण्डकारण्य में श्रीराम, लक्ष्मण

को प्रदर्शित किया गया है। सम्भवतः यह चित्र ऋष्यमुख पर्वत का है, जिसमें राम, लक्ष्मण को एक कपि बड़े कौतूहल से देख रहा है। इसी क्रम में अगला चित्र राम, लक्ष्मण को अपनी पीठ पर बैठाए हुए हनुमान जी को पर्वत पर चढ़ते हुए बनाया गया है। उनके सामने कपिराज सुग्रीव को सिंहासनारुढ़ दिखाया गया है और सुग्रीव के सामने जामवन्त बैठे हुए हैं। इनके अतिरिक्त छः-सात अन्य वानराकृतियाँ प्रदर्शित हैं, जो कौतूहलवश हनुमान को देख रही हैं। इसी शृंखला में मन्दिर के पृष्ठ भाग के प्रदक्षिणा पथ की दीवार पर शिव-पार्वती के विवाह का मनोहारी दृश्य (कल्याण सुन्दर स्वरूप) चित्रित हुआ है। चित्र में दूल्हे (शिव) की तरफ से ब्रह्मा, विष्णु तथा अन्य देवगण और दुल्हन (पार्वती) की ओर से विभिन्न देवियाँ विवाह संस्कार सम्पन्न कराते हुए प्रदर्शित हैं।

इसी के समीप एक अन्य चित्र में राजा बलि अपनी पत्नी के साथ सिंहासन पर विराजमान हैं। उनके समक्ष वामन रूप में भगवान त्रिविक्रम प्रदर्शित हैं। राजा वामन के सिंहासन के ऊपर छत्र अंकित है। इनके ठीक सामने भिक्षु वेश में भगवान विष्णु राजा से भिक्षा प्राप्त कर रहे हैं। वामन रूपी विष्णु के बाएँ हाथ में कमण्डल तथा काँख में खुले छाते की छड़ी बनायी गयी है। प्रदक्षिणा पथ के अन्य चित्रों में अघोर रूपधारी भगवान शिव को भिक्षाटन करते चित्रित किया गया है। इसके साथ ही मन्दिर के प्रदक्षिणा पथ पर और भी कलात्मक चित्र अंकित है, जिनमें गजेन्द्र मोक्ष कथा, राम-रावण युद्ध, भगवान वाराह, राधा-कृष्ण युगल, जगन्नाथपुरी के भगवान कृष्ण, बलराम और सुभद्रा, बटुक भैरव, मार्कण्डेय कथा, गौरी और गणेश समेत सिंह पर आरुढ़ भगवती भद्रकाली और चामुण्डा का स्वरूप पूरे वैभव और कल्पनादर्शिता के साथ उकेरा गया है।

फ़ैज़ाबाद जनपद से सम्बन्धित अन्यान्य शिव मन्दिरों में मात्र मऊशिवाला मन्दिर इसी मायने में अत्यन्त महत्त्वपूर्ण माना जायेगा, जो अपने पौराणिक चित्रों की एक लम्बी शृंखला के साथ नवाबी शासनकाल से आज तक हमारे इतिहास में दर्ज़ है। इस मन्दिर की लोक-मान्यता के अनुसार तमाम अन्य शिवालयों की तरह यहाँ भी दर्शन, पर्व और उत्सव का माहात्म्य महाशिवरात्रि पर्व, श्रावण मास, पुरुषोत्तम या अधिक मास के अलावा प्रत्येक सोमवार को होता है।

साभार : 1. गजेटियर ऑफ द प्रॉविन्स ऑफ अवध, वॉल्यूम-2, प्रकाशक : बी.आर. पब्लिशिंग कार्पोरेशन, दिल्ली, संस्करण : फर्स्ट एडीशन : 1877, रीप्रिण्ट इन इण्डिया : 1985, 2. मऊशिवाला मन्दिर में स्थापित शिलालेख और वहाँ से प्राप्त जानकारियों के अतिरिक्त डॉ. देशराज उपाध्याय से प्राप्त ब्यौरों के आधार पर इस अंक के सम्पादक यतीन्द्र मिश्र द्वारा लिखी गयी टिप्पणी। पहली बार प्रकाशित।

नगर के प्रमुख शैव उपासना-गृह

झारखण्डेश्वर महादेव

फ़ैज़ाबाद शहर में रिकाबगंज चौराहे से सिविल लाइन्स इलाके की तरफ बढ़ने पर क़रीब 150 मीटर चलने पर बाँयीं तरफ झारखण्डी मोहल्ले में स्थित इस शिव मन्दिर को स्थानीय लोग अति प्राचीन मानते हैं। सम्भवतः इसी शिव मन्दिर के कारण ही यह क्षेत्र भी झारखण्डी के नाम से जाना जाता है। यह बात और है कि वर्तमान मन्दिर में कोई भी चिन्ह इसकी प्राचीनता की पुष्टि के लिए हमें उपलब्ध नहीं होता। पूरी तरह पुनर्निर्मित हो चुके इस शिवालय की बाहरी दीवार के निचले भाग पर लखौरी ईटों की मौजूदगी ही इसकी प्राचीनता का एकमात्र साक्ष्य है। यहाँ से महाशिवरात्रि पर धूमधाम से निकलने वाली शिव बारात, नगर के दूसरे छोर पर ककरही बाज़ार स्थित पौराणिक मन्दिर **विघ्नेश्वर नाथ** *शिवाले तक जाती है। दोनों मन्दिरों का प्राचीन समय से चला आ रहा यह अन्तर्सम्बन्ध भी इसकी प्राचीनता की तरफ इशारा करता है।*

इस शिवाले के विगत पन्द्रह वर्षों से पुजारी पं. रामकरण तिवारी की दूसरी पीढ़ी यहाँ सेवा कर रही है। इनके पूर्वज पैंतीस वर्षों तक पुजारी रहे थे। पं. रामकरण तिवारी मन्दिर की प्राचीनता के सन्दर्भ में शिव पुराण में वर्णित ऋषि झारखण्ड की चर्चा करते हैं। वह कहते हैं कि ऋषिवर राक्षस कालाग्नि के डर से इस निर्जन में झाड़-झंखाड़ में छिप गये थे। राक्षस ने जब यहाँ पहुँचकर उनके वध की चेष्टा की, तो स्तम्भ रूप में प्रकट होकर शिव जी ने ऋषि की रक्षा की। यहाँ स्थित शिवलिंग भी किसी स्तम्भ के अंश जैसा ही प्रतीत होता है। यहाँ एक रोचक तथ्य देखने में यह मिलता है

कि झारखण्डेश्वर शिव की परिकल्पना और स्थापना भारत में अन्य जगहों पर भी रही है, जिनमें गोरखपुर व जयपुर आदि स्थानों पर मिलने वाले झारखण्डेश्वर शिव का बड़ा माहात्म्य है। स्वयं फ़ैज़ाबाद नगर के अन्य क्षेत्र टाण्डा (अब अम्बेडकरगनर में स्थित) में भी झारखण्डी शिव का एक प्रसिद्ध मन्दिर मौजूद है। अतः उपर्युक्त कथा का पूरी तरह प्रामाणिक होना या इसी स्थल पर उस मन्दिर का मौजूद होना, विमर्शपरक हो जाता है। झारखण्ड नाम से यह ज़रूर स्पष्ट होता है कि यह स्थान पहले कभी निर्जन या वन जैसे दुर्गम स्थान की तरह रहा होगा। हो सकता है, बहुत पहले ऐसे निर्जन स्थानों पर शिव की स्थापना करके उन्हें **झारखण्डेश्वर शिव** कहा गया हो, जो नगर से दूर निर्जन में बसते हैं।

वर्तमान में मौजूद प्राचीन शिवाला का गर्भगृह छोटा सा है, जिसमें स्तम्भकार लिंग की स्थापना है। इसका स्वरूप भी स्तम्भ की तरह आयताकार है। बाद में अरघा के साथ नन्दी, काली, शिव, शिव-पार्वती व गणेश जी की प्रतिमा स्थापित की गयी है। मूल गर्भगृह के बाहर जगमोहन में हनुमान जी व दुर्गा जी की प्रतिमाएँ भी कालान्तर में स्थापित की गयी हैं। इसी जगमोहन में दो लिंग और स्थापित है, जिन्हें पुजारी ने समाधियाँ बताया है। एक अन्य समाधि (लिंग) मन्दिर के प्रवेश द्वार के ठीक सामने भी गर्भगृह बनाकर स्थापित है। इनके विषय में बताया गया कि ये समाधियाँ यहाँ पूर्व में रहने वाले सन्त साधकों की हैं।

इस प्राचीन शिवालय के प्रति स्थानीय लोगों में विशेष आस्था है। काफ़ी संख्या में लोग प्रतिदिन यहाँ पूजन के लिए आते हैं। शिवरात्रि पर्व पर विशेष आयोजन के अतिरिक्त श्रावण मास में यहाँ शिवजी का अनूठा शृंगार व भण्डारा आयोजित होता है।

विघ्नेश्वरनाथ महादेव

यह प्राचीन शिवाला नगर के चौक घण्टाघर से उत्तर दिशा की तरफ जाने वाले धारा रोड (चौदह कोसी परिक्रमा मार्ग) पहुँचने पर परिक्रमा मार्ग पर ही ककरही बाज़ार मोहल्ले में पड़ता है। यह शिवाला अयोध्या-फ़ैज़ाबाद के प्राचीन तीर्थों में गिना जाता है क्योंकि 'एडवर्ड अयोध्या तीर्थ विवेचनी सभा' का 100 क्रमांक का शिलालेख यहाँ मौजूद है। इस शिलालेख के अनुसार अक्षय नवमी का पर्व विघ्नेश्वरनाथ महादेव के लिए विशेष दर्शन व अनुष्ठान का पर्व है। पौराणिक मान्यता के अनुसार भगवान राम के पुत्रों

लव और कुश द्वारा स्थापित एक सौ आठ शिवलिंगों में से एक शिवलिंग यह भी गिना जाता है, हालाँकि इसकी पुष्टि में कोई साक्ष्य हमें उपलब्ध नहीं होता। वर्तमान में इस मन्दिर की स्थिति भूमि तल से लगभग पाँच फीट नीचे है और शिवालय का आकार बहुत छोटा है। इसमें काले रंग के नर्मदेश्वर शिव स्थापित हैं। शिवाला की परिकल्पना के अनुसार स्थापित गणेश, पार्वती और नन्दी की प्रतिमाएँ बाद में स्थापित की गयी हैं, जिनकी पौराणिक विघ्नेश्वर महादेव मन्दिर के सन्दर्भों से पुष्टि नहीं होती।

डच इतिहासकार हंस बेकर ने अपनी पुस्तक 'अयोध्या' में विघ्नेश्वर के सन्दर्भ में यह लिखा है कि 'सरयू नदी के प्रवाह से विघ्नेश्वर तीर्थ के अवशेष वर्तमान में लुप्त हो चुके हैं, केवल 'श्री अयोध्या माहात्म्य' के विभिन्न संस्करणों से ही इनकी पुष्टि होती है।' यह देखना सुखद है कि मन्दिर समिति के अध्यक्ष श्री दिलीप यादव की देख-रेख में वर्ष 1993 ई. में शिवाला का जीर्णोद्धार आरम्भ हुआ, जिसके चलते बाद में मन्दिर परिसर भव्य व सुन्दर बन पड़ा है। अलग से इस मन्दिर में दुर्गा प्रतिमा भी स्थापित करायी गयी है।

शिवरात्रि व श्रीकृष्ण जन्माष्टमी पर्व पर विघ्नेश्वरनाथ महादेव का शृंगार के साथ विशेष पूजन-अर्चन होता है। श्रावण मास व वर्ष के दोनों नवरात्रों में यहाँ पर श्रद्धालुओं की विशेष आमद रहती है। इस बात का पहले ही उल्लेख किया जा चुका है कि शिवरात्रि पर नगर में परम्परागत ढंग से निकलती आ रही शिव बारात (झारखण्डेश्वर महादेव से निकलकर) नगर का भ्रमण करते हुए इसी मन्दिर (विघ्नेश्वरनाथ महादेव) पर आकर विश्राम लेती है।

पंचमुखी महादेव

भौगोलिक दृष्टि से पंचमुखी महादेव मन्दिर फ़ैज़ाबाद के पौराणिक राम की जल-समाधि लेने के क्षेत्र गोप्रतार घाट के समीप स्थित है, जो वर्तमान में फ़ैज़ाबाद कैण्टोनमेण्ट क्षेत्र में पड़ता है। गोप्रतार घाट, ऐतिहासिक एवं सांस्कृतिक रूप से विष्णु की साधना-स्थली के चलते गुप्तहरि एवं चक्रहरि मन्दिरों के कथानक से भी सम्बद्ध रहा है। गोप्रतार घाट के पहले राजकीय उद्यान के मध्य से निकलने वाले मार्ग के वाम भाग में अनादि या सनातन पंचमुखी शिव मन्दिर जन-जन की आस्था का केन्द्र है। इस शिवलिंग के बारे में यह किंवदन्ती रही है कि यह स्वयंभू महादेव हैं और इनकी पूजा-अर्चना त्रेतायुग में भगवान राम ने की थी और बाद में जब विक्रमादित्य ने अयोध्या

आकर इसे एक नये स्वरूप में बसाया, तो उन्होंने भी इन्हीं महादेव का पूजन किया था।

यह शिवलिंग अपने स्थापत्य में भी अनूठा है। धूसर वर्ण के प्रस्तर पर निर्मित पंचमुखी शिवलिंग एक विशालकाय आकृतिमूलक संरचना है, जिसमें चारों दिशाओं में चार मुखों का मूर्तांकन है। भोग पीठ पर सबसे ऊपर शिव का पाँचवा मुख है, जो सीधे ब्रह्माण्ड या व्योम की तरफ अभिमुख है। सभी मुखों का आकार ललाट से ठुड्ढी तक एक जैसा है, वहीं सभी मुखों के ललाट की चौड़ाई भी लगभग समान है। महादेव के पाँचों मुखों क्रमशः 'ईशान', 'सद्योजात', 'वामदेव', 'अघोर' एवं 'तत्पुरुष' को बड़े ही कलात्मक ढंग से निर्मित किया गया है। उनके मुख-मण्डल के शिरो भाग में जटाजूट रूपी मुकुट एवं कर्ण, कुण्डल शोभायमान हैं। शिवलिंग आयताकार एक बड़े अरघे में स्थापित है।

सरयू नदी के निकट और गोप्रतार घाट की प्राचीन रमणीयता के प्रभाव में स्थापित इस शिव मन्दिर की भव्यता इस कारण भी सारे शिवालयों से भिन्न है, क्योंकि इसके परिसर के चारों ओर मौजूद राजकीय उद्यान की प्राकृतिक सुन्दरता अलग से शिव के विराट रूप से जुड़ने का आमंत्रण देती है। मन्दिर में वर्ष भर श्रद्धालुओं का आना-जाना बना रहता है और शिवलिंग पर जल चढ़ाने व रुद्राभिषेक की परम्परा बाक़ी के शिव मन्दिरों की तरह ही निभती रहती है।

साभार : 1. अयोध्या : हंस बेकर, पब्लिशर - ग्रॉनिनजेन ओरियण्टल स्टडीज़, नीदरलैण्ड्स एडीशन, 1986 (अंग्रेजी), 2. अयोध्या की मूर्तिकला : डॉ. देशराज उपाध्याय, प्रकाशक : शृंखला पब्लिशिंग हाऊस, फ़ैज़ाबाद, संस्करण : 2015, 3. श्री अयोध्या माहात्म्य : हिन्दी भाषानुवाद व टीका : पाणिनी पाण्डेय, वेद व्याकरणाचार्य, प्रकाशक व मुद्रक : श्रीमती सूर्य्यकला देवी पाण्डेय, श्री जानकीजानि निगमागम निकुंज, अयोध्यापुरी, संस्करण-1975, 4. संसार के शिवलोक-बनवारी लाल कंछल, प्रकाशक : महाशिव वेलफेयर, फाउण्डेशन, लखनऊ, संस्करण-2010 उपर्युक्त चारों पुस्तकों से संक्षिप्त एवं साभार रूप में प्रस्तुत। युवा पत्रकार दीपक मिश्र एवं इस अंक के सम्पादक यतीन्द्र मिश्र द्वारा संयुक्त रूप से लिखी गयी टिप्पणी। पहली बार प्रकाशित।

श्री दुर्गा कुण्ड
कुसुमाहा, दर्शननगर

फ़ैज़ाबाद से दर्शननगर मार्ग पर स्थित मण्डलीय चिकित्सालय से कुसुमाहा गाँव की तरफ चलने पर बायीं ओर **'श्री दुर्गा कुण्ड'** *स्थापित है। श्री दुर्गा कुण्ड के नाम पर 'एडवर्ड अयोध्या तीर्थ विवेचनी सभा' का जो शिलालेख प्राप्त होता है, उसका क्रमांक 90 है। कुण्ड काफ़ी विस्तृत आकार में है और प्रसन्नता की बात यह है कि वर्तमान में मनरेगा योजना के अन्तर्गत इसकी खुदाई और सफाई का कार्य भी चल रहा है।*

कुण्ड से सटा हुआ अष्टभुजी दुर्गा का प्राचीन मन्दिर है, जिसका स्थापत्य देखकर इस बात का अनुमान लगाया जा सकता है कि वह मन्दिर कुण्ड से ही सम्बन्धित है। मन्दिर का मुख्य द्वार कुण्ड की ओर पूर्वाभिमुख है और जिस गर्भगृह में प्राचीन अष्टभुजी दुर्गा स्थापित हैं, उसकी सीढ़ियाँ कुण्ड तक सीधे नीचे उतरती हैं। मन्दिर परिसर में ही बायीं ओर हनुमान जी की प्राचीन प्रस्तर प्रतिमा एक छोटे से मण्डपनुमा मन्दिर में स्थापित है। ठीक इसी तर्ज पर दायीं ओर वैसे ही छोटे मन्दिर के भीतर प्राचीन शिवलिंग की स्थापना हुई है। परिसर में एक अत्यन्त प्राचीन कुआँ है, जिसकी तस्दीक उसमें लगी हुई पुराने समय की ईंटें करती हैं। वहीं पास में एक वृहद यज्ञवेदी बनायी गयी है, जो सम्भवतः नये समय का निर्माण-कार्य जान पड़ती है।

कुल मिलाकर यह कहा जा सकता है कि अष्टभुजी दुर्गा माँ का मन्दिर और दुर्गा कुण्ड मिलकर एक बड़े प्राचीन तीर्थ का निर्माण करते हैं। इसकी पौराणिक मान्यता 'अयोध्या माहात्म्य' में मनोरथ सिद्धि देने वाली मानी गयी है। माहात्म्य में वर्णित है कि 'सूर्य कुण्ड से कुछ दूर पर कुसुमाहे ग्राम में दुर्गा कुण्ड नामक तीर्थ है। वहाँ पर अष्टभुजी दुर्गा नाम की प्रसिद्धि है।

यहाँ प्रति अष्टमी एवं मंगलवार को स्नान, दान एवं भोजनादि जैसे पुण्य कृत्यों को करने से मनोरथ सिद्ध होते है।'

अयोध्या की चौदह कोसी परिक्रमा परिधि के भीतर आने वाले अधिसंख्य कुण्ड व तीर्थ दुर्दशा को प्राप्त हो चुके हैं, मगर यह देखना श्रेयस्कर है कि इनमें **'श्री दुर्गा कुण्ड'** *आज भी अपनी पौराणिकता समेटे हुए बचा हुआ है।*

साभार : इलाके के सर्वेक्षण तथा अयोध्या दर्पण- ब्रह्मचारी श्री भगीरथ राम जी, प्रकाशक : भक्ति साहित्य सुरक्षा समिति, गोकुल भवन, वशिष्ठ कुण्ड, अयोध्या, संस्करण-चौथा, 1996 से संक्षिप्त व साभार रूप में लेने के अतिरिक्त स्थानीय निवासी सोनू पाण्डेय, सन्दीप सिंह एवं मनोज सिंह से बातचीत के आधार पर इस अंक के सम्पादक यतीन्द्र मिश्र द्वारा लिखी गयी टिप्पणी। पहली बार प्रकाशित।

प्राचीन दुर्गन मन्दिर
ईंटगाँव, मिल्कीपुर

फ़ैज़ाबाद-रायबरेली राजमार्ग पर मिल्कीपुर बाज़ार से बायीं ओर घाटमपुर मार्ग पर लगभग तीन किलोमीटर अन्दर जाने पर ईंटगाँव में प्राचीन दुर्गन मन्दिर स्थित है। यह मन्दिर अपने स्थापत्य और तांत्रिक ढंग के संयोजन के कारण अनूठा है। इस लिहाज से इसे आध्यात्मिक रूप से समृद्ध शाक्त केन्द्र के रूप में गिना जाना चाहिए। इसका स्थापत्य काबिलेगौर है, जिसका मुख्य द्वार दक्षिणाभिमुख है और मन्दिर के पृष्ठ भाग में स्थापित बड़ा कुण्ड उत्तराभिमुख नज़र आता है। मन्दिर के गर्भगृह में भगवती की प्रतिमाएँ पूर्वाभिमुख स्थापित हैं, जबकि गर्भगृह के भीतर जाने वाले द्वार के दाहिनी ओर भगवती काली की प्रतिमा सुशोभित है, जिनका स्थापत्य पुराने ढंग का है और वे दक्षिण की ओर देख रही हैं।

इस स्थान पर आने वाले श्रद्धालुओं की आस्था मन्दिर में जितनी है, उतनी ही गर्भगृह के बाहर स्थापित द्वार की काली के प्रति भी है। यह इस बात से पुष्ट होता है कि काली के मुख पर ढेरों मिठाइयाँ चढ़ाई गयी हैं, जो उनके प्रति लोगों की आस्था का द्योतक है। गर्भगृह के भीतर भगवती की तीन प्रतिमाएँ हैं, जिनकी विधिवत पूजा 'दुर्गन माँ' के रूप में होती है। इसमें सबसे बड़ी और उससे थोड़ी छोटी यह दोनों ही प्रतिमाएँ सिंहवाहिनी दुर्गा की हैं। इनसे अलग सबसे छोटी प्रतिमा भगवती वाराही की है, क्योंकि उनका वाहन वाराह के रूप में वहाँ उत्कीर्ण है।

मन्दिर परिसर में ही एक शिवाला है, जिसमें स्थापित शिवलिंग प्राचीन माना जाता है। उनके अतिरिक्त शिवलिंग के समीप ही संगमरमर के शिव-पार्वती की युगल प्रतिमा है। गणेश व नन्दी की प्रतिमाएँ हैं तथा महावीर लगे हुए

पहाड़ लिए हुए हनुमान भी यहाँ सुशोभित हैं। यहाँ पर एक पुराना कुआँ भी है, जो मुख्य द्वार के सामने दक्षिण-पश्चिम दिशा में पड़ता है, जबकि पूरा मन्दिर ही दक्षिणाभिमुख है।

यहाँ के स्थानीय निवासी बताते हैं कि बहुत पहले यहाँ पर बलि-प्रथा कायम थी, जो धीरे-धीरे समाप्त हो गयी। मन्दिर परिसर के समीप जगह-जगह 'कड़ाही देने' (पूरी, लपसी चढ़ाना) की परम्परा के दर्शन होते हैं, क्योंकि हर तरफ ईंटे के छोटे-छोटे बने, अधबने चूल्हे मिलते हैं। मुख्य द्वार के पास एक पिण्डी के रूप में भैरव जी का निवास माना जाता है। इनकी भी पूजा देवी पूजा की तरह ही की जाती है और ऐसी लोक-मान्यता है कि भैरव को प्रसन्न करने से ही भगवती प्रसन्न होती हैं। मुख्य गर्भगृह के अन्दर असंख्य बन्दनवार चढ़े हैं, जिसे लोगों ने अपनी मानता पूरी होने के बाद लाकर यहाँ चढ़ाया है। यहाँ पर पिछले वर्षों से नियुक्त पुजारी श्री कृपाराम दुबे बताते हैं कि हर मंगलवार को यहाँ बड़े मेले जैसा माहौल रहता है और दोनों नवरात्रियों (वासन्तिक तथा शारदीय) में यहाँ नौ दिनों तक मेला होता है। स्त्रियाँ पुत्र होने की कामना के बाद 'पुतरा' बनाकर यहाँ पूजा करती हैं।

मन्दिर की प्राचीनता का बोध परिसर के बाहर चबूतरे पर लगी हुई खण्डित शेर तथा नन्दी की प्रतिमाएँ कराती हैं, जिन्हें देखकर उनके सात-आठ सौ वर्ष पुराने होने का आभास मिलता है। इससे यह भी समझ में आता है कि कभी बरसों पूर्व यहाँ ऐसा प्राचीन मन्दिर अवश्य रहा होगा, जिसके अन्दर यह पाषाण की दो पुरानी कलात्मक मूर्तियाँ पूजा के लिए स्थापित की गयी होंगी। उसी चबूतरे पर उमा-महेश्वर की खण्डित प्रतिमा के भी दर्शन हुए, जो उतनी ही प्राचीन नज़र आयी। सम्भवतः बलुआ पत्थर से निर्मित इन सभी खण्डित प्रतिमाओं के अवशेष को देखकर ही इन मूर्तियों की कलात्मकता के दर्शन होते हैं, जो ऐतिहासिक दृष्टि से भी इनके अनूठेपन की गवाही देता है।

ईंटगाँव के इस मन्दिर की यह सार्थकता और पुरातन होने की शर्त इस बात की ओर भी इशारा करती है कि हमें इस तरह के धरोहरों का यत्नपूर्वक संरक्षण करना चाहिए। एक ऐसा प्रयास जो सामाजिक, राजनैतिक और प्रशासनिक स्तर पर हमारे सांस्कृतिक रूपकों को नष्ट होने से बचाए तथा उनके पर्याप्त देख-भाल की व्यवस्था कर सके।

साभार : स्थान के सर्वेक्षण तथा मन्दिर के पुजारी कृपाराम दुबे से बातचीत के आधार पर इस अंक के सम्पादक यतीन्द्र मिश्र द्वारा लिखी गयी टिप्पणी। पहली बार प्रकाशित।

देवकाली मन्दिर
रुदौली, फ़ैज़ाबाद

फ़ैज़ाबाद के रुदौली विधान-सभा में वार्ड : पूरे हुसैन ख़ाँ, अकबरगंज में पुराना देवकाली मन्दिर स्थित है। ऐसी लोक-मान्यता है कि राजा रुद्रमल के समय में यहाँ एक जंगल था और किसी समय काली की प्रतिमा स्वतः प्रकट हुई थी। राजा और रानी मिलकर इनका नित्य पूजन करते थे, जिनकी बाद में एक भव्य मन्दिर बनवाकर प्रतिष्ठा करवायी। हालाँकि इस बात के कोई लिखित साक्ष्य नहीं मिलते, सिर्फ़ मान्यता के तौर पर इसको देखा जा सकता है।

मन्दिर में काली की अत्यन्त प्राचीन प्रतिमा स्थापित है, जिनके अलग-बगल सरस्वती और दुर्गा की नयी प्रतिमाएँ प्रतिष्ठित की गयी हैं। मन्दिर के वर्तमान सरवराहकार व महान्त श्री रामबचन दास ने बताया कि इस मन्दिर का बाईस साल पहले जीर्णोद्धार कराया गया था, जिसमें स्थानीय तथा बाहर के लोगों ने मिलकर चन्दा एकत्र किया था। वे बताते हैं कि मन्दिर परिसर में स्थापित माता वैष्णवी और संकटा माँ की प्रतिमाएँ अत्यन्त प्राचीन हैं, जिनके बारे में कुछ भी ज्ञात नहीं है। वे यहाँ चौबीस साल से महान्त हैं और अपने पूर्वज महान्तों से सुनते चले आ रहे हैं कि यह दोनों प्रतिमाएँ सैकड़ों वर्षों से यहाँ स्थापित हैं। जिस कक्ष में यह दोनों प्रतिमाएँ स्थापित हैं, वहीं पर दो अन्य प्रतिमाएँ भी बाद में स्थापित हुईं, जिनमें सन्तोषी माँ की प्रतिमा बाईस वर्ष पूर्व और अष्टभुजी दुर्गा अभी हाल ही में पाँच वर्ष पूर्व प्रतिष्ठित की गयी हैं।

मन्दिर परिसर के अन्दर तीन शिवाले बने हैं, जिनमें मुख्य द्वार के ठीक सामने वाला शिवाला अत्यन्त पुराना है। एक शिवाला मन्दिर परिसर के बाहर

निर्मित है, जो बाहर ही स्थापित एक अन्य मन्दिर से सम्बन्धित है, जिसे 'रामजानकी मन्दिर' कहते हैं।। इसी तरह देवकाली मन्दिर के मुख्य द्वार पर एक पुराना मन्दिर बना है, जिसमें हनुमान जी की प्रतिमा स्थापित की गयी है। हनुमान जी के दर्शन के बाद ही मुख्य मन्दिर में जाने का विधान है।

आषाढ़ मास के शुक्ल पक्ष में सोमवार और शुक्रवार के दिन यहाँ मेला लगता है, जबकि दोनों नवरात्रों में कन्या-पूजन और कन्या भोजन का विशेष माहात्म्य है। कुछ श्रद्धालु यहाँ से भगवती पर चढ़े हुए जल (नीर) को रोगियों के लिए ले जाते हैं। यहाँ पर सोने व चाँदी के नेत्र चढ़ाने की परम्परा है और मनौती पूरी होने पर भगवती काली के ऊपर चाँदी का छत्र चढ़ाया जाता है।

हाल ही में चार वर्ष पूर्व इस मन्दिर की व्यवस्था से सम्बन्धित एक कमेटी का गठन हुआ है, जिसे **'देवकाली मन्दिर समिति'** *कहा जाता है। इस मन्दिर के महान्त ही इस समिति के अध्यक्ष भी हैं। मन्दिर के बिलकुल बाहर सड़क की ओर भव्य द्वार का निर्माण नगर पालिका परिषद, रुदौली ने करवाया है, जबकि द्वार पर ही स्थित विशाल शेर की पश्चिमाभिमुख प्रतिमा को महान्त रामबचन दास ने स्थापित करवाया।*

साभार : स्थल के सर्वेक्षण तथा देवकाली मन्दिर के महान्त रामबचन दास से बातचीत के आधार पर इस अंक के सम्पादक यतीन्द्र मिश्र द्वारा लिखी गयी टिप्पणी। पहली बार प्रकाशित।

श्री पाटेश्वरी देवी

कैण्ट थाना, फ़ैज़ाबाद

फ़ैज़ाबाद छावनी क्षेत्र में कैण्ट थाना के पीछे प्राचीन **श्री पाटेश्वरी देवी** *का मन्दिर स्थित है। फ़ैज़ाबाद नगर की जिन दो प्राचीन शक्तिपीठों की गणना पुराने समय से तमाम ग्रन्थों में की जाती रही है, उनमें* **'श्री शीतला देवी'** *(बड़ी देवकाली मन्दिर) तथा* **'श्री पाटेश्वरी देवी'** *प्रमुख रूप से गिने जाते हैं। शेष पीठों में अन्यान्य देवियों के चौरे और मन्दिर भी नगर के भीतर मौजूद हैं, जिनमें गुरुगाइन माता, हट्ठी महारानी, मरी माता और मकबरा के पास श्री शीतला माँ के स्थान प्रमुख हैं।*

पाटेश्वरी देवी के सन्दर्भ में वैसे तो कोई लिखित इतिहास या साक्ष्य प्राप्त नहीं होता, जिससे इस स्थान के स्थापना वर्ष या यहाँ पर मौजूद पिण्डी के दर्शन का समय निर्धारण हो सके। लोक-मान्यता में इन्हें आदि शक्ति स्वरूपा माना गया है। क्षेत्रवासियों में यह धारणा व्याप्त रही है कि माँ का स्वरूप सनातन है और यह बहुत पूर्व से ही यहाँ मौजूद रही हैं।

पहले यह मन्दिर एक छोटे गर्भगृह के रूप में निर्मित था, जिसके भीतर पाटेश्वरी माँ की मुख्य प्रतिमा के अतिरिक्त लक्ष्मी, सरस्वती और अष्टभुजी दुर्गा की मूर्तियाँ स्थापित रहीं। इनके अतिरिक्त कार्तिकेय और विष्णु भगवान की प्रतिमाएँ भी गर्भगृह में सुशोभित हैं। राम, लक्ष्मण, जानकी और हनुमान जी की प्रतिमाएँ भी इस मन्दिर में स्थापित हैं। चाँदी के देवी मुखौटे से सुसज्जित माँ पाटेश्वरी का पिण्डी दर्शन भी गर्भगृह में दृष्टव्य है।

हाल के वर्षों में इस मन्दिर का जीर्णोद्धार हुआ और इसे बड़े परिसर में विस्तार दिया गया है। अब यह प्रांगण काफ़ी भव्य और आकर्षक लगता है।

यह जीर्णोद्धार **'आदि-शक्ति माँ पाटेश्वरी देवी मन्दिर सेवा ट्रस्ट'** समिति के द्वारा कराया गया है और अब यह समिति ही इस पूरे मन्दिर की व्यवस्था देखती है। पहले इस परिसर में मरी माता, काली जी और बाबा भैरवनाथ की पिण्डियाँ भी स्थापित थीं, जिन्हें अब ऊँचे चबूतरों पर बड़ी पिण्डियों के रूप में संरक्षित करते हुए सफेद एवं काली टाइल्स के द्वारा सुदृढ़ीकरण कर दिया गया है। इसी तरह प्राचीन शिवलिंग एवं शिव-परिवार के मण्डप का भी नवीनीकरण हुआ है, जो एक छोटे से मण्डप में पहले से ही विराजमान रहे हैं। मन्दिर में अभी हाल ही के वर्षों में शनि देव एवं शिरडी के साँईं बाबा की प्रतिमाएँ भी स्थापित की गयीं हैं।

मन्दिर परिसर से सटे हुए माता पाटेश्वरी देवी के कुण्ड का सौन्दर्यीकरण करते हुए उसे चारों तरफ आकर्षक लोहे की रेलिंगों से संरक्षित कर दिया गया है। मन्दिर के नये द्वार की भव्यता दूर से ही देखने पर आकर्षित करती है, जिसके ऊपर एक विशाल सिंह प्रतिमा स्थापित है और तीन पताकाएँ फहरा रही हैं।

वर्तमान में इस मन्दिर सेवा ट्रस्ट के पदाधिकारियों में कई सम्मानित नगरवासी सम्मिलित हैं, जिनमें अध्यक्ष पद पर श्री रामयश यादव नियुक्त हैं तथा मन्दिर के मुख्य अर्चक पं. श्री देवीशंकर द्विवेदी जी हैं। श्री 'पाटेश्वरी देवी मन्दिर' का दरबार आज पुराने समय से कहीं अधिक भव्य और मनोरम जान पड़ता है।

साभार : स्थान के सर्वेक्षण तथा मन्दिर के पुजारी से बातचीत के आधार पर इस अंक के सम्पादक यतीन्द्र मिश्र द्वारा लिखी गयी टिप्पणी। पहली बार प्रकाशित।

श्री शीतला देवी
बड़ी देवकाली मन्दिर, फ़ैज़ाबाद

फ़ैज़ाबाद की चौदह कोसी परिक्रमा परिधि के भीतर जितने पौराणिक तीर्थ आदरणीय माने जाते हैं, उन देवी-स्थानों में **'श्री शीतला देवी'** *(वर्तमान में बड़ी देवकाली मन्दिर के नाम से प्रसिद्ध) सर्वोपरि है। रुद्रयामलीय 'अयोध्या माहात्म्य' में बड़ी देवकाली की महत्ता के सन्दर्भ में जो श्लोक वर्णित है, वह इस तरह है–*

तां सम्पूज्यनरोविद्वान् सर्वपापैः प्रमुच्यते।
सर्वदा पूजनंतस्या सोमवारेविशेषतः।
कर्त्तव्यन्तुप्रयत्नेननृभिः सर्वार्थसिद्धये।
विस्फोटरोगादिभयेनरैस्तु समुपस्थिते।।

'आशय यह है कि इन शीतला देवी का पूजन करके विद्वान नर सब पापों से छूट जाता है। सदा इनका पूजन करते रहना चाहिए। सोमवार को इनका विशेष पर्व दिन है।'

ब्रह्मचारी श्री भगीरथ राम की 'अयोध्या दर्पण' में बड़ी देवकाली के सन्दर्भ में यह वर्णित हुआ है– 'श्री मन्त्रेश्वर से उत्तर दिशा में कुछ दूर पर श्री शीतला देवी प्रतिष्ठित हैं, जो देवकाली नाम से भी विख्यात हैं। प्राणियों के विस्फोटक (चेचक) आदि रोगों की शान्ति ये यहाँ रहकर करती रहती हैं। यहाँ पर इनका पूजन सदा ही करना चाहिए। विशेषकर इनका दर्शन-पूजन प्रति सोमवार को सर्वार्थ सिद्धिप्रद बताया गया है। यहाँ एक मन्दिर में श्री शीतला देवी दूसरे में महाकाली, महालक्ष्मी और महासरस्वती प्रतिष्ठित हैं।' उपर्युक्त ग्रन्थों के सन्दर्भों से यह बात स्थापित होती है कि बड़ी देवकाली

मन्दिर की मान्यता अति प्राचीन है और यहाँ पर स्थापित 'त्रिदेवियों' (महाकाली, महासरस्वती, महालक्ष्मी) की अवधारणा अन्य शाक्त पीठों से अलग और दुर्लभ है।

श्री शीतला देवी या बड़ी देवकाली की स्थापना के सन्दर्भ में तमाम सारी कथाएँ लोक-मान्यता की तरह प्रसिद्ध रही हैं। इन सारी कथाओं में से किसी एक का चुनाव करके यह स्थापित नहीं किया जा सकता कि दरअसल कौन सी कथा सर्वाधिक प्रामाणिक और मन्दिर के इतिहास के सन्दर्भ में सटीक है। जितने भी पुरालेख और जनश्रुतियाँ प्राप्त होती हैं, उन सब में कुछ-कुछ अन्तर के साथ इस मन्दिर की स्थापना की चर्चा हुई है। जैसे, एक कथा यह कहती है कि राजा रघु को भगवती ने स्वप्न दिखाया कि महाशतचण्डी यज्ञ करो, तभी युद्ध में विजयी होगे। इस पर राजा रघु ने यज्ञ किया और युद्ध जीता। बाद में फिर उन्होंने यहाँ शीतला माँ का मन्दिर बनवाया। दूसरी कथा के अनुसार 'स्वयं राजा विक्रमादित्य ने अयोध्या बसाने के उपरान्त एक ही शिलापट पर त्रिदेवियों की स्थापना करते हुए इस मन्दिर का निर्माण कराया।

सबसे प्रामाणिक और जन-जन में व्याप्त कथा यह कहती है कि यहाँ पर स्थापित त्रिदेवियाँ भगवान श्रीरामचन्द्र की कुल देवी हैं। राम की कुलदेवियों में जिन चार अन्य शक्तियों की गणना होती है, उनमें **श्री शीतला देवी** *(बड़ी देवकाली) को छोड़कर तीन अन्य देवियाँ क्रमशः* **श्री चुटकी देवी, श्री वन्दी देवी** *(जालपा) और* **श्री लोटनी भवानी** *हैं। अयोध्या के 'विअहुति भवन' में श्रीराम-जानकी की हर महीने पंचमी तिथि को होने वाले विवाह-संस्कार के आरम्भ में ही श्रीराम के कुल देवता पूजन के उपरान्त, इन चारों देवियों का षोडशोपचार पूजन किया जाता है। ऐसी परम्परा बहुत समय से चली आ रही है और वहाँ की विवाह पद्धति की पुस्तक* **'श्री सीताराम विवाह सत्संग सुधा'** *(सन्त हरिप्रिया जी द्वारा विवाह के सारे चरणों का पुस्तक के रूप में संकलन) से इस बात की चर्चा प्राप्त होती है।*

उपर्युक्त कथाओं में जो कुछ भी सत्य या प्रामाणिक है, वह गहरे शोध का विषय है, परन्तु इतना अवश्य स्थापित होता है कि श्री शीतला देवी की मान्यता पौराणिक है तथा अयोध्या के सन्दर्भ में रामकथा प्रसंगों से कहीं न कहीं जुड़ती अवश्य है।

अवधवासी लाला सीताराम की पुस्तक 'श्री अवध की झाँकी' में पृष्ठ 83 पर 'देवकाली' के सन्दर्भ में यह वर्णन मिलता है– 'क़ज़ियाने से कोस भर

चलने पर फ़ैज़ाबाद शहर में प्रवेश करते ही एक सड़क दक्षिण को गयी है। इसी सड़क पर थोड़ी दूर चलने से शीतला देवी का मन्दिर मिलता है। इसे अब देवकाली कहते हैं। मन्दिर के आगे पक्का सरोवर है। यहाँ शीतला अष्टमी का मेला प्रसिद्ध है।'

वर्तमान में यह मन्दिर दियरा रियासत की सरवराहकारी के अन्तर्गत आता है, जो कभी उन्हें अंग्रेजों के समय में प्राप्त हुई थी। मन्दिर के वर्तमान व्यवस्थापकों में से एक श्री हरीश कुमार पाठक जी ने यह बताया कि इस मन्दिर की सरवराहकारी राजा दियरा को सन् 1893 ई. में मिली थी। इसी समय इस बात की चर्चा भी आवश्यक है कि बड़ी देवकाली मन्दिर या शीतला देवी के मन्दिर की व्यवस्था और पूजा-अर्चना का दायित्व विगत नौ पीढ़ियों से पाठक परिवार के पास ही रहा है। यह परम्परा **पं. श्री लाल बिहारी पाठक** *से आरम्भ हुई, जिसे वर्तमान में चार भाई मिलकर कुशलतापूर्वक निष्पादित कर रहे हैं। इनके नाम* **श्री रमेश पाठक, श्री हरीश कुमार पाठक, श्री गिरीश कुमार पाठक** *और* **श्री सुनील पाठक** *हैं।*

वर्तमान में बड़ी देवकाली मन्दिर कई रास्तों से पहुँचा जा सकता है। इनमें फ़ैज़ाबाद-अयोध्या मार्ग पर बेनीगंज तिराहे से दायीं ओर जाने वाले रास्ते पर रेलवे क्रॉसिंग पार करके लगभग छह सौ मीटर दूरी पर यह मन्दिर दायीं ओर स्थित मिलता है। ठीक इसी तरह, नगर के चौक से होते हुए रीडगंज-देवकाली बाईपास मार्ग पर जाने वाले रास्ते से मन्दिर तक पहुँचा जा सकता है। बाहर से आने वाले श्रद्धालुओं के लिए लखनऊ-गोरखपुर राष्ट्रीय राजमार्ग पर देवकाली बाईपास पर ओवर ब्रिज के नीचे से बायीं ओर मुड़ने पर लगभग चार सौ मीटर की दूरी पर दायीं ओर मुड़ते ही मन्दिर परिसर के दर्शन होते हैं।

मन्दिर के अहाते में मुख्य द्वार का स्थापत्य अत्यन्त मनोहारी है, जो पारम्परिक रूप से अवध की कलात्मकता का परिचय देता है। अवध का शाही निशान 'मछलियों का जोड़ा' मुख्य द्वार पर दूर से ही दिखायी देता है, जिसके ऊपरी मंजिल पर तीन शेरों के अतिरिक्त एक और मछली निर्मित है। शिखर पर भगवती के लिए लाल पताका फहरा रही है। इसी द्वार से अन्दर प्रवेश करने पर दाहिनी ओर शीतला माँ का गर्भगृह मिलता है, जिसके भीतर शीतला देवी के रूप में त्रिदेवियों के विग्रह एक ही काली प्रस्तर पट्टिका पर उत्कीर्ण हैं। महाकाली, महालक्ष्मी और महासरस्वती की सामूहिक शक्ति के रूप में जगदम्बा की परिकल्पना यहाँ ढेरों शक्तिपीठों

से अलग है, क्योंकि अधिकांश शक्ति-पीठों और उनके उप-पीठों में तीनों ही देवियाँ अलग-अलग विग्रहों में स्थापित मिलती हैं। इस लिहाज से इस प्रतिमा की धार्मिक व आनुष्ठानिक महत्ता भी शाक्त परम्परा के मानने वालों के लिए कुछ अलग हो जाती है। त्रिदेवियों के चरणों के पास भक्तजनों की ओर खड़े होकर देखने पर बायीं ओर शिव और पार्वती की छोटी संगमरमर प्रतिमा स्थापित है, जो कहीं न कहीं 'शिव और शक्ति' या 'प्रकृति और पुरुष' के सन्तुलन को दर्शाती है। इसी गर्भगृह में त्रिदेवियों के चौखट पर बाहर की ओर सेवकों या द्वारपाल के रूप में गणपति की प्रतिमा बायीं ओर तथा पर्वत और गदा लिए हुए हनुमान जी दायीं ओर विराजमान हैं। इस तरह गणपति, शिव, पार्वती, महालक्ष्मी, महासरस्वती, महाकाली तथा हनुमान की सामूहिक उपस्थिति में सप्त देवताओं की परिकल्पना के साथ 'श्री शीतला देवी का दरबार' सजाया गया है।

गर्भगृह के बाहर देवी की ओर मुख किए हुए दो शार्दूल (शेर) स्थापित हैं, जिनके बीच कभी पुराने समयों में बलि की वेदिका भी उपस्थित थी। आज उस बलि-वेदिका के लिए लगाए जाने वाले पारम्परिक यंत्र को वहाँ से हटा दिया गया है। गर्भगृह के समीप ही दोनों ओर कई छोटे-बड़े मन्दिर प्राचीन काल से स्थापित हैं, जिनकी शाक्त परम्परा में अत्यन्त महत्ता मानी जाती है। इनमें **'काल-भैरव का मन्दिर', 'गौरी जी का मन्दिर'** और **'बाबा दूधनाथ का शिवलिंग'** विशेष तौर पर ध्यान देने योग्य हैं। अवलोकन से ज्ञात होता है कि यह तीनों ही प्रतिमाएँ बेहद प्राचीन हैं और गौरी जी तथा काल भैरव की मूर्तियाँ तो अपने रूपाकार में विशिष्ट हैं। यह दोनों ही प्रतिमाएँ पुराने पत्थर की हैं, जिन्हें देखकर इनके कई सौ वर्षों पूर्व के होने का आभास मिलता है। इसी तरह **'लक्ष्मी-नारायण'** मन्दिर में विष्णु के चतुर्भुज स्वरूप की अष्टधातु की प्रतिमा भी बहुत पुरानी लगती है। स्वयं **श्री हरीश कुमार पाठक** जी ने बताया कि विष्णु प्रतिमा बेहद प्राचीन है, जबकि उनके साथ स्थापित संगमरमर की लक्ष्मी जी की मूर्ति बाद के काल की है।

इसी परिसर में एक अन्य शिवाला भी स्थापित है। लोक-मान्यता है कि इसका शिवलिंग प्राचीन है, परन्तु पाठक परिवार के अन्य सदस्य भी यह बताते हैं कि पहले इसका प्राचीन शिवलिंग छोटा था, जिसे बाद में बड़े रूप में स्थापित किया गया। इसे **प्रताप सिंह** जी ने स्थापित करवाया था। बड़ी देवकाली के सन्दर्भ में यह जानना भी महत्त्वपूर्ण है कि फ़ैज़ाबाद में नाका के निवासी **स्व. बाबू इन्द्र बहादुर सिंह** के पुत्र **श्री उदय प्रताप सिंह** ने सन्

1975 से इस मन्दिर का जीर्णोद्धार आरम्भ करवाया था, जो सन् 1978 तक जाकर पूरा हुआ। 'प्रताप सिंह' के नाम से प्रसिद्ध श्री उदय प्रताप सिंह की आस्था इस मन्दिर में अटूट थी और उन्हीं के जतन से इस मन्दिर का वर्तमान स्वरूप कुछ और अधिक सुन्दर होकर हमें प्राप्त हुआ है। हालाँकि इस बात की चर्चा भी आवश्यक है कि सन् 2002 में आध्यात्मिक गुरु **श्री श्री रविशंकर** जी ने यहाँ पर महा शतचण्डी यज्ञ किया था, जो नौ दिनों तक चला। इसी दौरान मन्दिर सहित सरोवर के जीर्णोद्धार का कार्य भी हुआ। सरोवर का कुण्ड विशाल है, जिसके भीतर ही नौ कुएँ स्थापित हैं।

प्राचीन छोटे-बड़े मन्दिरों के अतिरिक्त वर्तमान में यहाँ दो नये मन्दिर स्थापित किए गये, जिनमें **'गणेश मन्दिर'** और **'शनि मन्दिर'** आते हैं। शनि मन्दिर में शनि देवता की प्रतिमा नौ ग्रह के साथ स्थापित हुई है। पुराने मन्दिरों मे पीपल के वृक्ष के पास **'मरी माता का चौरा'** भी स्थापित है, जो पिण्डी दर्शन के रूप में मौजूद है। साथ में शंकर भगवान भी विराजमान हैं।

बड़ी देवकाली मन्दिर का एक अभिनव पक्ष वहाँ गर्भगृह के सामने ऊँचाई पर स्थित **'राम मन्दिर'** भी है। यह मन्दिर बहुत पहले महाराज बनारस ने निर्मित करवाया था। मन्दिर के भीतर विराजमान तीन झाँकियाँ अत्यन्त मनोहारी हैं, जिनका स्थापत्य और कलात्मक सौष्ठव अपने चरम पर है। मन्दिर के मुख्य द्वार से भीतर प्रवेश करने पर सामने बाल रूप में श्री रामचन्द्र और उनके सामने बैठी हुई कौशल्या माँ के दर्शन होते हैं। बाल राम की प्रतिमा काले पत्थर की है जो सम्भवतः कसौटी पत्थर की प्रतीत होती है, जबकि कौशल्या की प्रतिमा सफेद संगमरमर की है, जो इतनी प्राचीन है कि दूधिया संगमरमर सी जान पड़ती है। मन्दिर में दाहिनी ओर सरयू माँ की प्रतिमा स्थापित है, जिनके दोनों ओर कुल आठ सखियाँ मौजूद हैं। यह समस्त प्रतिमाएँ उसी तरह दूधिया संगमरमर की हैं, जिस तरह की प्रतिमा माँ कौशल्या की है। जहाँ तक मेरी जानकारी है, अयोध्या की पंचकोसी परिक्रमा परिधि के भीतर स्थापित सरयू जी के विग्रह (राम की पैड़ी के पास पुराने घाटों के समीप तथा रामकोट क्षेत्र में अमावां राज मन्दिर) को छोड़कर वर्तमान में फ़ैज़ाबाद परिक्षेत्र में कहीं भी सरयू प्रतिमा के दर्शन नहीं होते। उस पर प्रतिमा का भाव इतना सुन्दर है कि बरबस उसकी छवि मन मोहती है। उनका स्वरूप दिव्य है और शृंगार-आभरण के रूप में मस्तक पर बेंदी (बन्दी) और नाक में बड़ी नथ सुशोभित है। कानों में बड़े कर्णफूल तथा झुमकों के समेत गले में कई प्रकार के हार माँ को

पहनाये गये हैं। सरयू माँ के एक हाथ में पद्म और दूसरे हाथ में उनके जल में वास करने वाली मीन सुशोभित है।

इस मन्दिर में बायीं ओर झूले पर बालक श्रीराम निद्रामग्न अवस्था में विराजमान हैं, जिनकी अनुपम छटा को लिखकर व्यक्त नहीं किया जा सकता। हाँ इतना अवश्य है कि उनकी पोशाक राजसी है और गले में कुन्दन के हार और भुजाओं में बाजूबन्द पहनाया गया है। इसी तरह कौशल्या माँ के समीप बैठे बालक राम राजकुँवर के रूप में प्रतिष्ठित हैं, जो उनको पहनाये गये राजसी पोशाक से व्यक्त होता है। इस प्रतिमा में भी बाजूबन्द, कुन्दन के हार, बघनखा, पैरों में झाँझ और हाथों में तोड़े पहनाए गये हैं। यह प्रतिमा इस मामले में भी अनूठी है कि बालक राम अपने सिर पर टोपी लगाए हैं, जो उन्हें एक अलग ही भंगिमा देता है। कुल मिलाकर यह कहा जा सकता है कि महाराज बनारस के बनाए हुए इस राम मन्दिर की समस्त प्रतिमाएँ फ़ैज़ाबाद क्षेत्र में मूर्तिकला और स्थापत्य का बेजोड़ नमूना हैं। इनकी तुलना तो नहीं की जा सकती, लेकिन इन प्रतिमाओं को देखकर बरबस **'कनक भवन मन्दिर'** में स्थापित कनक बिहारी और जानकी जी की सलोनी प्रतिमाएँ याद आती हैं।

इस मन्दिर का स्थापत्य इस बात में भी अनूठा है कि गर्भगृह परिसर में जो खम्भे लगे हैं, उनमें राम-कथा विषयक ढेरों प्रसंगों का मूर्तिमान अंकन किया गया है। इनमें प्रमुख रूप से **'राम का प्राकट्योत्सव', 'बन्दीजनों द्वारा मंगल-वादन', 'सखियों और चेरियों द्वारा मंगल-गान और वीणा-वादन', 'माँ कौशल्या का बालक राम को पालने में झुलाना'** तथा **'भगवान विष्णु का चतुर्भुज दिव्य स्वरूप'** कुछ ऐसे दृश्य हैं, जिन्हें देखने पर एक क़िस्म का सम्मोहन जगता है, जिससे दृष्टि हटाने की इच्छा नहीं होती। यह पूरा राम मन्दिर का परिसर अपनी ऐतिहासिकता के अतिरिक्त कलात्मक रूप से भी स्मरण में रखे जाने योग्य है।

बड़ी देवकाली की परम्परा में विशेष पर्व की तिथियाँ शारदीय तथा वासन्तिक नवरात्रि के नौ दिन हैं। इनके अतिरिक्त श्रावण तथा आषाढ़ मास की शुक्ल पक्ष के पन्द्रह दिन बड़े मेलों के दिन होते हैं। इन दोनों ही महीनों में इन दिनों मन्दिर में भारी भीड़ होती है। पाठक परिवार के सदस्य **श्री सुनील पाठक** बताते हैं कि इन पर्वों के साथ ही प्रत्येक सोमवार व शुक्रवार को यहाँ विशेष यात्रा मानी गयी है। इस समय यह उल्लेख करना भी समीचीन

होगा कि 'श्री शीतला देवी' के परिसर में स्थापित 'एडवर्ड अयोध्या तीर्थ विवेचनी सभा' का शिलालेख (क्रमांक 94) यहाँ के लिए सबसे प्रमुख दिन के रूप में 'प्रति सोमवार' की यात्रा को मान्यता देता है। हालाँकि, शीतला देवी का स्थान होने के कारण 'शीतलाष्टमी पर्व' भी विशेष महत्त्व का है।

भक्तजन अपने शरीर के योग-क्षेम की ख़ातिर यहाँ सोने, चाँदी व अन्य धातुओं के प्रतीकात्मक अंगों की मनौती मानते हैं, जिसके ठीक हो जाने पर त्रिदेवियों को वह अर्पित किया जाता है। इस लिहाज से यहाँ सोने, चाँदी के नेत्र, जीभ और कण्ठ तक चढ़ाये जाते हैं। यहाँ पर देवी को अपनी कुल देवी मानकर अधिकांश श्रद्धालु बच्चों के मुण्डन भी कराते हैं। साथ ही विवाह के बाद नव-दम्पति का जोड़े के साथ दर्शन भी यहाँ की मान्यता में शुमार है। इसी तरह घर में पुत्र होने पर बारह दिन या सवा महीने के उपरान्त उस नवजात को भगवती के दर्शन कराने का विधान भी रहा है। आस-पास तथा दूर-दराज के क्षेत्रों से आने वाले कृषक यहाँ चैत्र मास में होने वाले **'नवान्न महोत्सव'** (नवा) में नयी फसल चढ़ाते हैं। जो व्यक्ति इस पर्व पर मन्दिर नहीं पहुँच पाता, वह सावन में लाकर अनाज चढ़ाकर अपनी 'नवा' मनाता है।

इस मन्दिर के मुख्य गर्भगृह से सन् 2012 में त्रिदेवियों का अर्चा विग्रह चोरी हो गया था। पुलिस प्रशासन की सक्रियता से बाद में वह प्राप्त हुई और उन्हें पुनः गर्भगृह में प्रतिष्ठित किया गया। मूर्तियों की अनुलब्धता के दौरान क्षेत्रवासियों में इस बात को लेकर व्यापक रोष और पीड़ा थी, क्योंकि यह मन्दिर ही शक्ति उपासना का एक बड़ा आस्था केन्द्र रहा है। बाद में, विग्रहों की वापसी के पश्चात त्रिदेवियों की प्राण-प्रतिष्ठा भव्य अनुष्ठान के माध्यम से **पण्डित श्री राम लखन पाठक** तथा उनकी धर्मपत्नी **श्रीमती कमला देवी पाठक** ने सम्पन्न की। इसी के बाद, जन-मानस पुनः मन्दिर में दर्शन-पूजन के लिए उमड़ने लगा।

इस तरह बड़ी देवकाली मन्दिर के सन्दर्भ में यह कहा जा सकता है कि भगवान राम की कुलदेवी के रूप में प्रतिष्ठित और शीतला माता के अंश के रूप में जागृत त्रिदेवियों का यह परिसर आस्था का प्रमुख केन्द्र है। इसी कारण डच इतिहासकार हंस बेकर भी यहाँ के सन्दर्भ में अपने ग्रन्थ 'अयोध्या' में वर्णन करते हैं कि 'अयोध्या माहात्म्य ग्रन्थ शीतला देवी पर पारम्परिक पर्व के रूप में शीतलाष्टमी की गणना नहीं करता, जब यहाँ पर

इस दिन बड़ा मेला होता है और हजारों भक्त दर्शन को आते हैं। इससे यही ज़ाहिर होता है कि यह मेला सम्भवतः बाद के काल में हिन्दू धर्म के पंचांग में आया होगा, जिसके साक्ष्य सोलहवीं शताब्दी के पहले नहीं मिलते। आजकल इस मन्दिर में सोमवार और शुक्रवार को विशेष तौर पर श्रद्धालु आते हैं और श्रावण, आश्विन और चैत्र मास में पूरे महीने भर यहाँ भीड़ रहती है।'

साभार : **मन्दिर के सर्वेक्षण तथा 1. श्री अयोध्या माहात्म्य : हिन्दी भाषानुवाद व टीका : पाणिनी पाण्डेय, वेद व्याकरणाचार्य, प्रकाशक व मुद्रक : श्रीमती सूर्य्यकला देवी पाण्डेय, श्री जानकीजानि निगमागम निकुंज, अयोध्यापुरी, संस्करण-1975, 2.अयोध्या दर्पण- ब्रह्मचारी श्री भगीरथ राम जी, प्रकाशक : भक्ति साहित्य सुरक्षा समिति, गोकुल भवन, वशिष्ठ कुण्ड, अयोध्या, संस्करण-चौथा, 1996, 3. श्री अवध की झाँकी : अवधवासी लाला सीताराम बी.ए., प्रकाशक : राजपाली प्रेस तथा कायस्थ पाठशाला प्रेस, प्रयाग, इलाहाबाद, संस्करण-1933, 4. अयोध्या : हंस बेकर, पब्लिशर - ग्रॉनिनजेन ओरियण्टल स्टडीज़, नीदरलैण्ड्स एडीशन, 1986 (अंग्रेजी) से संक्षिप्त एवं संशोधित रूप में लेने के अतिरिक्त मन्दिर के व्यवस्थापकों क्रमशः रमेश पाठक, हरीश कुमार पाठक तथा सुनील पाठक से बातचीत के आधार पर इस अंक के सम्पादक यतीन्द्र मिश्र द्वारा लिखी गयी टिप्पणी। पहली बार प्रकाशित।**

श्री सरोवर

लक्ष्मी-सागर धाम, लाल बाग

अयोध्या माहात्म्य में **'श्री सरोवर'** *तीर्थ के सन्दर्भ में यह वर्णित है कि 'मंत्रेश्वर के अति निकट, कुछ उत्तर पवित्र 'श्री सरोवर' है, जिसमें स्नान, दान, ब्राह्मण भोजनपूर्वक श्री जी का पूजन करने से अक्षय स्वर्ग की प्राप्ति होती है।'*

तदुत्तरे सरोरम्यं कुमुदोत्पल मण्डितम्
तत्र स्नानेन दानेन ब्राह्मणानां च पूजनैः
अक्षयं स्वर्गमाप्नोति नात्रकार्या विचारणा।

वर्तमान में 'श्री सरोवर' की प्रतिष्ठा फ़ैज़ाबाद के लालबाग मुहल्ले में स्थित **'लक्ष्मी सागर धाम'** *के रूप में हो गयी है। 'एडवर्ड अयोध्या तीर्थ विवेचनी सभा' का शिलालेख क्रमांक 93 यहाँ पर स्थापित है और पौराणिक मान्यता के अनुसार यहाँ की वार्षिक यात्रा दीपावली पर्व के दिन मानी जाती है। यह साभिप्राय भी है क्योंकि 'श्री' अर्थात महालक्ष्मी के सरोवर की यात्रा का सबसे पुण्यप्रद दिन या पर्व दीपावली ही है। पर्यटन विकास योजना के अन्तर्गत वर्ष 2008-09 में 'लक्ष्मी सागर घाट' लाल बाग के सौन्दर्यीकरण का कार्य सम्पन्न हुआ है।*

इसके तहत घाट पर पक्की सीढ़ियों का निर्माण और जल संरक्षण का बेहतर उपाय करके घाट को भव्यता प्रदान की गयी है। घाट का सौन्दर्य बढ़ाने के लिए 'लक्ष्मी सागर विकास समिति' द्वारा ढेरों बत्तखें और रंग-बिरंगी मछलियाँ यहाँ जल में पाली गयी हैं। घाट पर 1945 ई. का एक शिलालेख अंग्रेजी में अंकित है, जिस पर यह सूचना दर्ज़ है कि लक्ष्मी-सागर की सीढ़ियों का

निर्माण कमलापति मोतीलाल ने पी.डब्ल्यू. रेडिसीसर आई.सी.एस. डिप्टी कमिश्नर, फ़ैज़ाबाद के संरक्षकत्व में करवाया गया है।

घाट पर ही **'बाबा धर्मदास जी का अखाड़ा'** *निर्मित है, जिस पर स्थापना का वर्ष सन् 1902 अंकित है, इसे* **'श्री लक्ष्मी सागर व्यायामशाला'** *भी कहा जाता है। इसी व्यायामशाला की एक दीवार पर दर्जनों पहलवानों के नाम अंकित हैं, जिसके ऊपर* **'श्री आर्यवीर व्यायामशाला'** *का सूचना-पट लगा है। इसके संरक्षक के रूप में पूर्व ऊर्जा राज्य मंत्री श्री लल्लू सिंह का नाम अंकित है। इस अखाड़े में पहलवान कुश्ती लड़ते हैं और समय-समय पर दंगल का आयोजन भी होता है।*

सरोवर तट पर ही एक नया मन्दिर लक्ष्मी-नारायण भगवान का बनाया गया है, जिसमें चतुर्भुज स्वरूप में भगवान विष्णु और लक्ष्मी की प्रतिमाएँ स्थापित हैं तथा अष्टभुजी दुर्गा और हनुमान जी की प्रतिमाएँ भी विराजमान हैं। मन्दिर परिसर में ही एक शिवलिंग स्थापित है, जिसके साथ गणेश, कार्तिकेय, पार्वती और नन्दी की प्रतिमाएँ भी प्रतिष्ठित की गयी हैं। इस तरह पूरा शिव-परिवार भी 'लक्ष्मी नारायण धाम' में स्थापित है। अभी हाल ही में यहाँ साईं बाबा की प्रतिमा भी स्थापित हुई है। यह देखने वाली बात है कि 'श्री सरोवर' की अवधारणा में किसी भी तरह की प्रतिमा और मन्दिर की स्थापना का पौराणिक उल्लेख नहीं मिलता है, केवल भगवती लक्ष्मी के प्रतीक रूप में ही सरोवर की चर्चा हुई है। इस तरह वर्तमान में 'श्री सरोवर' पर स्थापित इस पूरे लक्ष्मी-सागर धाम की परिकल्पना और मन्दिर का क्रियान्वयन आधुनिक समय की देन है।

साभार : **1. श्री अयोध्या माहात्म्य : हिन्दी भाषानुवाद व टीका : पाणिनी पाण्डेय, वेद व्याकरणाचार्य, प्रकाशक व मुद्रक : श्रीमती सूर्य्यकला देवी पाण्डेय, श्री जानकीजानि निगमागम निकुंज, अयोध्यापुरी, संस्करण-1975, 2. अयोध्या दर्पण- ब्रह्मचारी श्री भगीरथ राम जी, प्रकाशक : भक्ति साहित्य सुरक्षा समिति, गोकुल भवन, वशिष्ठ कुण्ड, अयोध्या, संस्करण-चौथा, 1996 से संक्षिप्त एवं संशोधित रूप में लेने के अतिरिक्त स्थल के सर्वेक्षण के आधार पर इस अंक के सम्पादक यतीन्द्र मिश्र द्वारा लिखी गयी टिप्पणी। पहली बार प्रकाशित।**

श्री श्रीकाली बाड़ी

धारा रोड, फ़ैज़ाबाद

बंगाली समाज के प्रमुख शक्ति केन्द्र के रूप में मान्य **'श्री श्रीकाली बाड़ी'** *का मन्दिर चौक से धारा रोड जाने पर बायीं ओर स्थित है। मन्दिर के बारे में यह लोक-प्रचलित धारणा है कि फ़ैज़ाबाद निवासी श्री काशीनाथ चटर्जी को आज से लगभग सौ वर्ष पूर्व स्वप्न में माँ काली के मन्दिर को बनाने का आदेश मिला था। उन्होंने स्वप्न देखा था कि भगवती काली स्वयं उनसे कह रही हैं कि अमुक वृक्ष के नीचे मेरी प्रतिमा रखी है, जिसे लाकर इस स्थान पर प्रतिष्ठित करो। इसी के उपरान्त उन्होंने एक झोपड़ीनुमा मन्दिर में भगवती काली को लाकर स्थापित किया था।*

बंगाली समाज में जिस तरह काली पूजा का विधान रहा है, उसी परम्परा में यहाँ भी वर्ष भर दुर्गा आराधना होती है। शारदीय नवरात्र में विशेष पूजन का महत्त्व है, जिसमें षष्ठी तिथि पर मिट्टी की दुर्गा प्रतिमा स्थापित करने से लेकर नवरात्र समाप्ति पर दशमी तिथि को उनके विसर्जन का विधान सुनिश्चित है। इसी दिन विसर्जन से पूर्व सिन्दूर खेला जाता है और अष्टमी से नवमी तिथि लगने की सन्धि पर बेहद महत्त्वपूर्ण 'सन्धि-पूजा' होती है। इसी दिन सन्धि पूजा के उपरान्त नवमी तिथि पर माँ काली को गन्ने (ईख) तथा सफेद कद्दू (खबहा) की बलि दी जाती है। वर्ष भर प्रतिमास पूर्णिमा और अमावस्या को काली पूजा का विशेष महत्त्व है, जिसमें दीपावली की रात्रि का जागरण बंगालियों में परम्परा के रूप में विद्यमान है।

मन्दिर के संचालन व रख-रखाव के लिए पूर्व में बनी समिति का पुनर्गठन **'बंग समाज काली बाड़ी'** *के नाम से सन् 2015 में हुआ है, जिसके पूर्व यह समिति* **'फ़ैज़ाबाद बंग समाज'** *(1976) के नाम से पंजीकृत थी और*

सबसे पहले **'अयोध्या-फ़ैज़ाबाद बंग समाज'** *के नाम से 1936 में अस्तित्त्व में आयी। यही पहली संस्था थी, जिसने 'काली बाड़ी मन्दिर' का संचालन आरम्भ किया था। वर्तमान समिति के सचिव श्री प्रोवीर कुमार चटर्जी ने बताया कि उनके पास मौजूद समिति के दस्तावेज़ में यह बात मिलती है कि इस मन्दिर का निर्माण पचास के दशक के मध्य में काशीनाथ चटर्जी के पुत्र और पेशे से एडवोकेट विपिन चन्द्र चटर्जी के द्वारा हुआ था। मन्दिर के गर्भगृह पर लगे शिलापट के अनुसार सन् 1951 में डॉ. रमेशचन्द्र ने मन्दिर का पुनर्निर्माण करवाया।*

इसी तरह, गर्भगृह से सटे हुए दुर्गा पूजा के पण्डाल सजाने वाले पक्के मण्डप को **'बिड़ला जन-कल्याण ट्रस्ट'** *ने सन् 1968 में निर्मित कराया। एक दिलचस्प तथ्य यह भी ज्ञात होता है कि 'श्री श्रीकाली बाड़ी' का अस्तित्त्व सबसे पहले सन् 1882 में सामने आया, जब काशीनाथ जी को इस मन्दिर के भीतर भगवती काली की मूर्ति लगाने की प्रेरणा हुई थी। हालाँकि श्री प्रोवीर कुमार चटर्जी इस बात के सन्दर्भ में यह भी जोड़ते हैं कि यह सिर्फ़ मान्यता के आधार पर ही यहाँ लागू किया जा सकता है, इसके लिखित प्रमाण समिति के पास उपलब्ध नहीं हैं। 'बंग समाज काली बाड़ी', फ़ैज़ाबाद के वर्तमान अध्यक्ष डॉ. सुजाय घोष, उपाध्यक्ष श्री सुजीत बर्मन और सचिव श्री प्रोवीर कुमार चटर्जी हैं, जिनके कार्यकाल की अवधि 2015 से 2020 ई. तक है।*

साभार : स्थान के सर्वेक्षण के आधार पर इस अंक के सम्पादक यतीन्द्र मिश्र द्वारा लिखी गयी टिप्पणी। पहली बार प्रकाशित।

आधुनिक समय में प्रसिद्ध हुए नगर के देवी मन्दिर

गुर गाइन माता

फ़ैज़ाबाद शहर में सआदतगंज चौराहे और मुख्य विकास अधिकारी कार्यालय के बीच कैण्ट वार्ड संख्या-1 में यह मन्दिर स्थापित है। अयोध्या से आने पर दाहिनी ओर पड़ने वाले इस मन्दिर का परिसर सड़क से थोड़ा नीचे उतरकर मिलता है, जो अपनी चहारदीवारी के साथ पूरी सफेद आभा में मौजूद है। यह मन्दिर एकाएक आम भक्तों की निगाह में तब आया, जब इसका जीर्णोद्धार सन् 2001 में हुआ।

इस मन्दिर परिसर में छोटे-छोटे कई मन्दिर समूह निर्मित हैं, जिनमें नौ देवियों या नौ चण्डियों के नाम पर नौ पिण्डियाँ स्थापित कर छोटे-छोटे नौ गुम्बदाकार मन्दिरों में तब्दील किया गया है। इनके अलावा तीन पिण्डियाँ खुले में हैं, जिन्हें कुल देवियाँ कहा जाता है। इस तरह छोटे मन्दिर समूहों की संख्या बारह है। यह पिण्डियाँ जिस बड़े चबूतरे पर स्थापित हैं, उसी से सटा हुआ एक बड़ा गुम्बदाकार मुख्य मन्दिर का गर्भगृह भी है, जो गुर गाइन माता की प्राचीन प्रतिमा से सुशोभित है। गुर गाइन माता को शीतला माता का रूप माना जाता है। मन्दिर परिसर में ही एक प्राचीन प्रस्तर पट्टिका सिन्दूर से पुती हुई गुम्बदाकार छोटे मन्दिर में स्थापित है, जो भगवान भैरव की है। मन्दिर के चबूतरे पर ही एक छोटा सा शिवाला भी बनाया गया है, जिसका हाल के वर्षों में निर्माण हुआ है।

मन्दिर के मुख्य पुजारी श्री परमानन्द पाठक से बातचीत के बाद यह ज्ञात होता है कि इस मन्दिर का जीर्णोद्धार पाँच लोगों ने मिलकर गुप्त दान के

तहत करवाया था, जिन लोगों के नाम आज भी कोई नहीं जानता। वे यह भी बताते हैं कि इस मन्दिर में नवरात्र के दिनों में विशेष पूजन और उत्सव का माहौल रहता है और नगर के दिल्ली दरवाज़ा मोहल्ले के तमाम अग्रवाल तथा मारवाड़ी परिवारों के सदस्य यहाँ के भक्त हैं, जो समय-समय पर गुप्त दान द्वारा मन्दिर सेवा के लिए चढ़ावा देते हैं।

यह देखना महत्त्वपूर्ण है कि हाल के दशकों में प्रसिद्धि पाए गुर गाइन माता मन्दिर का अयोध्या-फ़ैज़ाबाद के क्षेत्र में विशेष महत्त्व हो चला है।

मरी माता का मन्दिर

फ़ैज़ाबाद छावनी क्षेत्र में पंचमुखी महादेव मन्दिर के समीप ही मरी माता का मन्दिर स्थापित है। यह मन्दिर भी हाल के दशकों में तब नगरवासियों के आस्था का बड़ा केन्द्र बनने लगा, जब से इसका जीर्णोद्धार हुआ और नवरात्र के अवसर पर विशेष जगराता व भण्डारा आदि के कार्यक्रम आरम्भ हुए।

लोग बताते हैं कि प्राचीन मन्दिर मात्र एक छोटे से जर्जर भवन में मौजूद था, जिसमें मरी माता भवानी की पिण्डी स्थापित थी। बाद में इस मन्दिर को भव्य रूप मिला। जीर्णोद्धार के दौरान न सिर्फ पिण्डी को देवी की सौम्य मुखाकृति वाला चाँदी का मुखौटा पहनाकर ढँका गया, बल्कि पिण्डी के ठीक पीछे एक बड़ी मनोहारी अष्टभुजी भगवती दुर्गा की विशाल संगमरमर प्रतिमा भी स्थापित की गयी। दोनों के समवेत दर्शन और शृंगार ने इस मन्दिर परिसर को एक अलग किस्म का आकर्षण दिया है। मन्दिर के बाहर प्रवेश द्वार के पास दाहिने और बाएँ क्रमशः भगवान गणपति और श्री बाला जी महाराज की प्रतिमाएँ भी स्थापित हैं। इस मन्दिर परिसर में अलग से शीतला माता का स्थान भी मौजूद है, जहाँ श्रद्धालुओं ने ढेरों चुनरियाँ और पताकाएँ चढ़ाई हैं।

आदि शक्ति मरी माता मन्दिर का पूरा परिसर रमणीक है। वहाँ इतनी अधिक हरियाली और शान्ति है कि बरबस रुके रहने का मन होता है। मेरे हिसाब से परम्परा में व्याप्त देवियों के नौ रूपों से अलग जिस तरह षोडश मातृकाओं, कुल देवियों, ग्राम देवियों, स्थान देवियों और शायर भवानी की परिकल्पनाएँ हैं और उनके जगह-जगह पर छोटे-बड़े भीठ, पिण्डी वाले स्तूप या छोटे मन्दिर मिलते हैं, मरी माता भी उसी तरह की एक जागृत वन देवी या कुल देवी रही होंगी, जिनकी मान्यता को आधुनिक समय में एक नया

कलेवर और भव्यता प्रदान की गयी है। यह कहना भी महत्त्वपूर्ण होगा कि अयोध्या और फ़ैज़ाबाद परिक्षेत्र की तमाम इस श्रेणी की देवियाँ, मसलन– 'जालपा देवी', 'चुटकी देवी', 'लोटनी देवी' का ज़िक्र डच इतिहासकार हंस बेकर की 'अयोध्या' में आया है और 'एडवर्ड अयोध्या तीर्थ विवेचनी सभा' के शिलाखण्डों से मिलता है, मगर मरी माता की कोई चर्चा इन सन्दर्भों से प्राप्त नहीं होती।

हट्टी महारानी

हट्टी महारानी का मन्दिर फ़ैज़ाबाद चौक से रिकाबगंज की ओर बढ़ते ही सड़क के किनारे दाहिनी तरफ स्थित है। यह मन्दिर शहर की सबसे पुरानी दवाइयों की दुकान एडवर्ड मेडिकल हॉल से सटा हुआ है। हालाँकि स्थानाभाव के कारण यहाँ मन्दिर के नाम पर एक अत्यन्त छोटा संगमरमर निर्मित मण्डपनुमा गर्भगृह मात्र है। व्यापक जगह न होने के बावजूद इस मन्दिर की महत्ता हाल के दो-तीन दशकों में काफ़ी बढ़ी है। नवरात्र के दिनों में तो यहाँ विशेष पूजन, आरती और भण्डारे का आयोजन होता है, जबकि सामान्य दिनों में भी भक्तों का आना-जाना आसानी से दिख जाता है।

लोक मान्यता में मौजूद साक्ष्यों के अनुसार इस प्रतिमा की कथा इस तरह है। क़रीब डेढ़ शताब्दी पूर्व ठठरहिया मोहल्ला निवासी एक कुम्हार दम्पति वट वृक्ष पर जल चढ़ाते थे। एक दिन उन्हें वृक्ष में दरार नज़र आई। गौर किया, तो दरार में माँ की प्राचीन प्रतिमा दिखी। बाद में यही प्रतिमा निर्धारित स्थल पर एक छोटा मण्डपनुमा देवी मन्दिर बनाकर स्थापित की गयी। इसी के साथ, माँ की पूजा का नियमित क्रम चल पड़ा। जनश्रुतियों के मुताबिक माँ की प्रतिमा को पाँच हजार वर्ष से भी पुराना बताया जाता है, जो तर्कसंगत नहीं लगता। इसलिए भी कि पाँच हजार वर्ष पूर्व मिलने वाली प्रतिमाएँ कांस्य, मिट्टी और प्रस्तर की रही हैं। उन सभ्यताओं में देवी प्रतिमा पाने का जल्दी उल्लेख नहीं मिलता। फिर यह प्रतिमा जिस तरह कलात्मक दृष्टि से अनुपम है, उससे इसकी इतनी प्राचीनता सम्भव नहीं जान पड़ती।

'हट्टी महारानी सेवा समिति' के प्रवक्ता केशव बिगुलर हैं और उनका अनुभव है कि माँ की प्रतिमा पूर्ण चिन्मय और चैतन्य है और उनके दर्शन से भक्तों का कल्याण होता है।

शीतला माता मन्दिर

फ़ैज़ाबाद मकबरा स्थित शीतला माता का मन्दिर भी कुछ वर्षों पूर्व जीर्णोद्धार होने के उपरान्त भक्तों में काफ़ी प्रतिष्ठित हो गया है। वैसे इस मन्दिर को लेकर यह मान्यता रही है कि जब यह अपने बेहद सूक्ष्म रूप में भी अवस्थित था, तब से यहाँ श्रद्धालुओं का आवागमन रहा है। कुछ लोग इसे काफ़ी पुराना (लगभग सौ वर्ष से अधिक) भी मानते हैं।

इस मन्दिर के साथ एक दिलचस्प तथ्य यह भी जुड़ा हुआ है कि नवाब शुजाउद्दौला के ख़ास दरबारी रहे दराब अली ने पहली बार इस मन्दिर का जीर्णोद्धार कराया। इस क्षेत्र में यह भी मान्यता है कि यहाँ पर शीतला माता का पूजन, नीम के पौधे के नीचे नारियल रखकर आरम्भ किया गया था। शीतला माता के पूजन से चेचक व हैजा जैसी बीमारियों से राहत मिलती है और इनके प्रकोप से भक्त बचते हैं, ऐसी आस्था वर्षों से चली आ रही है। यह स्थान भी धीरे-धीरे हैजा व चेचक से निजात दिलाने के सिद्ध स्थान के रूप में प्रतिष्ठित हुआ है। कहा यह भी जाता है कि नवाबकालीन लगाया गया नीम का पौधा आज एक भरे-पूरे नीम के पेड़ में तब्दील हो चुका है। शीतला माता के दर्शन मात्र से तमाम बीमारियों से छुटकारा मिलता है, ऐसी मान्यता के साथ यहाँ अपनी मुराद पूरी करने के लिए भक्तजन वर्ष भर आते रहते हैं।

साभार : **विभिन्न देवी-स्थलों के सर्वेक्षण तथा स्थानीय निवासियों से प्राप्त सूचनाओं के आधार पर युवा पत्रकार नवनीत श्रीवास्तव एवं इस अंक के सम्पादक यतीन्द्र मिश्र द्वारा संयुक्त रूप से लिखी गयी टिप्पणी।**

रामजानकी मन्दिर
साहबगंज

फ़ैज़ाबाद-अयोध्या राजमार्ग पर पड़ने वाले साहबगंज मुहल्ले में मार्ग की दाहिनी पटरी पर यह रामजानकी मन्दिर स्थित है। यह मुहल्ला कभी गल्ला की आढ़त (अनाज की थोक मण्डी) हुआ करता था। यह उस समय की बात है, जब सरयू नदी पर पुल नहीं बना था और व्यापार नावों के जरिये होता था। स्थानीय लोग अपने पूर्वजों से प्राप्त जानकारी के आधार पर बताते हैं कि यह आढ़त वर्ष 1934 तक यहाँ रही। आढ़त के कारण ही यह इलाका गुप्ता, कसौंधन व मारवाड़ी बिरादरी के साथ बहीखाता बनाने वाले साहू परिवारों से आबाद था। कालान्तर में इनमें से अधिकांश परिवार व्यापार हटने से स्थानान्तरित होकर अन्यत्र चले गये।

इन्हीं व्यापारियों ने यहाँ आपसी सहयोग से **रामजानकी मन्दिर** *की स्थापना की थी। इसी मन्दिर से शहर की पहली रामलीला भी शुरु की गयी थी। इस मन्दिर के मुख्य गर्भगृह में संगमरमर की श्रीराम जानकी की सुन्दर प्रतिमा स्थापित है। इनके साथ ही अष्टाधातु की सात-आठ इंच लम्बी राधा-कृष्ण की प्रतिमा भी यहाँ लड्डूगोपाल के साथ रखी हुई है। गर्भगृह के बाहर दाहिनी ओर गरुड़ देव व बायीं ओर हनुमान जी की छोटी प्रतिमा संगमरमर से बनी स्थापित है। इसमें से हनुमान जी की स्थापना सन् 2008 में की गयी है।*

मन्दिर के जगमोहन में रामलीला में प्रयुक्त होने वाले लकड़ी से बने विशाल हनुमान जी रखे हुए हैं। लकड़ी की डाट और सुरखी-चूने से बनी छत वाले जगमोहन की फर्श संगमरमर व कसौटी पत्थर से निर्मित है। जगमोहन की दीवारों के ऊपरी हिस्से में दाहिनी ओर बालक रूप में राम, हनुमान जी व तुलसीदास जी का और बायीं ओर शंकर जी, दुर्गा जी व गणेश जी का

चित्रांकन किया गया है। मन्दिर का शिखर गोल गुम्बदवाला कलात्मक रूप से निर्मित है। मन्दिर के मुख्य भाग के निर्माण में लखौरी ईंटों का प्रयोग किया गया है।

मन्दिर से जुड़े अन्य निर्माण अलग-अलग कालखण्ड में हुए है। मन्दिर की व्यवस्था समिति से जुड़े ओमप्रकाश गुप्ता बताते हैं कि एक हिस्से के पुनर्निर्माण में 1830 ई. की ईंटें मिली हैं। मन्दिर के बाह्य हिस्से में चबूतरे पर हुए निर्माण पर विक्रम संवत 2005 का शिलापट लगा हुआ है। मन्दिर के बायें निर्मित भवन पर अंकित तिथि में अन्तिम अंक मिट गया है। इस पर 194 लिखा है, जिससे चालीस के दशक में निर्माण होने की पुष्टि होती है। मन्दिर का बायाँ हिस्सा रामलीला मैदान में खुलता है, इसे अब 'रामलीला गली' कहा जाता है। इसी हिस्से में रामेश्वरम् जी के नाम से शिवलिंग की भी स्थापना है। कसौटी पत्थर के बने छोटे शिवलिंग के साथ दक्षिण ाभिमुख हनुमान जी, पार्वती जी, गणेश जी व कार्तिकेय जी की प्रतिमाएँ भी शिवाले में विराजमान है।

इस मन्दिर की रामलीला से जुड़े पत्रक में गत वर्ष 141वाँ वर्ष अंकित है। इस आधार पर मन्दिर की प्राचीनता एक सौ पचास वर्ष से अधिक जान पड़ती है। मन्दिर की व्यवस्था स्थानीय लोग ही आपसी सहयोग से करते आ रहे हैं। वर्ष 1975 ई. में विवाद के चलते प्रशासन द्वारा रिसीवर की नियुक्ति की गयी, तब से उसी की देख-रेख में स्थानीय लोग रामलीला व उत्सवों आदि की व्यवस्था देख रहे हैं। मन्दिर के मुख्य अर्चक राकेश पाण्डेय ने बताया कि मन्दिर में रामनवमी, जन्माष्टमी, दीपावली व अन्नकूट का पर्व विशेष रूप से मनाया जाता है।

साभार : **मन्दिर के सर्वेक्षण तथा स्थानीय निवासियों मुरलीधर अग्रवाल, ओम प्रकाश गुप्ता एवं राजाराम जायसवाल से बातचीत के आधार पर युवा पत्रकार दीपक मिश्र द्वारा लिखी गयी टिप्पणी। पहली बार प्रकाशित।**

फ़ैज़ाबाद : दस्तावेज़-89

राम-जानकी मन्दिर
फतेहगंज

पुराने समय में यह **मुक्तन माई का प्राचीन मन्दिर** *था, जो बाद में* **'श्रीराम जानकी मन्दिर'** *फतेहगंज कहलाया। यहाँ पर मौजूद बाज़ारवालों ने मिलकर सामूहिक चन्दे से पुराना राम-जानकी मन्दिर बनवाया था, जिसकी व्याप्ति दो सौ वर्ष से अधिक पुरानी मानी जाती है। हालाँकि सन् 1945 के दौरान यह मन्दिर 'गल्ला व्यापार मण्डल', फतेहगंज के संरक्षण में आ गया। तभी से यह मन्दिर पूरी तरह गल्ला के आढ़तियों द्वारा संचालित होता है। इस मन्दिर में मुक्ता माई की प्राचीन प्रतिमा स्थापित है, जिसे चौक और बजाजा के अग्रवाल परिवारों की कुल देवी के रूप में मान्यता प्राप्त है। कहा जाता है कि यह प्रतिमा लगभग पाँच सौ वर्ष प्राचीन है, जो पहले गहरे कुण्ड में स्थापित थी और लोग इसमें जल चढ़ाते थे।*

सत्तर वर्ष से अधिक समय से मन्दिर से जुड़े हुए चौरासी वर्षीय श्री रेवत प्रकाश पाण्डेय जी बताते हैं कि आषाढ़ मास की शीतलाष्टमी को मुक्तन माई की विशेष पूजा होती है, जिसमें अधिकांश अग्रवाल परिवारों की स्त्रियाँ इन्हें लपसी, पूड़ी, चना चढ़ाने और प्रतिमा पर ऐपन (चावल के आटे और हल्दी से बना हुआ घोल) लीपने आती थीं। अब इनकी संख्या कम हुई है और मूर्ति को भी अन्दर गर्भगृह में स्थापित कर दिया गया है, जो सामान्य तौर पर श्रद्धालुओं के सीधे सम्पर्क से दूर रखी गयी हैं।

पाण्डेय जी यह भी बताते हैं कि मन्दिर के नये गर्भगृह में प्राचीन राम-जानकी, हनुमन्त-लला तथा अष्टभुजी देवी की प्रतिमाएँ स्थापित हैं, जिनकी स्थापना का वर्ष सन् 1974 है। पहले इस मन्दिर में राम-जानकी की प्रस्तर प्रतिमा थी, जिसके खण्डित हो जाने पर यह प्रतिमाएँ स्थापित की गयीं।

मन्दिर के निर्माण के दौरान ही राधा-कृष्ण की अष्टधातु की प्रतिमा भी स्थापित हुई थी, जो उस समय स्थापित किये जाने वाली राम-जानकी की पाषाण प्रतिमा से भी पुरानी है। इसी समय लड्डू गोपाल जी की भी दो प्रतिमाएँ स्थापित हुईं। इसी के काफ़ी समय बाद हनुमान जी की लाल पाषाण की मूर्ति भी सन् 1960 के आस-पास स्थापित हुई, जिस पर सिन्दूर पुता है। हनुमान जी की एक छोटी प्रतिमा के सामने ही गरुण जी भी स्थापित हैं। हनुमान जी की प्रतिमा के समीप ही नयी अष्टभुजी देवी की प्रतिमा सन् 2000 के लगभग मन्दिर में प्रतिष्ठित की गयी। राम-जानकी के नये गर्भगृह के समीप पुराना शिवाला भी मौजूद है, जिसकी दीवारें लखौरी ईंटों की हैं और रेवत प्रकाश पाण्डेय जी के अनुसार इसका कालखण्ड लगभग दो सौ वर्ष पुराना है। इस शिवाला में पूरा शिव परिवार क्रमशः गणेश, पार्वती, शिवलिंग और नन्दी स्थापित हैं।

रेवत प्रसाद पाण्डेय जी यह भी बताते हैं कि शारदीय नवरात्र में रामलीला के बाद और दीपावली के आस-पास यहाँ लगभग हफ्ते-भर नाटकों का मंचन होता था, जिसमें राधेश्याम कथावाचक के लिखे हुए नाटक मंचित किये जाते थे। वे स्वयं इन नाटकों में अभिनय कर चुके हैं तथा रामलीला में वे विश्वामित्र और वशिष्ठ मुनि का रोल भी करते थे। यह सब सन् 1976 तक हुआ, जिसके बाद नाटकों की परम्परा मन्दिर से बन्द हो गयी। वे इस बात का भी उल्लेख करते हैं कि इस मन्दिर के प्रमुख उत्सवों में सर्वाधिक प्रतिष्ठित जन्माष्टमी का पर्व माना जाता था, बाद में रामनवमी भी मनायी जाने लगी। आजकल जन्माष्टमी और रामनवमी के अलावा बसन्त पंचमी, शिवरात्रि, दोनों नवरात्र महोत्सव, हनुमान जयन्ती, दीपावली और अन्नकूट भी मनाया जाता है। श्रावण मास में पड़ने वाले चारों सोमवार का विशेष महत्त्व भी इस मन्दिर की परम्परा में शामिल है।

राम-जानकी मन्दिर की संचालन समिति (गल्ला व्यापार मण्डल, फतेहगंज, फ़ैज़ाबाद) के वर्तमान अध्यक्ष श्री आनन्द कुमार अग्रवाल हैं, जो इस मन्दिर से सम्पन्न होने वाली रामलीला की व्यवस्था भी देखते हैं। मन्दिर के मंत्री श्री नीरज सिंघल तथा संयुक्त महामंत्री श्री सुरेश मित्तल हैं। वर्तमान में यहाँ के प्रधान अर्चक श्री चन्द्रशेखर पाण्डेय हैं, जो सन् 1974 से ही मन्दिर को अपनी सेवाएँ दे रहे हैं। डाट और कड़ी की छत वाले इस पुराने मन्दिर का पिछले पचास वर्षों में कई बार जीर्णोद्धार हुआ है और लगातार यहाँ पर आने वाले श्रद्धालु कुछ न कुछ योगदान करते रहते हैं।

नोट : **मन्दिर के सर्वेक्षण तथा रेवत प्रकाश पाण्डेय व चन्द्रशेखर पाण्डेय से बातचीत के आधार पर इस अंक के सम्पादक यतीन्द्र मिश्र द्वारा लिखी गयी टिप्पणी। पहली बार प्रकाशित।**

रामजानकी मन्दिर
रिकाबगंज

फ़ैज़ाबाद में रिकाबगंज चौराहे पर (नियावां रोड पर लगभग दस मीटर आगे) **'राम जानकी मन्दिर'** *स्थित है, जो इस परम्परा के मन्दिरों में साहबगंज तथा फतेहगंज के बाद गिना जा सकता है। हालाँकि इस मन्दिर की परम्परा इन दोनों मन्दिरों की तरह प्राचीन नहीं है। यह मन्दिर स्व. श्री देवकली दीन जायसवाल की धर्मपत्नी श्रीमती कबूतरा देवी ने सन् 1960 के आस-पास इसी जगह पर मौजूद उस वक्त तक समाप्त हो गये रामजानकी मन्दिर के जीर्णोद्धार के क्रम में बनवाया था। उन्होंने ही नये मन्दिर की स्थापना की तथा राम-पंचायत की संगमरमर की प्रतिमाएँ भी प्रतिष्ठित करवायीं। इसमें राम, जानकी, भरत, लक्ष्मण, शत्रुघ्न और हनुमान जी की प्रतिमाएँ स्थापित हैं। बाद के समय में कृष्ण भगवान की छोटी-छोटी पाँच प्रतिमाएँ (पीतल) तथा एक लड्डूगोपाल भी स्थापित किए गये।*

कबूतरा देवी के पौत्र श्री रवीन्द्र नाथ जायसवाल, जिनका मन्दिर के समीप ही 'शोभा आयरन स्टोर' के नाम से प्रतिष्ठान स्थित है, ने बताया कि यह मन्दिर जब उनकी दादी ने खरीदा था, तो उस परिसर में एक प्राचीन शिवाला भी स्थापित था, जिसका भी उसी दौरान कबूतरा देवी ने जीर्णोद्धार कराया। इसी शिवाला में शिवलिंग समेत पूरा शिव-परिवार व हनुमान जी की प्रतिमाएँ स्थापित हैं।

वर्तमान में इस रामजानकी मन्दिर के सरवराहकार श्री रवीन्द्रनाथ जायसवाल ही हैं और मन्दिर की व्यवस्था व उत्सवों की जिम्मेदारी घर के लोग ही देखते हैं। इस मन्दिर में प्रमुख रूप से जन्माष्टमी, हनुमान जयन्ती, शारदीय

नवरात्र एवं रामनवमी के पर्व धूमधाम से मनाये जाते हैं। पिछले कई वर्षों से मन्दिर परिसर में शारदीय नवरात्र के दौरान दुर्गा प्रतिमा भी स्थापित की जाती है। मन्दिर के मुख्य पुजारी श्री माता बदल तिवारी हैं।

साभार : मन्दिर के सर्वेक्षण तथा सरवराहकार रवीन्द्रनाथ जायसवाल, मुख्य अर्चक की पत्नी खनन देवी तथा स्थानीय निवासी बजरंगी से बातचीत के आधार पर इस अंक के सम्पादक यतीन्द्र मिश्र द्वारा लिखी गयी टिप्पणी। पहली बार प्रकाशित।

नगर में हनुमत उपासना के प्रधान-केन्द्र

हनुमानगढ़ी, नाका

फ़ैज़ाबाद नगर के नाका मोहल्ले में जनौरा को जाने वाले सम्पर्क-मार्ग के ठीक सामने यह हनुमानगढ़ी स्थित है। नगर में हनुमत उपासना का यह विशिष्ट केन्द्र माना जाता है, जिसकी प्रसिद्धि 'श्री हनुमानगढ़ी', मुजफ़्फरा नाका के नाम से है। इन्हें पहाड़पुर के हनुमानजी के रूप में भी प्रतिष्ठा हासिल है। वर्तमान में इस मन्दिर की व्यवस्था 'श्री पंच निर्मोही अखाड़ा' के द्वारा संचालित है।

इस स्थान के बारे में एक स्थानीय मान्यता यह भी प्रचलित है कि जब लंका युद्ध के समय मेघनाथ द्वारा लक्ष्मण को वीर-घातिनी शक्ति लगी थी, तब उन्हें बचाने के लिए वीर हनुमान हिमालय से संजीवनी बूटी युक्त पर्वत लाते समय भरत के बाण से यहीं आहत हुए थे। हालाँकि इस धारणा के पौराणिक साक्ष्य के रूप में हमें कोई भी सूत्र या ऐतिहासिक सन्दर्भ प्राप्त नहीं होता। यह ज़रूर है कि **'कल्याण'** *के* **'श्री हनुमान अंक'** *(उन्चासवें वर्ष का विशेषांक, गीताप्रेस गोरखपुर) में* **'उत्तर प्रदेश के प्रमुख श्री हनुमान मन्दिर'** *लेख के अन्तर्गत श्री भगीरथ राम 'ब्रह्मचारी' ने उपर्युक्त मान्यता के सन्दर्भ में चर्चा की है। अतः इस मन्दिर के सन्दर्भ में प्रचलित धारणा को एक लोक-मान्यता के रूप में अवश्य ही देखा जाना चाहिए।*

संजीवनी बूटी पर्वत को उठाये हुए हनुमान की प्रतिमा यहाँ 'अलीढ़-पाद' मुद्रा में स्थापित है, जिसमें हनुमन्त लला का मुख पूर्व की ओर दर्शाया गया है। इस मुद्रा में प्रतिमा का दाहिना ठेहुना आगे बढ़ा रहता है तथा पैर पीछे

की ओर रहता है। इस स्थिति से वीर-भावना का प्रदर्शन किया जाता है। इस मुद्रा के साथ अपनी मनोरम झाँकी में महावीरी युक्त हनुमान अत्यन्त दिव्य दर्शन में उपस्थित हैं। इस मन्दिर परिसर में हनुमान जी के अलावा शिव, दुर्गा, काली, शनि देव के अतिरिक्त साईं बाबा और खाटू श्याम की प्रतिमाएँ भी अलग-अलग मन्दिरों में स्थापित हैं।

स्थानीय लोगों में खासकर नाका, रामनगर, पहाड़गंज, जनौरा, शिव नगर कॉलोनी आदि के भक्तजन यहाँ वर्ष भर विभिन्न समारोहों में एकत्र होते रहते हैं। चूँकि इस मन्दिर परिसर में खाटू श्याम भी बिराजे हैं, अतः मारवाड़ी समुदाय के भी भक्तों की आमद यहाँ वर्ष पर्यन्त रहती है। वर्तमान समय में महान्त श्री भाष्कर दास यहाँ के सरवराहकार हैं तथा पुजारी श्री रामदास जी के नेतृत्व में यह पीठ उत्तरोत्तर प्रगति कर रहा है।

हनुमानगढ़ी, सआदतगंज

फ़ैज़ाबाद में चौदह कोसी परिक्रमा मार्ग, सआदतगंज चौराहे पर यह मन्दिर स्थित है। मन्दिर के वर्तमान व्यवस्थापक और पुजारी बाबा त्रिलोकी दास के अनुसार 'अयोध्या की चौदह कोसी परिक्रमा मार्ग पर अयोध्या के पहले द्वार पर हनुमान जी का यह मन्दिर स्थित है।' हनुमान जी की स्थापना यहाँ श्री बाबा गुरुप्रसाद दास 'झल्लर बाबा' ने की थी। उनकी समाधि व मूर्ति मन्दिर परिसर में स्थापित है। बाबा झल्लर दास यहाँ निवास करने वाले सन्त बाबा मस्तराम दास के शिष्य थे।

इस स्थान पर पहले से एक शिवलिंग मौजूद था, जो वर्तमान में हनुमान जी के सम्मुख छोटे से गर्भगृह में स्थापित है। इस शिव-लिंग की प्राचीनता तीन सौ वर्ष से अधिक बतायी जाती है। ऐसी लोक-मान्यता है कि यह नवाबकालीन शिवलिंग है। बाद की अवधि में शेष प्रतिमाएँ स्थापित की गयीं, जिनमें गणपति, पार्वती और शिव-प्रतिमा शामिल हैं।

पैंतालीस वर्षों से यहाँ रह रहे बाबा त्रिलोकी दास ने बताया कि हनुमान जी की प्रतिमा क़रीब सौ वर्ष पुरानी है। इसकी स्थापना के समय यह निर्जन क्षेत्र था और लखनऊ जाने वाला मार्ग भी तब बना नहीं था। मन्दिर का वर्तमान स्वरूप विगत तीस वर्षों में क्रमशः हुए निर्माण कार्यों से निर्मित हुआ है। यहाँ लगभग बीस वर्ष पूर्व मन्दिर परिसर में ही सन्तोषी माता और अष्टभुजी दुर्गा की प्रतिमाएँ स्थापित हुईं, जिनके साथ लक्ष्मी-नारायण

भगवान, गणेश जी, सरस्वती जी, काली जी और राधा-कृष्ण की प्रतिमाएँ भी सम्मिलित हैं। ये सभी प्रतिमाएँ सफेद संगमरमर की हैं।

मुख्य गर्भगृह में पूर्वाभिमुख हनुमान जी की प्रतिमा स्थापित है, जिनके बायीं ओर राधा-कृष्ण व दायीं तरफ राम-दरबार स्थापित है। हनुमान जी की प्रतिमा भव्य है और महावीरी से सुशोभित है। यहाँ पर रामनवमी पर्व के अलावा हनुमान जयन्ती की विशेष मान्यता है, जबकि गुरु-पूर्णिमा को विशाल भण्डारे का आयोजन होता है। चौदहकोसी परिक्रमा के दिन भी, जब यहाँ से होकर परिक्रमा गुजरती है, तो श्रद्धालु भारी संख्या में हनुमान जी का दर्शन करते हैं। प्रत्येक मंगलवार व शनिवार को बड़ी संख्या में भक्तजन यहाँ पूजन-अर्चन करने आते हैं। सन् 1998 से यहाँ अनवरत 'श्रीसीताराम नाम संकीर्तन' जप चल रहा है।

हनुमानगढ़ी, फतेहगंज

फ़ैज़ाबाद नगर के चौक घण्टाघर से फतेहगंज बाज़ार की तरफ जाने वाले मार्ग पर फतेहगंज चौराहे से क़रीब दो सौ मीटर पहले बायीं तरफ हनुमान जी का यह मन्दिर स्थित है। भौगोलिक रूप से इस मन्दिर की उपस्थिति सुभाष नगर मोहल्ले में है, परन्तु यह 'हनुमानगढ़ी फतेहगंज' के नाम से ही विख्यात है। इसके अतिरिक्त यह मन्दिर 'शिव-हनुमान मन्दिर' के नाम से भी जाना जाता है। इस मन्दिर का जीर्णोद्धार स्थानीय लोगों के सहयोग से सन् 1963 ई. में हुआ था। ऐसा माना जाता है कि हनुमान जी की स्थापना भी इसी वर्ष के आस-पास हुई है। हालाँकि इसमें भिन्न मत हो सकते हैं। कुछ लोग हनुमान प्रतिमा की स्थापना को सन् 1959 का मानते हैं, जबकि कुछ इसे बाद का बताते हैं।

मन्दिर की सेवा व व्यवस्था को देखने वाली एक रजिस्टर्ड समिति **'श्री शिव-हनुमान मन्दिर समिति'** *है, जो सन् 1969 में बनी थी। इसके वर्तमान अध्यक्ष श्री गगन जायसवाल ने हनुमान जी की स्थापना सन् 1962 के आस-पास बतायी है। वे यह भी जोड़ते हैं कि मन्दिर परिसर में ही स्थापित प्राचीन शिवलिंग की प्रतिमा सन् 1936 के पूर्व की है। यह बात नजूल के कागजात में भी दर्ज़ है। शिवलिंग के साथ शिव-पार्वती, कार्तिकेय, गणेश एवं सूर्यदेव की प्रतिमाएँ स्थापित हैं। इसी गर्भगृह में एक छोटे हनुमान जी भी विराजमान हैं, जिनका स्वरूप दक्षिणाभिमुख है। शिव-परिवार के समीप अष्टभुजी दुर्गा की प्राचीन दिव्य प्रतिमा स्थापित है, जो लाल पत्थर से निर्मित है।*

हनुमान जी की मुख्य प्रतिमा विशाल होने के साथ-साथ बेहद आकर्षक ढंग से विन्यस्त है, जो दूर सड़क से ही अपने भव्य रूप में दिखायी देती है। पश्चिमाभिमुख यह प्रतिमा महावीरी से रंगी है और अलग से उनका राजसी श्रृंगार किया गया है। हनुमान जी के बायीं ओर राधा-कृष्ण और दायीं ओर राम-जानकी विराजमान हैं। गर्भगृह के समीप ही राम-जानकी की प्रतिमाएँ भी सन् 2015 में स्थापित हुई है। इस मन्दिर में राम, लक्ष्मण, जानकी की प्रतिमाएँ उत्तराभिमुख स्वरूप में हैं। मन्दिर में प्रमुख रूप से श्री रामनवमी, श्रीकृष्ण जन्माष्टमी और श्री हनुमान जयन्ती का पर्व मनाया जाता है। शारदीय नवरात्र की नवमी तिथि, ज्येष्ठ माह में पड़ने वाले चारों मंगलवार तथा मकर संक्रान्ति (खिचड़ी) में यहाँ भण्डारे का आयोजन होता है।

श्री शिव-हनुमान मन्दिर समिति, लोकतांत्रिक ढंग की चुनाव प्रक्रिया अपनाते हुए तीन वर्ष के कार्यकाल के लिए समिति के पदाधिकारियों का चुनाव करती है। इस समय समिति में पच्चीस सदस्य हैं। मन्दिर के मुख्य अर्चक श्री ओम प्रकाश मिश्र हैं।

हनुमानगढ़ी, रिकाबगंज

फ़ैज़ाबाद नगर के रिकाबगंज चौराहे से सिविल लाइन्स की तरफ बढ़ने पर क़रीब पाँच सौ मीटर की दूरी पर बायीं तरफ यह मन्दिर स्थित है। इस मन्दिर में स्थापित हनुमान प्रतिमा की मनोहारी छवि दूर से ही दिखायी देती है। ऐसी लोक-मान्यता है कि यह प्रतिमा लगभग सौ वर्षों से अधिक पुरानी है। मन्दिर के पुजारी के अनुसार इसके प्राचीनता की अनाधिकारिक पुष्टि पुरातत्त्व विशेषज्ञों के द्वारा भी की गयी है। हालाँकि नाका हनुमान गढ़ी के पुजारी श्री रामदास जी के अनुसार 'इस मन्दिर के पहले महान्त श्री नारायण दास जी थे, जो नाका हनुमान गढ़ी के महान्त बल्देव दास जी के शिष्य थे। उन्हें ही बल्देव दास जी ने सन् 1948-49 के बीच यहाँ मन्दिर पर पूजा और व्यवस्था के लिए नियुक्त किया था। उसी समय एक समिति भी मन्दिर के जीर्णोद्धार के लिए बनायी गयी थी, जिसके अध्यक्ष पद पर जनसंघ के पूर्व विधायक श्री वेद अग्रवाल को चुना गया था। बाद में सन् 1950-55 के दौरान इस मन्दिर का जीर्णोद्धार हुआ, जिसमें आर्थिक मदद श्री अग्रवाल ने ही की थी।'

स्थानीय लोगों से बातचीत के आधार पर यह पता लगता है कि पहले यहाँ एक विशाल पीपल का वृक्ष और यह मूर्ति स्थापित थी। यह बात लगभग

सत्तर-अस्सी वर्ष पुरानी है। यहाँ पर स्थापित हनुमान जी की प्रतिष्ठा अपूर्व है, जिसके लिए लोगों में यह दृढ़ विश्वास है कि सब प्रकार की कामनाएँ हनुमन्त लला पूरी करते हैं। एक दिलचस्प तथ्य मन्दिर के सन्दर्भ में यह मालूम होता है कि भक्तजनों के नामों के जो पत्थर यहाँ उत्कीर्ण हैं, उनमें बांग्ला तथा उर्दू में लिखे हुए पत्थर भी मौजूद हैं। इनमें से कुछ पुराने पत्थरों के घिस जाने से लिखावट भी मिट गयी है। मन्दिर में हनुमान जी के बगल छोटी सी संतोषी माता की प्रतिमा क़रीब तीस वर्ष पहले स्थापित की गयी थी, जिसे एक भक्त ने ही अपनी मनौती पूरी होने के उपरान्त प्रतिष्ठित करवाया था।

प्रत्येक मंगलवार व शनिवार के अतिरिक्त ज्येष्ठ माह के समस्त मंगलवारों और हनुमान जयन्ती को यहाँ विशेष आयोजन होते हैं। बड़ी संख्या में नियमित दर्शन करने वालों के अतिरिक्त यह मन्दिर स्थानीय स्तर पर आस्था का बड़ा केन्द्र बन गया है। मन्दिर के वर्तमान पुजारी पवन कुमार मिश्र 'रामजी' यहाँ तीसरी पीढ़ी के रूप में अपनी सेवाएँ दे रहे हैं। उनसे पूर्व उनके पिता बाबा सुमई दास और दादा बाबा नारायण दास ने मन्दिर की सेवा की है। वे भी पुजारी श्री रामदास जी की बात का समर्थन करते हैं, जिसके अनुसार बाबा नारायण दास ने ही लोगों को इस मन्दिर के निर्माण के लिए सार्वजनिक रूप से प्रेरित किया था।

साभार : **1. प्राचीन भारतीय मूर्तिविज्ञान : डॉ. वासुदेव उपाध्याय, प्रकाशक : द चौखम्बा विद्याभवन, वाराणसी, संस्करण : 1970, 2. कल्याण : श्री हनुमान अंक (उनचासवाँ वर्ष का विशेषांक), गीता प्रेस गोरखपुर, संस्करण-दसवाँ, 1998 से संक्षिप्त व संशोधित रूप में लेने के अतिरिक्त समस्त हनुमान मन्दिरों के सर्वेक्षण तथा वहाँ नियुक्त अर्चकों एवं समिति-सदस्यों क्रमशः बाबा त्रिलोकी दास, पुजारी रामदास, मुख्य पुजारी ओम प्रकाश मिश्र, पवन कुमार मिश्र 'रामजी', गगन जायसवाल तथा आशीष जायसवाल से बातचीत के आधार पर युवा पत्रकार दीपक मिश्र एवं इस अंक के सम्पादक यतीन्द्र मिश्र द्वारा संयुक्त रूप से लिखी गयी टिप्पणी। पहली बार प्रकाशित।**

वेदश्रुति-तमसा संगम और श्रवण-क्षेत्र तीर्थ

श्रवण-क्षेत्र, अम्बेडकरनगर

फ़ैज़ाबाद-अम्बेडकर नगर राजमार्ग पर स्थित अन्नावाँ बाज़ार से दक्षिण की ओर पहतीपुर मार्ग पर दो किलोमीटर चलने पर **'वेदश्रुति-तमसा (बिसुही-मड़हा) संगम'** *स्थल है और इसी संगम क्षेत्र में* **'श्रवण-क्षेत्र तीर्थ'** *भी स्थित है। इस तरह यह पौराणिक क्षेत्र दो प्रकार के तीर्थों का स्थल बन जाता है, जिसमें इन दोनों नदियों के संगम पर दर्शन व स्नान का पुण्य लाभ लेने के साथ-साथ श्रवण कुमार समाधि स्थल के भी पवित्र दर्शन होते हैं।*

यह तथ्य अपने में विशेष उल्लेखनीय है कि वेदश्रुति और तमसा दोनों ही नदियाँ यहाँ पर पश्चिम से चलकर आती हैं और आपस में मिलकर तमसा का तट बनाती हैं। इसी तमसा नदी के भव्य तट पर 'श्रवण-धाम' या 'श्रवण-क्षेत्र आश्रम' मौजूद है। वर्तमान में श्रवण क्षेत्र, तीन ग्राम सभाओं क्रमशः बैजपुर, मूसेपुर और च्यूँटीपारा, जिला अकबरपुर (अब अम्बेडकर नगर) के अन्तर्गत पड़ता है। इस तमसा-बिसुही संगम पर सन् 2007 में एक नया पुल बना है, जो च्यूँटीपारा और बैजपुर ग्राम सभाओं को विभाजित करता है। इसी पुल से च्यूँटीपारा की ओर बाएँ हाथ उतरने पर पुलिस चौकी श्रवण-क्षेत्र, कोतवाली : अकबरपुर पड़ता है, जो श्रवण-क्षेत्र परिसर में ही स्थित है।

इस श्रवण-क्षेत्र में प्राचीन **'श्रवण कुमार आश्रम'** *और* **'श्रवण कुमार समाधि स्थल'** *दोनों मौजूद हैं। समाधि स्थल का सन् 1990 के दौरान जीर्णोद्धार कराया गया है और वहाँ एक बड़ी मार्मिक झाँकी के दर्शन होते हैं, जो नयी मूर्तियों के रूप में स्थापित हैं। इसमें राजा दशरथ के बाण से मृत युवक श्रवण कुमार का शव पड़ा है, जिसके सामने विलाप करते हुए उनके*

माता-पिता की प्रतिमाएँ हैं और श्रवण कुमार के सिर के पास दुःखी और हतप्रभ राजा दशरथ खड़े हैं। इन्हीं मूर्तियों के समीप पौराणिक श्रवण कुमार समाधि बनी हुई है, जिसका सफेद टाइल्स से नवीनीकरण किया गया है, जबकि बाक़ी परिसर काले पत्थरों (ग्रेनाइट) से सज्जित है।

लोक-मान्यता के अनुसार इसी क्षेत्र में तमसा के तट पर राजा दशरथ ने अपने प्यासे माता-पिता के लिए जल लेते वक्त श्रवण कुमार को भूल वश हिरण या अन्य पशु समझकर शिकार करने के उद्देश्य से बाण मारा था और श्रवण कुमार की मृत्यु हुई थी। इसी कथा के पौराणिक सन्दर्भ से 'श्रवण कुमार आश्रम' भी समाधि स्थल के समीप टीले पर बना हुआ है। आश्रम में एक बड़ी समाधि भी अलग से निर्मित है, जो 'नागा बाबा की समाधि' कहलाती है। इस आश्रम में एक महिला पुजारी हैं, जिनका नाम बच्ची दास है और वे स्वयं बताती हैं कि श्रवण आश्रम में वे चालीस साल से अधिक वर्षों से पुजारी हैं। इससे पहले वहाँ स्वर्गीय बाबा गंगादास पुजारी रहे हैं, जो बच्ची दास के गुरु थे। उनके अनुसार बाबा गंगादास ने ही इस क्षेत्र का विकास किया। इस आश्रम में पारम्परिक रूप से प्रसिद्ध उस दृश्य का मूर्तिमान अंकन किया गया है, जिसमें श्रवण कुमार अपने अन्धे माता-पिता को काँवर में उठाए हुए हैं। इन दोनों मूर्तियों के सम्मुख एक प्राचीन शिवलिंग भी स्थापित है।

श्रवण-क्षेत्र तीर्थ की सबसे उल्लेखनीय बात यह है कि यहाँ पर विभिन्न जातियों के तेरह मन्दिर इसी परिसर में स्थापित हैं। सभी मन्दिरों के महान्त और पुजारी अलग-अलग नियुक्त हैं। साथ ही सभी मन्दिरों में रामकथा विषयक प्रतिमाएँ स्थापित हैं, जिनमें अश्वमेध यज्ञ के घोड़े को बाल हठ के तहत पकड़े हुए लव-कुश की प्रतिमाओं के साथ सीता और वाल्मीकि की मनोहारी मूर्ति दूर से ही आकर्षित करती है। जातियों के जो मन्दिर यहाँ स्थापित हैं, उनमें श्रवण कुमार का मन्दिर छोड़कर **'राजभर मन्दिर' या 'राम-जानकी मन्दिर', 'सेवरी मन्दिर', 'गौड़ मन्दिर', 'तेली मन्दिर', 'गड़ेरी या पाल मन्दिर', 'कुर्मी मन्दिर', 'यादव मन्दिर', 'कहार मन्दिर', 'धोबी मन्दिर', 'सन्त रैदास मन्दिर', 'निषाद मन्दिर', 'नाई मन्दिर'** एवं **'गायत्री परिवार मन्दिर'** प्रमुख हैं। जिन लव-कुश प्रतिमाओं की चर्चा अभी की गयी है, उसका एक छोटा **'लव-कुश मन्दिर'** भी परिसर में ही स्थापित है, जो राजभर या राम जानकी मन्दिर का हिस्सा है। इसी श्रवण-क्षेत्र में एक छोटी धर्मशाला भी स्थापित है, जो आज बेहद जर्जर स्थिति में मौजूद है।

इसी तरह गौड़ मन्दिर का नाम **'विरंचि गुरु आश्रम'** *भी कहा जाता है। इस आश्रम की एक विशेषता यह भी है कि यहाँ एक छोटा सा पुस्तकालय मन्दिर के पुजारी राम मोहन दास चलाते हैं, जिसे* **'श्री सरस्वती पुस्तकालय'** *कहा जाता है।*

श्रवण-क्षेत्र की अद्वितीयता इस बात में भी सन्निहित है कि इस क्षेत्र में तमाम जातियों के ढेरों मन्दिर निर्मित हैं। इससे इस धारणा को बल मिलता है कि हिन्दू धर्म की सनातन परम्परा के अन्तर्गत नदियों के संगम स्थलों पर उपासना का कोई आध्यात्मिक बीज अवश्य छुपा होता है, जिसके लिए दूर-दराज़ से लोग इन स्थानों पर आकर अपने आश्रम, उपासना केन्द्र और कुटिया आदि बनाते हैं। चूँकि श्रवण-क्षेत्र में पौराणिक वेदश्रुति व तमसा का संगम होता है और यह क्षेत्र पुरातन काल से अयोध्या धाम की उस परिधि के अन्तर्गत आता है, जिसके तहत यहाँ की चौरासी कोस की परिक्रमा सम्पन्न होती है। अतः ये बहुत सम्भव है कि इन्हीं कारणों से यहाँ विभिन्न जातियों के इतने सारे **'राम जानकी मन्दिर'** *स्थापित किए गए होंगे।*

कुल मिलाकर यह देखा जा सकता है कि श्रवण कुमार के वध से सम्बन्धित यह पौराणिक श्रवण-क्षेत्र तीर्थ अपनी प्राकृतिक सुषमा में अनुपम है। श्रवण-क्षेत्र तीर्थ में गर्मियों के दिनों में पहुँचने पर नदियों के सन्धि-स्थल को देखने से जिस तरह सूख चुकी दोनों नदियों का संगम बड़े विस्तार में दिखाई देता है, उससे यह अनुमान लगाया जा सकता है कि वर्षा ऋतु के उपरान्त जब इस संगम में पर्याप्त जल होगा, तो उसी के तट पर श्रवण कुमार समाधि स्थल और इस क्षेत्र की मनोरमता और भी अधिक भव्य व मार्मिक दिखाई देगी।

|

साभार : **इलाके के सर्वेक्षण तथा स्थानीय सन्त-महात्माओं क्रमशः महान्त बच्ची दास, राम मोहन दास, विपत दास, खुशियाल दास, बाबूलाल दास, नन्दलाल दास, मसाना दास और स्थानीय निवासी शेर बहादुर सिंह व राजेन्द्र प्रसाद से बातचीत के आधार पर इस अंक के सम्पादक यतीन्द्र मिश्र द्वारा लिखी गयी टिप्पणी।**
पहली बार प्रकाशित।

फ़ैज़ाबाद : दस्तावेज़-93

लोक-मान्यताओं के विशिष्ट केन्द्र

हाथी-राम बाबा का स्थान

दलपतपुर : मया बाज़ार

फ़ैज़ाबाद-अम्बेडकरनगर राजमार्ग से मया बाज़ार पहुँचकर टाण्डा मार्ग पर मुड़ते ही प्राथमिक विद्यालय : मया, शिक्षा-क्षेत्र : मया बाज़ार, फ़ैज़ाबाद पड़ता है। इसी मार्ग पर आगे लगभग चार किलोमीटर अन्दर जाने पर प्राथमिक एवं पूर्व माध्यमिक विद्यालय दलपतपुर, शिक्षा-क्षेत्र : मया बाज़ार से उत्तर दिशा की ओर लगभग पाँच सौ मीटर की दूरी पर **'हाथी राम बाबा का स्थान'** *स्थित है।*

यह स्थान यहाँ के एक प्रमुख सन्त हाथी राम बाबा की समाधि-स्थल के रूप में जाना जाता है, जिसके लिए स्थानीय लोगों में पर्याप्त आदर व्याप्त है और इस परम्परा को वे बरसों पुराना मानते हैं। समाधि के रूप में इस मन्दिर परिसर में एक बड़े तथा दो छोटे वृत्ताकार अरघों पर शिलाएँ स्थापित हैं। इन्हीं का पूजन-अर्चन और फूल-मालाएँ चढ़ाने का विधान है। एकबारगी देखने पर यह तीनों अरघे किसी शिवलिंग की तरह प्रतीत होते हैं। ऐसी लोक मान्यता है कि इस स्थान पर कोई भी मनौती मानने से वह पूरी होती है, जिसके उपरान्त मिट्टी की कढ़ाई में पूरी और लपसी (हलुआ) बनाकर बाबा को अर्पित किया जाता है।

इस मन्दिर परिसर के इर्द-गिर्द और काफ़ी दूर तक ढेरों छोटे-छोटे चूल्हे और जली हुई कढ़ाहियाँ मिलती हैं, जिसका उपयोग श्रद्धालुओं ने अपनी मनौती पूरी होने के बाद यहाँ आकर प्रसाद बनाकर चढ़ाने में किया है। यह देखना भी दिलचस्प था कि परिसर में कुम्हार कढ़ाहियाँ बनाकर स्वतः ही

दे जाते हैं, जिन्हें श्रद्धालु आकर खरीदते हैं और फिर अपना प्रसाद बनाते हैं। इस तरह इस गाँव में कढ़ाही बनाने का काम कुम्हारों की आजीविका का एक बड़ा साधन है।

हाथी राम बाबा के स्थान के मौजूदा पण्डित श्री राघव राम तिवारी हैं। वहाँ पहुँचने पर उनकी पत्नी से मुलाकात हुई, जिन्होंने बताया कि यह पूरी-लपसी या लड्डू और बताशा चढ़ाने का विधान विशेषकर मंगलवार के दिन होता है। मार्गशीर्ष मास के शुक्ल पक्ष के दूसरे मंगल को यहाँ विशेष मेला लगता है। यहाँ पर गायों के बछड़े होने पर दूध और घी चढ़ाने का भी विधान है। इसी तरह काम पूरा होने पर लोग मिट्टी के हाथी को चढ़ाने की मनौती कर लेते हैं, जिसे बाद में कुम्हार से बनवाकर मन्दिर परिसर में लाकर रख जाते हैं। सर्वेक्षण के दौरान पकी मिट्टी की बनी हुयी चार-पाँच हाथियाँ वहाँ चढ़ाई हुई दिखाई पड़ीं।

मानता में यहाँ सत्यनारायण भगवान की कथा सुनने का विधान भी रहा है, जिसे आस-पास के क्षेत्रों के श्रद्धालु वर्ष भर विभिन्न पर्वों एवं मांगलिक तिथियों में आकर सुनते रहते हैं। हाथी राम बाबा के समाधि-स्थल वाले गाँव दलपतपुर में यह भी कहा जाता है कि बाबा के आशीर्वाद से आज तक गाँव में कभी चोरी नहीं हुई।

शिव-बाबा का स्थान

अकबरपुर (अब अम्बेडकरनगर)

फ़ैज़ाबाद-अम्बेडकरनगर राजमार्ग पर बायीं ओर ग्राम-सभा : सीहमई कारी रात में **'शिव-बाबा तीर्थ'** स्थित है। इस तीर्थ स्थान के बारे में लोक-मान्यता यह रही है कि यहाँ की परम्परा ढाई सौ वर्षों से अधिक पुरानी है। लगभग इतने ही वर्षों पूर्व यहाँ पण्डित शिव प्रसाद तिवारी को समाधि दी गयी थी, जिसके बाद से यह स्थान उन्हीं के नाम से प्रसिद्ध हुआ। यहाँ पर एक पुराना विशाल वट-वृक्ष है, जिसकी परिक्रमा होती है और मनौती के लिए चुनरी बँधती है। मनौती पूरी हो जाने पर दोबारा से इस स्थान पर आकर उसे खोलना पड़ता है। इस स्थान के बारे में, जो सीहमई कारी रात ग्राम-सभा के अन्तर्गत आता है, कहा जाता है कि इस गाँव को शिव-बाबा का आशीर्वाद प्राप्त है कि कभी भी इस क्षेत्र में चोरी नहीं होगी। इसीलिए आज भी इस गाँव के घरों में दुपलिया दरवाज़ा और चौखट-बाजू नहीं लगाए जाने की परम्परा कायम है।

वर्षों से यहाँ हर माह के सोमवार और शुक्रवार को मेला लगता है, परन्तु श्रावण मास में नागपंचमी के दिन यहाँ बड़ा मेला होता है, जिसमें दूर-दराज से श्रद्धालु दर्शन व पूजा-प्रार्थना के लिए आते हैं। कई वर्षों से यहाँ सावन में काँवरिए जल लाकर शिव जी पर चढ़ाने लगे हैं और स्थानीय लोगों में भी शिवलिंग पर जलाभिषेक की परम्परा बहुत अधिक बढ़ गयी है। एक हद तक अब यह शिव-बाबा धाम के रूप में प्रचलित हो गया है। वहाँ पर मौजूद स्थानीय लोगों से बातचीत में यह भी ज्ञात हुआ कि यहाँ पर स्थापित शिवलिंग लगभग बीस-पच्चीस वर्ष ही पुराना है, जबकि जो सुन्दर शिव-प्रतिमा शिव-लिंग के समीप लगायी गयी है, वह मात्र दो-तीन वर्ष पहले ही स्थापित की गयी। शिव-बाबा धाम की मान्यता फ़ैज़ाबाद परिक्षेत्र और आस-पास के इलाकों में हर वर्ष बढ़ती ही गयी है।

सती माता का स्थान

सती चौरा : सोहावल

फ़ैज़ाबाद-लखनऊ राष्ट्रीय राजमार्ग पर लगभग तेइस किलोमीटर चलने के उपरान्त विकास-खण्ड : सोहावल में दाहिनी ओर ग्राम-सभा : हाजीपुर बरसेण्डी पड़ती है। इसी ग्राम-सभा में मुख्य मार्ग पर ही प्राचीन **'सती माता का मन्दिर'** *स्थित है। इसके सामने एक विशाल नीम का पेड़ और पक्का चबूतरा है, जबकि मुख्य मन्दिर का स्वरूप गोल गुम्बदाकार देवी पीठों की तरह है। इसी छोटे से मन्दिर के भीतर सती माता की समाधि निर्मित है, जिसे* **'सती चौरा'** *कहा जाता है। मन्दिर के मुख्य द्वार पर कुछ घण्टियाँ लगी हैं और पूरे स्थल में पताकाएँ फहरा रही हैं। नीम के पेड़ पर विशेष तौर से पताकाएँ व चुनरियाँ चढ़ी हैं। स्थानीय निवासियों में सती चौरा की अत्यधिक मान्यता है। यह ऐसा पुराना लोक-परामपरा का केन्द्र है, जहाँ सुहागिनें और गृहस्थ लोग अपने गार्हस्थ्य जीवन की सफलता की मनौतियाँ मानते हैं। स्थानीय लोगों से पूछने पर पता चलता है कि सती माता के मन्दिर की परम्परा बड़ी सनातन है और कोई नहीं जानता कि यह समाधि और चौरा कब से यहाँ मौजूद है।*

ज्वाला देवी का स्थान

पण्डितपुर : सोहावल

विकास खण्ड : सोहावल, फ़ैज़ाबाद के सुचित्तागंज बाज़ार से आगे नौव्वा कुआँ मार्ग पर चलने पर यह स्थान ग्राम-सभा : पण्डितपुर में स्थित है।

लोक-मान्यता के अनुसार पहले यहाँ सिर्फ़ देवी का एक चौरा और पेड़ था, जहाँ बाद में स्थानीय लोगों के चन्दे से मन्दिर का निर्माण किया गया। आज यहाँ भगवती दुर्गा, काली माता, ज्वाला देवी, महादेव शंकर और पंचमुखी हनुमान जी का मन्दिर बना है।

श्रावण मास में पूरे तीसों दिन यहाँ मेला लगा रहता है और 'कड़ाही चढ़ाने' की मान्यता बरसों से चलती चली आ रही है। इसके तहत स्त्रियाँ पूरी और लपसी (हलुवा) बनाकर भगवती को अर्पित करती हैं। मन्दिर परिसर में एक पुराना कुण्ड भी है, जिसका बाद में जीर्णोद्धार भी कराया गया। आस-पास के क्षेत्रों के श्रद्धालुओं के अतिरिक्त दूर-दराज से भी भक्तजन **ज्वाला देवी के स्थान** पर 'कड़ाही चढ़ाने' आते हैं। वर्तमान में यहाँ के महान्त श्री राजेन्द्र दास जी हैं।

माई साहब की कुटिया

सरायरासी : पूरा बाज़ार

माई साहब की कुटिया की परम्परा के अनुसार यह स्थान लगभग दो सौ वर्ष से अधिक प्राचीन है। कहा जाता है कि अबनपुर गाँव से लेकर सरायरासी गाँव के मध्य आने वाले जितने भी सूर्यवंशी क्षत्रियों के गाँव हैं, वे सभी यहाँ माथा टेकने आते हैं। हालाँकि इस कुटी के मुख्य पुजारी बाबा राम नारायण दास के अनुसार दर्जनों गाँवों के क्षत्रिय वंश के लोग यहाँ शिष्य हैं, जिनमें प्रमुख रूप से आने वाले गाँव क्रमशः राजेपुर, सरायरासी, सनेथू, सिरसिण्डा, नारा, कुर्मी का पुरवा, जमूरतगंज, बनके, अबनपुर सरोहा, अबनपुर बीसौं, कुर्की, दतौली, बरौली, देवगढ़, मड़ना, रामपुर पुवारी आदि के नाम लिए जा सकते हैं। इनके अलावा गोसाईंगंज, टाण्डा और अकबरपुर (अब अम्बेडकर नगर) के गाँवों के लोग भी शामिल हैं। इनमें बाहर से आने वाले लोगों में कानपुर, जयपुर और जोधपुर के क्षत्रिय समाज के लोग भी सम्मिलित होते हैं, जो इन्हीं गाँवों से निकलकर इन महानगरों में जाकर बसे हैं। वे यह भी बताते हैं कि आज माई साहब की कुटिया की परम्परा इतनी विस्तृत हो चुकी है कि इनमें क्षत्रिय वंश के लोगों के अतिरिक्त अधिकांश जातियों के लोग उतने ही उत्साह से मेलों और त्यौहारों के अवसर पर सम्मिलित होते हैं, जिनमें ब्राह्मण, वणिक, केवट, लोहार और बढ़ई समुदायों के लोग प्रमुख रूप से शामिल हैं।

माई साहब के बारे में यह लोक-प्रचलित मान्यता है कि वे महिला सन्त थीं

और जाति से ब्राह्मण थीं। उन्हीं की समाधि मन्दिर के बीच वाले हिस्से में बनी है, जबकि उनके आगे के मन्दिर में उन्हीं के पुत्र राम अभिलाख दास जी की समाधि है। माई साहब के पीछे पड़ने वाले गर्भगृह में राम-जानकी का मन्दिर है और उसके नीचे कन्दरा भी है। माई साहब की कुटिया में यहाँ से सम्बन्धित अनुयायियों के अधिकतर मांगलिक कार्य सम्पन्न होते हैं, जिनमें शादी के बाद जोड़े से दर्शन करना सबसे अनिवार्य माना जाता है। इसी तरह इन परिवारों के लड़कों का जनेऊ संस्कार भी यहाँ होता है। लोग अपनी इच्छा और मान्यता के अनुसार यहाँ चढ़ावा चढ़ाते हैं, जिसमें मिठाई, फल, नयी फसल, अनाज, दूध, दही, घी सभी कुछ शामिल है।

यहाँ गुरु पूर्णिमा और जन्माष्टमी बेहद धूमधाम से मनायी जाती है और कार्तिक मास में पड़ने वाली छठ को बड़ा मेला लगता है। इसी दिन इस कुटिया का वार्षिक भण्डारा भी होता है। यहाँ पर रहे पूर्व महान्त हरिनाम दास बाबा ने मन्दिर का तीस वर्ष पहले जीर्णोद्धार कराया था। एक हद तक यह कुटिया क्षत्रिय कुल का प्रमुख तीर्थ मानी जाती है और यहाँ राम-नाम के भजन की बड़ी निराली परम्परा विद्यमान है। फ़ैज़ाबाद से अम्बेडकरनगर राजमार्ग पर तेरह किलोमीटर चलने के बाद सरायरासी गाँव के अन्तिम छोर पर बायीं पट्टी से अन्दर पाँच सौ मीटर खड़ंजा मार्ग से होकर यहाँ पहुँचा जा सकता है।

बौरा बाबा का स्थान

मठिया : मया बाज़ार

'बौरा बाबा स्थान' की परम्परा हज़ारों वर्ष पुरानी मानी जाती है। यहाँ फ़ैज़ाबाद-टाण्डा मार्ग पर दिलासीगंज बाज़ार से टण्डौली की तरफ चार किलोमीटर चलने के उपरान्त बायीं ओर लगभग पाँच सौ मीटर की दूरी पर खण्डंजा मार्ग से आश्रम तक पहुँचा जा सकता है।

लोक-मान्यता के अनुसार इस स्थान पर बौरा बाबा नाम के एक सिद्ध सन्त हुए, जिनकी परम्परा में यह स्थान आज भी प्रसिद्ध है। वर्तमान महान्त श्री दिनेन्द्र दास जी उनकी पीढ़ी में दसवें महान्त हैं, जो 'श्री पंच रामानन्दीय निर्मोही अखाड़ा' के महान्त-उपसरपंच भी हैं। इन्होंने बातचीत के क्रम में यह बताया कि पहले यह मन्दिर खपरैल और छप्पर के रूप में था, जिसे इस परम्परा के आठवें महान्त स्व. श्री जन्त्री दास जी ने सन् 1935 ई. में नये मन्दिर के रूप में निर्मित कराया। वर्तमान में मौजूद इस

मन्दिर परिसर का गर्भगृह तभी से जस का तस वैसा ही है। गर्भगृह के मध्य भाग में विष्णु की चतुर्भुज प्रतिमा और उनके पार्श्व में लक्ष्मी स्थापित हैं, जो लक्ष्मी-नारायण भगवान का स्वरूप हैं। इस परम्परा में इन्हें **'ठाकुर जी केशव जी विराजमान'** *कहा जाता है। गर्भगृह के बाहर उसके परिसर से लगे हुए जगमोहन में बायीं ओर गणेश जी तथा दायीं ओर हनुमान जी की प्रतिमाएँ विराजमान हैं। वर्तमान महान्त ने इस मन्दिर परिसर का जीर्णोद्धार 2005 ई. में कराया है।*

बौरा बाबा के स्थान की प्रसिद्धि इस बात में निहित है कि यहाँ मन्दिर परिसर में एक प्राचीन कुआँ हैं, जिसके लिए परम्परा में यह कहा जाता है कि इसके अन्दर सप्त नदियों का पानी लाकर डाला गया है। इस कारण इस जल की विशिष्टता मूल नक्षत्र में जन्म लेने वाली सन्तान की 'मूल की पूजा' (सत्तईसा) के लिए आवश्यक समझी जाती है। इस क्षेत्र के अलावा दूर-दराज के इलाकों के लोग भी इस जल को लेने के लिए इस स्थान तक चलकर आते हैं। चूँकि मन्दिर परिसर में महान्त जन्त्री दास के काल में हाथी, घोड़े, ऊँट, बैल आदि पाले गये थे, इस कारण परिसर की मिट्टी को हाथीखाने और घुड़साल की मिट्टी के रूप में भी सत्तइसा की पूजा के प्रयोग हेतु लिया जाता है।

बौरा बाबा के स्थान की सबसे अनूठी मान्यता यह रही है कि कुत्ते के काटे हुए व्यक्ति को यदि मन्दिर परिसर के कोठार में रखी हुई चाँदी की अँगूठी को गरम करके काटे हुए स्थान पर जला दिया जाए, तो विष का प्रभाव समाप्त हो जाता है। इसके लिए मंगलवार और रविवार का दिन नियत है और इस कार्य के लिए अलग से एक व्यक्ति मन्दिर प्रशासन द्वारा नियुक्त किया गया है, जो पीड़ित व्यक्ति की सहायता के लिए सदैव तत्पर रहता है। इस कारण बौरा बाबा के स्थान पर आने वाले श्रद्धालुओं की संख्या हिन्दुओं के अलावा अन्य धर्म के लोगों की भी रहती है, जो वर्ष भर विभिन्न जगहों से भारी संख्या में उपचार के लिए आते हैं। दीपावली के दूसरे दिन पड़ने वाले अन्नकूट पर्व के दिन यहाँ मेला और भण्डारे की परम्परा है। इस दिन यहाँ आल्हा और भजन का विशेष कार्यक्रम भी आयोजित होता है।

लोक मान्यताओं के लिए विख्यात फ़ैज़ाबाद परिक्षेत्र के महत्त्वपूर्ण स्थानों में इस आश्रम की महत्ता अलग से जानी जाती है। यह इस तथ्य से भी प्रमाणित होता है कि स्थान की शिष्य परम्परा में स्थानीय लोगों के अतिरिक्त बस्ती,

सिद्धार्थनगर, प्रतापगढ़, सुलतानपुर, लखनऊ, बाराबंकी, गोण्डा, बलरामपुर, अम्बेडकरनगर, इलाहाबाद, कानपुर जैसे जनपदों के अतिरिक्त नेपाल देश के शिष्य भी शामिल हैं।

ब्रह्म-बाबा का स्थान

डाभा-सेमर : मसौधा

फ़ैज़ाबाद-इलाहाबाद राजमार्ग पर डॉ. राम मनोहर लोहिया अवध विश्वविद्यालय से लगभग दो सौ मीटर आगे जाने पर बायीं तरफ मुख्य मार्ग पर ही **'ब्रह्म-बाबा का स्थान'** *है। यहाँ की परम्परा स्थानीय लोगों द्वारा काफ़ी पुरानी बतायी जाती है, जिनमें कुछ लोग तो यह भी दावा करते हैं कि यह परम्परा दो सौ वर्षों से अधिक प्राचीन है। ब्रह्म-बाबा के स्थान पर पीपल और नीम के दो विशाल वृक्ष एक साथ विकसित हैं, जिसके चबूतरे पर हनुमान जी की एक पत्थर मूर्ति महावीरी से रंगी हुई स्थापित है। साथ ही एक ऋषि सदृश मूर्ति भी मौजूद है, जिसे वहाँ के पुजारी और भक्तजन ब्रह्म-बाबा कहते हैं। पेड़ों के चारों ओर एक मन्दिरनुमा परिसर बनाया गया है, जिसे साठ वर्ष पुराना बताया जाता है। वर्तमान में इस मन्दिर के पुजारी श्री रविशंकर शास्त्री हैं और उनके सहयोग के लिए श्री आज्ञाराम प्रजापति नियुक्त किए गये हैं।*

इन्हीं दोनों पेड़ों पर पूजा-अर्चना और हनुमान जी व ब्रह्म-बाबा को लड्डू, पेड़ा और पूरी-लपसी चढ़ाने का विधान है। मंगलवार और शनिवार को पूरी-लपसी चढ़ाने की विशेष मान्यता है, जिसे भक्तजन परिसर में आकर ही बनाते हैं। पेड़ पर मनौती पूरी होने की एवज में लाल लंगोट, जनेऊ और खड़ाऊँ चढ़ाया जाता है। पिछले कुछ वर्षों में इस स्थान की मान्यता काफ़ी प्रचलित हुई है, जिसका साक्ष्य ब्रह्म-बाबा के समीप ही स्थापित अष्टभुजी दुर्गा जी का मन्दिर है। श्री कन्हैया लाल कसौंधन ने यहाँ अपनी मनौती पूरी होने के बाद दुर्गा माँ का मन्दिर सन् 2010 में निर्मित करवाया था।

सन् 2009 में इस स्थान की देख-रेख के लिए **'श्री ब्रह्म-बाबा सेवा ट्रस्ट'** *के नाम से एक समिति का गठन किया गया है। इसके वर्तमान अध्यक्ष श्री सन्तोष यादव हैं। वे बताते हैं कि दुर्गा मन्दिर के समीप ही भव्य हनुमानगढ़ी का निर्माण कराया जा रहा है। उनके अनुसार प्रतिवर्ष यहाँ पर होने वाले वार्षिक भण्डारे में पन्द्रह हज़ार से अधिक श्रद्धालु एकत्र होते हैं, जो वार्षिक धार्मिक अनुष्ठान की समाप्ति के दिन होता है। हर*

साल 31 मार्च से 7 अप्रैल के मध्य यह अनुष्ठान सम्पन्न होता है, जिसमें राम-कथा या भागवत-कथा का पाठ होता है और कथा-समाप्ति पर भण्डारे का आयोजन किया जाता है।

धमसा माँ का स्थान

कोंछा बाज़ार : बीकापुर

खजुरहट-मिल्कीपुर मार्ग पर पाँच किलोमीटर चलने पर बायीं तरफ मुख्य मार्ग पर ही कोंछा बाज़ार में **'धमसा माँ का स्थान'** *स्थित है। वैसे तो यह पूरा परिसर कोंछा बाज़ार के अन्तर्गत आता है, मगर इन स्थानीय देवी की अटूट मान्यता के चलते देवी स्थान का क्षेत्र धमसा माँ कहलाता है। इस स्थान पर बरगद और नीम का पेड़ आपस में एक साथ उगे हैं और एक बड़ा सा पक्का चौरा चारों ओर बनाया गया है। इन्हीं दोनों वृक्षों को धमसा माँ के स्थान के रूप में लोक-मान्यता मिली हुई है। यहाँ पर आकर श्रद्धालु अपनी मनौती मानते हैं और पूरी होने पर मानता के अनुरूप प्रसाद चढ़ाते हैं। परिसर में ही एक पुराना कुआँ है। नीम और बरगद के वृक्ष तथा कुएँ के साथ देवी स्थानों का होना भारतीय परम्परा में अत्यन्त प्रचलित रहा है। इस तरह की अवधारणाओं में देवियों का स्थान अकसर 'शीतला माता', 'शायर भवानी', 'सप्तमातृका देवी', 'काली चौरा' तथा 'त्रिदेवी पिण्डियों' के रूप में पूजे जाते हैं। इसी परम्परा में हमें धमसा माँ के इस स्थान को भी गिनना चाहिए।*

यहाँ की परम्परा में कढ़ाई चढ़ाना (पूरी और लपसी बनाकर देवी को अर्पित करने का विधान) प्रमुख है। माँ को साड़ी, चुनरी और घण्टी भी चढ़ायी जाती है। अलग से त्यौहारों व लोक-मंगल के अवसर पर घरों तथा कोहबर में लगाये जाने वाले तोरण या बन्दनवार को चढ़ाने की भी यहाँ पुरानी परम्परा रही है। यहाँ के नीम व वट वृक्ष पर ढेरों चुनरियाँ, बन्दनवार और घण्टियाँ पूजा में चढ़ी हुई नज़र आती हैं।

स्थानीय लोग बताते हैं कि यह परम्परा लगभग पैंसठ-सत्तर साल पुरानी है और देखते-देखते यहाँ भक्तजनों के आने की आमद काफ़ी बढ़ गयी है। यहाँ प्रत्येक सोमवार और शुक्रवार को इतनी भीड़ होती है कि मुख्य मार्ग पर चारों ओर डेढ़-दो सौ मीटर की दूरी पर मेलेनुमा भीड़ लगी रहती है। इसके अलावा दोनों नवरात्रियों में विशेष तौर पर श्रद्धालु आते हैं। इसमें दोनों बार सप्तमी तिथि को अखण्ड रामायण पाठ बैठाया जाता है, जिसका

अष्टमी को समापन होता है। इसी दिन भव्य भण्डारे का आयोजन भी किया जाता है।

धमसा माँ के स्थान पर पूजा-पाठ और व्यवस्था के लिए गाँव वालों ने एक समिति बनायी है, जिसका रजिस्ट्रीकरण नहीं किया गया है, बल्कि वह आपसी सहमति से संचालित है। वर्तमान में इस समिति के पाँच सदस्य हैं, जिनके नाम क्रमशः सर्वश्री राम महाजन यादव, घिर्राऊ यादव, बद्री प्रसाद चौरसिया, केदारनाथ मिश्र और इन्द्रजीत यादव हैं।

गोरइया देव का मन्दिर

बरई खुर्द : सोहावल

फ़ैज़ाबाद-लखनऊ राष्ट्रीय राजमार्ग पर पड़ने वाले बरई ख़ुर्द गाँव से बायीं ओर लगभग एक किलोमीटर अन्दर चलने पर **'गोरइया देव का मन्दिर'** स्थित है। इस मन्दिर की परम्परा दो सौ वर्षों से अधिक पुरानी मानी जाती है। इस मन्दिर के सन्दर्भ में यह लोक-मान्यता प्रचलित है कि 'गोरइया देव' दरअसल क्षत्रिय वर्ण में चौहान वंश के कुल देवता के रूप में प्रतिष्ठित हैं तथा आस-पास के लगभग पच्चीस गाँवों के निवासियों के ग्राम-देवता के रूप में भी पूजे जाते हैं। इस मन्दिर के महान्त श्री सीताराम दास जी, जो इस स्थान के सन् 1979 से प्रधान अर्चक और व्यवस्थापक भी रहे हैं, बताते हैं कि 'इनकी बड़ी मान्यता है और चौहानों के अतिरिक्त सभी प्रकार के क्षत्रिय कुल के लोगों तथा स्थानीय ब्राह्मणों, वणिकों, कायस्थों एवं अन्यान्य वर्ग के लोगों में भी गोरइया देव बड़े आदर से पूजे जाते हैं।

मन्दिर का परिसर बड़ा रमणीक है और महान्त जी की देख-रेख में लगातार विकसित हुआ है। पहले यहाँ मात्र एक प्राचीन मन्दिर ही था, जो गोरइया देव जी का मन्दिर कहलाता था और समीप ही एक सरोवर भी इन्हीं देव के नाम पर मौजूद था। महान्त जी के अनुसार, वह सरोवर मिट्टी से इस कदर पटा था कि उसमें कभी भी जल-संचयन नहीं होता था। कुछ वर्षों पूर्व जब फ़ैज़ाबाद के मण्डलायुक्त श्री शत्रुघ्न सिंह थे, तभी उन्हीं के कार्यकाल में उनके प्रयास से गोरइया देव सरोवर का जीर्णोद्धार हुआ। बाद में इसका सौन्दर्यीकरण और पक्के घाट व सीढ़ियों का निर्माण ब्लॉक प्रमुख : सोहावल श्रीमती शोभा सिंह ने सन् 2003 में करवाया था। आज गोरइया देव का सरोवर बहुत सुन्दर और रमणीक जान पड़ता है, जिसमें पर्याप्त जल भी संचित है। स्व. श्री मुन्ना सिंह चौहान (पूर्व मंत्री, उत्तर प्रदेश शासन) ने कुछ

वर्षों पूर्व इस स्थान पर भक्तों व यात्रियों के रहने के लिए एक धर्मशाला भी बनवायी है, जिसका नाम 'चौधरी चरण सिंह हॉल' रखा गया है।

महान्त जी ने बाद में चार अन्य मन्दिर भी बनवाए, जो सभी कलात्मक रूप से सम्पन्न नज़र आते हैं। इनमें भगवान शिव का **'मृत्युंजय मन्दिर'**, चतुर्भुज विष्णु और लक्ष्मी का **'लक्ष्मी-नारायण मन्दिर'**, **'बैकुण्ठ धाम'**, **'दुर्गा मन्दिर'** तथा **'गायत्री माता मन्दिर'** प्रमुख हैं। उन्होंने एक मंच पर अलग से पाँच देव स्थापित किए हैं, जिनमें राधा-कृष्ण, राम-जानकी, हनुमान जी, विष्णु और नृसिंह भगवान की मूर्तियाँ शामिल हैं।

गोरइया देव की लोक-मान्यता में तीन चीज़ें प्रमुख मानी जाती हैं। पहला, यह कि यहाँ कोई भी व्यक्ति अपनी मनौती मानकर मन्दिर परिसर में रखी ईंटों में से एक ईंट धुलकर गोरइया देव के मन्दिर की छत पर रख देता है, जिसे मनौती पूरी हो जाने के उपरान्त दोबारा मन्दिर में आकर एक ईंट को छत से उतारकर अलग रख देना पड़ता है। दूसरा, इस इलाके के पच्चीसों गाँवों के स्थानीय निवासियों में किसी के भी घर विवाह के बाद नव-दम्पति पूरे गाजे-बाजे के साथ जोड़े में आकर मंगलवार के दिन गोरइया देव के मन्दिर की फेरी लगाते हैं और वर अपना मौरा यहीं पर उतारता है। इसी के बाद यह युगल अपना दाम्पत्य-जीवन शुरु कर सकता है। महान्त जी बताते हैं कि प्रति मंगलवार को मेले जैसा माहौल रहता है, क्योंकि फेरी लगाने वाले नये जोड़ों की संख्या पन्द्रह-बीस से कम नहीं होती। तीसरी, सबसे महत्त्वपूर्ण मान्यता इस इलाके के बाहर ब्याही जाने वाली बेटियों के सन्दर्भ में है। कोई भी लड़की ब्याहकर जब बाहर जायेगी और उसे सन्तान के रूप में जब भी लड़का पैदा होगा, तो उस पहले लड़के के लिए यहाँ मायके में वह गोरइया देव में 'धनेतिया' करने आयेगी। धनेतिया में पूजन और हवन होता है, फिर अपने घर जाकर वह लड़की दोनों ही पक्षों के रिश्तेदारों और आत्मीय लोगों को प्रसाद स्वरूप भोजन कराएगी। यह धनेतिया वह कभी भी कर सकती है, मगर उस लड़के के विवाह के पूर्व ही इसे सम्पन्न करना ज़रूरी है। यदि किसी कारणवश वह लड़के के जन्म के बाद विवाह के पहले तक यहाँ आकर धनेतिया नहीं कर पायी है, तो उसे विवाह के पहले एक बार धनेतिया करने तो अवश्य ही आना होगा। यही तीन सबसे बड़ी मान्यताएँ हैं, जिसका 'गोरइया देव के मन्दिर' में शताब्दियों से प्रचलन रहा है।

महान्त जी यह भी बताते हैं कि गोरइया देव का सही नाम 'गोरा देव' है, जिसका अपभ्रंश होकर 'गोरइया' या 'गौरइया' देव हो गया है। इनकी इष्ट देवी दुर्गा हैं और गोरा देव की उत्पत्ति माउण्ट आबू, राजस्थान से मानी जाती है। वह यह भी बताते हैं कि मन्दिर परिसर में गोरइया देव के स्थान तक कुआँरी कन्याओं का भीतर तक जाना वर्जित है और वे इस स्थान पर जलने वाले दीपक तक को नहीं देख सकतीं। धनेतिया के अलावा यहाँ मनौती पूरी होने पर बाबा को 'कोरा भरने' का रिवाज़ है, जिसमें पूरी और लपसी बनाकर यहाँ चढ़ाया जाता है। इस स्थान पर वर्ष में एक बार हरितालिका तीज के दिन बड़ा मेला लगता है, जब बाहर राष्ट्रीय राजमार्ग तक श्रद्धालुओं की भीड़ हो जाती है।

बन्धु बाबा का स्थान

पुनहद : पूरा बाज़ार

लोक-मान्यता के अनुसार राजा दशरथ के चारों पुत्रों राम, लक्ष्मण, भरत, शत्रुघ्न बन्धुओं के मिलन स्थल को **'बन्धु-बाबा का स्थान'** *कहते हैं। इसी स्थान पर चारों बन्धुओं का पहली बार मिलन तब हुआ, जब राम चौदह वर्ष का वनवास बिताकर अयोध्या वापस आए। कच्ची मिट्टी के एक बड़े मानवाकृति वाले भीठ के रूप में यह स्थान पूजा जाता है।*

'श्री पुण्यहरि तीर्थ : पुनहद-पूरा बाज़ार' *शीर्षक के अन्तर्गत इस स्थान की विशद चर्चा की गयी है।*

झण्डहवा बाबा का स्थान

देवराकोट : फ़ैज़ाबाद

ग्राम-सभा : देवराकोट, विकास-खण्ड : सोहावल, फ़ैज़ाबाद में मौजूद **'झण्डहवा बाबा का स्थान'** *स्थानीय लोगों में बड़ी श्रद्धा से पूजा जाता है। इस स्थान पर एक विशाल बरगद के पेड़ पर उसकी अपनी ही शाखा-प्रशाखाओं से स्वतः ही ऐसी आकृति उभर आयी है, जो बजरंगबली हनुमान की तरह दिखती है। इस पूरी आकृति को महावीरी से रंगकर एक ऐसे चौरे का रूप दिया गया है, जो हनुमान जी की साधना का एक प्रमुख केन्द्र बन गया है।*

वर्ष भर यहाँ पर अलग-अलग दिनों में हनुमान चालीसा, सुन्दर-काण्ड, अखण्ड रामायण पाठ तथा भागवत आदि के कार्यक्रम होते रहते हैं। इसी वटवृक्ष पर लोग हनुमान जी का झण्डा चढ़ाते हैं और ढेरों पताकाएँ मानता

के लिए चढ़ाई जाती हैं। **'श्री पाराशर आश्रम'** *शीर्षक के अन्तर्गत इस स्थान की विशद चर्चा की गयी है।*

साभार : **विभिन्न स्थलों के सर्वेक्षण तथा स्थानीय निवासी बाबा रामसेवक दास, बाबा रामनारायन दास, महान्त दिनेन्द्र दास, संजीव कुमार सिंह, जुगल किशोर सिंह, सुयश सिंह, अजीत प्रताप सिंह, सन्तोष यादव, कृष्ण मोहन तिवारी, रमेश कुमार पासवान, जग प्रसाद मिश्र, काशीप्रसाद चौरसिया, महान्त सीताराम दास, रजितराम कोरी एवं शिवकला से बातचीत के आधार पर इस अंक के सम्पादक यतीन्द्र मिश्र द्वारा लिखी गयी टिप्पणी। पहली बार प्रकाशित।**

कैण्टोनमेण्ट मिलिट्री पुलिस मन्दिर

छावनी-क्षेत्र, फ़ैज़ाबाद

फ़ैज़ाबाद के छावनी क्षेत्र में डोगरा रेजीमेण्टल सेण्टर कैण्टीन (डी.आर. सी. कैण्टीन) के विपरीत स्थित यह मन्दिर वर्तमान में **'मिलिट्री मन्दिर'** *कहलाता है, जो कन्टोनमेन्ट मिलिट्री पुलिस के सहयोग द्वारा निर्मित किया गया है। इसका निर्माण कार्य ले. कर्नल श्री ओंकार देवा की अध्यक्षता में सम्पन्न हुआ था। इस मन्दिर का शिलान्यास 17 अगस्त, 1963 ई. को तथा उद्घाटन 14 फरवरी, 1965 को हुआ था। मन्दिर की व्यवस्था फ़ैज़ाबाद छावनी द्वारा की जाती है।*

मन्दिर के अन्दर श्रीराम सीता की जो प्रतिमा प्रतिष्ठापित की गयी है, उसके बारे में यह कहा जाता है कि वह स्वर्ण से निर्मित है। यह भी हो सकता है कि पूरी प्रतिमा अष्टधातु या पीतल की हो, जिस पर स्वर्ण का पत्र चढ़ाया गया हो। इसके अतिरिक्त दुर्गा की अष्टभुजी मूर्ति, माँ सरस्वती की हंसवाहिनी मूर्ति, पंचमुखी महादेव तथा वीर वेषधारी हनुमान जी की प्रतिमा भी मन्दिर के अन्दर स्थापित है। मन्दिर के सामने गंगा-यमुना की कृत्रिम जलधारा प्रवाहित करके संगम के दृश्य को दर्शाया गया है, जो देखने में सुन्दर लगता है। मन्दिर परिसर में चारों ओर सुन्दर बगीचे बने हैं, जिनमें जयपुर के महलों व हवेलियों में लगायी जाने वाली नक्काशीदार छतरियों की तरह के स्थापत्य लिए हुए कुछ मण्डप बनाये गये हैं। मन्दिर के मुख्य जगमोहन से बाहर निकलने पर एक बड़ा कुण्ड भी बना है, जिसमें रंग-बिरंगी मछलियाँ उद्यान की सुन्दरता बढ़ाने के लिए रखी गयी हैं। यह मन्दिर विशेष रूप से सैनिक सहयोग से निर्मित है। अतः सैनिकों में उत्साहवर्धन के लिए मन्दिर की भित्तियों पर गीता के भगवान श्रीकृष्ण द्वारा अर्जुन को दिये गये

उपदेशों के अंश अंकित हैं। फ़ैज़ाबाद शहर में इक्यावन वर्ष पूर्व स्थापित किये गये इस मन्दिर की छटा आज भी दर्शनीय है।

साभार : मन्दिर के सर्वेक्षण तथा उत्तर प्रदेश : साकेत अंक, सम्पादक : डॉ. कौशल कुमार राय, प्रकाशक : सूचना एवं जन सम्पर्क विभाग, लखनऊ, उत्तर प्रदेश से संक्षिप्त एवं संशोधित रूप में लेने के आधार पर इस अंक के सम्पादक यतीन्द्र मिश्र द्वारा लिखी गयी टिप्पणी। पहली बार प्रकाशित।

श्री यमस्थल तीर्थ
जमथरा, चौदह कोसी परिक्रमा मार्ग, फ़ैज़ाबाद

पौराणिक यमस्थल वर्तमान में जमथरा घाट के रूप में प्रसिद्ध है। इसी स्थान पर हिन्दुओं का अन्तिम संस्कार सम्पादित किया जाता है। चूँकि यह स्थल अयोध्या की चौदह कोसी परिक्रमा परिधि के भीतर पड़ता है, इसलिए यहाँ पर शवों का अन्तिम संस्कार करने की प्राचीन परम्परा रही है। इसके चलते हिन्दुओं में व्याप्त इस भावना को भी मान्यता मिलती है कि अयोध्या धाम में सरयू के तट पर मृतक का अन्तिम संस्कार करने पर उसको इस संसार में आवागमन के बन्धन से मुक्ति मिलेगी और मोक्ष प्राप्त होगा।

मीरनघाट की ओर से जमथरा के मार्ग पर लगभग डेढ़ किलोमीटर चलने पर दाहिनी तरफ 'एडवर्ड अयोध्या तीर्थ विवेचनी सभा' का **'श्री यमस्थल'** *का शिलालेख क्रमांक 99 लगा है। यह स्थान मान्यता के अनुसार मृत्यु के देवता यमराज के स्थल के रूप में पूज्य है। वर्तमान में इस शिलालेख से सटा हुआ एक नया हनुमान मन्दिर बना है, जिसे* **'श्री सीताराम श्री संकटमोचन हनुमान मन्दिर'** *कहा जाता है। इस मन्दिर के प्रवेश द्वार पर लगे शिलापट पर महान्त श्री अवध किशोर शरण का नाम अंकित है, जिन्होंने सम्भवतः इस मन्दिर का निर्माण कराया है।*

हालाँकि 'यमस्थल तीर्थ' की पौराणिकता मात्र जमथरा घाट पर होने वाले शवों के अन्तिम संस्कार के रूप में ही मान्य रही है। इस घाट पर समय-समय पर फ़ैज़ाबाद के समाजसेवियों और रोटरी क्लब ने अपना योगदान किया है, जिसमें टीन शेड और स्नान-गृह का निर्माण प्रमुख है। इसी के साथ बैठने के लिए पक्के चबूतरों, बेंच तथा एक गोल मण्डप का निर्माण भी शामिल है। इसमें रिकाबगंज स्थित 'शान-ए-अवध' होटल परिवार ने विशेष सहयोग

किया है, जिसमें स्व. श्री महेश कपूर का नाम जमथरा के प्रति समाज को जागरूक करने के सन्दर्भ में उल्लेखनीय माना जाता है।

साभार : स्थल के सर्वेक्षण के आधार पर इस अंक के सम्पादक यतीन्द्र मिश्र द्वारा लिखी गयी टिप्पणी। पहली बार प्रकाशित।

किछौछा शरीफ की दरगाह

रसूलपुर, बसखारी (अम्बेडकरनगर)

हज़रत मख़दूम अशरफ़ किछौछा की दरगाह बसखारी, फ़ैज़ाबाद (अब अम्बेडकरनगर) से दक्षिण की ओर जलालपुर मार्ग पर लगभग तीन मील या पाँच किलोमीटर पर स्थित है। इनका मुबारक नाम सैय्यद ओहद्दुदीन अशरफ़ है। हालाँकि ये हज़रत मख़दूम शेख़ अशरफ़ जहाँगीर सिमनानी 'किछौछवी साहब' या 'मख़दूम साहब' के नाम से भी विख्यात हैं। अवध क्षेत्र की सबसे मुबारक दरगाह के रूप में पहचानी जाने वाली मख़दूम साहब की दरगाह को **'किछौछा शरीफ़ की दरगाह'** *नाम से भी जाना जाता है।*

रुदौली के शाह अम्मार अहमद अहमदी (नैय्यर मियाँ) जो दरगाह ख़्वाज़ा साहब, अज़मेर की दरगाह समिति के सदस्य भी हैं, ने हज़रत मख़दूम शेख़ अशरफ़ जहाँगीर सिमनानी 'किछौछवी साहब' की परम्परा को ख़्वाज़ा गरीबनवाज़ 'अज़मेर शरीफ' की सातवीं पीढ़ी में माना है, जिनके अनुसार यह रवायत इस तरह आगे बढ़ती है—

ख़्वाज़ा मोइनुद्दीन चिश्ती गरीबनवाज़ (अज़मेर)

↓

ख़्वाज़ा कुतुबुद्दीन बख़्तियार काकी (मेहरौली, दिल्ली)

↓

बाबा फरीद गंजशकर (पाक-पत्तन, पाकिस्तान)

↓

महबूब-ए-इलाही हज़रत निज़ामुद्दीन औलिया (दिल्ली)

↓

शेख़ सिराजुद्दीन आईना-ए-हिन्द (मालदा)

↓

शेख़ अलाउल हक़ पण्डवी (पण्डवा)

शेख़ मख़दूम अशरफ़ जहाँगीर सिमनांनी 'किछौछवी' (किछौछा, फ़ैज़ाबाद)

इस तरह किछौछा शरीफ 'चिश्ती निज़ामी परम्परा' का बड़ा संवाहक बनता है, जिनका समय रुदौली स्थित हज़रत शेख़ अब्दुल हक़ रुदौलवी शरीफ के काल-खण्ड का ही है।

इस दरगाह पर पहुँचने के दो द्वार हैं, जिनमें पहला 'सलामी दरवाज़ा' और बाद में पड़ने वाला 'मलंग दरवाज़ा' कहलाता है। दरगाह से सटा हुआ एक सुन्दर सरोवर या कुण्ड है, जिसे 'नीर शरीफ' (पवित्र पानी) कहा जाता है। भक्तों में यह मान्यता है कि इसके जल के स्पर्श से असाध्य से असाध्य रोग दूर होते हैं। उत्तर प्रदेश डिस्ट्रिक्ट गजेटियर, फ़ैज़ाबाद (सम्पादन : ई.बी. जोशी, संस्करण : 1960) के अनुसार– 'हजरत मख़दूम अशरफ़ की दरगाह में दुनिया भर से मुस्लिम श्रद्धालु झाड़-फूँक और भूत-प्रेत निवारण के लिए आते हैं।'

इसी कारण इस पवित्र दरगाह के बारे में लोक-मान्यता यह रही है कि हर रोज़ यहाँ पर मख़दूम साहब की अदालत लगती है। इसका अर्थ है कि वे यहाँ के बादशाह हैं, जिनके सामने उनकी अदालत में खड़े होकर दुःखी, बीमार और परेशान लोग अपना दुःख पेश करते हैं और वो समाधान कर फैसला देते हैं। यह वह स्थान है जिसके लिए कहा जाता है कि दुनिया में लाइलाज का इलाज यहाँ मौजूद है। यह अदालत हर रोज़, दिन में तीन बार लगती है। पहली सुबह चार बजे से लेकर सात बजे तक, दूसरी दोपहर दस बजे से साढ़े ग्यारह बजे तक और तीसरी शाम चार बजे से सात बजे तक।

यहाँ पर हज़रत किछौछा साहब की सेवा में 'खादिम' नियुक्त रहते हैं, जो दरगाह की देख-रेख, सेवा और उर्स आदि में अपनी सेवाएँ देते हैं। वर्तमान में लगभग अस्सी खादिम नियुक्त हैं, जो क़रीब एक ही ख़ानदान के वे लोग हैं, जो कई पीढ़ियों से आपस में रिश्तेदार रहे हैं। हज़रत किछौछा शरीफ की दरगाह की सम्पूर्ण सेवा के लिए एक ट्रस्ट भी बना है, जो **'मरकज़ी तन्ज़ीम खुद्दामे आस्ताना दरगाह'** *कहलाता है।*

मख़दूम साहब के बारे में ऐसा माना जाता है कि वे बहुत ऊँचे स्तर पर पहुँचे हुए सूफ़ी सन्त या फ़कीर थे। प्रसिद्ध सूफ़ी कवि मलिक मुहम्मद जायसी ने अत्यन्त श्रद्धा के साथ स्मरण करते हुए इन्हें अपना पीर बताया है–

'सैयद अशरफ़ पीर पियारा। जेहि मोहि दीन्ह पंथ उजियारा।' लोक में प्रचलित धारणा के अनुसार इनका जन्म 707 या 708 हिजरी में उस समय के प्रसिद्ध हज़रत इब्राहिम की प्रार्थना से समनान के शाही परिवार में ईरान में हुआ था। यह भी कहा जाता है कि इन्होंने मात्र सात वर्ष की अवस्था में 'कुरान शरीफ़' कण्ठस्थ कर लिया था तथा चौदह वर्ष की आयु में सम्पूर्ण शिक्षा प्राप्त करके पिता के मृत्योपरान्त समनान के बादशाह हो गये थे।

उस समय के प्रसिद्ध सूफ़ी सन्त शेख़ अलाउद्दीन समनानी और शेख़ अब्दुर्रज्जाक काशानी से ज्ञान हासिल करने के पश्चात इन्होंने ईश्वरीय प्रेरणा से समनान का राज्य छोटे भाई को सौंप दिया था। बाद में ये सच्चाई और न्याय के मार्ग का अनुसरण करने के लिए बंगाल के प्रसिद्ध दरवेश शेख़ अलाउल हक़ पण्डवी के पास चले गये थे। चार वर्ष उनके सान्निध्य में बिताने के पश्चात् ये किछौछा आ गये। बाद का सारा जीवन यहीं किछौछा में खुदा और उसके रसूल के बताये हुए रास्ते पर व्यतीत किया।

साकेत महाविद्यालय, अयोध्या-फ़ैज़ाबाद के उर्दू विभाग के अध्यक्ष डॉ. तारिक सईद के माध्यम से एक दिलचस्प जानकारी हासिल होती है। वे बताते हैं कि, मख़दूम साहब को ही फारसी के दुनिया के महानतम शायर हाफिज़ शीराज़ी को पहले-पहल लोगों की निग़ाह में लाने का श्रेय दिया जाता है। ऐसी मान्यता है कि आपने ही इस बेहतरीन शायर को दुनिया के सामने लाने का प्रयास किया था। ग़ालिब और मीर जैसे महान शायरों ने भी खुद को हाफिज़ शीराज़ी की परम्परा से जोड़कर देखा है। शीराज़ी ने ही पहली बार उर्दू और फारसी शायरी में वे पारम्परिक शब्द इस्तेमाल किए थे, जिनका बाद की उर्दू शायरी में 'इश्क़-ए-मज़ाजी' और 'इश्क़-ए-हकीकी' के तहत चारों ओर प्रयोग होने लगा।

डॉ. सईद यह भी बताते हैं कि– मख़दूम साहब ने कुरान शरीफ़ का फारसी में तर्जुमा किया था, जो प्रकाशित भी हो चुका है। उनके अनुसार 'फारसी के प्रसिद्ध विद्वान प्रो. चन्द्रशेखर और नज़ीर अहमद (अब दिवंगत) ने मख़दूम साहब के सन्दर्भ में एक दिलचस्प स्थापना यह दी है कि वे अपने सबसे प्रिय शिष्य मुल्ला निज़ामुद्दीन यमनी को जो कुछ भी कहते जाते थे, उसे लिखने की अनुमति दे रखी थी। इस तरह यमनी साहब ने इनके कहे हुए नीतिपरक वचनों, सूक्तियों और पदों आदि का लेखन व संकलन कर लिया था, जो बाद में **'लताएफे-अशर्फी'** नामक ग्रन्थ में प्रकाशित हुई थी।'

इनकी मृत्यु के विषय में कहा जाता है कि सौ वर्ष की अवस्था पूर्ण होने पर 808 हिज़री में मुहर्रम की 28वीं तारीख़ को इस नश्वर संसार को त्यागकर खुदा की सत्ता में विलीन हो गये। फ़ैज़ाबाद, सुलतानपुर, गोण्डा, बहराइच, गोरखपुर के साथ सम्पूर्ण देश में इनकी लम्बी शिष्य-परम्परा फैली है। इनकी दरगाह पर हर वर्ष मुहर्रम की पच्चीसवीं तारीख़ से लेकर अट्ठाइसवीं तारीख़ तक वार्षिक उर्स सम्पन्न होता है, जो इस दरगाह पर होने वाला सर्वाधिक प्रसिद्ध जलसा है।

बाक़ी, वर्ष भर कई बार यहाँ मेले और उत्सव अलग-अलग तारीख़ों में होते रहते हैं, जिसमें चार महीने तक चलने वाला 'अगहनिया मेला' याद किया जा सकता है, जो अगहन के माह में हिन्दू और मुस्लिम श्रद्धालुओं की मिली-जुली भीड़ के लिए सबसे बड़ा मेला माना जाता है।

दरगाह के सन्दर्भ में हिन्दुओं का दीपावली का त्यौहार यहाँ गंगा-जमुनी तहज़ीब की मिसाल बनकर उभरता है, जब हर वर्ष दीवाली की रात हिन्दू श्रद्धालु यहाँ के 'नीर शरीफ' में मिट्टी के दीये में ज्योति जलाकर अपना दीया सैराने (तैराने) जाते हैं। इसी तरह इस्लामिक कैलेण्डर के हिसाब से हर महीने के नये चाँद वाले दिन (नवचन्दी के रोज़) भी हज़रत मख़दूम अशरफ़ किछौछा की दरगाह में भक्तों की भारी भीड़ लगती है, जिसमें विभिन्न धर्मों और सम्प्रदायों के लोगों को सज़दा करते हुए देखा जा सकता है।

साभार : **1. अ लीफ़ टर्न्स यलो : द सूफ़ीज़ ऑफ़ अवध, एडीटर - मुजफ़्फ़र अली, पब्लिशर - रूमी फाउण्डेशन, नयी दिल्ली एण्ड ब्लूम्सबरी पब्लिशिंग इण्डिया प्रा. लि., नयी दिल्ली, 2. उत्तर प्रदेश डिस्ट्रिक्ट गजेटियर फ़ैज़ाबाद : ई.बी. जोशी, प्रकाशक : इण्डियन प्रेस लि. इलाहाबाद, उत्तर प्रदेश, संस्करण : 1960, 3. अशरफ ज़हाँगीर रहमतुल्लाह अलैह- सैयद अब्दुल बारी प्रकाशक दानिश बुक डिपो, अम्बेडकरनगर, उत्तर प्रदेश 4. सन्त साहित्य अध्येता डॉ. सत्य प्रकाश त्रिपाठी द्वारा लिखित टिप्पणी, उपर्युक्त सन्दर्भों से संक्षिप्त व संशोधित रूप में लेने के अतिरिक्त दरगाह भ्रमण के समय स्थानीय खादिमों, शाह अम्मार अहमद अहमदी 'नैय्यर मियाँ' एवं डॉ. तारिक सईद से बातचीत के आधार पर इस अंक के सम्पादक यतीन्द्र मिश्र द्वारा लिखी गयी टिप्पणी। पहली बार प्रकाशित।**

रुदौली शरीफ की दरगाह
रुदौली, फ़ैज़ाबाद

फ़ैज़ाबाद के रुदौली क्षेत्र में इस्लाम धर्म की सूफ़ी रवायत के 'चिश्ती-साबरी मत' के प्रसार का दुनिया का दूसरा सबसे बड़ा केन्द्र **'रुदौली शरीफ की दरगाह'** *को माना जाता है। 'रुदौली शरीफ' को हज़रत शेख़ अब्दुल हक़ रुदौलवी भी कहा जाता है। ऐसी मान्यता है कि चिश्ती साबरी मत का यह सिलसिला सबसे पहले 'कलियर शरीफ' (मख़दूम अलाउद्दीन साबिर कलियरी) से होता हुआ 'पानीपत शरीफ' (हाफ़िज़ शम्सुद्दीन तुर्क पानीपती) तक गया और पानीपत से रुदौली आया। तभी से यह रुदौली में ही रहा है। इस तरह यहाँ की रवायत को चिश्ती साबरी सिलसिले में बड़ी महत्ता हासिल रही है, जिसने दीन के रास्ते पर ख़ानकाही तबीयत के अनुसार काम किया है। यह दरगाह मुहल्ला मख़दूमजादा, तहसील : रुदौली, जिला : फ़ैज़ाबाद में स्थित है।*

रुदौली शरीफ की दरगाह में मुख्य मज़ार के पास दायीं ओर उनकी बेगम साहिबा ज़ैबुन्निशां और बायीं ओर साहबज़ादे शेख़ आरिफ साहब की मज़ारें हैं। मुख्य मज़ार के चन्दोवे के बाहर बायीं तरफ आरिफ साहब के बेटे और शेख़ अब्दुल हक़ रुदौलवी साहब के पोते की मज़ार स्थित है। पूरे परिसर में उन्हीं के ख़ानदान के लोगों की मज़ारें हैं, जिनकी संख्या तक़रीबन 69 हैं।

रुदौली के शाह अम्मार अहमद अहमदी (नैय्यर मियाँ) जो दरगाह ख़्वाज़ा साहब, अज़मेर की दरगाह समिति के सदस्य भी हैं, ने हज़रत शेख़ अब्दुल हक़ रुदौलवी की परम्परा को ख़्वाज़ा गरीबनवाज़ 'अज़मेर शरीफ' की सातवीं पीढ़ी में माना है, जिनके अनुसार यह रवायत इस तरह आगे बढ़ती है—

1. ख़्वाज़ा मोइनुद्दीन चिश्ती गरीबनवाज़ (अज़मेर)

↓

2. ख़्वाज़ा कुतुबुद्दीन बख़्तियार काकी (मेहरौली, दिल्ली)

↓

3. बाबा फरीद गंजशकर (पाक-पत्तन, पाकिस्तान)

↓

4. मख़दूम अलाउद्दीन साबिर कलियरी (कलियर, हरिद्वार)

↓

5. हाफ़िज़ शम्सुद्दीन तुर्क पानीपती (पानीपत)

↓

6. मख़दूम जलालुद्दीन कबीर-उल-औलिया (पानीपत)

↓

7. हज़रत शेख़ अब्दुल हक़ रुदौलवी (रुदौली, फ़ैज़ाबाद)

इस परम्परा को देखते हुए यह भी पता चलता है कि ख़्वाज़ा गरीबनवाज़, 'अज़मेर शरीफ' की परम्परा में रसूलपुर, अम्बेडकरनगर के 'किछौछा शरीफ' भी सातवीं पीढ़ी में आते हैं, जिनकी रवायत बाबा फरीद गंजशकर के बाद बदलकर चौथी पीढ़ी से महबूब-ए-इलाही हज़रत निज़ामुद्दीन औलिया की परम्परा में आ जाती है। इस तरह शेख़ मख़दूम अशरफ़ जहाँगीर सिमनानी 'किछौछा शरीफ' और हज़रत शेख़ अब्दुल हक़ 'रुदौलवी शरीफ' का एक ही कालखण्ड बनता है। ये दोनों ही पीर समकालीन हैं और इनकी अलग-अलग परम्पराएँ पूरी तरह मानवता की सेवा के प्रति समर्पित रही हैं। एक ओर जहाँ किछौछा 'चिश्ती निज़ामी परम्परा' का केन्द्र है, वहीं रुदौली 'चिश्ती साबरी परम्परा' का वाहक बनता है।

हज़रत शेख़ अब्दुल हक़ रुदौलवी के बारे में यह भी लोक-मान्यता रही है कि इन्होंने नौ माह तक जल में एक पैर पर खड़े होकर इबादत की थी, जिसे 'चिल्लाकशी' करना कहते हैं। इसके बाद खुदा की ओर से आशीर्वाद के रूप में इन्हें 'तोशा' हासिल हुआ था। 'तोशा' का यहाँ पर अर्थ 'आटा' या 'गुँथा हुआ आटा' लिया जाता है। इसीलिए, रुदौली शरीफ पर तभी से यह प्रचलन हुआ कि अपनी मनौतियों के पूरी होने की एवज़ में श्रद्धालु यहाँ तोशा चढ़ाते हैं, जिसके अन्तर्गत आटा, घी और चीनी आते हैं। कुछ लोग आटे से बना हुआ हलुआ भी चढ़ाते हैं। बड़ी से बड़ी मनौती पूरी होने पर मात्र आटा चढ़ाने भर से दुआ कुबुल मानी जाती है। इसी कथा के सन्दर्भ से शेख़ अब्दुल हक़ रुदौलवी को 'साहब-ए-तोशा' भी कहा जाता है।

इस्लामिक कैलेण्डर के अनुसार जमादुस्सानी माह की 12, 13, 14 और 15 तारीख़ को इनका वार्षिक उर्स पड़ता है, जिसे बड़े भव्य तरीके से यहाँ पर मनाया जाता है। इस वर्ष 2016 में 599वाँ उर्स सम्पन्न हुआ है।

रुदौली के ही शाह मोहम्मद अली आरिफ 'सुब्बु मियाँ' ने बातचीत के दौरान यह बताया कि इनके उर्स में होने वाले लंगर में अधिकांश सहयोग हिन्दू समुदाय के लोग भी करते हैं, जिनकी बड़ी गहरी आस्था इस दरगाह से रही है। वे इस दरगाह को हिन्दू-मुस्लिम एकता का नायाब प्रतीक मानते हैं और यह बताने में गर्व महसूस करते हैं कि प्रत्येक बृहस्पतिवार को होने वाली भीड़ में हर समुदाय के लोग शिरकत करते हैं। उर्स के दौरान पाँच दिनों तक रात भर क़व्वाली होती है और दुनिया भर से लोग यहाँ चादर चढ़ाने और अपनी मुरादें माँगने आते हैं।

नैय्यर मियाँ भी दरगाह के सन्दर्भ में इस्लाम की सच्ची तस्वीर इसी बात में मानते हैं कि यहाँ पर चलने वाले 'जामिया चिश्तिया मदरसा' से मुहब्बत का पैगाम फैलाया जा रहा है। इस तरह देखने पर कलियर शरीफ के बाद चिश्ती साबरी सिलसिले का यह दूसरा बड़ा केन्द्र अपनी मौजूदगी में मानवता, प्रेम और भाईचारे का सुन्दर सन्देश प्रसारित करता हुआ नज़र आता है।

साभार : **1. सूफ़ीज़्म - द हॉर्ट ऑफ इस्लाम : सादिया देहलवी, प्रकाशक : हार्पर कालिन्स पब्लिशर्स इण्डिया, दिल्ली, 2009, 2. हयाते शैखुल आलम व तज़किरा-ए-सज्जादगान : शाह मुबीन अहमद फ़ारुक़ी मन्ज़र रुदौलवी, प्रकाशक : जामिया चिश्तिया ख़ानकाह, रुदौली शरीफ, फ़ैज़ाबाद, संस्करण - 2013 से संक्षिप्त एवं संशोधित रूप में लेने के अतिरिक्त दरगाह के सर्वेक्षण तथा शाह अम्मार अहमद अहमदी 'नैय्यर मियां' व शाह मुहम्मद अली आरिफ 'सुब्बु मियां' से बातचीत के आधार पर इस अंक के सम्पादक यतीन्द्र मिश्र द्वारा लिखी गयी टिप्पणी। पहली बार प्रकाशित।**

बिल्वहरि शरीफ़ की दरगाह
बिल्वहरि घाट, जलालुद्दीन नगर (पूरा बाज़ार)

वर्तमान समय में ***'बिल्वहरि शरीफ़'*** *(सैय्यद मख़दूम कयामुद्दीन शाह भीका मक्की) की दरगाह फ़ैज़ाबाद-अम्बेडकरनगर राजमार्ग पर मौजूद पूरा बाज़ार से पूर्व कामता सिंह बालिका इण्टर कॉलेज, राजेपुर के बगल से जाने वाली सड़क पर अन्दर की ओर लगभग दो किलोमीटर पर मजरा : गोड़ियाना, ग्राम-सभा : जलालुद्दीन नगर, विकास खण्ड : पूरा बाज़ार में स्थित है। सैय्यद मख़दूम कयामुद्दीन शाह भेक मक्की को सूफी परम्परा के एक पहुँचे हुए सन्त के रूप में सम्मान से याद किया जाता है। इनकी मज़ार के समीप ही उनकी बेगम और साहबजादे की मज़ारें भी स्थित हैं। ऐसी लोक मान्यता है कि फ़ैज़ाबाद परिक्षेत्र से सम्बन्धित महत्त्वपूर्ण दरगाहों में तीन प्रमुख रूप से गिनी जाती हैं, जिनमें पहली– रसूलपुर में 'हजरत मख़दूम शेख़ अशरफ़ जहाँगीर सिमनानी किछौछवी शरीफ़' की दरगाह, दूसरी– रुदौली में 'शेख़ अहमद अब्दुल हक़ रुदौलवी शरीफ़' की दरगाह तथा तीसरी बिल्वहरि में 'सैय्यद मख़दूम कयामुद्दीन शाह भीका मक्की बिल्वहरि शरीफ़' की दरगाह है।*

इस दरगाह के सज्जादानशीन सैय्यद अब्दुल रब मख़दूमी 'चाँद बाबू' के अनुसार– 'बिल्वहरि शरीफ़, शेख़ मख़दूम अशरफ़ जहाँगीर सिमनानी 'किछौछा शरीफ़' के समकालीन थे और इनकी परम्परा छह सौ वर्षों से भी अधिक पुरानी मानी जाती है। ये फिरदौसिया समुदाय से ताल्लुक रखते हैं और इन्हें नेकी के राह पर चलने वाला एक तपस्वी सन्त माना जाता है।'

इनका वार्षिक उर्स इस्लामिक कैलेण्डर के जिलहिज़ महीने की सत्रह, अठारह और उन्नीस तारीख़ को सम्पन्न होता है। इस दिन यहाँ पर आने वाले भक्तजन

अपनी इच्छानुसार मिठाई, फूल व कपड़े की चादर चढ़ाते हैं। हिन्दू-मुस्लिम एकता का प्रतीक बिल्वहरि शरीफ़ की दरगाह में मुस्लिमों की तरह हिन्दू समुदाय के लोग भी बढ़-चढ़कर शिरकत करते हैं।

इस पवित्र दरगाह के सन्दर्भ में गजेटियर ऑफ द प्रॉविन्स ऑफ अवध (वॉल्यूम-1, फर्स्ट एडीशन : 1877, रीप्रिण्ट इन इण्डिया, 1985) की पृष्ठ संख्या 486 तथा उत्तर प्रदेश डिस्ट्रिक्ट गजेटियर फ़ैज़ाबाद (ई.बी. जोशी, संस्करण : 1960) में यह वर्णन मिलता है कि 'बिल्वहरि में मख़दूम शेख़ भीका की पवित्र मज़ार स्थित है।' इससे इस तथ्य की पुष्टि होती है कि यह दरगाह प्रामाणिक ढंग से प्राचीन और महत्त्वपूर्ण है, जहाँ लोगों का वर्ष भर अपनी मुरादें माँगने और चादर चढ़ाने के लिए आना-जाना लगा रहता है।

साभार : 1. उत्तर प्रदेश डिस्ट्रिक्ट गजेटियर फ़ैज़ाबाद : ई.बी. जोशी, प्रकाशक : इण्डियन प्रेस लि. इलाहाबाद, उत्तर प्रदेश, संस्करण : 1960, 2. गजेटियर ऑफ द प्रॉविन्स ऑफ अवध, वॉल्यूम-1, प्रकाशक : बी.आर. पब्लिशिंग कार्पोरेशन, दिल्ली, संस्करण : फर्स्ट एडीशन : 1877, रीप्रिण्ट इन इण्डिया : 1985, से संक्षिप्त एवं संशोधित रूप में लेने के अतिरिक्त दरगाह के सर्वेक्षण तथा सज्जादानशीन सैय्यद अब्दुल रब मख़दूमी 'चाँद बाबू' से बातचीत के आधार पर इस अंक के सम्पादक यतीन्द्र मिश्र द्वारा लिखी गयी टिप्पणी। पहली बार प्रकाशित।

फ़ैज़ाबाद : दस्तावेज़-99

सैय्यद जैन-उल-आब्दीन (मीरा जैना) की मज़ार

भदरसा

सैय्यद जैन-उल-आब्दीन *एक बड़े पीर के रूप में याद किए जाते हैं। ऐसी लोक मान्यता है कि ये ईरान के नैशापुर से तकरीबन चार सौ साल पहले आए थे और भदरसा (फ़ैज़ाबाद परिक्षेत्र में स्थित) के पहले डीह कटाँवा नामक स्थान पर बसे। यह शिया सम्प्रदाय से ताल्लुक रखते थे। जैन-उल-आब्दीन ने यहाँ के स्थानीय भर जाति के निवासियों को विस्थापित कर उनके उन्नीस गाँवों पर एकाधिकार प्राप्त करते हुए अपनी परम्परा का प्रचार-प्रसार किया। बाद में, इनके द्वारा अर्जित भदरसा के तमाम भू-भागों और रकबों पर इन्हीं के उत्तराधिकारियों को अवध के नवाब सआदत ख़ाँ ने कर मुक्त करते हुए जागीरदार बनाया। यह परम्परा अंग्रेजों के शासनकाल में भी कायम रही। यह सारी जानकारी सन् 1905 में प्रकाशित एच.आर. नेविल की 'फ़ैज़ाबाद : अ गजेटियर' के पृष्ठ संख्या 199 से प्राप्त होती है।*

फ़ैज़ाबाद-इलाहाबाद राजमार्ग पर भरतकुण्ड से लगभग एक किलोमीटर की दूरी पर पश्चिमोत्तर दिशा में सैय्यद जैन-उल-आब्दीन की मज़ार स्थित है। वर्तमान समय में इनके मज़ार के ऊपर एक मक़बरा निर्मित है। मकबरे के अन्दर तीन कब्रें हैं, जिनमें जैन-उल-आब्दीन की कब्र सबसे बड़ी है। उसी के समीप बायीं दिशा में उनकी बेगम की मज़ार निर्मित है और दायीं तरफ एक छोटे बच्चे की कब्र है। यह मकबरा एक ऊँचे चबूतरे पर निर्मित है। समूचा परिसर हरे रंग के पेण्ट से रंगा हुआ है।

स्थानीय लोगों में इनकी मज़ार **'मीरा जैना'** *के नाम से प्रचलित है। इस्लामिक कैलेण्डर के रबी-उल-अव्वल महीने की छब्बीस तारीख को यहाँ जायरीन बड़ी संख्या में आते हैं और अपनी अक़ीदत पेश करते हैं। एक दिलचस्प धारणा*

इस मज़ार के साथ यह जुड़ी हुई है कि यहाँ पर चोरी करने वाला व्यक्ति पीर के आशीर्वाद से स्वतः पकड़ लिया जाता है। यदि चोरी में संदिग्ध व्यक्ति को सैय्यद जैन-उल-आब्दीन की दरगाह में लाया जाता है, तो वह दरगाह में प्रवेश के बाद बाहर निकलते हुए सही संख्या में यहाँ मौजूद मज़ारों को बता नहीं पाता और इस तरह उसकी चोरी में संलिप्तता पकड़ी जाती है।

साभार : 'फ़ैज़ाबाद : अ गजेटियर' : एच.आर. नेविल, आई.सी.एस. इलाहाबाद, 1905 तथा स्थानीय निवासियों से बातचीत एवं सर्वेक्षण के आधार पर इस अंक के सम्पादक यतीन्द्र मिश्र द्वारा लिखी गयी टिप्पणी। पहली बार प्रकाशित।

हज़रत बड़ी बुआ साहिबा की दरगाह

बेनीगंज, फ़ैज़ाबाद

रहमतउल्ला अलैहा बीबी ***हज़रत बड़ी बुआ साहिबा की मज़ार*** *फ़ैज़ाबाद-अयोध्या सीमा पर पंचकोसी परिक्रमा मार्ग की परिधि पर पड़ती है। इसमें एक गहरा आशय यह भी छुपा हुआ है कि दोनों ही शहरों की भिन्न संस्कृतियों और धार्मिक मान्यताओं की सन्धि पर इनकी मज़ार के दर्शन होते हैं। इनके बारे में प्राप्त बेहद अल्प सूचनाओं के आधार पर कई बातें उभरती हैं। जैसे, डॉ. दबीर अहमद की लिखी* ***'शहर-ए-औलिया'*** *के अनुसार– 'ये अपने समय की बहुत ही ज़ाहिदा व आबिदा ख़ातून थीं। (अर्थ है कि यह अपने समय की बहुत ही संयम व नियम से रहने वाली धर्म पारायण महिला थीं)।'*

गजेटियर ऑफ द प्रॉविन्स ऑफ अवध, वॉल्यूम-1, फर्स्ट एडीशन : 1877, 1985, की पृष्ठ संख्या 486 पर इनके बारे में यह उल्लेख मिलता है कि 'एक सन्त स्वभाव की स्त्री फक़ीर के रूप में बड़ी बुआ की इस क्षेत्र में बड़ी प्रसिद्धि रही है। ये रफ़ी-उद-दरजत शम्सुद्दीन (मृत्यु : 1719 ई.) के समय की मानी जाती हैं, जिनकी दरगाह फ़ैज़ाबाद के पूर्व में स्थित है।' इसी के साथ दूसरे गजेटियरों में इनके स्थान से सम्बन्धित केवल मुस्लिम यतीमख़ाने का ज़िक्र आता है, जो सम्भवतः सन् 1934 में बनाया गया था।

'शहर-ए-औलिया' (डॉ. दबीर अहमद) में इनके मज़ार की समय-समय पर की जाने वाली मरम्मत की चर्चा अवश्य आती है। इनमें प्रमुख रूप से एक ज़िक्र कभी फ़ैज़ाबाद शहर में रहे सौदागर शेख़ रमज़ान अली का आता है, जिन्होंने इनके मज़ार की मरम्मत करायी थी। दूसरा सन् 1977 के आसपास हुए मरम्मत की चर्चा है, जिसे अयोध्या में स्थित गोकुल भवन

के तत्कालीन महान्त श्री राममंगल दास जी ने करवायी थी। उस दौरान दरगाह की चहारदीवारी और फर्श की बड़े समुचित ढंग से मरम्मत हुई थी। ऐसी किंवदन्ती मशहूर है कि महान्त जी का बड़ी बुआ साहिबा के प्रति अगाध समर्पण और आदर था और वे अकसर उनकी दरगाह पर आते थे।

इनके बारे में अयोध्या में मौजूद **सैय्यद मुहम्मद इब्राहीम मज़ूब ताशकन्दी की दरगाह** (प्रचलित अर्थों में **अड़गड़ा की दरगाह**) के सज्जादानशीन श्री मुहम्मद जुनैद कादिरी रिज़वी साहब बताते हैं– 'इनका वजूद किसी सूफी पैगम्बर से कम नहीं है। यह एक बड़ी वली थीं, जिनका पूरा जीवन ही त्याग और तपस्या की मिसाल रहा है।' उनके अनुसार– 'इनकी दरगाह के ऊपर छत नहीं है, क्योंकि ये छत पसन्द नहीं करतीं। कई बार छत डलाया गया, कमेटी के लोगों ने बहुत प्रयास किया कि छत पड़ जाये और बरसात व गर्मी के मौसम की तपिश से बड़ी बुआ को राहत हो, मगर छत पड़कर भी टूट गयी। इस घटना के बाद हम लोग ऐसा मानते हैं कि इनका खुदा से सीधा रिश्ता है, इसलिए भी यह छत नहीं चाहतीं।'

कुछ मुस्लिम विद्वान यह मानते हैं कि इनके दरगाह के चारों तरफ मिलने वाले तमाम कब्रों की मौजूदगी इसलिए भी रही है कि ढ़ेरों लोगों ने इनकी रुहानियत में भरोसा करते हुए अपनी वसीयतों में यह दर्ज़ करवाया कि उन्हें मरने के बाद हज़रत बड़ी बुआ साहिबा की सरपरस्ती में उन्हीं के नज़दीक दफ़नाया जाए। शायद इसीलिए आज भी तमाम आम लोगों की कब्रें इसी धारणा के चलते इस परिसर में पायी जाती हैं। हज़रत बड़ी बुआ साहिबा का कोई सालाना उर्स नहीं होता है। यह अलग बात है कि उनके अनुयायियों में चन्द लोग जब दस-पाँच सालों में कुछ चन्दा इकट्ठा कर लेते हैं, तो उनके नाम से उर्स सम्पन्न कर देते हैं।

बड़ी बुआ साहिबा के बारे में एक कथन बहुत मशहूर है, जो उन्होंने अयोध्या के सन्दर्भ में कही थी। उस कथन के अनुसार 'यहाँ न आलिम रहेगा, न जालिम रहेगा'। (आशय यह कि इस क्षेत्र में न कोई बहुत पढ़ा-लिखा विद्वान और न ही कोई बहुत बड़ा आततायी ही रह पायेगा)।

अयोध्या-फ़ैज़ाबाद की गंगा-जमुनी तहजीब को स्वर देते हुए जो तमाम चिह्न और विरासत की चीज़ें, परम्पराएँ और लोकश्रुतियाँ मौजूद हैं, उनमें हज़रत बड़ी बुआ साहिबा की दरगाह का भी उल्लेखनीय महत्त्व माना जाता है, जो एक बड़ी पीर या औलिया की तरह यहाँ की संस्कृति में रची-बसी हैं।

साभार : 1. शहर-ए-औलिया : डॉ. दबीर अहमद, प्रकाशक : दानिश बुक डिपो, टाण्डा, फ़ैज़ाबाद, संस्करण : द्वितीय-1984, 2. अयोध्या की संगीत परम्परा : सम्पादन - यतीन्द्र मिश्र, 3. गजेटियर ऑफ द प्रॉविन्स ऑफ अवध, वॉल्यूम-1, प्रकाशक : बी.आर. पब्लिशिंग कार्पोरेशन, दिल्ली, संस्करण : फर्स्ट एडीशन : 1877, रीप्रिण्ट इन इण्डिया : 1985, उपर्युक्त तीनों पुस्तकों से संक्षिप्त एवं संशोधित रूप में लेने के अतिरिक्त उर्दू विद्वान उज़ैर अहमद सिद्दीकी से बातचीत के आधार पर इस अंक के सम्पादक यतीन्द्र मिश्र द्वारा लिखी गयी टिप्पणी। पहली बार प्रकाशित।

फ़ैज़ाबाद परिक्षेत्र की कुछ अन्य प्रमुख दरगाहें व मज़ार

औलिया शहीद की दरगाह
रौनाही

फ़ैज़ाबाद-लखनऊ राष्ट्रीय राजमार्ग पर रौनाही थाने से पचास मीटर आगे चलने पर दाहिनी ओर अन्दर जाने पर सहकारी शीतगृह होते हुए जो रास्ता आगे बढ़ता है, उस पर प्राथमिक विद्यालय धन्नीपुर, शिक्षा-क्षेत्र : सोहावल, फ़ैज़ाबाद स्थित है। इसी विद्यालय के समीप 'औलिया शहीद' की दरगाह स्थित है। दरगाह के पीछे से होकर सरयू नदी गुजरती है। इनका मुबारक नाम **'शेख़ अमीर वहीदुदीन उस्मानी सुब्हानी चिश्ती मुलक्क़ब ज़िन्दा जावेद औलिया शहीद'** *है।*

उत्तर प्रदेश डिस्ट्रिक्ट गजेटियर फ़ैज़ाबाद (ई.बी. जोशी, 1960) के अनुसार 'रौनाही में दो प्रमुख शहीदों की दरगाहें हैं, जिन्हें औलिया शहीद और माकन शहीद कहा जाता है। ऐसा कहा जाता है कि ये दोनों ही सैय्यद सालार की सेना से सम्बन्धित रहे थे।' औलिया शहीद की दरगाह पर भक्त वर्ष भर अपनी श्रद्धा नवाने जाते हैं और बृहस्पतिवार के दिन यहाँ अकीदत पेश करना व चादर चढ़ाना बरसों से सम्पन्न हो रहा है।

गदाशाह बाबा की मज़ार
रौनाही

फ़ैज़ाबाद-लखनऊ राष्ट्रीय राजमार्ग पर रौनाही थाने से पहले ही रौनाही की ओर भीतर बढ़ने पर बायीं ओर बमुश्किल दो-ढाई सौ मीटर चलने पर खेतों के मध्य **'गदाशाह बाबा'** *की मज़ार मिलती है। इनका मुबारक नाम*

'शाह अब्दुल रहमान सानी शाह गदा रहमतुल्लाह तआला अलैह सहरवर्दी' है। स्थानीय लोगों की मान्यता के अनुसार इस मज़ार पर हर वर्ष अप्रैल माह की उन्तीस व तीस तारीख़ को बड़ा मेला लगता है। वैसे तो यह मेला आठ-दस दिन का होता है, मगर अन्तिम के दो दिन (29 व 30 तारीख़) मेला अपने चरम पर होता है। इसी दौरान मेले में घोड़े की रेस वगैरह भी होती है, जिसे लेकर स्थानीय लोगों में उत्साह का माहौल रहता है।

गदाशाह बाबा की मज़ार पर उर्दू भाषा में एक शिलापट अंकित है, जिसमें इस बात का उल्लेख आता है कि इनकी मज़ार का पुनर्निमाण मार्च 1973 ई. में हुआ था और इनका इन्तकाल हुए तक़रीबन साढ़े सात सौ वर्ष बीत चुके हैं। फक़ीरों की मज़ारों की तरह यहाँ भी बृहस्पतिवार के दिन चादर चढ़ाने और दर्शन के लिए दूर-दूर से दर्शनार्थी व श्रद्धालु आते रहते हैं।

शेख़ हारुन की मज़ार

टाण्डा

शेख़ हारुन या **हारुन रशीद बाबा की मज़ार** फ़ैज़ाबाद-टाण्डा मार्ग पर सड़क के बायीं ओर थाना अलीगंज के बगल आशवपुर में स्थित है। टाण्डा जाने वाले मुख्य मार्ग पर स्थित यह बड़ी और भव्य मज़ार दूर से ही दिखायी देती है। भाद्रपद मास के पहले रविवार के दिन यहाँ बड़ा मेला लगता है, जिसमें दूर-दराज के क्षेत्रों से ज़ायरीन अपनी अकीदत पेश करने यहाँ आते हैं। वैसे तो हर बृहस्पतिवार के दिन यहाँ श्रद्धालुओं की चहल-पहल रहती है।

शेख़ हारुन की मज़ार के बगल ही एक बड़ा सा पक्का कुण्ड बना है, जिसके जल से श्रद्धालु और स्थानीय लोग गुसल (हाथ-पैर धोना एवं नहाना) करके दरगाह में प्रवेश करते हैं। उत्तर प्रदेश डिस्ट्रिक्ट गजेटियर, फ़ैज़ाबाद (ई. बी. जोशी, 1960) के अनुसार–'आशवपुर में टाण्डा कस्बे के पश्चिम की ओर लगभग एक मील की दूरी पर शेख़ हारुन की दरगाह है। एक ऐसे पवित्र फकीर का स्थान जो यहाँ लगभग साढ़े पाँच सौ वर्ष पूर्व आये थे। इसी दरगाह से एक मील की दूरी पर पश्चिम में हुसैन अली का इमामबाड़ा भी है।' स्थानीय लोगों में यह मान्यता गहरे बैठी हुई है कि जो भी मुराद इनके दर पर माँगी जाती है, वह पूरी होती है।

गुलाबशाह बाबा की मज़ार

मण्डलीय कारागार के पीछे, फ़ैज़ाबाद

हज़रत गुलाबशाह की दरगाह *फ़ैज़ाबाद में हिन्दू-मुस्लिम एकता की मिसाल बयाँ करने वाली दरगाह है। वह इसलिए कि इस दरगाह के ख़ादिम मोहम्मद अली के अनुसार 'यहाँ चादर चढ़ाने और मानता (मनौती) करने हर तरह के लोग आते हैं, जिनमें कई बार तो यह भी लगता है कि हिन्दू श्रद्धालुओं की भीड़ कुछ अधिक ही रहती है। बाबा की दरगाह में हिन्दू और मुस्लिम दर्शनार्थी में फ़र्क नहीं होता, जैसा कि अन्य दरगाहों में भी कहीं नहीं होता है।' हिन्दू-मुस्लिम एकता का प्रतीक शहर के बीचो-बीच स्थित इस दरगाह के वर्तमान गद्दीनशीन माज़िद ख़ाँ साहब हैं।*

यह दरगाह मण्डल कारागार फ़ैज़ाबाद के ठीक पीछे सिविल लाइन्स वार्ड में पड़ती है। कुछ वर्षों से इस स्थान को गुलाबशाह नगर भी कहा जाने लगा है। दरगाह परिसर में ही हज़रत गुलाबशाह की मज़ार के समीप उनके शागिर्द पहलवान शाह की मज़ार भी मौजूद है। मई माह के पहले हफ़्ते में तीन, चार, पाँच और छह मई को इनका वार्षिक उर्स होता है। सन् 2016 में इनका बयालीसवाँ उर्स मनाया गया। इस तरह इस दरगाह की परम्परा बयालीस वर्षों से अधिक की नहीं है। यहाँ पर अन्य दरगाहों की तरह ही चादर चढ़ाने और फूल-माला चढ़ाने की रवायत है। उर्स के अवसर पर पारम्परिक रूप से तीन मई को तकरीर होती है। चार मई को चादर और गागर चढ़ाने की रवायत है, जिसका अर्थ चादर और मीठे शरबत का घड़ा चढ़ाने से लिया जाता है। इसी दिन मज़ार पर क़व्वाली भी होती है। पाँच मई को एक बड़ा मंच बनाकर दरगाह परिसर से बाहर क़व्वाली का आयोजन होता है, जबकि छह मई को उर्स की समाप्ति के दिन आम लंगर होता है। इसमें रोटी, चावल और चने की दाल परोसी जाती है। कई भक्त अकसर मीठे चावल का ज़र्दा भी चढ़ाते हैं, जिसे बाद में लंगर में प्रसाद की तरह बाँटा जाता है।

हज़रत शेख़ सफ़ीउद्दीन की मज़ार

रुदौली

फ़ैज़ाबाद-लखनऊ राजमार्ग पर रुदौली कस्बे के भीतर लगभग पाँच सौ मीटर जाने पर स्टेशन रोड पर बायीं तरफ **'हज़रत मख़दूम शेख़ सफ़ीउद्दीन अलैहिर रहमा'** *की मज़ार पड़ती है, जो मुहल्ला : पूरा ख़ान (ख़ाँ कपूरा) में*

स्थित है। इनके बारे में यह मान्यता है कि ये अपने समय के बहुत बड़े फ़कीर थे। ये हज़रत अब्दुल कुद्दूस गंगोही रहमतुल्ला अलैह के दादा थे, जिनके बारे में यह कहा जाता है कि वे बाद में स्वयं साबरी रवायत के एक प्रसिद्ध फ़कीर बने, जिनकी मज़ार आज गंगोह शरीफ़ के नाम से जिला : सहारनपुर, उत्तर प्रदेश में स्थित है।

इनके बारे में यह भी कहा जाता है कि ये मख़दूम अशरफ़ ज़हाँगीर सिमनानी (किछौछा शरीफ़) के मुरीद थे। इनकी मज़ार पर श्रद्धालु बृहस्पतिवार के दिन विशेष तौर पर दुआ करने के लिए जाते हैं। रुदौली के बाहर भी इनका नाम एक प्रसिद्ध सूफ़ी सन्त के रूप में बड़े आदर के साथ लिया जाता है।

किला वाले बाबा की मज़ार

मीरन घाट के समीप, छावनी क्षेत्र, फ़ैज़ाबाद

फ़ैज़ाबाद छावनी क्षेत्र (कैण्ट) में मीरनघाट से यम स्थल (जमथरा) मार्ग पर दाहिनी ओर ऊँचे टीले पर **किला वाले बाबा की मज़ार** *(अस्ताना) मौजूद है। यहाँ तीन फकीरों की मज़ारें हैं, जिनमें* **बाबा दौलत शाह** *की मज़ार अलग है, जबकि* **बाबा नियामत शाह** *और* **बाबा लटशाह** *एक ही छत के नीचे एक साथ दफनाए गये हैं। यहाँ पर छब्बीस वर्षों से नियुक्त ख़ादिम मोहम्मद मुन्ना ख़ाँ बताते हैं कि यहाँ पर होने वाला उर्स और सारे कार्यक्रम बाबा दौलत शाह के नाम से ही होते हैं। इन दोनों मज़ारों के आस्ताने से अलग इसी टीले पर किनारे एक मस्ज़िद भी है, जिसे जिन्नाती मस्ज़िद कहते हैं।*

यहाँ दो बार उर्स मनता है। पहला उर्स हर वर्ष मार्च महीने की 29 और 30 तारीख को सम्पन्न होता है, जबकि दूसरा उर्स बकरीद के बाद चौथे दिन पड़ता है। वैसे तो हर बृहस्पतिवार को श्रद्धालु आते हैं और वर्ष भर यहाँ लोगों का ताँता लगा रहता है, मगर इन दोनों उर्स पर श्रद्धालुओं की संख्या काफ़ी अधिक होती है। यह मज़ार एक हद तक हिन्दू-मुस्लिम एकता की गहरी मिसाल पेश करती है, क्योंकि वर्ष भर यहाँ आने वाले लोगों में इन दोनों ही कौमों के लोग बराबरी से शिरकत करते हैं और अपनी अकीदत पेश करते हैं।

यहाँ पर मनौती पूरी होने की एवज में चादर और गागर (शरबत से भरा घड़ा) चढ़ाई जाती है। कुछ लोग क़व्वाली सुनने की मनौती भी करते हैं और जब उनकी मुराद पूरी होती है, तब यहाँ आकर क़व्वाली सुनते हैं। यह मज़ार फ़ैज़ाबाद परिक्षेत्र में एक मशहूर अस्ताने के रूप में शुमार है।

साभार : सभी दरगाहों के सर्वेक्षण के आधार पर तथा इन स्थानों पर मौजूद ख़ादिमों एवं स्थानीय निवासियों से बातचीत के अतिरिक्त उत्तर प्रदेश डिस्ट्रिक्ट गजेटियर फ़ैज़ाबाद : ई.बी. जोशी, प्रकाशक : इण्डियन प्रेस लि. इलाहाबाद, उत्तर प्रदेश, संस्करण : 1960 से संक्षिप्त रूप में लेने के उपरान्त प्रस्तुत। इस अंक के सम्पादक यतीन्द्र मिश्र द्वारा लिखी गयी टिप्पणी। पहली बार प्रकाशित।

गदाशाह बाबा मज़ार की जानकारी के लिए सगीर अहमद, गुलाब शाह बाबा मज़ार के लिए मुहम्मद अली, हज़रत शेख शफ़ीउद्दीन मज़ार के लिए शाह मुहम्मद अली आरिफ़ (सुब्बु मियाँ) तथा किला वाले बाबा की मज़ार के लिए मुहम्मद मुन्ना ख़ाँ का विशेष आभार। सभी दरगाहों के सन्दर्भ में वर्णित उर्दू अभिलेखों के हिन्दी अनुवाद के लिए हम उर्दू विद्वान उज़ैर अहमद सिद्दीकी के आभारी हैं।

अवध क्षेत्र में मुहर्रम का आगाज़

मुहर्रम का सोज़ : एक

हिन्दुस्तान की मुगलिया हुकूमत ने अपने अनुभवी और योग्य फौजी सिपहसालार सैय्यद मुहम्मद अमीन मूसवी को सआदत ख़ाँ का खिताब देकर अवध का सूबेदार नियुक्त किया। इनको ही बाद में 'बुरहान-उल-मुल्क' का भी ख़िताब दिया गया। सैय्यद मुहम्मद अमीन मूसवी शिया सम्प्रदाय के सातवें इमाम हज़रत मूसा अल काज़िम (हज़रत इमाम हुसैन की चौथी पीढ़ी) की पच्चीसवीं कड़ी में आते थे। 'बुरहान-उल-मुल्क' चूँकि शिया सम्प्रदाय के थे, लिहाजा उनका सारा परिवार मुहर्रम का चाँद देखते ही काले कपड़े पहन लेता था और घर की औरतें इमाम हुसैन के ग़म में अपने सारे जेवरात उतारकर चूड़ियाँ तोड़ देती थीं। मुहर्रम की सात तारीख़ से अवध क्षेत्र में अवकाश घोषित कर दिया जाता था और हिन्दू व मुसलमान सब मिलकर इमाम हुसैन का ग़म मनाते थे।

ऐसी मान्यता है कि आज जिस तरह मुहर्रम का प्रचलन पूरे भारतवर्ष में हुआ है, उसे भव्यता देने और प्रतीकों के माध्यम से सँवारने का काम सबसे पहले अवध की धरती फ़ैज़ाबाद में हुआ। अवध में मुहर्रम के प्रतीक चिन्हों का शुभारम्भ यहीं फ़ैज़ाबाद से हुआ, जिसमें पहली बार **'अलम'** *को मुहर्रम के जूलूस में ले जाने का विवरण अठारहवीं शताब्दी के उत्तरार्द्ध में मिलता है, जिसे मुगलिया फौज के एक राजपूत* **सरदार धर्म सिंह** *ने* **कमाल शाह** *नाम के एक बुजुर्ग दरवेश की इच्छा पर प्रारम्भ किया था। यह जानकारी हमें* **अल्लामा फरोग काज़मी** *की किताब* **'शहाने अवध और शीयत'** *से मिलती है।* **अलम** *एक प्रकार से इस्लामी लश्कर का परचम या झण्डा है, जिसे कर्बला के मैदान में हज़रत इमाम हुसैन के भाई जनाबे अब्बास के*

हवाले किया गया था। ये इमाम हुसैन की फौज के सिपहसालार थे और अलम को इसी कारण इमाम हुसैन की फौज का निशान भी कहा जाता है।

अवध में ताज़ियेदारी का बाक़ायदा प्रारम्भ उस वक्त से हुआ, जब फ़ैज़ाबाद में पहला इमामबाड़ा शहर के मशहूर मोती बाग के क़रीब सन् 1764 ई. में तामीर कराया गया। इसे नवाब शुजाउद्दौला की माँ सद्रुन्निसां बेगम ने बनवाया था, जो आज गुलाबबाड़ी के मुख्य द्वार के दाहिनी ओर स्थित है। ऐसी मान्यता है कि इमामबाड़ा बनने के बाद से ही अवध क्षेत्र में सिलसिलेवार ढंग से मुहर्रम का मनाया जाना आरम्भ हुआ।

उसी समय से मुहर्रम के प्रतीक चिन्ह (समान-ए-अज़ा) भी जुलूसों में शामिल किये जाने लगे। इसमें **'अलम'** की चर्चा हमने आरम्भ में कर दी है। बाक़ी चिन्हों में, कर्बला में हज़रत इमाम हुसैन की कब्र पर बनी हुई इमारत के प्रतीक रूप में **'ताज़िया'** का बनाया जाना, हज़रत इमाम हुसैन के वफादार घोड़े **'दुलदुल'** के प्रतीक रूप में घोड़े का सजाया जाना, इमाम हुसैन की अर्थी के रूप में **'ताबूत'** का बनाया जाना, इमाम हुसैन के छह माह के बच्चे अली असगर के झूले के प्रतीक में **'झूला'** बनाया जाना, इमाम हुसैन की कब्र के चारों तरफ लगी हुई जाली के प्रतीक के रूप में **'ज़री'** का बनाया जाना और इमाम हुसैन के मदीने से कर्बला के सफर में परिवार की महिला सदस्यों के लिए ऊँटों पर चारों ओर से घेरेदार पर्दा और काठी लगाने का प्रतीक **'अमारिया'**, **'महमिल'** या **'कज़ावा'** भी तभी से प्रचलन में है।

अवध के सन्दर्भ में मुहर्रम की यह भव्यता सद्रुन्निसां बेगम के समय में फ़ैज़ाबाद से शुरु होकर बाद में लखनऊ आसिफुद्दौला के दरबार में गयी। वहीं से फिर इसे और अधिक कलात्मक भव्यता मिली, साथ ही शिया संस्कृति को एक अनूठी पहचान भी। आज मुहर्रम जिस तरह प्रतीकों के माध्यम से पूरे भारतवर्ष में मनाया जाता है, वह इसी अवध की ख़ास देन रही है, जबकि मुहर्रम का यह ढंग केवल भारत में ही प्रचलित है। भारत के बाहर अवध के ढंग का भव्य तौर पर मुहर्रम कहीं नहीं मनाया जाता।

इसी कारण भारतीय परम्परा में जो चीज़ें खुशी या पाकीज़गी (पवित्रता) का माहौल रचती हैं, उन सब का मुहर्रम के दिनों में निषेध रहता है। मसलन इन दिनों में शिया समुदाय के लोग न तो लड्डू खाते या बाँटते हैं, न ही घरों में खुशी के मौकों पर बनने वाली सिवईयाँ और पकवान बनते हैं। अवध में बहुत मंगल मानी जाने वाली मछली भी इसी कारण मुहर्रम के

दिनों में खायी नहीं जाती। इसी तरह महिलाएँ साजो-शृंगार से दूर रहती हैं और भारत में खुशी के मौकों पर पहने जाने वाले लाल रंग के कपड़ों को भी नहीं पहनतीं। इस तरह यह समझा जा सकता है कि मुहर्रम पर भारत की गंगा-जमुनी तहजीब की भी छाया पड़ती है।

साभार : शहाने अवध और शीयत : अल्लामा फरोग़ काज़मी (उर्दू), प्रकाशक : अब्बास बुक एजेन्सी, रुस्तम नगर, लखनऊ, संस्करण : 1999 से संक्षिप्त रूप में लेने के अतिरिक्त इस्लामिक संस्कृति के अध्येता डॉ. मिर्ज़ा शहाब शाह द्वारा लिखी गयी टिप्पणी। पहली बार प्रकाशित।

मुहर्रम का पहला जुलूस
मुहर्रम का सोज़ : दो

फ़ैज़ाबाद में मुहर्रम का महीना शुरु होने के ठीक एक दिन पहले जिलहिज़ माह की उन्तीस तारीख़ को मुहर्रम का पहला जुलूस निकलता है। यह जुलूस इस मायने में मशहूर है कि यह शियाओं का अकेला ऐसा जुलूस है, जो सौ साल से पहले से फ़ैज़ाबाद में निकल रहा है। इस जुलूस की सबसे बड़ी खासियत यह है कि इसमें उस वक्त के जंगी बाजे बजते हैं और उनकी आवाज़ सुनकर पूरे फ़ैज़ाबाद में यह माहौल तारी हो जाता है कि मुहर्रम की शुरुआत हो गयी है।

यह जुलूस ग़म का सबसे बड़ा जुलूस भी माना जाता है, जो चौक की 'वक़्फ हसन रज़ा ख़ाँ मस्ज़िद' से उठकर राठहवेली में 'वक़्फ काजिम हुसैन के इमामबाड़े' तक जाता है। इस जुलूस में 'अलम' और 'ताज़िया' भी साथ-साथ चलते हैं।

साभार : **इस्लामिक संस्कृति के अध्येता डॉ. मिर्ज़ा शहाब शाह द्वारा लिखी गयी टिप्पणी। पहली बार प्रकाशित।**

मेंहदी का जुलूस
मुहर्रम का सोज़ : तीन

इस्लाम की धार्मिक मान्यता के अनुसार, इस्लामिक वर्ष का आरम्भ मुहर्रम की पहली तारीख से लिया जाता है। हजरत इमाम हुसैन और उनके परिवार की कर्बला में हुई शहादत के ग़म को मनाने का महीना 'मुहर्रम' का महीना कहलाता है। इस रवायत के तहत मुस्लिम लोग एक माह तक उनकी याद में सोज़ (दुख) मनाते हैं और मुहर्रम की पहली तारीख़ से दसवीं तारीख़ तक अज़ादारी होती है। यह दस दिन पूरी तरह से शिया समुदाय के लोगों का दुःख या मातम व्यक्त करने का अवसर है, जिसमें अन्तिम दिन सुन्नी समुदाय के लोग भी शरीक़ होते हैं। इस दौरान **मर्सिया** *पढ़ने,* **नौहाख्वानी, सोज़ख्वानी** *(हजरत इमाम हुसैन की शहादत में गाया जाने वाला शोक गीत) करने के अलावा खुशी के सारे काम बन्द रहते हैं। मुस्लिम समुदाय हर तरह से अपना दुख मनाते हुए आँसुओं से अक़ीदत या नजराना पेश करता है।*

इसी के तहत नवाबकालीन समय से मुहर्रम की सातवीं तारीख़ को एक अलग ही महत्ता प्राप्त रही है। इस दिन मान्यता के अनुसार हजरत इमाम हुसैन की बेटी के विवाह का दिन था। परम्परा में भारतीय सन्दर्भों के तहत मुस्लिम विवाह में 'मेंहदी की रस्म' को बहुत इज्ज़त प्राप्त है। इसी प्रतीक रूप में मेंहदी के जुलूस को सातवीं तारीख़ के दिन निकाला जाता है। इस अवसर पर अवध क्षेत्र के फ़ैज़ाबाद में बहुत अरसे से मेंहदी का जुलूस निकाला जाता रहा है, जो पारम्परिक रूप से बहू बेगम के मकबरे से निकलकर 'जवाहर अली ख़ाँ इमामबाड़ा', राठहवेली तक जाता है। इस अवसर पर एक प्रतीक बनाया जाता है, जिसे **'मेंहदी'** *कहते हैं। चूँकि*

मेंहदी हरी होती है, इसलिए इस प्रतीक पर लगाया जाने वाला कागज भी हरा होता है।

उत्तर प्रदेश डिस्ट्रिक्ट गजेटियर, फ़ैज़ाबाद (ई.बी. जोशी, 1960) के अनुसार– 'मुहर्रम के अवसर पर मेंहदी का जुलूस, फ़ैज़ाबाद में मुस्लिमों द्वारा व्यक्त किया जाने वाला ग़म का बड़ा मौका है, जिसमें हज़ारों की संख्या में मुसलमान और हिन्दू भी शिरकत करते हैं। इस अवसर पर विशेष रूप से फ़ैज़ाबाद के इमामबाड़े में रात के समय लोग भारी संख्या में जुटते हैं।'

एक दिलचस्प तथ्य की ओर फ़ैज़ाबाद के पुराने बुजुर्गवार **नकी हसन** *साहब (अब दिवंगत) इशारा करते हैं, जिन्होंने फ़ैज़ाबाद में मुहर्रम के दिनों में कई बार मेंहदी के जुलूस में* **अख़्तरीबाई फ़ैज़ाबादी** *(बाद में बेगम अख़्तर के नाम से मशहूर) को नौहा गाते हुए सुना था। वे बताते थे कि अख़्तरीबाई इस मौके पर बेहद दर्द से भरा हुआ नौहा गाते हुए गुलाबबाड़ी से बहू बेगम का मकबरा, चौक होते हुए कर्बला तक जाती थीं। सन् 1940 के आस-पास उस जमाने में मेंहदी के जुलूस में अख़्तरी जो नौहा पेश करती थीं, उसका मुखड़ा कुछ इस तरह है–*

रण्डसाला न पिन्हाओ
मुझे बेवा न बनाओ

मातम का यह दुःख भरा नजारा, दरअसल फ़ैज़ाबाद की तहजीब में मुहर्रम की एक बड़ी पहचान रहा है, जो आज भी सातवीं तारीख़ को अपने दर्द के साथ उसी तरह उभर आता है, जिस तरह आज से लगभग पचहत्तर बरस पहले पिछली शताब्दी के चालीस के दशक में उभरता था।

साभार : 1. उत्तर प्रदेश डिस्ट्रिक्ट गजेटियर फ़ैज़ाबाद : ई.बी. जोशी, प्रकाशक : इण्डियन प्रेस लि. इलाहाबाद, उत्तर प्रदेश, संस्करण : 1960, 2. अख़्तरीनामा : यतीन्द्र मिश्र (पहल पत्रिका में प्रकाशित लेख-शृंखला, 20) से संक्षिप्त रूप में लेने के अतिरिक्त इस्लामिक संस्कृति के अध्येता डॉ. मिर्ज़ा शहाब शाह से बातचीत के आधार पर इस अंक के सम्पादक यतीन्द्र मिश्र द्वारा लिखी गयी टिप्पणी। पहली बार प्रकाशित।

फ़ैज़ाबाद : दस्तावेज़-105

मुश्तरी का ताज़िया

मुहर्रम का सोज़ : चार

मुहर्रम के दिनों में, नौवीं तारीख़ की रात (**शब-ए-आशूर**) *में उठने वाला यह ताज़िया अपनी एक सांस्कृतिक पहचान लिए हुए है। इसे* **'मुश्तरी का ताज़िया'** *इसलिए कहा जाता है क्योंकि इसे अख़्तरीबाई फ़ैज़ाबादी की माँ मुश्तरीबाई ने इसी तारीख़ को उठाना प्रारम्भ किया था। जब वे जीवित थीं, तब तक यह ताज़िया फ़ैज़ाबाद में गुदड़ी बाज़ार चौराहा स्थित 'वक्फ़ मेंहदी हसन ख़ाँ मस्ज़िद', जिसे 'खजूर वाली मस्ज़िद' भी कहा जाता है, से उठकर चौक होते हुए उनके घर हमदानी कोठी तक जाता था।*

आजकल यह ताज़िया मिर्ज़ा शिफाअत हुसैन के राठहवेली स्थित घर से उठकर गुदड़ी बाज़ार चौराहा, चौक, रीडगंज, मुश्तरीबाई के घर के सामने से होते हुए आँख का अस्पताल, खवासपुरा और फिर राठहवेली में ही स्थित 'इमामबाड़ा जवाहर अली ख़ाँ' में जाकर समाप्त होता है। मुश्तरीबाई के मरने के बाद यह ताज़िया उनकी बेटी अख़्तरीबाई फ़ैज़ाबादी (बेगम अख़्तर) स्वयं उठाती थीं। उनके फ़ैज़ाबाद छोड़ जाने के बाद इस जुलूस के उठाने का दायित्व मिर्ज़ा शिफ़ाअत हुसैन ने स्वेच्छा से ले लिया। तभी से मिर्ज़ा शिफ़ाअत हुसैन के घर राठहवेली से यह ताज़िया उठना शुरु हुआ।

फ़ैज़ाबाद के पुराने लोगों के मार्फत यह कहानी प्रचलित रही है कि इस जुलूस के आगे अख़्तरीबाई फ़ैज़ाबादी (बेगम अख़्तर) एक खास नौहा पढ़ते हुए चलती थीं, जिसकी कुछ पंक्तियाँ इस तरह हैं—

आबाद हुई करबोबला उजड़ा मदीना
या शाहे मदीना! या शाहे मदीना!

(अर्थ है– कर्बला आबाद हुआ व मदीना उजड़ गया अर्थात मदीना से हज़रत इमाम हुसैन कर्बला गये और शहीद हुए। इस तरह उन्होंने कर्बला को आबाद किया। ऐ मदीना के बादशाह! तूने कर्बला को आबाद किया।)

इस दिन बेगम एक सेर आटे की आठ रोटियाँ (खमीरी रोटियाँ) बनाकर दान में देती थीं, ऐसा भी सुना जाता है। मुश्तरी का यह ताज़िया जो बाद में अख़्तरी ने ज़िन्दा रखा, आज भी फ़ैज़ाबाद वालों के प्रयास से उसी नाम से उठाया जा रहा है।

साभार : **इस्लामिक संस्कृति के अध्येता डॉ. मिर्ज़ा शहाब शाह तथा इस अंक के सम्पादक यतीन्द्र मिश्र द्वारा संयुक्त रूप से लिखी गयी टिप्पणी। पहली बार प्रकाशित।**

मुहर्रम की दसवीं तारीख़ : आशूर का दिन

मुहर्रम का सोज़ : पाँच

मुहर्रम की दसवीं तारीख़ को सभी घरों के ताज़िए मोहल्लेवार अपने-अपने क्षेत्र की कर्बलाओं में जाकर दफ़्न किए जाते हैं। **आशूर** *के इस दिन एक बड़े जुलूस की शक्ल में सुन्नी समुदाय के ताज़िए बड़ी बुआ की कर्बला में जाकर दफ़्न होते हैं। इसी तरह, शिया समुदाय के ताज़ियों का बड़ा जुलूस इमामबाड़ा जवाहर अली ख़ाँ, राठहवेली से उठकर दिल्ली दरवाज़ा स्थित 'कमरख की दरगाह' में जाता है, जहाँ इस समुदाय के ताज़िए दफ़्न किये जाते हैं।*

साभार : इस्लामिक संस्कृति के अध्येता डॉ. मिर्ज़ा शहाब शाह के द्वारा लिखी गयी टिप्पणी। पहली बार प्रकाशित।

मजलिस-ए-शाम-ए-गरीबाँ : गरीबों और बेवाओं की शाम

मुहर्रम का सोज़ : छह

मुहर्रम की दसवीं तारीख की शाम को होने वाली **'मजलिस-ए-शाम-ए-गरीबाँ'** *इस्लामिक परम्परा में मुहर्रम की सबसे महत्त्वपूर्ण मजलिस मानी जाती है। यह तथ्य अपने आप में बेहद दिलचस्प है कि इस मजलिस की शुरुआत अवध के इलाके में हुई, जिसमें लखनऊ और फ़ैज़ाबाद अग्रणी हैं। लखनऊ में यह मजलिस सन् 1932 में कायम हुई थी, जिसके बाद सन् 1934 से यह फ़ैज़ाबाद में शुरु हुई। आजकल तो यह लगभग सारे देश में मुहर्रम के दिनों में होती है, जिसे शिया संस्कृति का एक महत्त्वपूर्ण धार्मिक कार्यक्रम माना जाता है।*

इस मजलिस के पीछे लोक परम्परा यह रही है कि हजरत इमाम हुसैन और उनके परिवार के सभी सदस्यों की शहादत के उपरान्त जालिमों ने उनके तम्बुओं में आग लगाकर परिवार में बची हुई बेवा महिलाओं और बच्चों को लूट लिया था और उन सबको शहादत की पहली रात में खुले आसमान के नीचे अन्धेरे में भूखे-प्यासे रहना पड़ा था। इस ग़म को प्रतीक रूप में मनाने के लिए फ़ैज़ाबाद में इमामबाड़ा जवाहर अली ख़ाँ के मैदान में ज़ेरे-आसमान (खुले आसमान) के नीचे बिना कोई फर्शी चादर या जाजिम बिछाए हुए मजलिस लगती है। कर्बला के उस दिन के प्रतीक रूप में रात के अन्धेरे को दर्शाने के लिए इमामबाड़े में भी अन्धेरा कर दिया जाता है और सारी लाईटें बुझा दी जाती हैं। यहाँ तक कि स्ट्रीट लाइट भी बुझा दी जाती है। शिया समुदाय के लोगों के अतिरिक्त सुन्नी समुदाय के लोग भी इस मजलिस में सम्मिलित होते हैं। इसका एक महत्त्वपूर्ण पहलू यह भी है कि मुस्लिमों के अलावा अन्य मजहबों के लोग भी इस मजलिस में शिरकत

करने आते हैं। गरीबों और बेवाओं की बेवतनी की पहली रात की यह मंजरकशी (दृश्य उपस्थित करना), जिसे 'मजलिस-ए- शाम-ए-गरीबाँ' कहा जाता है, फ़ैज़ाबाद और लखनऊ से निकलकर पूरे भारत में फैली है। वर्ष 2002 से इस मजलिस को डॉ. मिर्ज़ा शहाब शाह सम्बोधित कर रहे हैं। वर्ष 2002 से पूर्व लगभग पचास वर्षों तक इस मजलिस को न्यायमूर्ति मिर्ज़ा मुतुर्ज़ा हुसैन, पूर्व लोकायुक्त, उत्तर प्रदेश सम्बोधित करते रहे।

साभार : इस्लामिक संस्कृति के अध्येता डॉ. मिर्ज़ा शहाब शाह के द्वारा लिखी गयी टिप्पणी। पहली बार प्रकाशित।

फ़ैज़ाबाद : दस्तावेज़-108

बहत्तर शहीदों का ताबूत

मुहर्रम का सोज़ : सात

इस्लामिक मान्यता के अनुसार, हजरत इमाम हुसैन की शहादत के उपरान्त उनका और परिवार के इकहत्तर साथियों का पार्थिव शरीर तीन दिन तक कर्बला के मैदान में 'बेगोरोकफ़न' (बिना कफ़न और दफ़न के) पड़ा रहा। इतिहास के उपर्युक्त सन्दर्भ से मुहर्रम की बारहवीं तारीख के लिए यह कहा जाता है कि हजरत इमाम हुसैन के पुत्र चमत्कारिक रूप से कर्बला के मैदान आए और अपने पिता इमाम हुसैन समेत परिवार के सारे सदस्यों के पार्थिव शरीर को दफ़नाया। इसमें सबसे छोटा बच्चा अली असगर (उम्र छह माह) भी शामिल था, जिसे इमाम हुसैन के साथ ही दफ़्न किया गया।

अली असगर की शहादत के सम्बन्ध में मीर अनीस का एक दर्द भरा मर्सिया मिलता है, जिसकी शुरुआती पंक्तियाँ इस तरह हैं—

रोया किया जो प्यास से असगर तमाम रात,
छलका किया बेहिश्त में कौसर तमाम रात।

(अर्थ है कि इमाम हुसैन का बेटा प्यास से सारी रात कर्बला में रोता रहा और जन्नत में उसके लिए बराबर कौसर छलकता रहा। जन्नत में प्यास बुझाने के लिए दिये जाने वाले पवित्र पानी को कौसर कहते हैं।)

इसी की याद में मुहर्रम की बारहवीं तारीख को 'वक़्फ मस्ज़िद हसन रजा ख़ाँ', चौक फ़ैज़ाबाद से एक ताबूत (अर्थी का प्रतीक) उठाया जाता है, जो बहत्तर शहीदों के पार्थिव शरीर का प्रतीक होता है और इस ताबूत में अली असगर के पार्थिव शरीर का अलग से संकेत बनाया

जाता है। यह ताबूत फिर दिल्ली दरवाजा स्थित 'कमरख की दरगाह' में पहुँचकर दफ़्न कर दिया जाता है। यह मुहर्रम का एक विशिष्ट आयोजन है, जो फ़ैज़ाबाद की मुहर्रम परम्परा में लगभग साठ-सत्तर बरस पूर्व से सम्पन्न हो रहा है।

साभार : इस्लामिक संस्कृति के अध्येता डॉ. मिर्ज़ा शहाब शाह द्वारा लिखी गयी टिप्पणी। पहली बार प्रकाशित।

फ़ैज़ाबाद : दस्तावेज़-109

चेहल्लुम का शाही जुलूस

मुहर्रम का सोज़ : आठ

इस्लाम धर्म के अनुसार मृत्यु के चालीसवें दिन मरने वाले की आत्मा की शान्ति के लिए **चेहल्लुम** *(चालीसवाँ दिन) का आयोजन किया जाता है। हजरत इमाम हुसैन की शहादत के चालीसवें दिन उनके चेहल्लुम का आयोजन तब से इस्लामिक परम्परा में पूरी दुनिया में मनाया जाता है। इस सन्दर्भ की रोशनी में फ़ैज़ाबाद के लिए चेहल्लुम के अवसर पर इमामबाड़ा जवाहर अली ख़ाँ, राठहवेली से एक जुलूस उठकर गुदड़ी बाज़ार चौराहा, चौक, सुभाष नगर, फतेहगंज होते हुए मकबरा बहू बेगम साहिबा पर जाकर समाप्त होता है। इस जुलूस में 'अलम', 'ताजिया', 'ताबूत' एवं 'दुलदुल' के प्रतीक रहते हैं। इसे* **'चेहल्लुम का शाही जुलूस'** *भी कहा जाता है।*

चेहल्लुम की शाम वज़ीरगंज स्थित बड़ी दरगाह से भी एक जुलूस चेहल्लुम शिया सम्प्रदाय द्वारा उठाया जाता है, जो लालबाग रेलवे क्रासिंग, फतेहगंज चौराहा बजाजा, चौक, गुदड़ी बाज़ार, इमामबाड़ा होते हुए देर रात्रि राठहवेली स्थित स्वर्गीय मिर्ज़ा जावेद अख़्तर के इमामबाड़े में समाप्त होता है। इसमें शहर की समस्त मातमी अन्जुमनें **नौहाख़्वानी** *करती है। इस जुलूस में पढ़े जाने वाले मुख्य नौहे की शुरुआती पंक्तियाँ इस प्रकार हैं—*

शहीद भाई का चेहल्लुम मनायेगी जैनब।
अब अपने अश्कों का दरिया बहायेगी ज़ैनब।।

साभार : इस्लामिक संस्कृति के अध्येता डॉ. मिर्ज़ा शहाब शाह द्वारा लिखी गयी टिप्पणी। पहली बार प्रकाशित।

फ़ैज़ाबाद : दस्तावेज़-110

इमाम हुसैन के ग़म का अन्तिम दिन :
रबीअव्वल की आठवीं तारीख़
मुहर्रम का सोज़ : नौ

इस्लामिक मान्यता के अनुसार इमाम हुसैन की शहादत के उपरान्त उनके परिवार की महिलाएँ और बच्चे एक वर्ष तक यज़ीद के कैदखाने में कैदी रहे। एक साल के बाद यज़ीद ने उनको आज़ाद किया और यह काफिला सीरिया से कर्बला (इराक) होते हुए रबीअव्वल महीने की आठ तारीख को अपने वतन मदीने पहुँचा। इसी दिन मुहम्मद साहब के ग्यारहवें उत्तराधिकारी हज़रत इमाम हसन असकरी की शहादत की तारीख़ पड़ती है। अतः अवध के क्षेत्र में **इमाम हुसैन का ग़म** *मुहर्रम के रूप में रबीअव्वल माह की आठ तारीख तक मनाया जाता है। इस तरह अवध में मुहर्रम कुल दो महीने आठ दिन तक मनता है। इस सन्दर्भ में यह तथ्य महत्त्वपूर्ण है कि जहाँ दुनिया भर में मुहर्रम चेहल्लुम पर आकर समाप्त होता है, वहीं अवध क्षेत्र में अतिरिक्त अट्ठारह दिन और बढ़ाकर मुहर्रम का मनाया जाना, अवध के अन्तिम* **नवाब वाज़िद अली शाह** *की देन है। इसके पीछे एक मान्यता यह रही है कि नवाब वाज़िद अली शाह ने अपनी एक मन्नत के पूरा होने पर इमाम हुसैन के ग़म की अज़ादारी को अट्ठारह दिन तक बढ़ा दिया था।*

फ़ैज़ाबाद में रबीअव्वल महीने की आठवीं तारीख को कोठापार्चा स्थित दरगाह हज़रत अब्बास से एक जुलूस, जो **'चुप ताबूत'** *के नाम से सुप्रसिद्ध है; उठकर मोती मस्जिद मुगलपुरा, जमुनियाबाग, चौक, गुदड़ी बाज़ार चौराहा होते हुए राठहवेली स्थित नजफी मस्जिद में जाकर समाप्त होता है। इस जुलूस को 'चुप ताबूत' इसलिए कहा जाता है, क्योंकि इसमें* **नौहा, मर्सिया** *इत्यादि नहीं पढ़ा जाता। लोग खामोशी से ताबूत को लेकर चलते हैं। यह*

ताबूत मुहम्मद साहब के ग्यारहवें उत्तराधिकारी हज़रत इमाम हसन असकरी की याद में उठता है। इस जुलूस में 'अलम', 'ताबूत', 'झूला', 'दुलदुल' के प्रतीक रहते हैं।

अय्यामे अज़ा के आखिरी दिन (मुहर्रम का अन्तिम दिन) *दूसरा जुलूस भी कोठापार्चा स्थित दरगाह हज़रत अब्बास से उठकर बजाजा, चौक, गुदड़ी बाज़ार, इमामबाड़ा होते हुए राठहवेली स्थित स्वर्गीय सैय्यद नजमुल हसन (मद्दन साहब) के इमामबाड़े में देर रात्रि समाप्त होता है। यह मुहर्रम का सबसे बड़ा जुलूस होता है। इसमें शहर की मातमी अन्जुमनों के अतिरिक्त दूसरे शहरों एवं राज्यों की लगभग 15-16 अन्जुमनें आमंत्रित की जाती हैं, क्योंकि यह जुलूस फ़ैज़ाबाद मण्डल का सबसे बड़ा एवं मुहर्रम का अन्तिम जुलूस होता है। अतः इसमें आस-पास के जिलों के भी हज़ारों लोग दर्शन करने व सम्मिलित होने के लिए आते हैं।*

साभार : **इस्लामिक संस्कृति के अध्येता डॉ. मिर्ज़ा शहाब शाह द्वारा लिखी गयी टिप्पणी। पहली बार प्रकाशित।**

फ़ैज़ाबाद की दरगाहें व कर्बलाएँ

मुहर्रम का सोज़ : दस

ताज़ियों के दफ़न होने के स्थान को 'कर्बला' कहते हैं और जहाँ हज़रत इमाम हुसैन के कब्र का प्रतीक बनाया जाता है, उसे भी कर्बला कहा जाता है। 'दरगाह' हज़रत इमाम हुसैन के भाई एवं उनके लश्कर के सिपहसालार जनाबे अब्बास की कब्र का प्रतीक माना जाता है। फ़ैज़ाबाद में इन दोनों के निरूपण के लिए जो कर्बलाएँ व दरगाहें वर्तमान में मौजूद हैं, उनमें प्रमुख निम्न हैं—

बड़ी दरगाह : वजीरगंज

वजीरगंज स्थित इस दरगाह में जनाबे अब्बास के कब्र का प्रतीक बनाया गया है और उस पर ज़री रखी है। मुहर्रम की दसवीं तारीख़ को इसके मैदान में वजीरगंज एवं उसके आस-पास के लोग अपने-अपने घरों के ताजिए दफ़न करते हैं। प्रत्येक जुमेरात (बृहस्पतिवार) को यहाँ मजलिस (इमाम हुसैन के ग़म को तकरीर के माध्यम से बताना) और मातम (नौहा और सोज की रचनाओं के माध्यम से तरन्नुम में पढ़ा जाना) होता रहता है। मुहर्रम के दिनों में यहाँ विशेष मजलिस और मातम का कार्यक्रम होता है।

छोटी दरगाह हज़रत अब्बास : कोठापार्चा, बजाजा

यह दरगाह भी हज़रत इमाम हुसैन के भाई जनाबे अब्बास के कब्र की प्रतीक है। प्रत्येक बृहस्पतिवार को यहाँ भी मजलिस और मातम होता है। इस्लामिक माह के प्रथम बृहस्पतिवार को 'वक्फ़ मस्जिद हसन रज़ा ख़ाँ', चौक, फ़ैज़ाबाद से 'अलम' का जुलूस उठकर इस दरगाह तक आता है। मुहर्रम के अन्तिम दिन आठ रबीअव्वल का जुलूस भी इसी दरगाह से

उठता है। मुहर्रम में भी यहाँ विशेष मजलिस और मातम का प्रबन्ध होता है। मुहर्रम की पहली और सातवीं तारीख को यहाँ से 'अलम' का जुलूस उठकर क्रमशः हैदरगंज एवं मोती मस्जिद जाता है।

कमरख की दरगाह : दिल्ली दरवाजा

यह दरगाह कर्बला स्थित हज़रत इमाम हुसैन के कब्र पर बने प्रतीक की तरह हूबहू बनायी गयी है। इस दरगाह में भी ठीक उसी तरह की बनी हुई ज़री रखी है, जैसी कर्बला में इमाम हुसैन की कब्र पर रखी हुई है। यहाँ भी प्रत्येक बृहस्पतिवार को मजलिस और मातम का प्रबन्ध होता है। मुहर्रम में विशेष रूप से मजलिस और मातम के कार्यक्रम आयोजित होते हैं। राठहवेली, इमामबाड़ा, दिल्ली दरवाज़ा, ख़ुर्द महल, रिकाबगंज, ऋषि टोला आदि स्थानों के ताज़िए मुहर्रम की दसवीं तारीख़ को यहीं दफ़्न किये जाते हैं। मुहर्रम की बारहवीं तारीख को चौक की मस्जिद से उठने वाला **'बहत्तर शहीदों का ताबूत'** *यहीं दफ़्न किया जाता है।*

हौज़-ए-सकीना : धारा रोड

हज़रत इमाम हुसैन की चार वर्ष की पुत्री हज़रत सकीना जो कर्बला में उनके साथ थी एवं जुल्म-ओ-सितम का निशाना बनकर सीरिया के कैदखाने में शहीद हुई थी, उनकी याद में इस **'हौज़-ए-सकीना'** *का निर्माण हुआ था। प्रत्येक बृहस्पतिवार को यहाँ भी मजलिस और मातम हुआ करता है। सफर की बारहवीं तारीख को जिस दिन हज़रत सकीना की शहादत की तिथि मानी जाती है, एक जुलूस-ए-ताबूत गुदड़ी बाज़ार स्थित 'वक्फ़ मेंहदी हसन ख़ाँ' (खजूर वाली मस्जिद) से उठकर यहाँ आता है एवं शब्बेदारी (रात भर) मातम का कार्यक्रम आयोजित होता है।*

कर्बला : मुग़लपुरा, हैदरगंज

मुग़लपुरा और हैदरगंज के बीच मौजूद एक स्थान को कर्बला का प्रतीक माना गया है, जो ज़मीन का एक छोटा सा रकबा है और चहारदीवारी से घिरा हुआ है। मुहर्रम की दसवीं तारीख को रीडगंज, हैदरगंज, मुग़लपुरा एवं मोती मस्जिद के ताज़िए यहाँ लाकर दफ़्न किए जाते हैं एवं मुहर्रम की बारहवीं तारीख को रात में शिया सम्प्रदाय की महिलाएँ यहाँ मजलिस और मातम करती हैं। यहाँ पर इमाम हुसैन के छोटे पुत्र हज़रत अली असगर की याद में दूध और शर्बत की श्रद्धांजलि भी अर्पित की जाती हैं।

बड़ी बुआ की कर्बला : बेनीगंज

अयोध्या-फ़ैज़ाबाद के बीच स्थित बेनीगंज मुहल्ले में बड़ी बुआ का मकबरा है। इसी मकबरे का एक हिस्सा कर्बला के रूप में इस्तेमाल किया जाता है। मुहर्रम की दसवीं तारीख को सुन्नी सम्प्रदाय के ताज़िए यहाँ लाकर दफ़्न किए जाते हैं एवं दिन भर इमाम हुसैन के ग़म में शहादतनामा (शहादत का वर्णन) किया जाता है। शिया सम्प्रदाय के भी कुछ लोगों के ताज़िए यहाँ लाकर दफ़्न किए जाते हैं।

साभार : इस्लामिक संस्कृति के अध्येता डॉ. मिर्ज़ा शहाब शाह द्वारा लिखी गयी टिप्पणी। पहली बार प्रकाशित।

फ़ैज़ाबाद की प्रमुख मातमी अंजुमनें

मुहर्रम का सोज़ : ग्यारह

फ़ैज़ाबाद शहर में नवाबकालीन अवध के ज़माने से ही **'अज़ाये-सय्यदुशोहदा'** *(शहीदों का सरदार), मज़लूम-ए-कर्बला, हज़रत इमाम हुसैन की धर्म एवं इन्सानियत की रक्षा के लिए कर्बला (ईराक) के मैदान में पेश की गयी कुर्बानी (बलिदान) की याद मनाने के लिए समय-समय पर विभिन्न संस्थाओं एवं मातमी अंजुमनों की स्थापना होती रही है। इन अंजुमनों का उद्देश्य हज़रत इमाम हुसैन का ग़म मनाने के साथ-साथ उनकी शिक्षाओं का प्रचार-प्रसार कर समाज एवं अंजुमन के सदस्यों को धार्मिक, नैतिक एवं आधुनिक ढंग से शिक्षा के प्रति जागरूक और चरित्रवान मनुष्य बनाने से रहा है। फ़ैज़ाबाद के सन्दर्भ में प्रमुख रूप से सक्रिय और सम्मानित मातमी अंजुमनें इस प्रकार हैं—*

अंजुमन-ए-हैदरिया

ख़ुर्द महल, दिल्ली दरवाज़ा

फ़ैज़ाबाद की यह सबसे प्राचीन अंजुमन है। इसकी स्थापना अट्ठारहवीं शताब्दी के प्रारम्भ में हुई थी। ख़ुर्द महल, दिल्ली दरवाज़ा, हसनू कटरा आदि मुहल्ले के नौजवानों एवं बुजुर्गों ने मिलकर इस अंजुमन की स्थापना की थी। यह अंजुमन अपने मातमी नौहों के कारण हिन्दुस्तान की सुप्रसिद्ध अंजुमनों में गिनी जाती थी। सन् 1932 में रंगून और 1942 ई. में ढाका में जाकर इस अंमुमन ने नौहाख़्वानी (ग़म के गीत को शोकपूर्ण ढंग से गाने की रवायत) की थी। इस अंजुमन का एक सुप्रसिद्ध नौहा, जो आज पूरे विश्व में पढ़ा जाता है, फ़ैज़ाबाद के चेहल्लुम के जुलूस में सन् 1912 से पढ़ा जा रहा है, जिसकी आरम्भिक पंक्तियाँ कुछ इस तरह हैं—

बोली ज़ैनब उठो भैना उम्मे कुलसुम से
भैया का मैं चेहल्लुम करने जाऊँगी छूट के

—नवाब मुहम्मद रज़ा साहब

वर्तमान में यह अंजुमन इस्लामिक कैलेण्डर के सफ़र महीने की बारह तारीख़ को इमाम हुसैन की छोटी बेटी ज़नाब-ए-सक़ीना (उम्र चार वर्ष) की याद में हौज़-ए-सक़ीना, धारा रोड पर एक शब्बेदारी (रात भर मातम) का आयोजन करती है, जिसमें शहर के बाहर की भी अंजुमनें सम्मिलित होती हैं। अंजुमन के वर्तमान अध्यक्ष श्री हसन अकबर, एडवोकेट, सचिव श्री मिर्ज़ा ज़की अली, एडवोकेट व मुख्य नौहाख़्वाँ श्री अफ़सर हुसैन 'रूमी' हैं।

अंजुमन-ए-हुसैनिया

वज़ीरगंज

इस अंजुमन की स्थापना भी अट्ठारहवीं शताब्दी के उत्तरार्द्ध में हुई थी। वज़ीरगंज और हैदरगंज मुहल्ले के मातमदारों ने सम्मिलित होकर इस अंजुमन की स्थापना की थी। 'चेहल्लुम का शाही जुलूस', खजूर की मस्ज़िद से लेकर चौक की मस्ज़िद तक यही अंजुमन लेकर आती है। वज़ीरगंज स्थित बड़ी दरगाह में यह अंजुमन इमाम हुसैन की बहन ज़नाब-ए-ज़ैनब की याद में एक शब्बेदारी करती है। इसके अलावा मुहर्रम के दो महीने आठ दिन शहर एवं शहर के बाहर यह अंजुमन नौहाख़्वानी एवं सीनाज़नी (सीना पीटकर मातम करना) करती है। वर्तमान में इस अन्जुमन के अध्यक्ष श्री मिर्ज़ा ज़ावेद आगा, सचिव सैय्यद अहमद रज़ा 'रज्जू' एवं मुख्य नौहाख़्वाँ श्री ज़हीर हसन हैं।

अंजुमन-ए-नासिरिया

अंगूरी बाग

इस अंजुमन की स्थापना भी अट्ठारहवीं शताब्दी के उत्तरार्द्ध में अंगूरी बाग, चौक एवं नहर बाग के निवासियों ने मिलकर की थी। यह अंजुमन भी मुहर्रम के दिनों में नौहाख़्वानी और सीनाज़नी करती है। यह अंजुमन चेहल्लुम की रात में वज़ीरगंज स्थित बड़ी दरगाह से जुलूस उठाकर चौक तक लाती है, जिसमें 'अलम' व 'ताबूत' रहता है। इस समय अंजुमन के अध्यक्ष सैय्यद असद रिज़वी, सचिव सैय्यद परवेज़ हुसैन एवं मुख्य नौहाख़्वाँ सैय्यद मज़ाहिर आब्दी हैं।

अंजुमन-ए-आबिदिया

इमामबाड़ा, राठहवेली

इमामबाड़ा जवाहर अली ख़ाँ के निवासियों ने इमाम हुसैन का ग़म मनाने हेतु इस अंजुमन की स्थापना उन्नीसवीं शताब्दी के प्रारम्भ में की थी। यह अंजुमन 'नौहा' और 'मातम' के अलावा फ़ैज़ाबाद के शाही मुख्य दो जुलूस 'सात मुहर्रम की मेंहदी' एवं 'चेहल्लुम के जुलूस' में नौहाख़्वानी और सीनाज़नी करती है। शहर के अतिरिक्त विभिन्न शहरों में भी यह अंजुमन नौहाख़्वानी और सीनाज़नी करने जाती है। इस अंजुमन के तत्वावधान में इमामबाड़ा परिसर में सफर माह की अन्तिम तारीख़ों में कर्बला के 'बहत्तर शहीदों का अलग-अलग ताबूत' (अर्थी) निकालकर शहीदों का संक्षिप्त परिचय कराया जाता है। सैय्यद श्री जावेद आब्दी, अंजुमन के अध्यक्ष एवं श्री सैय्यद मंसूब आब्दी सचिव पद के दायित्वों का निर्वहन कर रहे हैं। श्री सैय्यद कुमैल आब्दी मुख्य नौहाख़्वाँ हैं।

अंजुमन-ए-मासूमिया

राठहवेली

राठहवेली, कश्मीरी मुहल्ला एवं खवासपुरा के निवासियों ने मिलकर इस अंजुमन की स्थापना उन्नीसवीं शताब्दी के प्रारम्भ में की थी। इस अंजुमन की एक विशेष बात यह रही है कि प्रारम्भ से ही इस अंजुमन में सभी धर्मों के लोगों ने सम्मिलित होकर नौहाख़्वानी की है। सुलतानपुर के हरीशचन्द्र वर्मा ने लगभग दस साल तक एवं प्यारेलाल साहब ने भी वर्षों इस अंजुमन में नौहाख़्वानी की है। लगभग तीस साल तक इस अंजुमन के मुख्य नौहाख़्वाँ (नौहा गाने वाले) स्वर्गीय ईश्वर चन्द्र शर्मा जी रहे हैं, जो हरियाणा के रहने वाले थे। बैंक में नौकरी के सिलसिले में फ़ैज़ाबाद आये थे और उसी दौरान उन्होंने अंजुमन के नौहों से प्रभावित होकर 'अंजुमन-ए-मासूमिया' की सदस्यता ग्रहण कर ली थी। फ़ैज़ाबाद से स्थानान्तरण होने के बावजूद भी वे बैंक से अवकाश लेकर मुहर्रम के दो महीने आठ दिन में लगभग पच्चीस-तीस दिन फ़ैज़ाबाद में रहा करते थे।

यह भी एक संयोग रहा कि उनकी मृत्यु भी मुहर्रम के दौरान ही हुई थी, जब वे अपने जीवन के अन्तिम वर्ष में मुहर्रम के दिनों में फ़ैज़ाबाद नौहाख़्वानी करने आए हुए थे। उनकी मृत्यु के बाद, इस अंजुमन ने ही बड़ी शान-ओ-शौकत से उनका जनाजा उनके घर हरियाणा भेजा था, जिसमें

शहर की सारी अंजुमनों ने नौहाख़्वानी की थी। आज 'अंजुमन-ए-मासूमिया' में नौहा पढ़ने का काम उनके बेटे विक्रम शर्मा ने सँभाल लिया है और वे हरियाणा से नौहा पढ़ने के लिए फ़ैज़ाबाद आते हैं। यह अंजुमन 'मुश्तरी का ताज़िया' उठाने की व्यवस्था के साथ-साथ मुहर्रम की अन्तिम रात (सात रबीअव्वल) को एक बड़ी शब्बेदारी का आयोजन करती है, जिसमें शहर की मातमी अंजुमनों के अलावा अन्य प्रदेशों की भी अंजुमनें सम्मिलित होती हैं। वर्तमान में इस अंजुमन के अध्यक्ष श्री अज़ादार हुसैन, एडवोकेट, सचिव श्री मुबशशिर हुसैन एवं मुख्य नौहाख़्वाँ श्री शमीम अहमद हैं। इस अंजुमन का एक प्रसिद्ध सलाम जो मुश्तरी के ताज़िये में पढ़ा जाता है, उसकी दो पंक्तियाँ निम्न हैं—

ऐ शामियों में शेरे इलाही का शेर हूँ
अब्बास मेरा नाम है, मैं वो दिलेर हूँ।

बज़्म-ए-अब्बासिया

मोती मस्जिद

इस अंजुमन की स्थापना सन् 1934 में हुई थी। मोती मस्जिद, मुगलपुरा, मोती बाग, हैदरगंज एवं रीडगंज के निवासियों ने हज़रत इमाम हुसैन के भाई एवं उनके लश्कर के अलमदार ज़नाब-ए-अब्बास की याद में इस अंजुमन की स्थापना की थी। यह अंजुमन फ़ैज़ाबाद के अतिरिक्त हिन्दुस्तान के प्रमुख शहरों दिल्ली, मुम्बई, चेन्नई, कलकत्ता, बंगलौर, पटना, मुज़फ्फरपुर, अहमदाबाद, भोपाल, रांची आदि शहरों में भी नौहाख़्वानी और सीनाज़नी करती आयी है। यह अंजुमन ज़नाब-ए-अब्बास की याद में मुहर्रम की पच्चीस तारीख़ को एक शब्बेदारी का आयोजन करती है एवं ज़नाब-ए-अब्बास के जन्मदिन पर छोटी दरगाह हज़रत अब्बास, कोठापार्चा में उनके जन्मदिन पर जश्न का आयोजन करती है। साथ ही, इमाम हुसैन के पिता हजरत अली के जन्मदिन पर भी मोती मस्जिद में एक जश्न का आयोजन होता है। मुहर्रम में दो महीने, आठ दिन में नौहा और सीनाज़नी करने के अतिरिक्त यह अंजुमन चेहल्लुम एवं आठ रबीअव्वल के अन्तिम जुलूस में भी नौहाख़्वानी और सीनाज़नी करती है।

फ़ैज़ाबाद की 'शाम-ए-गरीबां की मजलिस का प्रबन्ध भी इस अंजुमन द्वारा किया जाता है। इस अंजुमन के ये दो नौहे विश्व-प्रसिद्ध हैं, जो कि भारत के अलावा पाकिस्तान, बंगलादेश, ईरान, ईराक, अमेरिका आदि देशों में भी

पढ़े जाते हैं। इसमें शोर भारती के **'सक्का-ए-सकीना अब्बास-ए-बावफ़ा दरिया पे था कब्ज़ा मारा गया प्यासा'** *के अलावा हामिद फ़ैज़ाबादी के नौहे की पंक्तियाँ इस तरह हैं–*

'दश्त में थी एक माँ की सदा हाय हुसैना वाय हुसैन
ख़ंजर-ए-जुल्म और तेरा गला हाय हुसैना वाय हुसैन
माँ ने चक्की पीस के क्या पाला था इस दिन के लिए
शिम्र करे सर तन से जुदा हाय हुसैना वाय हुसैन'

वर्तमान में इस अंजुमन के अध्यक्ष डॉ. मिर्ज़ा शहाब शाह, सचिव श्री मुहम्मद हसन 'मुन्ने' एवं मुख्य नौहाख़्वाँ सैय्यद नईम अब्बास रिज़वी 'मुन्ने साहब' हैं।

अंजुमन-ए-गुन्चाए-मज़लूमिया
ख़वासपुरा

इमाम हुसैन के सबसे छोटे पुत्र ज़नाब-ए-अली असगर (आयु छह माह) की याद में इस अंजुमन की स्थापना खवासपुरा, मियांगंज एवं गढ़ैया आदि के निवासियों ने सन् 1965-66 में की थी। सदस्यों के एतबार से यह फ़ैज़ाबाद की वर्तमान में सबसे बड़ी एवं सुप्रसिद्ध अंजुमन है। फ़ैज़ाबाद में नौहाख़्वानी और सीनाज़नी के अतिरिक्त यह अंजुमन अन्य विभिन्न शहरों में भी नौहाख़्वानी और सीनाज़नी करने जाती है। दो महीने आठ दिन तक यह अंजुमन मजलिस एवं मातम के विभिन्न कार्यक्रमों के अतिरिक्त सफ़र माह की अन्तिम तिथियों में ज़नाबे अली असगर की याद में एक बड़ी शब्बेदारी का आयोजन करती है, जिसमें शहर के अतिरिक्त अन्य प्रदेशों की भी अंजुमनें सम्मिलित होती हैं। यह अंजुमन हज़रत अली असगर का जन्मदिन रजब माह की दसवीं तारीख को बड़ी धूमधाम से मनाती है। वर्तमान में इस अंजुमन के अध्यक्ष शादाब हुसैन राजन, सचिव सैय्यद कामिल हसनैन रिज़वी एवं मुख्य नौहाख़्वाँ सैय्यद मुहम्मद हसनैन रिज़वी हैं।

साभार : सभी अंजुमनों से प्राप्त जानकारियों के आधार पर इस्लामिक संस्कृति के अध्येता डॉ. मिर्ज़ा शहाब शाह द्वारा लिखी गयी टिप्पणी। पहली बार प्रकाशित।

शब-ए-बरात और चिट्ठी लिखने की रवायत

इस्लाम धर्म की मान्यता के अनुसार इस्लामिक कैलेण्डर के आठवें महीने शाबान की चौदहवीं तारीख़ की रात अत्यधिक महत्त्वपूर्ण मानी जाती है। 'शब-ए-बरात' की इस रात को शाबान के मध्य की रात्रि भी कहा जाता है। इस रात इस्लाम धर्म के अनुयायी अपने पूर्वजों की कब्रों पर जाकर अकीदत (प्रार्थना) पेश करते हैं। इसके अन्तर्गत मोमबत्तियाँ, चिराग और अगरबत्तियाँ जलाने का रिवाज़ है, जिसके पीछे परम्परा यह रही है कि इस रात में ज्ञान के पवित्र प्रकाश से अज्ञानता के अन्धेरे को दूर करके मग़फरत (गुनाहों को माफ़ करवाने) की दुआ माँगी जाती है। इस दिन अधिकतर कब्रों, मज़ारों और दरगाहों पर रोशनी करने का रिवाज़ रहा है, जिसके तहत कई बार रंग-बिरंगी रोशनी की झालरों से भी यह जगहें सजायी जाती हैं। इस रवायत का सबसे उल्लेखनीय पहलू यह है कि इसे शिया और सुन्नी दोनों समुदाय के लोग मनाते हैं। नवाबों के समय से ही फ़ैज़ाबाद के सन्दर्भ में यह परम्परा कायम रही है और आज भी उसी स्वरूप में इसका निर्वहन हो रहा है।

शिया समुदाय की मान्यता के अनुसार 'शब-ए-बरात' (उर्दू में बराअत) की रात्रि के बाद आने वाली सुबह अर्थात शाबान की पन्द्रहवीं तारीख़ को मुहम्मद साहब के बारहवें उत्तराधिकारी हज़रत मेंहदी ज़मा का जन्मदिन मनाया जाता है। इसी उपलक्ष्य में शिया सम्प्रदाय रात में आतिशबाजी जलाकर खुशी मनाता है। इस सन्दर्भ में यह मान्यता रही है कि आज भी उनके बारहवें उत्तराधिकारी जीवित हैं। इसी मान्यता के तहत शिया समुदाय के लोग इस दिन सुबह की नमाज़ के बाद दरिया (नदी) पर जाकर मुहम्मद

साहब के बारहवें उत्तराधिकारी (हज़रत मेंहदी ज़मा) को अपनी मन्नतों का अरीज़ा (चिट्ठी) लिखकर दरिया में डालते हैं। चिट्ठी लिखे जाने के पीछे यह भावना रहती है कि हज़रत मेंहदी ज़मा इस अरीज़े को पढ़कर हमारी मन्नतों को पूरा करेंगे। वर्तमान में यह परम्परा फ़ैज़ाबाद के छावनी क्षेत्र में स्थित गुप्तार घाट और जमथरा घाट पर जाकर निभायी जाती है।

इस तरह शब-ए-बरात की परम्परा अवध क्षेत्र में शाबान की चौदहवीं और पन्द्रहवीं तारीख़ को मज़ारों पर चिराग जलाकर और दरिया में अरीज़ा डालकर सम्पन्न की जाती है।

साभार : इस्लामिक संस्कृति के अध्येता डॉ. मिर्ज़ा शहाब शाह द्वारा लिखी गयी टिप्पणी। पहली बार प्रकाशित।

जुलूस ईद-ए-मिलादुन्नबी (बारह-वफात का जुलूस)

रबी-उल-अव्वल माह की बारहवीं तारीख़

इस्लाम धर्म के प्रवर्तक हज़रत मुहम्मद मुस्तफा का जन्मदिन रबी-उल-अव्वल महीने की बारह तारीख़ को मनाया जाता है। सुन्नी मुसलमानों की ऐसी मान्यता है कि इसी तिथि को मुहम्मद साहब का देहान्त भी हुआ था। इसीलिए इस तिथि को **बारहवफात** *के नाम से भी जाना जाता है।*

फ़ैज़ाबाद में मुहम्मद साहब का जन्मदिन सुन्नी सम्प्रदाय द्वारा बड़ी धूमधाम से मनाया जाता है। दस एवं ग्यारह रबीउलअव्वल की रात में चौक, घण्टाघर पर रात-भर **'जश्न-ए-ईद-ए-मिलादुन्नबी'** *का आयोजन होता है, जिसमें फ़ैज़ाबाद के अतिरिक्त अन्य शहरों के शायर भी मुहम्मद साहब की शान में कलाम व कसीदे प्रस्तुत करते हैं एवं सुन्नी धर्मगुरु मुहम्मद साहब के जीवन पर अपनी तकरीर के माध्यम से प्रकाश डालते हैं।*

बारह रबी-उल-अव्वल की प्रातः एक बड़ा जुलूस 'जुलस-ए-मोहम्मदी' के नाम से टाटशाह मस्जिद से प्रारम्भ होकर राजकरण इण्टर कॉलेज, जमुनियाबाग, चौक, रिकाबगंज, जनाना अस्पताल रोड, कसाबबाड़ा, फतेहगंज चौराहा, सुभाष नगर होते हुए पुनः टाटशाह मस्जिद में पहुँचकर समाप्त होता है। इस जुलूस में शहर के अतिरिक्त आस-पास के ग्रामीण इलाकों के लोग एवं अंजुमनें भी सम्मिलित होती हैं।

शिया सम्प्रदाय के अनुसार मुहम्मद साहब के जन्म की तिथि सत्रह रबी-उल-अव्वल मानी जाती है, इसलिए शिया सम्प्रदाय मुहम्मद साहब का जन्मदिन सत्तरह रबी-उल-अव्वल को मनाता है। ऐसी मान्यता है कि इसी तिथि को मुहम्मद साहब के छठे उत्तराधिकारी इमाम-ए-जाफर-ए-सादिक

का भी जन्मदिन है, इसलिए इस तिथि की रात में वक़्फ़ मस्ज़िद हसन रज़ा ख़ाँ, चौक में 'जश्न-ए-रिसालत इमामत' के नाम से एक भव्य कार्यक्रम का आयोजन होता है। इसमें शहर के अतिरिक्त भारत के सुप्रसिद्ध कविगण मुहम्मद साहब एवं उनके छठे उत्तराधिकारी इमाम-ए- जाफर-ए-सादिक की शान में कसीदे प्रस्तुत करते हैं तथा धर्मगुरु मुहम्मद साहब की शिक्षाओं और जीवन पर प्रकाश डालते हैं।

साभार : इस्लामिक संस्कृति के अध्येता डॉ. मिर्ज़ा शहाब शाह द्वारा लिखी गयी टिप्पणी। पहली बार प्रकाशित।

मुबारक पर्व ईद और ईदगाह की नमाज़

रमज़ान-उल-मुबारक़ *के उन्तीस अथवा तीस रोज़ों के उपरान्त ईद का चाँद देखने के उपरान्त दूसरे दिन ईद का पर्व मनाया जाता है। फ़ैज़ाबाद में यह परम्परा रही है कि सुन्नी सम्प्रदाय की ईद-उल-फित्तर की नमाज़ बस स्टेशन, सिविल लाइन्स स्थित ईदगाह में होती है। यह नमाज़ टाटशाह मस्ज़िद की प्रबन्ध समिति की व्यवस्था के अन्तर्गत आयोजित होती है। टाटशाह मस्जिद के पेश नमाज़ ईदगाह की नमाज़ पढ़ाते हैं एवं वहीं ईद के चाँद की घोषणा भी करते हैं। फ़ैज़ाबाद जिला प्रशासन भी इन्हीं की घोषणा के आधार पर ईद का सरकारी अवकाश घोषित करता है। जिला एवं नगर पालिका प्रशासन इस नमाज़ की व्यवस्था देखते हैं। यहाँ पर नमाज़ के उपरान्त बच्चों को आकर्षित करने हेतु एक मेले का दृश्य नज़र आता है, जिसमें विभिन्न प्रकार की दुकानें, खिलौने एवं राजनीतिक पार्टियों के ईद-मिलन के शिविर लगाये जाते हैं। यहाँ लोग एक-दूसरे से गले मिलते हैं और ईद की मुबारकबाद देते हैं। इसके अतिरिक्त कुछ मस्ज़िदों में भी ईद की नमाज़ होती है, लेकिन प्रमुखता एवं महत्त्व ईदगाह की नमाज़ को ही दिया जाता है।*

शिया सम्प्रदाय के ईद की नमाज़ शहर के कई मस्ज़िदों में सम्पन्न होती है, जिनमें प्रमुख रूप से जामा मस्ज़िद, इमामबाड़ा जवाहिर अली ख़ाँ, वक़्फ़ मस्ज़िद हसन रज़ा ख़ाँ, मोती मस्ज़िद एवं राठहवेली स्थित बज़्म-ए-सलात की मस्ज़िद शामिल हैं।

साभार : इस्लामिक संस्कृति के अध्येता डॉ. मिर्ज़ा शहाब शाह द्वारा लिखी गयी टिप्पणी। पहली बार प्रकाशित।

सिखों की गुरु परम्परा के प्रमुख स्थल

गुरुद्वारा दुःख निवारण
खिड़की अली बेग

'गुरुद्वारा दुःख निवारण' सिख समुदाय का सबसे प्रमुख गुरुद्वारा माना जाता है। यह मुहल्ला खिड़की अली बेग, पुलिस लाईन, फ़ैज़ाबाद के पीछे स्थित है। ऐसा माना जाता है कि दसवें गुरु श्री गुरु गोविन्द सिंह फ़ैज़ाबाद आकर जिस स्थान पर रुके थे, वहीं गुरुद्वारा दुःख निवारण बना। इस गुरुद्वारे में श्री गुरु गोविन्द सिंह का प्रकाशोत्सव धूमधाम से हर वर्ष मनाया जाता है, साथ ही अन्य गुरुओं का प्रकाशोत्सव भी मनाने की यहाँ परम्परा रही है।

यहाँ गुरु ग्रन्थ साहिब की पाँचों वाणियों के पाठ नियम से होते हैं, जिनमें आसा दी वार के उपरान्त सबद कीर्तन, आनन्द साहिब का पाठ और अरदास होती है। यहाँ के मुख्य ग्रन्थी रागी दलजीत सिंह 'तान' हैं। गुरुद्वारा परिसर में ही एक धर्मशाला भी स्थित है, जिसे दशमेश भवन कहा जाता है। इस धर्मशाले में सेवादारों को किराए (मोख) पर भवन दिया जाता है। गुरुद्वारा परिसर में ही गुरु नानक पब्लिक स्कूल, पुलिस लाईन भी संचालित होता है।

गुरुद्वारा श्री गुरु सिंह सभा
गुरुनानकपुरा (प्रचलित नाम : मुगलपुरा)

इस गुरुद्वारे का निर्माण सन् 1948 के दौरान हुआ था, जब पाकिस्तान से सिख शरणार्थी फ़ैज़ाबाद आये और उन्होंने ही इसे बसाया था। यह गुरुद्वारा जमुनियाबाग के निकट मुगलपुरा वार्ड (वर्तमान नाम : गुरुनानकपुरा) में स्थित है। इस गुरुद्वारे के मुख्य ग्रन्थी ज्ञानी श्री महेन्द्र

सिंह हैं, जो विगत अड़तालीस वर्षों से यहाँ सेवा कर रहे हैं। अड़तालीस वर्ष पहले वे दस वर्षों तक गुरुद्वारा दुःख निवारण में सेवादार रहे थे। इस गुरुद्वारे में मुख्य रूप से गुरुनानक देव का प्रकाशोत्सव मनाया जाता है, जो कार्तिक पूर्णिमा के दिन पड़ता है। अन्य गुरुओं के प्रकाशोत्सव मनाने की भी यहाँ परम्परा रही है।

यहाँ भी गुरु ग्रन्थ साहिब से बानियों का पाठ होता है, जिसमें श्री सुखमनी साहब का पाठ (सुबह के वक्त) के उपरान्त आसा दी वार और कीर्तन होता है। शाम को रहरास साहब का पाठ और संन्ध्या आरती 'गगन मय थाल रवि चन्द्र दीपक बने तारका मण्डला मोती' के साथ बानियों की समाप्ति होती है। शाम की अरदास के बाद गुरु ग्रन्थ साहिब का शयन कराया जाता है, जिसे सुखासन साहब कहते हैं, जबकि दिन भर वे प्रकाश की स्थिति में रहते हैं।

इस गुरुद्वारे की व्यवस्था 'प्रबन्धक कमेटी गुरुद्वारा सिंह सभा, गुरुनानकपुरा' करती है, जो सन् 1948 में अस्तित्त्व में आयी। इस गुरुद्वारे से सटे हुए लंगर हॉल का नाम 'माता गंगा निवास' है।

गुरुद्वारा-साहब, सिख रेजीमेण्ट

फ़ैज़ाबाद छावनी क्षेत्र

मुख्य रूप से कैण्टोनमेण्ट क्षेत्र में स्थापित इस गुरुद्वारे को गुरुद्वारा सिख रेजीमेण्ट भी कहा जाता है, जो छावनी वालों ने सिख रेजीमेण्ट के लिए बनाया है। इस गुरुद्वारे के मुख्य प्रवेश द्वार पर गुरुद्वारा साहब नाम अंकित है, जिसकी स्थापना 13 अप्रैल, 1951 को हुई थी। इसके शिलापट के अनुसार इस गुरुद्वारे का फाउण्डेशन कर्नल मनोहर लाल कमाण्डेंट ने रखा था।

यह गुरुद्वारा पूरी तरह छावनी क्षेत्र में रहने वाले सिख रेजीमेण्ट के जवानों व उनके परिवारों के लिए है। यहाँ वर्ष में कोई समारोह तभी होता है, जब सिख रेजीमेण्ट यहाँ फ़ैज़ाबाद में तैनात रहती है। वैसे यहाँ बैसाखी का पर्व तथा गुरु नानक देव का प्रकाशोत्सव मनाने की परम्परा रही है। वर्तमान में नत्थूराम हवलदार यहाँ की देख-भाल करते हैं, जिसे छावनी परिषद ने ही नियुक्त कर रखा है।

गुरुद्वारा श्री गुरु सिंह सभा

अमानीगंज

सरदार तारा सिंह की रक्षिता जगमग देवी ने अपने पति तारा सिंह की मृत्यु के उपरान्त सन् 1940 में इस गुरुद्वारे का निर्माण कराया था। इस गुरुद्वारे पर अंकित शिलापट पर यह सूचना भी अंकित है, जिसमें सब-इन्सपेक्टर तारा सिंह की स्मृति में इसे बनाये जाने का उल्लेख किया गया है। तभी से इस गुरुद्वारे में गुरु ग्रन्थ साहिब की स्थापना और पाठ होते रहे हैं। माता जगमग देवी जी की मृत्यु के बाद यह 'गुरुद्वारा श्री गुरु सिंह सभा', अमानीगंज कहलाता है। इस गुरुद्वारे में गुरुनानक देव का प्रकाशोत्सव तो मनाया ही जाता है, मुख्य रूप से यहाँ खालसा पन्थ का जन्मदिन बैसाखी के दिन मनाने का रिवाज रहा है।

गुरुद्वारा गुरुनानक सिंह सभा के ग्रन्थी महेन्द्र सिंह जी के अनुसार 'माता जगमग देवी इस गुरुद्वारे में आने वाले सेवादारों की बहुत सेवा करती थीं और उन्होंने यहाँ पर बाहर से कीर्तनियों और रागियों को बुला-बुलाकर रखा और उनकी अपूर्व सेवा की। माता जी स्वयं संगीत की माहिर थीं इसलिए यहाँ पर होने वाले गुरु ग्रन्थ साहिब के पाठ पर उनका विशेष ध्यान रहता था।'

इसी समय यह देखना भी महत्त्वपूर्ण होगा कि सरदार तारा सिंह ने अपनी मृत्यु से पूर्व जगमग देवी के लिए एक धर्मशाला भी बनवायी थी, जो सन् 1930-31 में बनकर तैयार हुयी, उस समय इस धर्मशाले को बनाने में दस हजार रुपये खर्च हुए थे। बाद में जब जगमग देवी ने अपने स्वामी तारा सिंह की याद में यह गुरुद्वारा निर्मित किया, तो उसी समय रहने के लिए बगल में ही मकान और बाग भी बनाया। उनकी मृत्यु के बाद यह सब गुरुद्वारा अमानीगंज की सम्पत्ति के रूप में बरक़रार रहा।

गुरुद्वारा साहिब जी

खवासपुरा

खवासपुरा मुहल्ले में स्थित इस गुरुद्वारे को श्री अम्बिका प्रसाद सिंह एवं श्री पृथ्वीनाथ सिंह जी के पूर्वजों ने बनवाया था, जो साकेत प्रिंटिंग प्रेस के मालिक श्री दीपकृष्ण वर्मा के रिश्ते में परनाना लगते थे। यह अकेला ऐसा गुरुद्वारा है, जिसे सिख समुदाय के किसी व्यक्ति ने नहीं बनाया। आज भी इस गुरुद्वारे के सरवराहकार श्री दीपकृष्ण वर्मा हैं। वे बताते हैं कि 'यह

गुरुद्वारा गुरुनानक मन्दिर के नाम से पंजीकृत है, जिसे बाद में गुरुद्वारा साहिब जी कहा जाने लगा।'

जमुनिया बाग में स्थित सुन्दर साइकिल स्टोर के मालिक सरदार हरिचरन सिंह इस गुरुद्वारे की व्यवस्था का जिम्मा देखते हैं। वे बताते हैं कि उनके पिता स्व. सरदार मनोहर सिंह ने इस गुरुद्वारे की पचपन साल तक सेवा की थी। आज जिस रूप में यह गुरुद्वारा मौजूद है, उसके नवीनीकरण और जीर्णोद्धार का कार्य सन् 1995 से शुरु हुआ था। पहले यह गुरुद्वारा एक ही कमरे में स्थित था, जिसका बाद के समय में विस्तार हुआ।

गुरुग्रन्थ साहिब से नियमित पाठ का क्रम यहाँ भी मौजूद है, जिसमें 'सुखमनी साहब' का पाठ विशेष महत्त्व का माना जाता है। गुरु नानक देव जी का प्रकाशोत्सव मनाने की परम्परा के अलावा यहाँ जून में गुरु अर्जुन देव का शहीदी दिवस मनाया जाता है। सरदार हरिचरन सिंह बताते हैं कि 'शहीदी दिवस से इक्यावन दिन पूर्व ही 'सुखमनी साहब' का पाठ शुरु कर दिया जाता है, जो इक्यावनवें दिन की समाप्ति पर एक बड़े समागम के तौर पर मनाया जाता है।'

साभार : **सभी गुरुद्वारों के सर्वेक्षण के अतिरिक्त ग्रन्थी ज्ञानी महेन्द्र सिंह से विस्तृत बातचीत के अतिरिक्त राजेन्द्र सिंह छाबड़ा, सरदार हरिचरन सिंह, सतनाम सिंह से प्राप्त सूचनाओं के आधार पर इस अंक के सम्पादक यतीन्द्र मिश्र द्वारा लिखी गयी टिप्पणी। पहली बार प्रकाशित।**

फ़ैज़ाबाद : दस्तावेज़-117

फ़ैज़ाबाद में गिरजाघरों का आगमन
ईसाई मत के धर्म स्थल व संस्थानों का विवरण

फ़ैज़ाबाद में रहने वाले अंग्रेजों ने सन् 1810 ई. में फ़ैज़ाबाद छावनी क्षेत्र (कैण्टोनमेण्ट एरिया) के मध्य भाग में एक 'चैपल' (प्रार्थना-स्थल) स्थापित किया था, परन्तु सन् 1857 ई. के प्रथम स्वतंत्रता संग्राम (म्युटिनी) के समय इस चर्चनुमा प्रार्थना-स्थल को नष्ट कर दिया गया। इसके बाद सन् 1860 ई. में अंग्रेजों ने पुनः **'सेण्ट एण्ड्रूज़'** *के नाम से एक चर्च का निर्माण कराया, जिसे प्रचलित अर्थों में* **'चर्च ऑफ इंग्लैण्ड'** *भी कहा जाता है। इसका उद्घाटन बिशप कॉटन द्वारा किया गया। 'फ़ैज़ाबाद गजेटियर' (एच.आर. नेविल, 1905) में इस बात का उल्लेख मिलता है कि उस समय के तत्कालीन अंग्रेजी शासन ने इसके निर्माण पर तैंतालीस हज़ार रुपये खर्च किए थे।*

गजेटियर से ही इस बात की भी पुष्टि होती है कि उस समय जब यह चर्च जन-सामान्य के लिए खोला गया, तब इस चर्च में आने वाले कुल सदस्यों की संख्या 141 थी। हालाँकि इसमें 300 लोग आसानी से बैठ सकते थे। बाद में यह गिरजाघर छावनी क्षेत्र के एक कैण्टीन के रूप में तब्दील कर दिया गया और चर्च का वास्तविक स्वरूप जाता रहा। वर्तमान में 'चर्च ऑफ इंग्लैण्ड' की इमारत में डी.आर.सी. कैण्टीन का संचालन किया जा रहा है, जो मिलिट्री मन्दिर के समीप सड़क की दूसरी पटरी पर स्थित है। इस कैण्टीन की इमारत बाहर से आज भी अपने पुराने अतीत की याद दिलाती है, क्योंकि इसे देखने पर वह हूबहू गिरजाघर की तरह लगती है।

फ़ैज़ाबाद में इसके बाद सर्वाधिक महत्त्व का गिरजाघर थाना : कैण्ट से छावनी क्षेत्र की ओर बढ़ने वाली सड़क पर दाहिनी ओर स्थित मिलता है,

जिसे **'सेण्ट मेरीज़' चर्च'** कहा जाता है। इसे रोमन कैथोलिक्स का चर्च भी कहते हैं। इसका शिलान्यास सन् 1862 ई. में किया गया था और बन जाने के उपरान्त इसका समर्पण डॉ. ए. हॉर्टमैन द्वारा किया गया। जैसा कि पूर्व में उल्लेख किया जा चुका है कि यह गिरजाघर पूरी तरह से रोमन कैथोलिक ईसाईयों के लिए था। वर्तमान में यह गिरजाघर इलाहाबाद डायोसिस (इलाहाबाद धर्मप्रान्त) द्वारा संचालित किया जाता है। यह बताना भी यहाँ महत्त्वपूर्ण होगा कि उत्तर प्रदेश में ईसाईयों के लिए धर्मार्थ काम करने वाली समितियों के रख-रखाव एवं संचालन के लिए आठ धर्म-प्रान्त (डायोसिस) बनाये गये थे, जिनमें इलाहाबाद, वाराणसी, गोरखपुर, झाँसी, आगरा, मेरठ, बिजनौर और लखनऊ आते हैं। यह जानकारी सेण्ट मेरीज़ चर्च के वर्तमान फादर डेमियन गोम्स के माध्यम से प्राप्त हुई है।

सेण्ट मेरीज़ चर्च चूँकि कैथोलिक सम्प्रदाय के लोगों का केन्द्र है, अतः यहाँ गिरजाघर के भीतर सलीब पर ईसा मसीह की प्रतिमा लगी है और सामने की ओर पवित्र पावन मदर मेरी की मूर्ति भी स्थापित है। सेण्ट मेरीज़ चर्च अपने शानदार अतीत को संजोए हुए अभी तक अपनी स्थापना के 154 वर्ष मना चुका है, जो फ़ैज़ाबाद के ईसाई धर्मानुयायियों के लिए एक उपलब्धि है और इस नगर के इतिहास के लिए सबसे पुराने गिरजाघर का उदाहरण भी। इसी चर्च के एक विस्तार के रूप में **'सेण्ट मेरीज़ स्कूल'** का संचालन भी सन् 1948 से प्रारम्भ हुआ। इलाहाबाद डायोसिस ही इस स्कूल का संचालन और व्यवस्था देखता है, जिसमें किसी भी प्रकार का सरकारी अनुदान शामिल नहीं है। सन् 2003 में उत्तर प्रदेश माध्यमिक शिक्षा परिषद द्वारा इस स्कूल को हाईस्कूल की मान्यता प्राप्त हुई।

फ़ैज़ाबाद का तीसरा सबसे महत्त्वपूर्ण गिरजाघर फ़ैज़ाबाद के मुख्य डाकघर के सामने छावनी क्षेत्र की ओर जाने वाली सड़क पर बायीं तरफ स्थित है। इसे **'चर्च ऑफ नार्थ इण्डिया' (सी.एन.आई.)** के अन्तर्गत **'सेण्ट्रल मैथोडिस्ट चर्च'** के रूप में जाना जाता है। फ़ैज़ाबाद में इस गिरजाघर में ऑस्ट्रेलिया और यूरोप के मिशनरी लोग कार्य करते थे। इसकी स्थापना सन् 1883 ई. में ऑस्ट्रेलियन मिशनरी रेवॅरेन्ड जे.ए. इलियट द्वारा की गयी थी। 'फ़ैज़ाबाद गजेटियर' (एच.आर. नेविल, 1905) के अनुसार– 'इस मिशनरी ने ढेरों सामाजिक उन्नति के कार्य किए, जिसमें सबसे महत्त्वपूर्ण कार्य इस चर्च की स्थापना के बाद उसी परिसर में लड़कियों के लिए एक बोर्डिंग स्कूल की शुरुआत था। इसी के साथ एक जनाना मिशन हाऊस का निर्माण भी

शामिल है, जो जिले में अंग्रेज स्त्रियों के लिए खोला गया था। ये स्त्रियाँ जिले में ढेरों तरह के सामाजिक कार्य करती थीं।' इस गिरजाघर में प्रभु यीशू और माता मरियम की प्रतिमाएँ नहीं स्थापित की गयीं, बल्कि सलीब का पवित्र प्रतीक चिह्न ही भीतर प्रार्थना-सभा के सम्मुख मंच पर स्थापित है।

यह जानना भी यहाँ समीचीन होगा कि **'मिशन स्कूल'** *को सन् 1959 में उत्तर प्रदेश माध्यमिक शिक्षा परिषद द्वारा हाईस्कूल की तथा सन् 2001 में इण्टरमीडिएट की मान्यता प्राप्त हुई। आज भी यह विद्यालय सुचारु रूप से संचालित और सक्रिय बना हुआ है। शहर में बालिकाओं के इस पहले हाईस्कूल की पहली प्रिंसिपल मिस पार्सन थीं, जबकि पहली भारतीय प्रधानाचार्य मिस साहदुल्लाह नियुक्त हुईं थीं।*

सेण्ट मेरीज चर्च के 150 वर्ष पूरे होने की जयन्ती पर प्रकाशित की गयी स्मारिका के हवाले से यह सूचना भी प्राप्त होती है कि सेण्ट्रल मैथोडिस्ट चर्च के पहले पादरी पास्टॅर फोर्ब्स थे। वर्तमान में इसके पादरी पास्टॅर चन्द्रा हैं। रोमन कैथोलिक सम्प्रदाय के चर्च सेण्ट मेरीज के वर्तमान पादरी फादर डेमियन गोम्स हैं। आजकल इन तीन प्रमुख गिरजाघरों के अलावा कुछ अन्य ईसाई मत के संगठन भी फ़ैज़ाबाद में सक्रिय हैं, जिनमें कुछ के अपने गिरजाघर भी स्थापित हुए हैं।

इनमें प्रमुख रूप से उल्लेखनीय हैं– विक्ट्री चर्चेज़ ऑफ इण्डिया (संस्थापक : पास्टॅर ज्योति प्रसाद, 1991), एसेम्बली ऑफ बिलीवर्स चर्च (संस्थापक : पास्टॅर जितेन्द्र एन्थोनी, 1998), ज़िऑन चर्च (फ़ैज़ाबाद में संस्थापक : पास्टॅर जेम्स बेंजामिन), एशियन सहयोगी संस्थान (संस्थापक : स्वामीनाथ, 2001), एसेम्बली ऑफ गॉड क्रिश्चियन्स (संस्थापक : पास्टॅर आनन्द जैकब, 2007), येशु भक्त समूह (संस्थापक : दर्शननगर के एक अनाम साधु)।

साभार : 1. 'फ़ैज़ाबाद : अ गजेटियर' : एच.आर. नेविल, आई.सी.एस. इलाहाबाद, 1905, 2. सेण्ट मेरीज चर्च, फ़ैज़ाबाद (सन् 1862 से 2012), 150वीं वर्षगाँठ विशेषांक, सम्पादक : फादर स्टीफन मनोज से संक्षिप्त एवं संशोधित रूप में लेने के अतिरिक्त गिरजाघरों के सर्वेक्षण तथा सेण्ट मेरीज चर्च के वर्तमान पादरी फादर डेमियन गोम्स से बातचीत के आधार पर इस अंक के सम्पादक यतीन्द्र मिश्र द्वारा लिखी गयी टिप्पणी। पहली बार प्रकाशित।

जैन धर्म का प्राचीन स्थल : रत्नपुरी तीर्थ

रौनाही

रत्नपुरी तीर्थ या क्षेत्र फ़ैज़ाबाद शहर से लगभग पन्द्रह किलोमीटर फ़ैज़ाबाद-लखनऊ राजमार्ग पर दाहिनी ओर स्थित है, जिसे वर्तमान में रौनाही कहा जाता है। जैन धर्म में व्याप्त श्रुतियों और लोक मान्यता के अनुसार अब तक हुए चौबीस तीर्थंकरों में पन्द्रहवें तीर्थंकर भगवान धर्मनाथ की जन्मस्थली होने का गौरव इस तीर्थ को प्राप्त है। इस बात की पुष्टि उत्तर प्रदेश डिस्ट्रिक्ट गजेटियर, फ़ैज़ाबाद, (ई.बी. जोशी, 1960) भी करता है। कहा जाता है कि जब भगवान धर्मनाथ का जन्म यहाँ हुआ था, उस समय इस पूरे क्षेत्र पर रत्नों की वर्षा देवराज इन्द्र द्वारा की गयी थी। ... ..और यह रत्न ऐसे थे, जो सिर्फ तीर्थंकर धर्मनाथ के माता-पिता को ही दिखाई दिये, जबकि सामान्य लोगों की दृष्टि से ओझल रहे। इसी कारण इस पूरे परिक्षेत्र का नाम 'रत्नपुरी' पड़ा।

लोक में व्याप्त तमाम रोचक कथाओं में एक कथा यह भी वर्णित है कि जब रामचन्द्र अयोध्या छोड़कर वन-गमन के लिए यहाँ रत्नपुरी से होकर गुजरे, तो यहाँ मिलने वाले उनके कई भक्त और हितैषी ऐसे थे, जो बरबस रोए जा रहे थे। ऐसे में श्रीराम ने अपने भक्तों से कहा 'रो नाही' (अवधी के इस शब्द का अर्थ 'मत रो' है)। तभी से यह स्थान रोनाही या रौनाही कहलाने लगा।

रत्नपुरी चूँकि जैन धर्म मतावलम्बियों का आदरणीय स्थान रहा है, अतः यहाँ मौजूद भगवान धर्मनाथ से सम्बन्धित दो प्रमुख मन्दिरों की चर्चा महत्त्वपूर्ण है, जिसमें एक श्वेताम्बर सम्प्रदाय से सम्बन्धित है, तो दूसरा दिगम्बर सम्प्रदाय से है। श्वेताम्बर सम्प्रदाय के मन्दिर का नाम **'श्री धर्मनाथ प्रभु का चार**

कल्याणक' है। इसका अर्थ यह है कि यहाँ तीर्थंकर धर्मनाथ के जीवन की चार प्रमुख अवस्थाओं के चार छोटे-छोटे मन्दिर बने हैं, जो परिसर के चारों कोनों पर स्थित हैं। मध्य में भगवान धर्मनाथ की एक प्राचीन प्रतिमा का सुन्दर मन्दिर है, जो अपनी भव्यता में अलग से ध्यान आकर्षित करता है। इस मुख्य मन्दिर के भीतर चारों दिशाओं में भगवान धर्मनाथ की चार प्रतिमाएँ एक साथ स्थापित हैं, जिनमें से एक को छोड़कर तीन प्रतिमाएँ नवीन हैं।

तीर्थंकर के चार कल्याणकों के मन्दिरों के नाम क्रमशः 'धर्मनाथ प्रभु का चवन कल्याणक', 'धर्मनाथ प्रभु का जन्म कल्याणक', 'धर्मनाथ प्रभु का दीक्षा कल्याणक' तथा 'धर्मनाथ प्रभु का केवल कल्याणक' है। इनमें जो पहला चवन कल्याणक है, वह उनकी अपनी माँ के गर्भावस्था में प्रवेश का मन्दिर है, जबकि दूसरा जन्म से और तीसरा दीक्षा पाने से सम्बन्धित है। चौथा और अन्तिम मन्दिर केवल कल्याणक उनके आत्मज्ञान या सिद्ध होने की अवस्था को व्यक्त करता है। मेरे लिहाज से इसका सही शब्द केवल की जगह कैवल्य हो सकता है, जिसे शास्त्र में सिद्ध होने या मोक्ष पाने की स्थिति से जोड़ा जाता है। सबसे महत्त्वपूर्ण बात इन चारों मन्दिरों के सन्दर्भ में यह है कि इनमें हर जगह प्रतिमा के स्थान पर भगवान धर्मनाथ प्रभु की चरण पादुकाएँ बनी हैं, जिसे जैन धर्म में 'पगला' कहा जाता है। चवन कल्याणक में स्थापित चरण चिन्ह सोलह दल कमल पर आसीन है, जो काले पत्थर या कसौटी पत्थर पर निर्मित है। ठीक इसी तरह जन्म कल्याणक है, जिसमें चरण पादुका अपेक्षाकृत छोटी है और वह आठ दल कमल पर स्थापित है। दीक्षा कल्याणक में चरण चिन्ह बिल्कुल जन्म कल्याणक की तरह ही बने हैं।

केवल कल्याणक में तीन तरह की चरण पादुकाएँ विराजमान हैं। जब हम प्रवेश द्वार से इस कल्याणक के भीतर जाते हैं, तो मध्य में सोलह दल कमल पर चार जोड़ी चरण चिन्ह एक वृत्त में बने हुए मिलते हैं, जिनकी आकृतियाँ छोटी हैं और निर्माण काले पत्थर पर हुआ है। यह भगवान धर्मनाथ प्रभु के कैवल्य ज्ञान के प्रतीक में रची गयी 'पगला' हैं। प्रवेश द्वार से अन्दर जाने पर बायीं तरफ एक जोड़ा चरण चिन्ह स्थापित हैं, जिन्हें सफेद संगमरमर पर सोलह दल कमल पर उकेरा गया है। इस चरण पादुका के चारों कोनों में चार मंगल चिन्ह क्रमशः 'शंख', 'गदा', 'पद्म' और 'पुष्प' भी सुशोभित हैं। इसे दादा गुरु की 'पगला' कहा जाता है। ठीक इसी तरह इस कल्याणक में दाहिनी ओर बने हुए संगमरमर के चरण चिन्ह बारह दल कमल पर आसीन

हैं, जिन्हें गौतम स्वामी की पगला कहा जाता है। इन चारों कल्याणकों, मध्य में स्थित मुख्य मन्दिर एवं बगल में स्थित प्राचीन मन्दिर के प्रवेश द्वार पर जो चौखट हैं, वहाँ हर जगह संगमरमर की पट्टिका पर बेहद कलात्मक ढंग से एक जोड़ी शंख उकेरा गया है। श्रद्धालुओं के चरण भी इस पट्टिका पर पड़ते हैं, जब वे मन्दिर के भीतर प्रवेश करते हैं।

प्राचीन मन्दिर में पाँच बेहद सुन्दर संगमरमर की दिव्य प्रतिमाएँ विभिन्न जैन तीर्थंकरों की स्थापित हैं, जिनमें मुख्य प्रतिमा भगवान ऋषभ देव जी की है तथा चार अन्य प्रतिमाएँ तीर्थंकर सम्भवनाथ जी, सुमतिनाथ जी, शान्तिनाथ जी तथा महावीर स्वामी की हैं। इन मनोहारी बड़ी प्रतिमाओं के अलावा गोकरन जी, पद्मावती देवी और क्षेत्रपाल भैरव जी की मूर्तियाँ भी पुराने मन्दिर में स्थापित हैं।

इस श्वेताम्बर जैन मन्दिर परिसर में अलग से हो रहे एक बेहद भव्य मन्दिर का निर्माण मन्दिर का ट्रस्ट करा रहा है, जो देखने में प्राचीन मन्दिर की कलात्मकता को भी मात देता है। वह बेहद सुन्दर, कलात्मक और बड़े स्तर पर बनाया जा रहा है। ट्रस्ट में कई पदाधिकारी हैं, जिसमें संरक्षक श्रेणिक श्री कस्तूर भाई हैं तथा वर्तमान अध्यक्ष या प्रधान श्री राजकुमार जैन हैं। यहाँ पर बाइस साल से नियुक्त पुजारी श्री चन्द्रशेखर तिवारी से बात करने पर पता लगता है कि इसी नये मन्दिर में प्राचीन मन्दिर की प्रतिमाएँ स्थापित की जाएँगी।

पुजारी से प्राप्त 'श्री जैन श्वेताम्बर सेवा समिति, 13, नारायण प्रसाद बाबू लेन, कलकत्ता-7' से प्रकाशित और सुराना प्रिंटिंग वर्क्स, कलकत्ता से मुद्रित व वितरित पुस्तक 'श्री स्नात्र पूजा' के पृष्ठ संख्या 46-47 से पता लगता है कि– 'रतनपुरी अयोध्या से तीन मील दूर स्थित है। यहाँ श्री धर्मनाथ स्वामी के चार कल्याणक हुए हैं। अयोध्या भगवान आदिनाथ, अजितनाथ, अभिनन्दननाथ, सुमतिनाथ और अनन्तनाथ का जन्मस्थान है।'

रतनपुरी का दूसरा प्रमुख और अधिक प्राचीन मन्दिर दिगम्बर जैन मन्दिर है, जो **'श्री धर्मनाथ दिगम्बर जैन तीर्थ क्षेत्र, रतनपुरी, रौनाही'** के नाम से विख्यात है। यह रौनाही थाने से दो किलोमीटर अन्दर सरयू नदी के तट पर स्थित है। यहाँ पहुँचने के लिए आसानी से सड़क मार्ग द्वारा किसी भी साधन से पहुँचा जा सकता है। मन्दिर द्वारा प्रकाशित पत्रक को पढ़ने पर मालूम पड़ता है कि उसे अपने अनुयायियों को यहाँ तक पहुँचने का रास्ता

सुगम बनाने हेतु प्रकाशित किया गया है। उस पर मार्ग के लिए इस तरह वर्णित है– 'लखनऊ-फ़ैज़ाबाद रेलवे लाइन पर सोहावल रेलवे स्टेशन से रिक्शा उपलब्ध रहता है। बस द्वारा आने पर रौनाही थाने से अन्दर आने के लिए भी रिक्शा उपलब्ध है।'

इस मन्दिर में एक ही मुख्य मन्दिर है, जिसमें मुख्य प्रतिमा भगवान धर्मनाथ जी की है। सामने से देखने पर धर्मनाथ जी की बड़ी प्रतिमा के ठीक नीचे बीच में एक छोटी प्रतिमा लाल पत्थर की स्थापित है, जो भगवान महावीर स्वामी की है। दो प्रतिमाएँ भगवान धर्मनाथ जी की और भी स्थापित हैं, जो सामने से दाएँ और महावीर स्वामी की प्रतिमा के सामने बीच में स्थित हैं। इनमें दाएँ वाली बड़ी प्रतिमा पीतल की है, जबकि महावीर स्वामी के सामने स्थापित छोटी प्रतिमा अष्टधातु से निर्मित है। इनके अतिरिक्त बाएँ एक बड़ी प्रतिमा भगवान शान्तिनाथ जी की है, जो पीतल धातु से बनी है। मन्दिर के बाहर दाहिने और बाएँ ओर क्रमशः श्री धरनेन्द्र यक्षदेव और पद्मावती देवी की मूर्तियाँ भी स्थापित हैं।

यह मन्दिर इस कारण भी सुन्दर लगता है कि यहाँ असीम शान्ति का वातावरण है और मन्दिर के उत्तर दिशा में सरयू नदी बहती हैं। मन्दिर परिसर में ही एक धर्मशाला है, जो 'श्री धर्मनाथ दिगम्बर जैन धर्मशाला' के नाम से श्रद्धालुओं में प्रसिद्ध है। वर्तमान में यहाँ पर मन्दिर के व्यवस्थापक व मैनेजर श्री सुनील कुमार जैन हैं, जिनसे मिलकर आत्मीयता के दर्शन होते हैं। वे इस बात को लेकर गम्भीर भी हैं कि प्रशासनिक स्तर पर इस क्षेत्र का थोड़ा विकास होना चाहिए और बिजली तथा सड़क की समुचित व्यवस्था सुधरनी चाहिए।

जैन तीर्थंकरों की उपासना के लिए दिगम्बर मन्दिर एवं श्वेताम्बरों के चार कल्याणक मन्दिर की व्याप्ति से यह क्षेत्र कुछ अतिरिक्त ढंग से ऊर्जावान दिखाई देता है। अलग से भौगोलिक तथा ऐतिहासिक दृष्टिकोण के चलते रौनाही क्षेत्र इसलिए भी याद किया जाता है कि यहाँ आज़ादी से पहले अंग्रेजों द्वारा सरयू तट पर निर्मित एक बड़ा पम्पिंग स्टेशन सन् 1937 ई. में बनाया गया था। इसकी स्थापना का वर्ष वहीं पम्पिंग कैनाल पर अंकित है और उसकी दीवार पर लिखा हुआ है– **'1937-घाघरा कैनॉल हेडवर्क्स, रौनाही'**।

वर्तमान में यह पुराना पम्पिंग स्टेशन बन्द है और बगल में ही नये का निर्माण हो चुका है, जिसे 'चौधरी चरण सिंह घाघरा पम्प नहर, रौनाही'

कहा जाता है। यह स्थान रमणीक है और सैलानियों के पिकनिक मनाने का एक सुन्दर ठिकाना भी है। रौनाही अपने अतीत के साथ वर्तमान समय में भी पूरे दम-खम के साथ खड़ा है, जबकि उसका गौरवशाली इतिहास 'रत्नपुरी तीर्थ' बनकर अपना दस्तावेज़ पन्द्रहवें तीर्थंकर भगवान धर्मनाथ प्रभु के चार कल्याणक के विहंगम स्थापत्य से दर्शाता रहता है।

साभार : **1. उत्तर प्रदेश डिस्ट्रिक्ट गजेटियर फ़ैज़ाबाद : ई.बी. जोशी, प्रकाशक : इण्डियन प्रेस लि. इलाहाबाद, उत्तर प्रदेश, संस्करण : 1960, 2. श्री स्नात्र पूजा : श्री जैन श्वेताम्बर सेवा समिति, नारायण प्रसाद बाबू लेन कलकत्ता, पुस्तिका से संशोधित रूप में लेने के अतिरिक्त श्री चन्द्रशेखर तिवारी एवं श्री सुनील कुमार जैन से प्राप्त जानकारियों तथा जैन दिगम्बर मन्दिर एवं जैन श्वेताम्बर मन्दिर में मौजूद पुराने शिलालेखों, अभिलेखों के आधार पर इस अंक के सम्पादक यतीन्द्र मिश्र द्वारा लिखी गयी टिप्पणी। पहली बार प्रकाशित।**

जैन तीर्थंकर पार्श्वनाथ की प्राचीन प्रतिमा
खजुरहट, बीकापुर

फ़ैज़ाबाद-सुलतानपुर राजमार्ग पर स्थित खजुरहट क्षेत्र में बायीं ओर भीतर लगभग तीन सौ मीटर बढ़ने पर 'विनायक पब्लिक स्कूल' के ठीक सामने छोटे से टीले पर एक नवनिर्मित मन्दिरनुमा भवन के भीतर जैन तीर्थंकर पार्श्वनाथ की अत्यन्त प्राचीन परन्तु खण्डित प्रतिमा स्थापित है। यद्यपि यह मूर्ति अधिकांश जगहों से खण्डित है, फिर भी इसके समूचे आवर्तन को देखकर इस बात का सहज ही अनुमान लगता है कि इसकी प्राचीनता असंदिग्ध है।

एकबारगी देखने से ही प्रतिमा की संरचना, मूर्ति विज्ञान (आईकेनोग्रॉफी) के तहत जैन धर्म के तेईसवें तीर्थंकर पार्श्वनाथ की लगती है। ऐसा इसलिए भी कि जैन मूर्ति कला में सभी तीर्थंकरों के प्रतीक सुनिश्चित किए गये हैं। उदाहरण के तौर पर यदि भगवान आदिनाथ या ऋषभदेव (प्रथम तीर्थंकर) की प्रतिमा गढ़ी जायेगी, तो वहाँ उनके प्रतीक रूप में 'वृषभ' तथा शासन देवी के रूप में 'चक्रेश्वरी' निर्मित होंगे। इसी तर्ज़ पर पार्श्वनाथ के लिए प्रतीक रूप में 'सर्प' और शासनदेवी के रूप में 'पद्मावती' का विधान किया गया है। डॉ. वासुदेव उपाध्याय की पुस्तक 'प्राचीन भारतीय मूर्ति विज्ञान' में ब्राह्मण, बौद्ध और जैन कलाओं के सन्दर्भ से जो बातें कही गयी हैं, उनमें पार्श्वनाथ के सन्दर्भ में यह बात मिलती है— 'शंख की स्थिति से नेमिनाथ की जानकारी हो जाती है, परन्तु पार्श्वनाथ की प्रतिमा में पाँच सर्प फन फैलाए सिर के भाग में दिखलाए गये हैं। कहीं-कहीं पार्श्वनाथ के सिरे पर सात सर्प के फन हैं।' इस तर्क के आधार पर खजुरहट में स्थित इस प्रतिमा की शिनाख़्त तीर्थंकर पार्श्वनाथ के रूप में ही होती है, जिनके खण्डित मुख-मुण्डल के पृष्ठ भाग में सप्त फणयुक्त प्रभामण्डल निर्मित है।

डॉ. वासुदेव उपाध्याय द्वारा दिये गये संकेतों के अनुसार ही इनकी शासन देवी पद्मावती का अंकन भी इस पूरे स्थापत्य में मौजूद है।

डॉ. देशराज उपाध्याय 'अयोध्या की मूर्तिकला' पुस्तक में इस विशिष्ट प्रतिमा के विज्ञान पर विस्तार से चर्चा करते हैं, जो पठनीय के साथ ही तार्किक भी लगती है। उनके द्वारा स्थापित तर्कों में से कुछ पंक्तियाँ ध्यान देने योग्य हैं– 'प्रभामण्डल के उभय पार्श्वों में दो-दो तीर्थंकरों को कायोत्सर्ग मुद्रा में आमूर्तित किया गया है। पद्मासन पर ध्यान मुद्रा में आसीन तीर्थंकर के उभय पार्श्वों में उनके यक्ष धरणेन्द्र तथा यक्षणी पद्मावती का त्रिभंग मुद्रा में उत्कीर्णन है। यक्ष एवं यक्षिणी अपने हाथों में छत्र का दण्ड धारण किए हुए हैं।' डॉ. वासुदेव उपाध्याय ने भी पार्श्वनाथ की प्रतिमा में कायोत्सर्ग अवस्था तथा सात सर्प के फण को उल्लेखनीय माना है। इस तरह विवेचित प्रतिमा, जो खजुरहट में मौजूद मिलती है, हर प्रकार से तीर्थंकर पार्श्वनाथ की प्रतिमा ही सत्यापित होती है। ऐसे में इस बात का कौतूहल भी बढ़ जाता है कि जिस छोटे से टीले पर तेईसवें तीर्थंकर स्थापित हैं, क्या यह बहुत सम्भव नहीं कि यहाँ प्राचीन काल में कभी कोई जैन मन्दिर अस्तित्व में रहा होगा, जिसके ध्वंसावशेष के रूप में यह खण्डित प्रतिमा प्राप्त होती है। इस पर गहरे शोध की आवश्यकता है।

फिलहाल तो यही कहा जा सकता है कि पुरातत्व की दृष्टि से महत्त्वपूर्ण इस प्राचीन मूर्ति का संरक्षण स्थानीय तथा प्रशासनिक दोनों ही स्तरों पर होना चाहिए। वहाँ के सर्वेक्षण से यह भी मालूम हुआ कि स्थानीय लोग इन्हें शिव का रूप मानकर पूजते हैं तथा निवर्तमान ग्राम प्रधान श्रीमती प्रेमा सिंह ने इसके संरक्षण हेतु एक छोटे कमरेनुमा मन्दिर का निर्माण सात वर्ष पूर्व कराया था, जिसके चलते यह प्रतिमा बाहरी वातावरण से सुरक्षित हो सकी। वहाँ पर एक पुजारी भी नियुक्त हैं, जो विगत बारह वर्षों से इसकी देख-रेख व पूजा भी कर रहे हैं। उनका नाम श्री रामकृपाल तिवारी है।

साभार : **1. प्राचीन भारतीय मूर्ति विज्ञान : डॉ. वासुदेव उपाध्याय, प्रकाशक : द चौखम्बा विद्या भवन, चौक, वाराणसी, संस्करण : प्रथम, 1970, 2. भारतीय मूर्तिकला : राय कृष्णदास, प्रकाशक : नागरी प्रचारिणी सभा, वारणसी, संस्करण : आठवाँ, 1986, 3. अयोध्या की मूर्तिकला : डॉ. देशराज उपाध्याय, प्रकाशक : शृंखला पब्लिशिंग हाऊस, फ़ैज़ाबाद संस्करण : 2015 से संक्षिप्त एवं संशोधित रूप में लेने के अतिरिक्त सर्वेक्षण के आधार पर इस अंक के सम्पादक यतीन्द्र मिश्र द्वारा लिखी गयी टिप्पणी। पहली बार प्रकाशित।**

फ़ैज़ाबाद : दस्तावेज़-120

श्री दिगम्बर जैन मन्दिर
महाजनी टोला

फ़ैज़ाबाद नगर के महाजनी टोला मोहल्ले में दिगम्बर जैन परम्परा के तीर्थंकर पार्श्वनाथ का एक छोटा एवं आकर्षक मन्दिर स्थित है। यह मन्दिर चारों तरफ से स्थानीय लोगों के अतिक्रमण के कारण सामान्य लोगों की जानकारी में नहीं है, जबकि जानकारों को भी यहाँ आकर बिना पूछ-ताछ किए हुए यह दिखायी नहीं पड़ता है। मन्दिर के अन्दर प्रवेश हेतु एक घर से होकर गुजरना पड़ता है। मन्दिर में प्रवेश करते ही गर्भगृह बनाया गया है, जिसके ऊपर एक आकर्षक एवं सुडौल गुम्बदाकार शिखर निर्मित है, जिसमें अन्दर की ओर से भी विभिन्न रंगों से चित्रांकन किया गया है। गुम्बद के नीचे ही सीढ़ीनुमा पाद-पीठिका पर श्वेत संगमरमर के पत्थर से निर्मित तीर्थंकर पार्श्वनाथ की प्रतिमा स्थापित है।

ध्यान-मुद्रा में बनायी गयी तीर्थंकर पार्श्वनाथ की यह प्रतिमा अत्यन्त मनमोहक एवं आकर्षक है। तीर्थंकर पार्श्वनाथ के मुख मण्डल के ठीक ऊपर सर्पफन की आकृति का एक छत्र भी बनाया गया है, जिससे यह निश्चित होता है कि यह प्रतिमा जैन धर्म के तेईसवें तीर्थंकर भगवान श्री पार्श्वनाथ की है। प्रतिमा के वक्षस्थल पर श्री वत्स का चिन्ह भी निर्मित है, जिसे जैन परम्परा में शुभ माना जाता है और तीर्थंकरों की प्रतिमाओं में सर्वदा बनाया जाता रहा है। विगत चालीस वर्षों से श्रीमती विमला गौर इस मन्दिर की देख-रेख में संलग्न है। उन्होंने यह बताया कि यह मन्दिर पहले लखौरी ईंटों से बना था, परन्तु समय-समय पर मरम्मत होने के कारण मन्दिर वर्तमान स्वरूप में आ गया, फिर भी मन्दिर में कहीं-कहीं

लखौरी ईंटों को देखा जा सकता है। यह तथ्य भी इसकी प्राचीनता को ही पुष्ट करता है।

साभार : **मन्दिर के सर्वेक्षण तथा स्थानीय निवासी विमला गौर से बातचीत के आधार पर डॉ. देशराज उपाध्याय एवं डॉ. आलोक मिश्र द्वारा संयुक्त रूप से लिखी गयी टिप्पणी। पहली बार प्रकाशित।**

फ़ैज़ाबाद : दस्तावेज़-121

श्वेताम्बर जैन मन्दिर

पालकीखाना

फ़ैज़ाबाद, चौक से फतेहगंज मार्ग पर आगे बढ़ने पर दाहिनी ओर अन्दर गली में स्थित पालकीखाना मोहल्ले में जैन धर्म के सोलहवें तीर्थंकर भगवान श्री शान्तिनाथ का लगभग दो सौ वर्ष पुराना एक भव्य मन्दिर स्थित है। लखौरी ईंटों से निर्मित इस मन्दिर को नागर शैली में अत्यन्त ही आकर्षक ढंग से बनाया गया है। मन्दिर के गर्भगृह के ऊपर निर्मित शिखर भव्य एवं ऊँचा होने के कारण दूर से ही दिखायी पड़ता है। शिखर के भीतरी भाग पर भी विभिन्न रंगों से अलग-अलग तरह की कलाकृतियाँ बनायी गयी हैं। गर्भगृह के अन्दर श्वेत संगमरमर की पाद-पीठिका पर पद्मासन मुद्रा में तीर्थंकर शान्तिनाथ जी को स्थापित किया गया है।

श्वेत संगमरमर पत्थर से निर्मित तीर्थंकर शान्तिनाथ की प्रतिमा के शिरोभाग के पीछे एक वृत्ताकार प्रभामण्डल प्रदर्शित किया गया है। पद्मासन मुद्रा में विराजमान तीर्थंकर शान्तिनाथ की दोनों भुजाओं की हथेलियाँ एक साथ योगमुद्रा में दिखायी गयी हैं। प्रतिमा के निचले भाग पर अंकित हिरण की आकृति से यह प्रतिमा तीर्थंकर शान्तिनाथ की ही सुनिश्चित होती है। तीर्थंकर शान्तिनाथ की परिक्रमा हेतु गर्भगृह के चारों तरफ प्रदक्षिणा पथ भी निर्मित है। गर्भगृह के दक्षिण पार्श्व में स्थित एक छोटे से कक्ष में पद्मावती देवी की एक सुन्दर प्रतिमा स्थापित है, जो जैन धर्म के तेईसवें तीर्थंकर भगवान पार्श्वनाथ की यक्षिणी मानी जाती हैं। श्वेत संगमरमर के पत्थर से निर्मित लगभग 30 सेमी. ऊँची इस प्रतिमा के मुख-मण्डल के ऊपर सर्परूपी छत्र बनाया गया है, जिसमें सात सर्पों का फन स्पष्ट रूप से देखा जा सकता है। सर्पासन पर विराजमान पद्मावती देवी के चार हाथ बनाये गये हैं। दायीं

तरफ के निचले हाथ को आशीर्वाद मुद्रा में तथा ऊपरी हाथ में सर्पधारण किये हुए बनाया गया है। देवी के बायीं तरफ के ऊपरी हाथ में कमल तथा निचले हाथ में श्रीफल धारण किये हुए प्रदर्शित किया गया है।

गर्भगृह के वाम पार्श्व में निर्मित एक अन्य लघु कक्ष में श्वेत संगमरमर के पत्थर से बनी पीठिका पर तीर्थंकर शान्तिनाथ के चरण चिन्ह की आकृति बनायी गयी है। चरण चौकी के ठीक पीछे पद्मासन मुद्रा में जैन गुरु जिन-कुशल-सूरि जी महाराज की लगभग पच्चीस सेमी. ऊँची दो भुजी एक प्रतिमा स्थापित है। गुरु के मुख-मण्डल के पीछे प्रभा-मण्डल प्रदर्शित है तथा उनके दोनों हाथों को पवित्र ग्रन्थ धारण किये हुए दिखाया गया है। गर्भगृह के ठीक सामने एक लम्बा आयताकार जगमोहन भी है, जिसके ठीक सामने मन्दिर का पूरा प्रांगण एवं आँगन बना हुआ है। आँगन में ही दाहिनी तरफ तीर्थंकर शान्तिनाथ के क्षेत्रपाल का प्रतीक भी एक छोटे से ताखे में बनाया गया है।

मन्दिर की बाहरी दीवार पर संलग्न एक प्रस्तर अभिलेख से इस मन्दिर के निर्माण की तिथि सम्वत् 1943 तद्नुसार सन् 1886 मानी जा सकती है तथा इसी अभिलेख में मन्दिर के निर्माता लाला बख्तावर सिंह, कन्हैयालाल एवं फूलचन्द नखत का नाम भी अंकित है। वर्तमान समय में विगत चालीस वर्षों से मन्दिर की देख-रेख वयोवृद्ध पुजारी श्री रामशंकर शुक्ला जी के निर्देशन में की जा रही है।

साभार : 1. डॉ. आलोक मिश्र एवं डॉ. देशराज उपाध्याय द्वारा संयुक्त रूप से लिखी गयी टिप्पणी। पहली बार प्रकाशित।

फ़ैज़ाबाद : दस्तावेज़-122

फ़ैज़ाबाद परिक्षेत्र के सूफ़ी सन्त

अवध की पवित्र ज़मीन पर जिसमें अयोध्या और फ़ैज़ाबाद जैसे नगर भी शामिल रहे हैं, यह देखने वाली बात मिलती है कि इन दोनों शहरों के चारों तरफ सूफ़ियों ने भी अपने साधना-केन्द्र स्थापित किए। यह केन्द्र फ़ैज़ाबाद के निकट के कई अन्य जिलों, मसलन बहराइच, बाराबंकी, रायबरेली और सुलतानपुर के अलावा फ़ैज़ाबाद परिक्षेत्र के अन्य स्थानों किछौछा, रुदौली और दरियाबाद आदि में मिलते हैं। इसका एक प्रमुख कारण यह भी हो सकता है कि अपनी सारी धार्मिक व आध्यात्मिक संरचना के साथ यह दोनों स्थान भक्ति परम्परा एवं अवधी भाषा का एक प्रमुख केन्द्र भी रहे हैं, जो सूफ़ियों की बानियों का एक बड़ा माध्यम माना जाता है।

ऐसी मान्यता है कि मलिक मुहम्मद जायसी के 'पीर' सैयद अशरफ़ जहाँगीर फ़ैज़ाबाद के किछौछा शरीफ़ नामक स्थान पर रहते थे। जायसी अपने पीर से प्रेरणा प्राप्त करने के लिए यहाँ अवश्य आते रहे होंगे। सूफ़ी सन्त— **शाह जलालुद्दीन वशाली, इब्राहिम शाह, शाह मदारशाह, खजंती शाह, शाह सम्मन फ़रियाद रथ** *और* **शाह फतेउल्लाह शाह** *जैसे दरवेश अयोध्या को अपना कर्म क्षेत्र बनाकर सूफ़ियाना रंगत देते रहे। फ़ैज़ाबाद से मात्र पन्द्रह किलोमीटर पश्चिम में परवर्ती सूफ़ी कवि* **शेख़ निसार** *की साधना भूमि शेखपुर जाफ़र नामक गाँव में थी। 'हंस-जवाहिर' प्रेमाख्यान के रचनाकार* **कासिम शाह** *की साधना-भूमि दरियाबाद में थी। इस भू-भाग को अन्य सूफ़ी साधकों ने भी अपनी साधना-भूमि के रूप में चुना था।*

फ़ैज़ाबाद परिक्षेत्र के नामी सूफ़ी सन्तों में प्रमुख रहे हैं— **मीर अशरफ़ जहाँगीर सिमनानी (मख़दूम साहब किछौछवी), शाह जलालुद्दीन वशाली, इब्राहिम**

शाह, शेख़ निसार, हज़रत मख़दूम शेख़ अहमद रुदौलवी, शेख़ शफ़ी, शेख़ सुलेमान, शेख़ आरिफ़, हज़रत शेख़ मुहम्मद, शेख़ सलाह सूफ़ी, शेख़ सलाह सहरवर्दी, शेख़ दाऊद महमूद, हज़रत काज़ी अब्दुल करीम किदवई, हज़रत मख़दूम आबकश, शेख़ सारंग मझगवाँ, सैयद शाह मुहीबुल्ला साहब, सैयद शाह अबुत्ताला, सैयद शाह मुहम्मद कामराँ, सैयद मुहम्मद अत्ताशाह, हज़रत शाह मुहम्मद, हज़रत सैयद शाह मेंहदी अशरफ़, हज़रत सैयद शाह हादी अशरफ़ तथा सैयद शाह ख़ादिम हुसेन, हज़रत इमामुद्दीन शाह औलिया लालपुर, ज़रत शाह ख़ादिम हुसेन, हज़रत शाह असलहुद्दीन अशरफ़, हज़रत सैयद शाह मुहम्मद हुसेन, हज़रत सैयद शाह अलताफ़ अशरफ़, हज़रत हाज़ी सैयद शाह नज़ीर अहमद, हज़रते अहले कमाल पूरेशाह लाल, हज़रत शाह निशान अशरफ़, शाह जलाल बेनवा बसौढ़ी और शाह शमसुद्दीन *आदि।*

यहाँ यह देखना भी महत्त्वपूर्ण है कि इन तमाम सूफ़ी सन्तों ने अपनी साधना के द्वारा प्रेम की अलख जलायी थी और समाज को जोड़ने का महनीय काम किया था। इन सभी के पदों, बानियों, प्रसंगों, जीवन-चरितों और दोहों आदि में साम्प्रदायिक सौहार्द्र, सहृदयता, बन्धुत्व की भावना और आत्मोत्सर्ग का विचार मिलता है। यह सभी जाति, धर्म और सम्प्रदाय की संकीर्णताओं से ऊपर उठे हुए महान लोग थे, जिन्होंने सांस्कृतिक समन्वय और मानवता का बड़ा सन्देश प्रसारित किया है। इसी के साथ यह जानना भी प्रासंगिक होगा कि वस्तुतः अपने को भारत की माटी से जोड़ने वाले यह सूफ़ी सन्त अयोध्या की पौराणिक धरती से जुड़कर उसे और भी अधिक सौहार्द्र की भूमि बनाते हैं, जब इस पवित्र हिन्दू तीर्थ को वे अपनी सूफ़ियात विचारधारा से जोड़ने का प्रशंसनीय कार्य करते हैं।

फ़ैज़ाबाद और अयोध्या की धरती से अलग इनके संकलनों, पदावलियों और विचारों का एक वृहत्तर साहित्यिक, सामाजिक परिप्रेक्ष्य भी बनता है, जो उन्हें पूरे भारत वर्ष में ही नहीं, बल्कि समूची दुनिया में फैली हुई सूफ़ी विचारधारा का एक गौरवशाली हिस्सा बनाता है।

साभार : **सन्त साहित्य अध्येता डॉ. सत्यप्रकाश त्रिपाठी द्वारा लिखी गयी टिप्पणी। पहली बार प्रकाशित।**

साँईंदाता सम्प्रदाय : सहजता और सादगी की जीवन-वृत्ति

जीवन-यापन की सहज वृत्ति और सादगी का पर्याय माने जाने वाले साँईंदाता सम्प्रदाय के बारे में ऐसी मान्यता है कि इस पन्थ का उद्‌भव उत्तर प्रदेश के फ़ैज़ाबाद मण्डल के अन्तर्गत ही हुआ। सन्त मोहनशाह ने साँईंदाता सम्प्रदाय का प्रवर्तन किया है। इसे 'साईं पन्थ' भी कहा जाता है।

फ़ैज़ाबाद-लखनऊ राष्ट्रीय राजमार्ग को बड़ी देवकाली बाईपास के आगे जहाँ अयोध्या की चौदह कोसी परिक्रमा मार्ग विभाजित करती है, वहीं ओवर ब्रिज के समीप साँईंदाता की कुटिया स्थित है। यह पन्थ इस मामले में विलक्षण कहा जायेगा कि यहाँ की परम्परा प्रकृति से एकात्म की ऐसी जीवन्त परम्परा है, जिसमें हर एक सम्प्रदायवासी प्रकृति से तदाकार होकर अपना जीवन निर्वहन करता है।

इस पन्थ के वर्तमान गद्दीनशीन दाता से बात करने पर यह जानकारी मिलती है कि साँईंदाता सम्प्रदाय के लोग न भिक्षाटन करते हैं और न ही अपनी ज़रूरतों के लिए किसी से अनुरोध या आज्ञा ही देते हैं। वे अपने आश्रम से निकलकर कहीं जाते नहीं और कुटिया बनाकर बेहद सादगी से रहते हैं। वस्त्र के नाम पर बिना सिले हुए वस्त्र को धारण करने की परम्परा है, जो सफेद खादी, सूती चादर या कपड़े के रूप में नाममात्र ही शरीर पर रहती है। ज़मीन में सोना और मिट्टी के बरतनों में भोजन ग्रहण करना भी इनके पन्थ के नियमों में है। ....और इन सब से बढ़कर आत्म-प्रचार से दूर रहकर ईश्वर की 'नाम महिमा' में डूबे रहना इस सम्प्रदाय का सबसे विशिष्ट पहलू है।

वर्तमान गद्दीनशीन ने इस बात का आग्रह रखा कि पन्थ से सम्बन्धित कोई भी अभिलेख, सन्तों की वाणियाँ तथा सम्प्रदाय के लोगों के नाम तक किसी भी तरह की पुस्तक या अन्य प्रचार सामग्रियों के माध्यम से प्रकाशित न किए जाएँ। केवल सम्प्रदाय के रहन-सहन और सादगी की चर्चा यदि ज़रूरी हो, तो उसका उल्लेख कर दिया जाए। इस तर्क के पीछे धारणा यह है कि सम्प्रदाय किसी भी तरह आत्म-प्रचार और नाम-प्रचार से स्वयं को दूर रखना चाहता है। यह अलग बात है कि किसी को भी, भले वह किसी भी धर्म या पन्थ का अनुयायी हो, यहाँ आश्रम में आने और प्रार्थना-सभा में बैठने की अनुमति है।

इस सम्प्रदाय के मुखिया या सर्वोपरि दाता की भावनाओं के प्रति सम्मान जताते हुए हम इस पन्थ के तमाम अन्य पहलुओं की चर्चा यहाँ नहीं कर रहे हैं। उन्होंने सम्प्रदाय के अस्तित्व व जीवन-शैली के उल्लेख की बात की अनुमति सहर्ष प्रदान की, जिसे यथावत यहाँ वर्णित किया गया है। आज के भौतिकवादी समय में जब किसी भी धर्म या सम्प्रदाय के लोग अपनी मान्यताओं व मठ आदि के प्रचार-प्रसार के लिए हर सम्भव जतन करने की एक बड़ी होड़ में शामिल है, ऐसे में साँईंदाता सम्प्रदाय की यह सादगी और आत्म-निषेध की यह पवित्र यात्रा दुर्लभ, प्रशंसनीय और हर लिहाज़ से अनुकरणीय नज़र आती है। साईंदाता कुटिया में जाकर इस बात की बड़ी गहराई से निशानदेही होती है कि आज भी भौतिक सुखों के आडम्बरयुक्त संसार से दूर रहकर जीवन की मानवीय गरिमा में प्रकाश पैदा किया जा सकता है।

साभार : **साँईंदाता कुटिया की यात्रा एवं वर्तमान गद्दीनशीन दाता से प्राप्त अनुमति के आधार पर इस अंक के सम्पादक यतीन्द्र मिश्र द्वारा लिखी गयी टिप्पणी। पहली बार प्रकाशित। दाता का नाम यहाँ इसलिए वर्णित नहीं किया जा रहा है कि उनके अनुसार उनके नाम प्रचार की कोई भी आवश्यकता नहीं है। सम्प्रदाय की जीवन-शैली के उल्लेख के प्रकाशन की अनुमति देने के लिए हम उनके हार्दिक आभारी हैं।**

सन्त गोविन्द साहब और गुलाल पन्थ

गुलाल पन्थ के यशस्वी सन्त गोविन्द साहब का प्रादुर्भाव फ़ैज़ाबाद जिले के अन्तर्गत तमसा नदी के तट पर स्थित नगपुर जलालपुर (अब अम्बेडकरनगर) नामक कस्बे में मार्गशीर्ष, शुक्ल दशमी, मंगलवार सं. 1772 में हुआ था। इनके पिता का नाम पृथुधर और माता का दुलारी देवी था, जबकि इनके बचपन का नाम गोविन्दधर था।

ऐसी मान्यता है कि प्रारम्भ में यह कृष्ण भक्त थे और मूर्तिपूजा में विश्वास रखते थे। इनके प्रारम्भिक गुरु का नाम ताताराम था। बाद में फ़ैज़ाबाद के नवाबी शासनकाल में किन्हीं कारणों से इनका मन सगुणोपासना से उचट गया। इसके उपरान्त यह दूसरे गुरु की खोज में इधर-उधर भटकने लगे। एक बार जगन्नाथपुरी की यात्रा में जब ये वाराणसी पहुँचे, तब वहाँ किसी सन्त से गाजीपुर जिला के अन्तर्गत आने वाले भुरकुड़ा नामक स्थान के निवासी गुलाल साहब का एक पद सुनकर प्रभावित हो गये। ये फिर गुलाल साहब से मिले और उनका शिष्य बनने की इच्छा प्रकट की। गुलाल साहब ने इन्हें घर लौटकर गुरु दर्शन करने तथा अपने निर्णय पर पुनर्विचार करने की सम्मति दी।

गोविन्द साहब गुरु दर्शन करके लौटे तो पाया कि गुलाल साहब अपनी जीवन-लीला समाप्त करके प्रयाण कर चुके हैं। अन्त में उन्होंने गुलाल साहब के प्रधान शिष्य भीखा साहब से दीक्षा ले ली। इनका दीक्षाकाल संवत 1816 वि. माना जाता है, क्योंकि गुलाल साहब का देहावसान भी इसी संवत में हुआ था। दीक्षा पाने के बाद ये कुछ दिन तक भुरकुड़ा में रहकर गुरु सेवा करते हुए, साधनारत रहे। इसके बाद ये अहिरौली नामक

स्थान पर, जिसे अब गोविन्द साहब के नाम से बहुत दूर-दूर तक जाना जाता है, रहने लगे और जीवन पर्यन्त यहीं रहे।

गोविन्द साहब के मुख्य रूप से बारह शिष्य माने जाते हैं, जिनमें 'गोविन्द दयाल', 'पलटू दास', 'बेनी दास', 'घनश्याम दास', 'इच्छा दास', 'रामचरण दास' उर्फ 'बबुआ साहब', 'कृपा दास', 'बाँके बिहारी दास', 'मोती दास', 'खड्ग दास', 'थान दास' और 'अवध दास' प्रमुख हैं। इनके प्रमुख ग्रन्थ–'गोविन्द योग भास्कर', 'सत्यटेर', 'सत्यसार', 'अलिफ़नामा', 'ज्ञानतोप', 'रामगुझ' और 'पहाड़ा' हैं। सन्त गोविन्द साहब ने अपने साध्य को 'राम', 'सत्य', 'निरंजन', 'सारंगपाणि', 'ओंकार', 'हरि', 'जगदीश' आदि नामों से अभिहित किया है। उनके अनुसार– 'वह घट-घट व्यापी होते हुए भी सबसे न्यारा और अगम अगोचर है। उसकी जाति-पाँति नहीं है। वह किसी एक स्थान पर निवास भी नहीं करता। वह जड़ चैतन्य सबको सँवारने वाला है और उसका साक्षात्कार कराने वाले सतगुरु हैं।'

यह देखना भी महत्त्वपूर्ण है कि निर्गुण सन्तों की परम्परा के वाहक गोविन्द साहब की योग साधना, हठ योगियों की काया साधना से ऊपर उठकर भक्ति के राजमार्ग पर विचरण करती है। उन्होंने 'सारंगपाणि' का साक्षात्कार करने के लिए 'नवधा भक्ति' का आश्रय लेने की बात कही है–

नवधा भक्ति करैं मुनि ज्ञानी
जाहि लखत मिलै सारंगपानी।

गोविन्द साहब का मार्ग अन्य सन्तों की भाँति सत्य का मार्ग है और उनके सन्देश निष्प्राण होती हुई मानवीय संवेदना के लिए संजीवनी की तरह है। उनका देहावसान 97 वर्ष से कुछ अधिक आयु के निकट फाल्गुन कृष्ण एकादशी, सोमवार, संवत 1879 वि. को हुआ था, जिसके लिए यह दोहा मशहूर है–

अष्टादस सत समत उनासी, फागुन सित पछ तिथि इकादसी
तिपहर समय वार ससिवारा, तजि तन गुरु निज देस पधारा।

वर्तमान में गोबिन्द साहब के साधना-स्थल अहिरौली, अम्बेडकरनगर में निर्मित समाधि और भव्य स्मारक आज भी उनकी कीर्ति का गुणगान करते दिखाई देते हैं। यहाँ अगहन शुक्ल दशमी से पूर्णिमा तक 'गोविन्द दशमी' का बड़ा मेला लगता है, जिसमें देश के कोने-कोने से व्यापारी आकर अपनी

दुकानें लगाते हैं। इस मेले में सन्तों और गृहस्थों की अपार भीड़ होती है। फ़ैज़ाबाद परिक्षेत्र के पुराने और प्रतिष्ठित मेलों में शुमार 'गोविन्द दशमी का मेला' आज भी पूरे वैभव के साथ सम्पन्न हो रहा है।

साभार : गोविन्द साहब की हिन्दी रचनाएँ, सम्पादक : डॉ. राधिकाप्रसाद त्रिपाठी प्रकाशक : आनन्द प्रकाशन, दीवानी मिसिल, फ़ैज़ाबाद, संस्करण-1972 से संक्षिप्त व संशोधित रूप में प्रस्तुत। पहली बार प्रकाशित।

फ़ैज़ाबाद : दस्तावेज़-125

शिवनरायन दास और सत्तनामी सम्प्रदाय

प्रसिद्ध सन्त जगजीवन साहब के पन्थ सत्तनामी सम्प्रदाय के अन्तर्गत कोटवा धाम के यशस्वी सन्त शिवनरायन दास का जन्म फ़ैज़ाबाद जनपद के गनेशपुर नामक ग्राम के एक क्षत्रिय (चौहान) वंश में हुआ था। बाराबंकी जिले के बहिरेला ग्राम के निवासी सत्तनामी सम्प्रदाय के सिद्ध सन्त रघुनन्दनदास के प्रिय शिष्य अम्बरदास (तिवारीपुर) से दीक्षा प्राप्त कर शिवनरायन दास ने गृहस्थ जीवन व्यतीत करते हुए कठोर तप किया था। सत्तनामी सम्प्रदाय के अन्तर्गत ऐसी मान्यता है कि शिवनरायन दास के अनेक शिष्य थे, किन्तु पलिया प्रताप शाह निवासी खेलारीदास तथा गिरधरमऊ वासी रामहरखदास प्रमुख शिष्य माने जाते हैं।

शिवनरायन दास ने अपने आराध्य को 'साँईं', 'पिया', 'सजनवाँ', 'सजन', 'साहब', 'करतार', 'श्याम' आदि अनेक नामों से स्मरण किया है। उनका दृढ़ विश्वास है कि ईश्वर घट-घट व्यापी तथा सबसे न्यारा है। उसकी महिमा अगम, अपार तथा अनिर्वचनीय है। उनकी दृष्टि में संसार नश्वर है। जगत् में मानव जीवन रैन-स्वप्न के समान मिथ्या है। वह संसार को कठिन मानते हुए ऐली के काँटे के समान बताते हैं।

वे उच्च कोटि के नामोपासक सन्त थे। उनका कथन है कि 'सत्तनाम-सत्तनाम' रट लगाने से बहुत दिनों का बड़े से बड़ा पाप धुल जाता है। उन्होंने अजपा-जाप के महत्त्व को स्वीकारते हुए अनवरत नाम स्मरण पर बल दिया है। शिवनरायन दास द्वारा अनेक ग्रन्थों की रचना करने का उल्लेख मिलता है, किन्तु अभी तक इनकी कोई रचना प्राप्त नहीं हो सकी है। हालाँकि जो फुटकर पद प्राप्त होते हैं, उनमें काव्य कला की दृष्टि से शिवनरायन दास

की वाणी अत्यन्त श्रेष्ठ ठहरती है। उसमें भाव और कला का मणिकांचन संयोग दिखाई पड़ता है।

साभार : सत्तनामी सन्त शिवनरायन दास की वाणी, सम्पादक : डॉ. कृष्णकौल त्रिपाठी प्रकाशक : साहित्य संस्कृति संस्थान, फ़ैज़ाबाद, उत्तर प्रदेश, संस्करण-2002 पुस्तक से संक्षिप्त व संशोधित रूप में प्रस्तुत। पहली बार प्रकाशित।

माता किशोरी देवी का आश्रम
गुप्तारघाट, फ़ैज़ाबाद

फ़ैज़ाबाद छावनी क्षेत्र में पवित्र गोप्रतार घाट के समीप 19, पार्क रोड पर माता किशोरी जी का आश्रम स्थित है, जिसे वर्तमान में कार्तिकेय सेवा सदन कहा जाता है। मुख्य रूप से सनातन धर्म के लोगों का आस्था-केन्द्र यह आश्रम माता किशोरी जी जैसी साधक स्त्री के कारण जाना जाता है। माता किशोरी देवी का जन्मस्थान गंगापुर नगर, राजस्थान है। ऐसा माना जाता है कि यह बड़ी उच्चकोटि की साधिका थीं और जीवन-पर्यन्त इन्होंने प्रवचन और सत्संग के द्वारा शिष्यों का मानवता के पथ पर बढ़ने का आचार-व्यवहार सिखाया। माता किशोरी देवी जी के गुरु श्री उड़िया बाबा थे, जो वृन्दावन धाम से सम्बन्धित थे। बाद में ये महर्षि कार्तिकेय जी महाराज के नाम से जाने गये।

माता किशोरी जी की शिष्या तथा इस आश्रम की वर्तमान उत्तराधिकारिणी सुश्री गीता शर्मा 'लाली बहन' ने बातचीत के दौरान यह बताया कि स्वामी कार्तिकेय जी मरी माता मन्दिर परिसर के नज़दीक स्थित वट वृक्ष के नीचे रहते थे, जहाँ पर उन्होंने अपने जीवन के उनहत्तर वर्ष व्यतीत किए। लाली बहन के माध्यम से यह भी मालूम पड़ता है कि माता किशोरी देवी जी अयोध्या रियासत द्वारा गुप्तार घाट पर बनवाये गये राम-जानकी मन्दिर में तेरह वर्षों तक रही थीं। वे सन् 1949 में इस राजमन्दिर में गयीं और 1962 ई. में वहाँ से निकलकर वर्तमान आश्रम 'कार्तिकेय सेवा सदन' में आयीं। तभी से वे अपने जीवन के अन्तिम समय सन् 2006 तक यहाँ रहीं। 2006 ई. में उनके साकेतवास होने के उपरान्त फिर आश्रम की बागडोर लाली बहन को सौंपी गयी।

माता किशोरी देवी की पुण्यतिथि गुरु-पूर्णिमा के पर्व के दौरान मनायी जाती है, जिसमें गुरु-पर्व के भण्डारे के बाद एक दिन विश्राम रखकर तीसरे दिन पुण्यतिथि का आयोजन होता है। इस दिन भी भण्डारा किया जाता है। इसके अलावा गंगा दशहरा, अन्नकूट और रंग-पंचमी के अवसर पर भी भण्डारे का आयोजन होता है। रंग-पंचमी का भण्डारा स्वामी कृष्णानन्द जी महाराज की पुण्यतिथि के रूप में होता है, जो माता जी के शिष्य थे और इसी आश्रम में रहकर सन् 1999 में रंग-पंचमी के अवसर पर उनका स्वर्गवास हुआ था।

एक अन्य शिष्य श्री राम सनेही दास 'लता जी' भी आश्रम से सम्बद्ध थे और सखी भाव से जीवन-यापन में संलग्न रहे। वे उच्च कोटि के साधक और विद्वान थे, जिन्होंने 'श्री जानकी चरितामृतम्' नाम से साढ़े छह हजार श्लोकों का ग्रन्थ लिखा था। ऐसा माना जाता है कि उन्हें नेपाल के जनकपुर धाम में जानकी मन्दिर में इसे लिखने की प्रेरणा हुई और वहीं रहकर उन्होंने यह ग्रन्थ पूरा भी किया था। इसके अतिरिक्त उनके द्वारा सम्पादित दो ग्रन्थ क्रमशः 'श्री किशोरी मंगल' और 'महर्षि श्री कार्तिकेय जीवन-दर्शन' हैं।

इस आश्रम में नाम संकीर्तन की बड़ी महिमा मानी जाती है तथा मन्त्र लेने की परम्परा भी रही है, जिसे माता किशोरी देवी ने सुयोग्य शिष्यों को ही प्रदान किया है। उनके बारे में यह प्रचलित रहा कि वे जल्दी से कोई मन्त्र नहीं देती थीं। रामनवमी, जानकी-नवमी, कृष्ण-जन्माष्टमी तथा राधाष्टमी जैसे पर्वों को साधना के स्तर पर इस आश्रम में मनाये जाने का विधान रहा है। अपने रमणीक परिदृश्य और शान्त वातावरण में यह आश्रम किसी भी व्यक्ति को सहज ही मन्त्र-मुग्ध करने में सक्षम है। माता किशोरी देवी के बताये हुए चिह्नों पर यह आश्रम पूरी तरह अनुसरण कर रहा है।

साभार : **श्री किशोरी मंगल, सम्पादक : रामसनेही दास 'लता', प्रकाशक : कार्तिकेय सेवा सदन, छावनी फ़ैज़ाबाद, संस्करण : सम्वत् : 2045, महर्षि श्री कार्तिकेय जीवन-दर्शन, सम्पादक : राम सनेही लता', प्रकाशक : श्री भगवन्नाम संकीर्तन मण्डल, उज्जैन, मध्य प्रदेश, सम्वत् 2036 से संक्षिप्त एवं संशोधित रूप में लेने के अतिरिक्त गीता शर्मा 'लाली बहन' से बातचीत के आधार पर इस अंक के सम्पादक यतीन्द्र मिश्र द्वारा लिखी गयी टिप्पणी। पहली बार प्रकाशित।**

आर्य समाज मन्दिर

जमुनियाबाग, फ़ैज़ाबाद

महर्षि दयानन्द सरस्वती द्वारा स्थापित 'आर्य समाज' की फ़ैज़ाबाद इकाई शहर के रीडगंज तिराहे से चौक घण्टाघर के बीच पड़ने वाले जमुनियाबाग मुहल्ले में 1887 ई. में स्थापित हुई थी। यहाँ मौजूद शिलालेख से इसकी पुष्टि होती है। जिस कमरे में आर्य समाज की स्थापना हुई थी, उसका प्रयोग वर्तमान में कार्यालय के रूप में किया जा रहा है और उसके सामने स्थित आँगन में यज्ञ आदि होते हैं।

शिलालेख से ज्ञात होता है कि नगर के प्रतिष्ठित समाज सेवी व अधिवक्ता बाबू कक्कूमल मनूचा आर्य समाज की इस इकाई के प्रथम प्रधान थे। उन्हीं की स्मृति में उनके पुत्र अधिवक्ता बाबू गोपाल जी मनूचा ने सन् 1907 में वर्तमान **'आर्य समाज मन्दिर'** *का निर्माण कराया था। उसके बाद वर्तमान यज्ञशाला के स्थान पर ही उस समय यज्ञ-हवन आदि होता था। नगर के प्रमुख आर्यसमाजी केदारनाथ आर्य की पत्नी श्रीमती रामा देवी ने 29 दिसम्बर 1946 ई. को वर्तमान यज्ञशाला का निर्माण कराया था। बाद में सुरक्षा की दृष्टि से तत्कालीन प्रधान स्व. पं. माता प्रसाद त्रिपाठी ने सन् 1994 में यज्ञशाला को बाहर से घेरवाकर उस पर छत डलवा दी थी।*

आर्य समाज के वर्तमान मंत्री राजमणि मिश्र ने बताया कि साठ वर्षों का लम्बा समय बीतने के बाद यज्ञशाला जीर्ण-शीर्ण हो गयी थी। इस यज्ञशाला का जीर्णोद्धार व सौन्दर्यीकरण आर्य समाज के तत्कालीन प्रधान स्व. हनुमानदत्त

त्रिपाठी ने अपने पिता पं. माता प्रसाद त्रिपाठी की स्मृति में 26 अक्टूबर, 2007 ई. को पूर्ण कराया था। इसके वर्तमान प्रधान श्री हिमांशु त्रिपाठी हैं।

जमुनियाबाग, आर्य समाज मन्दिर में प्रतिदिन यज्ञ-हवन और वेद पाठ के अतिरिक्त प्रत्येक रविवार को साप्ताहिक सत्संग का कार्यक्रम होता है। आर्य समाज के विशेष पर्वों में 'ऋषि बोधोत्सव' व 'श्रावणी पर्व' खास धूमधाम के साथ मनाये जाते हैं। इनके अलावा 'होलिकोत्सव', 'विजय दशमी' एवं 'आर्य समाज का स्थापना दिवस' भी यहाँ मनाया जाता है। आर्य समाज की यह इकाई प्रतिवर्ष अपना वार्षिक उत्सव भी समारोहपूर्वक मनाती है।

शिक्षा के क्षेत्र में भी आर्य समाज ने अपना योगदान सुनिश्चित करते हुए बालक व बालिकाओं के लिए दो अलग-अलग विद्यालय स्थापित कर संचालित किये हैं। बालकों का विद्यालय **'राजकरण वैदिक पाठशाला इण्टर कॉलेज'**, जमुनियाबाग में ही 'आर्य समाज मन्दिर' परिसर में ही स्थित है। बालिकाओं का विद्यालय **'विमला देवी वर्मा श्यामलाल राजे आर्य कन्या इण्टर कॉलेज'** नगर के रिकाबगंज हनुमान गढ़ी के सामने कन्धारी बाज़ार मुहल्ले में स्थित है। इन विद्यालयों में शिक्षण के साथ-साथ आर्य समाज के सिद्धान्तों का भी प्रचार-प्रसार किया जाता है।

साभार : **स्थान के सर्वेक्षण तथा आर्य समाज मन्दिर, जमुनियाबाग के मंत्री राजमणि मिश्र एवं दिवाकर वर्मा से बातचीत के आधार पर युवा पत्रकार दीपक मिश्र द्वारा लिखी गयी टिप्पणी। पहली बार प्रकाशित।**

शंकराचार्य स्वामी ब्रह्मानन्द सरस्वती

ज्योतिर्मठ पीठ के शंकराचार्य

21 दिसम्बर, 1870 ई. को जलालपुर तहसील (अब अम्बेडकरनगर) के सुरहुरपुर ग्राम के एक प्रतिष्ठित जमींदार ब्राह्मण परिवार में शिवबोध मिश्र एवं श्रीमती रामरजी के घर पुत्र के रूप में जन्मे बालक रामराज ही कालान्तर में जाकर ज्योतिर्मठ के शंकराचार्य स्वामी ब्रह्मानन्द सरस्वती के रूप में प्रतिष्ठित हुए। इनके पूर्वज बस्ती जनपद के कलवारी स्थान के निकट स्थित गाना ग्राम से स्थानान्तरित होकर सुरहुरपुर आए थे। इसी कारण वत्स गोत्रीय इस बालक को गाना वंश के मिश्र परिवार के वंशज के रूप में भी पहचान प्राप्त है।

जमींदारी की चमक-दमक के बीच बचपन गुजारने वाले बालक रामराज की बाल्यकाल से ही पूजा-पाठ तथा अध्यात्म में असीम अभिरुचि थी। लगभग नौ वर्ष की अल्पायु में यह घर छोड़कर अध्यात्म की खोज में वाराणसी चले गये थे। कुछ समय पश्चात ही किसी पुलिस वाले ने इन्हें इनके माँ-बाप के पास सुरहुरपुर पहुँचा दिया। कालान्तर में लगभग बारह वर्ष की आयु में ये पुनः घर छोड़कर चल दिए और इस बार अध्यात्म की तलाश में इनकी मंज़िल ऋषिकेश और हिमालय की पर्वतमालाएँ थीं। यहाँ लगभग तीन वर्ष बिताकर पन्द्रह वर्ष की आयु में ये हरिद्वार में स्वामी कृष्णानन्द सरस्वती के सम्पर्क में आए और उन्हें अपना आध्यात्मिक गुरु स्वीकार कर अध्यात्म का अध्ययन करने लगे। पच्चीस वर्ष की आयु तक पहुँचते-पहुँचते बालक रामराज मिश्र कृष्णानन्द सरस्वती के आश्रम के एक प्रमुख सदस्य बन गये।

इतिहास में मौजूद साक्ष्यों के हवाले से यह बात पता चलती है कि अध्यात्म के अध्ययन के उपरान्त पैंतीस वर्ष की युवावस्था में बाल ब्रह्मचारी रहते

हुए इन्होंने विधिवत संन्यास की दीक्षा प्राप्त की। इसी के बाद ये **'स्वामी ब्रह्मानन्द सरस्वती'** *के नाम से विख्यात हुए।*

स्वामी रामकृष्ण तीर्थ के पश्चात लगभग डेढ़ शताब्दी से कुछ अधिक समय से निष्क्रिय पड़ी ज्योतिर्पीठ की गद्दी (बद्रिकाश्रम पीठ) पर 01 अप्रैल, 1941 ई. को वाराणसी में सन्तों, जगन्नाथपुरी व श्रृंगेरी ज्योतिर्पीठ के शंकराचार्यों की अनुशंसा पर अखिल भारतीय सनातन धर्म सम्मेलन में ब्रह्मानन्द सरस्वती को इस पीठ पर शंकराचार्य के रूप में प्रतिष्ठित किया गया। इस प्रकार लगभग एक सौ पचास वर्षों से कुछ अधिक लम्बे अन्तराल के उपरान्त बद्रिकाश्रम पीठ पर स्वामी ब्रह्मानन्द सरस्वती, शंकराचार्य के रूप में आसीन हुए।

यह जानना प्रासंगिक है कि इनके शिष्यों में अनेक उच्चकोटि के आध्यात्मिक सन्त व साधक रहे हैं, जिनमें प्रमुख रूप से महेश योगी, शंकराचार्य स्वरूपानन्द सरस्वती, हरिहरानन्द सरस्वती तथा सन्तानन्द सरस्वती के नाम प्रमुख हैं। भारत के दो राष्ट्रपति क्रमशः डॉ. राजेन्द्र प्रसाद तथा डॉ. सर्वपल्ली राधाकृष्णन भी स्वामी ब्रह्मानन्द सरस्वती जी के शिष्यों में शुमार हैं। इसी तरह काशी नरेश और दलीपपुर के राजा भी इनके अनुयायियों में गिने जाते हैं। गीता प्रेस तथा कल्याण पत्रिका के संस्थापक श्री हनुमान प्रसाद पोद्दार 'भाई जी' भी इनके प्रिय शिष्यों में थे। ऐसा माना जाता है कि भाई जी को 'कल्याण' का प्रकाशन शुरु करने के लिए जिन विभूतियों ने प्रेरित किया था, उसमें स्वामी ब्रह्मानन्द सरस्वती का नाम अग्रणी है। स्वामी ब्रह्मानन्द सरस्वती 20 मई, सन् 1953 को तिरासी वर्ष की आयु में ब्रह्मलीन हुए। फ़ैज़ाबाद के सन्दर्भ में यह गौरव की बात है कि उसकी धरती पर अध्यात्म और हिन्दू धर्म दर्शन की इस महान विभूति का जन्म हुआ था।

साभार : **सुरहुरपुर में इनके जन्मस्थान के सर्वेक्षण तथा स्वामी जी के परिवार के बुजुर्ग सदस्य बीरेन्द्र प्रताप मिश्र से बातचीत के आधार पर डॉ. सच्चिदानन्द शुक्ल द्वारा लिखी गयी टिप्पणी। पहली बार प्रकाशित।**

खण्ड-4

सांस्कृतिक एवं सामाजिक परिदृश्य

मीर अनीस
उर्दू अदब के महान शायर–एक

मीर बबर अली 'अनीस' *का जन्म, उन्नीसवीं शताब्दी के आरम्भ में फ़ैज़ाबाद, उत्तर प्रदेश में गुलाबबाड़ी के पास हुआ था। उनकी एकदम सही जन्मतिथि का उल्लेख नहीं मिलता। बावजूद इसके अनेक उर्दू के आधिकारिक विद्वान उनका जन्म 1802 ई. में मानते हैं। इनके पिता मीर ख़लीक, विख्यात मर्सिया लेखक थे और दादा मीर हसन ने एक अविस्मरणीय मसनवी* **'सहरुल बयान'** *की रचना की थी। अनीस ने कवि जीवन का आरम्भ ग़ज़लों से किया, मगर बाद में उन्होंने सलाम, रुबाईयाँ और क़ते भी लिखे। अनीस की सबसे मुखर पहचान एक मर्सिया लिखने वाले शायर की रही है, जिसके चलते इन्हें उर्दू अदब में शिखर पर देखा जाता है।*

पारिवारिक परम्परा के अनुसार अनीस की आरम्भिक शिक्षा घर पर ही हुई थी। उन्होंने अपनी माँ के चरणों में बैठकर 'जामे अब्बासी' सीखा था। घर के बाहर उनके पहले उस्ताद थे फ़ैज़ाबाद के मौलवी मीर नजफ़ अली, जिन्होंने उन्हें ज्ञान की विभिन्न शाखाओं और तत्त्वों से परिचित कराया। बाद में जब वह लखनऊ आए तब उन्हें मौलाना हैदर अली ने अरबी में ऊँची शिक्षा दी। उनके जीवन का अधिकांश भाग लखनऊ में ही बीता। सम्भवतः वीरगाथा सम्बन्धी बातों के विषय में लिखने के कारण और कुलीन वर्ग में उस समय प्रचलित परम्परा के कारण इन्होंने अभिजात वर्ग के लोगों के साथ ही घुड़सवारी और तलवार चलाना भी सीखा था।

मीर अनीस के बारे में जो जानकारियाँ मिलती हैं, उसके अनुसार यह बहुत विनम्र और स्वाभिमानी व्यक्तित्व वाले थे, जिन पर सन् 1857 के गदर का

गहरा असर पड़ा था। वे इस दौरान लखनऊ से भागकर छिपे रहे और जन-साधारण को जब तक क्षमा नहीं मिल गयी, तब तक वे लखनऊ नहीं लौटे।

उनके शायर बनने की कहानी में घर के काव्यात्मक वातावरण का बड़ा महत्त्व माना जाता है। अनीस को प्रकृति से बहुत प्रेम था और घण्टों वे घर से बाहर प्रकृति का निरीक्षण करने में बिताते थे। सैय्यद मोहम्मद ख़ाँ 'रिन्द' की अनीस से बड़ी दोस्ती थी। ये अनीस के पिता के शागिर्द थे और अनीस से चार साल बड़े थे। इन्होंने अपने युवा और भावुक मित्र की सौन्दर्यपरक प्रवृत्तियों को कविता में अभिव्यक्ति की प्रेरणा दी। उनकी शुरु की रचनाएँ उनके पिता खुद जाँचा करते थे। धीरे-धीरे अनीस ने अपना काव्य-क्षेत्र ही मर्सिये को बना लिया था, जिसने उर्दू शायरी में इन्हें बुलन्दियों तक पहुँचाया।

वृहद उर्दू साहित्य-कोश के अनुसार– 'लखनऊ का माहौल उन दिनों मर्सियागोई के लिए विशेष उपयुक्त था। शासक वर्ग शिया सम्प्रदाय का था और कर्बला के शहीदों का मातम पूरे चालीस दिन मनाया जाता था। नवाब गाज़ीउद्दीन हैदर और नवाब वाजिद अली शाह इस दौरान अनीस और दबीर से मर्सिये सुनते थे। अनीस मर्सिया गाकर नहीं पढ़ते थे, मगर उनकी आवाज़ का उतार चढ़ाव बड़ा प्रभावोत्पादक था।'

मर्सिये का क्षेत्र बड़ा व्यापक है और इसमें महाकाव्य और त्रासदी के कई तत्त्व पाए जाते हैं। अनीस ने आंशिक रूप से ऐतिहासिक और धार्मिक कथानक का बड़ी सन्तुलित और संयमित कल्पनाशक्ति से प्रयोग किया। विभिन्न आयु के चरित्रों और उनके सम्बन्धों का सजीव एवं मार्मिक निरूपण इनके मर्सियों में मिलता है। चरित्र के अनुसार अभिव्यक्ति और शब्दों का चयन इन मर्सियों के कथोपकथन की विशेषता मानी जाती है। अलग से प्रकृति का सुन्दर चित्रण भी अनीस के मर्सियों की ताक़त है।

मीर अनीस की भाषा शुद्ध और सरल है। मुहावरों का सटीक प्रयोग करते हैं। शैली में धार्मिक और आदर्शोन्मुख रचनाओं के लिए अपेक्षित गाम्भीर्य पाया जाता है। करुणा इन मर्सियों का प्राण है, संवेदना आधार और मर्यादा आदर्श। उनके पोते श्री मानूस के अपने दादा के बारे में लिखे गये संस्मरणों से यह बात पता चलती है कि वे हर दिन देर रात तक तेज़ रोशनी वाली एक लालटेन जलाकर मर्सिया लिखते रहते थे।

मीर अनीस ने सक्रिय और नियमित जीवन जिया था, जिसमें उन्हें पूरे भारतवर्ष से मर्सिया पढ़ने का न्यौता आता था और वे जहाँ कहीं भी मर्सिया पढ़ने जाते थे, भीड़ को काबू करना मुश्किल हो जाता था। अपने अन्तिम दिनों में वह कुछ समय के लिए ही बीमार पड़े और 10 दिसम्बर, 1874 ई. दोपहर में लखनऊ के निवास स्थान पर उनका निधन हुआ। अनीस की ख़्याति एक महान मर्सिया रचने वाले शायर के रूप में अमर है। लखनऊ के मुंशी नवल किशोर प्रेस ने उनकी कविताओं के पाँच संग्रह प्रकाशित किए हैं।

साभार : 1. मीर अनीस : अली जवाद ज़ैदी, (मोनोग्राफ शृंखला), प्रकाशक : साहित्य अकादेमी, नयी दिल्ली, संस्करण : 1991, 2. करुणा और दर्द के धनी : महाकवि अनीस श्रेष्ठ रचनाएँ, सम्पादक : सालेहा आबिद हुसैन, प्रकाशक : भारतीय ज्ञानपीठ, नयी दिल्ली, संस्करण : दूसरा-1999, 3. उर्दू काव्य की जीवन-धारा : शम्सुलउल्मा मौलवी मुहम्मद हुसेन आज़ाद, अनुवादक : प्रभु नारायण गौड़, प्रकाशक : नागरी प्रचारिणी सभा, काशी, संस्करण : प्रथम-1979 ई., 4. बृहद उर्दू साहित्य कोश : डॉ. कमल नसीभ, प्रकाशक : वाणी प्रकाशन, नयी दिल्ली, संस्करण : प्रथम-2002 से संक्षिप्त एवं संशोधित रूप में लेने के आधार पर इस अंक के सम्पादक यतीन्द्र मिश्र द्वारा लिखी गयी टिप्पणी। पहली बार प्रकाशित।

फ़ैज़ाबाद : दस्तावेज़-130

मीर ग़ुलाम हसन

उर्दू अदब के महान शायर–दो

उजड़ी हुई दिल्ली को अलविदा कहकर अवध को रौनक बख़्शने वाले कवियों में **मीर गुलाम हसन** *का नाम महत्त्वपूर्ण है। मीर हसन अपने पिता मीर गुलाम हुसैन 'ज़ाहक' के साथ दिल्ली की तबाही के दिनों में अवध की राजधानी फ़ैज़ाबाद चले आए। उन्होंने नवाब सालारज़ंग बहादुर के यहाँ नौकरी की और सन् 1775 ई. में जब आसिफुद्दौला ने फ़ैज़ाबाद को छोड़कर लखनऊ को अवध की राजधानी बनाया, तब वह लखनऊ चले गये। वे लखनऊ में बस गये थे और अन्त तक वहीं रहे, मगर उन्हें लखनऊ कभी रास नहीं आया। फ़ैज़ाबाद की याद उन्हें हमेशा सताती रही। उन्होंने अपनी मसनवी* **'गुलज़ार-ए-इरम'** *में फ़ैज़ाबाद की तारीफ़ और लखनऊ के प्रति अपनी नापसन्दगी व्यक्त की है।*

इनकी ग्यारह मसनवियाँ मिलती हैं, जिनमें **'सहरुल बयान', 'गुलज़ार-ए-इरम', 'कलावन्त की नक़्ल', 'दो अहमक दोस्तों की नक़्ल', कस्र-ए-जवाहर', मसनवी-ए-शादी', क़स्साब की नक़्ल', 'मसनवी दर तहनीयत-ए-ईद', ख़्वान-ए-नियामत', हज्व-ए-हवेली-ए-मीर हसन'** *और* **'रमूज़ुल आरीफ़ीन'** *मुख्य हैं। इन्होंने कई कसीदे, मर्सिये, हज़्वे और सलाम भी लिखे, लेकिन उर्दू साहित्य में इनकी मसनवी* **'सहरुल बयान'** *सर्वाधिक प्रसिद्ध है। इनकी ज़बान बेहद सादा, बोलचाल की तरह लगती हुई और मुहावरों से भरी हुई थी। इन्हीं के पुत्र मीर ख़लीक भी प्रसिद्ध शायर हुए और पौत्र मीर अनीस ने मर्सिया लेखन की विधा में क्रान्तिकारी परिवर्तन किया था। मीर गुलाम हसन की मृत्यु सन् 1787 ई. (कहीं-कहीं सन् 1786 का उल्लेख मिलता है) में लखनऊ में हुई।*

साभार : 1. उर्दू काव्य की जीवन-धारा : शम्सुलउल्मा मौलवी मुहम्मद हुसेन आज़ाद, अनुवादक : प्रभु नारायण गौड़, प्रकाशक : नागरी प्रचारिणी सभा, काशी, संस्करण : प्रथम-1979 ई., 2. वृहद उर्दू साहित्य कोश : डॉ. कमल नसीम, प्रकाशक : वाणी प्रकाशन, नयी दिल्ली, संस्करण : प्रथम-2002 एवं 3. द मेकिंग ऑफ द अवध कल्चर : मधु त्रिवेदी, प्रकाशक : प्राइमस बुक्स, दिल्ली, संस्करण, 2010 (अंग्रेजी) से संक्षिप्त एवं संशोधित रूप में लेने के आधार पर इस अंक के सम्पादक यतीन्द्र मिश्र द्वारा लिखी गयी टिप्पणी। पहली बार प्रकाशित।

फ़ैज़ाबाद : दस्तावेज़-131

ख़्वाजा हैदर अली 'आतिश'
उर्दू अदब के महान शायर–तीन

सन् 1778 ई. में फ़ैज़ाबाद में जन्मे **आतिश**, *उर्दू अदब के इतिहास में नाजुक ख़्याली के अप्रतिम शायर माने जाते हैं। ऐसा माना जाता है कि उनके पिता ख़्वाजा अली बख़्श नवाब शुज़ाउद्दौला के समय दिल्ली से फ़ैज़ाबाद आए थे। आतिश के लिए यह दुर्भाग्यपूर्ण रहा कि उनके पिता का साया बचपन में ही सिर से उठ गया था। नतीजतन उनकी शिक्षा की समुचित व्यवस्था न हो सकी। उन्होंने स्वाध्याय से ही अरबी-फ़ारसी का ज्ञान प्राप्त किया था। आतिश स्वभाव से सन्त थे और ये ख़्वाज़ाज़ादों के ख़ानदान के थे, जिसमें एक परम्परागत फ़कीरी गद्दी भी क़ायम थी और पीरी और मुरीदी का सिलसिला भी अभी तक क़ायम था। किन्तु इन्होंने शायरी को ही अपने जीवन के ध्येय के रूप में अपनाया और अन्य कुलरीतियों को छोड़कर उसमें से केवल स्वच्छन्दता और बेफ़िक्री को ही आत्मसात किया।*

ये फ़ौजी छावनियों में आते-जाते स्वतंत्रता और निर्भीकता के गुण भी सीख गये थे। अवध सरकार से अस्सी रुपये महीना मिलता था, जिसमें से पन्द्रह रुपये घर में देते थे और बाक़ी ग़रीबों को दान कर देते थे। आतिश गेरुए वस्त्र पहनते थे, कमर में तलवार और हाथ में डण्डा रखते थे। टूटे-फूटे घर में बोरिया बिछाए पूरी तरह बादशाही करते थे।

आतिश के ज़माने में लखनऊ में 'मुसहफ़ी', 'इंशा' और 'जुरअत' जैसे बड़े शायरों का बोलबाला था। हालाँकि 'आतिश', शेख़ इमाम बख़्श 'नासिख़' के समकालीन थी। इन्होंने कुछ समय तक 'मुसहफ़ी' की शागिर्दी भी की, मगर तत्कालीन शायरों की भौतिक लालसाएँ इनकी प्रकृति से मेल नहीं खाती थीं।

आतिश की शायरी में लखनऊ के शिष्ट वर्ग के बोलचाल के अन्दाज़ की भाषा मिलती है। कविता में सूक्ष्म भाव और प्रेम की महीन अनुभूतियाँ आतिश की ग़ज़लों में उजागर हुईं हैं तथा उर्दू के मुहावरों के प्रयोग के लिए भी इनकी रचनाएँ प्रामाणिक मानी जाती हैं। इसीलिए आतिश की भाषा का एक बड़ा ही मधुर और प्रवाहपूर्ण रूप हमें हासिल होता है।

आतिश के दो दीवान प्रकाशित हुए हैं। इन्होंने ज़्यादातर ग़ज़लें ही कही हैं। **'कसीदे'** *(किसी की प्रशंसा में लिखा गया काव्य) और* **'हिजो'** *(किसी की निन्दा में लिखी गयी कविता) इनके स्वभाव के प्रतिकूल थे, इसलिए उस दौर में इनका प्रचलन होने के बाद भी आतिश ने उन पर कलम नहीं चलाई। आतिश के शिष्यों में मीर दोस्त अली 'ख़लील', नवाब सैय्यद मोहम्मद ख़ाँ 'रिन्द', मीर वज़ीर अली 'सबा', शरफ़, मिर्ज़ा शौक़ और पं. दयाशंकर 'नसीम' विशेष रूप से उल्लेखनीय हैं। आतिश की मृत्यु सन् 1846 में हुई।*

साभार : 1. उर्दू काव्य की जीवन-धारा : शम्सुलउल्मा मौलवी मुहम्मद हुसेन आज़ाद, अनुवादक : प्रभु नारायण गौड़, प्रकाशक : नागरी प्रचारिणी सभा, काशी, संस्करण : प्रथम-1979 ई., 2. वृहद उर्दू साहित्य कोश : डॉ. कमल नसीम, प्रकाशक : वाणी प्रकाशन, नयी दिल्ली, संस्करण : प्रथम-2002 से संक्षिप्त एवं संशोधित रूप में लेने के आधार पर इस अंक के सम्पादक यतीन्द्र मिश्र द्वारा लिखी गयी टिप्पणी। पहली बार प्रकाशित।

नवाब सैय्यद मुहम्मद ख़ाँ 'रिन्द'

उर्दू अदब के महान शायर–चार

फ़ैज़ाबाद का साहित्यिक परिदृश्य नवाब सआदत ख़ाँ 'बुरहान-उल-मुल्क' के समय से ही शुरू हो जाता है। प्रसिद्ध कवि **सैय्यद मोहम्मद ख़ाँ 'रिन्द'** *1212 हिजरी में फ़ैज़ाबाद में पैदा हुए। चूँकि रिन्द के पिता 'बुरहान-उल-मुल्क' के सगे भांजे थे, इसलिए उन्होंने बहू बेगम की देखभाल में शिक्षा-दीक्षा पायी। बाद में वह 1240 हिजरी में लखनऊ चले गये थे। यहीं पर आकर उनका जीवन विलासी वातावरण का अंग बन गया था।*

ख़्वाजा हैदर अली 'आतिश' इनके काव्य-गुरु थे। 'रिन्द' लखनऊ में शराब व कबाब की महफ़िलें ख़ूब गर्म रखते थे, लेकिन बाद में उन्होंने अपने काव्य-गुरु आतिश की मौत के बाद शराब पीना सदा-सर्वदा के लिए छोड़ दिया था। साहित्य के स्तर पर रिन्द का आकलन करने से यह बात पता चलती है कि इनके काव्य में शृंगार की प्रधानता है। इनके दो दीवान हैं, जिनमें **'गुलदस्ता-ए-इश्क़'** *प्रमुख माना जाता है। इनकी भाषा साफ़, सरल और प्रवाहमय है और विषय में भावों की प्रधानता है। रिन्द अपने उप-नाम के अनुसार अपने काव्य चरित्र में भी* **'मैक़दा'**, **'जाम-ओ-मीना'** *और* **'साग़र-सुराही'** *जैसे ढेरों काव्य रूपक इस्तेमाल करते हैं। इनकी कविता से सूफ़ीवाद और अध्यात्मिकता का रंग टपकता हुआ दिखलाई पड़ता है। सैय्यद मुहम्मद ख़ाँ 'रिन्द' की मृत्यु सन् 1857 ई. को हुई थी।*

साभार : 1. उर्दू काव्य की जीवन-धारा : शम्सुलउल्मा मौलवी मुहम्मद हुसेन आज़ाद, अनुवादक : प्रभु नारायण गौड़, प्रकाशक : नागरी प्रचारिणी सभा, काशी, संस्करण : प्रथम-1979 ई., 2. वृहद उर्दू साहित्य कोश : डॉ. कमल नसीम, प्रकाशक : वाणी प्रकाशन, नयी दिल्ली, संस्करण : प्रथम-2002 से संक्षिप्त एवं संशोधित रूप में लेने के आधार पर इस अंक के सम्पादक यतीन्द्र मिश्र द्वारा लिखी गयी टिप्पणी। पहली बार प्रकाशित।

मुहम्मद रफ़ी 'सौदा'
उर्दू अदब के महान शायर–पाँच

मिर्ज़ा मुहम्मद रफ़ी 'सौदा' के पूर्वज काबुल के थे। इनके पिता मिर्ज़ा मु. शफ़ी व्यापार के सिलसिले में हिन्दुस्तान आए और यहीं बस गए। यहाँ दिल्ली में 'सौदा' का जन्म हुआ। उनके जन्म का वर्ष सन् 1709 से 14 के बीच का बताया जाता है। उनका बचपन सुख-समृद्धि में बीता था, बड़े हुए तो अमीर-उमरा के साथ उठना-बैठना और शाही दरबार तक रसाई थी। इनकी शायरी का उनके जीवन काल में ही आदर हुआ, यह एक बड़े सौभाग्य की बात थी। वह पहले फ़ारसी में लिखते थे। सिराजुद्दीन अली ख़ाँ 'आरजू' की सलाह पर उर्दू में लिखना शुरू किया और शीघ्र ही लोकप्रिय हो गए। पहले वह अपना क़लाम सुलेमान कुली ख़ाँ 'विदाद' को दिखाते थे। बाद में उन्होंने 'हातिम' को काव्य गुरु माना। शाह आलम बादशाह इनके शागिर्द थे। लेकिन उनसे 'सौदा' की ज़्यादा दिन न बनी और दिल्ली की तबाही शुरू होने पर ये फ़र्रुख़ाबाद आ गए। 'सौदा' कई बरस फ़र्रुख़ाबाद रहकर फ़ैज़ाबाद में नवाब शुजाउद्दौला और फिर लखनऊ में आसिफ़ुद्दौला के दरबार में आ गए। यहीं सन् 1781 ई. में इनका देहान्त हुआ। नवाब ने इन्हें **'मलिकुश्शुअरा'** की उपाधि दी थी।

'सौदा' के **'दीवाने-रेख़्ता'** में ग़ज़ल, रुबाई, मुर्ब्बअ, मुखम्मस, मुसद्दस, मुस्तज़ाद, क़तअ, पहेली, वासोख़्त, तरजीहबन्द, मसनवी इत्यादि सभी कुछ शामिल हैं। ग़ज़ल में 'सौदा' अधिक सफल नहीं हो सके, क्योंकि ग़ज़ल के लिए जिस नर्मी और मुलायमियत की ज़रूरत होती है वह 'सौदा' में कम दिखाई पड़ती है।

'सौदा' के क़लाम में तसव्वुफ़ (आध्यात्मिकता) का अभाव है। उनकी भाषा में

यद्यपि फ़ारसी शब्दों का प्रयोग अधिक है, लेकिन हिन्दुस्तान के रीति-रिवाज, यहाँ के महापुरुषों और मौसमों को भुलाया नहीं गया है। हिन्दी के कुछ कोमल शब्दों के प्रयोग से भी वे नहीं कतराते थे। 'सौदा' ने 'मर्सिये' को पहली दफ़ा 'मुसद्दस' (छह-छह पंक्तियों के बन्द वाली नज़्म) की शक्ल में पेश किया। मर्सिये को उन्होंने धार्मिक विषयों तक ही सीमित न रखकर इसके माध्यम से भावनाओं और परिस्थितियों की जीती-जागती तस्वीरें पेश की हैं। लेकिन 'सौदा' की सबसे महत्त्वपूर्ण रचना उनके **'क़सीदे'** *और* **'हिजो'** *हैं।*

दीवान के अतिरिक्त उनकी **'शहर-आशोब', 'मुख़म्मस-ए-आशोब'** *भी उल्लेखनीय रचनाएँ हैं। 'शहर-आशोब' में तत्कालीन दिल्ली में विविध कलाओं और व्यवसायों के पतन का विवरण है। कहा जाता है कि सौदा ने उर्दू कवियों का* **'तज़किरा'** *(लेखक, सम्पादक द्वारा लिपिबद्ध किये गये कवियों के वृत्तान्त तजकिरा कहलाते हैं) भी लिखा है। 'सौदा' का ज़िक्र 'फ़ैज़ाबाद : दस्तावेज़' में इसलिए किया गया है कि एक समय वे फ़ैज़ाबाद के नवाब शुज़ाउद्दौला के दरबार में रहे थे, जो फ़ैज़ाबाद के इतिहास में अपना महत्त्व रखता है।*

साभार : 1. उर्दू काव्य की जीवन-धारा : शम्सुलउल्मा मौलवी मुहम्मद हुसेन आज़ाद, अनुवादक : प्रभु नारायण गौड़, प्रकाशक : नागरी प्रचारिणी सभा, काशी, संस्करण : प्रथम-1979 ई., 2. वृहद उर्दू साहित्य कोश : डॉ. कमल नसीम, प्रकाशक : वाणी प्रकाशन, नयी दिल्ली, संस्करण : प्रथम-2002 से संक्षिप्त एवं संशोधित रूप में लेने के आधार पर इस अंक के सम्पादक यतीन्द्र मिश्र द्वारा लिखी गयी टिप्पणी। पहली बार प्रकाशित।

पण्डित बृजनरायन 'चकबस्त'
उर्दू अदब के महान शायर–छह

पण्डित बृजनरायन 'चकबस्त' *का जन्म फ़ैज़ाबाद के राठहवेली मुहल्ले स्थित एक कश्मीरी ब्राह्मण परिवार में 19 जनवरी, 1882 ई. को हुआ था। उनके पिता पं. उदित नारायण चकबस्त, डिप्टी कलेक्टर और शायर भी थे। उनकी मृत्यु 1887 ई. में होने के बाद चकबस्त के मामा पण्डित लालता प्रसाद ने अपनी बहन और दोनों भांजों की परवरिश की। उनका आवास लखनऊ के कश्मीरी मुहल्ले में था। बृजनारायण का बचपन आर्थिक कठिनाईयों में बीता, इसलिए उनकी स्कूली शिक्षा कुछ देर से शुरू हुई।*

उनके बड़े भाई महाराज नारायण की नौकरी 1897 ई. में म्युनिसिपलिटी में लगने के बाद संयुक्त परिवार की आर्थिक दशा सँभल गयी थी। लखनऊ के कैनिंग कॉलेज से उन्होंने 1905 में बी.ए. और 1907 में एल.एल.बी. की परीक्षाएँ पास कीं। उसके बाद उन्होंने उस समय के प्रख़्यात वकील शहंशाह हुसैन रिज़वी के जूनियर के तौर पर वकालत शुरू कर दी। अपने विद्यार्थी-काल ही में 'हाली', 'इक़बाल', 'दाग़' और कई अन्य लोगों पर उन्होंने लेख लिखे थे और उन्हीं दिनों तत्कालीन वायसराय लार्ड कर्ज़न के विरुद्ध एक बड़ी कविता लिख डाली थी। इन रचनाओं को उर्दू साहित्य के इतिहास में एक विशिष्ट स्थान प्राप्त है।

कहा जाता है कि उन्होंने नौ वर्ष की अवस्था में काव्य रचना आरम्भ कर दी थी, लेकिन वह कविताएँ लिखित रूप में कहीं नहीं पायी जाती। उन्होंने 1894 में कश्मीरी पण्डितों की सोशल कान्फ्रेंस के अधिवेशन में अपनी पहली कविता सुनायी। शुरू ही से उन्हें उस समय के प्रमुख कांग्रेस नेता, सफ़ल वकील और जाने-माने साहित्यकार पं. बिशुन नारायण दर का पथ-प्रदर्शन

मिला था। दर ने ही उनकी मुलाक़ात अपने काव्य-गुरु मरहमतुद्दौला 'हकीम' से करायी थी। 'हकीम' ने सन् 1903 ई. में अपने देहान्त से पूर्व अपने इस होनहार शिष्य को अपने छोटे भाई अफ़ज़लुद्दौला 'अफ़ज़ल' के सुपुर्द कर दिया था।

उन्होंने उस समय के महान समाज सुधारक और हाईकोर्ट के प्रथम भारतीय जज महादेव गोविन्द रानाडे के देहान्त पर एक मर्सिया लिखा। यह मुसद्दस के रूप में है और चकबस्त का लिखा हुआ पहला मर्सिया है। वह अपना रंग क़ायम करने से पहले 'आतिश' से प्रभावित थे और अनुभूति की तीव्रता, काव्य-प्रवाह और उचित शब्द-चयन पर ज़ोर देते थे। इसके अतिरिक्त इनके काव्य में मीर की करुणा और 'ग़ालिब' के स्वाधीन चिन्तन का भी समन्वय है।

चकबस्त प्रमुख रूप से राष्ट्रीय कवि हैं। इस सन्दर्भ में आपकी नज़्में **'ख़ाके-हिन्द', 'वतन का राग', 'हमारा वतन'** और **'आवाज़े-क़ौम'** विशेष रूप से उल्लेखनीय हैं। उन्होंने भारत के इतिहास, प्राकृतिक सम्पदा, संस्कृति और अतीत के गौरव पर अनेक रचनाएँ की हैं। उनके द्वारा मुसद्दस शैली में रामायण की कतिपय घटनाओं का भी वर्णन किया गया है। जन नेता गोपाल कृष्ण गोखले की मृत्यु पर उन्होंने मर्सिये की शैली में एक लम्बी यादगार नज़्म लिखी थी। इनकी कविता पर तत्कालीन राजनीतिक परिवर्तनों और स्वतंत्रता संग्राम की गहरी छाप है। चकबस्त की हर प्रकार की कविता में राष्ट्रीय भावना की प्रधानता है, किन्तु इसके बावजूद भी रसानुभूति में कहीं बाधा नहीं आती। चकबस्त की भाषा लखनऊ की शुद्ध परिमार्जित उर्दू है। कवि होने के अतिरिक्त चकबस्त एक उच्चकोटि के गद्यकार और आलोचक भी थे।

सन् 1905 ई. में जब चकबस्त केवल तेईस वर्ष के थे, तत्कालीन प्रसिद्ध आलोचक मुहम्मद अब्दुल हलीम 'शरर' ने पण्डित दयाशंकर 'नसीम' की मसनवी **'गुलज़ारे-नसीम'** पर कुछ काव्य-कला सम्बन्धी आपत्तियाँ उठायीं, जिनका चकबस्त ने बड़ा विद्वतापूर्ण उत्तर दिया। यह साहित्यिक वाद-विवाद बाद में **'मारका-ए-शररो-चकबस्त'** के नाम से प्रकाशित हुआ और इससे चकबस्त की आलोचक के रूप में प्रतिष्ठा हुई। विभिन्न पत्रिकाओं में छपे इनके लेख पुस्तक के रूप में प्रकाशित हो चुके हैं।

सन् 1918 में उन्होंने अपनी मासिक पत्रिका **'सुबहे-उम्मीद'** का प्रकाशन

आरम्भ किया। यह पत्रिका मुख्यतः राजनीतिक थी, लेकिन इसमें एक भाग साहित्यिक भी होता था। चकबस्त इसके प्रत्येक अंक में दो महाकवियों– 'ग़ालिब' और 'आतिश'– के कुछ चुने हुए शेर देते थे। इसके सम्पादक चकबस्त और व्यवस्थापक पं. किशन प्रसाद कौल थे। यह पत्रिका तक़रीबन चार वर्ष तक प्रकाशित हुई।

चकबस्त 12 फ़रवरी, 1926 ई. को एक मुक़दमे की पैरवी के लिए रायबरेली गये थे जहाँ से लौटते समय ट्रेन में ही उन्हें पक्षाघात हुआ और कुछ घण्टों बाद ही उनकी मृत्यु हो गयी। उनके शव को लखनऊ लाया गया, जहाँ दूसरे दिन अन्तिम संस्कार किया गया। उनकी मृत्यु से सारे लखनऊ में शोक छा गया। बार एसोसिएशन में होने वाली शोकसभा में चीफ कोर्ट के मुख्य न्यायाधीश मि. स्टुअर्ट तथा ज़िला जज ने उन्हें श्रद्धांजलि दी। उनके सम्मान में सारी अदालतें बन्द रहीं। उस महान कवि की मृत्यु पर कई कवियों ने मर्सिये और तारीख़ें लिखीं। अपने व्यस्ततापूर्ण जीवन में जो कुछ उन्होंने लिखा, वह **'सुबहे-वतन'** *के नाम से मरणोपरान्त प्रकाशित हुआ।*

नोट : 1. चकबस्त : सरस्वती सरन कैफ़ (मोनोग्रॉफ़ शृंखला), प्रकाशक : साहित्य अकादेमी, नयी दिल्ली, संस्करण : 1988, 2. वृहद उर्दू साहित्य कोश : डॉ. कमल नसीम, प्रकाशक : वाणी प्रकाशन, नयी दिल्ली, संस्करण : प्रथम-2002 से संक्षिप्त एवं संशोधित रूप में लेने के आधार पर इस अंक के सम्पादक यतीन्द्र मिश्र द्वारा लिखी गयी टिप्पणी। पहली बार प्रकाशित।

फ़ैज़ाबाद : दस्तावेज़-135

मिर्ज़ा हातिम अली बेग़ महर
उर्दू अदब के महान शायर–सात

नवाब शुज़ाउद्दौला के ज़माने के एक और महत्त्वपूर्ण कवि **मिर्ज़ा हातिम अली बेग़ महर** *हुए। इनके जन्म के सन्दर्भ में यह कहा जाता है कि 1230 हिज़री में ये फ़ैज़ाबाद या रायबरेली में पैदा हुये थे। इनके दादा मिर्ज़ा मुराद अली ख़ाँ, शुज़ाउद्दौला के जमाने में लखनऊ आये। इनके पिता फ़ैज़ अली, अलीगढ़ में ईस्ट इण्डिया कम्पनी के तहसीलदार थे। यह स्वयं भी सरकारी इम्तिहान देकर मजिस्ट्रेट के ओहदे तक पहुँचे और बाद में हाईकोर्ट के वक़ील भी हुए। सन् 1840 में ये मिर्जापुर के मुंसिफ नियुक्त थे और वफादारी के लिए अंग्रेजों ने इन्हें जागीर ईनाम में दी थी। सन् 1857 के गदर के बाद मिर्ज़ा हातिम अली बेग़ आगरा में वक़ालत करने लगे।*

यह वही हातिम अली महर थे, जिनका सम्पर्क और पत्राचार मिर्ज़ा ग़ालिब से था और जिनका मैत्री सम्बन्ध मीर 'अनीस' और दबीर जैसे शायरों से था। हालाँकि ये नासिख़ के शागिर्द हुए और उन्हीं के ढंग का अनुसरण भी साहित्य में किया। ऐसा कहा जाता है कि महर की बहुत सारी रचनाएँ ग़दर की आँधी में समाप्त हो गईं। उनका एक **दीवान** *और कई* **मसनवियाँ** *प्रकाशित हैं। कम लिखने के बावजूद भी उर्दू अदब में इनका नाम बेहद प्रसिद्ध रहा है।*

साभार : **1. उर्दू काव्य की जीवन-धारा : शम्सुलउल्मा मौलवी मुहम्मद हुसेन आज़ाद, अनुवादक : प्रभु नारायण गौड़, प्रकाशक : नागरी प्रचारिणी सभा, काशी, संस्करण : प्रथम-1979 ई., 2. वृहद उर्दू साहित्य कोश : डॉ. कमल नसीम, प्रकाशक : वाणी प्रकाशन, नयी दिल्ली, संस्करण : प्रथम-2002 से संक्षिप्त एवं संशोधित रूप में लेने के आधार पर इस अंक के सम्पादक यतीन्द्र मिश्र द्वारा लिखी गयी टिप्पणी। पहली बार प्रकाशित।**

मजाज़ लखनवी

उर्दू अदब के महान शायर–आठ

मजाज़ लखनवी हकीकत में उस असरार (रहस्य) का नाम है, जिसे ज़माना उसकी मौत के बाद भी समझने की कोशिश में मुब्तला है। उर्दू के तमाम शायरों में अगर सबसे शायराना ज़िन्दगी किसी की रही तो ये मजाज़ ही थे। उर्दू अदब की दुनिया में ये किस्से पहले ही अमर हो चुके हैं कि मजाज़ के लिए लड़कियों में लॉटरी निकाली जाती थीं और उनकी नज़्में गर्ल्स होस्टल के तकियों में दबी मिलती थीं। बावजूद इसके मजाज़ ताज़िन्दगी उल्फत (प्यार) के तलबगार ही रहे... और इस तलब का पूरा न होना मजाज़ की बर्बादी का सबब बना। एक दफा अलीगढ़ विश्वविद्यालय में ही इस्मत चुगताई ने उनसे कहा कि लड़कियाँ मजाज़ से मुहब्बत करती हैं। इस पर मजाज़ ने तपाक से कहा 'और शादी पैसे वालों से कर लेती हैं।'

ज़िन्दगी में सब कुछ बदलता रहा, लेकिन हाज़िरजवाबी का ये सिलसिला हर दौर में मजाज़ के साथ रहा। जब इस्मत चुगताई ने उनसे पूछा कि 'मजाज़ तुम्हारी ज़िन्दगी को बर्बाद लड़की ने किया या शराब ने?', तो मजाज़ ने कहा कि 'मैंने दोनों को बराबर का हक़ दिया है।' मजाज़ के ऐसे कई लतीफे जिन्हें बाद में 'मजाज़ीफे' कहा जाने लगा, आज भी लखनऊ की आबो-हवा में बिखरे पड़े हैं। एक दफ़ा मजाज़ को आगरा की मशहूर फनकार जानकीबाई से मिलवाया गया, तो शर्मीले स्वभाव वाले मजाज़ ने कहा कि 'क्यूँ मिलवा रहे हो भाई, बाई कहीं की भी हो बहुत कष्ट देती है और फिर ये तो जान की बाई हैं।' इसी तरह ज़ब उन्हें मशहूर शायर अब्दुल हमीद 'अदम' से मिलवाया गया, तो मजाज़ ने यहाँ भी कहा– 'अगर ये अदम (अनास्तित्व) हैं, तो वजूद क्या होगा?' फिराक साहब की पोती ने

एक दफा उन्हें हरामजादा, कह दिया तो फ़िराक साहब ने मजाज़ से कहा कि 'देखिये ये छोटी सी बच्ची मुझे हरामजादा कह रही है।' इस पर मजाज़ ने कहा– 'मर्दुशनास (आदमी को पहचानने वाली) मालूम होती है।' इस तरह के बेशुमार लतीफे मजाज़ से मंसूब हैं। लेकिन इनके पीछे की तल्खी ये है कि इन्हें कहने वाला पूरी ज़िन्दगी बेहद दुखी रहा।

उर्दू के जॉन कीट्स कहे जाने वाले **असरार उल हक 'मजाज़'** की पैदाइश सन् 1911 में फ़ैज़ाबाद के रुदौली कस्बे में हुई थी। मजाज़ की शायरी को मुकाम अलीगढ़ मुस्लिम विश्वविद्यालय में मिला। यहाँ उस दौर में मशहूर शायरों की एक पूरी ज़मात थी, जिनमें मोईन अहसन जज़्बी, अली सरदार जाफरी और जांनिसार अख़्तर भी शामिल थे। लेकिन इन सब में जो नाम सबसे ज़्यादा मकबूल हुआ, वो मजाज़ लखनवी का ही था। अलीगढ़ मुस्लिम यूनिवर्सिटी का तराना भी मजाज़ का ही लिखा हुआ है। मजाज़ प्रगतिशीलता के सारे तत्त्वों के स्वाभाविक समर्थक थे। असल में नाज़ुक तबीयत वाले मजाज़ हर वंचित व्यक्ति से नजदीकी महसूस करते थे, जिसे उसका बुनियादी हक नहीं मिला। यही निकटता उन्हें प्रगतिशीलता की राह पर ले गयी। स्त्री मुक्ति और नारीवाद के जिस आन्दोलन की बात आज होती है, उसे मजाज़ तीस के दशक में ही अपनी नज़्मों के ज़रिये कह रहे थे। उनकी शायरी रूमानी होते हुए भी औरत को किसी दूसरे जहाँ की शै नहीं मानती थी। एक बार मशहूर फ़िल्म अभिनेत्री नर्गिस जब लखनऊ आईं, तो मजाज़ का ऑटोग्राफ लेने गयी थीं। नर्गिस के सर पर तब सफ़ेद दुपट्टा था, इस पर मजाज़ ने नर्गिस की डायरी पर अपने दस्तखत के साथ अपना ये शेर लिख दिया था– 'तेरे माथे पे यह आँचल बहुत ही ख़ूब है/ लेकिन तू इस आँचल से इक परचम बना लेती तो अच्छा था।' कम ही लोग जानते हैं कि रुदौली में मजाज़ साहब के पुश्तैनी घर में आज एक लड़कियों का स्कूल चल रहा है।

मजाज़ तरक्कीपसन्द शायरों में होते हुए भी अपनी रुमानियत के चलते अलग ही नज़र आते हैं। फैज़ अहमद 'फैज़' उनके बारे में लिखते हैं– 'मजाज़ की इन्क़लाबियत आम इन्क़लाबी शायरों से अलग है। आम इन्क़लाबी शायर इन्क़लाब लेकर गरजते हैं, सीना कूटते हैं। इन्क़लाब के मुताल्लिक गा नहीं सकते। वे इन्क़लाब की भीषणता को देखते हैं, उसके हुस्न को नहीं पहचानते।' मजाज़ की शायरी अल्फ़ाज़ की कारीगरी से नहीं बनती, वहाँ भावों की सहज आमद है। इसलिए रूमानी शायरी में तो वो कीट्स

का दर्ज़ा रखते ही हैं। तरक्कीपसन्द शायरी में मजाज़ ज़रा भी बनावटी नहीं लगते। मजाज़ की शायरी की गहरी समझ रखने वाले मोहसिन जमाल कहते हैं– 'अगर मजाज़ को उतनी लम्बी उम्र मिली होती, जितनी उसके साथ के बाक़ी शायरों को मिली तो इसमें कोई शक़ नहीं कि मजाज़ का नाम ग़ालिब, इक़बाल के बाद मकाम पाता।'

बेतहाशा शराबनोशी ने मजाज़ को मौत के मुहाने पर लाकर छोड़ा था। कई बार वे पागलपन के दौरे के शिकार हो चुके थे और दिसम्बर, 1955 में जबकि वे शराब पीना लगभग छोड़ चुके थे, उनके दोस्तों ने उन्हें एक बार फिर से जाम पकड़ा दिया और फिर नशे की हालत में कड़ाके की ठण्ड में लखनऊ के एक शराबखाने की छत पर छोड़कर चले आए। सुबह होने और बलरामपुर अस्पताल पहुँचने तक वे गुजर चुके थे। मजाज़ की मौत के बाद उन पर जितना लिखा-पढ़ा गया, उतना उर्दू के किसी शायर के इंतकाल के बाद नहीं हुआ। सन् 2006 में भारत सरकार ने मजाज़ की याद में एक डाक टिकट भी ज़ारी किया। लखनऊ में मजाज़ की खस्ताहाल कब्र पर एक शेर लिखा है–

अब इसके बाद सुबह है और सुबह-ए-नौ मजाज़
हम पर है ख़त्म शामे गरीबाने लखनऊ...

साभार : युवा पत्रकार और उर्दू अध्येता हिमांशु वाजपेयी द्वारा लिखी गयी टिप्पणी। पहली बार प्रकाशित।

मेराज फ़ैज़ाबादी

उर्दू अदब के महान शायर–नौ

फ़ैज़ाबाद को अपने जिन फ़र्ज़न्दों पर नाज़ है, उनमें से एक शायर **मेराज फ़ैज़ाबादी** *हैं। यहीं एक छोटे से गाँव कोला शरीफ़ में उनकी पैदाइश 2 जनवरी, 1941 को हुई। घर वालों ने नाम दिया था मेराज़ उल हक़। मगर मेराज-उल-हक़ को मेराज फ़ैज़ाबादी की मेराज तक उन्होंने ख़ुद पहुँचाया। सन् 1962 में उन्होंने लखनऊ विश्वविद्यालय में साइंस में ग्रेजुएशन किया मगर साइंस उन्हें ज़्यादा रास नहीं आई। कमसिनी में ही मेराज साहब गेसू-ए-ग़ज़ल के गिरफ़्तार हो गये और फिर उम्र भर ख़ुशी-ख़ुशी असीर रहे। 30 नवम्बर, 2013 को लखनऊ में कैंसर से लड़ते हुए उन्होंने इस दुनिया को अलविदा कहा। बाद के दिनों में वो भले ही लखनऊ में ज़्यादा रहा करते थे, मगर दफ़न हुए तो अपने गाँव की ही मिट्टी में।* **'नामूस', 'सबात', 'दायम', 'थोड़ा सा चन्दन'** *और* **'बेख़्वाब साअतें'** *उनकी शाइरी की किताबें हैं।*

मेराज साहब ने अपने बारे में एक जगह कहा है कि मैं जानता हूँ कि मैं मीर, ग़ालिब, मोमिन, इक़बाल नहीं बन सकता लिहाजा मैंने मुशायरों पर ही क़नाअत कर ली। ये ऐतराफ़ उनकी ईमानदारी का सबूत है। सच है कि मेराज फ़ैज़ाबादी मुख्यतः मुशायरों के ही शायर रहे, मगर ऐसे शायर रहे जिनकी मौजूदगी ने मुशायरे को हमेशा वकार बख़्शा, हमेशा ज़ीनत अता की। मुशायरों की दुनिया में उन्हें बेपनाह मक़बूलियत मिली। वक्त के साथ मंचीय कविता में कितना ही हल्कापन क्यों न आ गया हो, पर मेराज फ़ैज़ाबादी अपने मेयार से नीचे कभी नहीं आए। बल्कि एक दौर में तो मेराज फ़ैज़ाबादी का नाम मुशायरों का मेयार ऊँचा करने के काम आने

लगा। वो भी उन शायरों में शामिल रहे, जिन्होंने बेहद आम-फहम ज़बान में भी गहरे और यादगार शेर कहे। उनकी शायरी का सादा मगर पुरअसर अन्दाज़ उन लोगों को भी कायल कर देता था, जो ये सोचकर मुशायरे में आते थे कि आज बड़े से बड़े शाइर को भी जमने नहीं देना है। दुनिया भर के मुशायरों में उन्होंने अपनी शायरी का लोहा मनवाया। 1987 में पहली बार कराची गये, 1989 में दुबई और 1995 में पहली बार अमरीका में मुशायरा लूटा। वो कहीं भी गये हों, मगर अपने इस शेर पर उनका यकीन हमेशा कायम रहा– **इरादे नेक हों तो मंज़िलें कदमों तक आती हैं/कोई ठोकर हो ख़ामोशी से रास्ता छोड़ देती है...**

उनकी ग़ज़लें लता मंगेशकर और जगजीत सिंह जैसे गुलूकारों ने गायीं। **'तेरे बारे में जब सोचा नहीं था....'** *तो जैसे अमर ही हो गयी। मगर मेराज साहब का अस्ल उनकी वो शायरी थी, जिसमें वो आम आदमी के ज़मीनी मसायल को बेहद सलीके से बयान करते थे, जबकि वो आधिकारिक तौर पर शायरी के किसी ख़ेमे किसी धारा से सम्बद्ध नहीं रहे। इस रंग के उनके बेशुमार शेर हैं, जो हमेशा लोगों की ज़बान पर रहेंगे। उदाहरण के तौर पर कुछ अलग-अलग रंगों के एक-दो शेर याद किये जा सकते हैं–*
अब थकन पाँव की जंजीर बनी जाती है/राह का ख़ौफ़ ये कहता है कि चलते रहिए...
मुझको थकने नहीं देता ये ज़रूरत का पहाड़/मेरे बच्चे मुझे बूढ़ा नहीं होने देते....

दुनिया में जब भी कभी फ़ैज़ाबाद की अदबी तहज़ीब के चर्चे होगें, तो जनाब मेराज फ़ैज़ाबादी साहब का नाम पूरी इज़्ज़त, पूरे एहतराम के साथ लिया जायेगा। इस शहर के बाशिन्दों के लिए उनकी शख़्सियत हमेशा एक चराग़-ए-राह की तरह मौजूद रहेगी।

मुहब्बत को मेरी पहचान कर दे
मेरे मौला मुझे इंसान कर दे
मुहब्बत, प्यार, रिश्ते, भाईचारा
हमारे दिल को हिन्दुस्तान कर दे।

साभार : युवा पत्रकार और उर्दू अध्येता हिमांशु वाजपेयी द्वारा लिखी गयी टिप्पणी। पहली बार प्रकाशित।

फ़ैज़ाबाद के अन्य प्रतिनिधि शायर
उर्दू अदब के महान शायर–दस

उर्दू साहित्य के इतिहास में नवाब शुजाउद्दौला का काल बहुत ही महत्त्वपूर्ण रहा है। इस समय न केवल फ़ैज़ाबाद की मिट्टी से कलाकार व शायर पैदा हुए, बल्कि दिल्ली से आ-आ कर यहाँ बस भी गये और यहीं के होकर रह गये। यहाँ आकर बसने वाले कलाकारों की संख्या अनगिनत थी, जिसमें हमने फ़ैज़ाबाद के आरम्भिक नवाबी दौर के प्रमुख शायरों क्रमशः **मीर अनीस, मीर गुलाम हसन, ख़्वाजा हैदर अली 'आतिश', नवाब सैय्यद मुहम्मद ख़ाँ 'रिन्द', मुहम्मद रफ़ी 'सौदा', पं. बृज नारायण 'चकबस्त', मिर्ज़ा हातिम अली बेग़ 'महर'** *का ज़िक्र पूर्व के अध्यायों में किया है। इनके अलावा चन्द और लोग भी उल्लेखनीय रहे, जिन्होंने बाद में लखनऊ दरबार को अपने 'शेर-ओ-सुखन' से समृद्ध किया। इन लोगों में प्रमुख रूप से* **'मीर सोज़', 'मीर तक़ी मीर', 'नासिख़', 'फ़सीह', 'जुरअत', 'रश्क़', 'इन्शा', 'मुस्हफ़ी'** *और* **सआदत यार ख़ाँ 'रंगीन'** *मुख्य थे।*

एक बहुत मशहूर शायर **अशरफ़ अली ख़ाँ, 'फ़ुग़ां'** *को भी याद किया जा सकता है, जो मुर्शिदाबाद से शुजाउद्दौला के काल में फ़ैज़ाबाद आये और फिर अज़ीमाबाद चले गये, जहाँ उनका देहावसान नवाब शुजाउद्दौला के देहान्त से दो बरस पहले हुआ। यह एक हद तक शुजाउद्दौला की गरिमा और साहित्य को सराहने वाली दृष्टि थी, जो इन महान शायरों को अपनी तरफ़ खींच लाई थी। अब्दुल हलीम 'शरर'* **'गुज़िश्ता लखनऊ'** *में उर्दू जगत के शुरुआती आधिकारिक विद्वान* **'ख़ान' आरज़ू** *की चर्चा करते हैं, जिनका नवाब शुजाउद्दौला के शासनकाल में बड़ा सम्मान किया गया था। इस पुस्तक में उनके बारे में रोचक ढंग से वर्णन हुआ है। इसके अनुसार– 'उर्दू*

के बड़े-बड़े धुरन्धर, जिनमें **'सौदा'**, **'मीर'**, **मिर्ज़ा मज़हर 'जान-जानां'** *और* **ख़्वाजा मीर 'दर्द'** *शामिल हैं– सब उनके शार्गिद थे। शाइरी और भाषा पर अपूर्व अधिकार की बुनियाद लखनऊ में इन्हीं पहले* **उस्ताद 'ख़ान'** *आरज़ू ने डाली। नवाब शुजाउद्दौला के मामू सालारजंग ने बड़ी मिन्नत-समाजत से उन्हें लखनऊ बुलवाया और एक ज़माने तक अवध में रहकर लखनऊ में ही उनका निधन हुआ। उर्दू शाइरी के वही पहले उस्ताद थे और उन्हीं से उर्दू काव्य के लखनऊ में आने की बुनियाद पड़ी।'*

इस तरह अवध के नवाबी इतिहास में उर्दू शायरों का बड़ा योगदान माना जाता है, जिसमें स्वयं नवाब शुजाउद्दौला के पुत्र **नवाब आसिफुद्दौला** *भी* **'आसिफ़'** *के उपनाम से एक शायर के तौर पर याद किये जाते हैं। नवाबी ख़ानदान में सबसे बड़े शायर और कलाकार के रूप में* **नवाब वाजिद अली शाह** *का नाम लिया जाता है, जो* **'अख़्तर'** *और* **'जाने आलम'** *के नाम से अपने शेर कहते थे, जबकि ठुमरी लिखते वक्त अपना उपनाम* **'अख़्तर पिया'** *इस्तेमाल किया करते थे।*

साभार : **1. उर्दू काव्य की जीवन-धारा : शम्सुलउल्मा मौलवी मुहम्मद हुसेन आज़ाद, अनुवादक : प्रभु नारायण गौड़, प्रकाशक : नागरी प्रचारिणी सभा, काशी, संस्करण : प्रथम-1979 ई., 2. वृहद उर्दू साहित्य कोश : डॉ. कमल नसीम, प्रकाशक : वाणी प्रकाशन, नयी दिल्ली, संस्करण : प्रथम-2002, 3. गुज़िश्ता लखनऊ : अब्दुल हलीम शरर, प्रकाशक : भुवन वाणी ट्रस्ट, लखनऊ, संस्करण : द्वितीय, 1990, 4. लखनऊ की शायरी जहान की जुबान पर : डॉ. योगेश प्रवीन, प्रकाशक : हिन्दी वाङ्मय निधि, लखनऊ, संस्करण : तृतीय - 2013 से संक्षिप्त एवं संशोधित रूप में लेने के आधार पर इस अंक के सम्पादक यतीन्द्र मिश्र द्वारा लिखी गयी टिप्पणी। पहली बार प्रकाशित।**

महात्मा हरगोविन्द

हिन्दी पत्रकारिता के गौरव स्तम्भ–एक

'रज्जन बाबू' से 'महात्मा' होने तक के सफ़र में एक स्वतंत्रता संग्राम सेनानी, वामपन्थी विचारक, क्रान्तिकारी पत्रकार और कर्मनिष्ठ लेखक के तौर पर **हरगोविन्द जी** *ने अपने जीवन में बहुत से उतार-चढ़ाव देखे थे। फ़ैज़ाबाद जिले के बीकापुर तहसील के अन्तर्गत आने वाले बारुन बाज़ार के सड़ौली गाँव के मूल निवासी श्री हरगोविन्द का जन्म 22 मार्च, सन् 1917 को लखनऊ के नरही मुहल्ले में हुआ था। इनके पिता मनोहर लाल, अफीम कार्यालय में प्रधान लिपिक थे। अध्ययन, लेखन, चिन्तन और राजनीति उनके जीवन का अभिन्न अंग थी, जिसके लिए अलग-अलग कार्यों का उनका समय निर्धारित रहता था। ऐसा कहा जाता है कि भोजन करने से लेकर पुस्तक लेखन तक का उनका कार्य घड़ी की सुईयों के आधार पर होता था। हिन्दी, संस्कृत और अंग्रेजी भाषा में दक्ष हरगोविन्द जी ने दर्जनों पुस्तकें लिखी हैं, जिनमें कुछ के नाम इस तरह हैं–* **'उठो किसानों', 'विप्लवामि युगे-युगे', 'गिरते-उठते बढ़े चलो', 'व्यक्तिवाद और समाजवाद', 'भारत की हिन्दू-मुस्लिम राजनीति', 'मानव की विकास-यात्रा', 'भारतीय चिन्तन का विज्ञान'** *और* **'लोकतंत्र कैसे बचाएँ'** *आदि।*

सन् 1941 के दौरान कांग्रेस में सक्रिय रहते हुए वे युद्ध-विरोधी सत्याग्रह में भाग लेने के कारण जेल गये। इतना ही नहीं उन्होंने लगातार सन् 1942 से 1945 तक 'भारत छोड़ो आन्दोलन' में भागीदारी करके जेल काटी। सन् 1948 में इण्डोनेशिया के स्वतंत्रता संघर्ष में भागीदारी के लिए उन्होंने लखनऊ में 'हिन्द फ्लाइंग क्लब' की महँगी सदस्यता लेकर हवाई जहाज चलाना सीखा, जिससे मुक्ति संघर्ष में हवाई जहाज से बम वर्षा की जा

सके। उनका यह लक्ष्य पूरा नहीं हो सका और उन्हें मद्रास में गिरफ़्तार कर जेल भेज दिया गया। वहीं से उन्हें फिर फ़ैज़ाबाद जेल लाया गया।

सन् 1948 में ही मलाया-सिंगापुर की यात्रा के दौरान वहाँ इमरजेंसी लागू होने के कारण उन्हें गिरफ़्तार कर लिया गया था। यहाँ से उन्हें मद्रास की वेल्लूर जेल भेजा गया, जिसके बाद उन्हें लखनऊ तथा फ़ैज़ाबाद की जेलों में भी रखा गया। यह जानना भी महत्त्वपूर्ण होगा कि इसके पूर्व कुछ दिनों तक उन्हें सिंगापुर और मद्रास में नज़रबन्द रखा गया। सन् 1949 में उन्हें मद्रास प्रेसीडेन्सी से दो वर्ष के लिए निष्कासित तक कर दिया गया था। इसी तरह गोण्डा जिले के उतरौला काण्ड में सत्याग्रह करने के मामले में भी उन्हें जेल भेज दिया गया था। सन् 1962 में भारत-चीन युद्ध के बाद एक सम्पादकीय लिखने के चलते उनको जेल जाना पड़ा था। इसका लम्बा मुकदमा चला और बाद में सरकार ने मुकदमा वापस ले लिया। 1962 ई. में ही कम्युनिस्ट पार्टी के विभाजन के बाद उन्होंने दलीय राजनीतिक सम्बद्धता से अपने को अलग कर लिया था।

आपातकाल के दौरान आन्तरिक सुरक्षा अधिनियम के तहत 1975-76 ई. में सरकार ने उन्हें जेल भेज दिया था। यह वाक़या उस समय का है, जब पूर्व प्रधानमंत्री श्रीमती इन्दिरा गाँधी ने 25-26 जून 1975 को देश में आपातकाल लागू कर दिया था। महात्मा हरगोविन्द उन दिनों लखनऊ से 'जनमोर्चा' समाचार पत्र निकालते थे, वे दोनों ही संस्करणों के प्रधान सम्पादक थे। शहीदों और स्वतंत्रता सेनानियों के प्रति उनकी निष्ठा का आलम यह था कि 19 दिसम्बर को प्रतिवर्ष वे फ़ैज़ाबाद के जेल में अशफ़ाक उल्ला ख़ाँ की शहादत की स्मृति में आयोजित समारोह में अनिवार्य रूप से जाते थे। 'महात्मा' का उपनाम उनके ही क़रीबी लोगों ने उनके त्यागमयी जीवन को देखते हुए दिया था। अपनी युवावस्था से ही वे वैचारिक रूप से वे अनीश्वरवादी थे। भोजन बनाने से लेकर कपड़ा धुलने का कार्य, यहाँ तक कि अपनी दाढ़ी और बाल काटने का काम भी वे स्वयं कर लेते थे। उन्होंने जीवन में कभी भी कपड़े को प्रेस कराकर नहीं पहना। अपने नाम के आगे जातिबोधक सम्बोधन (सरनेम) उन्होंने नहीं लिखा। यह सब बातें उनके सादगी-भरे जीवन-चरित के पन्नों को उजागर करती है।

अपने जीवन काल में ही शहर के महाजनी टोला के पैतृक आवास को उन्होंने उसमें रहने वाले अपने सहयोगियों को समर्पित कर दिया था और गाँव के खेत-बाग आदि को वहाँ के जोतने-बोने वालों को वसीयत करके

दे दिया था। इसी सन्दर्भ में उनकी उदार-चेता वृत्ति के उस कृत्य को भी देखना चाहिए, जिसके चलते उन्होंने भूकम्प से ध्वस्त एक विद्यालय को चलाये रखने के लिए खुद का घर दान में दे दिया था।

म्युनिसपिल कारपोरेशन के चुनाव में बने मोर्चे ने 'जनमोर्चा' की नींव डाली थी। यह जनमोर्चा पूरे चुनाव में नागरिक मोर्चा का मुख-पत्र बना रहा। यह फ्रंट ही बाद में 'जनमोर्चा' के नाम से दैनिक अखबार बन गया। फ़ैज़ाबाद और लखनऊ 'जनमोर्चा' के बाद उनकी यात्रा एक लेखक और चिन्तक की रही। अविभाजित उत्तर प्रदेश में वे पहाड़ पर जाकर बस गये थे। अन्तिम दिनों में उनका आवास केदारनाथ से मात्र 19 किमी. की दूरी पर स्थित था।

उनके पत्रकारिता जीवन का एक लम्बा-चौड़ा इतिहास रहा है, जिसके कुछ अमर उदाहरण ही यहाँ दिये जा सकते हैं। इनसे उनके बहुआयामी विराट् व्यक्तित्व की एक झलक मिलती है। 1936-1937 ई. में उन्होंने 'किसान' नामक साप्ताहिक समाचार-पत्र निकाला व उसके सम्पादक रहे। 'किसान' का सम्पादक बनने के पूर्व वे 'कायस्थ हितकारी' (1935) के लिए लेखन करते थे। सम्भवतः इसी पत्र से उनके लेखन की शुरुआत मानी जाती है। 'भारत' अखबार के संवाददाता के रूप में उन्होंने 1937 ई. से 1940 ई. तक कार्य किया था। लखनऊ के पत्र 'अधिकार' के सम्पादक मण्डल में सन् 1945 से 1948 तक कार्यरत रहे और इसी साप्ताहिक पत्र के सन् 1950 में सम्पादक भी बने। वे इन पत्रों के अतिरिक्त सन् 1951 से 1952 तक 'नया सवेरा', लखनऊ के सम्पादक-मण्डल में तथा सन् 1952 से 1957 तक दिल्ली और लखनऊ के ही 'जनयुग' के सम्पादक-मण्डल में रहे।

इतने तरह से वैचारिक क्रान्ति करते हुए एक लम्बे जीवनानुभव की यात्रा के उपरान्त ही हमें महात्मा हरगोविन्द का बड़ा व्यक्तित्व हासिल हो सका है। अपनी दर्जनों पुस्तकों, सैकड़ों लेखों और हज़ारों सामाजिक-राजनीतिक टिप्पणियों के लिए वे हमेशा प्रासंगिक बने रहेंगे। उनकी अमरता के खाते के लिए तो मात्र फ़ैज़ाबाद में सहकारिता के सिद्धान्तों पर आधारित 'जनमोर्चा' का प्रकाशन ही सबसे विचारणीय कदम माना जायेगा। लगभग अट्ठासी वर्ष की एक सार्थक ज़िन्दगी जीते हुए महात्मा हर गोविन्द का निधन 3 नवम्बर, 2005 को हुआ।

साभार : महात्मा हरगोविन्द पर एकाग्र जनमोर्चा दैनिक के विशेष अंक तथा शीतला सिंह व सुमन गुप्ता के आलेखों से संक्षिप्त व संशोधित रूप में इस अंक के सम्पादक यतीन्द्र मिश्र द्वारा प्रस्तुत। पहली बार प्रकाशित।

फ़ैज़ाबाद : दस्तावेज़-140

श्यामा प्रसाद 'प्रदीप'

हिन्दी पत्रकारिता के गौरव स्तम्भ–दो

हिन्दी पत्रकारिता के गौरव स्तम्भ के रूप में सम्मानित **श्यामा प्रसाद 'प्रदीप'** *जी नैतिक ढंग से सत्याग्रही व साहसी पत्रकार के रूप में विख्यात रहे। उनकी एक बड़ी पहचान यह भी थी कि उन्होंने भारतीय स्वाधीनता संग्राम में एक सच्चे सिपाही की तरह कई मोर्चों पर लड़ाई लड़ी। वैसे तो उनका पैतृक आवास फ़ैज़ाबाद जिले के मिल्कीपुर (इनायत नगर) इलाके के मवई खुर्द गाँव में पड़ता है, लेकिन उनका जन्म बर्मा (अब म्यामांर) के माण्डले क्षेत्र में 14 अगस्त, 1926 ई. को हुआ था। उनके बचपन का नाम स्वामी दयाल था। वे अंग्रेज़ों के खिलाफ़ 'भारत छोड़ो आन्दोलन' से सक्रिय रूप से जुड़े हुए थे और इसके लिए उन्हें कई बार जेल भी जाना पड़ा। यह एक उल्लेखनीय तथ्य है कि उनके जीवन की इस तरह की पहली जेल-यात्रा मात्र चौदह वर्ष की वय में हुई थी। एक सचेत क्रान्तिकारी के रूप में उन्होंने कई बार स्वतंत्रता आन्दोलन की गतिविधियों में हैण्डबिल और पर्चे चिपकाने का काम किया, तो कई दफ़ा राजनीतिक बन्दियों के साथ भारत को मुक्त कराने का स्वप्न देखते हुए लम्बी व यातनादायक जेल यात्राएँ कीं।*

उन्होंने अपने पत्रकारिता जीवन की शुरुआत पचास के दशक में कानपुर में 'दैनिक विश्वमित्र' नामक पत्र के साथ आरम्भ किया था और उसके उपरान्त लगभग बत्तीस (32) समाचार-पत्रों व साप्ताहिक पत्र-पत्रिकाओं में पत्रकार के रूप में जुड़े हुए उप-सम्पादक, सम्पादक और सलाहकार आदि पदों पर नियुक्त हुए। इनमें प्रमुख रूप से याद किए जाने वाले पत्र हैं– 'दैनिक जयहिन्द', 'संसार', 'आज', 'इण्डियन एक्सप्रेस', 'तरुण भारत', 'केसरी', 'सन्मार्ग', 'जनसत्ता', 'दैनिक जागरण' और 'एवरीमेन्स' जैसे साप्ताहिक।

उनकी पत्रकारिता में पैठ और स्वीकार्यता का उदाहरण इसी बात से देखा जा सकता है कि अपने समयों में प्रसिद्धि के शिखर पर रहे कुछ दैनिक पत्रों में उनके साप्ताहिक व मासिक कॉलम लगातार प्रकाशित होते थे और दूर-दूर तक पढ़े व सराहे जाते थे। इनमें उल्लेखनीय कुछ कॉलम इस तरह हैं– 'आराम कुर्सी से' (इण्डिया टुडे), 'तदपि कहे बिनु रहा न जाई' (स्वतंत्र भारत), 'कथा अपनी और ज़माने की' (जनवाती) और अवधी भाषा में लिखा गया 'अवध की चिट्ठी' (जनसत्ता) आदि।

पूरी तरह पत्रकारिता को समर्पित प्रदीप जी समाजवादी विचारधारा से सम्बद्ध एक ऐसे समाज सेवी भी रहे, जिन्होंने सर्वोदय आन्दोलन में भी अपनी सक्रिय भागीदारी सुनिश्चित की थी। उनके आरम्भिक जीवन के संघर्ष और पत्रकारिता के तमाम चरणों में मिलने वाले प्रमुख लोगों में लोकनायक जयप्रकाश नारायण, आचार्य नरेन्द्र देव, अशोक मेहता, चौधरी चरण सिंह और नारायण दत्त तिवारी जैसे मूर्धन्यों का नाम लिया जा सकता है।

वे इस मामले में भी बेहद सम्मानित स्वतंत्रता संग्राम सेनानी के रूप में याद किए जायेंगे कि उन्होंने स्वतंत्रता सेनानियों को मिलने वाली पेंशन को लेने से इन्कार कर दिया था। उन्हें 1978 ई. में उत्तर प्रदेश विधान-परिषद का सदस्य भी नामित किया गया था और इस कार्यकाल के दौरान वे सदन की विशेषाधिकार समिति के सभापति भी रहे थे। उन्होंने अशोक मेहता की दो पुस्तकों 'डेमोक्रेटिक सोशलिज़्म' और 'स्टडीज़ इन एशियन सोशलिज़्म' का क्रमशः 'लोकतांत्रिक समाजवाद' और 'एशियाई समाजवाद : एक अध्ययन' शीर्षक से अनुवाद कार्य भी किया था। यह बताना भी यहाँ प्रासंगिक होगा कि प्रदीप जी हिन्दी भाषा में निष्णात होने के अलावा पाली, संस्कृत और अंग्रेज़ी के भी जानकार अध्येता थे।

कुल मिलाकर यह कहा जा सकता है कि स्वतंत्रता संग्राम के लिए समर्पित क्रान्तिकारी के रूप में, एक प्रखर समाजवादी चिन्तक पत्रकार के किरदार में और अपने पैतृक गाँव के जीवन में बसे हुए एक स्वाभिमानी भारतीय किसान के चरित्र में श्यामा प्रसाद 'प्रदीप' जी का होना एक ऐसे रचनात्मक संस्थान के समान था, जिसने जीवन भर अपने कार्यों से समाज में रोशनी फैलाई थी।

आधी शताब्दी से अधिक का जीवन सक्रिय पत्रकारिता और समाज के लिए संघर्ष में निभाते हुए प्रदीप जी का निधन उनके पैतृक निवास मवई ख़ुर्द

में 13 जनवरी, 2004 को हुआ। हम उन्हें फ़ैज़ाबाद परिक्षेत्र के स्वतंत्रता संग्राम सेनानी या पत्रकार के रूप में ही याद न करके, समूचे हिन्दी अंचल के ऐसे स्वाभिमानी नायक के रूप में याद कर सकते हैं, जिनके पदचिन्हों पर चलकर आज पत्रकारिता में रमी हुई युवा पीढ़ी अपने व्यक्तित्व को थोड़ा ऊँचा उठा सकती है।

साभार : **स्व. श्यामा प्रसाद 'प्रदीप' जी के कनिष्ठ पुत्र अधीर 'प्रदीप' से प्राप्त सूचनाओं और जानकारियों के आधार पर इस अंक के सम्पादक यतीन्द्र मिश्र द्वारा लिखी गयी टिप्पणी। पहली बार प्रकाशित।**

फ़ैज़ाबाद : दस्तावेज़-141

शीतला सिंह

हिन्दी पत्रकारिता के गौरव स्तम्भ–तीन

सहकारिता पर आधारित दैनिक समाचार-पत्र 'जनमोर्चा' और **शीतला सिंह** *एक दूसरे के पर्याय हैं। 'जनमोर्चा' के संस्थापक सम्पादक महात्मा हरगोविन्द जी को भारत सुरक्षा कानून के तहत चीन पर लिखे उनके सम्पादकीय के कारण जेल जाना पड़ा था। जेल से ही उन्होंने कागज के एक छोटे से पर्चे में लिखकर सन्देश भेजा था कि शीतला सिंह को सम्पादक बना दिया जाये। इसी के बाद 14 अप्रैल, 1963 से अब तक वे जनमोर्चा के यशस्वी सम्पादक के तौर पर कार्यरत हैं। जेल से वापस आने के बाद भी हरगोविन्द जी ने अपने निर्णय में कोई बदलाव नहीं किया था।*

शीतला सिंह और महात्मा हरगोविन्द का साथ कम्युनिस्ट पार्टी के माध्यम से हुआ था। ऐसा माना जाता है कि महात्मा हरगोविन्द ने ही उन्हें पत्रकारिता के क्षेत्र में लिखना और पढ़ना सिखाकर एक अनुभवी पत्रकार के रूप में विकसित किया। हालाँकि शीतला सिंह का जो व्यक्तित्व आज दिखाई देता है, उसमें उनका गहन स्वाध्याय और परिश्रम शामिल रहे हैं। आर्य समाज जैसे तत्कालीन प्रगतिशील आन्दोलन से सम्बन्धित विभिन्न पुस्तकों के अध्ययन ने उन्हें कम्युनिस्ट विचारधारा की ओर प्रेरित किया।

शीतला सिंह का जन्म फ़ैज़ाबाद जनपद की मिल्कीपुर तहसील के खड़भड़िया गाँव में 6 अगस्त, 1932 ई. को जमींदार राजबहादुर सिंह के घर हुआ था। जन्म के छः माह के अन्दर ही माँ का निधन हो गया और तीन साल की उम्र होते-होते पिता भी नहीं रहे। शीतला सिंह का जीवन बचपन से युवाकाल तक संघर्षमय ही रहा। उनके पास किसी औपचारिक शिक्षा की डिग्री नहीं है, फिर भी उनके लेखन व वक्तव्यों आदि से उनके गहरे अध्येता होने का

भान होता है। यह देखना दिलचस्प है कि सन् 1963 में कम्युनिस्ट पार्टी के विभाजन के साथ ही वे दलीय निष्ठा से अलग हो गये। वामपन्थी होने के बावजूद, उनका मानना है कि समाचार-पत्र यदि निकालना है, तो किसी भी पार्टी का सदस्य होकर नहीं निकाला जा सकता।

उत्तर प्रदेश सरकार ने पत्रकारिता में अमूल्य योगदान के लिए उन्हें 'यश भारती' सम्मान से नवाजा है। आज के पूँजीवादी दौर में भी उनके अथक परिश्रम व लगन ने जनमोर्चा जैसे सहकारी दैनिक पत्र को राष्ट्रीय अख़बारों की तुलना में एक वैकल्पिक विचार-मंच की तरह स्थापित कर दिया है।

साभार : **वरिष्ठ पत्रकार सुमन गुप्ता के आलेख से संक्षिप्त एवं संशोधित रूप में लेने के आधार पर युवा पत्रकार दीपक मिश्र द्वारा लिखी गयी टिप्पणी। पहली बार प्रकाशित।**

पं. रामकृष्ण पाण्डेय 'आमिल'

प्राच्य विद्या चिन्तक, शायर एवं श्री अध्यात्म शक्तिपीठ, मुबारकगंज के संस्थापक

पं. रामकृष्णं पाण्डेय 'आमिल' का जन्म पंजाब प्रान्त के अम्बाला छावनी स्थित कुम्हार-मण्डी मुहल्ले में एक कुलीन सरयूपारीण ब्राह्मण परिवार में 26 जून, 1931, शुक्रवार को हुआ था। यह परिवार उन्नीसवीं शताब्दी के किसी दशक में अर्थोपार्जन की तलाश में जनपद फ़ैज़ाबाद, उत्तर प्रदेश के गाँव कलाफरपुर (पूरे सेठ) से आकर अम्बाले में बस गया था। कर्मकाण्ड और ज्योतिष-ज्ञान इनको पितामह पं. बच्चू प्रसाद पाण्डेय और पिता श्री रामप्रताप पाण्डेय से विरासत में प्राप्त हुआ था।

'आमिल' जी की प्रारम्भिक शिक्षा छावनी-परिषद्, अम्बाला के प्राथमिक विद्यालय में हुई। उन्होंने हाईस्कूल की परीक्षा वर्ष 1946 में लाहौर विश्वविद्यालय से उत्तीर्ण की। स्व. लोकनायक जयप्रकाश नारायण के लाहौर जेल से मुक्त होने पर अम्बाले की एक विशाल जनसभा में उनके भाषण को सुनकर 'आमिल' जी के किशोर मन में राष्ट्रभक्ति का बीज अंकुरित हो गया। छात्र-राजनीति में सक्रिय हो जाने के कारण वे इण्टरमीडिएट की परीक्षा में सम्मिलित न हो सके। सोशलिस्ट पार्टी की सक्रिय सदस्यता ग्रहण करके उन्होंने अम्बाले में पार्टी के पूर्णकालिक कार्यकर्त्ता के तौर पर अपनी क्षमता का परिचय दिया। सन् 1948 के पश्चात् उनके अति सक्रिय राजनीतिक जीवन की शुरुआत हो गयी।

इसी क्रम में पं. 'आमिल' का सम्पर्क लोकनायक जय प्रकाश नारायण, आचार्य नरेन्द्र देव, डॉ. राममनोहर लोहिया, अशोक मेहता, अरुणा आसफ अली, रामानन्दन मिश्र, प्रेम भसीन, प्रो. तिलकराज चढ्ढा आदि से हुआ।

सोशलिस्ट पार्टी के महत्त्वपूर्ण मुखपत्रों— 'सोशलिस्ट' (उर्दू जालन्धर), 'जनता' (हिन्दी, पटना), 'संघर्ष' (जो बाद में 'हमारा संघर्ष' नाम से छपा; हिन्दी, लखनऊ), 'जनता' (अंग्रेजी, मुम्बइ) तथा 'वन्देमातरम' (दैनिक उर्दू, दिल्ली) आदि में उनके वैचारिक-लेख प्रकाशित होते रहे। उन्होंने श्री मधु दण्डवते की पुस्तक 'थ्री डीकेड्स ऑव इण्डियन कम्युनिज़्म' और पुरुषोत्तम त्रिकमदास की एक छोटी पुस्तक 'दे फेस ऑव कम्युनिज़्म' का हिन्दी अनुवाद किया, जिसे दैनिक 'आज' (वाराणसी) ने छापा। कालान्तर में सोशलिस्ट पार्टी ने इन दोनों अनुवादों को पार्टी-हित में प्रकाशित कराया।

1952-53 में 'आमिल' जी आचार्य नरेन्द्रदेव के आमंत्रण पर फ़ैज़ाबाद आ गये। इसी वर्ष आचार्य जी पार्टी निर्देश पर फ़ैज़ाबाद से चुनाव लड़े और हार गये। इस हार से आचार्य जी को एहसास हुआ कि फ़ैज़ाबाद में सोशलिस्ट पार्टी की स्थिति ठीक नहीं है। अतः फ़ैज़ाबाद में ही रहकर उन्होंने पार्टी को मज़बूत करने का सुझाव पं. आमिल को दिया। आचार्य जी के निर्देश पर ही पं. रामकृष्ण पाण्डेय के लिए एक स्थानीय कॉलेज में अप्रशिक्षित वेतनमान पर पचहत्तर रुपये मासिक पर अध्यापकी की व्यवस्था कर दी गयी। इसी दौरान सन् 1952 में इन्होंने इण्टरमीडिएट की परीक्षा उत्तीर्ण कर ली थी। अतः 1955 ई. में स्नातक और तदुपरान्त राजनीतिशास्त्र में परास्नातक की उपाधियाँ ग्रहण कीं। पार्टी के निर्देश पर उन्होंने फ़ैज़ाबाद में जिला मंत्री के तौर पर काम किया।

के.पी. ट्रेनिंग कॉलेज़, इलाहाबाद में अध्यापन के लिए प्रशिक्षण की अवधि में ही उनका सम्पर्क सरस्वती इण्टर कॉलेज, झाँसी के तत्कालीन अंग्रेज़ी-प्रवक्ता श्री पी.आर. रङ्गाचार्य काडम्बी से हुआ। वे दतिया-पीताम्बरा-पीठाधीश्वर श्री स्वामी जी महाराज के शिष्य थे। श्री काडम्बी के लौकिक कार्यकलापों से प्रभावित होकर उत्सुकतावश वे स्वामी जी के सान्निध्य में जा विराजे। सन् 1953 में अध्यापन का दायित्व निभाते हुए इसी विद्यालय से वर्ष 1991 ई. में प्रधानाचार्य के पद से उन्होंने अवकाश ग्रहण किया।

शैक्षिक-सेवा में नियुक्ति के पश्चात् आमिल जी का सम्पर्क उर्दू के जाने-माने साहित्यकार ठाकुर राजबहादुर सिंह 'नसीब' से हुआ। वे हिन्दी, अंग्रेज़ी, बाँग्ला, अरबी-फ़ारसी के जानकार और विशेषतः फ़ारसी-छन्दशास्त्र के अद्भुत पारखी थे। 'आमिल' जी की रुचि पहले से ही उर्दू-शाइरी में थी। 'नसीब' साहब की भेंट के बाद एक तरह से उनकी शाइरी का भाग्योदय हो गया। पं. रामकृष्ण पाण्डेय की तंत्र-साधना और संकल्पशक्ति को देखकर

'नसीब' ने उनको 'आमिल' उपाधि से विभूषित किया। मशविरा-ए-सुख़न (साहित्यिक विचार-विमर्श) के लिए 'नसीब' साहब के बाद जनाब शमीम हैदर रुदौलवी अन्य एक ऐसे व्यक्ति हैं, जिन्होंने पं. 'आमिल' को कमोवेश सुना-समझा है।

'आमिल- जी की कुल आठ कृतियाँ– 'दावते नज़र', 'अक्से ग़ज़ल', 'ज़िक्रे दौराँ', 'साँसों की सरगम', 'तंत्र-परिचय', 'आईना', 'भाव-बिम्ब' और 'अन्तर्यात्रा' प्रकाशित हुईं, जबकि उनके लिखे हुए ढेरों लेख, टिप्पणियाँ व निबन्ध भी विभिन्न काल-खण्डों में अलग-अलग पत्र-पत्रिकाओं में प्रकाशित हुए। इसके अतिरिक्त 'अनादि आस्था' नामक आध्यात्मिक पत्रिका (त्रैमासिक) का सम्पादन-प्रकाशन भी उन्होंने किया, जिसके माध्यम से मंत्र-चिन्तन और तांत्रिक साधना के नूतन आयामों पर वे प्रकाश डालते रहे।

इस संसार से विदा लेने (साकेतवास : 23 मार्च, 2005 ई.) के पूर्व तक वह सतत् लोकहित साधने में लगे रहे। उन्होंने अपना सब कुछ तंत्र-विधा की आराधना, गुरु-सेवा और साहित्य-साधना के निमित्त समर्पित कर दिया था। मुबारकगंज, फ़ैज़ाबाद-लखनऊ मार्ग पर स्थित (सोहावल के निकट) उन्होंने अपने व्यक्तिगत प्रयासों से 'श्री अध्यात्म शक्तिपीठ' की स्थापना की थी। इस शक्ति पीठ में उन्होंने अपने गुरु स्वामी जी, दतिया, मध्य प्रदेश का गुरुधाम निर्मित करने के अतिरिक्त तंत्र-साधना की देवियाँ भगवती तारा, भगवती पीताम्बरा और भगवती श्री महात्रिपुरसुन्दरी की मनोहारी प्रतिमाएँ स्थापित कीं। इनके अतिरिक्त श्री गणपति, श्री-यंत्र, शनि देव, बजरंगबली, बटुक भैरव, रुद्र महादेव का शिवलिंग, भगवान परशुराम, सूर्य देव तथा काली की स्थापना भी करायी।

उनकी मृत्यु के उपरान्त उनके शिष्य परिवार ने आमिल जी की प्रतिमा भी गुरुधाम के सम्मुख प्रतिष्ठित करवायी है। उनसे सम्बद्ध श्रद्धालुओं और भक्तों का परिवार आमिल जी के वृहद परिवार व गुरु घराने का अंग रहा है, जो अपनी श्रद्धा के साथ उनके जन्म दिवस और गुरु पूर्णिमा समेत वर्ष भर होने वाले प्रमुख अनुष्ठानों में श्रद्धा निवेदन के लिए पहुँचता रहता है।

साभार : **इदं लोकाय : आमिल-व्यक्तित्व एवं कृतित्व, सम्पादक : प्रमोदकान्त मिश्र, प्रकाशक : साहित्य संस्कृति संस्थान, फ़ैज़ाबाद, संस्करण : प्रथम-2000 से संक्षिप्त एवं संशोधित रूप में लेने के अतिरिक्त श्री अध्यात्म शक्तिपीठ, मुबारकगंज के सर्वेक्षण तथा आमिल जी के पौत्र सुधीर पाण्डेय से बातचीत के आधार पर युवा पत्रकार दीपक मिश्र द्वारा लिखी गयी टिप्पणी। पहली बार प्रकाशित।**

नगर के प्रमुख साहित्यिक हस्ताक्षर

आचार्य विश्वनाथ पाठक

अवधी काव्य के गौरव-स्तम्भ

अवधी के यशस्वी कवि तथा प्राकृत भाषा और साहित्य के अध्येता-विद्वान् आचार्य विश्वनाथ पाठक का जन्म 24 जुलाई, 1931 ई. को फ़ैज़ाबाद जनपद (अब अम्बेडकरनगर) के 'पठखौली' (तकिया कानूनगो) नामक ग्राम में हुआ था। साहित्य से अनुराग और स्वाध्याय के प्रति लगाव पाठक जी को पारिवारिक संस्कारों से मिला था। पाठक जी के पिता पं. रामप्रताप पाठक हिन्दी तथा संस्कृत साहित्य के प्रतिष्ठित विद्वान थे।

आचार्य विश्वनाथ पाठक की प्रारम्भिक शिक्षा उस दौर में हुई थी, जब उर्दू भाषा की प्रधानता रहती थी। आगरा विश्वविद्यालय से संस्कृत में एम.ए., वाराणसी के संस्कृत विश्वविद्यालय से साहित्याचार्य तथा प्राकृताचार्य की उपाधि उन्होंने उच्च शिक्षा के अन्तर्गत पायी थी। प्राच्य भाषाओं में पालि और अपभ्रंश के साहित्य का गम्भीर अध्ययन पाठक जी के वैदुष्य का विशिष्ट पक्ष रहा है। 'ध्वन्यालोक' तथा 'दशरूपक' आदि संस्कृत ग्रन्थों में आये हुए प्राकृत अंशों तथा जैन रामायण 'पउमचरिउ' के कथा प्रसंगों का उन्होंने प्रभावशाली अर्थ विश्लेषण किया है। 'गाथा-सप्तशती', 'वज्जालग्ग', 'तरंगलोला', 'देशीनाममाला' आदि रचनाओं की गाथाओं की व्याख्या भी इनके लेखन का एक अनूठा अध्याय रचती है।

उत्तर प्रदेश हिन्दी संस्थान तथा संस्कृत-संस्थान के द्वारा अपने साहित्यिक अवदान के लिए पाठक जी कई बार पुरस्कृत तथा सम्मानित किए जा चुके हैं। साहित्य अकादमी ने हिन्दी की अवधी बोली के साहित्य के उन्नयन हेतु

उन्हें सन् 2008-09 में भाषा-सम्मान से सम्मानित किया था। उनके द्वारा लिखे गये अवधी-काव्य **'सर्वमंगला'** को उनकी कीर्ति के सबसे उज्ज्वल उदाहरण के रूप में देखा जा सकता है। **'रणचण्डी'** और **'घर कै कथा'** शीर्षक अवधी प्रबन्ध-काव्य भी उन्होंने रचे थे, जिसमें ग्राम-संस्कृति पर आधारित 'घर कै कथा' का प्रकाशन सन् 2014 ई. में हुआ।

आचार्य विश्वनाथ पाठक का निधन 03 नवम्बर, 2014 ई. को रुग्णावस्था में फ़ैज़ाबाद शहर में हुआ। जीवन के उत्तरार्द्ध में वे अपनी पुत्री श्रीमती सुधा उपाध्याय के साथ नगर के नैय्यर कॉलोनी में रह रहे थे।

पण्डित भवानीभीख त्रिपाठी 'दिव्य'

अवधी और ब्रज-भाषा के विख्यात कवि

अवधी, ब्रज-भाषा और खड़ी बोली के कवि, गीतकार के रूप में विख्यात पं. भवानी भीख त्रिपाठी 'दिव्य' जी का जन्म सन् 1895 में मालीपुर, फ़ैज़ाबाद (अब अम्बेडकरनगर) में हुआ था। वे मूलतः ब्रज भाषा और खड़ी बोली के ही कवि थे, किन्तु अवधवासी होने के नाते उन्होंने मातृभाषा अवधी में भी काव्य-रचनाएँ की हैं। उनकी अवधी घनाक्षरियों, सवैयों और प्रकीर्ण रचनाओं में कृषक जीवन और उसकी समस्याओं तथा प्रकृति आदि का यथार्थ चित्र अंकित हुआ है।

अनुभूति और कल्पना के चटकीले रंग से सजी हुयी **'अवधी की विशेषताएँ'**, **'तुलसी चउरा'**, **'सरयू'** तथा **'अवधी'** शीर्षक रचनाएँ दिव्य जी के अवध और अवधी प्रेम को व्यापक स्तर पर प्रतिष्ठा दिलाती हैं। इनका निधन 21 मार्च, 1992 ई. को फ़ैज़ाबाद स्थित आवास पर हुआ।

डॉ. रमाशंकर तिवारी

अप्रतिम विद्वान एवं मूर्धन्य आलोचक

अप्रतिम विद्या आराधक डॉ. रमाशंकर तिवारी का जन्म उत्तर प्रदेश के बलिया जिले के ढूहा बिहरा गाँव में 1 जुलाई, 1915 को श्री रामनारायण तिवारी के घर हुआ था। वे एक स्वनामधन्य आलोचक थे, जिनका एक साथ हिन्दी, संस्कृत और अंग्रेजी भाषाओं पर समान अधिकार था। उन्होंने प्रारम्भिक शिक्षा गाँव की प्राथमिक पाठशाला से प्राप्त करने के बाद हाईस्कूल की परीक्षा टाउन हाईस्कूल, बलिया से उत्तीर्ण की। इण्टर और उसके बाद की परीक्षाएँ तिवारी जी ने व्यक्तिगत परीक्षार्थी के रूप में पास की थीं। हिन्दी और अंग्रेजी विषय में परास्नातक उपाधि प्राप्त करने के बाद वे पहले

हिन्दी के अध्यापक बने और उसके उपरान्त अंग्रेजी के। अंग्रेजी विषय में अध्यापन करते हुए उन्होंने हिन्दी विषय में अपना शोधकार्य 'सूर साहित्य में श्रृंगार भावना' शोध-विषय पर प्रस्तुत किया था।

यह आश्चर्य की बात है कि संस्कृत साहित्य में अपनी पुस्तकों और व्याख्यानों के चलते समादृत रहे तिवारी जी के पास इस भाषा की कोई औपचारिक डिग्री नहीं थी। बलिया, पूर्णिया जैसी जगहों पर अध्यापन करते-कराते वे प्राचार्य बने। फ़ैज़ाबाद के कामता प्रसाद सुन्दरलाल साकेत स्नातकोत्तर महाविद्यालय के प्राचार्य पद पर कार्य करने के उपरान्त वे 1976 ई. में सेवानिवृत्त हुए। डॉ. तिवारी जी ने प्राचार्यत्व के दायित्वों के निर्वहन के साथ-साथ अध्यापन और लेखन के कार्य को भी साधे रखा। इस दौरान वे अंग्रेजी आलोचना का अध्यापन करते रहे और अध्ययन के लिए समय निकालते रहे। इसी दौरान उन्होंने बहुत सी महत्त्वपूर्ण पुस्तकें भी लिखीं।

डॉ. तिवारी द्वारा प्रणीत ग्रन्थ उनके अध्ययन के विस्तृत फलक को दर्शाते हैं। हिन्दी में उन्होंने **'महाकवि कालिदास'**, **'महाकवि शूद्रक'**, **'कामायनी : प्रेरणा और परिपाक'**, **'सूर की श्रृंगार भावना'**, **'ललित की खोज में'**, **'काव्य चिन्ता'**, **'दिनकर की उर्वशी'**, **'प्रयोगवादी काव्यधारा'**, **'सूर की काव्य माधुरी'**, **'रस चिन्तन : परम्परा और परिप्रेक्ष्य'**, **'आचार्य रामचन्द्र शुक्ल का काव्यदर्शन'**, **'बिहारी का काव्य लालित्य'**, **'रामचरितमानस : एक अन्तर्दृष्टि'** जैसी पुस्तकें लिखीं। **'मोनालिसा की मुस्कान'** नाम से उनका एक कविता-संग्रह भी हिन्दी भाषा में प्रकाशित हुआ।

संस्कृत भाषा में उन्होंने तीन काव्य ग्रन्थ **'वैदेह्या अतीतावलोकनम्'**, **'राधिकाया अतीतावलोकनम्'** और **'मंदस्मितं मोनालिसाया'** लिखे हैं। **'काव्यतत्त्व विवेकः'** उनकी आलोचना प्रतिभा का उदाहरण है। अंग्रेजी भाषा में उन्होंने आलोचना और कविताएँ लिखीं है। **'द स्माइल ऑफ़ मोनालिसा'** और **'ग्रास्पिंग द इरोज'** उनके कविता-संग्रह है। अंग्रेजी कविता के इतिहास पर उन्होंने दो भागों में एक पुस्तक लिखी। टी.एस. इलियट जैसे अंग्रेजी के आधुनिक कवि की कविता 'द वेस्टलैण्ड' पर अलग से उनकी पुस्तक आयी। जीवन के अन्तिम दिनों में वे स्कन्द पुराण जैसे वृहद ग्रन्थ के अनुवाद में लगे हुए थे।

अखिल भारतीय हिन्दी सेवी संस्थान, इलाहाबाद ने 1962 ई. में उन्हें 'साहित्य महारथी' की उपाधि, उत्तर प्रदेश हिन्दी संस्थान ने 'विद्या-भूषण' सम्मान तथा मध्य प्रदेश शासन का 'देव पुरस्कार' उन्हें प्रदान किया गया था।

इंग्लैण्ड व यू.एस.ए. की तीन उच्च स्तरीय अन्तर्राष्ट्रीय महत्त्व की संस्थाओं ने उन्हें अपने सन्दर्भ ग्रन्थों में स्थान दिया है। डॉ. रमाशंकर तिवारी का निधन फ़ैज़ाबाद के अमानीगंज मुहल्ले में लक्ष्मणपुरी कॉलोनी स्थित आवास पर 09 सितम्बर, 2003 को हुआ।

हरिश्चन्द्र पाण्डेय 'सरल'

अवधी कविता व गीत की सरस अभिव्यक्ति

अवधी के यशस्वी कवि हरिश्चन्द्र पाण्डेय 'सरल' का जन्म 4 मई, 1930 ई. को हुआ था। उनके पिता डा. महादेव प्रसाद पाण्डेय अम्बेडकरनगर में पहितीपुर रोड पर स्थित कौलापुर ग्राम के मूल निवासी थे। वे अरसे तक सुलतानपुर जिले के कादीपुर क्षेत्र में डाक्टरी करते रहे। इस कारण सरल जी की आरम्भिक शिक्षा कादीपुर में ही हुई। इर्विन क्रिश्चियन कॉलेज, इलाहाबाद से इण्टरमीडिएट पास करने के उपरान्त उन्होंने सन् 1954 में स्नातक परीक्षा उत्तीर्ण की। सन् 1956 में लखनऊ विश्वविद्यालय से आधुनिक इतिहास विषय में परास्नातक उपाधि अर्जित की। 1959 ई. में विधि स्नातक परीक्षा में सफल हुए और 31 मई, 1991 में अपनी लम्बी सेवा अवधि के बाद वे हाईकोर्ट लखनऊ से वरिष्ठ अभियोजन अधिकारी पद से सेवामुक्त हुए। सरल जी अपने सेवाकाल में एक बेहद ईमानदार और कर्त्तव्यनिष्ठ अधिकारी के रूप में ख्यातिलब्ध थे।

सरल जी का एक कविता-संग्रह **'पुरवैया'** 1973 ई. में प्रकाशित हुआ था। सरल जी उन कवियों में से एक थे, जिन्होंने अपना काव्य जीवन अपने जीवन के उत्तरार्द्ध में प्रारम्भ किया। मनुष्य के चाँद पर पहुँचने की प्रतिक्रिया में उन्होंने अपनी पहली कविता लिखी थी। वर्ष था 1969 **'सुनत में जैसे लागत है गारी'** उनकी प्रारम्भिक रचनाओं में से एक थी, जिसे उन्होंने वृजेन्द्र अवस्थी के निवेदन पर जलालपुर में एक मंच पर पढ़ा था। प्रतापगढ़ भी सरल जी की काव्य-साधना से जुड़ा रहा। सरल जी खड़ी बोली में भी कविता लिखते थे, पर किसी ने उन्हें जल्दी ऐसी कविताओं को मंच पर सुनाते नहीं पाया।

अवधी क्षेत्र की भाषा, मिट्टी, नदी, वनस्पतियाँ और लोग अपने जीवन-सन्दर्भ को लिये-दिये उनकी मधुर कविताओं में उतर आते हैं। सरल जी की कविताएँ अवधी जनता के सुख-दुःख की मार्मिक अभिव्यक्ति हैं। उनकी कविता गाँव-देहात के सामान्य, सीधे-साधे व्यक्ति की कविता थी, वह गाँव-देहात

जहाँ से आकर वे फैजाबाद के नियावां क्षेत्र में बस गये थे।

शास्त्रीय संगीत का ज्ञान उन्हें तमाम मंचीय कवियों से बहुत आगे कर देता था। यह संगीतात्मकता उनकी प्रसिद्धि का कारण थी। छन्दों पर सरल जी की पकड़ ऐसी थी कि वे उसमें कोई भी भाव सहजता से भर देते थे। सरल जी 'अवध साहित्य संगम', 'सम्पर्क', 'अवधी साहित्य संस्थान' जैसी अनेक संस्थाओं से जुड़े थे। वे स्वयं को अवधी साहित्य संगम का अध्यक्ष न कहकर परम सेवक कहते थे, जो उनकी विनम्रता का परिचायक था। ऐसे सरल-वृत्ति के लोकप्रिय अवधी कवि, गीतकार का निधन 16 नवम्बर, 1997 को हुआ।

पं. सत्यनारायण द्विवेदी 'श्रीश'

छायावादोत्तर यशस्वी गीतकार

कवि पं. सत्यनारायण द्विवेदी 'श्रीश' छायावादोत्तर हिन्दी गीत परम्परा की मुख्यधारा में अहम मुकाम रखते हैं। उनके गीतों को कवि सम्मेलनों के स्वर्णिम दौर में जमकर सराहा गया। सादगी से भरे इस कवि का सम्मान दूर-दूर तक रहा, पर वह बगैर किसी गर्व या बनावटीपन के सिर्फ़ कविता और साहित्य को आगे बढ़ाने में लगे रहे। श्रीश जी का जन्म 12 अक्टूबर, 1920 को फ़ैज़ाबाद (अब अम्बेडकरनगर) जिले के मालीपुर रेलवे-स्टेशन से जलालपुर जाने वाली सड़क पर स्थित गाँव सेठवा में हुआ था। जूनियर हाईस्कूल तक स्थानीय स्तर पर विद्यालयीय शिक्षा लेने के बाद उन्होंने हिन्दी साहित्य सम्मेलन, प्रयाग की 'साहित्य रत्न' की परीक्षा उत्तीर्ण की थी।

आजीविका की तलाश में श्रीश जी प्रयाग (इलाहाबाद) गये, तो डॉ. रामकुमार वर्मा व डॉ. उदय नारायण तिवारी का सान्निध्य उन्हें मिला। डॉ. उदय नारायण तिवारी के पत्र के सहारे वह महापण्डित राहुल सांकृत्यायन के प्रिय व सहयोगी बन गये। राहुल सांकृत्यायन ने ही बाद में साहित्य-सम्मेलन, प्रयाग के साहित्य मंत्री श्री रामनाथ लाल 'सुमन' से कहकर श्रीश जी को सम्मेलन में ही जीविका दिला दी थी। सन् 1946 में गोसाईंगंज, फ़ैज़ाबाद में पण्डित सन्तराम, धीरेन्द्र मजूमदार एवं आचार्य नरेन्द्र देव आदि के प्रयास से स्थापित विद्यालय में वे अपनी सेवाएँ देने लगे थे। सन् 1983 में इसी विद्यालय, 'आचार्य नरेन्द्र देव उच्चतर माध्यमिक विद्यालय' से श्रीश जी ने अवकाश ग्रहण किया।

डॉ. श्रीपाल सिंह 'क्षेम' का तो कहना था कि 'श्रीश जी ने साहित्य के लिए अपने को सुदामा बना दिया है। उन्हें लोगों ने 'शब्दर्षि' की संज्ञा भी

प्रदान की थी।' श्रीश जी के छोटे-बड़े काव्य-संग्रहों में **'संकल्प', 'सुभाष की विभा', 'गीतिकल्प'** *और* **'कविता-काकली'** *शामिल है। उन्हें उत्तर प्रदेश हिन्दी संस्थान का वर्ष 2000 का 'साहित्य-भूषण' पुरस्कार प्राप्त हुआ था। उनका निधन 26 फरवरी, 2012 को हुआ था।*

प्रेमशंकर मिश्र

प्रख्यात नवगीतकार

पं. प्रेमशंकर मिश्र का जन्म बस्ती जनपद के नगर क्षेत्र के गाँव मिश्रौलिया में एक संभ्रान्त सरयूपारीण पंक्तिपावन मिश्रकुल में दिनांक 27 जुलाई, 1927 को हुआ था। इन्होंने इण्टरमीडिएट की पढ़ाई बस्ती में पूरी करने के उपरान्त स्नातक परीक्षा प्रयाग विश्वविद्यालय से सन् 1949 में तथा एम.ए. (हिन्दी) आगरा विश्वविद्यालय से उत्तीर्ण की। कालान्तर में उन्होंने एल.टी. और एल.एल-बी. की डिग्रियाँ भी हासिल कीं। उनका शिक्षा विभाग में पहले अध्यापन फिर प्रशासनिक कार्य से जुड़ाव रहा। सन् 1987 में शिक्षा अधिकारी के पद से सेवा-निवृत्त हुए। अपने समय के सुप्रसिद्ध ब्रज-भाषा के आचार्य कवि एवं प्रख्यात संगीतज्ञ पं. बलराम प्रसाद मिश्र 'द्विजेश' की छत्र-छाया में बाल्यकाल से ही कविता और गायन-वादन के वातावरण में रचनात्मक प्रवृत्ति का उन्मेष हुआ।

उन्होंने हिन्दी साहित्य की नयी कविता, नवगीत, निबन्ध, संस्मरण और फीचर विधाओं में लगातार लेखन किया। डॉ. शम्भूनाथ सिंह द्वारा सम्पादित नवगीत के मानक संकलन **'नवगीत अर्धशती'** *में चुने हुए नवगीतकारों में उन्हें स्थान प्राप्त है। 'नवभारत टाइम्स' के लिए दो वर्षों तक जुड़े रहे और साहित्यिक पत्रकारिता भी की। प्रेमशंकर जी साहित्यिक सांस्कृतिक सरोकारों की दो प्रमुख संस्थाओं बस्ती की 'द्विजेश परिषद' के संस्थापक सदस्य तथा फ़ैज़ाबाद की समानधर्मी संस्था 'सम्पर्क' के संस्थापक अध्यक्ष के रूप में भी जाने जाते हैं। उनकी पहचान एक ऐसे समावेशी सांस्कृतिक-पुरुष की भी रही है, जिसकी आत्मीयता के परिसर में कला-साहित्य जगत के कई मूर्धन्य शामिल रहे। इनमें ललित निबन्धकार पं. विद्यानिवास मिश्र, ग़ज़ल गायक मेंहदी हसन, सितार-वादक शाहिद परवेज़, नवगीतकार माहेश्वर तिवारी व आलोचक डॉ. वागीश शुक्ल प्रमुख हैं।*

उनका एकमात्र कविता-संग्रह **'अपने शहर में'** *सन् 1997 में प्रकाशित हुआ था। उत्तर प्रदेश हिन्दी संस्थान ने उन्हें 'साहित्य-भूषण' की उपाधि से सन् 2000 में अलंकृत किया। एक सार्थक साहित्यिक जीवन गुजारते हुए*

उनकी मृत्यु लगभग 81 वर्ष की उम्र में 16 जुलाई, 2008 को फ़ैज़ाबाद में हुई। मृत्यु उपरान्त उनके समग्र कार्यों के अनुशीलन के लिए एक ग्रन्थ **'रौशनी की आवाज़'** *का प्रकाशन सन् 2009 में हुआ, जिसके सम्पादक युवा आलोचक रघुवंशमणि हैं।*

विकल साकेती

हिन्दी के लोकप्रिय गीतकार

मंच पर पढ़ी जाने वाली कविताओं को परम्परागत ढर्रे से हटाकर उसे एक नये व युगीन अर्थ की कविता बनाने में अग्रणी रहे कवि, गीतकार श्री जियाराम शुक्ल 'विकल साकेती' का जन्म फ़ैज़ाबाद (अब अम्बेडकरनगर) की अकबरपुर तहसील में एक गाँव शुकुलपुर पट्टी, पहतीपुर में हुआ था। उनकी जन्मतिथि 26 जनवरी 1931 है। जियाराम शुक्ल ने इण्टरमीडिएट की परीक्षा बी.एन. इण्टर कॉलेज, अकबरपुर से पूरी की और स्नातक करने के बाद इसी विद्यालय में शिक्षक के रूप में अपनी सेवाएँ देने लगे।

देशभक्ति में लीन भगवती प्रसाद शुक्ल व उनकी पत्नी श्रीमती सुबरन देवी के पुत्र जियाराम ने अपने पिता के पद चिह्नों पर चलते हुए देश व समाज सेवा को अपना मिशन बनाया, जो उनकी रचनाओं में भी उजागर होता है। उनके पिता कटेहरी से विधान-सभा के सदस्य चुने गये थे और जियाराम शुक्ल भी सन् 1980 में एक बार कांग्रेस पार्टी के प्रत्याशी के रूप में विधायक चुने गये थे। पेशे से शिक्षक जियाराम शुक्ल ने जीवन-पर्यन्त गाँधीवादी विचारधारा को अपनाए रखा।

पूर्वांचल की धरती पर हिन्दी ग़ज़ल को लोकप्रिय बनाने का श्रेय इन्हें ही जाता है। कानपुर के प्रख्यात कवि **बलवीर सिंह 'रंग'** *विकल साकेती के साहित्यिक गुरु थे, जबकि शब्द-ऋषि* **पं. सत्य नारायन द्विवेदी 'श्रीश'** *ने इनके शाब्दिक सामर्थ्य को निखारने में अहम भूमिका निभाई। देश की विभिन्न साहित्यिक संस्थाओं ने विकल साकेती का अपने मंचों से सम्मान किया है, जिनकी संख्या पचास से भी अधिक है। इनमें प्रमुख रूप से काशी हिन्दू विश्वविद्यालय, वाराणसी का 'साहित्य गौरव सम्मान' प्रमुख है। उन्होंने अमेठी से श्री पेरुम्बुदूर तक निकली साहित्यिक यात्रा में भागीदारी करके हिन्दी को लोकप्रिय बनाने में अहम भूमिका निभाई थी।*

विकल साकेती ने हिन्दी ग़ज़लों के अलावा गीत व मुक्तक भी लिखे हैं। उनके रचना-संग्रह का नाम **'कल्पना से पहले'** *है। विकल साकेती की*

कविताएँ नौजवानों से लेकर उम्रदराज़ लोगों के जेहन में आसानी से उतर जाती हैं। ज़िन्दगी के धरातल पर उनके चिन्तन का कैनवास व्यापक था, जिनके कद्रदानों में प्रख्यात समाजवादी चिन्तक डॉ. राम मनोहर लोहिया जैसी शख़्सियत भी शामिल थी। विकल साकेती ने सदैव शृंगारपरक गीत लिखे या सामाजिक चेतना से सम्पन्न हिन्दी ग़ज़लों से साहित्य का परिदृश्य समृद्ध किया। इस लोकप्रिय शायर, गीतकार का निधन 6 जून, 2016 को हुआ।

डॉ. राधिकाप्रसाद त्रिपाठी

सन्त साहित्य समीक्षक

सन्त साहित्य मर्मज्ञ के रूप में डॉ. राधिकाप्रसाद त्रिपाठी के नाम से हिन्दी साहित्य जगत परिचित है। साहित्य-लेखन में डॉ. त्रिपाठी की पहचान मूलतः एक शोध-समीक्षक की है, परन्तु उन्होंने निबन्ध, अनुवाद, कविताएँ, कहानियाँ और यात्रा-वृत्तान्त भी लिखे हैं। राम सनेही सम्प्रदाय, सतनामी सम्प्रदाय, साईंदाता सम्प्रदाय तथा अवध का निर्गुणोपासक सन्त साहित्य उनके अध्ययन-अनुशीलन और शोध का प्रमुख क्षेत्र रहा है। इस विशिष्ट क्षेत्र में उनकी समीक्षित-सम्पादित लगभग दो दर्जन पुस्तकें प्रकाशित व प्रशंसित हुई हैं, जिनमें प्रमुख रूप से हम **'रामसनेही सम्प्रदाय', 'सूर-काव्य विमर्श', 'गोविन्द साहब की हिन्दी रचनाएँ', 'काव्यांग प्रकाश', 'समकालीन अवधी कविता', 'अवध की साहित्य सम्पदा', 'तुलसी की एकात्म साधना और अन्य निबन्ध'** *तथा* **'आचार्य शुक्ल और हिन्दी समीक्षा'** *को याद कर सकते हैं। उन्होंने साहित्यिक पत्रिका 'साकेत भारती' और अवधी साहित्य संस्थान की वार्षिक हिन्दी पत्रिका 'अवधी' के कई अंकों का सम्पादन भी किया था। 'शब्द-शिखर' नामक साहित्यिक अनियतकालीन पत्रिका के वे संस्थापक और प्रधान सम्पादक भी रहे थे। उनके कार्य के विस्तृत अध्ययन-क्षेत्र को देखते हुए यह कहा जा सकता है कि वे तत्त्वदर्शी समीक्षक थे और रचनात्मक समीक्षा के हिमायती थे।*

डॉ. त्रिपाठी का जन्म उत्तर प्रदेश के जिला फ़ैज़ाबाद (अब अम्बेडकर नगर) के एक प्रसिद्ध गाँव ज़हाँगीरगंज में एक प्रतिष्ठित ब्राह्मण किसान परिवार में 25 जुलाई, सन् 1936 को हुआ था। उन्होंने उच्च शिक्षा गोरखपुर विश्वविद्यालय से प्राप्त कर डॉ. राममनोहर लोहिया अवध विश्व विद्यालय के प्रतिष्ठित संस्थान 'साकेत महाविद्यालय' के हिन्दी विभाग में सन् 1962 से 1997 तक अध्यापन कार्य किया। वे 13 वर्ष तक विभागाध्यक्ष के पद पर रहे थे। एक श्रेष्ठ अध्यापक, वक्ता और विद्वान के रूप में उन्हें अपार ख्याति

मिली। 30 दिसम्बर, सन् 2000 को हृदयाघात से उनका देहान्त हो गया।

शलभ श्रीराम सिंह

समकालीन हिन्दी कवि

समकालीन हिन्दी कविता के विशिष्ट कवि शलभ श्रीराम सिंह का जन्म 5 नवम्बर, 1938 ई. को फ़ैज़ाबाद (अब अम्बेडकरनगर) जिले में रफीगंज बाज़ार के निकट मसोढ़ा गाँव में हुआ था। हिन्दी कविता में 'युयुत्सावाद' के जनक-कवि के रूप में उन्हें जाना जाता है। उनके बारे में समकालीन हिन्दी कविता के महान कवि बाबा नागार्जुन की यह अवधारणा बेहद प्रसिद्ध रही है– 'शलभ को किसी और मठ में शरण लेने की आवश्यकता नहीं है, क्योंकि उनसे हिन्दी कविता का एक नया गोत्र आरम्भ होता है।' अम्बेडकरनगर, विदिशा व कलकत्ता जैसी जगहों पर उनकी उपस्थिति ने इन क्षेत्रों के रचना-संसार को भी नये आयाम दिये हैं। उनकी कविता की विषय-वस्तु सदैव 'प्रेम', 'स्त्री' व 'प्रकृति' के इर्द-गिर्द घूमती रही। उनके प्रमुख कविता-संग्रहों में **'कल सुबह होने के पहले'** *(1966),* **'अतिरिक्त पुरुष'** *(1976),* **'राहे-हयात'** *(1982),* **'निगाह-दर-निगाह', 'नागरिकनामा'** *(1983),* **'अपराधी स्वयं'** *(1985),* **'पृथ्वी का प्रेम-गीत', 'ध्वंस का स्वर'** *(1991) तथा* **'उन हाथों से परिचित हूँ मैं'** *(1993) शामिल रहे हैं। उनकी रचनाएँ बेधक, क्रान्तिधर्मी और हृदयस्पर्शी ढंग से मर्मान्तक होती थीं। अपनी रचनाओं से सदैव क्रान्तिकारिता का गीत गाने वाले इस विलक्षण कवि की बासठ वर्ष की अवस्था में 22 अप्रैल, सन् 2000 को पैतृक गाँव मसोढ़ा में मृत्यु हुई।*

रफ़ीक़ शादानी

अवधी तथा हिन्दी का व्यंग्य-कवि

मार्च, 1934 की किसी अनजान तिथि को बर्मा में जन्मे रफ़ीक़ शादानी द्वितीय विश्वयुद्ध की तबाही में पिता इमामुद्दीन का इत्र व्यापार नष्ट हो जाने के कारण फ़ैज़ाबाद आकर बस गये थे। उनके जीवन से मिलने वाली अत्यन्त अल्प सूचनाओं में यह सूचना भी कहीं न कहीं से उनके शायर किरदार का रूपक ही बाँधती दिखाई पड़ती है कि युद्ध की विभीषिका में सुगन्ध फैलाने का व्यापार भी आखिरकार नष्ट हो ही जाता है। यह गौरव की बात है कि रफ़ीक़ शादानी ने अपनी कविताओं के माध्यम से विश्वयुद्ध की तबाही से बचकर अपना जीवन सार्थक ढंग से जीना गवारा किया था।

उनकी कविताएँ अपनी सम्पूर्ण मार्मिकता, लोकधर्मी ऊष्मा और सामाजिक तथा राजनैतिक विद्रूप के कारण उपजी व्यंग्य वक्रोक्ति की तीव्रता के लिए जानी जाती हैं। उनके व्यंग्यकार में एक हास्य-कवि भी छुपा हुआ था, जो उनके पाठक और श्रोताओं को उनकी पैनी कविताओं के पाठ पर हँसाते हुए दोहरा कर देता था। हालाँकि यह अपने में कम महत्त्वपूर्ण बात नहीं है कि वे हमेशा यह कहते रहे कि उन्होंने सिर्फ हँसाने के लिये कभी कुछ नहीं लिखा। इस हँसी के पीछे का तर्क उनकी साफगोई से उपजता था, जो दुनिया की निर्मम तस्वीर दिखाने का आइना बन जाता था। उनकी रचनाधर्मिता इसी कारण धर्म, संस्कृति, राजनीति, समाज, घर-परिवार एवं स्वयं को बेहद निर्मम ढंग से रेशा-रेशा उधेड़ती चलती थी।

यह अकारण नहीं है कि रफीक शादानी की कविता दरअसल फटकार और समाज सुधार की कविता बनती हुई नजर आती है। उन अर्थों में और अधिक संवेदनशील, जिनसे जीवन की विडम्बनाओं और त्रसदियों को पहचान मिलती है। शालीन समाज की तत्सम् जीवन शैली में उनकी कविता तद्भवता का वैभव थी, जो बात उन्हें बखूबी मालूम थी और जिसका उत्सव वे अपनी हर कविता में मनाते थे। इसीलिये वे सच्चे अर्थों में जनता को मुख़ातिब, जन-जन के कवि थे। उनकी रचनाओं का पहला संकलन कवि, आलोचक **डॉ. रघुवंशमणि** *ने प्रकाशित किया था, जो उनके जीवनकाल में प्रकाशित एकमात्र संग्रह है। उनकी मृत्यु के बाद* **'जज़्बात'** *शीर्षक से* **सूर्यकान्त पाण्डेय** *द्वारा सम्पादित एक चयन सन् 2013 में प्रकाशित हुआ। सन् 2011 में एक सड़क दुर्घटना में उनकी असामयिक मृत्यु हुई थी।*

नोट : *1. इस खण्ड में विवेचित प्रमुख साहित्यिक हस्ताक्षरों में जिले के कुछ अन्य लोकप्रिय रचनाकारों को भी याद किया जा सकता है, जिन्होंने अपनी प्रतिभा से जनपद को साहित्यिकता के मानचित्र पर प्रतिष्ठा दिलाई। इनमें प्रमुख रूप से कवि, गीतकार तथा 'साकेतन' संस्थान के संस्थापक* **श्री राम अकबाल त्रिपाठी 'अनजान'**, *ग़ज़लकार* **मो. शमीम अहमद 'शमीम'**, *गीतकार और हिन्दी-आलोचक* **डॉ. कमलाकर पाण्डेय**, *कवि, व्यंग्यकार व गद्यकार* **श्री रामचन्द्र कौल 'अनाम'**, *गीतकार* **श्री श्रीराम सिंह 'शील'**, **डॉ. राधेश्याम उपाध्याय (श्यामजी पण्डित** *के नाम से व्यंग्य-लेखन भी चर्चित है) तथा व्यंग्यकार एवं कहानीकार* **ध्रुव जायसवाल** *शामिल हैं। इनमें अलग से संस्कृत विद्वान एवं रचनाकार* **पण्डित राजदेव मिश्र** *का योगदान भी उल्लेखनीय है। यहाँ पर* **स्व. रामाज्ञा द्विवेदी 'समीर'** *का स्मरण भी प्रासंगिक है, जिन्हें* **अवधी के पहले कोश-निर्माता** *के रूप में याद किया जाता है। यह सभी*

रचनाकार अब इस संसार में नहीं हैं, मगर उनकी कीर्ति शेष है।

2. वर्तमान में फ़ैज़ाबाद जनपद के साहित्यिक परिदृश्य में ढेरों रचनाकार (संस्कृत, हिन्दी, उर्दू तथा अंग्रेज़ी) सक्रिय हैं, जिन्होंने अपनी रचनाओं से एक अलग पहचान बनायी है। इनमें से कुछ मूर्धन्य ऐसे हैं, जिनकी प्रतिष्ठा राष्ट्रीय स्तर पर भी समादृत है। इनमें कुछ रचनाकारों की जन्मस्थली फ़ैज़ाबाद नहीं है, परन्तु उन्होंने अपना कार्य-क्षेत्र इस नगर को बनाया है। इनमें प्रमुख रूप से सम्मिलित रचनाकार हैं– **सर्वश्री डॉ. रामशङ्कर त्रिपाठी, डॉ. जमशेद अख़्तर, डॉ. जगन्नाथ त्रिपाठी 'जलज', डॉ. स्वामीनाथ पाण्डेय, डॉ. जनार्दन उपाध्याय, डॉ. रघुवंशमणि, स्वप्निल श्रीवास्तव, डॉ. शोभा सत्यदेव, डॉ. राजीव रंजन उपाध्याय, विजय रंजन, दयानन्द सिंह 'मृदुल', डॉ. राधा पाण्डेय, ताराचन्द 'तन्हा', डॉ. अफज़ल मुर्तज़ा 'उर्फ़ी', जमुना प्रसाद उपाध्याय, डॉ. गौरीशंकर पाण्डेय 'अरविन्द', अजय कुमार छावछरिया, डॉ. आनन्द प्रकाश त्रिपाठी, डॉ. सत्य प्रकाश त्रिपाठी, आर.डी. आनन्द, मनोज पटेल, प्रमोदकान्त मिश्र, अनिल कुमार सिंह, सन्तोष कुमार तिवारी, विशाल श्रीवास्तव** *एवं* **यतीन्द्र मिश्र।**

3. इस खण्ड में अयोध्या के समकालीन रचनाकारों का उल्लेख किया गया है, परन्तु बीते दौर के रचनाकारों तथा 'रसिक भक्त कवियों' की चर्चा शामिल नहीं की गयी है, जिसमें ढेरों सन्त व निर्गुण कवि भी शुमार हैं। उन सब पर विशद टिप्पणी अलग से अयोध्या पर एकाग्र अंक में प्रस्तावित है। —सम्पादक

साभार : **आचार्य विश्वनाथ पाठक, पं. प्रेमशंकर मिश्र एवं रफीक शादानी पर इस अंक के सम्पादक यतीन्द्र मिश्र, पं. सत्यनारायण द्विवेदी 'श्रीश' तथा शलभ श्रीराम सिंह पर युवा पत्रकार दीपक मिश्र, जियाराम शुक्ल 'विकल साकेती' पर मुकेश कुमार पाण्डेय, डॉ. राधिका प्रसाद त्रिपाठी पर सन्त साहित्य अध्येता डॉ. सत्य प्रकाश त्रिपाठी ने टिप्पणियाँ लिखी हैं। पं. भवानी भीख त्रिपाठी 'दिव्य' पर टिप्पणी, डॉ. आनन्द प्रकाश त्रिपाठी के लेख 'आधुनिक अवधी काव्य' से ली गयी है। इसी तरह रमाशंकर तिवारी एवं हरिश्चन्द्र पाण्डेय 'सरल' पर दीपक मिश्र ने टिप्पणियाँ लिखी हैं, जो युवा आलोचक रघुवंशमणि के पूर्व प्रकाशित आलेखों पर आधारित हैं। यह सब टिप्पणियाँ संशोधित रूप में पहली बार प्रकाशित।**

फ़ैज़ाबाद : दस्तावेज़-144

कुँवर नारायण

समकालीन हिन्दी साहित्य के शलाका पुरुष

19 सितम्बर, 1927 को फ़ैज़ाबाद के प्रतिष्ठित व्यवसायी श्री विष्णु नारायण अग्रवाल तथा श्रीमती देवी के घर जन्में श्री कुँवर नारायण भारतीय साहित्य की ऐसी अप्रतिम उपस्थिति हैं, जिनकी कविता और आलोचना ने समकालीन हिन्दी परिदृश्य को उत्कर्ष पर पहुँचाया है। सन् 1951 में लखनऊ विश्वविद्यालय से अंग्रेजी साहित्य में एम.ए. की परीक्षा उत्तीर्ण करने वाले कुँवर नारायण ने आरम्भिक जीवन में अपने पैतृक व्यवसाय को अपनाया था। यह परिवार फ़ैज़ाबाद तथा लखनऊ के प्रमुख मोटर व्यवसायियों में से एक था। कुँवर जी का मन इस काम में बहुत दिनों तक नहीं लगा और वे जल्दी ही व्यावसायिक जीवन से किनारा करते हुए पूरी तरह साहित्य सेवा करने के लिए रचनात्मकता की दुनिया में आ गये। उनके रचनात्मक जीवन की शुरुआत इस कारण भी अविस्मरणीय रही है कि उन्होंने अपने किशोरावस्था के समय ही आचार्य नरेन्द्र देव एवं आचार्य कृपलानी का सान्निध्य पाया है और अपनी पहली ही विदेश यात्रा में नाज़िम हिकमत, एण्टोन स्वानीम्स्की एवं पाब्लो नेरुदा जैसे युगान्तकारी कवियों से आत्मीय मुलाकातें की हैं।

कुँवर नारायण, बीसवीं शताब्दी के पाँचवें-छठें दशक में हिन्दी की 'नयी-कविता आन्दोलन' से जुड़ा हुआ एक प्रमुख नाम रहे हैं। तभी से उनकी चेष्टाएँ कविता की सीमाओं के विस्तृतीकरण में सक्रिय रही हैं। उनके खुद के लेखन की प्रेरणाओं के विविध स्रोत हैं : भारतीय महाकाव्यों और उपनिषदों से लेकर अमीर खुसरो और कबीर तक, बौद्ध दर्शन से मार्क्सवाद तक, काफ़्का और कवाफ़ी से लेकर ग़ालिब और गाँधी तक फैले हुए। एक प्रमुख भारतीय

रचनाकार के रूप में कुँवर नारायण इस समय के श्रेष्ठतम कवियों के रूप में गिने जाते हैं। वे उन विरल बुद्धिजीवियों में से एक हैं, जिन्होंने अपनी वैश्विक संवेदनाओं को अपने देश की संस्कृति और इतिहास की पक्की ज़मीन दी है। कविता, कहानी, प्रबन्ध-काव्य, साहित्य-समीक्षा, आलोचना, संगीत तथा अन्य कलाओं के बारे में टिप्पणियाँ लिखने के साथ, उतनी ही बौद्धिकता से उन्होंने विश्व सिनेमा के अन्तरंग पक्षों पर भी गम्भीरता से विमर्श किया है।

कुँवर नारायण का अधिकांश जीवन लखनऊ में बीता है, जहाँ अकसर उनके घर साहित्य और संगीत की बैठकें होती रहती थीं। इसी के चलते उनकी मित्रताओं का परिसर भी बहुत व्यापक रहा है, जिसमें सत्यजित रे, पं. बिरजू महाराज, शम्भू मित्र, पं. जसराज, अज्ञेय, श्रीलाल शुक्ल, ठाकुर जयदेव सिंह, मालिनी राजुरकर और विश्वनाथ प्रताप सिंह जैसे राजनेता तक शामिल रहे हैं। कुँवर नारायण जी का विवाह सन् 1966 में भारतीय गोयनका से हुआ था। उनके परिवार में एक पुत्र अपूर्व नारायण हैं, जिनका जन्म सन् 1967 में हुआ था।

कुँवर नारायण की अब तक दर्जनों कृतियाँ प्रकाशित हैं, जिनमें 'चक्रव्यूह'-1956, 'तीसरा सप्तक'-1959 (सात कवियों का संकलन, सम्पादक : अज्ञेय), 'परिवेश : हम तुम'-1961, 'अपने सामने'-1979, 'कोई दूसरा नहीं'-1993, 'इन दिनों'-2002, 'हाशिए का गवाह'-2009 जैसे कविता-संग्रहों के अतिरिक्त तीन खण्ड-काव्य भी प्रकाशित हैं— 'आत्मजयी'-1965, 'वाजश्रवा के बहाने'-2008 तथा 'कुमारजीव'-2015। कहानियों का एक संग्रह 'आकारों के आस-पास'-1971 में प्रकाशित हुआ, जबकि समीक्षा, विचार, साक्षात्कार और आलोचना की पुस्तकों में 'आज और आज से पहले'-1998, 'मेरे साक्षात्कार'-1999, 'साहित्य के कुछ अन्तर-विषयक सन्दर्भ'-2003, 'तट पर हूँ पर तटस्थ नहीं : कुँवर नारायण की भेंट वार्ताएँ'-, 'दिशाओं का खुला आकाश : कुँवर नारायण की डायरी'-2015, 'शब्द और देशकाल'-2013 प्रमुख हैं।

उन्होंने 'युग-चेतना' (1956-61), 'नया प्रतीक' (1974-78) तथा 'छायानट' (1876-78) जैसी पत्रिकाओं का सह-सम्पादन किया है तथा कॉन्स्टैन्टीन कवाफ़ी पर निबन्ध और चुनिन्दा कविताओं के अनुवाद (1986) तथा ख़ोर्खे लुई बोर्ख़ेस पर निबन्ध एवं चुनिन्दा कविताओं के अनुवाद (1987)

में 'तनाव' पत्रिका में छपे। इनके अतिरिक्त भी उन्होंने कई विदेशी कवियों की कविताओं का हिन्दी में अनुवाद किया, जिसमें उल्लेखनीय हैं– स्टीफन मलार्मे, पाब्लो नेरुदा, गुन्टर ग्रास, तादेऊष रुज़ेविच, ज्बीग्न्यू हेर्बर्त आदि। कुँवर नारायण की खुद की कविताओं का अंग्रेजी, इतालवी, पोलिश तथा ऐस्टोनियन जैसी विदेशी भाषाओं में अनुवाद पुस्तकाकार प्रकाशित हैं, जबकि भारतीय भाषाओं में उनकी रचनाएँ कन्नड़, उड़िया, पंजाबी, डोगरी और असमिया में अनूदित हैं।

उन्हें देश-विदेश के कई पुरस्कारों से सम्मानित किया गया है, जिनमें प्रमुख रूप से 'हिन्दुस्तानी अकादेमी पुरस्कार' (1971), 'प्रेमचन्द्र पुरस्कार' (1973), 'कुमारन आशान पुरस्कार', 'तुलसी पुरस्कार' (1982), 'हिन्दी संस्थान पुरस्कार' (1987), 'व्यास सम्मान', 'भवानी प्रसाद मिश्र पुरस्कार', शतदल पुरस्कार', साहित्य अकादेमी पुरस्कार', (सभी 1995), 'लोहिया पुरस्कार', 'कबीर सम्मान' (2001), 'शलाका सम्मान' (2006) तथा 'ज्ञानपीठ पुरस्कार' (2008) में प्रदान किया गया। इसके अतिरिक्त राजर्षि पुरुषोत्तम दास टण्डन मुक्त विश्वविद्यालय, इलाहाबाद, उत्तर प्रदेश द्वारा डी. लिट. की मानद उपाधि-2004, वार्सा विश्वविद्यालय, पोलैण्ड द्वारा 'मेडल ऑफ़ वार्सा यूनिवर्सिटी'-2005, महत्त्वपूर्ण विदेशी रचनाकार के रूप में इटली का 'प्रीमियो फ़ेरोनिया सम्मान'-2006 भारत सरकार द्वारा 'पद्म-भूषण'-2009, साहित्य अकादेमी का सर्वोच्च सम्मान 'महत्तर सदस्यता' 2010 तथा 'पुणे पण्डित सम्मान' 2011 प्राप्त हुए हैं। कई सम्मानित संस्थानों के सदस्य, उपाध्यक्ष और अध्यक्ष के रूप में भी कुँवर नारायण ने अपनी सेवाएँ दी हैं, जिसमें 'उत्तर प्रदेश संगीत नाटक अकादेमी' के उपाध्यक्ष (1976-78) तथा 'भारतेन्दु नाट्य अकादेमी' के अध्यक्ष (1970-79) रहे हैं।

कुँवर नारायण जी की उपस्थिति आज उन असाधारण साहित्यकारों में गिनी जाती है, जिनके विस्तृत अध्ययन के साथ पिछले छः दशक से लेखन में निरन्तर विकसित होते सरोकारों और विचारशील भाषा को परिलक्षित किया गया है। उनके लेखन में बहुस्तरीयता लक्षित की जाती है, जो समकालीनता और विस्तृत समय-बोध के साथ और भी अधिक गहरी मानवीयता से अनुप्राणित नज़र आती है। लगभग नब्बे वर्ष की उम्र में आज भी सृजनरत कुँवर नारायण, समकालीन दुनिया के प्रश्नों से मुठभेड़ करते हुए सक्रिय हैं और लगातार विचारशील बने हुए हैं। आजकल वे अपने परिवार के साथ नयी दिल्ली में रहते हैं।

फ़ैज़ाबाद के दस्तावेज़ीकरण के इस अंक की यह उपलब्धि है कि इस शहर ने अपनी समृद्ध साहित्यिक, सांस्कृतिक विरासत में मीर अनीस, पं. बृजनारायण 'चकबस्त', ख़्वाजा हैदर अली 'आतिश' की परम्परा में कुँवर नारायण को भी नायक के रूप में पाया हुआ है।

नोट : **कुँवर नारायण पर आधारित रचना-संचयन, समीक्षा तथा आलोचना के चार ग्रन्थों क्रमशः कुँवर नारायण संसार-1 एवं कुँवर नारायण : उपस्थिति-2, वाणी प्रकाशन, नयी दिल्ली (2002), दिशाओं का खुला आकाश : कुँवर नारायण की डायरी एवं नोटबुक, वाणी प्रकाशन, नयी दिल्ली (2012) तथा कई समयों में : कुँवर नारायण रचना संसार से एक आत्मीय चयन, भारतीय ज्ञानपीठ, नयी दिल्ली (2012) का सम्पादन यतीन्द्र मिश्र ने किया हैं। इसमें ज्ञानपीठ प्रकाशन का चयन दिनेश कुमार शुक्ल के साथ संयुक्त सम्पादन के तहत प्रकाशित हुआ है। – सम्पादक**

साभार : **इस अंक के सम्पादक यतीन्द्र मिश्र द्वारा लिखी गयी टिप्पणी। पहली बार प्रकाशित।**

फ़ैज़ाबाद : दस्तावेज़-145

डॉ. विजय बहादुर सिंह
सम्पादक तथा आलोचक

एक कवि के रूप में अपनी साहित्यिक यात्रा की शुरुआत करने वाले डॉ. विजय बहादुर सिंह की प्रतिष्ठा हिन्दी जगत में सम्पादक और आलोचक के रूप में रही है। डॉ. विजय बहादुर सिंह का जन्म फ़ैज़ाबाद (अब अम्बेडकरनगर) जिले में अकबरपुर के निकट जयमलपुर गाँव में 16 फरवरी, 1940 को हुआ था। गाँव में ही आरम्भिक शिक्षा प्राप्त करने के बाद वे कलकत्ता चले गये और वहीं पर बी.ए. ऑनर्स किया। इसके बाद सागर विश्वविद्यालय, मध्य प्रदेश से एम.ए. व पीएच.डी. की उपाधियाँ प्राप्त कीं।

अध्ययन पूरा करने के बाद वह सन् 1968 से 1995 तक जैन महाविद्यालय, विदिशा, मध्य प्रदेश में हिन्दी विभागाध्यक्ष और बाद में उच्च शिक्षा एवं उत्कृष्टता संस्थान भोपाल, मध्य प्रदेश के हिन्दी विभाग के अध्यक्ष पद पर सन् 1995 से 2003 ई. तक रहने के बाद सेवानिवृत्त हुए। 15 अक्टूबर 2008 से 31 अक्टूबर 2010 ई. तक डॉ. विजय बहादुर सिंह भारतीय भाषा परिषद, कोलकाता के निदेशक पद पर रहे। इस दौरान उन्होंने जनवरी 2009 से अक्टूबर 2010 तक परिषद की पत्रिका 'वागर्थ' का सम्पादन किया। विजय बहादुर सिंह ने 'नया विकल्प' व 'हिन्दी महफिल' पत्रिकाओं का भी सम्पादन किया और 'नया पथ' के सम्पादक-मण्डल में भी वह शामिल रहे।

अवध क्षेत्र के दो महत्त्वपूर्ण कवियों शलभ श्रीराम सिंह व अदम गोण्डवी को हिन्दी संसार से परिचित कराने का श्रेय उन्हें ही जाता है। डॉ. विजय बहादुर सिंह की जनकवि नागार्जुन व भवानी प्रसाद मिश्र से काफ़ी निकटता रही। आचार्य नन्द दुलारे वाजपेयी, भवानी प्रसाद मिश्र व दुष्यन्त कुमार की रचनावलियों का सम्पादन उनकी महत्त्वपूर्ण उपलब्धियों में शुमार है।

अब तक कवि के रूप में डॉ. विजय बहादुर सिंह के संग्रह **'मौसम की चिट्ठी', 'पृथ्वी का प्रेमगीत', 'पतझर की बांसुरी', 'शब्द जिन्हें भूल गयी भाषा', 'भीम बैठका और अन्य कविताएँ'** *एवं* **'तुम जो सचमुच भाग्य विधाता हो'** *का प्रकाशन हो चुका है। गद्य रचनाओं में* **'आज़ादी के बाद के लोग' 'आओ विचारें आज मिलकर आओ खोजें एक गुरु', 'एक स्कूल दूसरा घर'** *व* **'पाश्चात्य काव्यशास्त्र'** *के अलावा आलोचनात्मक कृतियों में* **'नागार्जुन का रचना संसार', 'कविता और संवेदना', 'उपन्यास समय और संवेदना', 'मुक्ति संघर्ष और साहित्यकार की भूमिका', 'लोकप्रिय कविता की कसौटियाँ', 'छायावाद के कवि प्रसाद, निराला एवं पन्त'** *व* **'महादेवी के काव्य का नेपथ्य'** *आदि शामिल हैं।*

इनके अलावा साक्षात्कार एवं संवाद : नागार्जुन संवाद, मोनोग्राफ : दुष्यन्त कुमार, साहित्य अकादेमी, नयी दिल्ली, और आलोचक का स्वदेश : आचार्य : आचार्य नन्द दुलारे वाजपेयी की जीवनी भी उनकी बहु प्रशंसित कृतियाँ हैं। डॉ. विजय बहादुर सिंह ने लोकप्रिय कवि भवानी प्रसाद मिश्र, जनकवि केदारनाथ अग्रवाल, नागार्जुन, शमशेर, त्रिलोचन और मुक्तिबोध की कविताओं का सम्पादन किया है।

उनकी लम्बी साहित्यिक सेवाओं के लिए उन्हें 'रामविलास शर्मा आलोचना सम्मान', 'भवभूति अलंकरण', 'कौमी एकता सम्मान' (ऑल इण्डिया कौमी एकता, कोलकाता), 'लोक सम्मान विदिशा', 'शताब्दी राष्ट्रीय सम्मान' व केन्द्रीय हिन्दी संस्थान, आगरा का 'सुब्रमण्यम भारती पुरस्कार-2008' प्राप्त हुए हैं। वर्तमान में वह भोपाल में ही स्थायी निवास बनाकर साहित्य सेवा में लगे हैं।

साभार : डॉ. विजय बहादुर सिंह से प्राप्त सूचनाओं के आधार पर युवा पत्रकार दीपक मिश्र द्वारा लिखी गयी टिप्पणी। पहली बार प्रकाशित।

फ़ैज़ाबाद : दस्तावेज़-146

डॉ. विद्याबिन्दु सिंह

लोक जीवन की कलमकार

लोक-जीवन में रची-बसी कलमकार श्रीमती विद्याबिन्दु सिंह का जन्म 2 जुलाई, 1945 को ग्राम जैतपुर, सोनावां, फ़ैज़ाबाद (अब अम्बेडकरनगर) में हुआ था। मुख्यतः ग्रामीण परिवेश में जन्मीं विद्याबिन्दु जी के पिता श्री देवनारायण सिंह और माता श्रीमती प्राण देवी थीं। इसी आंचलिकता की सोंधी महक ने उन्हें एक ऐसी लेखिका के रूप में विकसित किया, जिन्होंने अपनी सुदीर्घ रचनात्मक-यात्रा में गाँवों के परिवेश, लोक-पर्व, अनुष्ठान, मांगलिक-गीतों तथा जीवन से जुड़े समस्त संस्कारों तथा उनकी रीतियों पर विमर्श-मूलक लेखन किया है।

विद्याबिन्दु जी की अब तक लगभग नब्बे कृतियाँ प्रकाशित हैं, जिनमें चार उपन्यास, सात कहानी-संग्रह, चार नाटक-संग्रह, बीस लोक-साहित्य की कृतियाँ तथा तेरह पुस्तकें नव-साक्षर तथा बाल-साहित्य पर केन्द्रित हैं। उनकी उल्लेखनीय पुस्तकों में **'ढोलक रानी मोरे नित उठि आयू', 'सीता सुरुजुवा की ज्योति', 'दिन-दिन पर्व', 'अवधी लोक-गीत : एक समीक्षात्मक अध्ययन', 'घर की भाषा : घर का भाव', 'सोंठ-गाँठ', 'अवध की लोक-कथाएँ'** *और* **'लोक-मानस'** *प्रमुख हैं। कहानी संग्रहों में* **'बाघ बाबा का चौरा', 'वे डोलत रस आपने'** *और* **'बखरी के लोग'** *प्रमुख हैं, जबकि* **'सच के पाँव'** *और* **'अमर वल्लरी'** *प्रमुख कविता-संग्रह हैं।*

आपने कई पत्रिकाओं का भी सम्पादन किया है, जिसमें कनाडा हिन्दी अकादेमी की त्रैमासिक पत्रिका 'प्रवासी भारतीय' के अलावा उत्तर प्रदेश हिन्दी संस्थान की पत्रिकाएँ क्रमशः 'अतएव', 'भाषा-भारती' और 'साहित्य भारती' प्रमुख हैं।

विद्याबिन्दु सिंह को उनके समग्र साहित्यिक अवदान के लिए कई राष्ट्रीय-अन्तरराष्ट्रीय पुरस्कारों से सम्मानित किया गया है, जिनमें उत्तर प्रदेश हिन्दी साहित्य सम्मेलन का 'सुभद्रा कुमारी चौहान स्वर्ण पदक', हिन्दी साहित्य सम्मेलन, प्रयाग से 'साहित्य महोपाध्याय' की उपाधि, श्री-पर्व संस्थान, लखनऊ द्वारा 'साहित्यश्री' सम्मान, अखिल भारतीय साहित्यकार अभिनन्दन समिति, मथुरा द्वारा 'राष्ट्रभाषा-रत्न सम्मान', पं. श्रीनारायण चतुर्वेदी जन्मशती समारोह पर 'हिन्दी की बिन्दी' उपाधि, अवधी अकादमी, सुलतानपुर द्वारा 'जायसी पंचशती सम्मान' तथा 'सच के पाँव' कविता-संग्रह का नेपाली भाषा में अनुवाद पर साहित्य अकादेमी, नयी दिल्ली का पुरस्कार प्रमुख हैं।

इनके अतिरिक्त विद्याबिन्दु सिंह की कृतियों के अनुवाद मलयालम, कश्मीरी, तेलुगु, सहित अंग्रेजी तथा जापानी भाषाओं में प्रकाशित हुए हैं। उनके समग्र रचनात्मक अवदान और व्यक्तित्व पर लखनऊ, कानपुर, गढ़वाल और पुणे विश्वविद्यालयों में शोध-कार्य भी सम्पन्न हुए हैं। विद्याबिन्दु सिंह, 'उत्तर प्रदेश हिन्दी संस्थान', लखनऊ से संयुक्त निदेशक के पद से सेवा-निवृत्त हुई हैं। आजकल वे लखनऊ के अपने निवास-स्थान में रहती हैं और अपने पति स्व. श्री कृष्ण प्रताप सिंह की स्मृति में प्रतिवर्ष एक समारोह आयोजित करती हैं, जिसमें विद्वानों का सम्मान किया जाता है। उनके स्व. पति के नाम पर व्याख्यानमाला का आयोजन भी होता है।

साभार : **डॉ. विद्याबिन्दु सिंह से प्राप्त सूचनाओं तथा उनकी प्रकाशित कृतियों, क्रमशः 'दिन-दिन पर्व', 'ढोलक रानी मोरे नित उठि आयू' और 'सीता सुरजवा कै ज्योति' में वर्णित परिचय के आधार पर इस अंक के सम्पादक यतीन्द्र मिश्र द्वारा लिखी गयी टिप्पणी। पहली बार प्रकाशित।**

फ़ैज़ाबाद : दस्तावेज़-147

अनवर जलालपुरी

भगवद्-गीता के उर्दू अनुवादक

ख्याति प्राप्त उर्दू कवि एवं शायर अनवर जलालपुरी, जिनका असली नाम श्री अनवर अहमद है, 6 जुलाई, 1947 को जलालपुर, फ़ैज़ाबाद (अब अम्बेडकरनगर) में पैदा हुए। अनवर जलालपुरी ने एम.ए. अंग्रेजी की परीक्षा अलीगढ़ मुस्लिम यूनिवर्सिटी से तथा एम.ए. उर्दू की उपाधि डॉ. राम मनोहर लोहिया अवध विश्वविद्यालय से प्राप्त की। इसके अतिरिक्त उनकी तालीम में 'अदीब कामिल' की उपाधि भी शुमार है, जिसे उन्होंने ज़ामिया उर्दू, अलीगढ़ से प्राप्त किया। वे एन.डी. कॉलेज, जलालपुर, अम्बेडकरनगर से अंग्रेजी के प्रवक्ता के पद से सेवा-निवृत्त होकर साहित्य सृजन में सक्रिय हैं और वर्तमान में लखनऊ में रहते हैं।

गंगा-जमुनी तहजीब के एक बड़े रचनाकार के रूप में समादृत अनवर जलालपुरी ने गुरुदेव रवीन्द्रनाथ टैगोर की महान कृति गीतांजलि का उर्दू शायरी में अनुवाद किया है। यह तर्जुमा बहुत ही सहज, सरल और प्रभावपूर्ण माना जाता है। साथ ही इसका काव्यानुवाद इतनी मधुर शैली में किया गया है कि लगता है जैसे बांग्ला भाषा का अपना सलोनापन, उर्दू में उतनी ही सहजता से मुखर हो उठा है। वे रवीन्द्रनाथ टैगोर की गीतांजलि को एक आध्यात्मिक और रूहानी साहित्यिक संगीत मानते हैं, जिसमें इंसान और ईश्वर के मध्य पवित्र रिश्ते को उजागर किया गया है। यह जानना सुखद है कि अनवर जलालपुरी ने अपने काव्यानुवाद में इस पक्ष को सुरक्षित रखते हुए गुरुदेव की सूक्ष्म काव्य-अभिव्यक्ति को उर्दू में भी जस का तस बरक़रार रखा है।

इसी तरह उनके सबसे महत्त्वपूर्ण काम के रूप में भगवद् गीता का उर्दू शायरी में रूपान्तरण माना जाता है। हिन्दू-धर्म में सर्वाधिक वैचारिक व

दार्शनिक ग्रन्थ के रूप में मान्य भगवद् गीता का उर्दू शायरी में भावानुवाद को बेहद गम्भीर ढंग से अनवर जलालपुरी ने अंजाम दिया है। प्रसिद्ध गीतकार **गोपाल दास 'नीरज'** *इसकी सरल भाषा में हुए रूपान्तरण को सबसे सार्थक बात मानते हैं। उनके अनुसार 'यद्यपि गीता के अनुवाद में उन्हें एक-एक श्लोक का अनुवाद करने के लिए छः-छः पंक्तियाँ लिखनी पड़ी हैं, फिर भी वो इतना बोधगम्य, सहज और सरल है, जो होठों पर तुरन्त बैठ जाता है। मैंने गीता के कई अनुवाद हिन्दी और अंग्रेजी भाषाओं के पढ़े हैं, लेकिन जैसा अनुवाद श्री अनवर जलालपुरी ने किया है, वैसा मुझे अन्यत्र कहीं देखने को नहीं मिला। ....इस अनुवाद के बाद सबसे बड़ी सार्थकता गीता की यही होगी कि वह किताब में ही न होकर, लोगों की जुबान पर भी हो, जिसे वो गायेंगे भी और गुनगुनायेंगे भी।' गीता के अनुवाद से एक-दो शेर यहाँ भाषा के आस्वाद के लिए दिये जा रहे हैं—*

हे अर्जुन! वही यज्ञ सच्चा रहे
बिना फल के इंसां जो करता रहे

वही सात्विक यज्ञ कहलाये है
उसी से तो पुण्य आदमी पाये है

रहे फल की ख़्वाहिश भी जिस यज्ञ में
रहे कुछ नुमाईश भी जिस यज्ञ में

गीता के लोकप्रिय और ऐतिहासिक अनुवाद कार्य से अलग, अनवर जलालपुरी की शायरी व ग़ज़लों की कई पुस्तकें प्रकाशित हैं, जिनमें **'खारे पानियों का सिलसिला', 'खुशबू की रिश्तेदारी', 'रोशनाई के सफ़ीर'** *तथा* **'जागती आँखें'** *प्रमुख हैं। इसके अतिरिक्त लेखों का एक संकलन* **'अपनी धरती अपने लोग'** *और पवित्र कुरान के तीसवें पारे का शायरी में अनुवाद* **'तोशए-आख़रत'** *प्रकाशित हैं।* **'गीतांजलि'** *और* **'गीता'** *के अतिरिक्त उन्होंने उमर ख़य्याम की रुबाईयों का भी उर्दू शायरी में अनुवाद प्रस्तुत किया है। इसके अतिरिक्त उनकी कई अन्य पुस्तकें नातिया शायरी पर केन्द्रित प्रकाशित हुई हैं। उन्होंने* **'अकबर द ग्रेट'** *धारावाहिक के लिए संवाद और गीत-लेखन का काम भी किया है।*

अनवर जलालपुरी कई सम्मानित पदों पर रहे हैं, जिनमें उत्तर प्रदेश की हज़ कमेटी तथा उर्दू अकादेमी, लखनऊ, उत्तर प्रदेश की कार्यकारी परिषद की सदस्यता शामिल है। वे मिर्ज़ा ग़ालिब इण्टर कॉलेज, जलालपुर, अम्बेडकरनगर

के संस्थापक, अध्यक्ष एवं प्रबन्धक भी हैं। कई पुरस्कारों से समादृत अनवर जलालपुरी को हाल के वर्षों में उत्तर प्रदेश सरकार का 'यश भारती सम्मान' प्रदान किया गया है।

साभार : उर्दू शायरी में गीता : अनवर जलालपुरी, संस्करण-द्वितीय, 2014, उर्दू शायरी में गीतांजलि : अनवर जलालपुरी, संस्करण-2014 तथा उर्दू शायरी में रुबाईयात-ए-ख़य्याम, संस्करण-2014, (सभी आखर प्रकाशन, लखनऊ से प्रकाशित हैं) से संक्षिप्त एवं संशोधित रूप में लेने के आधार पर इस अंक के सम्पादक यतीन्द्र मिश्र द्वारा लिखी गयी टिप्पणी। पहली बार प्रकाशित।

शेख़ निसार और यूसुफ़ जुलेख़ा

फ़ैज़ाबाद की सूफ़ी सन्त-परम्परा में शेख़ निसार का महत्त्वपूर्ण स्थान माना जाता है। इनका जन्म 1733 ई. में फ़ैज़ाबाद जिले के शेख़पुर ज़ाफर नामक गाँव में हुआ था। ये फारसी के प्रसिद्ध मसनवीकार मौलाना जलालुद्दीन रूमी की वंश-परम्परा में गुलाम मुहम्मद के पुत्र थे। इनका वास्तविक नाम गुलाम अशरफ़ था। निसार इनका उपनाम था। शेख़पुर जाफ़र को इनके प्रपितामह शेख़ हबीबुल्लाह ने स्वयं बसाया था। इस सम्बन्ध में शेख़ निसार की आत्म स्वीकृति भी मिलती है, जो इस तरह है—

'सेख़ हबीबुल्लाह सोहाये। सेख़पूर जिन आन बसाये
बादसाह अकबर सुलताना। तेहिके राज कर करत बखाना।'

शेख़ निसार ने गुरु के रूप में अपने पितामह शेख़ हबीबुल्लाह का स्मरण किया है। उन्होंने शेख़ निसार को मौलाना रूमी द्वारा स्थापित सूफ़ी साधना के मौलविया सम्प्रदाय में दीक्षित किया था। 'यूसुफ़-जुलेख़ा' शेख़ निसार की सर्व प्रसिद्ध कृति है। ऐसा माना जाता है कि इसकी रचना संवत 1847 विक्रमी में सत्तावन वर्ष की अवस्था में उन्होंने शेख़पुर जाफर गाँव में ही की थी।

वस्तुतः यूसुफ़-जुलेख़ा एक प्रेमाख्यान है, जिसे अवधी भाषा में दोहा व चौपाई छन्द में लिखा गया है। रीतिकालीन प्रभाव से युक्त इस कृति में 'षड-ऋतु वर्णन' तथा 'बारहमासा' में कवित्त और सोरठा छन्दों का प्रयोग भी मिलता है। इस ग्रन्थ की रचना कुरान की एक कथा के आधार पर की गयी है, जिस पर जामी की प्रसिद्ध फारसी मसनवी का प्रभाव भी दिखाई

पड़ता है। यह मसनवी शैली पर लिखा गया महाकाव्य है, जिसमें भारतीय महाकाव्य की विशेषताओं के साथ ही फारसी मसनवियों की विशेषताएँ भी सम्मिलित हो गयी हैं।

हिन्दी के परवर्ती सूफ़ी प्रेमाख्यानक काव्यों में इसका उल्लेखनीय स्थान रहा है। इसके अतिरिक्त शेख़ निसार ने **'मेहरनिग़ार'**, **'रस मनोज'**, **'दीवान'**, **'स्रोदी'**, **'अहसन ज़ौहर'**, **'नस्र'** *और* **'नस्राब'** *नामक सात अन्य ग्रन्थों की रचना की थी, जो अभी तक अनुपलब्ध है।*

साभार : शेख़ निसार कृत यूसुफ़-ज़ुलेख़ा, सम्पादक : डॉ. सत्यप्रकाश त्रिपाठी, प्रकाशक : साहित्य संस्कृति संस्थान, फ़ैज़ाबाद, उत्तर प्रदेश, संस्करण-2005 से संक्षिप्त व संशोधित रूप में प्रस्तुत।

नगर से प्रकाशित प्रमुख पत्रिकाएँ

सूर्यबाला

'सूर्यबाला' नाम की पत्रिका का प्रकाशन कवि **चन्द्रमणि त्रिपाठी 'सहनशील'** *ने किया था। वे ही इसके सम्पादक, प्रकाशक व मुद्रक थे। इसका पहला अंक अगस्त, 1979 में प्रकाशित हुआ था और उस समय इस अंक का मुद्रण लखनऊ से कराया गया था। बाद में इसके अंक फ़ैज़ाबाद से ही मुद्रित होते रहे। यह पूर्णतया साहित्य को समर्पित पत्रिका थी, इसके शुरुआती दौर से ही* **विनय दास** *सह-सम्पादक के तौर पर जुड़े थे। बाद में सामग्री संयोजन और सह-सम्पादक के तौर पर आज के चर्चित कवि, आलोचक* **विनोद दास** *भी सम्बद्ध रहे। यह मासिक पत्रिका 1983 के अन्त तक लगातार प्रकाशित हुई और 1984 तक आते हुए अर्थाभाव व समुचित विज्ञापन न मिल पाने के कारण बन्द हो गयी।*

बत्तीस पृष्ठों की इस पत्रिका का आवरण रंगीन होता था और यह उल्लेखनीय तथ्य है कि इस पत्रिका के साथ भारत-वर्ष के तमाम विख्यात रचनाकार जुड़े थे, जिनमें राष्ट्रीय स्तर पर प्रसिद्ध रघुवीर सहाय, कुँवर नारायण, श्रीलाल शुक्ल, जगदीश गुप्त, कन्हैयालाल नन्दन, महेश दर्पण, संजीव, प्रयाग शुक्ल, मुद्राराक्षस, अखिलेश व विनोद दास के अलावा फ़ैज़ाबाद से पण्डित प्रेमशंकर मिश्र प्रमुख हैं। इसके सम्पादक चन्द्रमणि त्रिपाठी 'सहनशील' जी आजकल दैनिक पत्र 'स्वतंत्र-भारत' के साहित्य सम्पादक हैं।

अवध अर्चना

सबसे पहले 'अवध-अर्चना' मासिक समाचार-पत्र के रूप में निकलना शुरु हुआ था। इसके उपरान्त 2 अक्टूबर, 1976 से तीन अंकों के प्रकाशन के बाद यह साप्ताहिक हो गया। जनवरी 1977 से लेकर 1979 तक यह लगातार इसी रूप में निकलता रहा और बाद में बन्द हो गया।

लगभग 6 वर्षों के उपरान्त रामनवमी के दिन अप्रैल, 1995 ई. में यह साप्ताहिक पत्र एक नयी सज-धज के साथ प्रकाशित होना शुरु हुआ और अब उसका कलेवर एक त्रैमासिक के रूप में सामाजिक, साहित्यिक सरोकार की पत्रिका का था। तब से लेकर आज तक इसके पिचासी अंक निकल चुके हैं। इसका पहला अंक महात्मा गाँधी को समर्पित 'गाँधी अंक' था। पत्रिका के सम्पादक प्रारम्भ से ही **विजय रंजन** *रहे, जो स्वयं भी नगर के एक प्रतिष्ठित रचनाकार हैं और जीविकोपार्जन के लिए वकालत के सम्मानित पेशे से जुड़े हैं। इस त्रैमासिक का प्रकाशन 'अवध अर्चना प्रकाशन' करता है। आज भी यह पत्रिका समय-समय पर प्रकाशित होती रहती है।*

सहित

यह पत्रिका विमला देवी फाउण्डेशन न्यास, अयोध्या-फ़ैज़ाबाद की वार्षिक पत्रिका के रूप में प्रारम्भ हुई थी। 'सहित' पत्रिका का कलेवर 'साहित्य तथा अन्य कलाओं' को समर्पित था। इसके सम्पादक युवा कवि **यतीन्द्र मिश्र** *हैं। इसका प्रवेशांक जुलाई, 2000 ई. में प्रकाशित हुआ था, जिसका लोकार्पण स्वयं इस शहर में आकर प्रख्यात कथाकार निर्मल वर्मा ने किया था। यह एक राष्ट्रीय स्तर की पत्रिका थी, जिसके प्रवेशांक से ही कृष्णा सोबती, निर्मल वर्मा, कुँवर नारायण, विद्यानिवास मिश्र, कमलेश्वर, मनोहर श्याम जोशी, केदारनाथ सिंह, अशोक वाजपेयी, श्रीलाल शुक्ल, मृदुला गर्ग, अरुण कमल, उदय प्रकाश, लीलाधर जगूड़ी, परमानन्द श्रीवास्तव और मंगलेश डबराल जैसे राष्ट्रीय स्तर के रचनाकार जुड़े थे। इस पत्रिका का वितरण वाणी प्रकाशन, नयी दिल्ली द्वारा किया जाता था। इसके अब तक चार अंक प्रकाशित हुए हैं और यह पत्रिका सन् 2004 के बाद से स्थगित है।*

थाती

अपने कलेवर और विषय में अनूठी यह पत्रिका स्पिक मैके उत्तर प्रदेश एवं उत्तरांचल का साझा प्रयास थी, जिसे इसी संस्था की 'विरासत श्रृंखला'

के अन्तर्गत प्रकाशित किया गया था। फ़ैज़ाबाद से प्रकाशित होने वाली इस पत्रिका का प्रवेशांक नवम्बर, 2001 में आया था और इसके सम्पादक युवा कवि व संगीत अध्येता **यतीन्द्र मिश्र** रहे हैं। वार्षिक अवधि वाली इस पत्रिका के अब तक दो ही अंक प्रकाशित हुए, जिनमें प्रवेशांक के अलावा दूसरा अंक जून, 2003 में आया था।

स्पिक मैके की योजना के अनुरूप यह पत्रिका भारतीय संगीत, कला, दर्शन, रंगमंच, साहित्य, सिनेमा, लोक एवं अन्यान्य रूपंकर अभिव्यक्तियों पर एकाग्र रही। हिन्दी में प्रकाशित इस पत्रिका में देश के मूर्धन्य रचनाकारों के अलावा सिनेमा, संगीत और रंगमंच जगत के लोगों ने भी योगदान किया था, जिनमें प्रमुख रूप से याद किये जाने वालों में नेमिचन्द्र जैन, गुलज़ार, मणि कौल, श्याम बेनेगल, मुज़फ्फर अली, डी. अप्पूकुट्टन नायर और उषा गांगुली जैसे लोगों का स्मरण किया जा सकता है। 2003 के बाद से यह पत्रिका भी स्थगित है।

अनादि आस्था

फ़ैज़ाबाद जनपद की एकमात्र प्रामाणिक रूप से समादृत आध्यात्मिक पत्रिका 'अनादि-आस्था', जिसे 'भारतीय आध्यात्म विज्ञान और मानवीय सरोकार की पत्रिका' कहा गया, अपने विषय में अनूठी पत्रिका मानी जाती है। इसका प्रकाशन अनादि-आस्था प्रकाशन, आस्था कुटी, नियावां, फ़ैज़ाबाद से प्रख्यात शायर, समाज सेवी और आध्यात्मिक गुरु **पं. रामकृष्ण पाण्डेय 'आमिल'** जी ने आरम्भ किया था। नब्बे के दशक के उत्तरार्द्ध में आयी इस पत्रिका का शुरुआती कलेवर त्रैमासिक का था, जिसे मार्च, 2005 में आमिल जी के देहावसान के बाद षटमासिक कर दिया गया। अब इसका प्रकाशन 'श्री अध्यात्म शक्ति पीठ न्यास', मुबारकगंज द्वारा किया जाता है। आरम्भ से ही इसके सम्पादक पं. रामकृष्ण पाण्डेय 'आमिल' रहे। उनकी मृत्यु के बाद इसका सम्पादकत्व **श्री राजेन्द्र कुमार पाण्डेय** सँभाल रहे हैं। वैसे देखने वाली दिलचस्प बात इस पत्रिका के साथ यह भी रही है कि इसके पहले अंक से ही अब तक प्रधान सम्पादक के रूप में जो नाम दिया जाता है, वह 'अखिल ब्रह्माण्ड साम्राज्ञी राज राजेश्वरी श्री ललिता महात्रिपुरसुन्दरी' देवी का है।

यह पत्रिका, अपने विषय के अनुरूप भारतीय परम्परा, प्राच्य विद्या, अनुष्ठान, व्रत और पर्वों पर रचनात्मक सामग्री परोसती रही है, जिनमें आधुनिक दृष्टि से भी विचार किया जाता है। इस पत्रिका का सबसे प्रमुख आकर्षण यह

रहा कि इसमें समय-समय पर तन्त्र, आगम व सनातन परम्परा पर बड़े ही ज्ञानोपयोगी ढंग से आमिल जी अपनी टिप्पणियाँ लिखते थे, जिनसे सामान्य जनता को धार्मिक, सामाजिक एवं जीवनोपयोगी जानकारियाँ मिलती थीं। आज भी यह पत्रिका अपने आध्यात्मिक स्वरूप में उसी तरह प्रकाशित हो रही है।

अर्थात्

आध्यात्मिक गुरु पं. रामकृष्ण पाण्डेय 'आमिल' की प्रेरणा व संरक्षण में साहित्य और संस्कृति पर एकाग्र एक त्रैमासिक पत्रिका 'अर्थात्' का प्रकाशन भी फ़ैज़ाबाद की उपलब्धियों में शामिल रहा है। मूलतः आमिल जी की समाजवादी विचारधारा और समावेशी जीवन व्यवहार के दर्शन से अनुप्राणित इस पत्रिका के सम्पादक **मनोजकान्त** थे। इसका प्रकाशन 'श्री अध्यात्म शक्ति पीठ न्यास', मुबारकगंज, फ़ैज़ाबाद द्वारा किया जाता था।

इसका प्रवेशांक अक्टूबर-दिसम्बर, 2000 ई. में आया था, जिसमें डॉ. सर्वपल्ली राधाकृष्णन के एक लेख का पुनर्प्रकाशन करने के अतिरिक्त निर्मल वर्मा, डॉ. कृष्ण चन्द्र लाल, डॉ. विद्याबिन्दु सिंह, डॉ. राधिका प्रसाद त्रिपाठी, डॉ. जनार्दन उपाध्याय एवं सलीम ख़ाँ फरीद जैसे रचनाकारों की उपस्थिति प्रासंगिक रूप से देखी जा सकती है। कुल तीन अंकों के प्रकाशन के बाद यह पत्रिका भी बन्द हो गयी।

शब्द-शिखर

हिन्दी के विद्वान व भक्ति साहित्य के अन्यतम अध्येता **डॉ. राधिका प्रसाद त्रिपाठी** ने अपने संस्थान 'साहित्य संस्कृति संस्थान', नहरबाग, फ़ैज़ाबाद से साहित्य और संस्कृति पर आधारित पत्रिका 'शब्द-शिखर' का सम्पादन व प्रकाशन आरम्भ किया था। इसका प्रवेशांक, गोस्वामी तुलसीदास की पंचशती पर विशेष सामग्री के साथ 'तुलसी अंक' के रूप में जनवरी-जून, 1998 ई. में प्रकाशित हुआ। उस समय इस पत्रिका का कलेवर छमाही पत्रिका का था, जो दूसरे ही अंक से डॉ. राधिका प्रसाद त्रिपाठी जी की दुखद मृत्यु के साथ अनियतकालीन हो गया।

इसके पहले अंक के सम्पादक डॉ. राधिका प्रसाद त्रिपाठी जी थे। इस अंक का सह-सम्पादन उनके ज्येष्ठ पुत्र **आनन्द प्रकाश त्रिपाठी** और **प्रमोदकान्त मिश्र** ने संयुक्त रूप से किया था। दूसरे अंक से इसके सम्पादक आनन्द प्रकाश

त्रिपाठी हुए और सह-सम्पादन का कार्य **डॉ. सत्य प्रकाश त्रिपाठी** *व* **श्रीमती मीरा चन्द्रा** *को मिला। अब तक इस पत्रिका के दस अंक प्रकाशित हो चुके हैं। यह बताना भी समीचीन होगा कि इसका दसवाँ अंक 'शोध-विशेषांक' पर आधारित था, जिसके अतिथि सम्पादक* **सुन्दरम् शांडिल्य** *हैं। विगत तीन-चार वर्षों से पत्रिका का प्रकाशन स्थगित है।*

विज्ञान कथा

अपने नाम के अनुरूप विज्ञान कथाओं, नये शोधों व सरोकारों को कहानियों के माध्यम से आगे लाने में इस पत्रिका का विशेष महत्त्व है। इसके प्रकाशक, सम्पादक व मुद्रक तीनों ही रूपों में **डॉ. राजीव रंजन उपाध्याय** *जी अपना अमूल्य योगदान कर रहे हैं, जो स्वयं प्रख्यात विज्ञान कथाकार हैं। 'विज्ञान-कथा' पत्रिका मूलतः त्रैमासिक है और इसका पहला अंक सन् 2002 ई. में आया था। आज तक इसके कुल पचास अंक प्रकाशित हो चुके हैं और यह पत्रिका हर वर्ष विज्ञान-कथाओं, विज्ञान-कथाकारों और अहिन्दी भाषी भारतीय विज्ञान कथाकारों की सामग्री का चयन करके एक विशेषांक भी प्रकाशित करती है। हाल ही में प्रकाशित हुआ विशेषांक 'गुजराती विज्ञान कथाओं' पर आधारित रहा है।*

इस पत्रिका से देश के तमाम विज्ञान कथाकार जुड़े हुए हैं, जिनमें प्रमुख रूप से इस पत्रिका के सम्पादक समेत श्री हरीश गोयल, डॉ. अरविन्द मिश्र, जीशान हैदर ज़ैदी, श्रीमती कल्पना कुलश्रेष्ठ, ज़ाकिर अली 'रजनीश' और डॉ. अरविन्द दुबे आदि के नाम लिये जा सकते हैं। फ़ैज़ाबाद से इस तरह की अनूठी पत्रिका का निकलना अपने में एक स्वागत योग्य कदम है। वह इसलिए भी कि हिन्दी में विज्ञान-कथाओं पर केन्द्रित यह पहली पत्रिका है। यह पत्रिका अपने इण्टरनेट संस्करण में भी उपलब्ध है।

तुलसी-दल

रामायण मेला समिति, अयोध्या-फ़ैज़ाबाद की पत्रिका के रूप में तुलसी-दल का प्रकाशन एक प्रमुख सांस्कृतिक प्रयास के रूप में पिछले चौंतीस वर्षों (1981 से प्रकाशित) के चौंतीस अंकों द्वारा देखा व सराहा जा सकता है। यह पत्रिका नवम्बर-दिसम्बर माह में राम-विवाह के अवसर पर होने वाले रामायण-मेला के अवसर पर एक वार्षिक पत्रिका के रूप में प्रकाशित होती रही है। इसे एक ऐसी पत्रिका का स्वरूप हासिल है, जिनमें राम-कथा और रामायण से सम्बन्धित विषयों की आधिकारिक विद्वानों द्वारा सांस्कृतिक,

सामाजिक और वैज्ञानिक चर्चा होती है।

इसके पहले दो अंक स्मारिका के रूप में प्रकाशित हुए। तीसरे अंक से तुलसी-दल नाम दिया गया। इसके सम्पादक संस्कृत के विद्वान **स्व. डॉ. राजदेव मिश्र** *हुए, जिसमें सह-सम्पादन का कार्य* **डॉ. रामशंकर त्रिपाठी** *तथा* **डॉ. गौरीशंकर पाण्डेय** *ने किया था। कुछ वर्षों तक डॉ. राजदेव मिश्र के सम्पादकत्व में यह पत्रिका निकलने के उपरान्त डॉ. रामशंकर त्रिपाठी के सम्पादन में प्रकाशित होने लगी। इसके कुछ अंकों के प्रकाशन के पश्चात पुनः स्व.* **डॉ. राजदेव मिश्र** *इसके प्रधान सम्पादक के रूप में सम्बद्ध हुए और अपनी मृत्यु तक वे ही इसके सम्पादन से जुड़े रहे। उनके सम्पादकत्व का अन्तिम अंक पत्रिका का पच्चीसवाँ रजत जयन्ती विशेषांक था। इस विशेषांक में उनके साथ सह-सम्पादन* **डॉ. सत्यप्रकाश त्रिपाठी, डॉ. गौरीशंकर पाण्डेय 'अरविन्द'** *और* **डॉ. शिवाकान्त शुक्ल** *ने किया था। छब्बीसवें अंक से इसके सम्पादक पूर्व सांसद एवं महान्त स्व.* **श्री विश्वनाथ दास शास्त्री** *हुए। विगत वर्ष-2015 के नवीनतम अंक, जो कि चौंतीसवाँ अंक है, का सम्पादन हिन्दी के विद्वान एवं साकेत महाविद्यालय के हिन्दी विभाग के पूर्व अध्यक्ष* **डॉ. जर्नादन उपाध्याय** *ने किया। उनके साथ सम्पादन सहयोग में* **डॉ. आनन्द प्रकाश गौड़, श्री उमेश चन्द्र श्रीवास्तव** *एवं* **श्री अवधेश कुमार** *जुड़े रहे हैं। यह पत्रिका आज भी गोस्वामी तुलसीदास की चित्र-कृति के आवरण के साथ प्रकाशित हो रही है।*

अवधी

अवधी साहित्य संस्थान, अयोध्या, फ़ैज़ाबाद की वार्षिक पत्रिका के रूप में इसका प्रकाशन आरम्भ हुआ था। यह पत्रिका अवधी भाषा और साहित्य पर केन्द्रित हिन्दी की पत्रिका रही है। इसका पहला अंक 1983 ई. में प्रकाशित हुआ था, जो स्मारिका के रूप में था, जिसमें सम्पादन का दायित्व **डॉ. रामशंकर त्रिपाठी** *जी के जिम्मे आया। उस अंक के सहयोगी के रूप में* **प्रो. रणजीत सिंह, डॉ. जगदीश पंकज, डॉ. जनार्दन उपाध्याय** *और* **प्रो. दुर्गाप्रसाद ओझा** *शामिल थे। इस पत्रिका के सन्दर्भ में यह तथ्य उल्लेखनीय है कि इसके प्रवेशांक का लोकार्पण 11 मार्च, 1983 ई. को आधुनिक हिन्दी कविता के शिखर-पुरुष सच्चिदानन्द हीरानन्द वात्स्यायन 'अज्ञेय' जी ने फ़ैज़ाबाद के नरेन्द्रालय सभागार में किया था, उस समय वह अपनी बहुचर्चित 'जानकी जीवन-यात्रा' लेकर अयोध्या-फ़ैज़ाबाद की यात्रा पर थे।*

बाद में 1995 ई. में इसके प्रकाशन के बारहवें वर्ष में, पन्द्रहवें अंक से हिन्दी के सम्मानित आचार्य स्व. डॉ. **राधिकाप्रसाद त्रिपाठी** *प्रधान सम्पादक हुए और प्रबन्ध सम्पादक के रूप में स्व.* **पं. राजबहादुर द्विवेदी** *ने अपनी सेवाएँ दी थीं। यह अंक 'अवधी महोत्सव अंक' के रूप में प्रकाशित किया गया था। डॉ. राधिका प्रसाद त्रिपाठी एवं पं. राज बहादुर द्विवेदी की मृत्यु के पश्चात यह पत्रिका बन्द हो गयी।*

साकेत भारती

'साकेत भारती' का प्रकाशन साकेत के गौरवमय अतीत से प्रेरित होकर यहाँ के सांस्कृतिक मूल्यों को सँवराने तथा राष्ट्रोत्थान के सन्देशवाहक के रूप में हुआ था। यह जाग्रत विवेक की हिन्दी त्रैमासिकी के रूप में जुलाई, 1968 में प्रकाशित हुई थी। इसका प्रवेशांक अंक 'वसन्त अंक' था। इस पत्रिका के प्रकाशक एवं प्रधान सम्पादक हिन्दी के सुधी आचार्य **डॉ. राधिकाप्रसाद त्रिपाठी** *थे तथा सम्पादक मण्डल में* **डॉ. आशुतोष, डॉ. सत्यनारायण उपाध्याय, राम अकबाल त्रिपाठी 'अनजान', रामचन्द्र राव होसिंग** *थे। किन्तु, अर्थाभाव के कारण पत्रिका के दो ही अंक निकल पाये।*

नोट : **इस खण्ड में साहित्य, संस्कृति और कलाओं से सम्बन्धित पत्रिकाओं का उल्लेख किया गया है। संस्थानिक और गैर-संस्थानिक शोध-पत्रिकाओं, स्मारिकाओं, बुकलेट आदि की चर्चा इसमें नहीं की गयी है। –सम्पादक**

साभार : **उपर्युक्त विवेचित पत्र-पत्रिकाओं और उनसे जुड़े रहे विद्वानों से प्राप्त सूचनाओं के आधार पर इस अंक के सम्पादक यतीन्द्र मिश्र द्वारा लिखी गयी टिप्पणी। पहली बार प्रकाशित।**

फ़ैज़ाबाद से प्रकाशित उल्लेखनीय समाचार-पत्र

जनमोर्चा

सहकारिता पर आधारित अनोखे समाचार-पत्र 'जनमोर्चा' का प्रकाशन सन् 1958 में शुरु हुआ था। उस समय यह डिमाई से भी छोटे आकार के दो पृष्ठों में छपने वाला त्रि-साप्ताहिक पत्र था। यह सप्ताह में मात्र तीन दिन ही निकलता था, एक अंक के बाद दूसरा अंक तीसरे दिन आता था। रविवार को इसका प्रकाशन स्थगित रहता था। थोड़े दिनों बाद ही यह लगा कि कम से कम इसे चार पृष्ठों का तो होना ही चाहिए और एक महीने के भीतर ही इस प्रयास में सफलता भी मिल गयी। जुलाई, 1959 में शम्भू बाबू (पं. शम्भू नारायण सिंह) के प्रयास से 1600 रुपये में एक पुरानी ट्रेडिल मशीन आ गयी थी और टाईप की व्यवस्था के बाद अख़बार के लिए कम्पोजिंग भी होने लगी थी। बाद में जब हरगोविन्द जी के सहयोगी स्वतंत्रता सेनानी प्रमुख दीवानी वकील नारायण दास खत्री ने अपना दफ्तर इस कार्य के लिए दे दिया तो वहीं कम्पोजिंग, छपाई और अन्य आवश्यकताओं की पूर्ति होने लगी।

15 अगस्त, 1962 से त्रिसाप्ताहिक के बजाय इसने सप्ताह में 6 दिन प्रकाशित होने वाले दैनिक का रूप ले लिया, लेकिन आकार डिमाई से छोटा ही था। इसी बीच जब पूर्वोत्तर क्षेत्र में चीनी आक्रमण हुआ तब इसे चीन समर्थक कहकर जनमोर्चा को बन्द कराने का अभियान चला। इसी आरोप में 25 जनवरी, 1963 ई. को इसके संस्थापक सम्पादक महात्मा हरगोविन्द को भारत सुरक्षा कानून के तहत गिरफ्तार कर लिया गया। जेल से ही महात्मा

हरगोविन्द ने चिट्ठी लिखी और समाचार-पत्र जनमोर्चा की जिम्मेदारी अपने सहयोगी शीतला सिंह को सौंप दी। इसके बाद 14 अप्रैल, सन् 1963 से ही शीतला सिंह इसके सम्पादक हैं। बाद में मुकदमा समाप्त हुआ और महात्मा हरगोविन्द जेल से मुक्त हुए।

जनमोर्चा का जीवन, हमेशा से संघर्ष व चुनौतियों से भरा रहा है। लेकिन यही संकट और जुझारू शक्ति ही जनमोर्चा के बने रहने में सहायक हुई। 'जनमोर्चा' की कष्टों के बीच की ज़िन्दगी विचार और लोकतांत्रिक धारणाओं की पुष्टि का कारण बनी। आज भी 75 रुपये की अल्प पूँजी से आरम्भ किया गया यह प्रयास संघर्षरत रहकर अपना अस्तित्व बनाये हुए है।

'जनमोर्चा' हर तरह की चुनौतियों का सामना करते हुए आगे बढ़ता रहा और इसका प्रकाशन कभी रुकने नहीं पाया। समाचार-पत्र के रूप में जनमोर्चा आधुनिकीकरण में भी पीछे नहीं रहा। सन् 1987 में कम्प्यूटराइजेशन की शुरुआत करते हुए अख़बार के कार्यालय में पहला कम्प्यूटर लगाया गया था। वर्तमान में बारह पृष्ठों के इस फोर कलर समाचार-पत्र ने गत 5 दिसम्बर, 2015 को अपनी 57वीं सालगिरह मनायी है। आज भी आफसेट पर छपने वाले इस अख़बार की स्थानीय स्तर पर विशिष्ट पहचान है। दूसरे बड़े पूँजी वाले समाचार-पत्रों से होड़ लेता हुआ आज भी नयी तकनीक को आत्मसात कर अपनी विश्वसनीयता बनाए हुए है।

हम आप

फ़ैज़ाबाद नगर से प्रकाशित समाचार-पत्रों में 'हम आप' का उल्लेखनीय स्थान है। सम्भवतः यही पहला समाचार-पत्र था, जिसने स्थानीय स्तर पर अपनी सूचनाओं और मुद्दों के जरिए एक खास पाठक वर्ग बनाने में सफलता पायी। 'हम आप' समाचार-पत्र की शुरुआत पाक्षिक (पन्द्रह दिन पर) के रूप में 16 अप्रैल, 1971 ई. को हुई थी। इसके प्रवेशांक में अयोध्या में विश्वविद्यालय की माँग को मुद्दा बनाया गया था। समाचार-पत्र की मुख्य खबर में हनुमान गढ़ी से जुड़े स्वतंत्रता संग्राम सेनानी बाबा बनारसी दास द्वारा विश्वविद्यालय की स्थापना को लेकर अनशन किये जाने की सूचना दी गयी थी।

इस समाचार-पत्र के संस्थापक अधिवक्ता व मार्क्सवादी स्वतंत्रता संग्राम सेनानी माता प्रसाद सिंह थे। स्थानीय मुद्दों और समस्याओं को उजागर

करने के लिए उन्होंने इस अख़बार की परिकल्पना की थी। उन्होंने 27 जून, 1958 ई. को नगर के साहबगंज मुहल्ले में 'श्रीकृष्ण प्रिंटिग प्रेस' की स्थापना की थी। वह सहकारी समाचार-पत्र 'जनमोर्चा' के प्रकाशक मण्डल से उसके जन्म से ही जुड़े थे। समाचार-पत्र 'जनमोर्चा' का प्रकाशन इसी प्रिंटिंग प्रेस से शुरु हुआ था।

किन्हीं कारणों से माता प्रसाद सिंह ने समाचार-पत्र जनमोर्चा से अलग होने के बाद समाचार-पत्र 'हम-आप' का प्रकाशन शुरु किया था। इस समाचार-पत्र की शुरुआत में इसके प्रधान सम्पादक बाबू हरिशचन्द्र श्रीवास्तव व सहायक सम्पादक वामपन्थी ट्रेड यूनियन नेता उदय सिंह थे। समाचार-पत्र 'हम-आप' ने दिसम्बर 1971 ई. में साप्ताहिक प्रकाशन आरम्भ कर दिया था। सन् 1974 में समाचार-पत्र के सम्पादक बाबू हरिश्चन्द्र श्रीवास्तव के निधन के बाद यह जिम्मेदारी वरिष्ठ अधिवक्ता प्रियनाथ सिंह ने लगभग पाँच वर्षों तक सँभाली। उनके बाद सम्पादक का दायित्व थोड़े समय तक उदय सिंह ने निभाया था।

समाचार-पत्र 'हम आप' के प्रकाशन व सम्पादन का जिम्मा सन् 1980 में श्रीकृष्ण सिंह ने अपने हाथों में ले लिया। श्रीकृष्ण सिंह बताते हैं कि 15 फरवरी, 1985 ई. से 'हम-आप' का प्रकाशन दैनिक समाचार-पत्र के रूप में होने लगा था। यह समाचार-पत्र सन् 2010 तक अनियमित रूप से होता रहा।

नये लोग

दैनिक समाचार-पत्र 'नये लोग' का प्रकाशन सन् 1983 में शुरु हुआ था। इस समाचार-पत्र की परिकल्पना वरिष्ठ पत्रकार अशोक टण्डन व व्यवसायी दिनेश माहेश्वरी ने की थी। अख़बार नये लोग का आगाज़ काफ़ी धमाकेदार था। प्रवेशांक से ही इस समाचार-पत्र ने जनपद में अपना विशेष पाठक वर्ग तैयार कर लिया था। समाचार-पत्र के सम्पादक अशोक टण्डन व प्रबन्ध निदेशक दिनेश माहेश्वरी ने यह प्रयास किया था कि 'नये लोग' में हर तरह के पाठकों के लिए सामग्री उपलब्ध करायी जाये, लेकिन समाचार-पत्र के प्रकाशन का एक माह पूरा होते ही सम्पादक अशोक टण्डन इससे अलग हो गये थे। उनके स्थान पर समाचार-पत्र के सम्पादन का जिम्मा वरिष्ठ पत्रकार राधेश्याम शुक्ल ने सँभाल लिया था।

लगभग दो वर्षों बाद राधेश्याम शुक्ल के अलग हो जाने के बाद अगस्त,

1985 ई. में पुनः अशोक टण्डन को इस समाचार-पत्र का सम्पादक बनाया गया। इसी समाचार-पत्र ने सितम्बर, 1985 ई. के अन्त में बहुचर्चित 'गुमनामी बाबा' का मुद्दा उठाया था। इस प्रकरण पर समाचार का शृंखलाबद्ध प्रकाशन करके 'नये लोग' ने काफ़ी चर्चा और ख़्याति अर्जित की थी। अक्टूबर, 1985 ई. में इस समाचार-पत्र का सम्पादन इसके प्रबन्ध निदेशक दिनेश माहेश्वरी ने स्वयं अपने हाथों में ले लिया था। वह गम्भीर वित्तीय संकटों का सामना करते हुए क़रीब एक वर्ष तक इस समाचार-पत्र का प्रकाशन करते रहे, फिर प्रकाशन बन्द हो गया। समाचार-पत्र नये लोग के प्रबन्धन से जुड़े स्थानीय व्यवसायियों में वेद प्रकाश गुप्ता, सरदार भाग सिंह, ओम प्रकाश मदान व मोहन दास लधानी प्रमुख रूप से शामिल थे।

नोट : उपर्युक्त विवेचित दैनिक एवं साप्ताहिक पत्रों में चुनिन्दा उन पत्रों का उल्लेख किया गया है, जिन्होंने अपनी पहचान बनायी। इनके अलावा फ़ैज़ाबाद जनपद, जिसमें अम्बेडकरनगर शामिल था; से कुछ अन्य महत्त्वपूर्ण पत्र भी समय-समय पर प्रकाशित हुए हैं, जिनका प्रकाशन थोड़े समय के लिए ही रहा, मगर इनकी शुरुआत को अर्थपूर्ण माना जाता है। इनमें साप्ताहिक व दैनिक पत्रों में प्रमुख रूप से उल्लेखनीय नाम इस तरह हैं– **लोकराज, सरयू मेल, पंचमित्र, अकबरपुर मेल, जय स्वदेश** और **फ़ैज़ाबाद की आवाज़।**

स्वाधीनता आन्दोलन के दौर में भी फ़ैज़ाबाद परिक्षेत्र के कुछ प्रमुख हिन्दी व उर्दू के पत्र आरम्भ हुए, जो कालान्तर में जाकर बन्द हो गये। इनका नामोल्लेख भी यहाँ प्रासंगिक है, जिनमें **अवध समाचार, अयोध्या समाचार, विरक्त, किसान, आफ़ताब, रणभेरी, अख़्तर, अवध केसरी, अध्यापक, राम सन्देश, फ़ैज़ाबाद गजट, साकेत** तथा **दैनिक समाचार** उल्लेखनीय हैं।

–सम्पादक

साभार : **उत्तर प्रदेश - साकेत अंक, सम्पादक : डॉ. कौशल कुमार राय, प्रकाशक : सूचना एवं जन सम्पर्क विभाग, उत्तर प्रदेश लखनऊ से संक्षिप्त एवं संशोधित रूप में लेने के अतिरिक्त जनमोर्चा पर शीतला सिंह द्वारा लिखे गये आलेख तथा वरिष्ठ पत्रकार अशोक टण्डन, श्रीकृष्ण सिंह एवं सुमन गुप्ता से बातचीत के आधार पर युवा पत्रकार दीपक मिश्र तथा इस अंक के सम्पादक यतीन्द्र मिश्र द्वारा संयुक्त रूप से लिखी गयी टिप्पणी। पहली बार प्रकाशित।**

फ़ैज़ाबाद में छापेखाने की कहानी

पिछले सौ वर्षों का आकलन

फ़ैज़ाबाद शहर में छापेखाने (प्रिंटिंग प्रेस) की आमद आज़ादी के काफ़ी पहले हो गयी थी। शुरुआत में लीथो तकनीकी (पत्थर से छपाई) का सहारा लेते हुए जो चन्द छापेखाने विकसित हुए और कालान्तर में जाकर बन्द हो गये, उनमें प्रमुख रूप से हम **आफताब प्रेस**-*इमामबाड़ा, राठहवेली, बाबू शम्भू दयाल भटनागर द्वारा स्थापित प्रेस-रिकाबगंज, (वर्तमान में शम्भू मार्केट),* **नारायणी प्रेस**-*राठहवेली,* **अख़्तर प्रिंटिंग प्रेस**, *विश्वनाथ प्रसाद माथुर का* **प्रकाश प्रेस**-*काश्मीरी मोहल्ला,* **फ़ैज़ाबाद सीड कम्पनी प्रेस**-*कान्धारी बाज़ार, गणेश अग्रवाल द्वारा स्थापित* **गणेश प्रिंटिंग प्रेस**-*रिकाबगंज के नाम ले सकते हैं। इन अधिकांश छापेखानों की चर्चा इस व्यवसाय में काफ़ी अरसे से लगे हुए लोग आज भी करते हैं। 'गणेश प्रिंटिग प्रेस' के सन्दर्भ में तो यह भी दर्ज़ मिलता है कि कभी आज़ादी के दौर में यहाँ कांग्रेस पार्टी के नेताओं की गुप्त मीटिंगें भी सम्पन्न होती थीं। यह देखना दिलचस्प है कि इस समय के कुछ प्रेस आज भी सक्रिय हैं, जिनमें से अधिकांश ने तो लीथो तकनीकी से आरम्भ करके हैण्ड प्रेस व ट्रेडिल मशीन तक का सफर तय किया है। इनमें से अधिकांश छापेखानों की शुरुआत का समय ठीक-ठीक ज्ञात होना सम्भव नहीं है, फिर भी जन-मानस में व्याप्त सूचनाओं के आधार पर अधिकांश प्रेसों की सक्रियता का कालखण्ड सन् 1920 से 1960-65 ई. के बीच लगभग चालीस-पैंतालीस वर्षों का बनता है।*

इसी क्रम में चौक स्थित लायड गेट में फ़ैज़ाबाद में जनसंघ पार्टी के पहले विधायक वेद प्रकाश अग्रवाल द्वारा स्थापित **जय स्वदेश प्रेस** *की जानकारी भी स्थानीय लोगों से प्राप्त होती है। यह भी बताया जाता है कि इसी प्रेस*

में जनसंघ, भाजपा व राष्ट्रीय स्वयं सेवक संघ की गतिविधियों से सम्बन्धित प्रपत्र व समाचार-पत्र प्रकाशित होते थे। इसी प्रेस को 'जय स्वदेश' नामक साप्ताहिक पत्र जो बाद में दैनिक हो गया था, को प्रकाशित करने का गौरव प्राप्त है। हालाँकि यह पूरी तरह जनसंघ की विचारधारा को समर्पित पत्र माना जाता है।

इसी अवधि के आस-पास शिव प्रसाद मौर्य द्वारा स्थापित **शिवा प्रिंटिंग प्रेस**-*फतेहगंज, सीताराम श्रीवास्तव द्वारा स्थापित* **अवध प्रिंटिंग प्रेस**-*रिकाबगंज, माता प्रसाद सिंह द्वारा स्थापित* **श्री कृष्ण प्रिंटिंग प्रेस**-*साहबगंज, राधेश्याम श्रीवास्तव द्वारा स्थापित* **विजय प्रेस**-*रिकाबगंज के नामों की चर्चा आज़ादी के बाद स्थापित होने वाले छापेखानों में की जाती है। इनमें से अधिकांश का सफर ट्रेडिल मशीन से शुरु हुआ था। यह देखना भी सामयिक है कि इन प्रेसों के आरम्भ का दशक पचास के उत्तरार्द्ध के बाद का है।*

सत्तर व अस्सी के दशक के बीच तेजी से प्रेसों की तादात में इज़ाफा हुआ, जिसके फलस्वरूप ढेरों संख्या में छापेखाने गली-गली खुल गये। इस दौर के जिन छापेखानों की चर्चा आज भी की जाती है, उनमें **मैजेस्टिक प्रेस**-*मोतीबाग,* **अपना प्रेस**-*रिकाबगंज,* **बॉम्बे प्रेस**-*दिल्ली दरवाज़ा,* **दुर्गा प्रेस**-*टेढ़ी गली,* **मतवाला प्रेस**-*नाका,* **ए.के. प्रेस**-*धारा रोड,* **प्रताप प्रिटिंग प्रेस**-*रिकाबगंज,* **सरिता प्रेस**-*राठहवेली,* **मानसरोवर प्रेस**-*रीडगंज व* **सरस्वती प्रिटिंग प्रेस**-*नाका चुंगी प्रमुख रूप से शामिल हैं। इनमें से कुछ प्रेस वर्तमान में अपना व्यवसाय बन्द कर चुके हैं। अलग से इस तरह के प्रेसों में* **मरकज़ी प्रेस**-*टकसाल का उल्लेख आवश्यक है। इसलिए भी कि आज छपने वाले अधिकांश साप्ताहिक अख़बार और पत्रिकाओं के अलावा श्वेत-श्याम (ब्लैक एण्ड व्हाईट) रंगों के पोस्टर व पम्फलेट यही प्रेस बहुतायत में मुद्रित करता है। 'मरकज़ी प्रेस' की तुलना में आज का कोई भी छापाख़ाना इतनी अधिक संख्या में इस तरह के प्रकाशन का काम नहीं करता।*

नगर के पुराने प्रेसों में, आज भी जिनकी पहचान बनी हुई है और जो इस कारोबार में अभी तक सक्रिय हैं; उनमें प्रमुख रूप से आने वाले प्रेस इस तरह हैं– **अग्रवाल प्रिंटिंग प्रेस, साकेत प्रिंटिंग प्रेस, श्यामा प्रिंटिंग प्रेस** *तथा* **सरदार प्रिंटिंग प्रेस**। *इनमें 'अग्रवाल प्रिंटिंग प्रेस' की स्थापना चौक से सटे महजनी टोला मोहल्ले में लाल धनपत राय अग्रवाल ने सन् 1920 ई में लीथो तकनीकी के तहत की थी। इसे आज भी उनकी चौथी पीढ़ी के वर्तमान*

वारिस श्री सुनील अग्रवाल संभाल रहे हैं। आजकल यहाँ पर ऑफसेट मशीन द्वारा छपाई का कार्य सुचारू रूप से जारी है। इसी क्रम में बाबू राम नारायण वर्मा ने 1935 ई. में खवासपुरा मोहल्ले में 'साकेत प्रिंटिंग प्रेस' की स्थापना की थी। यह प्रेस आज भी कारोबार कर रहा है, जिसकी देख-रेख व संचालन का दायित्व उनके योग्य पुत्र श्री दीपकृष्ण वर्मा कर रहे हैं।

इसी तरह, हैदरगंज रेलवे क्रासिंग के निकट 1938 ई. में बाबू नवनिधि राय श्रीवास्तव द्वारा स्थापित **श्यामा प्रिंटिंग प्रेस** भी लीथो मशीन से लेकर ऑफसेट मशीन तक का अपना ऐतिहासिक सफर जारी रखते हुए आज भी छपाई के कारोबार में संलग्न है। वर्तमान में इसके संचालक श्री श्यामा प्रसाद राय हैं। धारा रोड पर करतार सिंह द्वारा स्थापित **सरदार प्रिंटिंग प्रेस** का कार्य संभाल रहे उनके पुत्र सरदार जंग बहादुर सिंह ने बताया है कि उनके प्रेस की स्थापना 1970 ई. में ट्रेडिल मशीन से हुई थी, जो बाद में जाकर ऑफसेट मशीन में तब्दील हो गयी। यह प्रेस आज भी छपाई के कारोबार में शामिल है।

आज के समय में भी कई प्रेस सक्रिय हैं, जिनकी स्थापना सत्तर के दशक के बाद हुई है। इनमें, प्रमोद कुमार सिंह द्वारा सन् 1979 में स्थापित **रघुवंशी प्रिण्टर्स**-गद्दोपुर, की विशेष पहचान आज तक बनी हुई है। इसके मैनेजर श्री नागेश्वर प्रसाद सिंह बताते हैं कि जब यह प्रेस शुरु हुआ, तब सारा काम ट्रेडिल मशीन से होता था। इसके बाद सिलेण्डर आया और आजकल ऑफसेट मशीन से छपाई होती है, जो सम्भवतः नगर की बड़ी ऑफसेट मशीनों में से एक है। इसी तरह रघुवंशी प्रिण्टर्स के ठीक एक वर्ष पूर्व सर्वेन्द्र विक्रम सिंह द्वारा स्थापित **जनता प्रिंटिंग प्रेस**-हमदानी कोठी, रीडगंज को अपना आगाज़ 1978 ई. में मिला था। वर्तमान में भी श्री सर्वेन्द्र जी ही इस प्रेस के संचालक हैं और उन्होंने बताया कि पुरानी ट्रेडिल मशीन लगाकर उन्होंने यह काम शुरु किया था। आज वे ऑफसेट मशीन से छपाई के कारोबार में लगे हैं। इसी तरह **अर्चना प्रेस**-जमुनियाबाग की स्थापना अवधेश नारायण श्रीवास्तव ने सन् 1981 में की थी। वर्तमान में इसका संचालन कर रहे श्री अतुल नारायण श्रीवास्तव बताते हैं कि ट्रेडिल मशीन से शुरु हुआ सफर आज ऑफसेट तक पहुँच चुका है। इनके अतिरिक्त, **श्रीराम ऑफसेट**-पालकीखाना की स्थापना भी सन् 1981 में हुई थी, जिस प्रेस को श्री चेतन अग्रवाल ने शुरु किया था। मकबरा, नाका पर स्थापित डॉ. रामजी पाण्डेय का छापाखाना **ऋतम्भरा प्रेस** 1986 ई. में अस्तित्त्व में आया, जो सम्भवतः इधर स्थापित हुए नये प्रेसों में शुमार माना जाता है। इस प्रेस द्वारा मल्टी कॅलर ऑफसेट

से प्रिंटिंग का कार्य हो रहा है। वर्तमान समय में नगर में स्थापित **क्वालिटी ऑफसेट** *की स्थापना वर्ष 2000 ई. में गद्दोपुर में मो. जमील ने की थी। यह प्रेस आधुनिकतम मशीनों द्वारा छपाई की कार्यक्षमता रखने वाला सबसे अधुनातन प्रेस माना जाता है।*

लीथो, ट्रेडिल मशीन और ऑफसेट प्रेसों से अलग विकसित स्क्रीन प्रिंटिंग का कारोबार भी नगर में लगभग तीस-पैंतीस वर्षों से होने लगा है, जिसकी शुरुआत पिछली शताब्दी के अस्सी के दशक के अन्त में हुई थी। इस तरह की नयी तकनीकी से छपाई का काम भी ढेरों नये प्रिंटर्स करने लगे हैं, जिनमें गुणवत्ता और कार्य कुशलता के हिसाब से दर्जनों प्रिंटर्स का काम उल्लेखनीय माना जाता है। इनमें प्रमुख रूप से आज सक्रिय स्क्रीन प्रिंटर्स के उल्लेखनीय नाम इस तरह हैं– मो. नईम, मो. ज़ीशान, मास्टर ख़लीक, जफ़र भाई, शानदार, फरहान और मोहम्मद आदि।

नोट : **इस शीर्षक के अन्तर्गत मात्र उन्हीं छापेखानों का ज़िक्र किया गया है, जिन्होंने नगर में अपनी उपस्थिति, सक्रियता और कार्य-प्रणाली से मुखर पहचान बनायी और प्रकाशन के जगत में प्रतिष्ठित नाम के रूप में जाने गये। इनके अलावा ढेरों छोटे-बड़े प्रेस पूर्व के समय से लेकर आज तक सक्रिय हैं, और नये भी स्थापित हो रहे हैं, जिनका उल्लेख नहीं किया जा रहा है। – सम्पादक**

साभार : **युवा पत्रकार दीपक मिश्र एवं इस अंक के सम्पादक यतीन्द्र मिश्र द्वारा संयुक्त रूप से लिखी गयी टिप्पणी। पहली बार प्रकाशित।**
प्रेसों के बारे में महत्त्वपूर्ण जानकारियाँ इस व्यवसाय से जुड़े हुए जिन लोगों ने मुहैया करायी हैं, उनमें प्रमुख रूप से श्यामा प्रसाद राय, सर्वेन्द्र विक्रम सिंह, दीपकृष्ण वर्मा, जंग बहादुर सिंह, सुनील अग्रवाल, नागेश्वर प्रसाद सिंह, अतुल नारायण श्रीवास्तव, रामजी पाण्डेय, चेतन अग्रवाल एवं फरहान शामिल हैं।

अख़्तरीबाई फ़ैज़ाबादी या बेगम अख़्तर

'अख़्तरीबाई फ़ैज़ाबाद फ़िल्म स्टार' (मेगाफ़ोन रेकार्ड का इश्तहार)

तीस के दशक में कलकत्ता की मशहूर रेकॉर्डिंग कम्पनी 'मेगाफ़ोन रेकॉर्ड्स' की नामचीन गायिका अख़्तरीबाई फ़ैज़ाबादी (बाद में बेगम अख़्तर के नाम से मशहूर ग़ज़ल गायिका) का जन्म 7 अक्टूबर, 1914 को फ़ैज़ाबाद में मशहूर तवायफ़ मुश्तरीबाई के घर में हुआ था। लगभग एक शताब्दी से कुछ अधिक बीत जाने के बाद भी आज उनको याद करना सिर्फ़ एक नामचीन गायिका को ही याद करना नहीं है। हम उन्हें याद करने के बहाने उस समय के अवध-प्रान्त, पुराने लखनऊ और फ़ैज़ाबाद शहरों के साथ ही आज बिल्कुल बेनूर हो चली उस पारम्परिक महफ़िलों की मौसीकी (संगीत) को भी याद कर सकते हैं, जो अब सिर्फ़ हमारी स्मृतियों और रेकॉर्ड डिस्कों पर सौभाग्य से संरक्षित है।

अख़्तरीबाई फ़ैज़ाबादी तथा उनके मिजाज और बेहतरीन गायिकी के बारे में कुछ भी ज़िक्र करने से ज़्यादा पेचीदा बात उनकी गायिकी के बारे में है, जो उनकी विशिष्ट शैली या 'अख़्तरीनुमा छाप' को बयाँ करती है। उनकी शास्त्रीय संगीत की परम्परागत तालीम पटियाला घराने के उस्ताद अता मोहम्मद ख़ाँ और किराना घराने के दिग्गज उस्ताद अब्दुल वाहिद ख़ाँ से सम्बद्ध रही है। वे जहाँ पटियाला घराने की गम्भीर गायिकी में अपने उस्ताद से ग़ज़ल, ठुमरी और दादरा सीखने में व्यस्त रहीं, ठीक उसी समय उन्हें किराना घराने से ख्याल की बारीकियों को सीखने का अवसर मिला। बेगम अख़्तर की पूरी सांगीतिक यात्रा, इन्हीं दो घरानों के बीच किसी नाज़ुक बिन्दु पर सन्तुलित मिलती है, जिसमें बड़े उत्साह से उनकी आवाज़ ख्याल, ठुमरी, दादरा, चैती, कजरी और ग़ज़ल से होती हुई अद्‌भुत पुकार-तान व

अकार लेने की असमाप्त मींड़-मुरकियों-पलटों के साथ खनकती हुई चलकर हमारे पास आती है।

एक और बात उनकी गायिकी में देखने की है कि तवायफ़ों की परम्परा से उठकर आने वाली उनकी मौसीकी का मामला हैदराबाद, भोपाल, रामपुर, गया और अयोध्या के राज-दरबारों से होकर भी गुजरा है। अधिकतर महफ़िलों में जहाँ वे ठुमरी, दादरा और ग़ज़लें गाती हुईं दिखाई पड़ती हैं, ठीक दूसरी ओर दरबार गायिकी में उतनी ही शाइस्तगी से होली, सादरा, मुबारकबादियाँ और ख्याल अंग की ठुमरी गाने में विन्यस्त नज़र आती हैं। बेगम अख़्तर को करीने से सुनने पर यह बात भी समझ में आती है कि उनके लिये संगीत सिरजना सिर्फ़ राग, ताल और धुनों पर ही आधारित काम नहीं था, बल्कि वे गीत के शब्दों और बोलों की सटीक अर्थ-व्याप्ति के लिए भावों को बहुत गौर से बरतने में तल्लीन दिखाई पड़ती हैं। शायद इसीलिए उनकी ग़ज़लों, ठुमरियों और कजरियों के एल.पी. रेकॉर्ड्स या सीडीज सुनते हुए यह बात सहज ही उभरती है कि कैसे उनकी अदायगी में गीत के मिसरों के अन्तरसंगीत में संगतियों का समूह अपने-अपने वाद्यों को अत्यन्त संक्षिप्त करते हुए 'अण्डर प्ले' करता था। बेगम अख़्तर के हुनर का यह सबसे उज्ज्वल पक्ष है कि उन्होंने किसी गीत या बन्दिश या ग़ज़ल पर अतिरिक्त बोझ वाली गुलतराशी कभी नहीं की।

वे फ़िल्मों में भी गयीं और उन्होंने आठ फ़िल्मों में एक अदाकारा के बतौर अपनी उपस्थिति को भी सिनेमा के रुपहले पर्दे पर दर्ज़ कराया। इनमें 'एक दिन की बादशाहत', 'नल दमयन्ती' (1933), 'अमीना', 'मुमताज बेगम' (1934), 'जवानी का नशा' (1935), 'नसीब का चक्कर' (1936), 'रोटी' (1942) और 'जलसाघर' (1958) हैं। यह भी कहा जाता है कि प्रसिद्ध संगीतकार मदन मोहन के साथ अपने दोस्ताना रिश्ते के चलते बेगम अख़्तर कई बार उनकी धुनों के लिए सलाह दिया करती थीं, जिसके चलते मदन मोहन द्वारा संगीतबद्ध ग़ज़लों को बेहतर परवाज़ मिल सका है।

एक यारबाश महिला, उन्मुक्त फ़नकार, अपनी ग़ज़ल गायिकी को लेकर अतिरिक्त सजग और ठुमरी और दादरा की अदायगी के समय बेहद ज़ज्बाती और नाजुक ढंग से शास्त्रीयता का दामन थामने वाली कलाकार— सभी रूपों में बेगम अख़्तर अपने समय से आगे निकल जाने वाली एक ऐसी क्रान्तिकारी गायिका भी हैं, जिन्होंने इनोवेशन के लिये तमाम सारे रास्ते

खोले। 'निहुरे-निहुरे बुहारें' जैसा गीत उनकी अपनी कला का एक तरह से रूपक ही बन गया है, जो उनकी प्रतिभा को बहुत हौले-हौले बुहारते हुए रसिक श्रोता तक सीधे ही ले आकर जोड़ देता है।

उनके संगीत से बेपनाह मोहब्बत करने वालों के लिए कुछ बेहतरीन चीज़ों को हमेशा के लिए याद किया जा सकता है। इनमें 'कैसी ये धूम मचाई' (होली ठुमरी, राग काफ़ी), 'कोयलिया मत कर पुकार जियरवा लागे कटार' (दादरा), 'हमरी अटरिया पे आओ सँवरिया' (दादरा), 'जरा धीरे से बोलो कोई सुन लेगा' (दादरा), 'ओ बेदर्दी सपने में आ जा कुछ तो बिपतियाँ कम हुई जाये' (दादरा) एवं 'चला हो परदेसिया नैना लगाये' (दादरा) जैसे गीतों का ख़जाना प्रमुखता से शामिल है।

यह देखना विस्मयकारी है कि मात्र साठ वर्ष का जीवन पायी हुई इस अप्रतिम गायिका ने भारतीय उप-शास्त्रीय गायन और ग़ज़लों की दुनिया में बिल्कुल नये ढंग का युग रचा है, जो आज भी संगीत से जुड़े हुनरमन्द लोगों के लिए बहुत कुछ सीखने की सामग्री मुहैया कराता है। उनकी मृत्यु 30 अक्टूबर, 1974 को अहमदाबाद में हुई, जब वहाँ के टाउन हॉल में वे अपने जीवन की आखिरी संगीत सभा संजोने गयी थीं। फिलहाल, हम बेगम अख़्तर की गायी हुई दस अमर ग़ज़लों के स्मरण से उनके विशाल सांगीतिक योगदान को नमन कर सकते हैं, जो इस तरह हैं—

1. ऐ मोहब्बत तेरे अंजाम पे रोना आया : ग़ज़ल, (शकील बदायूँनी), 2. उल्टी हो गयी सब तदबीरें : ग़ज़ल (मीर तकी मीर), 3. जिक्र उस परीवश का : ग़ज़ल (मिर्ज़ा ग़ालिब), 4. कुछ तो दुनिया की इनायात ने दिल तोड़ दिया : ग़ज़ल (सुदर्शन फ़ाकिर), 5. अहले उल्फ़त के हवालों पे हँसी आती है : ग़ज़ल (सुदर्शन फ़ाकिर), 6. वो जो हम में तुम में करार था : ग़ज़ल (मोमिन), 7. शाम-ए-फ़िराक अब न पूछ : ग़ज़ल (फ़ैज़ अहमद फ़ैज़), 8. इतना तो ज़िन्दगी में किसी की खलल पड़े : ग़ज़ल (कैफ़ी आज़मी), 9. ज़िन्दगी का दर्द लेकर इन्क़लाब आया तो क्या : ग़ज़ल (शकील बदायूँनी), 10. दीवाना बनाना है तो दीवाना बना दे : ग़ज़ल (बेहज़ाद लख़नवी)।

आभार : बी.बी.सी. नयी दिल्ली की वेब पत्रिका से संक्षिप्त व संशोधित रूप में प्रस्तुत। यह टिप्पणी इस अंक के सम्पादक यतीन्द्र मिश्र ने बेगम अख़्तर के जन्म शताब्दी वर्ष (2014) के लिए लिखी थी। पत्र या पत्रिका में प्रकाशन के स्तर पर यह टिप्पणी पहली बार प्रकाशित।

उमराव जान 'अदा'
अफसानों से निकलकर मिलने वाली तवायफ़

नवाबी शासन के इतिहास में फ़ैज़ाबाद शहर को जिन सांस्कृतिक प्रतीकों के कारण याद किया जाता है, उसमें उमराव जान 'अदा' नाम की शायरा और तवायफ़ का ज़िक्र भी इतिहास के गली-कूचे में लगभग एक शताब्दी से अधिक समय से गूँज रहा है। मिर्ज़ा हादी 'रुस्वा' ने उमराव जान के चरित्र को आधार बनाकर इसी नाम से एक उर्दू उपन्यास लिखा था और तभी से उमराव जान का चरित्र इतिहास के हवाले से दुनिया के सामने आया। हालाँकि, उमराव जान नाम की किसी भी नर्तकी, शायरा, डेरेदारिन तवायफ़ या बाई जी के होने का वजूद फ़ैज़ाबाद के तीनों नवाबों क्रमशः 'बुरहान-उल-मुल्क' सआदत ख़ाँ, नवाब मंसूर अली ख़ाँ 'सफदरजंग' और नवाब शुजाउद्दौला के कार्यकाल में नहीं मिलता। न ही फ़ैज़ाबाद से लखनऊ राजधानी स्थानान्तरित होने के दौरान नवाब आसिफुद्दौला और बाद के शासकों के यहाँ ही कोई शिनाख़्त दिखाई देती है।

इस दौर पर लिखी गयी ढेरों किताबों और अंग्रेजों द्वारा बनाये गये गजेटियरों में भी इसका कोई प्रमाण नहीं मिलता कि उमराव जान कौन थीं? बावजूद इसके मिर्ज़ा हादी 'रुस्वा' के उपन्यास की भूमिका में इस बात का दावा किया गया है कि उन्होंने लखनऊ के चौक इलाके में सैय्यद हुसैन के फाटक के पास गली के एक मकान में उमराव जान को देखा था। साथ ही, उन्हीं के आग्रह पर शेर-ओ-शायरी की कई महफिलों में उमराव जान को आमंत्रित भी किया था, जिसमें वे अपनी ग़ज़लें पढ़ने आयी थीं।

उपन्यास के हवाले से यदि कोई बात कही जाये, तो उमराव जान के बारे में यह जानकारी मिलती है कि वे एक पढ़ी-लिखी और नेक चरित्र वाली

महिला थीं, जो बड़े नफासत से रहती थीं और आला दर्ज़े की शायरी करती थीं। उन्होंने अपना उपनाम 'अदा' रखा था और बड़े आग्रह व इसरार के बाद ही किसी की महफिल में ग़ज़ल पढ़ने जाती थीं। मिर्ज़ा हादी 'रुस्वा' से धीरे-धीरे उनकी मित्रता हुई और बाद में वे उनकी कहानी लिखने को उत्सुक हुए, जिसे उमराव जान जितना बताती जाती थीं, उतना ही वे दर्ज़ करते थे। मिर्ज़ा हादी 'रुस्वा' उपन्यास की भूमिका में लिखते हैं— 'इसमें शक़ नहीं कि उमराव जान की ज़बान बहुत साफ़-सुथरी और सुधरी हुई थी। और क्यों न होती! एक तो पढ़ी-लिखी, दूसरे आला दरजे की रंडियों में परवरिश पाई, शहज़ादों और नवाबज़ादों के साथ बैठीं-उठीं, शाही महलों तक पहुँचकर जो कुछ उन्होंने आँखों से देखा था, औरों ने तो कानों से सुना होगा।'

इस लिहाज़ से उमराव जान का चरित्र एक अदीब कलाकार और नफीस तवायफ़ के किरदार में ढलता है, जिन्होंने नवाबी समय में फ़ैज़ाबाद और लखनऊ के सम्भ्रान्त वर्ग में अपनी प्रतिष्ठा जमा रखी थी। उनका एक शेर भी मिर्ज़ा साहब व्यक्त करते हैं, जो इस तरह है—

किसको सुनाएँ हाल-ए-दिलेज़ार, ऐ 'अदा',
आवारगी में हमने ज़माने की सैर की।

उर्दू अदब की दुनिया में इस उपन्यास के आने के बाद इस बात की भी चर्चा होती रही कि उमराव जान नाम की कोई भी तवायफ़ कभी फ़ैज़ाबाद में हुई ही नहीं। मिर्ज़ा हादी 'रुस्वा' ने अपने उपन्यास को हकीकत का रंग देने के लिए एक मनगढ़न्त कहानी के माध्यम से उनके होने को प्रामाणिक ठहराया है। उर्दू और पुराने दौर की मौसीक़ी (संगीत) के समीक्षक इस बात पर जोर डालते रहे कि मिर्ज़ा साहब ने अवश्य ही नवाबी दौर में किसी तवायफ़ को नज़दीक से जाना-सुना होगा, जिसके किरदार से प्रभावित होकर उन्होंने उमराव जान का चरित्र गढ़ा है। यह पता लगा पाना बड़ा मुश्किल है कि उमराव जान कहकर जिस बाई जी को वह इंगित करते हैं, वह इतिहास में दर्ज़ नाचने-गानेवालियों में कौन सी हैं, जिनकी बात उन्होंने उपन्यास में रखी है।

इन तर्कों की रोशनी में उमराव जान के अस्तित्व को जानने के लिए गहन शोध की आवश्यकता है। इस बात की जानकारी के लिए भी कि कैसे एक तवायफ़ के माध्यम से अवध के उन दिनों का हाल मिर्ज़ा हादी 'रुस्वा' बयाँ

करते हैं। इसी समय यह जोड़ना भी ज़रूरी होगा कि अब्दुल हलीम 'शरर' की 'गुज़िश्ता लखनऊ', दरोगा अब्बास अली की 'ब्यूटीज़ आफ़ लखनऊ', मुंशी फ़ैज़बख़्श की 'तारीख़-ए-फराह-बख़्श', मिर्ज़ा जाफर हुसैन की 'क़दीम लखनऊ की आखिरी बहार' तथा अमृतलाल नागर की 'ये कोठेवालियाँ' में कहीं भी उमराव जान नाम की तवायफ़ की चर्चा नहीं हुई है।

उमराव जान नवाबी शासन-काल के आमोद-प्रमोद के लिए गढ़ा गया एक मिथक हैं या उपन्यास का काल्पनिक चरित्र अथवा वाकई फ़ैज़ाबाद में बहू बेगम के मक़बरे में पैदा हुई वहाँ के एक मुलाज़िम की बेटी, जो बाद में मशहूर कोठेवाली के रूप में विख्यात हुईं– कुछ भी कह पाना मुश्किल है। यह बात अलग से रेखांकित की जा सकती है कि शरतचन्द्र के अमर चरित्र 'देवदास' की तरह, 'उमराव जान' पर भी हिन्दी के सिनेमा जगत ने दिलचस्पी दिखाई है। आज तक दो बार इनके चरित्र पर फ़ीचर फ़िल्म का निर्माण हुआ है। इसमें पहली फ़िल्म कोटवारा के तालुकेदार मुजफ़्फर अली ने अस्सी के दशक में अभिनेत्री रेखा को लेकर बनायी थी, जबकि दूसरी फ़िल्म इक्कीसवीं शताब्दी के आरम्भिक दशक में निर्देशक जे.पी. दत्ता ने ऐश्वर्या राय को लेकर निर्मित की है।

नोट : उमराव जान 'अदा' : मिर्ज़ा हादी 'रुस्वा', प्रकाशक : राजकमल प्रकाशन प्रा. लि., नयी दिल्ली, संस्करण : 1988, उर्दू से अनुवाद : गिरीश माथुर, से संक्षिप्त व संशोधित रूप में लेने के अतिरिक्त लेख में उद्धृत अवध के सांस्कृतिक लेखा-जोखा से सम्बन्धित ढेरों पुस्तकों के अध्ययन के अतिरिक्त लखनऊ तहज़ीब के विद्वान इतिहासकार सलीम किदवई तथा फ़िल्मकार मुजफ़्फर अली से बातचीत के आधार पर इस अंक के सम्पादक यतीन्द्र मिश्र द्वारा लिखी गयी टिप्पणी। पहली बार प्रकाशित।

फ़ैज़ाबाद : दस्तावेज़-154

राम-कथा के गायक : पं. हनुमान प्रसाद तिवारी 'रामायणी'

संगीत के भूले-बिसरे लोग : एक

बैरागी सन्त पलटूदास की परम्परा के शिष्य रहे स्व. पं. श्री जमुना प्रसाद तिवारी एवं श्रीमती शिवपति देवी के दूसरे पुत्र पं. हनुमान प्रसाद तिवारी, विगत शताब्दी के पचास के दशक में राम-कथा गायक के रूप में व्यापक स्तर पर प्रतिष्ठित हुए। पं. हनुमान प्रसाद तिवारी की जन्मतिथि की कोई प्रामाणिक जानकारी नहीं मिलती, लेकिन उनके परिवार के लोग यह मानते हैं कि उनकी मृत्यु जब 13 जुलाई, 1969 को हुई, तब वे लगभग अस्सी वर्ष के थे। इस लिहाज से उनके जन्म के वर्ष का अनुमान लगाया जा सकता है।

पं. हनुमान प्रसाद तिवारी, जिन्होंने अपने नाम के अन्त में 'रामायणी' भी जोड़ लिया था, ग्राम-सभा : तिवारी का पुरवा, पोस्ट : सरियावाँ, विकास-खण्ड : मसौधा, जनपद : फ़ैज़ाबाद के निवासी थे। ये अपने गाँव के छब्बीस साल तक लगातार प्रधान रहे और इनका सम्मान इनके क्षेत्र में इतना अधिक था कि कोई इनके विरोध में प्रधान पद के लिए अपनी उम्मीदवारी ही पेश नहीं करता था। पं. हनुमान प्रसाद जी एक उच्च कोटि के गायक कलाकार थे और उन्हें तुलसीदासकृत 'रामचरितमानस' पूरी तरह कण्ठस्थ थी। वे सच्चे अर्थों में एक अनूठे रामायणी थे, जिनका रामकथा गायन पचास के दशक से लेकर सत्तर के दशक के अन्त तक आकाशवाणी पर छाया रहा। आकाशवाणी लखनऊ, वाराणसी, गोरखपुर, जमशेदपुर और दिल्ली के नियमित कलाकार के रूप में समादृत पं. हनुमान प्रसाद तिवारी रामायणी को 'ए ग्रेड' प्राप्त था। उनका एक विशिष्ट गुण यह भी था कि वे एक बड़े सधे हुए आशु कवि थे, जिसके चलते खुद के सोहर, लोक-गीत, भजन, देश-प्रेम

के गीत आदि बखूबी लिख लेते थे। उनके सबसे आत्मीय मित्रों में अवधी के स्वनामधन्य कवि चन्द्रभूषण त्रिवेदी 'रमई काका' शामिल थे। लखनऊ आकाशवाणी में एक दौर वह भी था, जब पं. हनुमान प्रसाद तिवारी और रमई काका के कार्यक्रम एक साथ लगते थे। उनकी बन्दिशों की नोट-बुक में उनके एक अन्य मित्र और प्रसिद्ध हिन्दी कवि हरिवंशराय 'बच्चन' की हस्तलिपि और हस्ताक्षर भी अंकित मिलते हैं। यह सब एक बड़े कलाकार की निशानदेही भर है, जो दूसरे समकालीन महान लोगों की उपस्थिति से और भी अधिक प्रमाणित होती है।

पं. हनुमान प्रसाद तिवारी 'रामायणी' के गीतों, भजनों, सोहर, गारी, चैती, दादरा, निर्गुन और अन्यान्य संस्कार गीतों के कई तवे (लांग प्ले रेकॉर्ड्स) ग्रामोफ़ोन कम्पनी ऑफ इण्डिया (हिज़ मास्टर्स वॉयस) ने सन् 1950 से 1960 के मध्य तैयार कर बाज़ार में उतारे। उस ज़माने में इनको एक गायक कलाकार के रूप में प्रतिष्ठित करने में एच.एम.वी. कम्पनी का बड़ा योगदान रहा है। उसी दौर में अयोध्या के कनक-भवन मन्दिर में चैत्र रामनवमी के दिन रामजन्म के अवसर पर सुबह से ही पं. हनुमान प्रसाद तिवारी 'रामायणी' का गायन बजता रहता था। यह देखना भी महत्त्वपूर्ण है कि इन्होंने अयोध्या के श्रीमणिरामदास जी की छावनी से शिष्यत्त्व ग्रहण किया था और पूरी तरह से वैष्णव परम्परा में लिप्त होकर अपना गायक मानस विकसित किया था।

पं. हनुमान प्रसाद जी के पुत्र श्री दुर्गा प्रसाद तिवारी ने दो ऐसे पुराने रेकॉर्ड लेबल भी उपलब्ध कराये हैं, जिनमें रेकॉर्ड संख्या एन-80258 में एक तरफ कबीर के पद को गारी के रूप में 'सब सखिन मन भाए' और दूसरी ओर तुलसीदास का 'भूप के भाग अधिकाई' मिलता है। ठीक इसी तरह, दूसरी रेकॉर्ड संख्या एन-80242 में एक ओर बारात का गीत 'चलो देख आई भोला की बारात, बरतिया खूबै बनी' है और दूसरी ओर गारी 'नाउन माँगै ला मँगनवा' मिलते हैं। इस रेकॉर्ड में दोनों गीत उन्हीं के द्वारा लिखे भी गये हैं। श्री दुर्गा प्रसाद जी बताते हैं कि उनके पिता बड़े मनोयोग से खुली आवाज़ में गीत गाते थे, जिनमें से कुछ उन्हें आज भी याद हैं। इनमें 'अरे रामा द्रोपदी करत पुकार, सुनो बनवारी रे हारी' (कजरी), 'होरी खेलै रघुवीरा अवध माँ' (होरी), 'राजा जनक की बारी दुलारी, हो रिखि कै रखाऊँ फुलवारी' (गारी), 'ननद रिसियाय गयीं माँगैं कंगनवा' (उलारा), 'हमरे बाबा की नगरिया तनि दिखाइ दा बीरना' (निर्गुन) और 'अइसन भारत देस हमार,

दुनिया वाले करते प्यार' (राष्ट्रीय लोक-गीत) बेहद प्रसिद्ध रहे हैं।

एक लोकप्रिय और सम्मानित 'रामायणी' के रूप में विख्यात पं. हनुमान प्रसाद तिवारी ने फ़ैज़ाबाद की धरती को अपने सुमधुर गायन से सदैव प्रतिष्ठा दिलाई है। उनका होना एक अर्थ में इस जनपद के लिए बड़े गौरव की बात रही है।

साभार : एच.एम.वी. के एल.पी. रेकॉर्ड्स तथा दुर्गा प्रसाद तिवारी से प्राप्त जानकारियों के आधार पर इस अंक के सम्पादक यतीन्द्र मिश्र द्वारा लिखी गयी टिप्पणी। पहली बार प्रकाशित।

ठुमरी-दादरा की गायिका : कलावती देवी
संगीत के भूले-बिसरे लोग : दो

फ़ैज़ाबाद की धरती पर संगीत की दुनिया में कम ही ऐसे लोग हुए हैं, जिनकी कला-यात्रा राष्ट्रीय स्तर पर पहचान बनाने में सफल रही है। अख़्तरीबाई फ़ैज़ाबादी (बेगम अख़्तर) और स्वामी रामशंकर दास 'पागलदास' की शिखर उपलब्धियों को यदि छोड़ भी दिया जाये, तो इनके बाद नीचे के पायदानों पर गिनती के लोग ही मौजूद मिलते हैं। ऐसे में सूरा सराय गाँव (ग्राम-सभा : बछौली, विकास-खण्ड : बीकापुर) में सन् 1944 में जन्मीं कलावती देवी, बीसवीं शताब्दी के साठ के दशक में आकाशवाणी की एक जानी-मानी कलाकार रही हैं। ऐसी गायिका, जिन्होंने लखनऊ, आकाशवाणी से प्रसारित होने वाले लोक-संगीत और सुगम-संगीत के कार्यक्रमों की श्रेणी में अपनी जोरदार उपस्थिति दर्ज़ करायी थी।

पिता सुखदयाल और माँ केसरी देवी की सन्तान कलावती देवी ने भोपाल मध्य प्रदेश के अपने **गुरु पण्डित रूपकिशोर भट्ट** *से राग-रागिनियाँ सीखा था। आज वे सूरा सराय के अपने मकान 'केसरी भवन' में बैठे हुए, वो पुराना ज़माना याद करती हैं, जब उन्होंने पहली बार रागों के स्वर-स्पर्शों को समझना शुरु किया था। उन्हें याद है कि उन्होंने अपनी माँ से बहुत बचपन में नाराजगी से यह कहा था कि 'रोज-रोज पिताजी रेडियो से प्रसारित होने वाले फ़िल्मी गीत* **'जिया बेक़रार है, छायी बहार है'**, *को इतना बेसुरा क्यों गाते हैं?' छोटी सी बच्ची की यह अजीब सी दलील सुनकर माता-पिता ने जब उनसे यही गीत सुनाने को कहा, तो उसी दिन यह तय हो गया था कि उन्हें बाक़ी की जिन्दगी संगीत की साधना करते हुए बितानी है। उन्होंने यमन, केदार, जयजयवन्ती और शुद्ध कल्याण जैसे राग सीखे, तो ठुमरी,*

दादरा और ग़ज़लों की भी तालीम अपने गुरु से पाई।

ठुमरी और दादरा का उन्होंने आकाशवाणी के लिए इम्तहान दिया था और उसमें अव्वल रहने के बाद आकाशवाणी लखनऊ द्वारा रेकार्डिंग के लिए पच्चीसों बार सन् 1965 से 1980 तक बुलायी जाती रहीं हैं। उन्हें याद है कि लखनऊ रेडियो से सुगम संगीत और उप-शास्त्रीय गायन की श्रेणी में कई चीज़ें गायी हैं, जिनमें ढेरों प्रचलित दादरे और ठुमरियाँ शामिल हैं।

कलावती देवी दरअसल गौनिहारिनों और गाने वाली बाईयों की परम्परा से निकलकर आती हैं, जिसमें महफिल सजाना और बैठकर भावपूर्ण ढंग से ठुमरी गाना प्रमुख गुण माना जाता है। फिर वे शास्त्रीय संगीत सीखी हुई कलाकार हैं इसलिए उनकी तैयारी इतनी लाजवाब रही है कि अगर सारंगी नहीं है, हारमोनियम नहीं है तो भी तबले पर आसानी से वे गा लेती थीं। पाँचवें काले से सुर लगाने वाली यह कलाकार अपने गुरु की बतायी हुई सीख के चलते बरसों तक तानपूरे पर रियाज़ करती और गाती रही हैं। उन्होंने महफिलें भी कीं, जिसके लिए वे अयोध्या, मझगवाँ, भीटी, खपराडीह, मकरही और हँसवर जैसी रियासतों में शादी-ब्याह और जन्म के मौके पर गाने के लिए गयीं। वे बताती हैं कि भीटी, मकरही और हँसवर रियासतों से उन्हें सोने की मुहर ईनाम में मिलीं थीं।

कलावती जी के जवारीदार गले को देखकर उनके द्वारा बन्दिशों में की जाने वाली मींड़, मुरकी, तान, गमक और पलटे की हरकतें अचम्भित करती हैं। आज वे बहत्तर साल की उम्र में भी बड़ी आसानी से उतनी ही कलात्मकता से कोई बन्दिश गा देती हैं। उनका प्रिय **दादरा 'निहुरे निहुरे बुहारें अँगनवा हो गोरिया निहुरे'** है, जबकि होली का गीत पूछने पर उन्हें हेमन्त कुमार की संगीतबद्ध फ़िल्म **'दुर्गेश-नन्दिनी'** का लता मंगेशकर का गाया **'मत मारो श्याम पिचकारी, मोरी भीगी चुनरिया सारी रे'** याद आता है। इसी तरह उनका पसन्द का राग हमेशा से यमन रहा है और उसकी बन्दिश **'सखी ऐ री आली पिया बिन'** को गाना उनकी सबसे आत्मीय अभिव्यक्तियों में से एक है। यह पूछने पर कि फ़िल्मी कलाकारों में उन्हें कौन पसन्द आता है, बड़े अदब से वे मो. रफ़ी, लता मंगेशकर, तलत महमूद, मुकेश और आशा भोंसले का नाम लेती हैं। उप-शास्त्रीय गायन में उन्हें बेगम अख़्तर, निर्मला देवी और जगजीत सिंह पसन्द हैं।

यह कलावती देवी के हुनर का ही मामला है कि उन्हें रियासतों से अलग

मठ-मन्दिरों में भी गाने का न्यौता भेजा जाता रहा। उन्होंने सत्तर और अस्सी के दशक में अयोध्या में लक्ष्मणकिला और मझगवाँ मन्दिर समेत स्वर्गद्वार के तमाम मन्दिरों में गायन किया है। इसके अलावा उन्होंने फ़ैज़ाबाद और अकबरपुर (अब अम्बेडकरनगर) में सैकड़ों महफिलें करने के साथ-साथ टाण्डा, बसखारी, हरैया, जगदीशपुर सुलतानपुर, प्रतापगढ़ और गोरखपुर में भी महफिलें की हैं। सन् 1980 तक उन्हें आकाशवाणी लखनऊ के लिए प्रति कार्यक्रम छह सौ रुपये दिये जाते थे, जबकि उसी दौर में महफिल संगीत करने के लिए इतने ही रुपयों का सट्टा भी बँधता था।

कलावती देवी ने अपना निवास फतेहगंज के आगे नक्खास (अब सुभाष नगर) मोहल्ले में 'केसरी भवन' के नाम से बनाया था, जिसमें वे सन् 1995 तक रहीं। बाद में वह घर छोड़ दिया और फ़ैज़ाबाद का मकान बेचकर अपने पैतृक गाँव सूरा सराय आकर बस गयीं। उनके पति स्व. देवसरन की सन् 2006 में मृत्यु हुई और बेटा देवेन्द्र उन्हीं के साथ गाँव में रहता है और खेती से जीवन-यापन करता है।

आज भी जब कभी कलावती देवी अपने पुराने दिनों को याद करती हुई अपने उन्मुक्त गले से कोई राग छेड़ती हैं या पसन्द का **दादरा 'उमरिया है बारी, मैं न जइहो राजा'** *गाती हैं, तो गाँव के लड़के, बच्चे और किशोर यही कहते पाये जाते हैं– 'ददिया गा रही है'। बीसवीं शताब्दी के अन्त के साथ सन् 2000 में कलावती जी ने गाना भी छोड़ दिया है, फिर भी यह क्या कम है कि अपने गुरु पं. रूप किशोर भट्ट की सीख पर बिना तानपूरा, सारंगी और हारमोनियम के वे अनथक आज भी खुद के लिए ही सही मगर गाये जा रही हैं।*

साभार : **कलावती देवी से प्राप्त जानकारियों के आधार पर इस अंक के सम्पादक यतीन्द्र मिश्र द्वारा लिखी गयी टिप्पणी। पहली बार प्रकाशित।**

फ़ैज़ाबाद : दस्तावेज़-156

लोक-गायिका : ताराबानो फ़ैज़ाबादी

संगीत के भूले-बिसरे लोग : तीन

अस्सी के दशक में लोक-गायिका के रूप में राष्ट्रीय स्तर पर मशहूर हुईं ताराबानो फ़ैज़ाबादी का सम्बन्ध फ़ैज़ाबाद की सोहावल तहसील के लखौरी गाँव से रहा है। उनकी पृष्ठभूमि नट और मिरासिनों के उस घुमन्तु समुदाय से है, जो गाँव और शहरों में होली, उर्स और मेलों के अवसर पर चौपाल से लेकर जमींदारों, रसिकों के यहाँ घर-घर जाकर लोक-गीत गाकर जीविकोपार्जन करती रही हैं। ताराबानो फ़ैज़ाबादी की सफलता की यात्रा तब शुरु हुई, जब सुपर कैसेट इण्डस्ट्रीज़ (टी सीरीज़) ने उन्हें भोजपुरी की एक उभरती हुई गायिका के तौर पर सन् 1981 व 82 के दौरान अपने कई ग़ैर-फ़िल्मी गीतों के अल्बमों के द्वारा बाज़ार में उतारा।

उनके सन्दर्भ में एक दिलचस्प तथ्य यह भी रहा है कि भले ही उन्हें एक भोजपुरी गायिका के तौर पर स्थापित करने का प्रयास किया गया, मगर वे स्वयं जिस तरह सोहर-बन्ना, कजरी-चैती और देवी-देवता मनाने का गीत गाती थीं, वह अवधी की ज़मीन से उभरा था। इसी कारण उसमें एक ख़ास क़िस्म से कानपुर, फ़रुखाबाद, फ़ैज़ाबाद और बाराबंकी आदि जनपदों में बोली जाने वाली अवधी का असर दिखाई पड़ता था।

उदाहरण के तौर पर उनका एक मशहूर गीत 'गौने की रात दुखदायी हो, चुभ जाला कंगनवा' को देखा जा सकता है, जिसे उन्होंने नौटंकी की शैली में गाया था। ....और दिलचस्प बात यह है कि यह गीत पूरी तरह अवधी लोक-गीत के ढाँचे पर आगे बढ़ता है। हालाँकि इसे नौटंकी की प्रख्यात गायिका गुलाबबाई भी गाया करती थीं।

ताराबानो फ़ैज़ाबादी की गायिकी अधिकांश गीतों में ढोलक, नाल, हारमोनियम

(लोक-गायक जिसे पेटी बाजा भी कहते हैं), और घुँघरु की स्वर-संगति पर निभती रही है। उनके दर्ज़नों मशहूर हुए गीतों में कुछ को आज भी याद किया जा सकता है, जिनमें प्रमुख गीत इस तरह हैं– 'हाथ मा मेंहदी माँग सिन्दुरवा, बरबाद कजरवा हो गया', 'पिया बाली उमरिया में लाये गौना', 'दोस्तो इस ज़माने को क्या हो गया', 'सैंया के साथ कोठरिया में, बड़ा मजा आए दुपहरिया में' और 'गोरखपुर की इक बंजारन, चक्कू छुरिया आई बेचन' आदि। उनके गाए हुए कुछ सोहर भी मशहूर हुए, जिनमें 'जुग-जुग जिए हो ललनवा', 'चरपईया पे लेट रहा ललना', 'ऊँची-ऊँची बखरी', 'आज लाल घर जनम भयो' और 'जन्मे वे कृष्ण कन्हाई हो' उल्लेखनीय हैं।

उनका सबसे लोकप्रिय गीत 'लौंडा बदनाम हुआ नसीबन तेरे लिए' है। यह गीत हाल के वर्षों में उस समय एकाएक आम भारतवासी की ज़ुबान पर चढ़ गया था, जब सलमान ख़ान अभिनीत फ़िल्म 'दबंग' में इसे 'मुन्नी बदनाम हुई, डार्लिंग तेरे लिए' के रूप में इस्तेमाल किया गया। गीत की मूल गायिका ताराबानो फ़ैज़ाबादी को फ़िल्म के सन्दर्भ में उचित श्रेय दिलाने में प्रख्यात लोक-गायिका श्रीमती मालिनी अवस्थी ने प्रयास किया था। उन्होंने 'सुर-संग्राम' कार्यक्रम में इस गीत को गाकर यह सन्देश व्यक्त किया था कि मूल गीत फ़ैज़ाबाद की धरती से अपना रिश्ता रखता है। इसके उपरान्त लखनऊ और मुम्बई के प्रतिष्ठित समाचार-पत्रों ने यह ख़बर छापकर तस्दीक की कि मलाईका अरोड़ा ख़ान पर फ़िल्माया गया यह गीत, मूल रूप से ताराबानो फ़ैज़ाबादी का है। हालाँकि, इस गीत से होने वाली आर्थिक मदद को पाने के लिए तब तक यह बुज़ुर्ग हो चली गायिका जीवित नहीं थीं। बाद में फ़िल्म के प्रोड्यूसर ने इस गीत को दी जाने वाली सम्मानित राशि उनके बेटे को सौंपी, जो गुजरात के सूरत में काम करते हैं।

आज ताराबानो फ़ैज़ाबादी नहीं हैं, लेकिन उनके तमाम सोहर, देवी-गीत, बन्ना, भोजपुरी फ़िल्मों में मशहूर हुए नौटंकी शैली के गीत और अन्यान्य गायिकी के प्रकार जीवित ही नहीं हैं, बल्कि आम जन-जीवन में लोकप्रियता से व्याप्त हैं। फ़ैज़ाबाद की गुमनाम सी हो गयी लोक-गायिका का इस अंक में स्मरण 'दस्तावेज़' भर नहीं है, बल्कि अपने जनपद की एक बिसरा दी गयी गायिका के प्रति श्रद्धा-निवेदन भी है।

साभार : **टी. सीरीज़ के प्राप्त कैसेटों, भोजपुरी फ़िल्मों के उपलब्ध गीतों एवं लोक-गायिका श्रीमती मालिनी अवस्थी से प्राप्त जानकारियों के आधार पर इस अंक के सम्पादक यतीन्द्र मिश्र द्वारा लिखी गयी टिप्पणी। पहली बार प्रकाशित।**

फ़ैज़ाबाद : दस्तावेज़-157

साज़ों की दुकान : संगीत को बचाये रखने की जद्दोज़हद

अब्दुल मन्नान ख़ाँ हारमोनियम मेकर

आज़ादी के पहले से अब्दुल मन्नान ख़ाँ वह शख़्स थे, जिन्होंने संगीत के साज़ों– मसलन हारमोनियम व तानपुरा की मरम्मत का जिम्मा शहर में उठाया। उन्होंने 1932 ई. में चौक की टेढ़ी गली के सामने एक दुकान खोलकर यह काम शुरु किया था। तभी से यह परिवार नगर में साज़ों की मरम्मत के काम का पर्याय बना हुआ है। श्री अब्दुल मन्नान के पिता अंग्रेजों की सेना में नौकर थे। अब्दुल मन्नान कम उम्र में काम की तलाश में लखनऊ गये और अमीनाबाद में संगीत के साज़ की मरम्मत का काम सीखने लगे। बाद में पारंगत होकर अपने शहर लौटकर दुकान खोली। इस पुरानी दुकान पर आज उनके पुत्र इरशाद ख़ाँ व पौत्र नौशाद ख़ाँ बैठते हैं।

गाने-बजाने के ढेरों वाद्य-यंत्रों को ठीक करते हुए उम्र के चौथे पड़ाव पर पहुँच चुके इरशाद बताते हैं कि हारमोनियम बनवाने के लिए लोग डेरा डालकर दो-तीन दिन तक प्रतीक्षा करते थे। अयोध्या के प्रमुख मन्दिरों– कनक भवन, हनुमान गढ़ी, लक्ष्मण-किला, अशर्फी भवन आदि के साज़ लम्बे समय से उनके यहाँ बनने आते हैं। पुराने समय में रामलीला मण्डलियों व संगीतकारों के साज़ भी आस-पास के जिलों और नेपाल तक से यहाँ बनने आते थे। उनकी एक दुकान से परिवार बढ़ने पर चार दुकानें हुईं, जिसमें से एक इरशाद ख़ाँ के भाई खलीफुर्रहमान ख़ाँ की दुकान जमुनियाबाग में आज भी चल रही है। इरशाद ख़ाँ की आँखें पुराने दिनों को याद करके चमक उठती हैं। वह कहते हैं कि पहले साज़ों की लोकप्रियता आज के डीजे और म्युज़िक सिस्टम की तरह थी। अब उनके यहाँ तानपूरा, तबला, वायलिन व गिटार आदि सब कुछ बनता है, जबकि पहले सिर्फ़ तानपूरा

ही बनने के लिए आते थे।

गुलाम अली तबला वाले

फ़ैज़ाबाद से अयोध्या जाने वाले पुराने राष्ट्रीय राजमार्ग पर पड़ने वाले अमानीगंज मोहल्ले के एक आधे कच्चे व आधे पक्के मकान में आपको तबला, ढोलक व मृदंग अपनी निर्माण प्रक्रिया में इधर-उधर रखे हुए दिखाई देते हैं। यह वह दुकान है, जहाँ पर साज़ों की मरम्मत का काम होता है और नये साज़ भी गढ़े जाते हैं। क़रीब पचासी वर्ष तक घर के मुखिया रहे गुलाम अली अपनी क्षीण काया के साथ इन साज़ों को बराबर से दुरुस्त करते रहे। वर्ष 2009 में उनकी मृत्यु के बाद उनके पुत्रों शाहिद अली, वाहिद अली, वाज़िद अली और शेर अली भी संगीत की सेवा के पुश्तैनी काम में लगे हुए हैं।

उनकी अगली पीढ़ी में गुलाम अली साहब के पौत्र शाकिर अली, आसिफ़ अली व अशरफ़ अली भी कड़े अभ्यास के साथ अपने परिवार की इस रवायत को आगे बढ़ाने के लिए तैयार हैं। इस तरह सन् 1965 के दौरान लगभग आधी सदी पहले यहाँ आकर आबाद हुए इस परिवार की यह छठवीं पीढ़ी, कलाकारों व संगीत की सेवा का बेहतरीन सफ़र जारी रखे हुए है। अब्दुल मन्नान ख़ाँ की दुकान से अलग, यही फ़ैज़ाबाद शहर की एकमात्र साज़ों को गढ़ने की दुकान है, जहाँ तबला, ढोलक और मृदंग बनाये जाते रहे हैं और टूटे या पुराने हो गये इन वाद्यों की मरम्मत का काम भी लगातार जारी है। यह अपने में बेहद उल्लेखनीय और महत्त्वपूर्ण है कि एक शहर की संस्कृति और इतिहास गढ़ने में ऐसे छोटे-छोटे प्रतीकों की अहमियत भी मायने रखती है, भले ही उनका सारा कार्य व्यापार किसी दुकान के माध्यम से जीविकोपार्जन का ही क्यों न हो।

साभार : **दुकानों के सर्वेक्षण तथा स्थानीय लोगों से बातचीत के आधार पर इस अंक के सम्पादक यतीन्द्र मिश्र एवं युवा पत्रकार दीपक मिश्र द्वारा संयुक्त रूप से लिखी गयी टिपपणी। पहली बार प्रकाशित।**

फगुआ और उलारा गायन की परम्परा : जनौरा

'जीयैं खेलैं फाग लाल मन मोहना'

फ़ैज़ाबाद परिक्षेत्र में स्थित 'जनौरा' या 'जनकौरा' क्षेत्र ऐसे सांस्कृतिक रूपक के तौर पर भी समादृत रहा है, जहाँ पर आज भी होली के मौसम में 'फगुआ' और 'उलारा' गाने की परम्परा पायी जाती है। फागुन के मौसम में पड़ने वाले रंगों के त्यौहार 'होली' की अपनी एक सांगीतिक विशेषता यह रही है कि इस पर्व के बहाने लोक और उपशास्त्रीय संगीत विधा में फाग, होरी, धमार, उलारा और होली उपरान्त चैती गायन का रिवाज रहा है।

जनौरा में आज भी पारम्परिक रूप से बसन्त पंचमी से लेकर होली तक फगुआ गाया जाता है। फगुआ के बाद जोश के साथ गाये जाने वाले उलारा को सुनना अपने में एक अविस्मरणीय अनुभव है। पूरी तरह मस्ती और लयबद्धता के साथ जुड़े हुए इस तरह के गायन में इस क्षेत्र के स्थानीय युवाओं से लेकर बुजुर्ग तक शिरकत करते हैं। यह जानना भी प्रासंगिक होगा कि यह सब कोई पेशेवर लोग नहीं हैं, बल्कि यहाँ के स्थानीय लोग ही अपनी परम्परा को ज़िन्दा रखने की जिजीविषा के तहत यह सब करते चले आ रहे हैं।

फाग के आनन्द में बेलवाई तक का दौर चलता है, जिसमें उलारा के अलावा चौताल, डेढ़ताल, झूमर सभी कुछ शामिल है। 'दुई दिन के बहार... प्यारे भँवर फुलवरिया', 'रामा घरहीं लगइबै चनन बिरवा', 'जौने बालम करै न पयाने, फगुनवा निराने', 'अचल पै डाल कै अबीरा गयो दिलदारा', 'भावत नहीं फाग धमार, ऊधव श्याम बिना' तथा 'परदेसवा न जाओ... बीतै न अइहैं फगुनवा' ऐसे फगुवा के सलोने गीत हैं, जिनसे आप उस समय दो-चार हो सकते हैं, जब होली के मौसम में अचानक ही जनौरा पहुँच जायें। परम्परा

के अनुसार बसन्त पंचमी के दिन 'लगिहै बसन्त, खिलिहैं कलियाँ मधुकर मधुरै स्वर गइहै' गाकर फाग गायन की लगभग महीने भर चलने वाली रीति की शुरुआत होती है, जिसके उपरान्त हर दिन सायंकाल में देवी माता के गीत के उपरान्त फाग का कार्यक्रम होता है।

जनौरा में यह परम्परा कब शुरु हुई थी, इसकी ठीक-ठीक जानकारी तो पता नहीं चलती, लेकिन स्थानीय लोगों के अनुसार इसे कई सौ वर्षों से निभने वाली परम्परा के रूप में गिना जाता है। यह देखना भी सुन्दर और अनूठा है कि जनौरा की होली भी कुछ अलग सी होती है। होलिका दहन के दिन पहले से नियत स्थान पर इस क्षेत्र की अधिकतर औरतों व पुरुषों के मध्य जवाबी फगुआ गायन होता है, जो होली की भोर तक चलता है। होली के रंग वाले दिन (धुलन्डी के दिन) पुरुषों की टोली ढोल, मंजीरा और खंजड़ी लेकर मोहल्लों में निकलती है और सभी घरों में बारी-बारी जाकर 'सदा आनन्द रहे यही द्वारे मोहना, जीयैं, खेलैं फाग लाल मन मोहना' का मंगल गायन करती है।

जनौरा के फाग और होली की यह परम्परा, निश्चित ही फ़ैज़ाबाद परिक्षेत्र की ऐसी सांस्कृतिक मगर भंगुर कला का उदाहरण है, जो कई बरसों से हर बार होली पर बनती, संवरती और मिटती जाती है।

साभार : युवा पत्रकार नवनीत श्रीवास्तव द्वारा लिखी गयी टिप्पणी। पहली बार प्रकाशित।

अवधी कवियों का फाग लेखन

फ़ैज़ाबाद जनपद की परिधि में

अनेक आधुनिक अवधी कवियों ने स्फुट रूप से लोक-छन्द शैली में भी अच्छे गीतों की रचना की है, किन्तु अवधी कविता में लोकगीतों की परम्परा स्वतंत्र रूप से भी चलती रही है। लोक गीतकारों ने कविता की खेती नहीं की पर सघन भावानुभूति के क्षणों में सोहर, साध, बधाई, मंगल, गारी, नकटा, झूमर, कजली, फाग, चैता, बारामासा, बिरहा, निर्गुण, आल्हा आदि लिखे हैं। इन छन्दों में उन्होंने जो गीत गाये, उसमें अवध की ग्रामीण-संस्कृति, परम्परा, संस्कार, रीति-रिवाज तथा पौराणिक, ऐतिहासिक कथाएँ एवं राष्ट्रीय घटनाक्रमों की स्मृतियाँ अक्षुण्ण हैं। इनमें आधुनिक युग-चेतना का प्रभाव भी है।

इसी सन्दर्भ में लोक गीतकार **भागीरथी** *(फ़ैज़ाबाद) के फागों में मुख्य रूप से राम और कृष्ण कथा का वर्णन देखने को मिलता है। कृष्ण लीला की प्रधानता के कारण उनमें शृंगार को विशेष महत्त्व मिला है। रामकथा के प्रसंगों में अपेक्षाकृत मर्यादा का आग्रह दिखाई पड़ता है। यत्र-तत्र गणेश, शंकर, पार्वती आदि की वन्दना के फाग भी हैं। कुछ फागों में सामान्य रूप से नायक-नायिकाओं की चुहलबाजियाँ वर्णित हैं। भागीरथी के फाग चार भागों में* **'चौताल चिन्ताहरण'** *नाम से* **हनुमानदास गया प्रसाद, नक्खास-गोरखपुर** *से प्रकाशित है।*

छोटकुन *(भरतपुर, फ़ैज़ाबाद) ऐसे दूसरे फाग लिखने वाले कवि हैं, जो भक्ति, प्रेम, और शृंगार के लोक कवि के रूप में मान्य रहे। फाग-छन्दों में राम एवं कृष्ण कथा का जो वर्णन उन्होंने किया है, उनमें लोक-जीवन के बड़े ही सशक्त बिम्ब उभरे हैं। कतिपय फागों में अंग्रेजों के द्वारा कठोरता*

से कर वसूलने का वर्णन भी मिलता है। कुछ फागों में समकालीन जीवन की समस्याएँ भी वर्णित हैं। छोटकुन के फाग भी **'चौताल चिन्तामणि'** नाम से सात खण्डों में **हनुमानदास गयाप्रसाद, नक्खास, गोरखपुर** से ही प्रकाशित हुए हैं।

अवध क्षेत्र के फाग-रचयिताओं में एक बहुत ही प्रतिष्ठित नाम **पं. रामराज उपाध्याय** का है, जो फ़ैज़ाबाद जिले के गोशाईंगंज क्षेत्र के नोकरापुर गाँव के निवासी थे। रामायण और महाभारत के अत्यन्त मार्मिक और रोमांचक प्रसंगों पर फाग-रचना उन्होंने लगभग दो सौ की संख्या में की थी। अपनी युवावस्था के कई वर्ष उन्होंने कलकत्ता शहर में गुजारे थे, जहाँ अवध क्षेत्र के प्रवासियों के समुदाय में उनके चौतालों- उद्‌तालों के गायन की धूम रहती थी। स्वाधीनता-संग्राम के प्रसंग की उनकी रचनाओं में देश-प्रेम के प्रगाढ़ रंग प्राप्त होते हैं। लक्ष्मण-मूर्च्छा के प्रसंग पर उनकी एक रचना की मुखपंक्ति प्रस्तुत है—

मोहि राह निहारत बेर भई
हनुमान कहाँ अरझाने-भोर नकचाने।
बूटी सजीवन अइहैं न कामा
होतै भोर जैहैं सुर धामा,
आवत काल नेराने।

अपने जीवन के उत्तरार्द्ध में गाँव में आकर वे एक सन्त की रहनी अपना कर रहे। लगभग पन्द्रह वर्ष पहले उनका साकेतवास हुआ। उनकी रचनाओं का विकास मुख्यतः शृंगार से भक्ति की ओर होता गया है। रामराज उपाध्याय के एक उलारा की मुख-पंक्ति है—

यहि तन के पिंजरवा मा दिन रतिया
यह पंछी हरी-हरी बोले।

इन दोनों से अलग, **हरिदत्त सिंह** (अलऊपुर, फ़ैज़ाबाद) के फागों और चैता में अपेक्षाकृत अधिक साहित्यिकता है। संस्कृत के पण्डित होने के कारण उनका कवि-कर्म अधिक सशक्त माना जाएगा। इसी तरह, फाग लेखन की निराली परम्परा में फ़ैज़ाबाद के अन्य कवियों में **बाबू रामनारायण सिंह, छविराज मिश्र** (शहाबुद्दीनपुर), **अमरजीत** (जहाँगीरगंज), **शिवप्रसाद सिंह** (मया क्षेत्र) आदि अवधी के अच्छे लोक गीतकार रहे हैं।

साभार : अवधी भाषा साहित्य और संस्कृति, सम्पादक : डॉ. राधिका प्रसाद त्रिपाठी प्रकाशक : आनन्द प्रकाशन, दीवानी मिसिल, फ़ैज़ाबाद, संस्करण : प्रथम, 1988 से आधुनिक अवधी काव्य-डॉ. आनन्द प्रकाश त्रिपाठी के लेख व अवध मा होली खेलैं रघुवीरा (हजार फाग गीतों का संकलन), प्रकाशक : संस्कृति विभाग उत्तर प्रदेश, लखनऊ, संस्करण : प्रथम, 1999 से संशोधित व संक्षिप्त रूप में लेने के आधार पर डॉ. जनार्दन उपाध्याय द्वारा लिखी गयी टिप्पणी। पहली बार प्रकाशित।

जनपद में प्रचलित संगीत व नृत्य की लोक-शैलियाँ

फरुवाही, बिरहा, धोबिया, कहरवा, पचरा...

फरुवाही नृत्य

फ़ैज़ाबाद और आस-पास के ग्रामीण क्षेत्रों में स्थानीय जन-मानस के एक प्रमुख लोक-नृत्य के रूप में मान्य 'फरुवाही' अवधी बोली वाले इलाकों में अधिक प्रचलित रहा है। अवधी भाषी प्रान्त में उस पवित्र स्थान को 'फरवाह' कहा जाता है, जहाँ खेती के उपरान्त तैयार हुई फसल को ग्रामीण जन अपनी पूँजी के रूप में सँभालकर वर्ष भर के लिए संचित करते हैं। इस भूमि को सबसे पहले गोबर से लीपते हुए और मंगल-गीत गाते हुए ग्रामीण महिलाएँ पूजन और शुद्धिकरण करती हैं, जिसके बाद ही प्रतीकात्मक अर्थ में स्वर्ण के रूप में उगे हुए नवान्न को सुरक्षित रखा जाता है। इसी फसल के प्रति अपने ईष्ट देव को धन्यवाद ज्ञापन करने की सांस्कृतिक कार्यविधि 'फरुवाही' कहलाती है, जिसमें ये ग्रामीण अपने ईश्वर की वन्दना में यह नृत्य करते हैं।

ऐसी मान्यता है कि फरुवाही पहले गाँव के चौपाल में गायी जाती थी और अधिकतर किसान अपनी प्रसन्नता को ही इसमें गाकर व्यक्त करते थे। फरुवाही-नृत्य का पर्व, नवान्न उत्सव मनाने के अलावा प्रमुख रूप से जन्म, बरही, मुण्डन, शादी आदि संस्कार कर्मों में भी होता था। साथ ही जागरण, भण्डारा, मेलों और देवी-देवताओं को मनाने के लिए भी सम्पन्न किया जाता था। कुछ अंचलों में तो घातक बीमारियों के प्रकोप से बचने के लिए भी इसका गायन होता था। शायद इसी कारण इसमें अवधी के लोकगीतों का समावेश शामिल रहता है, जिसमें भजन, निर्गुन, विवाह-गीत,

पचरा और कहरवा आदि विभिन्न विधाएँ सम्मिलित हैं। इसे प्रस्तुत करने के लिए लोक नर्तक इसमें छोटी लाँग की धोती, अँगरखा और गमछा धारण किए हुए गले में ताबीज और कानों में कुण्डल पहनते थे। आजकल इसमें थोड़ा बदलाव यह हुआ है कि सुविधा के तौर पर अधिकतर नर्तक इसमें घुँघरूयुक्त कच्छा पहनकर और अँगरखे के स्थान पर रंग-बिरंगी या सफेद बनियान पहनना पसन्द करते हैं।

इस नृत्य को और भी अधिक आकर्षक बनाने के लिए बाँस की लकड़ियों को आधार बनाकर, उस पर खड़े होकर नृत्य प्रस्तुत किया जाता है, जो देखने में बड़े ही नयनाभिराम दृश्य का सृजन करता है। यह जानना भी इस लोक-नृत्य के सन्दर्भ में महत्त्वपूर्ण होगा कि इसमें वाद्य-यन्त्र के रूप में नक्कारा, ढोलक, करताल और हारमोनियम का प्रयोग किया जाता है।

बिरहा गायन

ऐसी लोक-मान्यता रही है कि श्रीकृष्ण की बांसुरी से स्फुरित विरह राग का कालान्तर में परिवर्तित रूप ही आज की लोक-गायन शैली 'बिरहा' है, जो गाय तथा अन्य पशुचारण करने वालों और खेती-बारी करने वाले लोगों द्वारा गाया जाता है। यह मुख्य रूप से अहीर जाति की प्रिय गान शैली है। प्रसिद्ध विद्वान डॉ. हरदेव बाहरी बिरहा को दो पंक्तियों वाला एक लोक-छन्द कहते हैं। गोपियों के विरह की व्यथा में उनके बिछुड़ने के भावात्मक गीति को ही आज आम बोल-चाल की भाषा में उत्तर भारत में 'बिरहा', 'रागिणी', 'रसिया', 'प्रसंग', 'भगैत' आदि नाम से प्रसिद्धि मिली है। इनकी एकरूपता इसका सबसे बड़ा साक्ष्य है।

बिरहा के सन्दर्भ में एक कथा यह भी प्रचलित है कि कृष्ण द्वारा गोकुल छोड़कर मथुरा चले जाने पर गोपियों, ग्वाल-बालों के मुख से निकला बिरह-वियोग का गान ही 'बिरहा' बना। आज समाज में यह बिरहा हर जाति, धर्म के लोगों के द्वारा स्वीकृत होकर लोक जनमानस का प्रसिद्ध गीत बन गया है, जिसके चाहने वालों की संख्या लगभग करोड़ों में है।

फ़ैज़ाबाद, गोण्डा, बस्ती, लखीमपुर खीरी, लखनऊ, रायबरेली, कौशाम्बी, प्रतापगढ़, इलाहाबाद, देवरिया, गोरखपुर से लेकर पूरा पूर्वांचल व मध्य प्रदेश में माँ शारदा शक्तिपीठ, मैहर से लेकर सतना, रीवां, सीधी, सरगुजा, बिलासपुर, रायपुर, दुर्ग से राँची और नालन्दा, गया, पटना, आरा, कैमूर के पर्वतों से सुसज्जित विन्ध्यपर्वत माला के पूर्वी-उत्तरी छोर पर 'बिरहा' की

समृद्धशाली वैभव की पताका आज भी फहरा रही है।

फ़ैज़ाबाद परिक्षेत्र में अत्यन्त लोकप्रिय माने जाने वाले इस गायन-शैली के दूसरे शहरों से निकले हुए राष्ट्रीय स्तर के कलाकारों में श्री राम कैलाश यादव, श्री हीरालाल यादव, श्री बालेश्वर, श्री रामदेव यादव जैसे गुणीवन्तों को याद किया जा सकता है। इनमें से अधिकांश आज इस दुनिया में नहीं हैं। एक हद तक यह कहा जा सकता है कि बिरहा लोक-संस्कृति का सबसे बड़ा पारम्परिक संगीत है, जिस पर आजकल दुनिया-भर में शोध हो रहे हैं।

धोबिया नाच

अवध क्षेत्र के एक प्रमुख लोक-नृत्य एवं नाट्य शैली के रूप में विख्यात 'धोबिया-नाच', धोबी समुदाय का एक प्रमुख सांस्कृतिक कृत्य है। इसे धोबिया-राग भी कहा जाता है। कहने को तो इसे नृत्य कहा जाता है किन्तु इसमें लोकगीत, लोक-नृत्य और लोक-संगीत का पूरा तालमेल रहता है। इनमें प्रयुक्त संवाद को सवाल-जवाब के नाम से जाना जाता है। सवाल-जवाब गीतात्मक किन्तु लघु होते हैं। धोबिया राग में प्रयुक्त होने वाले प्रमुख वाद्य हैं सींगी, मृदंग, घड़ियाल, हुडुक, झांझ, करताल और मंजीरा। गीतों में हास्य का पुट प्रमुखता के साथ रहता है। साज-शृंगार, पति-पत्नी की नोक झोंक, घर परिवार के प्रपंच, जमींदार और तालुकेदारों का यशोगान इसके विषय बनते हैं।

धोबिया नृत्य का सबसे प्रमुख पात्र होता है 'करिंगा'। यह विदूषक की भूमिका में होता है। 'करिंगा' की वेशभूषा, चाल-ढाल और बोली-बानी से सबका भरपूर मनोरंजन होता है। उसका पहनावा ही ऐसा होता है कि सब लोग पहचान जाते हैं। करिंगा काले रंग का चुन्नटदार लहंगा पहनता है। लँहगे की पेटी में छोटी-छोटी घण्टियाँ बँधी रहती है। जब करिंगा नाचता है, तब ये घण्टियाँ विशेष धुन में बजती हैं। करिंगा की पीठ पर चमड़े की ढाल होती है। उसी पर कोड़े की मार पड़ती है। दर्शकों और श्रोताओं के ऊपर जब वह छींटाकशी करता है या फूहड़ और अश्लील मजाक करता है, तब उस पर कोड़े की मार पड़ती है। कोड़े की मार से बचने के लिए करिंगा इधर-उधर भागता है और दर्शक ताली पीटते हैं। करिंगा की बातें कभी-कभी बड़ी ऊटपटांग तथा अश्लील होती हैं। इसलिए ऐसी प्रवृत्ति वाले लोगों, को 'करिंगई करते हैं' कहा जाता है।

धोबिया राग में दो पुरुष नृत्य प्रस्तुत करते हैं। तीन या चार की संख्या

में वादक होते हैं। एक कलाकार नर्तकी के रूप में होता है। नाचने वाले दोनों पुरुष बांसुरी बजाते रहते हैं। एक वादक मृदंग, दूसरा सींगी बजाता है। अन्य लोग हुडुक, झांझ, करताल और मंजीरा बजाते हैं। थोड़ी देर तक संगीत और नृत्य होता है। नृत्य बन्द होते ही एक गायक गीत प्रारम्भ करता है, सबसे पहले 'सुमिरनी' (मंगलाचरण) का गायन होता है। धोबिया नृत्य में धोबी और धोबइन (बरेठिन) का हास-परिहास बड़ा रोचक होता है। इसी कारण इसकी शैली वाद-संवाद (सवाल-जवाब) की होती है।

कहरवा

मुख्य रूप से इसे कहारों का गीत कहा जाता है। कहारों के मुख्य दो वर्ग हैं– एक तो वे जो नाव चलाते एवं केवट कहलाते हैं, दूसरे वे जो पालकी ढोते और विभिन्न संस्कारों तथा उत्सवों के अवसर पर लोगों के घर पानी भरते हैं एवं महरा या कहार कहे जाते हैं। इन धन्धों के अतिरिक्त प्रायः दोनों ही वर्ग मत्स्य-आखेट भी करते हैं। इनके यहाँ जब कोई समारोह होता है, तो अपने जातीय गीत की स्वर-लहरी से समग्र वातावरण को सरस बना देते हैं। इन गीतों को जाति के साम्य पर 'कहरा' या 'कहरवा' कहा जाता है, जो अवधी बोली के क्षेत्रों में काफ़ी लोकप्रिय गीत विधा के तौर पर मान्य है।

फ़ैज़ाबाद और उसके आस-पास के ग्रामीण अंचलों में इस शैली के कहरवा गीतों की प्रसिद्धि रही है, जिनमें गीतों का विषय भक्ति से लेकर दार्शनिक ढंग के कथानकों का भी रहता है। कहरवा गीतों में मुख्य रूप से कृष्ण की लीलाओं का भी वर्णन किया जाता है। यह देखने में एक महत्त्वपूर्ण बात नज़र आती है कि धीरे-धीरे सभी प्रकार के समुदायों में कहरवा गीतों का प्रचलन हो गया है। आजकल तो इसे एक विशिष्ट लोक-संगीत मानकर विद्यालयों के समारोहों एवं सांस्कृतिक आयोजनों में भी इसे स्थान दिया जाने लगा है।

पचरा

अवधी क्षेत्र में बरसों से वाचिक परम्परा में शामिल रहे पचरा गायन को लोक-संगीत में विशिष्ट दर्ज़ा प्राप्त है। पचरा दरअसल भगवती देवी के आह्वान और उन्हें मनाने का गीत है, जिसमें हर प्रकार से देवी की स्तुति गायी जाती है। यह गीत सभी समुदायों की स्त्रियाँ गाती हैं, लेकिन ग्रामीण अंचलों में खेती-किसानी करने वाली औरतों से इस गीत का विशेष सम्बन्ध

रहा है। देवी-पूजन के गीतों से लेकर शीतला माई के चौबारे और नीम के पेड़ पर माँ के झूलना झुलाने के प्रसंगों से भरे पचरा गीतों में भगवती की महिमा का बखान ही प्रमुख रहता है। यह भी देखा गया है कि अधिकतर मांगलिक अवसरों पर, विशेषकर जन्म, उपनयन और विवाह के मौकों पर लोग अपने घरों में मंगल-गीत गवाने की शुरुआत करने के लिए पचरा गाने वाली औरतों की टोलियों को निमंत्रित करते हैं। फ़ैज़ाबाद में ही नहीं, वरन् यह अवध क्षेत्र में यह गीत प्रचलन में है। इस क्षेत्र में प्रसिद्ध पचरा गीतों में कुछ गीतों के मुखड़े इस तरह हैं– 'निमिया की डरिया मईयाँ डारी हैं हिंडोलवा कि झूलि-झूलि ना', 'मागूँ बरदान देवी कै मन्दिरवा भीतर' तथा 'जगदम्बा दयाल भई, अंगन मोरे होय निकरीं' इत्यादि।

साभार : **1. सोन चिरैया 'पाती', सम्पादक : मालिनी अवस्थी, प्रकाशक : सोन चिरैया परिवार, लखनऊ, संस्करण : प्रथम, 2011, 2. अवधी लोक-गीतों का सांस्कृतिक अध्ययन : डॉ. महेश, प्रकाशक : भारतीय भाषा भवन, इलाहाबाद, संस्करण प्रथम, 1990 3. हिन्दी प्रदेश के लोक-गीत : डॉ. कृष्णदेव उपाध्याय, प्रकाशक : साहित्य भवन प्रा. लि., इलाहाबाद, 4. ढोलक रानी मोरे नित उठि आयू : डॉ. विद्याबिन्दु सिंह, प्रकाशक : ज्ञान गंगा, दिल्ली, संस्करण : प्रथम, 2010 से संक्षिप्त व संशोधित रूप में लेने के अतिरिक्त मालिनी अवस्थी एवं डॉ. अपर्णा मिश्र से बातचीत के आधार पर विकसित आलेख। पहली बार प्रकाशित।**

नोट : **इस खण्ड में फरुवाही नृत्य के लिए डॉ. अपर्णा मिश्र एवं शीतला प्रसाद वर्मा, धोबिया नृत्य के लिए डॉ. रामबहादुर मिश्र, बिरहा के लिए डॉ. मन्नू यादव, कहरवा के लिए डॉ. महेश तथा पचरा गायन के लिए डॉ. विद्याबिन्दु सिंह की टिप्पणियों का विशेष आभार।**

फ़ैज़ाबाद : दस्तावेज़-161

मुजरा और महफिली संगीत की छीजती रवायत : एक दहेमा

फ़ैज़ाबाद परिक्षेत्र में गानेवालियों का सबसे पुराना और मशहूर गाँव दहेमा पड़ता है, जो प्राथमिक विद्यालय : दहेमा, शिक्षा-क्षेत्र : भीटी, जिला : अम्बेडकरनगर के समीप स्थित है। वर्तमान में यह गाँव जिला अम्बेडकरनगर में ही पड़ना है। फ़ैज़ाबाद के सांस्कृतिक परिदृश्य में 'दहेमा', 'मामपुर', 'तकमीनगंज', 'चौरे बाज़ार', 'बेलगरा' और 'रसूलाबाद' के क्षेत्र नाचने-गाने वाली बाईयों से सम्बन्धित माने जाते रहे हैं। अंग्रेजों के ज़माने से, जब इस शहर के बारे में राजकीय अभिलेखों के दर्ज़ किये जाने का मामला गजेटियरों के माध्यम से आरम्भ हुआ, तभी से यह सारे क्षेत्र संगीत और नृत्य की महफिलों को सजाने वाले गाँवों, कस्बों के रूप में विख्यात हुए।

इस मामले में दहेमा सबसे अलग माना जाता है, क्योंकि इसी गाँव में घर-घर मुजरा करने की परम्परा रही है। आज भी इस गाँव के सर्वेक्षण से यह बात निकलकर सामने आती है कि पचास के दशक से लेकर अस्सी के दशक के अन्त तक इस गाँव में घर-घर मुजरा होता था और तक़रीबन अट्ठाईस-तीस घर ऐसे थे, जहाँ शाम होते ही महफिलें सजती थीं और फ़ैज़ाबाद व आस-पास के इलाकों के रसिक मिजाज़ लोगों की आमद यहाँ रहती थी। दहेमा की बाईयाँ ख़ुद को बाक़ी गाँवों की तवायफ़ों से अलग मानती हैं और अपने आप को 'ख़ानदानी तवायफ़ें' कहलाया जाना पसन्द करती हैं। दरअसल नृत्य सीखकर पारम्परिक ढंग से महफिल सजाना और शास्त्रीय व उप-शास्त्रीय क़िस्म की चीज़ों को पारम्परिक रूप से गाकर प्रस्तुत करना, डेरेदार तवायफों का काम माना जाता रहा है। डेरेदार तवायफें उनको कहते हैं, जो अपना सम्बन्ध सीधे मुगल काल से जोड़कर नवाबों के

समय तक देखती हैं और राज-दरबारों में मुजरा करने को अपनी परम्परा का अंग मानती हैं।

दहेमा भी इसी सब के चलते एक हद तक डेरेदारिनों का गाँव माना जा सकता है, जहाँ कि ढेरों तवायफें एक ज़माने में अत्यन्त मशहूर हुईं। इनमें बीसवीं शताब्दी के पचास और साठ के दशक की **पद्मावती, कलावती, विमला, फहमीदन** *और* **शीला** *के नाम प्रमुख हैं। इनके अलावा जिन बाईयों का नाम आज भी लिया जाता है, उनमें* **सुनीता, ममता, विद्यावती, कलावती, रूपलता, सरिता, राजकुमारी, रंजना, सुमन, कमलेश, मंजू, किरन** *और* **प्रिया** *हैं। इसी जमात में सुनीता और मोनी भी रही हैं, जिनकी असमय मृत्यु हो गयी। वहाँ बातचीत के बाद यह भी पता लगा कि नयी पीढ़ी की अधिकांश लड़कियाँ, जिनमें से कुछ की माँओं ने बीते जमाने में मुजरा किया है, आज मुम्बई जाकर बस गयी हैं और वहाँ आधुनिक क़िस्म का नृत्य करती हैं।*

वर्तमान समय में दहेमा से मुजरा बन्द हुए लगभग दस-बारह साल बीत गये हैं और वहाँ पर आज भी मौजूद **रूपलता** *(उम्र : 55 वर्ष) बताती हैं कि सन् 2005 के दौरान यह सब खत्म हुआ और अभी बारातों में जाकर मुजरा करने की बात भी बीते जमाने की बात हो गयी है। इनके अलावा कलावती, विद्यावती और बिमला भी दहेमा का पुराना समय याद करती हैं, जब सिखाने और बजाने वाले उस्ताद भी शास्त्रीय और उप-शास्त्रीय ढंग की चीजें इन लोगों को सिखाते थे। इनमें अधिकांश गुरु और साजिन्दे टाण्डा, मंशापुर और महरुआ जैसी जगहों से हुए और विशेष आयोजनों के लिए साजिन्दे बाहर से आते थे, जिनमें टाण्डा, मंशापुर के अलावा गोसाईंगंज, जौनपुर और बनारस के लोग शामिल थे। दहेमा के प्रचलित उस्तादों में* **मजहर, नुरूँ, मजनूँ, फरयाद, असलम, नज़ीफ, लतीफ** *और* **वकील** *रहे हैं। इनमें से असलम की मृत्यु हो चुकी है और बाक़ियों की उम्र अस्सी के ऊपर है।*

कलावती *और* **बिमला** *बताती हैं कि पुराने दौर में इक्का, ताँगा और बैलगाड़ियों से शहरों में महफिल करने जाती थीं और जो सट्टा लिखा जाता था, उसमें ईनाम में मिलने वाला अधिकांश पैसा आयोजक सट्टे में दिये जाने वाले पैसे से काट लेते थे। हाँ! कभी-कभी कुछ बड़े लोगों के घरों में ईनाम का पैसा अलग से मिलता था, उसमें सट्टे का कोई हिसाब नहीं किया जाता था।*

दहेमा के सन्दर्भ में यह बात समझ में आई कि यहाँ की अधिकतर बाईयाँ

कथक नृत्य की शैली में पहले एक या डेढ़ घण्टे तक घुँघरु पहनकर हारमोनियम के लहरे पर तत्कार नाचती थीं। **विद्यावती** बड़े भाव से स्वीकारती हैं कि वे कभी बनारस में **छुमछुम गुरु** से नृत्य सीखती थीं और कथक के बोलों पर बाक़ायदा ततकार, बोल-परन, गत और गत-निकासी नाचती थीं। गत नाचने में 'कृष्ण-परन', 'राधा-परन' और 'भरी गगरी उठाने का नायिका-भाव' नाचती थीं। आज इनकी उम्र साठ वर्ष हो चुकी है और लगभग तीस वर्ष पहले उन्होंने मुजरा करना छोड़ दिया। उन्हें यह भी याद है कि उस ज़माने में जब उन्होंने यह काम छोड़ा था, तब तक उनका पारिश्रमिक चार सौ रुपए एक महफिल का होता था। उन्होंने पहली बार पन्द्रह साल की छोटी सी उम्र में बनारस के दालमण्डी में **'नौरंगीबाई के कटरे'** में मुजरा किया था।

विद्यावती की तरह ही अन्य बाईयों ने भी ऐसे ही नृत्य किए हैं और कुछ तो हाथ में खंजड़ी लेकर भी नाचती थीं। उस जमाने में जब मुजरा होता था, तो अधिकतर बाईयाँ ठुमरी, ग़ज़ल, दादरा और मुबारकबादी गाती थीं। कई दफ़ा विवाह के मौकों पर जब इनका आमंत्रण होता था, तब द्वार-पूजा से लेकर शिष्टाचार तक के सभी रस्मों का गाना अलग-अलग ढंग से गाया जाता था। इसमें विवाह के समय मड़वे का गाना बेहद शुभ माना जाता था। क्योंकि इसी समय घराती और बाराती दोनों तरफ के लोग बैठते थे, और कुछ अलग से ईनाम पाने की गुंजाइश होती थी। दुल्हा जब महफिल में आता था, तब उसके हाथ से इन बाईयों को दो रुपये से लेकर अधिकतम दस रुपये तक ईनाम में मिलते थे।

दहेमा में आज इक्का-दुक्का बाईयाँ ही बची हैं, जो कभी-कभी बड़े लोगों के यहाँ बारात में महफिल करने जाती हैं। इनमें **सरिता, कमलेश, अमृता** और **प्रिया** के नाम लिये जा सकते हैं। हालाँकि आजकल दहेमा से महफिली संगीत का दौर उठ चुका है और सभी लोग खेती-बाड़ी करके अपनी गुजर-बसर करते हैं। यहाँ की बाईयों ने मिलकर आपसी सहयोग से दुर्गा जी का एक मन्दिर भी बनवाया है, जिसमें गाँव-भर के लोग पूजा-अर्चना के लिए जाते हैं। यहाँ के स्थानीय लोग भी बीते दौर की इन बाईयों को सम्मान की निगाह से देखते हैं, जो इस गाँव के लिए सबसे अच्छी बात लगती है। दहेमा और संगीत का साथ आज इतिहास की बात हो चुकी है। इस गाँव के बिल्कुल बगल ही पूर्व दिशा की ओर मझुई नदी बहती है। नदी के इस पार तमाम डेरेदारिन तवायफें अपने हुनर की स्मृति को संजोए हुए जीवन

के उत्तरार्द्ध में बसर कर रही हैं।

साभार : **दहेमा इलाके के सर्वेक्षण तथा श्रीमती विद्यावती, श्रीमती कलावती, श्रीमती बिमला, श्रीमती सरिता, श्रीमती कमलेश, श्रीमती रूपलता, गिरधारी एवं नितिन से बातचीत के आधार पर इस अंक के सम्पादक यतीन्द्र मिश्र द्वारा लिखी गयी टिप्पणी। पहली बार प्रकाशित।**

मुजरा और महफिली संगीत की छीजती रवायत : दो
तकमीनगंज

रसूलाबाद की तरह ही तारुन विकास खण्ड, तहसील : बीकापुर में पड़ने वाले तकमीनगंज की दुनिया दरअसल आज भी गाने-बजाने वाले घरों की छीजती हुई दुनिया है। इस इलाके तकमीनगंज में तारुन से हैदरगंज मार्ग पर लगभग दो किलोमीटर आगे बढ़ते हुए पहुँचा जा सकता है। यह वह क्षेत्र है, जो कभी नाचने-गाने वाली बाईयों के डेरों से आबाद था, मगर आज अधिकतर नयी नाचने वाली लड़कियाँ मुम्बई चली गयी हैं, जहाँ वे क्लब आदि में आधुनिक किस्म का नृत्य करती हैं।

आज भी जब आप तकमीनगंज पहुँचते हैं, तो बरबस ही कई घरों पर उन बाईयों के बड़े-बड़े नामों की तख़्तियाँ देख सकते हैं, जो कभी अपने पुराने इतिहास का स्मरण दिला देती हैं। उदाहरण के तौर पर चमेली देवी का घर दूर से ही दिखाई पड़ता है। तकमीनगंज, महफिली मुजरा करने वाली बाईयों का वह गाँव रहा है, जिसमें एक जमाने में एक से बढ़कर एक नामचीन तवायफें हुईं। इनमें **सितारा, रोशनतारा, जाफरी** *और* **साफरी** *– इन चार लोगों का बड़ा नाम हुआ। रोशनतारा आज भी जीवित हैं और बिहार के गया जिले में निवास करती हैं, जबकि बाक़ी तीनों का निधन हुए बरसों बीत गये।*

तकमीनगंज में जिस चढ़ी उम्र की पुरानी बाई **केसरी** *से मुलाकात होती है, वे आज साठ की उम्र के ऊपर जा चुकी हैं। बातचीत में बड़ी उत्सुकता से बताती हैं कि तक़रीबन तीस-चालीस साल पहले वे महफिलों में गाती थीं और चालीस की वय तक पहुँचते हुए उन्होंने गाना और मुजरा करना दोनों छोड़ दिया। उनके गुरु उस्ताद मंसूर थे, जो कूरेभार (पुराने दिनों में कू-ए-बहार*

के नाम से विख्यात), जिला सुलतानपुर के निवासी थे, लेकिन तकमीनगंज में ही आकर रहते थे और केसरी व अन्य बाईयों को सिखाते थे। केसरी ने इनसे ही ग़ज़ल गाना सीखा था और विशेष मौकों पर फरमाईशी चीज़ सुनाने हेतु ठुमरी व दादरा भी सीखा। वे बताती हैं कि इनके उस्ताद इन लोगों को अधिकतर सारंगी व हारमोनियम पर रियाज करवाते थे।

केसरी के अलावा एक पुरानी अदाकारा **मधु देवी** ने भी कुछ ऐसी ही कहानी सुनायी, जिसके अनुसार अठारह साल की उम्र से शुरु करके उन्होंने लगभग पैंतालीस की उम्र तक मुजरा किया और बीते पन्द्रह-बीस सालों से नाचना-गाना छोड़ दिया है। आज वे साठ से ऊपर हैं और पुराने दिनों को याद करते हुए बताती हैं कि कैसे उस जमाने में जब तकमीनगंज का मुजरा करने के लिए बड़ा नाम था, तब इस गाँव में मात्र तीन घर ऐसे थे, जहाँ से निकलकर नामचीन तवायफें दूर के इलाकों तक अपनी कला के प्रदर्शन के लिए जाती रहीं।

इनमें सितारा और रोशनतारा, जिनका ज़िक्र आरम्भ में किया गया है, मधु की बड़ी बहनें थीं। बाद में **चमेली देवी, भागवती देवी, सुदेसरी** के नाम भी याद किये जाते हैं। इनमें चमेली देवी और सुदेसरी दोनों जीवित हैं और दोनों ही पैंसठ बरस के ऊपर हो चुकी हैं। भागवती देवी का अभी एक माह पूर्व ही पचहत्तर वर्ष की उम्र में निधन हुआ, जो केसरी की बड़ी बहन थीं। इन सब के अलावा **प्रभावती देवी** का भी कुछ नाम रहा है, जिन्होंने बहुत कम समय के लिए संगीत किया और जल्दी ही इस पेशे से किनारा भी कर लिया। इस तरह इस पूरी रवायत को देखने पर यह बात समझ में आती है कि तकमीनगंज में मुजरे की परम्परा को इन पाँच-सात स्त्रियों ने किस तरह पराकाष्ठा पर पहुँचा दिया था, जिसके चलते आज भी यह इलाका घुँघुरु, सारंगी, तबला, हारमोनियम से जोड़कर ही याद किया जाता है।

तकमीनगंज में इन लोगों के लिए महफिल करने का न्यौता बहुत पहले तो रियासतों से आता था, जिनमें खपराडीह, खजुरहट और भीटी प्रमुख रियासतें रहीं हैं। बाद में व्यापारियों, रईसों और पुराने जमींदारों के यहाँ से भी मुजरा करने का बुलावा आता रहा, जो सम्भवतः सन् 1985-86 तक तो पूरे शबाब पर चला, लेकिन बाद में वह धीरे-धीरे कम होता गया। आज भी तकमीनगंज की कुछ नर्तकियाँ संगीत के पेशे को अपनाए हुए अपने जीविकोपार्जन के लिए महफिलें करती हैं, लेकिन उसका स्वरूप काफ़ी बदल

चुका है। उदाहरण के तौर पर यहाँ रहने वाली **अनीता देवी** (उम्र : पैंतीस वर्ष) ने बताया कि उन्होंने हाल ही के वर्षों में मुजरा छोड़कर सिर्फ गाना ही जारी रखा है। वे गोण्डा, गोरखपुर, लखनऊ, प्रतापगढ़, सुलतानपुर और फ़ैज़ाबाद में जाकर आज सिर्फ़ क़व्वाली गाती हैं। उनके गुरु मजनूँ उस्ताद रहे, जिन्होंने तबले पर उन्हें मुजरा करना सिखाया और घुँघुरु बाँधकर बैठे हुए ही भाव में नाचना भी।

अनीता देवी बताती हैं कि वे अपने उस्ताद से दादरा, ग़ज़ल, क़व्वाली और भोजपुरी गीत सीखी हुई हैं। बड़े इसरार पर ग़ज़ल का एक मुखड़ा भी सुनाती हैं, जिसके बोल हैं— 'दोस्तो इस जमाने को क्या हो गया है/जिसको चाहा वही बेवफ़ा हो गया है'। उन्हें इस बात पर आज अफसोस होता है कि जो लोग शादी-ब्याह और जन्म आदि पर कार्यक्रम के लिए बुलाते हैं, उन्हें अब ग़ज़ल या दादरा नहीं चाहिए, बल्कि नये जमाने के तेज सुर पर धड़कता हुआ आधुनिक नृत्य चाहिए, जिसमें डी जे पर बजाये जाने वाले हिट फ़िल्मी गीत सबसे आगे हैं।

नये जमाने में जिस तरह महफिली संगीत, मुजरा और तमाम प्रदर्शनकारी कलाओं के प्रति लोगों के मन में इज्ज़त और मान-सम्मान का भाव जाता रहा, उसको देखते हुए अब इन बाईयों को भी वह समुचित इज्ज़त नहीं मिलती, जिसके चलते आज उन्हें गरिमा की निगाह से देखा नहीं जाता। इसी के साथ कला का मूल्यांकन करने वाली पीढ़ी भी जाती रही और मुजरा आदि पर खर्च किए जाने वाले पैसे भी बहुत सम्मानजनक राशि के रूप में इन लोगों को नहीं दिए गए। मधु देवी और केसरी बताती हैं कि आज से तीस साल पहले जब उन लोगों ने प्रोग्राम करना छोड़ा था, तो अधिकतम एक महफिल करने की फीस ढाई-सौ या तीन सौ रुपये भर मिलती थी। पैसे कितने भी कम दिए जाएँ, मगर उस्ताद और साजिन्दों को भी इन्हें उनका वाजिब दाम देना पड़ता था, जो अधिकतर जौनपुर, कूरेभार और सुलतानपुर से आते थे।

इसी तरह महफिलों में साधारण साड़ियाँ पहनकर जाना मना था, अतः उसका भी इन्तज़ाम करने के लिए पैसे लगते थे। सलमे सितारों से बनी और गोटे वाली साड़ियाँ जो महँगी होती थीं, इन बाईयों को अपने लिए किसी खास आयोजन के वास्ते रखनी पड़तीं थी।

इद्दन, मंसूर और मजनूँ उस्तादों की ये शिष्याएँ अपने अतीत को याद करती

हैं और इस बात के लिए आधुनिक समय को बहुत अधिक तरजीह नहीं देतीं कि कैसे बदलते हुए समय, मिजाज़ और फैशन ने उस पारम्परिक मौसीकी को भी लगभग बिसरा दिया है, जिसे सीखकर इन्होंने अपना जीवन शुरु किया था। फिर भी, इतिहास भर लिखने के लिए दहेमा, मामपुर, बेलगरा और तकमीनगंज जैसे इलाके मुजरा-नृत्य को जीवन्त बनाये रखने वाले दस्तावेज़ के रूप में आज भी जाने जाते हैं।

साभार : **तकमीनगंज इलाके के सर्वेक्षण तथा श्रीमती केसरी देवी, श्रीमती मधु देवी श्रीमती अनीता देवी एवं श्रीमती चमेली देवी से बातचीत के आधार पर इस अंक के सम्पादक यतीन्द्र मिश्र द्वारा लिखी गयी टिप्पणी। पहली बार प्रकाशित।**

फ़ैज़ाबाद : दस्तावेज़-163

मुजरा और महफिली संगीत की छीजती रवायत : तीन
मामपुर

फ़ैज़ाबाद परिक्षेत्र के हैदरगंज-सेमरी मार्ग पर पूर्व दिशा की ओर बढ़ने पर मामपुर गाँव पड़ता है। यह नाचने-गाने वाली बाईयों का वो पुराना और मशहूर गाँव रहा है, जहाँ से उठकर अगल-बगल के इलाकों व दूसरे जनपदों में महफिल सजाने के लिए जाने वाली तवायफों और बाईयों ने इस इलाके को मौसीकी के एक बड़े केन्द्र के रूप में पहचान दिला रखी थी। यह दौर पचास से अस्सी के उत्तरार्द्ध तक का दशक माना जा सकता है, जब महफिलों में गूँजने वाली सारंगी और हारमोनियम की आवाज़ के रियाज़ का काम मामपुर के लगभग तेरह-चौदह घरों से होकर गुजरता रहा।

मामपुर इस मामले में अकेला ऐसा गाँव नजर आता है, जहाँ सबके घरों में संगीत की परम्परा थी या इसे इस तरह कह सकते हैं कि हर घर में कोई न कोई स्त्री संगीत की तालीम लेती थी और बाहर मुजरा करने जाती थी। 1976 ई. के बाद से यह सब खत्म होना शुरु हुआ, जो अस्सी के उत्तरार्द्ध तक लगभग समाप्त हो गया। उसी के बाद से इन घरों की लड़कियों का ब्याह करके बाहर भेजा जाना शुरु हुआ, जिससे एक नये किस्म का आधुनिक और इज़्ज़तदार जीवन भी मामपुर के हिस्से आया। इस तरह महफिल सजाने वाली परम्परा छीजती गयी, मगर खुद उन स्त्रियों का जीवन कमोवेश सुधरता गया।

मामपुर में चौरे बाज़ार की तरह ही अधिकतर नाचनेवालियाँ हिन्दू घरों से रहीं, मगर उनके परदादा के जमाने में नाम मुस्लिम तौर के रखे गये। आप इन नामों की शिनाख़्त करते हुए थोड़ा भ्रम में पड़ जायेंगे कि किस नर्तकी या बाई जी का ताल्लुक किस धर्म से है? उदाहरण के तौर पर इस गाँव में एक ही हिन्दू परिवार की छह बहनें रहीं, जिनमें कुछ के नाम मुस्लिम

लड़कियों के नामों की तरह रखे गये। इनमें उम्र के लिहाज से बड़ी से छोटी बहन तक क्रमशः **ज़मीला, ताराबाई, जूही देवी, नरगिस, रूपलता देवी** *और* **प्रेमलता देवी** *हैं। यह छहों बहनें महफिल करती थीं और मुजरा के लिए दूर-दराज के इलाकों में विख्यात थीं। इनमें ताराबाई को छोड़कर बाक़ी सभी जीवित हैं और अधिकतर आज भी मामपुर में रहती हैं। इन बहनों के अलावा इस इलाके की मशहूर अन्य बाईयों में* **चन्दा देवी, संगीता देवी, रेखा देवी, प्रेमा देवी, सोमा देवी, पुष्पा देवी** *और* **मिथिलेशा** *को भी याद किया जाता है। आज सभी ने पुश्तैनी महफिल संगीत का धन्धा बिसराकर कुछ दूसरे कामों को अपना लिया है, जिसमें खेती-किसानी से होने वाली आय सबसे ऊपर है।*

नरगिस *ने बस एक-दो बरस ही महफिलें करने के बाद जायसवाल परिवार में विवाह कर लिया और वे मुम्बई जा बसीं। उनकी बड़ी बहन* **जमीला**, *जिनका पिछली शताब्दी के साठ के दशक में बड़ा नाम था, आज पचहत्तर बरस की हैं। उन्होंने लगभग पैंतालीस बरस पूर्व नाच गाने की दुनिया को छोड़ दिया था। उनसे मामपुर में मिलना बेहद आत्मीय वातावरण में सम्भव हुआ, क्योंकि वे एक भरी-पूरी उम्र में दादी-नानी की तरह बड़े सम्भ्रान्त ढंग से पेश आईं, जब मैंने इस कार्य का प्रयोजन और अपना परिचय दिया। जमीला जी ने बताया कि उनका गाँव मामपुर, खपराडीह रियासत के अन्तर्गत आता था और यहाँ की सारी नाचनेवालियाँ इसी ताल्लुकेदारी की रियाया रही हैं। वे महफिल के न्यौते पर केवल खपराडीह रियासत में गयी हैं, जबकि रईसों, ज़मींदारों और सेठ-साहूकारों के न्यौते पर उन्होंने और उनकी बहनों* **ताराबाई, रूपलता देवी** *और* **प्रेमलता देवी** *ने हरैया, बस्ती, गोण्डा, सुलतानपुर, बहराईच, जौनपुर, इलाहाबाद, आजमगढ़, बनारस और फ़ैज़ाबाद के आस-पास के इलाकों में शादी-ब्याह के मौकों पर जाकर मुजरा किया है।*

इन छह बहनों में **तारा देवी** *या* **ताराबाई** *सबसे अधिक मशहूर कलाकार के रूप में जानी जाती हैं, जो बड़े बेजवाब ढंग का मुजरा करती थीं। वे इस इलाके की अकेली ऐसी अदाकारा थीं, जिन्हें पारम्परिक ढंग का ठुमरी और दादरा भी आता था। बाक़ी की सारी बहनों ने केवल मुबारकबादी, सेहरा, बन्ना, भोजपुरी, अवधी गीत, ग़ज़ल और क़व्वालियाँ ही गायी हैं। तारादेवी ने अपना अन्तिम कार्यक्रम आजमगढ़ में एक रसूखदार ठाकुर साहब के बेटे की बारात में किया था, जिसमें उसी रात हार्ट अटैक आने पर वहीं लड़कीवालों के यहाँ उनका लगभग चालीस वर्ष की कम उम्र में ही देहान्त*

हो गया। मामपुर गाँव में बाहर बाग की तरफ उन्हें दफनाया गया और उनकी कब्र पर जुलाई, 1978 ई. का वर्ष अंकित है, जब उनकी मृत्यु हुई। तारा देवी की बेटी **मधुबाला** आज भी मामपुर में रहती हैं और उन्होंने ही यह सारी बातें अपनी मौसियों के सामने बड़े मार्मिक ढंग से याद करते हुए बताईं कि कैसे उनकी माँ का गया, बिहार में सम्मान हुआ था और उन्हें ताम्र-पत्र भी दिया गया था।

मधुबाला जी ने स्वयं महफिलें की हैं और अपनी माँ से यह कला सीखकर नृत्य का पेशा अपनाया था। वे याद करती हैं कि अन्तिम कार्यक्रम उन्होंने सम्भवतः सन् 1995 में छावनी, विक्रमजोत में कृष्ण जन्माष्टमी के अवसर पर किया था, जिसमें मुजफ्फरपुर और दरभंगा, बिहार की नामचीन बाईयाँ भी शिरकत करने आई थीं। उन्हें याद है कि वे ग़ज़लें व फ़िल्मों के गीत भी मन से गाती थीं। अकसर कार्यक्रम में उन्हें इसरार करके उस जमाने के मशहूर फ़िल्मी गीत भी अपने ढंग से गवाये जाते थे। मेरे पूछने पर उन्होंने एक-दो गीतों का ज़िक्र किया, जिनमें 'अखियों के झरोखे से' फ़िल्म का शीर्षक गीत और 'महबूबा' फ़िल्म का गीत 'मेरे नैना सावन भादों' बताया।

जमीला और तारा से छोटी बहन रूपलता देवी ने बहुत मन से अपनी बातें बताईं। एक तरह से वह महफिल संगीत की रवायत को इस तरह खोलती चली गयीं, लगा जैसे मामपुर में महफिल सजना बस कल की ही बात थी। उन्होंने बीस साल हुए इस पेशे को छोड़ दिया है और आज वे लगभग साठ बरस से कुछ अधिक उम्र की हैं। उन्होंने बताया कि हम सभी मुजरा साड़ी पहनकर करते थे, मगर बनारस, दरभंगा और मुज़फ्फरपुर की बाईयों की तरह उनकी साड़ियाँ कीमती नहीं होती थीं। उस ज़माने को याद करते हुए वे बताती हैं कि हम सभी तब मुजरा करने इक्के या ताँगे से अगल-बगल के इलाकों में जाते थे। उन्हें रियासतों में दियरा, खजुरहट और खपराडीह से अकसर बुलावा आता था।

दादरा, ग़ज़ल, नज़्म, क़व्वाली, सेहरा-बन्ना, मुबारकबादी, भोजपुरी और छपरहिया गीत प्रमुखता से सुने जाते थे। जमीला और रूपलता देवी के साथ के संगतिए अगल-बगल के इलाकों से होते थे। अकसर बड़े लोगों के यहाँ महफिलों के लिए अकबरपुर (अब अम्बेडकरनगर), कूरेभार और जौनपुर आदि से भी साजिन्दे बुलाये जाते थे। उनके प्रमुख वादकों में तबले के लिए रोजन गुरु और सारंगी पर मोलन गुरु मुस्तैद रहते थे। प्रेमलता

देवी के एक गुरु अयोध्या से भी थे, जिनका नाम कैलाश था। वे तबला बजाने में दक्ष थे और जब महफिलों का न्यौता नहीं मिलता था, तो वे कथा भागवत और संकीर्तन मण्डली में जाकर वादन करते थे और अपनी जीविका चलाते थे। रूपलता देवी ने राम का एक सेहरा बताया, जिसके लिए उन्हें एक विवाह में बँधे सट्टे के रूप में मिलने वाले पन्द्रह सौ रुपये की जगह ईनाम के तौर पर छह हजार रुपये से अधिक दिया गया था। उस सेहरे की कुछ पंक्तियाँ इस तरह हैं—

राम को देखकर के जनकनन्दिनी
बाग में वो खड़ी की खड़ी रह गयीं
राम देखे सिया ओ सिया राम को
चार अँखियाँ लड़ी की लड़ी रह गयीं।

इस गीत पर जब बहुत अधिक उन्हें प्रशंसा मिली, तो उनसे कुछ ठेठ और पारम्परिक क़िस्म का सुनाने के लिए कहा गया। वे उन दिनों को याद करते हुए अपनी चमकती आँखों से बताती हैं कि फिर उन्होंने छपरा, बिहार में गाये जाने वाले ठेठ छपरहिया गीत को गाकर महफिल लूट लिया था। वह गीत इस तरह था—

हमसे कटावे लागे धान हो परदेसी बाबू
घमवा न देखले, सितिया न देखले
हमके उठावे हो भोरहरिया हो परदेसी बाबू

रूपलता देवी की तरह ही, इनकी पीढ़ी में सबसे छोटी बहन **प्रेमलता देवी** ने भी मुजरा करना पच्चीस बरस पहले खत्म कर दिया। आज वे पचपन से कुछ ऊपर की उम्र में हैं, लेकिन आवाज़ में उनके दम-खम और लोच वैसी ही बाक़ी है। दुःखी होकर बताती हैं कि भरपूर रियाज़ और मेहनत के बाद भी एक रात की महफिल का सट्टा अधिकतम छह सौ रुपये ही मिलता था। उनके साजिन्दों में किशुनीपुर, दोस्तपुर, आर्शिया बाज़ार, शाहगंज और आजमगढ़ से लोग आते थे। बड़े इसरार पर उन्होंने एक ग़ज़ल के कुछ शेर पढ़े, जिसे सुनना जैसे इस छीजती हुई संगीत की अनमोल परम्परा को भी वर्तमान में आकर बिसूरने जैसा था। प्रेमलता जी तरन्नुम में ग़ज़ल पढ़ रही थीं—

'कहाँ थे आप ज़माने के बाद आये हैं
भरी बहार के जाने के बाद आये हैं।'

आज महफिल संगीत के कद्रदानों की कमी हो जाने पर प्रेमलता देवी के साथ उनकी बड़ी बहनों जमीला और रूपलता देवी को बहुत खराब लगता है। वे सभी लगभग शिकायत के अन्दाज़ में पूछती हैं कि आज भी तो गीत-संगीत, डीजे और नाच-गाना हो रहा है, मगर अब हम लोगों से गवाने वाले लोग कहाँ हैं? क्या आज ठुमरी, दादरा और संस्कार गीत सुनने वाली पीढ़ी खत्म हो गयी? या कि हमीं लोगों को बदनाम इलाके की बाईयाँ कहकर भुला दिया गया है।

वाकई, मामगंज से होकर गुजरने पर यही एहसास होता है कि जैसे यहाँ पर महफिली मुजरे की एक जीवन्त परम्परा समाप्त हो चुकी है और इनके घरों में पड़ी हुई सारंगी और हारमोनियम जैसे साजों के तार और परदे कहीं अतीत में फ़ैज़ाबाद की रोशन रही महफिलों के संगीत को भुला चुके हैं।

साभार : **मामपुर इलाके के सर्वेक्षण तथा श्रीमती जमीला, श्रीमती नरगिस, श्रीमती रूपलता देवी, श्रीमती प्रेमलता देवी, श्रीमती मधुबाला एवं हरिराम से बातचीत के आधार पर इस अंक के सम्पादक यतीन्द्र मिश्र द्वारा लिखी गयी टिप्पणी। पहली बार प्रकाशित।**

फ़ैज़ाबाद : दस्तावेज़-164

मुजरा और महफिली संगीत की छीजती रवायत : चार
चौरे बाज़ार

फ़ैज़ाबाद-सुलतानपुर राजमार्ग की सीमा पर स्थित चौरे बाज़ार से पूर्व दिशा की ओर मुड़ने पर सिद्ध पुरुष 'बाबा खड़ेश्वरी दास' की देवभूमि मिलती है, जो ग्राम-सभा : चौरे चन्दौली में स्थित है। इस पौराणिक स्थल से आगे बढ़ने पर लगभग पाँच सौ मीटर की दूरी के उपरान्त 'भोजई का पुरवा' गाँव पड़ता है। भौगोलिक दृष्टि से देखने पर यह दूसरे अन्य गाँवों की तरह ही एक दूसरा गाँव है, मगर फ़ैज़ाबाद के इतिहास में इस गाँव का एक अतीत वह भी रहा है, जिसके चलते महफिली संगीत और गाने-बजाने की परम्परा इसी गाँव से निकलकर चौरे बाज़ार को कुछ दूसरे ढंग से भी इतिहास में दर्ज़ कराती है।

'बिब्बी', **'नरगिस'**, **'अख़्तरी'** *और* **'विद्या'** *— ये चार बहनें कभी मुजरा करने वाली बाईयों के रूप में चौरे बाज़ार की मशहूर तवायफ़ें गिनी जाती थीं। इनमें बिब्बी सबसे अधिक मशहूर थीं, आज उनको इस गाँव के लोग बड़े प्यार और आदर से नानी या बड़की अम्मा कहकर याद करते हैं। इसी परम्परा में बाद में* **'रशीदा'**, **'विमला'** *और* **'रूपलता'** *हुईं। इनमें वर्तमान में सिर्फ रशीदा और रूपलता जीवित हैं, जिन दोनों की ही उम्र साठ साल से ऊपर जा चुकी है।*

वर्तमान में भोजई का पुरवा गाँव में रशीदा की बेटी **'शकुन्तला देवी'** *और* **'अनीता देवी'** *से भेंट हुई। पूछने पर पता चला कि यहाँ की परम्परा भी काफ़ी कुछ रसूलाबाद, दहेमा, तकमीनगंज और मामपुर इलाकों से मिलती है। चौरे बाज़ार में मिलने वाली अधिकांश तवायफ़ें हिन्दू थीं, जिनमें कई का नाम मुस्लिम लड़कियों की तरह रखा गया। इसके पीछे क्या मंशा रही*

होगी, यह पता लगा पाना थोड़ा मुश्किल काम है। फिर भी उन सभी से मिलकर बात करने से यह अन्दाज़ा लगता है कि इसके पीछे दो कारण रहे हो सकते हैं। पहला, तो यह कि महफिल सजाने के लिए जिस तरह बाईयों का नाम पुराने दौर में प्रचलन में था, कुछ-कुछ उस तरह की रवायत का अनुसरण करते हुए इन सभी का नाम वैसा रखा गया होगा। दूसरा यह कि इस गाँव की औरतों ने अपनी जाती पहचान छुपाने के लिए कुछ-कुछ दूसरे ढंग के नामों का संवरण किया होगा, जिससे उनकी व्यक्तिगत पहचान और आपस के ख़ानदानी रिश्तों पर परदा डाला जा सके।

चौरे बाज़ार की तवायफ़ों का आर्थिक स्तर आस-पास के इलाकों की बाइयों से थोड़ा बेहतर रहा था। उसका एक महत्त्वपूर्ण कारण यह रहा कि यहाँ से रईस लोग बाक़ायदा अपने बेटों और बेटियों की शादियों में तवायफ़ों को बड़ी संख्या में बुलाकर महफिल सजाने के लिए ले जाते थे। अनीता देवी बताती हैं कि जब उन्होंने सन् 2002 में मुजरा करना छोड़ा, तब तक वह दौर रहा, जब बड़े लोगों के यहाँ सट्टा लिखे जाने के बाद वे लोग बाक़ायदा गाड़ियाँ भेजकर या बसों से इन लोगों को अपने दरवाजे तक ले जाते थे। अस्सी के दशक तक चौरे बाज़ार का बहुत नाम था और उससे पहले यहाँ मौजूद तवायफ़ें चाँदी के काम का लहँगा पहनकर मुजरा करती थीं। बाद में यह परम्परा धीरे-धीरे बदली और फिर लहँगे की जगह बनारसी साड़ी आ गयी।

शकुन्तला देवी और अनीता देवी दोनों बताती हैं कि उनकी बुआओं, मौसिओं और माओं के दौर में जो 1950 और 60 का दशक रहा है, महफिली संगीत अपने शिखर पर था। उस दौरान आना-जाना बैलगाड़ियों से होता था। वे लोग ठुमरी, दादरा, ग़ज़लें सभी कुछ गाती थीं और सारंगी पर रियाज़ करती थीं। पुराने दौर के गुरुओं में बवाली गुरु का चौरे बाज़ार में विशेष नाम रहा, जो धर्म से हिन्दू थे। उसी तरह अनीता देवी के गुरु राम चन्दर मिश्र ने मुजरा की बन्दिशें हारमोनियम पर सिखाई थीं। उस ज़माने में अधिकतम मेहनताना सट्टे के रूप में पाँच सौ रुपये तक लिखा जाता था, जो आज के हिसाब से एक बड़ी सम्मानित राशि होती है। अनीता देवी बताती हैं कि सन् 2002 में जब उन्होंने मुजरा करना छोड़ा, तब मेहनताने के रूप में उन्हें अन्तिम भुगतान सात सौ रुपये मिले थे। उन्होंने यह भी बताया कि सट्टे की रकम और महफिल में पाए हुए ईनाम का पैसा बाईजी और साजिन्दों में बराबर से बँटता था। कई बार रईस लोग ईनाम के पैसों से अपने सट्टे

की रकम को काट लेते थे और कुछ ही बार ऐसा सम्भव हुआ है कि ईनाम के अतिरिक्त जो भुगतान तय हुआ था, वो दिया गया।

अनीता देवी बताती हैं कि चौरे बाज़ार से बाईयाँ फ़ैज़ाबाद के आस-पास के क्षेत्रों के अलावा अकबरपुर (अब अम्बेडकर नगर), सुलतानपुर और बनारस तक जाती थीं। ब्याह के मौके पर मुबारकबादी, द्वारचार का गीत और सेहरा गाना विशेष आकर्षण होते थे। उन्होंने एक-दो बन्दिशें भी बताईं, जो कभी चौरे बाज़ार की हर गाने वाली के कण्ठ में बसती थी। ऐसे गीतों में सेहरा-बन्दी के लिए **'आए दसरथ के ललनवा, सिर पे बाँधे सेहरा'**, मुबारकबादी का गीत **'अवधपुर लाल दसरथ को मुबारक हो मुबारक हो'** और भजन का एक नमूना **'दर पे हैं हमारे संकर पिया, दामन को पसारे बैठे हैं'** याद किये जा सकते हैं। बहुत कुरेदने पर उन्होंने कुछ चुहल-भरे गीतों की चर्चा भी की, जिसको सुनाने पर दाद के साथ नेग न्यौछावर भी मिलता था। ऐसे गीतों में **'उठाय लिया घुँघटा, ओ मोरे साजना'** और **'उठाय तनी घुँघटा दरसन दई दे'** पता लगे।

अनीता देवी की बुआ **'जयश्री'** भी कभी नामी तवायफ़ रही थीं और उनकी बेटी **'शोभा'** भी इस पेशे में नाम कमा रही थीं। जयश्री ने तो बरसों पहले साज-ओ-संगीत से किनारा कर लिया और आज वे नब्बे वर्ष से भी ऊपर हैं। शोभा ने अनीता के साथ ही सन् 2002 में मुजरा करना छोड़ा। स्वयं अनीता ने अपनी बेटी का विवाह कर दिया है और आज वह आम लोगों की तरह इज्ज़तदार ज़िन्दगी बसर कर रही हैं। शकुन्तला देवी की पाँच बेटियाँ हैं, जो सभी मुम्बई में रहती हैं और क्लबों में आधुनिक किस्म का नृत्य करती हैं।

मुजरा और महफिल संगीत करने की यह परम्परा अस्सी के दशक के अन्त तक अपने शिखर पर रही, जिसके बाद यह काम धीरे-धीरे मन्द पड़ता गया। बाद में बीसवीं शताब्दी के आखिरी वर्षों में आकर इस इलाके से यह परम्परा लगभग समाप्त हो गयी। नये ज़माने की जो लड़कियाँ नाच-गाना सीख चुकी थीं और उनके लिए पुराने किस्म के मुजरे करने के अवसर इस क्षेत्र में कम हो गये थे, उन सब ने चौरे बाज़ार छोडकर मुम्बई में जाकर शरण ली। आज मुम्बई में होने वाले क्लबों और अन्यान्य जगहों पर जहाँ नये ढंग का नाच होता है, उनमें चौरे बाज़ार, दहेमा, मामपुर और तकमीनगंज की कुछ नर्तकियाँ भी शामिल रहती हैं, जो यहाँ अपने इलाकों को बीसों वर्ष पहले छोड़कर जा चुकी हैं।

फिर भी, वर्तमान में चौरे बाज़ार का दृश्य कुछ अलग ही दिखता है। रशीदा की दूसरी बेटी सुनीता ने भोजई का पुरवा में एक सुन्दर मन्दिर बनवाया है, जिसमें शिव-पार्वती की प्रतिमाएँ स्थापित हैं। हर वर्ष दुर्गा पूजा महोत्सव में यहाँ भगवती दुर्गा की मूर्ति रखी जाती है और भोजई का पुरवा के लोग उसमें पूरी श्रद्धा के साथ सम्मिलित होते हैं। मुजरा करने और महफिल सजाने का वक्त यहाँ के इलाकों में बहुत पीछे छूट चुका है। आज यहाँ इन तवायफ़ों के कुछ घरों की लड़कियाँ ब्याही जाने लगी हैं और वे सब बाहर जाकर सामान्य तौर पर इज्ज़तदार ज़िन्दगी बसर कर रही हैं। यह भी बहुत सम्भव है कि आज ऐसे परिवारों से सम्बन्धित कुछ युवकों को आप सम्मानजनक ढंग की नौकरियाँ करते हुए आस-पास के शहरों में आसानी से देख सकते हैं।

साभार : इलाके के सर्वेक्षण तथा स्थानीय निवासियों क्रमशः शकुन्तला देवी, अनीता देवी, मुन्नी निशाँ एवं चिराग अली से बातचीत के आधार पर इस अंक के सम्पादक यतीन्द्र मिश्र द्वारा लिखी गयी टिप्पणी। पहली बार प्रकाशित।

मुजरा और महफिली संगीत की छीजती रवायत : पाँच
रसूलाबाद

फ़ैज़ाबाद के नवाबी शासन के इतिहास में कला-संस्कृति को लेकर जिन रवायतों का बड़ा समृद्ध दौर रहा है, उनमें महफिली संगीत के माध्यम से होने वाला गाना-बजाना और मुजरा भी कहीं पुराने लोगों की स्मृतियों में दर्ज़ है। फ़ैज़ाबाद को लेकर जब कभी भी नाचने-गाने वाली बाईयों की चर्चा आती है, तो प्रतीक रूप में अपने आप ही जो क्षेत्र सबसे पहले स्मरण में आते हैं, उसमें पूरा विकास खण्ड का रसूलाबाद क्षेत्र और तारुन विकास खण्ड के दहेमा, मामपुर, बेलगरा और तकमीनगंज गिने जाते हैं।

इनमें रसूलाबाद में पड़ने वाला एक पूरा गाँव ही नाच-गाने वालों की बस्ती से सम्बन्धित है, जिसे डेरवा (पहले डेरा के नाम से प्रसिद्ध) कहते हैं। डेरवा का अर्थ ही 'नटों का गाँव' है। रसूलाबाद के इस गाँव में, जो बाईयों के जीवन और रहन-सहन का एक प्रतिनिधि गाँव कहलाता है, कभी किसी जमाने में लगभग पाँच-सात परिवार ऐसे थे, जिनमें दर्जन भर गाने वालियाँ रहती थीं। ....और इनमें से अधिकांश अवध क्षेत्र के विभिन्न रियासतों के आमंत्रण पर मुजरा करने जाती थीं। इतिहास को खँगालने पर यह बात पता चलती है कि जब डेरवा से मुजरे की शुरुआत हुई, तब सबसे पहले जिस बाई का नाम दूर-दूर तक जिलों में पहले-पहल लोकप्रिय हुआ, उनमें **हीराबाई** *पहली मुजरा करने वाली बड़ी नामचीन कलाकार हुईं। आज उनका जमाना बीते हुए लगभग सौ बरस से थोड़ा अधिक का फासला हो चुका है, मगर फिजाओं में आज भी वह नाम तैरता रहता है। यह अलग बात है कि अब गाँव का बच्चा-बच्चा उन्हें बड़े शान से याद करते हुए हीरा दादी कहता है।*

यह वही हीराबाई थीं, जिनके लिए तमाम सारे किस्से मशहूर हैं। जैसे कि

उन्हें अयोध्या रियासत के तत्कालीन महाराजा प्रताप नारायण सिंह (ददुआ महाराज) ने हाथी इनाम में दिया था, जो उन्होंने वापस भी कर दिया था। वे उस दौर की मुजरा करने वाली मशहूर बाई रही थीं, जो शादी-ब्याह और जन्म-मुण्डन-जनेऊ के मौकों पर रियासतों में महफिल सजाने जाती थीं। अयोध्या के अलावा खपराडीह, भीटी और खजुरहट रियासतों में रसूलाबाद की बाईयाँ गाने की महफिल सजाने के लिए प्रस्तुत रहती थीं। फिर वह राज-परिवारों में होने वाला मांगलिक अवसर हो या कि कृष्ण जन्माष्टमी, होली आदि जैसे त्यौहार।

हीराबाई की पाँचवीं पीढ़ी की वंशज **पुष्पा देवी** *जी, जो उनके भाई के कुल से हैं, ने पन्द्रह वर्ष की उम्र से संगीत सीखा था और इस कला की पूरी तालीम लेने के बावजूद कभी इस पेशे को नहीं अपनाया। वे बताती हैं कि कैसे उन्होंने गृहस्थ जीवन अपनाते हुए संगीत की दुनिया में जाने से तौबा किया और इज्ज़तदार ज़िन्दगी गुज़ारने के लिए किराने की दुकान खोली और अपने बच्चों को पढ़ा-लिखाकर समर्थ बनाया। आज वे अखिल भारतीय कांग्रेस पार्टी की फ़ैज़ाबाद महिला इकाई की जिला सचिव हैं और पूरे सम्मान से फ़ैज़ाबाद जनपद में जानी जाती हैं।*

पुष्पा देवी जी से बात करने पर उन्होंने बताया कि जब वे बहुत छोटी थीं, तो ढेरों कहानियाँ सुनती थीं कि कैसे हीराबाई ने महफिली संगीत रचते हुए रसूलाबाद का नाम मौसीकी की दुनिया में बुलन्द कर रखा था। हीराबाई के बाद उनकी भतीजी **जवाहर** *भी एक बड़ी मुजरा करने वाली कलाकार के रूप में प्रतिष्ठित हुईं, जिनकी कला पर ईनाम के रूप में अयोध्या रियासत से उन्हें दस बीघा खेत 'माफ़ी' में मिला था। उस जमाने में बाईयों को ज़मीन, खेत, बाग-बगीचे आदि मिलना आम बात थी, जिसे उनके नाम दर्ज़ करने के बाद रियासतें ज़मीन का कोई कर नहीं वसूलती थीं। प्रचलन में इसे 'माफ़ी मिलना' कहा जाता था।*

यह वह दौर था, जब ये बाईयाँ अपने कार्यक्रमों में मुजरा करने के अलावा बैठकर ठुमरी, दादरा, ग़ज़ल, होली और सावन के गीत गाती थीं, जिसे बैठकी महफिल कहा जाता था। कभी-कभी फरमाईश पर वे लोग फिल्मी ग़ज़ल भी गाती थीं। इसके अलावा शादी-ब्याह में बन्ना, शहाना, सुहाग गीत और मुबारकबादी भी गायी जाती थी। मुबारकबादियाँ अकसर रियासतों में भी गायी जाती थीं, जब विभिन्न त्यौहारों और राजकुमारों की गोदनशीनी या ताजपोशी के दौरान दरबार सजाया जाता था।

पुष्पा देवी बताती हैं कि उस ज़माने में जब **हीराबाई** *और* **जवाहर** *का जलवा था, आये दिन रियासतों के बुलावे के अलावा बड़े जमींदार, व्यापारी और बाबू साहब लोग मुजरा करने की पेशकश लेकर आते थे। उस समय इनसे कार्यक्रम और दिन-समय पक्का करने का जो कॉन्ट्रैक्ट बनता था, उसे 'सट्टा लिखा जाना' कहा जाता था। सट्टा भी रुपयों के एवज में न होकर चाँदी के सिक्कों और सोने की मुहर के तौर पर होता था। उस समय कार्यक्रम के लिए साजिन्दे बगल के जिलों से बुलाए जाते थे, जो सट्टे के मुताबिक आकर तय किये गये महफिलों को अंजाम देकर घरों को लौट जाते थे। इनमें अधिकतर सुलतानपुर और जौनपुर जिलों के संगतिए होते थे, जो ढोलक, तबला, सारंगी और पेटी (हारमोनियम) बजाने में दक्ष होते थे।*

यहाँ की बाईयाँ हिन्दी फ़िल्मों में प्रचलित लहँगा या पेशवाज़ (मुजरा करने का विशेष परिधान) पहनकर महफिल नहीं सजाती थीं, बल्कि बहुत ही सादे ढंग से बनारसी साड़ी पहनती थीं और सिर पर आँचल रहता था। कभी-कभी विशेष अवसरों पर सोने के गहने पहनकर जाती थीं, जिनमें सिर-माथे पर झूमर और बन्दी प्रमुखता से पहना जाता था। जब ये स्त्रियाँ महफिल नहीं करती थीं, तब भी घरों में रियाज जारी रहता था। हर एक बाई, भले ही उसने गाना-बजाना छोड़ दिया हो या कि बेहद सीमित स्तर पर दो-चार गाँवों के भीतर ही अपने हुनर का प्रदर्शन करती रही हो, वसन्त पंचमी के त्यौहार के दिन पूजा-पाठ करके माँ सरस्वती को अपनी सीखी हुई सारी चीजें सुनाती थीं। साथ ही साज और घुँघरू की पूजा करके उनसे अपनी विद्या को जगाने के लिए थोड़ी देर ही सही, मगर अपने डेरे पर ही घुँघरु बाँधकर नाचती थी। यह एक ऐसी अनूठी प्रथा है, जो हर एक बाई, तवायफ या डेरेदारनी परम्परा में करती रहीं थीं।

वह दौर संगीत की रवायत के हिसाब से ऐसा समृद्ध समय भी रहा है, जिसका सांस्कृतिक लेखा-जोखा संजो पाना आज मुश्किल है। इस कारण भी कि तब के दस-पन्द्रह घरों में फैली हुई यह परम्परा आज लगभग छीजते हुए समाप्त हो चुकी है। याद भर करने के लिए आज रसूलाबाद को प्रतीक रूप में ही देखा जा सकता है, जो अपनी महफिली संगीत की परम्परा को इतिहास के बड़े आईने में कहीं छिपाए हुए है।

साभार : **रसूलाबाद में डेरवा और हैंसा गाँवों के सर्वेक्षण तथा श्रीमती पुष्पा देवी एवं रूपलता जी से बातचीत के आधार पर इस अंक के सम्पादक यतीन्द्र मिश्र द्वारा लिखी गयी टिप्पणी। पहली बार प्रकाशित।**

फ़ैज़ाबाद : दस्तावेज़-166

‘इरशाद मंज़िल’ और हिन्दी सिनेमा
रुदौली

फ़ैज़ाबाद परिक्षेत्र के रुदौली तहसील में चौधरी इरशाद हुसैन ने सन् 1934 में नवाबी संस्कृति की रवायत को संजोए हुए अपने रहने के लिए जो भव्य हवेली का निर्माण कराया, उसे ‘इरशाद मंज़िल’ का नाम दिया गया। आज लगभग अस्सी बरस से अधिक बीत जाने के बाद यह बुलन्द इमारत सिर्फ़ वर्तमान नवाब एवं समाजवादी पार्टी के पूर्व विधायक श्री अब्बास अली जैदी ‘रुश्दी मियाँ’ के पुरखों की पहचान के रूप में ही इतिहास में मौजूद नहीं है, बल्कि उसका स्थापत्य, कला-संस्कृति और अदब की दुनिया से भी गहरा नाता रहा है।

फ़ैज़ाबाद जनपद में एकमात्र यही भवन ऐसा है, जिसके खाते में कई हिन्दी फ़िल्मों एवं वृत्तचित्रों के निर्माण की कहानी जुड़ी हुई है। रुश्दी मियाँ की इस पुश्तैनी कोठी में अब तक जिन महत्त्वपूर्ण हिन्दी फ़िल्मों को फ़िल्माया जा चुका है, उनमें सन् 1968 में निर्देशक विनोद कुमार द्वारा बनायी गयी मुस्लिम परिवेश की चर्चित सामाजिक फ़िल्म ‘मेरे हुज़ूर’ (राजकुमार, माला सिन्हा एवं जीतेन्द्र अभिनीत) के अलावा हाल के दशकों में बनी जी टेलीफ़िल्म्स लिमिटेड की अनिल शर्मा निर्देशित एवं सन् 2001 में प्रदर्शित ‘गदर-एक प्रेमकथा’ (सनी देओल, अमीषा पटेल अभिनीत) एवं निर्माता-निर्देशक जे. पी. दत्ता की ‘एल.ओ.सी. कारगिल’ (2003 में प्रदर्शित) के नाम लिये जा सकते हैं।

‘एल.ओ.सी. कारगिल’ एक मल्टी स्टारर फ़िल्म थी, जिसमें शहीद मनोज पाण्डेय के जीवन से सम्बन्धित दृश्यों का फ़िल्मांकन इस हवेली में किया गया था। इसके लिए प्रसिद्ध अभिनेता अजय देवगन, रानी मुखर्जी और

डा. माया अलग के दृश्य यहाँ इरशाद मंज़िल में फ़िल्माए गये थे, जिसमें एक गीत का फ़िल्मांकन भी शामिल रहा है। इसी तरह 'गदर-एक प्रेमकथा' में इस हवेली को लाहौर, पाकिस्तान का रूप दिया गया था।

इरशाद मंज़िल में बहुत सारी डाक्यूमेण्ट्री फ़िल्मों का भी निर्माण हुआ है, जिनमें से अधिकतर रुदौली की अपनी सूफ़ी परम्परा में आने वाले 'चिश्तिया साबरी मत' के अनुयायियों से सम्बन्धित वृत्तचित्र प्रमुख हैं। इनमें 'रास्ते बदलते हैं' और 'ख़्वाज़ा का सफ़र' जैसी डाक्यूमेण्ट्री फ़िल्में शामिल हैं।

इनके अतिरिक्त कुछ भोजपुरी फ़िल्मों ने अपने दृश्यांकन के लिए इरशाद मंज़िल को ही चुना। रुश्दी मियाँ ने अपनी हवेली से सम्बन्धित तमाम बातें साझा करते हुए सिनेमा के सन्दर्भ में तमाम सारे दिलचस्प तथ्य और अनुभव भी सुनाए हैं कि कैसे समय-समय पर यहाँ बड़ी फ़िल्मों के निर्माण होते रहे। उनके अनुसार मुजफ़्फ़र अली द्वारा निर्देशित 'उमराव जान' (प्रदर्शन वर्ष 1981) का काफ़ी हिस्सा यहीं रुदौली में उनकी कोठी में फ़िल्माया जाना था, मगर फ़िल्म तवायफों की रवायत से जुड़ी हुई थी। इस कारण फ़िल्म में मुजरों को फ़िल्माए जाने का मामला भी शामिल था, जिसके चलते उनके दादा चौधरी इरशाद हुसैन साहब ने फ़िल्म की शूटिंग की इजाज़त नहीं दी थी। उनका मानना था कि चूँकि 'इरशाद मंज़िल' में धार्मिक रूप से इमामबाड़ा भी मौजूद है, इसलिए वहाँ किसी भी तरह से मुजरा फ़िल्माया जाना उचित न होगा।

बाद में इसी कारण फ़िल्म का अन्तिम मुजरा 'ये क्या जगह है दोस्तो' को फ़ैज़ाबाद में बहू बेगम के मकबरे के पास कहीं होते हुए फ़िल्माया गया है। चौधरी इरशाद हुसैन बेहद पढ़े-लिखे और अदब की दुनिया से जुड़े हुए ऐसे तरक्की पसन्द किरदार रहे हैं, जिन्होंने उर्दू में कई पुस्तकें तवारीख़ को लेकर भी लिखी हैं। इनमें 'अपना वतन बाराबंकी' और 'रुदौली की बातें' विशेष उल्लेखनीय हैं। यह देखना महत्त्वपूर्ण और सार्थक दोनों है कि रुदौली की धरती से जुड़ी हुई 'इरशाद मंज़िल' का इतिहास सिर्फ एक नवाब ख़ानदान की यशगाथा भर नहीं है, बल्कि उसमें अदब, मौसीकी और सिनेमा के लिए भी सम्मान और अपनत्व का भाव छिपा हुआ है। निश्चित ही यह फ़ैज़ाबाद के सांस्कृतिक अवदान का भी एक अनूठा मुकाम है।

साभार : **रुदौली के नवाब अब्बास अली जैदी 'रुश्दी मियाँ' से प्राप्त जानकारियों के आधार पर इस अंक के सम्पादक यतीन्द्र मिश्र द्वारा लिखी गयी टिप्पणी। पहली बार प्रकाशित।**

फ़ैज़ाबाद शहर के प्रचलित सिनेमाघर

नगर के छवि-गृहों का एक आकलन

नवाबों के शहर फ़ैज़ाबाद के सन्दर्भ में यह जानना मजेदार होगा कि इस शहर में सिनेमा की आमद के साथ ही मोती-बाग के बड़े मैदान में पर्दा लगाकर मूक फ़िल्म दिखाये जाने की चर्चा बुजुर्गों ने पिछली पीढ़ी से सुन रखी है। हम, शहर के पहले व्यवस्थित सिनेमाघर की बात करें, तो वह नगर के चौक इलाके में घण्टाघर के पास पड़ने वाले इकदरे के पीछे घसियारी मण्डी में स्थित माना जाता है। कभी यहाँ घास की बाज़ार लगा करती थी, उसकी जगह आज दूध से बने खोए ने ले ली है। खोए की मण्डी सुबह के समय आज भी जिस इमारत के सामने लगती है, उसे पुराने समय में **'प्लाजा टॉकीज़'** *होने का सम्मान हासिल था। इस प्लाजा टॉकीज़ में सिनेमा देखने वाले इक्का-दुक्का बुजुर्ग लोग आज भी मिल जाते हैं। हिन्दी सिनेमा की कई अनबोलती (मूक) फ़िल्मों के साथ पहली बोलती फ़िल्म 'आलमआरा' इसी सिनेमाघर में चली थी। लोग बताते हैं कि फ़िल्म चलते समय तेज आवाज़ होने पर सिनेमाघर की दीवारें हिला करती थीं। 'आलमआरा' फ़िल्म के बाद किसी कारणवश इस सिनेमाघर में आग लग गयी और इस दुर्घटना के बाद यहाँ फिर कभी सिनेमा नहीं चल सका। यह भवन आज भी यहाँ पुनर्निमाण के साथ खड़ा है।*

इस सबसे पहले सिनेमाघर के बन्द होने के पहले 1936 ई. के आस-पास **'श्रीराम यश कीर्तन सभा' (प्रभात टॉकीज़ में संचालित)** *में थियेटर की जगह सिनेमा ने ले ली थी। इसे उस समय* **'रोज़ सिनेमा'** *के नाम से जाना जाता था। रोज़ सिनेमा का समय मूक फ़िल्मों तक ही रहा। इस सिनेमा के मालिक रिकाबगंज के एक जायसवाल परिवार के* **गुलाब बाबू**

हुआ करते थे। बाद में इस छविगृह को उनसे लेकर बम्बई से आए हुए **रामनाथ ग्रोवर** *ने चलाया। रामनाथ ग्रोवर को ही इस शहर को व्यवस्थित रूप से सिनेमाघर देने का श्रेय दिया जा सकता है। वर्ष 1942 ई. के आस-पास* **'मैज़ेस्टिक टॉकीज़'** *की शुरुआत* **अनिल चन्द्र चटर्जी** *ने की थी। इस सिनेमाघर के मालिक श्रीनारायण एडवोकेट हुआ करते थे। मैज़ेस्टिक व प्रभात में पृथ्वीराज कपूर के 'पृथ्वी थियेटर' का शो होने की बात भी कुछ लोग बताते हैं। उनके अनुसार इस शो में राजकपूर स्वयं शामिल हुए थे, मगर इस बात के पुख़्ता प्रमाण नहीं मिलते। मैज़ेस्टिक में मूक सिनेमा के बाद बोलती फ़िल्मों का दौर आया।*

देश को आजादी मिलने के वर्ष 1947 ई. में रामनाथ ग्रोवर ने **'पैराडाइज़ सिनेमा'** *की नींव भी रखी। उनका पुराना* **'प्रभात टॉकीज़'** *तब* **सरदार सौदागर सिंह** *के हाथ में आ चुका था। वर्ष 1947 ई. से 1955 ई. तक ग्रोवर साहब पैराडाइज़ के मालिक रहे। इस भवन को शहर के जाने-माने रईस* **हरिकृष्ण लाल मनूचा** *ने बनवाया था। उनकी पत्नी प्रकाशवती मनूचा तो कार चलाकर सिनेमाघर तक फ़िल्म देखने आती थीं। उस ज़माने में फ़िल्म देखने वाले कहते थे कि वे ही सम्भवतः शहर की पहली महिला कार चालक थीं, जो इस तरह फ़ैज़ाबाद की सड़कों पर अपनी गाड़ी लेकर छविगृहों तक जाती थीं।*

वर्ष 1955 ई. में पैराडाइज़ सिनेमाघर को **स्व. श्री रामनारायण गुप्ता** *ने खरीद लिया था। उनकी तीसरी पीढ़ी आज भी शहर के इस अकेले सिनेमाघर को जीवित रखे हुए है। तब का समय फ़ैज़ाबाद सिनेमा का स्वर्णिम दौर था। मेलों में अयोध्या आयी भीड़ मैज़ेस्टिक व पैराडाइज़ के बाहर सड़क पर सोते हुए बड़ी बेसब्री से शो का इन्तज़ार किया करती थी। शो का समय होने पर उन्हें जगाकर टिकट दिये जाते थे। फ़िल्मों के प्रचार के लिए पोस्टर को बिजली से सजाकर बाजे के साथ शहर में शोभा-यात्रा सी निकाली जाती थी, जिसमें नाचने और गाने वाले आगे-आगे चलते हुए प्रदर्शित फ़िल्म के हिट गीतों का गाकर प्रचार करते थे।*

अनिल चन्द्र चटर्जी ने सिनेमा व्यवसाय की कामयाबी को देखते हुए 1962 ई. में सिविल लाइन्स इलाके में **'पुष्पराज'** *नाम से नये टॉकीज़ की शुरुआत की थी। पुष्पराज टॉकीज़ का उद्‌घाटन* **'सूरज'** *(राजेन्द्र कुमार, वैजयन्ती माला अभिनीत) फ़िल्म से हुआ था। यह सिनेमाघर, टेलीविजन व दूसरे*

साधनों की आमद के चलते 1990 ई. तक आकर बन्द हो गया, जबकि पुराना सिनेमाघर मैज़ेस्टिक किसी तरह 2005 ई. तक ही खुद को जीवित रख सका। आज मैज़ेस्टिक का उपयोग बहुउद्देशीय हॉल के रूप में किया जा रहा है, जबकि पुष्पराज काफ़ी समय खाली रहने के बाद आई.सी.आई. सी.आई. बैंक कार्यालय में तब्दील हो चुका है। प्रभात टॉकीज़ के बाद के मालिक सरदार सौदागर सिंह ने **'तरंग टॉकीज़'** के नाम से एक नया खूबसूरत सिनेमाघर शहर को 1973 ई. में दिया था। इसमें उनके सहयोगी **सरदार मनमोहन सिंह** भी शामिल थे। तरंग सिनेमा की शुरुआत अमिताभ बच्चन की सुप्रसिद्ध फ़िल्म **'ज़ंजीर'** से हुई थी। वर्ष 1990 ई. में ही यह सिनेमाघर भी बन्द हो गया। इस सिनेमा घर को **सौदागर सिंह** से नगर के प्रतिष्ठित सर्राफा व्यवसायी **लाला श्रीराम अग्रवाल** ने खरीद लिया था। इस सिनेमाघर के बन्द होने के बाद व्यावसायी **अतुल कुमार सिंह** ने खरीदा। आजकल इसमें 'आइन्स वात्सल्य' नामक छोटे बच्चों का स्कूल संचालित होता है।

शहर को **'कनक चित्र मन्दिर'** का तोहफा 1990 ई. में सर्राफा व्यावसायी और पुराने दिनों में नगर सेठ के नाम से प्रचलित **लाला श्रीराम अग्रवाल** ने चौक घण्टाघर से रिकाबगंज़ को जाने वाले सघन बाज़ार इलाके में दिया था। अमिताभ बच्चन की फ़िल्म **'आज का अर्जुन'** से शुरु हुआ इसका सफ़र वर्ष 2001 में आयी हितिक रोशन और करिश्मा कपूर की फ़िल्म **'फिज़ा'** के साथ थम सा गया। आज भी, इस चित्र मन्दिर के नीचे के हिस्से में बनी दुकानों में सजी बाज़ार आबाद है, पर हॉल पर लगा हुआ ताला फिर कभी नहीं खुल पाया।

नोट : **छविगृहों की इस परिचयात्मक टिप्पणी में फ़ैज़ाबाद नगर में मौजूद प्रमुख सिनेमा हॉल का ज़िक्र किया गया है। इनमें फ़ैज़ाबाद के अन्य इलाकों के सिनेमाघरों की चर्चा नहीं हुई है, जिसमें रुदौली, सोहावल, बीकापुर, मिल्कीपुर, गोशाईंगंज, टाण्डा, अकबरपुर (अब अम्बेडकरनगर), बसखारी, जलालपुर आदि के थियेटर शामिल हैं। –सम्पादक**

आभार : **स्थानीय निवासी ओम प्रकाश गुप्ता, मो. उस्मान, श्यामा प्रसाद राय, व अशोक चटर्जी से बातचीत के आधार पर युवा पत्रकार दीपक मिश्र द्वारा लिखी गयी टिप्पणी। पहली बार प्रकाशित।**

एक फ़िल्मी गीत की प्रेरणा का शहर

फ़िल्म : गंगा जमना, संगीत : नौशाद, गीतकार : शकील बदायूँनी, 1961

यह वाकया बड़ा दिलचस्प है, जो एक प्रसिद्ध हिन्दी फ़िल्म **'गंगा जमना'** *(प्रदर्शन वर्ष : 1961) के सन्दर्भ से सम्बन्ध रखता है। इस पूरे विवरण को रायपुर, छत्तीसगढ़ में आकाशवाणी में कार्यरत मिर्ज़ा मसूद साहब ने सुनाया था, जो वहाँ सन् 2002 में कार्यक्रम अधिकारी के पद से रिटायर हुए। यह प्रसंग जिसका ज़िक्र आगे किया जा रहा है, आकाशवाणी रायपुर के संग्रह में गीतकार शकील बदायूँनी के लम्बे साक्षात्कार में संरक्षित है।*

शकील बदायूँनी से जब उनके कई ऐसे फ़िल्मी गीतों के लिखे जाने की प्रेरणा पूछी गयी, जिनमें उर्दू से अलग दूसरी क्षेत्रीय बोलियों के शब्दों का चयन दिखाई देता है, तब उन्होंने ढेरों उदाहरणों से अपनी बात को समझाया था। इसमें एक चर्चा फ़ैज़ाबाद शहर की भी आती है। हुआ यह था कि 1960 ई. के आस-पास बदायूँनी साहब लखनऊ में आयोजित किसी मुशायरे की कमेटी में बतौर कन्वीनर मौजूद थे। वे इस सिलसिले में लखनऊ में अपना मुशायरा निपटाकर जब फ़ैज़ाबाद से गुजर रहे थे, तब उनकी गाड़ी शहर में चाय पीने के लिए बस स्टेशन के पास रुकी। वहीं पर एक क़व्वाल हारमोनियम और ढोलक पर जो क़व्वाली गा रहा था, उसकी पंक्तियाँ थीं **'कसक होइबै करी जइबै करी'** *। बाद में यही पंक्तियाँ शकील साहब को इस कदर भायीं कि* **'गंगा जमना'** *के गीत* **'नैन लड़ जइहैं तो मनवा मा कसक होइबै करी, प्रेम का छुटिहैं पटाखा तो धमक होइबै करी'** *की प्रेरणा बनीं।*

अपने साक्षात्कार के दौरान उन्होंने इस गीत के सन्दर्भ में यह स्वीकारा कि 'गंगा जमना के उस गीत में इस काफिए के लिए उस क़व्वाल का शुक्रगुज़ार हूँ, जो फ़ैज़ाबाद (उत्तर प्रदेश) में क़व्वाली गा रहा था— 'कसक

होइबै करी जइबै करी'।

इस अर्थ में उपर्युक्त गीत 'नैन लड़ जइहैं तो मनवा मा' (H.M.V. label - GCIL, Song No. N-53866) के लिए मो. रफ़ी के गाये हुए और महान अभिनेता दिलीप कुमार पर फ़िल्माए गये इस अमर गीत में कहीं न कहीं फ़ैज़ाबाद भी एक अंश की तरह शामिल रहा है, जिसके चलते शकील बदायूँनी जैसा शायर इस धरती पर आकर क़व्वाली के अद्‍भुत रंग में डूब सका।

साभार : **मिर्ज़ा मसूद से प्राप्त जानकारियों के आधार पर इस अंक के सम्पादक यतीन्द्र मिश्र द्वारा लिखी गयी टिप्पणी। पहली बार प्रकाशित।**

फ़ैज़ाबाद : दस्तावेज़-169

अवधी की पहली फीचर फ़िल्म : सरयू तीरे
अयोध्या- फ़ैज़ाबाद में निर्मित

हास्य कवि शैल चतुर्वेदी की पत्नी दया चतुर्वेदी ने अवधी की पहली फीचर फ़िल्म 'सरयू-तीरे' का निर्माण किया था। इस फ़िल्म के निर्देशक शैल चतुर्वेदी थे। फ़िल्म की पटकथा और गीत पं. किरण मिश्र ने लिखा था, जबकि कला निर्देशन का जिम्मा फ़ैज़ाबाद के ही चित्रकार नन्दलाल पाण्डेय को सौंपा गया था। 4150.50 मीटर लम्बी इस फ़िल्म को केन्द्रीय फ़िल्म प्रमाणन बोर्ड (सेंसर बोडी) ने 'यू सार्टिफिकेट' (अनरेस्ट्रिक्टेड पब्लिक एक्ज़ीबिशन) के साथ सन् 1986 में प्रदर्शन की अनुमति दी थी।

फ़िल्म में राष्ट्रीय और स्थानीय कलाकारों ने मिल-जुलकर काम किया था, जिसमें दिनेश कौशिक, दीप ढिल्लों और शैल चतुर्वेदी के अतिरिक्त स्थानीय लोगों में रंजना सिंह (अभिनेत्री का किरदार), जागेश्वर प्रसाद दीक्षित, श्रीनारायण वाजपेयी, जगदीश श्रीवास्तव, चन्द्रमोहन, कामिनी मोहन, शोभाराम पाण्डेय, शिवशंकर गुप्ता, अरुण मिश्र एवं दयानन्द सिंह 'मृदुल' ने काम किया था। इसमें शैल चतुर्वेदी के दोनों पुत्रों विशाल और विहान चतुर्वेदी भी बाल कलाकार के रूप में पर्दे पर पहली बार आए थे।

फ़िल्म की शूटिंग फ़ैज़ाबाद में प्रमुख रूप से गोप्रतार घाट, सी.एम.पी. मिलिट्री मन्दिर, फ़ैज़ाबाद बालदा, दर्शन नगर, वशिष्ठ कुण्ड, अयोध्या राज परिवार के फार्म हाऊस 'शंकर निवास' में हुई थी। फ़िल्म का प्रीमियर नहरबाग स्थित तरंग सिनेमा हॉल में सन् 1986 में हुआ और शुरुआत के दो हफ्ते यह फ़िल्म हाऊस फुल रही। इस फ़िल्म का बाद में रवीन्द्रालय, लखनऊ में एक स्पेशल शो भी आयोजित किया गया था, जिसमें तमाम गणमान्य नागरिकों समेत उत्तर प्रदेश सरकार के कुछ मंत्री भी सम्मिलित हुए थे। यह

जानना भी दिलचस्प होगा कि तत्कालीन उत्तर प्रदेश सरकार ने इस फ़िल्म के निर्माण में एक लाख रुपये की सहायता राशि (सब्सिडी) प्रदान की थी।

विधवा लड़की की कहानी पर आधारित इस फ़िल्म में साक्षरता अभियान को भी प्रमुख तौर पर विषय बनाया गया था। फ़िल्म में संगीत हरि-अर्जुन का था, जिनमें हरि, फ़ैज़ाबाद के ही सरदार मालिक सिंह के पुत्र थे। इस फ़िल्म का संगीत सुपर कैसेट इण्डस्ट्रीज 'टी. सीरीज़' ने जारी किया था और इसके पार्श्व गायन में आशा भोंसले और अनवर जैसे बड़े कलाकार शामिल थे। पं. किरण मिश्र द्वारा लिखे एक गीत **'सँवरे गाँव की सँवरी छोरी, करत बहुत रे ठिठोरी/लुकि-झुकि अमवा की डरिया पर करत आम कै चोरी'** की बेहद प्रशंसा हुई थी, जो उनका लिखा पुराना गीत था और जिसे पहले मंचों से भी वे पढ़ते थे। बाद में शैल चतुर्वेदी के आग्रह पर यह गीत फ़िल्म में सम्मिलित किया गया। इसके अलावा आशा भोंसले द्वारा गाए **'हे सरजू मइया, हे सरजू मइया, तोहका कोटि प्रनाम/तोहरे तीरे राम नगरिया, बसै अजोध्या धाम'** गीत को काफ़ी सराहना मिली थी।

सरयू तीरे के सन्दर्भ में यह अवश्य कहा जा सकता है कि अयोध्या के गीतकार पं. किरण मिश्र, फ़ैज़ाबाद के संगीतज्ञ हरि सिंह, चित्रकार नन्दलाल पाण्डेय तथा तमाम सारे स्थानीय कलाकारों ने मिलकर एक अनूठे विचार को फ़िल्म के रूप में रूपायित किया था, जिसके चलते पिछली शताब्दी के नब्बे के दशक के उत्तरार्द्ध में हमें अवधी भाषा की एक फ़िल्म अयोध्या-फ़ैज़ाबाद के सन्दर्भ में हासिल हो सकी है। इसी के चलते फ़ैज़ाबाद के कलात्मक दस्तावेज़ में 'सरयू तीरे' का एक सांस्कृतिक महत्त्व बनता है।

साभार : **इन्टरनेट तथा टी.सीरीज़ के कैसेट पर दर्ज़ सूचनाओं तथा पं. किरण मिश्र से बातचीत के आधार पर इस अंक के सम्पादक यतीन्द्र मिश्र द्वारा लिखी गयी टिप्पणी। पहली बार प्रकाशित।**

फ़ैज़ाबाद की बोली : अवधी

हिन्दी की एक प्रमुख उपभाषा है 'अवधी', किन्तु उसके भी कई रूप देखने को मिलते हैं, यथा– पूर्वी, कोसली, पश्चिमी, गाँजरी (लखीमपुरी), बैसवाड़ी आदि। सम्पूर्ण अवधी भाषी क्षेत्र अत्यन्त विस्तृत है, जिसके फलस्वरूप बोलचाल में स्थान-स्थान पर अन्तर पाया जाता है। 'तीन कोस में पानी बदले, पाँच कोस में बानी' कहावत इस कथन का प्रमाण है कि भौगोलिक दूरी के अनुसार भाषा भी प्रभावित होती रहती है और उसमें बदलाव आता रहता है। अतः स्थान-भेद के आधार पर साहित्यिक अवधी के तीन रूप हमें मिलते हैं :

'पूर्वी अवधी', 'पश्चिमी अवधी' *और* **'बैसवाड़ी अवधी'** *।*

डॉ. बाबूराम सक्सेना ने अवधी प्रदेश की बोलियों को पश्चिमी, मध्यवर्ती और पूर्वी कहा है। लखीमपुर-खीरी, सीतापुर, लखनऊ, उन्नाव और फ़तेहपुर की बोलियाँ पश्चिमी में, बहराइच, बाराबंकी और रायबरेली की बोलियाँ मध्यवर्ती में और गोण्डा, फ़ैज़ाबाद, सुलतानपुर, प्रतापगढ़, इलाहाबाद, जौनपुर और मिर्जापुर की बोलियाँ पूर्वी अवधी में आती हैं। डॉ. श्यामसुन्दर दास ने अवधी की तीन बोलियों का उल्लेख किया है– अवधी, बघेली और छत्तीसगढ़ी। 'अवधी' और 'बघेली' में विशेष अन्तर नहीं है। बघेलखण्ड में बोली जाने के कारण वहाँ अवधी का नाम बघेली पड़ गया। छत्तीसगढ़ी में मराठी और उड़िया का प्रभाव पड़ा है और इस कारण वह अवधी से कुछ रूपों में भिन्न हो गयी है।

डॉ. त्रिलोकी नारायण दीक्षित ने **'पूर्वी अवधी'** *और* **'पश्चिमी अवधी'** *को एक*

माना है। वे पूर्वी अवधी का क्षेत्र अयोध्या से गोण्डा, फ़ैज़ाबाद तथा उसके आस-पास तक और पश्चिमी अवधी का क्षेत्र लखनऊ से कन्नौज तक मानते हैं और इसे ही **'शुद्ध अवधी'** कहते हैं। रायबरेली, उन्नाव और लखनऊ के कुछ भागों में बोली जाने वाली भाषा को उन्होंने बैसवाड़ी कहा है।

साभार : अवधी : हिन्दी की सहभाषा : सूर्य प्रसाद दीक्षित, प्रकाशक : साहित्य अकादेमी, नयी दिल्ली, संस्करण- पहला, 2015 से संक्षिप्त एवं संशोधित रूप में प्रस्तुत।

फ़ैज़ाबाद : दस्तावेज़-171

अवध क्षेत्र के अनूठे लोक-पर्व

काल-कलौटी खेलना : वर्षा ऋतु को आमंत्रण देना

जब पानी नहीं बरसता और सूखे की स्थिति उत्पन्न हो जाती है, तो समग्र लोक-जीवन व्याकुल हो उठता है। लोक-धारणा है कि बालकों के 'काल-कलौटी' करने से मेघ का हृदय द्रवित हो जाता है एवं वर्षा होती है। कई बालक द्वार-द्वार जाते हैं, गृहणियाँ द्वार पर थोड़ा जल डाल देती हैं, जिसमें वे लोटते हैं अथवा खेतों में कीचड़ के बीच खेलते हैं। ऐसा करते हुए वे सब कृष्ण मेघ से जल की याचना करते हैं। तत्पश्चात गृह-स्वामिनियाँ उन्हें आटा-गुड़ देती हैं, जिसे वे ग्राम से बाहर ले जाकर कपड़े की आग में बाटी लगाकर पकाते एवं गुड़ के साथ भौरी खाते हैं। लोक-मान्यता है कि इस प्रकार 'काल-कलौटी खेलने' से इन्द्रदेव लोक-पीड़ा की पराकाष्ठा का अनुभव कर द्रवित हो जाते हैं और फिर घनघोर वर्षा करते हैं। इसी लोकाभिव्यक्ति को शिशु-समुदाय अपने खेल-गीत में व्यक्त करता है। काल-कलौटी के अवसर पर जो गीत प्रचलित हैं, उनमें से एक गीत की पंक्तियाँ हैं—

काल कलौटी खेली थै,
काले बादर पानी दे।
कानी कौड़ी रेत माँ,
पानी बरसे खेत माँ।

गुड़िया पीटना : नागपंचमी

श्रावण मास की शुक्ल पंचमी के दिन नाग पंचमी का त्यौहार मनाया जाता है। पी.वी. काणे के 'धर्मशास्त्र के इतिहास' में इसे 'गुड़िया का त्यौहार' भी

कहा गया है। ऐसी मान्यता है कि इस पर्व पर कुँवारी तथा विवाहिताएँ नये वस्त्र पहनकर शृंगार के साथ गाँव या अपने नगर के किसी खास तालाब या गली में अपनी गुड़िया सिराने जाती हैं और लौटकर झूला झूलती हैं।

यह त्यौहार दरअसल बेटियों के मायके लाये जाने का पर्व भी है। गुड़ियों को पीटना पूतना-संहार का प्रतीक माना जाता है, क्योंकि गुड़ियों को पुतली भी कहते हैं। जिस छड़ी से लड़के गुड़िया पीटते हैं, उस पर बल खाती लहरें बनी होती हैं, जो नाग का प्रतीक मानी जाती हैं। अवध क्षेत्र में इसे विशेष मान्यता हासिल है और जिस तालाब या गली में लड़के और लड़कियाँ गुड़िया पीटने का पर्व मनाते हैं, वहाँ बाद में बहनें, भाइयों को भीगे चने और बताशे का प्रसाद बाँटती हैं। फ़ैज़ाबाद नगर में इस लोक-पर्व के लिए एक पूरी गली ही गुड़िया गली के रूप में विख्यात है, जो साहबगंज मोहल्ले में मौजूद है।

नागपंचमी के दिन अखाड़ों में कुश्ती और कजरी के दंगल भी होते हैं, साथ ही अवध क्षेत्र में विशेष तौर पर बेटियों को मायके लाने का प्रावधान है। यह पर्व आज भी अपनी क्षीण उपस्थिति में ही, मगर अधिकांश जगहों पर पारम्परिक ढंग से मनाया जा रहा है।

हड़ा-हड़ाई खेलना : देवोत्थान एकादशी

अवध क्षेत्र में यह परम्परा प्राचीन समय से निभती चली आ रही है, जिसमें वर्तमान दौर में जाकर काफ़ी कमी भी आई है। कार्तिक मास के शुक्ल पक्ष की एकादशी को होने वाले भगवान विष्णु के जागरण का पर्व 'देवोत्थान एकादशी' या 'दिठवन' के दिन इसे मनाया जाता है। इस दिन की संन्ध्या में गाँवों, कस्बों और नगरों के बाहर खेत-खलिहान में 'हड़ा-हड़ाई' खेला जाता है। इसके तहत गाँव के बच्चे, युवक और किसान अपने हाथों में सरपत या मूँज के ऊपरी भाग में सूखे हुए फूल को तोड़कर जिसे भुवा या भुवाली कहते हैं, गन्ने (ईख) या किसी डण्डे में बाँधकर जलाने के बाद हाथों से नचाते हैं।

ऐसा दृश्य एक खेत में कई लोग अलग-अलग आकृतियाँ बनाते हुए करते हैं, जिसे दूर से देखने पर लगता है कि जैसे खेतों में आग लग गयी हो। इसे हड़ा-हड़ाई करना कहा जाता है। लोक परम्परा में यह भी कहा जाता है कि जिस तरह सरपत की पूँछ में आग लगाकर इसे चारों ओर घुमाया जाता है, वह कहीं न कहीं लंका-दहन का प्रतीकात्मक निरुपण है, जिसे

लोक परम्परा में व्यक्त करके दिखाया जाता है।

हड़ा-हड़ाई के अलावा इस दिन लक्ष्मी (तुलसी का बिरवा) और नारायण (शालिग्राम) का विवाह होता है, जिसके लिए मण्डप को ईख से छाया जाता है और देवोत्थानी एकादशी के पारम्परिक चौक को ऐपन से बनाते हुए विष्णु भगवान के चरण बनाए जाते हैं। इसी दिन विवाह की समाप्ति के बाद भोर में स्त्रियाँ घर के कोने-कोने में 'ईश्वर आवैं, दरिद्दर जावैं' कहते हुए सूप बजाती हैं और इसके बाद सूप और गन्ने को अपने पीछे करते हुए गाँव या सीमान्त के बाहर जाकर फेंक आती हैं। इस लोक-परम्परा को 'दरिद्दर खेदना' कहा जाता है।

अयोध्या, फ़ैज़ाबाद, अम्बेडकरनगर और आसपास के क्षेत्रों में यह परम्परा बहुत समय से निभती आ रही है। विशेष तौर पर इसी दिन अयोध्या धाम की पंचकोसी परिक्रमा भी की जाती है।

घरौंदा सजाना : दीपावली

हिन्दुओं के सबसे बड़े त्यौहार दीपावली का अयोध्या से ही आरम्भ माना गया, जब रामचन्द्र चौदह वर्ष का वनवास बिताकर सकुशल अयोध्या लौटे और अयोध्यावासियों ने घर-घर घी के दीप जलाए थे। अयोध्या और फ़ैज़ाबाद के क्षेत्र में दीपावली बेहद अनूठे और भव्य ढंग से मनायी जाती है। प्रचलित ढंग से रंगोली बनाने, गौरी-गणेश पूजन, आतिशबाजी और रोशनी के अलावा, जो सबसे सुन्दर बात इस क्षेत्र को इस पर्व के सन्दर्भ में विशिष्ट बनाती है, वह घरौंदा बनाना और उसकी पूजा से सम्बन्धित है।

एक तरह से यह दीपावली के अवसर पर अपने घरों में बच्चों के खेलने के लिए मिट्टी के घर बनाने का प्रतीक है। घरौंदा बनाने में दीपावली के पन्द्रह दिन पहले से ही इंतजाम शुरु हो जाता है, जिसमें कच्ची मिट्टी, तिनकों तथा पतली-पतली डण्ठलों का प्रयोग किया जाता है। इस छोटे से घरौंदे में सब-कुछ बनाया जाता है, जिसमें दरवाज़े, खिड़कियाँ, बरामदे, कोठे, सगरा, ताल, कुआँ और कहीं-कहीं बाहर निकला हुआ ओसारा भी बनता है। कुछ जगहों पर स्त्रियाँ स्वयं बनाती हैं, तो क़ई जगहों पर कुम्हार आकर इसे सुन्दर शिल्प से गढ़ता है। जहाँ घरौंदा नहीं बनाया जाता, वहाँ भी कुम्हार का बनाया हुआ मिट्टी का दो मंजिला घरौंदा लोग दीपावली के दिन खरीदकर सजाते हैं और इसकी प्रतीकात्मक पूजा करते हैं।

इसमें मिट्टी के रंग-बिरंगे खिलौने सजाए जाते हैं, जो आस-पास के क्षेत्रों

के स्थानीय कुम्हार बनाकर घर-घर लाकर देते हैं या बाज़ार में बेचते हैं। इसमें तोते, बत्तख, मोर, हाथी, शेर, भालू, चीता, हिरन, घोड़े, खरगोश जैसे पशु-पक्षियों के अलावा सिर पर घड़ा धरे हुए स्त्रियाँ, गोद में बच्चा लिए हुए स्त्रियाँ, सिर पर मछली की टोकरी ली हुई स्त्रियाँ भी सजायी जाती हैं। यह सब पारम्परिक रूप से शुभ माना जाता है और ग्वालिन की प्रतिमा जो इन स्त्रियों के खिलौने को कहते हैं, विशेष महत्त्व की मानी जाती है। अलग से रसोईं और अन्न भण्डार में प्रयुक्त होने वाले छोटे-छोटे बर्तनों के खिलौने भी घरौंदे में सजाए जाते हैं। उनमें जाता, चकिया, पीढ़ा, बेलन, घड़ा, थाल, लोटा, गेडुआ, चूल्हा सभी कुछ शामिल रहता है। पुराने समय में मिट्टी की मोटर गाड़ी, लढ़िया और खड़खड़िया भी इनमें शामिल रहती थीं।

घरौंदे की पूजा संन्ध्या में दीपावली का दीप जलने के उपरान्त घर की बेटियाँ और बहनें करती हैं। इसी घरौंदे में अलग से गौरी-गणेश और हनुमान की मूर्तियाँ सजाकर पूजा की जाती है। फ़ैज़ाबाद परिक्षेत्र में यह लोकोत्सव दीपावली के साथ जुड़ा हुआ है, जिसका धीरे-धीरे पश्चिम और आगे की ओर बढ़ने पर प्रभाव कम दिखाई पड़ता है।

आम्र-बौर दर्शन : बसन्त पंचमी

माघ शुक्ल पंचमी को पड़ने वाली बसन्त पंचमी के दिन अवध क्षेत्र में पुरानी परम्परा रही है कि घर-घर दरवाज़े पर जाकर पुरोहित आम के बौर-पल्लव और जौ की बाली का दर्शन करवाते हैं। इसके लिए उन्हें दान, दक्षिणा, अन्न, फल आदि दिया जाता है। पुरोहितों को यहाँ पर 'दसौनी' भी कहते हैं। कई घरों में बौर को हथेलियों के मध्य मसलकर उसकी सुगन्ध को आत्मसात करने का विधान भी रहा है।

फ़ैज़ाबाद और आस-पास के क्षेत्रों में सरस्वती पूजन में बौर के साथ-साथ गन्ने की गण्डेरी, जौ की बाली, हरी मटर की छीमी, रसभरी की फलियाँ चढ़ाई जाती हैं। बौर-दर्शन का यह लोक-मंगल, अवध की प्राचीन परम्परा का अंग रहा है, जो अब धीरे-धीरे पौरोहित्य कर्म छीजने के साथ कम होता जा रहा है।

बसन्त के दिन ही होली के गाने प्रारम्भ हो जाते हैं। चौराहों पर रेंड (अरण्ड) की बड़ी सी डाल गाड़ दी जाती है, जिसे 'होलिका गाड़ना' या 'होलिका बटोरना' कहा जाता है। इस डाल को प्रहलाद का प्रतीक माना जाता है। इस पर्व के अवसर पर बसन्ती रंग में रंगकर सौभाग्यवती स्त्रियाँ और लड़कियाँ

वस्त्र पहनती हैं और कहीं-कहीं देवस्थानों पर शाम के समय अबीर-गुलाल से तिलक किया जाता है।

भेंड़ा काटना : गणेश संकष्टी चतुर्थी

मार्गशीर्ष माह की कृष्ण चतुर्थी के दिन पड़ने वाली गणेश चतुर्थी या षकठ (सकट) का पर्व अवध क्षेत्र में पारम्परिक रूप से मनाया जाता है। इसे लोक-भाषा में 'तिलवा' भी कहते हैं। इस दिन गणेश की पूजा काले तिल के लड्डों से की जाती है, जिसमें कई अन्य प्रकार के मोदक भी गणपति को प्रसन्न करने के लिए चढ़ाए जाते हैं। ये लड्डू विभिन्न प्रकार के सफेद तिल, रामदाना, लईया, मूँग की दाल, खोए, बेसन, मूँगफली और चावल के आटे (ढूढ़ी) के बनते हैं। यह रात्रि में चन्द्रोदय के बाद होने वाली पूजा है, जिसमें स्त्रियाँ व्रत करते हुए चन्द्रमा को जल के साथ जौ, तिल, चावल, दूध और पुष्प आदि अर्पित करती हैं।

पुत्र के लिए माँओं द्वारा रखा जाने वाला यह व्रत-पर्व दरअसल पार्वती और उनके पुत्र गणेश की कथा से अनुप्राणित है। पुत्रों की आयु की श्रीवृद्धि कामना के लिए तिल और गुड़ की प्रतीकात्मक भेंड़ बनायी जाती है, जिसकी पूजन के उपरान्त पुत्रों द्वारा ही बलि करायी जाती है। बाद में यह बलि किया हुआ तिल और गुड़ पुरोहितों को दान में दिया जाता है। भेड़ों के बलि का यह पर्व अवध क्षेत्र की विशिष्ट पहचान के लिए जाना जाता है।

बलि को प्रतीक रूप में तलवार, खड्ग, कटार, चाकू, कुश-तृण या आम की छड़ी से सम्पन्न किया जाता है। षकठ की इस विशेषता में फ़ैज़ाबाद परिक्षेत्र के तमाम सारे वो इलाके शामिल हैं, जो गाँवों से सम्बन्धित हैं। शहरों में होने वाली तिलवा में भेंड काटना कम होता है।

नवान्न उत्सव : मार्गशीर्ष कृष्ण पंचमी

अगहन बदी पंचमी को नवान्न का पर्व होता है। शुभ मुहूर्त या साइत में दही के साथ जौ की नयी बाली का दाना मिलाकर परिवार के सभी लोग एक ही दिशा में मुँह करके खाते हैं और इसके बाद पूरे गाँव में प्रणाम करने जाते हैं। सभी बड़े आशीष देते हैं कि नयी फसल से घर में सुख-समृद्धि आए। सभी घरों के प्रजाजनों (परजा) और घरों व खेतों में काम करने वाले मजदूरों को भोजन कराया जाता है।

नये धान का चिउड़ा सर्वप्रथम आज के ही दिन बनाया जाता है और इसके एक दिन पहले पड़ने वाले करवा चौथ की पूजा में नये चावल की मिठाई

(पिन्नी) बनायी जाती है। नयी फसल और नयी सब्जी से बनी हुई चीज़ों का भोग आगे पड़ने वाले कार्तिक कृष्ण प्रतिपदा को अन्नकूट महोत्सव में भगवान शालिग्राम और ठाकुर जी के आगे रखा जाता है।

गाँवों में प्रणाम करने जाने की जो परम्परा है, उसमें लोग यह कहकर प्रणाम करते हैं कि जोहार माई, जोहार काकी, जोहार काका, जोहार दादा, जोहार पुरोहित जी और जोहार सरपंच जी इत्यादि। इसी दिन कुछ-कुछ क्षेत्रों में किसान और मछुआरे 'सेहरी दर्शन' कराते हैं, जिसमें एक कठौती में जल भरकर जीवित मछली के दर्शन शुभ होते हैं। मछुआरे गाँवों में जिसके दुआर पर आकर भोजन करते हैं, वहीं वे अपनी कठौती में मछली रखकर दर्शन कराते हैं। इसके लिए उन्हें अनाज, मिठाई और धन भी दक्षिणा में दिया जाता है।

मछुआरों की तरह खेतों में किसान सेहरी दर्शन को सांवा या धान की बाली और दही के साथ सम्पन्न करते हैं। इस पूरे नवान्न पर्व को अवध क्षेत्र में 'नवा' कहा जाता है। यह वर्ष में दो बार किया जाता है, एक बार तब, जब रबी की फसल कटती है और दूसरी बार खरीफ़ की फसल तैयार होने पर नवा होता है। कई जगहों पर लोक-मान्यता यह भी है कि गाँव और शहर वाले अपने प्रचलित कुल देवता, कुल देवी और स्थान या ग्राम देवता के थान (स्थान) पर पहुँचकर नयी फसल की साग सब्जियाँ, अनाज और फल चढ़ाते हैं।

अवध क्षेत्र की नदियों में भी कई बार नयी फसलों को प्रतीक रूप में किसान आकर प्रवाहित करते हैं, जो अधिकतर शाक-भाजी और फलों के रूप में होती है। इसमें सरयू की प्रधानता सर्वाधिक है। आज भी 'नवा' की यह परम्परा अवध की पहचान बनी हुई है।

साभार : **1. दिन-दिन पर्व : डॉ. विद्याबिन्दु सिंह एवं यमुना अग्निहोत्री, प्रकाशक : नेशनल पब्लिशिंग हाउस नयी दिल्ली, संस्करण-2000, 2. अवधी लोक गीतों का सांस्कृतिक अध्ययन : डॉ. महेश, प्रकाशक : भारतीय भाषा भवन, इलाहाबाद, संस्करण : प्रथम, 1990, 3. अयोध्या की लोक-कला : एक अध्ययन : राधिका देवी, प्रकाशक : कानपुर विश्वविद्यालय, कानपुर, संस्करण-1992 से संक्षिप्त रूप में लेने के अतिरिक्त डॉ. विद्याबिन्दु सिंह, योगेन्द्र प्रताप सिंह, राधेश्याम पाण्डेय, अपर्णा मिश्र से बातचीत के आधार पर इस अंक के सम्पादक यतीन्द्र मिश्र द्वारा लिखी गयी टिप्पणी। पहली बार प्रकाशित।**

रामलीला छवियाँ
मोहल्लों में फैली संस्कृति की दृश्यावलियाँ

कोठापार्चा की रामलीला

रामलीला परम्परा को सहेजने में सर्वाधिक सफलता नगर की श्री बाल रामलीला समिति, कोठापार्चा की रही है। बच्चों द्वारा खेल-खेल में शुरु की गयी इस रामलीला ने अपने बयालीस वर्षों के सफर में कभी उतार नहीं देखा है। बाल कलाकारों के समर्पण और लगन के बूते इसका आकर्षण हर साल बढ़ता ही गया है। वर्तमान में यहाँ की भव्य राजगद्दी की दूर-दूर तक चर्चा होती है।

कोठापार्चा की अत्यन्त संकरी गली में रामलीला की शुरुआत 1974 ई. में दीपक चौरसिया, ललित शर्मा, राजकुमार चौरसिया और उनके साथियों ने टकसाल की रामलीला को देखकर खेलते हुए की थी। इसके अनन्तर क्षेत्रवासियों के सहयोग और बालकों के उत्साह से यह सिलसिला रुकने नहीं पाया। स्थान का अभाव और दूसरी समितियों के सापेक्ष अर्थ की कमी जैसी विपरीत परिस्थितियों में भी अभिनय का स्तर व लीला की प्रस्तुति हर वर्ष बेहतर होती गयी। यह नगर की अकेली रामलीला है, जिसमें रावण का पुतला नहीं जलाया जाता। यह सिलसिला वर्ष 1988 में बाज़ार में पुतला-दहन के दौरान हुई दुर्घटना के बाद रोक दिया गया था। इस समिति से जो एक बार जुड़ा, फिर अलग नहीं हुआ। इसीलिए यह देखना दिलचस्प है कि समिति के अधिकांश पदाधिकारी पूर्व में अभिनय भी कर चुके हैं। सन् 1990 से कोठापार्चा रामलीला समिति द्वारा एक भव्य शोभा-यात्रा भी निकाली जा रही है। सन् 1995 से 2002 तक लाइट एण्ड साउण्ड पर आधारित लीला की प्रस्तुति की गयी थी।

जन्माष्टमी से ही क़रीब चालीस बच्चों की टीम अभिनय के लिए ख़ुद को माँजने में लगी रहती है। पहले भूमिका करने वाले आस-पास के घरों से ही होते थे, पर अब दायरा बढ़ा है और अभिनय में रुचि रखने वाले दूसरे क्षेत्रों के भी बाल-कलाकार आ रहे हैं। यह जानना भी प्रासंगिक है कि इस लीला को कभी भी दर्शकों के स्तर पर निराश नहीं होना पड़ा है।

जप्ती वज़ीरगंज की रामलीला

जप्ती वज़ीरगंज की बाल रामलीला समिति रामलीला के लोकतत्त्व को सहेजे हुए आगे बढ़ रही है। लोक-संगीत व परम्परागत शैली की प्रस्तुति वाली यहाँ की लीला के पास जन सहयोग के साथ-साथ स्थान का भी अभाव नहीं रहा है। अपने अड़तीस साल के सफर में यहाँ के कार्यकर्ता सदैव उत्साह से पगे हुए नज़र आए। फतेहगंज की प्रभावशाली रामलीला के प्रभाव में आकर यहाँ पर बालकों ने वर्ष 1978 ई. में सड़क के किनारे ही प्रस्तुति शुरु कर दी थी। इसकी शुरुआत में जमुना प्रसाद मौर्य, तुलसीराम मौर्य व राम अधार वर्मा का विशेष योगदान रहा। तीन-चार वर्षों बाद ही व्यवस्थित होकर यहाँ की लीला मंच पर आ गयी। उसके पास पर्याप्त साधन भी हो गया था।

इस समिति की सबसे सुन्दर बात यह है कि यहाँ का ढाँचा पूरी तरह लोकतांत्रिक है, जिसमें प्रत्येक पाँचवें साल नये अध्यक्ष का चुनाव सर्वसम्मति से किया जाता है। आज तक पदाधिकारियों के चुने जाने को लेकर किसी विवाद की कोई बात सामने नहीं आई है।

स्थानीय बाल कलाकारों की सहभागिता के बावजूद मंचन का स्तर बेहतर है। समिति एक माह पहले पात्रों के लिए कलाकार चुनकर उनका अभ्यास शुरु करा देती है। संगीत के लिए किसी व्यावसायिक समूह का सहारा लेकर लीला को रोचक व आकर्षक बनाने का प्रयास किया जाता है। समिति के पास मैदान के नाम पर पर्याप्त स्थान है और इसमें कभी दर्शकों का अभाव नहीं रहा। इस रामलीला से सम्बन्धित सबसे महत्त्वपूर्ण बात यह है कि समिति रामलीला परम्परा को उसके लोक-रस के साथ जीवन्त रखना चाहती है।

चौक की रामलीला

टकसाल की रामलीला लगभग एक सौ बीस बरस पुरानी है। इस लीला का संचालन करने वाली श्रीराम जानकी एवं रामलीला समिति के सामने

न कभी धनाभाव सामने आया न स्थानाभाव। पिछले लगभग चालीस वर्षों से बाहर से आकर अच्छी मण्डलियाँ इसका आकर्षण बढ़ाने का प्रयास कर रही हैं। नगर के हृदय स्थल चौक की इस लीला के कर्णधार आरम्भ से ही स्थानीय सर्राफा व्यावसायी रहे हैं, जिन्होंने पूरे मनोयोग से इसे आगे बढ़ाने का प्रयास किया है। सन् 1896 में इसकी शुरुआत लाला केदारनाथ महाशय के प्रयासों से हुई थी और रामलीला मैदान के लिए भूमि ज्ञानसागर जी ने दान की थी। समिति के पास किराये की व्यवस्थित आय होने के कारण इसे लम्बे समय तक आर्थिक संकट का सामना नहीं करना पड़ा। यह अलग बात है कि बाद में समिति में उपजे प्रभुत्व के विवाद के कारण 1980 ई. में करीब साल भर तक यह समिति, प्रशासन द्वारा नियुक्त रिसीवर के हाथों में रही।

नब्बे के दशक से बाहर से आने वाली मण्डलियाँ यहाँ लीला का मंचन कर रही हैं। रावण वध व पुतला-दहन इस लीला के विशेष आकर्षण हैं। इस रामलीला समिति की लाख कोशिशों के बावजूद वर्तमान में होने वाली दुर्गा पूजा की चकाचौंध के चलते दर्शकों की आमद प्रभावित हुई है। इसके चलते यह संकट भी पैदा हुआ है कि धीरे-धीरे पूरे रामलीला के दौरान नित्य निकलने वाले भगवान के रथ के साथ चलने वाले लोगों की संख्या दिन-ब-दिन कम होती जा रही है।

साहबगंज की रामलीला

अवध क्षेत्र की सबसे प्राचीन रामलीला होने का गौरव रखने वाली साहबग़ंज की लीला दो सौ वर्षों से भी अधिक पुरानी मानी जाती है, लेकिन मन्दिर के वार्षिक रामलीला कार्यक्रम के पत्रक (सन् 2015) में एक सौ इकतालिसवाँ वर्ष अंकित है। राम-जानकी मन्दिर से सम्बद्ध यहाँ की परम्परा अलग से अनूठी रही है, जिसमें यह देखना दिलचस्प है कि इस लीला का मंचन आरम्भिक समयों में बैलगाड़ियों पर कण्डे की मशाल बाँधकर किया जाता था।

देश की आज़ादी के पहले जब सरयू नदी ही यातायात का प्रमुख जरिया थीं, तब गल्ले की थोक मण्डी साहबगंज ही हुआ करती थी। इस मण्डी के व्यापारियों ने मन्दिर की स्थापना के साथ रामलीला की परम्परा शुरु की थी। इसके लिए यहाँ आने वाले गल्ले पर धर्मादा वसूला जाता था। उस समय रामलीला को दिन ढलने तक समाप्त करने का प्रयास होता था, अन्धेरा हो जाने पर मशाल जलायी जाती थी। यहाँ की लीला का स्वरूप

तब से आज तक मैदान की लोक-शैली में ही चला आ रहा है। बाद में चौक और फतेहगंज की रामलीला के बावजूद स्थानीय कलाकारों द्वारा प्रस्तुत यहाँ की रामलीला ने अपनी श्रेष्ठता बनाये रखी। थोक गल्ला की आढ़त हटने के बाद इसका आधार जन सहयोग से मिलने वाली राशि हो गयी। सत्तर के दशक में रामलीला समिति पर वर्चस्व को लेकर छिड़ी जंग ने इसे प्रभावित करना शुरु किया और यहीं से इसका स्तर प्रभावित होने लगा। वर्ष 1974 ई. में मन्दिर पर प्रशासन द्वारा रिसीवर तैनात किये जाने के पहले तक क्षेत्र की जनता का सहयोग व समर्पण ही इसकी पूँजी थी।

दूर-दूर तक आकर्षण का केन्द्र रहने वाली यहाँ की शोभा-यात्रा और भगवान के 'फूलों का डोला' का अपना एक अलग आकर्षण रहा है। कुल मिलाकर यह कहा जा सकता है कि साहबगंज की रामजानकी मन्दिर से सम्बद्ध इस रामलीला का अपना सामाजिक व ऐतिहासिक महत्त्व है।

हैदरगंज की रामलीला

जनता के उत्साह व सहयोग का पर्याय रही हैदरगंज की रामलीला की शुरुआत 1965 ई. में हुई। हैदरगंज में यह रामलीला मैदानी शैली में मुख्य मार्ग पर ही खेली जाती रही है। नगर का यह क्षेत्र लोक-कलाओं व उत्सवों के साथ-साथ अभिनय के प्रति समर्पण के लिए लम्बे समय से जाना जाता है। इसी का प्रमाण है कि यहाँ की रामलीला के साथ-साथ, जन्माष्टमी में नाटकों के मंचन की परम्परा भी मिलती है। मोहल्ले के घर-घर का सहयोग हर स्तर पर इन उत्सवों को सुलभ रहा, जिसके चलते हैदरगंज की यह लीला भी नगर की अन्य रामलीलाओं की तरह चर्चा में आती रही।

समिति के पास स्थायी आय न होने के बाद भी जन-सहयोग ने अर्थाभाव को यहाँ बाधा नहीं बनने दिया है। स्थानीय कलाकारों के चलते, सन् 1985 तक यहाँ की लीला अच्छी तरह से निभती रही है। क्षेत्रवासी भी पूरी दिलचस्पी के साथ सैकड़ों की संख्या में ही समय से आकर दर्शकों की पंक्ति में बैठ जाते थे। वर्ष 1990 से 1994 ई. तक यहाँ रामलीला का मंचन बन्द कर प्रोजेक्टर पर रामायण सीरियल दिखाया गया है। इसके बाद दोबारा से प्रयास कर मंचन की शुरुआत, केन्द्रीय दुर्गा पूजा व रामलीला समिति द्वारा सम्भव हो सकी। वर्ष 2010 से यहाँ मंचन की जगह प्रोजेक्टर का इस्तेमाल एक बार फिर से शुरु हो गया है।

यह देखना मजेदार होगा कि किन्हीं कारणों से मात्र इस रामलीला में प्रोजेक्टर

की वापसी के चलते लीला में लोगों का आकर्षण बढ़ा है। इसके कारण धीरे-धीरे लोगों की देखने की संख्या में भी इज़ाफा हुआ। हालाँकि, समिति को स्थान की समस्या शुरु से ही झेलनी पड़ी है, जिसके कारण यहाँ की रामलीला के स्तर में बहुत अधिक रचनात्मक सुधार की गुंजाइश कम रही है।

फतेहगंज की रामलीला

फतेहगंज की रामलीला की धूम सत्तर के दशक में न केवल जिले बल्कि पूरे मण्डल में रही है। लोग सुदूर ग्रामीण क्षेत्रों से आकर यहाँ की रामलीला देखते थे और मंच के पास अपना स्थान आरक्षित करने की होड़ सी रहती थी। यहाँ की रामलीला तकरीबन 90 वर्ष पहले 1925 ई. के आस-पास शुरु हुई थी। रामलीला की शुरुआत तीन-चार स्थानीय लोगों ने मिलकर की थी, इनमें **जगन्नाथ प्रसाद, रेवती रमण पाण्डेय** *व* **गुरुशरण लाल गुप्ता** *प्रमुख रूप से शामिले थे। तब यह रामलीला फतेहगंज के पीछे गढ़ैया (ऋषि टोला) में पाँच-दस रुपये एकत्रित कर मंचित की जाती थी।*

सन् 1940 के आस-पास यह रामलीला फतेहगंज की गल्ला आढ़त यानी अपने वर्तमान स्थान लालबाग रेलवे क्रासिंग से फतेहगंज चौराहे के बीच 'मैदानी शैली' में खेली जाने लगी थी। इसमें विभिन्न पात्रों का अभिनय स्थानीय लोग ही करते थे। एक ओर राम का तो दूसरी ओर रावण का मंच लगता था। रामलीला के लिए वित्तीय प्रबन्ध चन्दे से किया जाता था।

सन् 1945 से इस रामलीला को कराने की जिम्मेदारी 'गल्ला व्यापार मण्डल' ने अपने हाथों में ले ली थी। तब से आज तक वह इस दायित्व को निभा रहा है। व्यापार मण्डल रामलीला का वित्तीय प्रबन्धन स्वयं करता है और कोई चन्दा किसी से नहीं लिया जाता है। विगत पचहत्तर वर्षों से इस रामलीला से जुड़े **श्री रेवत प्रकाश पाण्डेय** *बताते हैं कि सन् 1950 से फतेहगंज रामलीला की बारात भी निकलने लगी थी। वह बताते हैं कि 1974 ई. के आस-पास रामलीला को मैदानी शैली से समेटकर मंच पर अभिनीत किया जाने लगा था। इसके बाद क़रीब दस वर्ष रामलीला प्रस्तुति का स्वर्णकाल रहा, इन दिनों इसकी धूम दूर-दूर तक थी। सन् 1990 के आस-पास तक स्थानीय कलाकार ही रामलीला करते रहे, फिर उनका अभाव हो गया।*

इस दौरान दो-तीन वर्ष प्रोजेक्टर द्वारा रामायण सीरियल का प्रसारण मंच से किया गया। रामलीला ने मंच पर यहाँ फिर वापसी की और तब से आज तक रामलीला मण्डलियाँ प्रतिवर्ष आकर मंचन करती हैं। पिछले दस

वर्षों से रामलीला गल्ला व्यापार मण्डल के वर्तमान अध्यक्ष श्री आनन्द कुमार अग्रवाल की देखरेख में व पं. रेवत प्रकाश पाण्डेय के निर्देशन में हो रही है। भरत मिलाप व राजगद्दी का आयोजन पुरानी परम्परा के अनुसार धूमधाम से किया जा रहा है। रामलीला में भगवान पहले की तरह ही 'लक्ष्मी सागर कुण्ड' पर जाकर 'नाव-नेवरिया' करते हैं। नौका-विहार की यह लीला आकर्षण का प्रमुख केन्द्र आज भी मानी जाती है।

मुमताज़ नगर की रामलीला

शहर के वर्तमान औद्योगिक क्षेत्र मुमताज़ नगर की इक्यावन साल पुरानी रामलीला, सद्भाव व एकता की अनोखी मिसाल है। इस रामलीला के आयोजन में मुस्लिम समुदाय हिन्दुओं के साथ कन्धे से कन्धा मिलाकर लगा हुआ है। यह अपने में एक बड़ा ही उल्लेखनीय कदम है कि लीला के विभिन्न पात्रों की भूमिका का निर्वहन अधिकतर मुस्लिम युवा ही करते आ रहे हैं।

वर्ष 1965 ई. में इस रामलीला की शुरुआत निकट ही स्थित पॉलीटेक्निक कॉलेज के शिक्षक रहे जगदीश प्रसाद शर्मा ने रामचन्द्र तिवारी, रामदयाल, डा. वाजिद अली, हिदायत अली व अशरफ़ अली के साथ मिलकर की थी। इस रामलीला के आयोजन का जिम्मा उठाने वाली श्री रामलीला रामायण समिति के अध्यक्ष विगत क़रीब तीस वर्षों से डा. माज़िद अली हैं। इसके पूर्व 18 वर्षों तक उनके पिता डा. वाज़िद अली समिति के अध्यक्ष रहे थे।

रामलीला को लेकर स्थानीय लोगों में गजब का उत्साह देखने को मिलता है। मंच और मैदान दोनों शैलियों को मिलाकर होने वाली रामलीला की प्रस्तुति स्थानीय कलाकार ही करते हैं। प्रस्तुति में साज-सज्जा व संगीत आदि का संयोजन भी इन्हीं लोगों द्वारा सम्पन्न होता है। प्रस्तुति करने वालों कलाकारों में जैसा कि पहले ही ज़िक्र किया गया है, मुस्लिम युवा भी शामिल रहे हैं। इनमें स्थानीय स्तर पर इकलाख शाहिद, नियाज़, रियाज़, जाबिर अली व नफ़ीस आदि रामलीला में संजीदगी से अभिनय करते आ रहे हैं। इस लीला को देखने के लिए दर्शक भी बड़ी संख्या में प्रतिदिन जमा होते हैं। एक हद तक इस रामलीला को अवध की गंगा-जमुनी तहज़ीब का नायाब नमूना माना जा सकता है।

साभार : विभिन्न रामलीला समितियों के सर्वेक्षण तथा उनके पदाधिकारियों से बातचीत के आधार पर युवा पत्रकार दीपक मिश्र द्वारा लिखी गयी टिप्पणी। पहली बार प्रकाशित।

श्री राम यश कीर्तन सभा
टकसाल, फ़ैज़ाबाद

मनोरंजन की एक प्रमुख विधा के रूप में नाट्य-कला का विशेष महत्त्व माना जाता है। फ़ैज़ाबाद के परिप्रेक्ष्य में यह बात ग़ौरतलब है कि रंगमंच के लिए सर्वाधिक प्रतिष्ठित संस्था के रूप में **'श्री राम यश कीर्तन सभा'** *का नाम लिया जाता है, जिसकी परम्परा लगभग एक शताब्दी पुरानी है। यह संस्थान पुराने दौर में फ़ैज़ाबाद के टकसाल मुहल्ले में स्थित नाट्यशाला में सक्रिय रहा है।*

इस संस्था के सन्दर्भ में यह तथ्य उल्लेखनीय है कि इसके आरम्भ के साथ ही संस्था के पास अपने प्रेक्षागृह की सुविधा उपलब्ध थी। कालान्तर में जब मूक व सवाक् सिनेमा ने देश में कदम रखा, तो इस पर भी असर आया और 'श्री राम यश कीर्तन सभा' का सभा-कक्ष सिनेमा हॉल में तब्दील हो गया। इसी के साथ रंगमंच की परम्परा भी शिथिल हुई और यहाँ की गतिविधियाँ भी सिमटती चली गयीं। वर्तमान में **प्रभात सिनेमा** *का हॉल ही, 'श्री राम यश कीर्तन सभा' का प्रेक्षागृह था। ऐसा माना जाता है कि बाबू मनोहर लाल कपूर ने रंगमंचीय गतिविधियों में आसक्ति के चलते बजाजा के पीछे इस भवन का निर्माण एक नाट्यशाला के रूप में करवाया था। उन्हीं ने इस नाट्य मंच के पीछे एक छोटा सा राम मन्दिर भी बनवाया, जिसमें उन्होंने भजन, कीर्तन की परम्परा शुरु करायी। इसी के आधार पर इस नाट्य मंच का नाम 'श्री राम यश कीर्तन सभा' रखा गया। उसी समय से खत्री परिवारों के प्रतिष्ठित एवं कर्मठ लोगों की संस्था के रूप में इस नाट्य प्रेक्षागृह व मन्दिर की परम्परा चली। इसकी स्थापना के साथ शुरुआती कई दशकों तक यह सभा एक बड़ी रंगमंचीय संस्था के रूप में प्रतिष्ठित रही।*

वरिष्ठ रचनाकार रामचन्द्र कौल 'अनाम' ने अपने निबन्ध 'फ़ैज़ाबाद नगर का नाट्य-मंच' में इस सभा की विस्तार से चर्चा की है। उनके अनुसार इस संस्था के नाटकों में भाग लेने वाले शहर के प्रतिष्ठित लोगों में कुछ उल्लेखनीय नाम इस तरह थे– **'पण्डित शम्भूनाथ कौल, बाबू शम्भू नारायण मेहरोत्रा, बाबू राम रघुवीरलाल कपूर, बाबू हृदय नारायण धवन, बच्चे बाबू, जवाहरलाल कपूर, तुलसीराम जायसवाल, दुर्गा प्रसाद गौड़, लल्लो महाराज, भगवती प्रसाद मेहरोत्रा, कैलाशनाथ शर्मा** *तथा* **रामसहाय** *आदि।'*

यह उल्लेखनीय है कि यह संस्था मुख्य रूप से धार्मिक और ऐतिहासिक नाटकों का मंचन करती थी तथा इन नाटकों का मुख्य पात्र ही उन नाटकों का निर्देशन भी करता था। इस संस्था द्वारा अभिनीत किये गये प्रमुख नाटकों में **'वीर दुर्गादास', 'झाँसी की रानी', 'रानी दुर्गावती', 'कृष्ण जन्म', 'राम जन्म', 'कंस वध', 'लंका दहन', 'देवी देवयानी', 'छत्रपति शिवाजी', 'नकाब पोश'** *तथा* **'अकबर द ग्रेट'** *के नाम लिये जा सकते हैं। 'श्री राम यश कीर्तन सभा' के स्टोर में नाटक से सम्बन्धित लाखों की सम्पत्ति थी, जिसकी देखभाल, रख-रखाव व लेखा-जोखा का काम शहर के प्रतिष्ठित व्यक्ति* **'मटके महाराज'** *करते थे। इस तरह यह देखा जा सकता है कि इस संस्थान का नाट्य सम्बन्धी अवदान फ़ैज़ाबाद के इतिहास में अनूठा व पुराना रहा है।*

'श्री राम यश कीर्तन सभा' *के अलावा फ़ैज़ाबाद रंगमंच की कुछ अन्य महत्त्वपूर्ण संस्थाओं में* **'युगल यश कीर्तन सभा', 'फ़ैज़ाबाद बंग समाज' 'ग्रुप रीक्रिएशन क्लब'** *आदि हैं। रिकाबगंज में स्थित* **नरेन्द्रालय प्रेक्षागृह** *ने भी एक समय फ़ैज़ाबाद की रंगमंचीय गतिविधियों को बढ़ावा दिया था। हालाँकि पिछले लगभग बीस वर्षों से यहाँ किसी भी तरह की नाट्य सम्बन्धी गतिविधियाँ संचालित नहीं हुईं हैं। 'श्री राम यश कीर्तन सभा' के पुराने कलाकारों के अलावा अन्य संस्थाओं में सक्रिय रहे नगर के प्रमुख नाट्य कलाकारों में* **सर्वश्री रेवत प्रकाश पाण्डेय, चन्द्र मोहन, बॉरेन घोष, दयानन्द सिंह 'मृदुल', शोभाराम पाण्डेय, रामतीर्थ 'विकल', गुलरेज आब्दी, पी.के. गौड़** *व* **कामिनी मोहन** *के नाम शामिल हैं। इनके अलावा फ़ैज़ाबाद रंगमंच में प्रकाश व्यवस्थापक* **मु. इस्माइल** *व रूप सज्जा के लिए* **श्री पारस** *का योगदान विशेष रूप से उल्लेखनीय है।*

साभार : नेपथ्य : रामचन्द कौल 'अनाम', प्रकाशक : ज्योत्स्ना प्रकाशन, लखनऊ, संस्करण : प्रथम - 2007, तथा दीपक मिश्र के पूर्व प्रकाशित आलेख 'दम तोड़ती नज़र आ रही शहर की शताब्दी पुरानी रंगमंचीय परम्परा' से संक्षिप्त एवं संशोधित रूप में लेने के अतिरिक्त श्री रेवत प्रकाश पाण्डेय एवं डॉ. इन्द्रनील बनर्जी से बातचीत के आधार पर इस अंक के सम्पादक यतीन्द्र मिश्र द्वारा लिखी गयी टिप्पणी। पहली बार प्रकाशित।

चौक की होली
फाल्गुन शुक्ल पूर्णिमा

हिन्दुओं के उमंग-भरे त्यौहार होली का एक विशेष पहलू फ़ैज़ाबाद नगर से भी सन्दर्भित रहा है। रंगों के इस सजीले पर्व की यह कहानी शहर के चौक, घण्टाघर से सम्बन्धित है, जिसे परम्परागत तौर पर 'सर्राफा की होली' के नाम से जाना जाता है।

यह होली, सन् 1950 में अपना स्वरूप पाती है, जब इस शहर के तत्कालीन जिलाधिकारी श्री के.के. नैय्यर (कार्यकाल : जून, 1949 से मार्च 1950 ई.) तथा सिटी मजिस्ट्रेट ठाकुर गुरुदत्त सिंह के समवेत प्रयासों से नगर के चौक में होलिका दहन (फाल्गुन शुक्ल पूर्णिमा) वाले दिन रंग खेलने के परम्परा की शुरुआत हुई। इसी वर्ष शहर के कुछ सम्भ्रान्त लोग जिलाधिकारी की अनूठी पहल पर इस नगर की समावेशी संस्कृति को रंग देने के लिए रंगों के त्यौहार का सार्वजनिक इजहार करने के लिए नवाबों के शाही बाज़ार त्रिपोलिया (चौक घण्टाघर का इलाका) में एकत्र हुए।

इसी समय नवाबों के इस शहर के इतिहास के बारे में यह जानना ज़रूरी है कि नवाब आसिफुद्दौला बाक़ायदा बसन्त मनाते थे और अपने महल में होली खेलते थे। उन्होंने रंगों के त्यौहार को अपने शासनकाल में लखनऊ में काफ़ी धूमधाम से मनाये जाने को बढ़ावा दिया था। साथ ही, वे ख़ुद होली के दिन फाग गाते थे। इतिहास में प्रचलित कहानियों के आधार पर यह भी कहा जाता है कि उन्होंने इस पर्व के लिए ख़ुद से भी फागों की रचना की थी, जिन्हें गाकर पढ़ते थे। वे एक शायर भी थे और ख़ुद 'आसिफ़' नाम से शेर भी लिखते थे।

बहरहाल, फ़ैज़ाबाद के सन्दर्भ में चौक की होली की यह परम्परा महान क्रान्तिकारी और समाज-सेवी महाशय केदारनाथ आर्य, श्री भोला रस्तोगी, श्री महावीर प्रसाद वैद्य और लाला राजकिशोर अग्रवाल को प्रशासन के आग्रह पर सौंपी गयी थी, जिसे इन लोगों ने अपनी जागरूक उपस्थिति से जीवन्त बनाने का प्रण कर लिया था। फ़ैज़ाबाद में आज जीवित कुछ लोग ऐसे भी हैं, जिन्होंने सन् 1950 में उस दिन होली का नजारा देखा था। उन लोगों का कहना है कि इतनी बड़ी इन्सानों की भीड़ जिसमें तिल छिटकने की भी जगह न हो, पहली बार सार्वजनिक रूप से रंग खेलने चौक में जुटी थी।

सन् 1940 में स्थापित 'सर्राफा मण्डल साकेत' ने इस होली का जिम्मा सन् 1965 से सँभाल लिया था, जिसके उपरान्त होली के एक दिन पहले (छोटी होली के दिन) खेले जाने वाले रंग, ठण्ढाई, पकवान और अन्य व्यय की व्यवस्था का जिम्मा अब इस समिति के अन्तर्गत आ गया था। तभी से यह होली 'सर्राफा की होली' कहलाने लगी और दिन में रंग खेलने के उपरान्त शाम को ठण्ढाई आदि का वितरण होने लगा। सन् 1970 के दशक में जब श्री महेश चन्द्र कपूर ने नगर पालिका के अध्यक्ष की कमान सँभाली, तो वे भी इस होली से जुड़ गये और मुख्य होली के दिन (धुलेण्डी) उन्होंने बाक़ायदा नगर पालिका के टैंकरों से जल की व्यवस्था कराकर होली के रंग का माहौल कुछ और बढ़ाया। हालाँकि सर्राफा व्यापार मण्डल को भी पहले से ही नगर पालिका सहयोग करती आ रही थी और पानी की व्यवस्था को सुनिश्चित कराने का काम उसने पहले के वर्षों से ही आरम्भ कर दिया था। इस तरह छोटी होली के दिन सर्राफा व्यवसायियों के सक्रिय सहयोग से जमाया गया उल्लास बाद में नगर पालिका के योगदान की वजह से एक परम्परा के वाहक का कारण बनता चला गया।

आज चौक की होली को उल्लासपूर्वक सम्पन्न होते लगभग सड़सठ साल बीत चुके हैं और इसकी गौरवशाली परम्परा वर्तमान में भी कायम है। आरम्भ से आज तक इस परम्परा में जुड़े हुए लोगों में विशेष तौर पर अपना सक्रिय सहयोग देने वालों में श्री घनश्याम नारायण बंसल, श्री श्रीनाथ बंसल, श्री अम्बरीष कुमार अग्रवाल, श्री ओम प्रकाश सर्राफ, श्री पुरुषोत्तम दास अग्रवाल, श्री विजय कुमार अग्रवाल 'रामू' सम्मिलित रहे हैं। वर्तमान में इस होली का सफलतापूर्वक संचालन करने में श्री नरेश अग्रवाल, श्री राकेश

अग्रवाल, श्री अवधेश अग्रवाल और श्री पवन बंसल की सक्रिय भूमिका विशेष तौर पर उल्लेखनीय हैं।

नोट : **सर्राफा व्यवसायियों से बातचीत के आधार पर इस अंक के सम्पादक यतीन्द्र मिश्र द्वारा लिखी गयी टिप्पणी। इनमें प्रमुख रूप से पुरुषोत्तम दास अग्रवाल, श्रीनाथ बंसल, आशीष अग्रवाल एवं अरुण कुमार अग्रवाल से जानकारियाँ प्राप्त हुईं हैं। पहली बार प्रकाशित।**

फ़ैज़ाबाद : दस्तावेज़-175

फ़ैज़ाबाद के ब्रास बैण्ड

नहरबाग

फ़ैज़ाबाद में नवाबी दौर से ही 'ऑर्गन बाजा' अथवा पीतल धातु के बने हुए आधुनिक ढंग का वाद्य (ब्रास बैण्ड), जिससे अंग्रेजी पद्धति की धुन बजायी जाती है, एक प्रमुख वाद्य के रूप में इस नगर की पहचान रहा है। यह वाद्य उस समय से अधिक प्रचलन में आया, जब से फ़ैज़ाबाद में ब्रिटिशों का आगमन हुआ। अवध संस्कृति के विशेषज्ञ अब्दुल हलीम 'शरर' ने नवाबी दौर में प्रचलित प्रमुख वाद्यों– 'ढोल-ताशा', 'रौशन चौकी', 'तुरही' और 'बिगुल' के साथ ऑर्गन बाजा को भी महत्त्वपूर्ण स्थान दिया है।

फ़ैज़ाबाद के सन्दर्भ में ब्रास बैण्ड वालों की अधिकतर दुकानें नगर के नहरबाग मुहल्ले में पुराने समय से मौजूद रही हैं। इनमें **जनता ब्रास बैण्ड, भारत ब्रास बैण्ड, जय भारत ब्रास बैण्ड, जुगनु ब्रास बैण्ड, सरस्वती ब्रास बैण्ड** *तथा* **माँ वैष्णों ब्रास बैण्ड** *प्रमुख हैं। इनसे अलग तीन अन्य ब्रास बैण्ड क्रमशः* **'जीवन', 'मस्ताना'** *और* **'गुलाब'** *ऐसे हैं, जो लगभग बीस वर्ष पूर्व समाप्त हो गये।*

जनता ब्रास बैण्ड *को सबसे पुराना माना जाता है, जो नगर के जमुनिया बाग मुहल्ले में शुरु से मौजूद रहा। यह क़रीब साठ-सत्तर वर्ष पुराना ब्रास बैण्ड है, जिसकी शुरुआत श्री राम आसरे ने की थी। पच्चीस वर्ष पूर्व उनकी मृत्यु के उपरान्त इसे उनके पुत्र श्री जंग बहादुर चला रहे हैं। आज इस बैण्ड की दुकान* **'फ़िल्म स्टार नम्बर-1 जनता बैण्ड एण्ड रनिंग रोड लाईट'** *के नाम से जमुनियाबाग में मशहूर दुकान के रूप में शुमार है। इस बैण्ड के अलावा उन्हीं दिनों नहरबाग में भज्जन लाल ने* **'भारत ब्रास बैण्ड'** *के*

नाम अपने ब्रास बैण्ड की शुरुआत की थी। अतः इसका भी अनुमानित समय लगभग साठ से सत्तर वर्ष पुराना है। आज उनके परिवार में इसे श्री प्रदीप कुमार **'श्री भारत बैण्ड'** के नाम से चलाते हैं।

इन अधिकतर बैण्डों में ट्रम्पेट, ड्रम और ऑर्गन जैसे वाद्य रहते हैं, जिनमें एक बड़ा बाजा भी शामिल है, जिसे स्थानीय बोली में बैण्ड वाले 'सूरजमुखी' कहते हैं। अधिकतर ब्रास बैण्ड का काम शादी-ब्याह के मौकों पर बारात में जाने से लेकर धार्मिक उत्सवों, मेलों, नुमाइश तथा अन्य मांगलिक अवसरों में भाग लेने का रहता है। पिछले बीस सालों से **'जुगनू बैण्ड'** के मालिक श्री बहराईची बताते हैं कि आजकल बैण्ड का चलन काफ़ी कम हो गया है और अधिकतर लोगों ने डी.जे. का काम अपना लिया है। यह अलग बात है कि आज से बीस-पच्चीस वर्ष पूर्व तक एक ब्रास बैण्ड बजाने वाले को एक दिन का मेहनताना जहाँ पचास रुपये से लेकर अधिकतम डेढ़ सौ रुपये तक मिलता था, वहीं आज वह हजार रुपये से लेकर पन्द्रह सौ रुपये हो गया है।' बहराईची यह भी बताते हैं कि आज बचे हुए जो चार-पाँच बैण्ड हैं, वे किसी तरह पुरानी रवायत को चलन में बनाए हुए हैं। इनमें 'श्री भारत बैण्ड' से लेकर 'जय भारत', 'जुगनू', 'माँ वैष्णों', 'सरस्वती' और 'जनता' के नाम उल्लेखनीय हैं।

साभार : **नहरबाग व जमुनियाबाग में स्थित सभी ब्रास बैण्डों के सर्वेक्षण तथा विनोद जायसवाल, बहराईची, जंग बहादुर से बातचीत के आधार पर इस अंक के सम्पादक यतीन्द्र मिश्र द्वारा लिखी गयी टिप्पणी। पहली बार प्रकाशित।**

जनपद के पारम्परिक मेले

गहनागन का मेला

फ़ैज़ाबाद परिक्षेत्र के प्रमुख ग्रामीण व धार्मिक मेले में शुमार गहनागन का मेला दरअसल नाग देवता के प्रकोप से बचकर दीर्घायुष्य की कामना का उत्सव है। यह देखना दिलचस्प है कि गहनाग बाबा के मन्दिर क्षेत्र में होने के कारण इसे गहनागन का मेला कहा जाता है और यह फ़ैज़ाबाद में दो जगहों पर एक साथ लगता है।

पहला मेला थोड़ा प्राचीन है, जो मिल्कीपुर से अमानीगंज विकास खण्ड की तरफ लगभग दस-बारह किलोमीटर आगे बढ़ने पर रायपट्टी ग्राम सभा के अन्तर्गत लगता है। ऐसी मान्यता है कि यहीं पुराना गहनाग मन्दिर स्थापित था और लोक परम्परा के अनुसार सर्प के विष से पीड़ित लोग यहाँ आकर मन्दिर के दर्शन, परिक्रमा और प्रसाद लेकर स्वस्थ हो जाते हैं। वर्तमान में आज भी यह मन्दिर छप्पर में स्थित है, जिसकी दीवार की ईंटों को कच्ची मिट्टी से जोड़ा गया है। मन्दिर के भीतर एक विशाल नाग-देवता की प्रतिमा संगमरमर की बनी हुई है, जिस पर पीला सिन्दूर पुता रहता है।

इस क्षेत्र की बहू-बेटियों और श्रद्धालुओं के यहाँ पुत्र होने पर इस मन्दिर में एक विशेष लोक-पूजा होती है, जिसे 'पुतरा' की पूजा कहा जाता है। स्त्रियाँ सिन्दूर और काजल से मन्दिर की दीवार पर पुतरा का चौक बनाकर सोमवार या शुक्रवार के दिन यह पूजा करती हैं। गहनागन मन्दिर में सोमवार के दिन पहुँचने पर मुझे स्वयं इस तरह के ढेरों आलेखनों की पूजा होते हुए दिखाई पड़ी, जिसे मन्दिर के वर्तमान पुजारी पं. राम बिहारी तिवारी ने बताया कि यह एक प्रकार का अनुष्ठान है, जिसका ज़िक्र आरम्भ में किया

गया है। पुजारी जी यह भी बताते हैं कि 'पुतरा' से अलग गहनाग देव की एक विशिष्ट पूजा वह भी होती है, जब किसी स्त्री को पहली सन्तान के रूप में पुत्र प्राप्त होता है। ऐसे में वह पूजा 'धनेतिया' कहलाती है, जिसमें पूजन, हवन और यथाशक्ति मन्दिर में भण्डारा की परम्परा है। यह एक ही बार पहले लड़के के जन्म पर होती है और बाक़ी के पुत्र होने पर पुतरा ही किया जाता है। मन्दिर में श्रद्धालु नयी फसल के कटने के बाद गेहूँ और चावल नाग देवता को चढ़ाते हैं। वैसे सामान्य तौर पर बताशा, दूध, मिठाई और फूल-माला चढ़ाने का विधान रहा है।

इस स्थान पर लगने वाला मेला श्रावण मास में नागपंचमी के बाद पड़ने वाले पहले सोमवार के दिन विशेष भव्यता के साथ लगता है, जो सप्ताह भर चलता है। ऐसी किंवदन्ती है कि यहाँ आने पर सर्पदंश के प्रकोप से मुक्ति मिलती है। स्थानीय निवासी बताते हैं कि प्रतिवर्ष यहाँ सर्पदंश के निवारण से तक़रीबन सात-आठ सौ लोग ठीक होकर जाते हैं, जिनका एक लेखा-जोखा भी मन्दिर के पुजारी अपने पास रखते हैं।

ठीक इसी ढंग से दूसरा गहनागन का मेला फ़ैज़ाबाद से रायबरेली राजमार्ग पर क़रीब पच्चीस किलोमीटर की दूरी पर स्थित पारा ब्रह्मनान ग्राम सभा के मरियमा मजरे में स्थित गहनागन बाबा के मन्दिर में लगता है। यह मन्दिर लगभग पचास-साठ वर्ष ही पुराना है, मगर आजकल इसी मन्दिर पर होने वाले मेले की ज़्यादा धूम हो गयी है। इसका एक विशेष कारण यह भी हो सकता है कि यहाँ स्थित गहनाग मन्दिर राजमार्ग से सटा होने के कारण श्रद्धालुओं को आने में सुविधा होती है। यह मेला पूरे पन्द्रह दिन तक लगभग एक पखवारे में पूरे धूम-धाम के साथ चलता है, जिसकी विशेष मान्यता नागपंचमी के दिन होती है।

हालाँकि स्थानीय लोगों में इस मन्दिर की मान्यता हो जाने के कारण वर्ष भर प्रत्येक सोमवार और शुक्रवार को भी यहाँ उत्सव जैसा माहौल रहता है। सप्ताह के इन दोनों दिनों में श्रद्धालुओं की भारी भीड़ होती है। यहाँ पर सामान्य तौर पर गुड़हल का फूल और इलायची दाना प्रसाद के रूप में चढ़ाया जाता है। इस मन्दिर के वर्तमान पुजारी/महान्त बाबा श्री रामचन्दर दास हैं। बाद में इस स्थान पर कई और नये मन्दिर बन गये हैं, जिनमें राम-जानकी, दुर्गा और अन्यान्य देवता स्थापित हैं।

आस्तीकन का मेला

फ़ैज़ाबाद परिक्षेत्र के हैरिंग्टनगंज विकास खण्ड में डीह पूरे बीरबल ग्राम सभा के अन्तर्गत स्थित मुनि आस्तीक का आश्रम है, जिसे 'आस्तीकन' कहा जाता है। ऐसी मान्यता रही है कि महर्षि जनमेजय का यज्ञस्थल यहीं पर मौजूद था और उन्होंने इसी स्थान पर नाग-यज्ञ सम्पन्न किया था। आज भी यहाँ पर श्रावण मास में नाग पंचमी के बाद पड़ने वाली दशमी तिथि से आरम्भ होकर रक्षा बन्धन की पूर्णिमा तक पाँच दिनों का भव्य और पारम्परिक मेला लगता है। वर्ष भर दर्शन के दौरान यहाँ बताशा और रामदाना चढ़ाने की परम्परा है, जबकि विशेष मौकों पर लोग नयी फसल के कटने पर गेहूँ, जौ और चना आदि लाकर चढ़ाते हैं। आस्तीकन में नाग पंचमी के दिन दूध और भीगा कच्चा चना चढ़ाये जाने की बड़ी मान्यता है, जिसे सामान्य भाषा में घुघरी चढ़ाना कहते हैं। श्रावण मास में पूरे तीस दिनों तक यहाँ पूड़ी और आटे की लपसी (कढ़ाई चढ़ाना) की विशेष प्रथा रही है।

गहनागन की ही तरह, यहाँ भी सर्पदंश और अन्यान्य कष्टों से मुक्ति की कामना के तहत श्रद्धालु आते हैं और आस्तीक मुनि की श्रद्धा में सर्प भय और सर्प दंश से राहत पाने का वरदान लेते हैं। 'एडवर्ड अयोध्या तीर्थ विवेचनी सभा' का एक सौ पैंतीस (135) क्रमांक का शिलालेख भी यहाँ पर स्थापित है, जो इस स्थान की पौराणिकता को सिद्ध करने में सक्षम है।

कामाख्या भवानी का मेला

फ़ैज़ाबाद परिक्षेत्र के विकास खण्ड : मवई, तहसील : रुदौली के भीतर आने वाले कामाख्या भवानी के मन्दिर की परम्परा अति प्राचीन मानी जाती है। विशाल परिसर वाला यह मन्दिर सुनबा गाँव के अन्तर्गत आता है, जिसके बगल में ही पूर्व माध्यमिक विद्यालय सुनबा, शिक्षा क्षेत्र : मवई, जिला फ़ैज़ाबाद स्थित है। वर्ष भर सोमवार और शुक्रवार को भारी भीड़ और मेले, उत्सव जैसा वातावरण संजोए हुए इस मन्दिर के भीतर गर्भगृह में माँ काली, लक्ष्मी और सरस्वती की भीठ सिद्ध पीठ के रूप में मौजूद है। यह भीठ चुनरी से ढँकी रहती है, जिसके पीछे पीतल या अष्टधातु के तीन छत्र आपस में एक साथ लगे हुए हैं। गर्भगृह में प्रवेश के पहले ही मुख्य द्वार पर द्वारपालों के रूप में दाहिनी ओर बजरंग बली की प्रस्तर प्रतिमा तथा उनके समीप भैरव जी की पिण्डी स्थापित है, जबकि द्वार के बायीं ओर भगवती काली विराजमान हैं। भक्तजन गर्भगृह में प्रवेश के पहले भगवती काली और बजरंग बली को लड्डू मिष्ठान्न अर्पित करके ही मुख्य

पीठ तक पूजन के लिए जाते हैं। कई श्रद्धालु भावातिरेक में दोनों ही देवों के मुख पर मिठाई लगा देते हैं, जो अब लगभग रूढ़ि की तरह ही प्रचलन में आ गयी है।

ऐसी लोक-मान्यता है कि कामाख्या भवानी का यह स्थान राजा सुरथ और समाधि नामक वैश्य की संयुक्त तपस्थली है, जहाँ दुर्गा सप्तशती के देवी-सूक्त से माँ का आवाहन और पिण्डी स्थापन किया गया है। यह मन्दिर लगभग जंगल में स्थित है और मन्दिर परिसर के समीप से गोमती नदी बहती हैं। यहाँ पर लगने वाला सबसे बड़ा मेला दोनों नवरात्रों (वासंतिक एवं शारदीय) की नवमी तिथि के दिन लगता है। इसके अतिरिक्त कार्तिक पूर्णिमा के स्नान वाले दिन भी कामाख्या भवानी के यहाँ बड़ा मेला होता है। आस-पास के क्षेत्र के भक्तजन यहाँ अपनी फसल की पहली पैदावार अर्पित करते हैं। सामान्य दिनों में अन्य देवी पीठों की तरह ही यहाँ मिठाई, चुनरी और नारियल चढ़ाने का विधान है। मन्दिर परिसर में ढेरों चुनरी, माला, मिठाई और सिन्दूर की दुकानें मौजूद हैं, जहाँ मेलों के अवसर पर और भी अधिक भव्यता आ जाती है।

इस मन्दिर का अलग से आकर्षित करने वाला पहलू यह भी है कि यहाँ परिसर में डुगडुगी बजाने वाले दर्जनों लोग सोमवार और शुक्रवार के दिन बैठते हैं, जिन्हें अलग से चढ़ावा भी चढ़ता है। इस मन्दिर में मेले के अवसर पर दर्शनार्थियों की भीड़ बढ़ती ही जाती है। मन्दिर की व्यवस्था संचालन के लिए एक कमेटी बनी है, जिसकी ओर से वर्तमान में बृजेश कुमार मिश्र पुजारी नियुक्त हैं।

रायपुर का मेला

सौ वर्षों से भी अधिक समय से फ़ैज़ाबाद से लखनऊ मार्ग पर चलते हुए लगभग नौ किलोमीटर की दूरी पर राष्ट्रीय राजमार्ग से क़रीब डेढ़ सौ मीटर बायीं तरफ पड़ने वाली रायपुर की बाग में यह मेला लगता आ रहा है। इसी बाग में रहने वाले महात्मा रामचरन दास के कहने पर ही गाँव वालों ने इस मेले की शुरुआत की थी। 1979 ई. तक यह मेला 'अनन्त चतुर्दशी' के दिन केवल एक दिन का होता था। इसके बाद इसका विस्तार हुआ और पहचान लकड़ी के सामान की खरीद व बिक्री के मेले के रूप में हुई। वर्तमान में इस मेले की अवधि एक माह की हो चुकी है, जिसमें लकड़ी के सामानों की छोटी-बड़ी दो सौ से ज़्यादा दुकानों सहित तकरीबन

पाँच सौ दुकानें लगती हैं।

मेले की शुरुआत के विषय में बताया जाता है कि एक बार भीषण अकाल पड़ने पर महात्मा रामचरन दास ने गाँव वालों को रामनाम जप करने के लिए कहा था। गाँववासियों द्वारा रामनाम जप करने से बारिश हुई। उसी समय महात्मा रामचरन दास ने यहाँ 'अनन्त चतुर्दशी' के दिन मेला लगवाने की प्रथा चलाई। तभी से यह मेला लगातार चला आ रहा है।

आज भी इस मेले की शुरुआत अनन्त चतुर्दशी के दिन ही होती है। बाद में इस स्थान पर अनन्त भगवान का मन्दिर व सरोवर भी बनवाया गया। इस मेले में लकड़ी के फर्नीचर, दरवाज़े, चौखट-बाजू से लेकर गृह उपयोगी छोटे-बड़े सभी सामान उपलब्ध रहते हैं। सीतापुर, लहरपुर, शाहजहाँपुर व बरेली आदि दूर-दूर से यहाँ दुकानें आती हैं। कई दुकानदार तो कई पीढ़ियों से इस मेले में दुकान लगाते आ रहे हैं। लकड़ी के अलावा लोहे, चीनी मिट्टी, प्लास्टिक सहित अन्य धातुओं से निर्मित सामग्री की दुकानों के साथ मनोरंजन के साधन भी इस मेले का हिस्सा होते हैं।

भरतकुण्ड का मेला

इस मेले का विस्तृत उल्लेख दस्तावेज़ क्रमांक 43 में त्याग, तप और तर्पण की भूमि भरतकुण्ड और नन्दीग्राम तीर्थ में किया गया है।

सूर्यकुण्ड का मेला

इस मेले का विस्तृत उल्लेख दस्तावेज़ क्रमांक 45 में सूर्य-उपासना का आदि केन्द्र : सूर्यकुण्ड में किया गया है।

गोविन्द साहब का मेला

इस मेले का विस्तृत उल्लेख दस्तावेज़ क्रमांक 21 में गुलाल पन्थ और सन्त गोविन्द साहब में किया गया है।

नोट : **इस खण्ड में अयोध्या नगर में होने वाले मेलों का ज़िक्र नहीं किया गया है, क्योंकि उन सब का उल्लेख अलग से प्रस्तावित अयोध्या पुस्तक योजना के अन्तर्गत विचारणीय है। –सम्पादक**

साभार : **स्थलों के सर्वेक्षण, विभिन्न स्रोतों से प्राप्त जानकारी तथा रोहित शर्मा, सन्दीप शुक्ल, दीपक मिश्र, डॉ. देशराज उपाध्याय तथा डॉ. सत्यप्रकाश त्रिपाठी से बातचीत के आधार पर इस अंक के सम्पादक यतीन्द्र मिश्र द्वारा लिखी गयी टिप्पणी। पहली बार प्रकाशित।**

फ़ैज़ाबाद : दस्तावेज़-177

इतिहास संजोए गलियाँ
फ़ैज़ाबाद नगर की प्रमुख गलियों का इतिहास

खीर वाली गली

फ़ैज़ाबाद शहर में चौक घण्टा-घर से फतेहगंज चौराहे की ओर चलने पर चौराहे से लगभग सौ मीटर पहले बायीं पट्टी पर यह गली स्थित है। 'खीर वाली गली' में कभी लगभग सभी घरों में खीर बनाकर बेचने वाले हलवाई रहा करते थे। चावल और दूध से बनी यह खीर, मिट्टी के प्यालों में मिलती थी। खीर की फेरी लगाने वाले इन हलवाइयों में अधिकांश मुस्लिम थे। वर्तमान में इस इलाके से खीर का स्वाद गायब हो चुका है, फिर भी प्रचलन में यह गली अपने नाम के अनुरूप आज भी खीर के जायके की याद दिला देती है।

रामलीला गली

अयोध्या से चौक (फ़ैज़ाबाद) की ओर चलने पर साहबगंज में राम-जानकी मन्दिर के ठीक पहले यह गली स्थित है। दो सौ साल पहले शहर की गल्ला मण्डी साहबगंज बाज़ार हुआ करती थी। यहीं के व्यापारियों ने शहर में रामलीला की नींव डाली। साहबगंज में जिस गली में यह मैदानी रामलीला खेली जाती थी, उसे 'रामलीला गली' के नाम से जाना गया। यहाँ आज भी परम्परागत रूप से दशहरे में मैदानी रामलीला होती है, जिसे समाज में बहुत आदर प्राप्त है।

गुड़िया गली

'गुड़िया गली', अयोध्या-फ़ैज़ाबाद मार्ग पर ही रामलीला गली से क़रीब

पचास-साठ मीटर पहले अयोध्या की ओर साहबगंज इलाके में ही एक दूसरी गली के रूप में विख्यात है। यह गली श्रावण मास में पड़ने वाले नागपंचमी के लोक-पर्व पर गुड़िया पीटने के उल्लास का प्रतीक पिछले सैकड़ों सालों से बनी हुई है। धर्मशास्त्र के इतिहास में भी नागपंचमी को 'गुड़ियों का त्यौहार' कहा जाता है।

साहबगंज की इसी गुड़िया गली में इस इलाके के आबाद होने के बहुत पहले से ही नागपंचमी के दिन गुड़िया का मेला लगता आ रहा है। इसीलिए यह गली अपने सांस्कृतिक प्रतीक के अनुरूप गुड़िया गली कहलाती है। हालाँकि, इस मेले का उत्साह अब साल दर साल कम होता जा रहा है, परन्तु पचास वर्ष पहले तक इस मेले की धूम थी। इस मेले को दूसरे पारम्परिक मेलों की तरह ही खिलौने, बिसातखाने की वस्तुएँ, मिठाई व चाट आदि की दुकानें गुलज़ार बनाये रखती थीं, जिसकी रौनक में हाल के वर्षों में काफ़ी कमी आयी है।

दाल गली

फतेहगंज चौराहे से राजकीय इण्टर कॉलेज की तरफ़ बढ़ने पर दाहिनी पटरी पर क़रीब बीस मीटर चलने पर यह खास गली मिलती है, जिसे 'दाल गली' के नाम से जाना जाता है। फतेहगंज मोहल्ले में स्थित दालमण्डी की गली का दाल के कारोबार से आज कोई नाता नहीं रह गया है, परन्तु पुराने समय में यहाँ घर-घर दाल की दराई का काम होता था। यह दराई पत्थर की चकिया पर की जाती थी। दाल के इसी कारोबार ने इस गली को दालमण्डी का नाम भी दिया था।

रामदाना गली

शहर में रीडगंज चौराहे से चौक, घण्टा-घर की ओर बढ़ने पर नगर कोतवाली के निकट स्थित दो दरे को पार करते ही बायीं तरफ़ को जाने वाली गली दो सौ वर्षों से रामदाने से जुड़ी पहचान रखती आयी है। अभी हाल ही में लगभग बीस-पच्चीस साल पहले तक इस गली में घुसते ही गरम गुड़ की महक चारों ओर से हमारे भीतर भर जाती थी। हैदरगंज के नाम से जाना जाने वाला यह इलाका, रामदाना बनाने के कारोबार के लिए दूर-दूर तक प्रसिद्ध था। इस गली के दोनों छोर पर स्थित पचासों घरों के बाहर जलती भट्ठियों पर चढ़े बड़े-बड़े कड़ाहे, खाँड़ (बूरा) और रामदाना बनाने की प्रक्रिया का प्रतीक हुआ करते थे। पहले यह कारोबार गुड़ पर आधारित था, फिर

गुड़ की जगह चीनी की आमद के साथ खाँड़ का बनना धीरे-धीरे बन्द हो गया है। चीनी से रामदाना बनाने का काम चलता रहा, जो अब सिमट कर आठ-दस घरों तक ही सीमित रह गया है। यह कारोबार करने वाले अधिकतर लोग मद्धेशिया परिवार के लोग रहे हैं।

आभार : युवा लेखक व पत्रकार दीपक मिश्र द्वारा लिखी गयी टिप्पणी। पहली बार प्रकाशित।

फ़ैज़ाबाद : दस्तावेज़-178

फ़ैज़ाबाद के हस्त-शिल्प व कुटीर उद्योग
एक आकलन

लकड़ी के सामान और सिंगारदान का शहर

पुराने दौर में फ़ैज़ाबाद नगर में लकड़ी के सन्दूक, इत्र-दान, कलम-दान तथा सिंगार-दान इत्यादि बहुत ही सुन्दर बनते थे। उन पर पीतल की सुन्दर एवं स्वच्छ फूल पत्तियों से सजावट की जाती थी। अब इस काम के कारखाने लगभग बन्द हो चुके हैं। हालाँकि आज भी जनपद के रायपुर ग्राम-सभा में अनन्त चतुर्दशी से पन्द्रह दिन तक एक भव्य मेला लगता है, जिसमें अधिकांशतः लकड़ी के सामान की ही बाज़ार लगती है। इस मेले में दूर-दूर से लोग चारपाई, खाट, तखत, मचिया, पीढ़ा, चौका, मेज, कुर्सी, आलमारी आदि खरीदने आते हैं।

कस्बा मुबारकपुर की लकड़ी की खडाऊँ पहले अत्यधिक प्रसिद्ध थी। फ़ैज़ाबाद में भी लकड़ी की खड़ाऊँ बनाने की कई दुकानें हैं, जिनमें अधिकतर छोटे कारखाने अयोध्या में स्थित हैं। इस कारोबार में ज़्यादातर मुस्लिम समुदाय के लोग लगे हैं। फ़ैज़ाबाद में जप्ती वज़ीरगंज के कुछ घरों में खडाऊँ के साथ ही चकिया-बेलना बनाने का काम पुराने समय से आज तक चला आ रहा है।

इसके अलावा पुराने दौर में सींघ और लकड़ी की कंघियाँ फ़ैज़ाबाद में बनती थीं और बाहर भी भेजी जाती थीं। इसके निर्माण से जुड़ी हुई बाक़ायदा एक कंघी गली ही नगर के चौक इलाके में लॉयड गेट से अन्दर जाने पर लगभग डेढ़ सौ मीटर आगे बायीं ओर मौजूद है, जो अब सिर्फ़ नाम से लिए ही जानी जाती है। इसी के समीप टाटशाह मुसाफ़िरख़ाना भी स्थित

है। इस गली से कंघी बनाने का कारोबार वर्तमान में सिमट चुका है।

लॉफर व नागरा जूते बनाने का शहर

हाथ के बने हुए चमड़े के जूतों का कारोबार कभी फ़ैज़ाबाद शहर में कुटीर उद्योग के रूप में विस्तार लिए हुआ था। बीसवीं सदी के सत्तर व अस्सी के दशक में इसकी धूम न केवल पूर्वांचल के सभी जिलों मसलन, फ़ैज़ाबाद, बस्ती, गोरखपुर, महाराजगंज, सन्तकबीर नगर, देवरिया, सिद्धार्थनगर, गोण्डा, बहराईच, बलरामपुर तक थी, बल्कि उसकी सीमा बिहार व नेपाल तक जाती थी। यहाँ फ़ैज़ाबाद में बनने वाले नागरा, लॉफर व डर्बी जूतों की विशेष पहचान थी। वर्ष 1992 के बाद इस कारोबार में निरन्तर गिरवाट आती गयी और आज यह मृतप्राय हो चुका है।

कोठापार्चा स्थित जूता बाज़ार में आज भी इस व्यवसाय के अधुनानत स्वरूप से जुड़े हुए लोग बताते हैं कि अमानीगंज, बेनीगंज, शाहजहाँपुर, बछड़ा सुलतानपुर, वजीरगंज, हसनू कटरा, दिल्ली दरवाज़ा व पुरानी सब्जी मण्डी मुहल्लों में घर-घर जूते बनाने का काम होता था। कोठापार्चा की पुरानी बाज़ार में इसके थोक व्यापार से जुड़े लोगों में हाज़ी हिदायतउल्ला, हाज़ी शहाबुद्दीन, हाज़ी इब्राहिम व अब्दुल हकीक ख़ाँ के नाम प्रमुख रूप से शामिल थे। बताया गया कि नागरा बनाने के लिए टकसाल मोहल्ले के सलामत अली, लॉफर के लिए शाहजहाँपुर के असगर अली और डर्बी के लिए पुरानी सब्जी मण्डी के बाबू ख़ाँ व हसनू कटरा के अब्दुल हमीर के कारखाने का नाम विशेष रूप से प्रसिद्ध था।

मुरमुरा और चना-चबैना का शहर

फ़ैज़ाबाद-अम्बेडकरनगर मार्ग पर दर्शन नगर बाज़ार के आखिरी छोर पर सूर्यकुण्ड मन्दिर परिसर से सटी हुई, दर्शन नगर पुलिस चौकी के समीप मुरमुरा, भूजा, चना और चबैना बेचने वालों की लगभग आधा दर्जन दुकानें पिछले कई दशकों से मौजूद हैं। चबैना के लिए उपयोग में लाये जाने वाले मटर, चना, मक्का (जोंधरी), चिउड़ा या चिवड़ा, मुरमुरा (चावल का भुना हुआ रूप) आदि की बिक्री इस इलाके की पहचान रही है।

इन दुकानों से यह चीजें जहाँ ग्राहकों को छोटे स्तर पर भांड में भुजे हुए रूप में उपलब्ध रहती हैं, वहीं इनकी थोक बिक्री भी होती है, जिसे आस-पास इलाके के छोटे दुकानदार खरीदकर ले जाते हैं और अपनी दुकानों में अलग

से फुटकर रूप में बेचते हैं। दर्शन नगर के दुकानदार वर्ष भर दिन-रात मुरमुरे और भूजे की दुकानदारी में संलग्न रहते हैं, जिनका पूरा परिवार ही इस काम में जुटा रहता है।

मुरमुरे और चने-चबैने के व्यवसाय में अलग से यह बात भी रेखांकित करने योग्य है कि फ़ैज़ाबाद जनपद के तमाम इलाकों में लगने वाली साप्ताहिक बाज़ारों में, जिनमें अधिकांश ग्रामीण क्षेत्रों की बाज़ारें हैं, एक-दो दुकानें अवश्य ही इसकी लगती हैं। इनमें कई दुकानों में सिर्फ़ भड़भूजे अपने भाड़ लेकर मौजूद रहते हैं और गाँव वालों द्वारा खुद के लाये हुए अनाज को भूजकर देते हैं और कुछ दुकानें ऐसी भी होती हैं, जिसमें भाड़ के साथ दुकानदार चबैना की सारी सामग्री लेकर बैठता है। ऐसी बाज़ारों में हम शंकरगढ़, महोबरा, मुमताज नगर, शाहगंज, गोसाईंगंज, दिलासीगंज, सुचित्तागंज, बाबा बाज़ार, चौरे बाज़ार आदि के नाम प्रमुखता से ले सकते हैं।

खांड और गुड़ बनाने का शहर

फ़ैज़ाबाद जनपद में गुड़ व खांड बनाने के व्यवसाय में लगे हुए इलाकों में प्रमुख रूप से पूरा बाज़ार विकास खण्ड क्षेत्र का वर्चस्व रहा है। इस क्षेत्र की कुछ ग्राम-सभाओं में गुड़ बनाने के कारखाने लगे हैं, जिनमें आधुनिक तकनीकी (क्रेशर) से इनके निर्माण का कार्य होता है। इनमें रेहरवाँ के लोधे सिंह, गंगौली के मिण्टू सिंह एवं पप्पू सिंह, पूरा बाज़ार के अवधेश सिंह तथा रसूलाबाद के रामराज वर्मा द्वारा लगाये गये क्रेशर जनपद में गुड़ उत्पादन का कार्य प्रमुख रूप से कर रहे हैं। इनके अलावा छोटे स्तर पर जनपद में कई स्थानों पर गुड़ बनाने का कार्य होता है।

यह दर्ज़ करना भी आवश्यक है कि पारम्परिक रूप से कोल्हू द्वारा गुड़ बनाये जाने का कार्य पूरा बाज़ार और तारुन क्षेत्र के गाँवों में सर्वाधिक होता था। आज इसमें कमी आयी है और तारुन के कुछ ही इलाकों में इस विधि से गुड़ तैयार किया जाता है।

दोना और पत्तल बनाने का शहर

फ़ैज़ाबाद में दोना और पत्तल बनाने का कार्य विकास-खण्ड : पूरा के हैंसा ग्राम सभा के अन्तर्गत आने वाले सोनैसा में होता है। गंगौली चौराहे से आधा किलोमीटर दक्षिण की ओर पी.डी. पाण्डेय इण्टर कॉलेज, सोनैसा के पास दोना और पत्तल बनाने वाली जनजाति 'वनराजा' की बस्ती है। वर्तमान

में इस बस्ती के पैंतीस से चालीस परिवारों में दोना और पत्तल बनाने का कार्य होता है। दोना और पत्तल महुआ, ढाक और बरगद के पत्तों से तैयार किये जाते हैं, जो पूरी तरह हस्तशिल्प पर आधारित कुटीर उद्योग है।

फ़ैज़ाबाद के अन्य विकास खण्डों में भी दोना-पत्तल बनाने का कार्य इन जनजातियों के माध्यम से छोटे स्तर पर भी किया जा रहा है। इनमें हैरिंग्टनगंज, रुदौली, बीकापुर, खण्डासा, मवई तथा मिल्कीपुर को विशेष तौर पर देखा जा सकता है।

आम के बागों का शहर

फ़ैज़ाबाद जनपद का सोहावल क्षेत्र आम के बागों के लिए पूरे प्रदेश में जाना जाता है। यहाँ के दशहरी आम का व्यापार प्रादेशिक स्तर पर होता है और उसका निर्यात विदेशों में भी किया जाता है। यह देखना महत्त्वपूर्ण है कि फ़ैज़ाबाद-लखनऊ राष्ट्रीय राजमार्ग पर पड़ने वाले कोटसराय से लेकर मवई क्षेत्र तक लगभग पचास किलोमीटर के दायरे में दशहरी आम की कई प्रजातियों की पैदावार होती है, जिसका व्यापार बड़े स्तर पर किया जाता है। फ़ैज़ाबाद के सन्दर्भ में आमों का यह कारोबार लखनऊ के मलीहाबाद क्षेत्र के तर्ज़ पर उसकी एक ज़रूरी पहचान के रूप में शामिल है।

साभार : **1. उत्तर प्रदेश डिस्ट्रिक्ट गजेटियर फ़ैज़ाबाद : ई.बी. जोशी, प्रकाशक : इण्डियन प्रेस लि. इलाहाबाद, उत्तर प्रदेश, संस्करण : 1960, 2. नया दौर-अवध अंक, सम्पादक : सय्यद अमजद हुसैन, प्रकाशक : सूचना एवं जनसम्पर्क विभाग, लखनऊ, उत्तर प्रदेश से संक्षिप्त एवं संशोधित रूप में लेने के अतिरिक्त प्रदीप तिवारी से बातचीत के आधार पर दीपक मिश्र, अजीत सिंह बिसेन, रोहित शर्मा, अश्वनी शुक्ल तथा इस अंक के सम्पादक यतीन्द्र मिश्र के द्वारा समवेत ढंग से लिखी गयी टिप्पणी। पहली बार प्रकाशित।**

फ़ैज़ाबाद जनपद की साप्ताहिक बाज़ारें
एक लेखा-जोखा

फ़ैज़ाबाद जनपद के तमाम इलाकों में पुराने दौर से आज तक साप्ताहिक बाज़ारें लगती रही हैं। इनमें अधिकांश ग्रामीण क्षेत्रों की बाज़ारें हैं, जो उन क्षेत्रों के प्रमुख चौराहों तथा प्रचलित बाज़ारों के समीप लगती हैं। इन बाज़ारों के लगने के दिन नियत हैं, जो कहीं पर सप्ताह में एक दिन और कहीं दो दिन लगती हैं। इन बाज़ारों में उन क्षेत्रों के स्थानीय व्यापारी ही अपनी दुकानें लगाते चले आ रहे हैं, जिनमें कुछ दुकानदार ऐसे भी हैं जो एक से अधिक बाज़ारों में अपनी दुकानें लेकर जाते हैं।

इन बाज़ारों का दृश्य लगभग एक ही तरह का होता है, जिनमें रोज़-मर्रा उपयोग में आने वाली चीज़ों की बिक्री ही बाज़ार का प्रमुख आधार होती है। इन चीज़ों में मुख्य रूप से कपड़े से लेकर ख़ान-पान की वस्तुएँ, अनाज़, फल, सब्ज़ियाँ, मसाले, सौन्दर्य प्रसाधन की वस्तुएँ, बर्तन, प्लास्टिक के सामान, बच्चों के खिलौने, खेती-किसानी के छोटे औजार व घरेलू उपयोग में लायी जाने वाली चीज़ें शामिल रहती हैं। घरेलू उपयोग की वस्तुओं में अधिकांश बाज़ारों में जूते-चप्पल, छाता, रस्सी, टॉर्च, लालटेन, ताला, चाकू, झाडू आदि अवश्य ही बिकने के लिए आते हैं। इसके अलावा कुछ बाज़ारों में बच्चों के मनोरंजन के लिए कई तरह के छोटे झूले भी लगाये जाते हैं।

इन साप्ताहिक बाज़ारों में खाने-पीने की सामग्री की जो दुकानें लगती हैं, वह भी सभी जगह लगभग एक जैसी ही होती हैं, जिनमें विशेष तौर पर जलेबी, इमरती समोसा, टिकिया, चाट, पकौड़ी, गुड़ की बनी मिठाइयाँ, खोए की मिठाइयाँ, लड्डू तथा आइसक्रीम आदि पारम्परिक तौर से बिकते हैं। आजकल इन बाज़ारों के खान-पान का स्वरूप थोड़ा बदल गया है और

ग्रामीण क्षेत्रों में लगने वाली बाज़ारें आधुनिकीकरण के फेर में नये क़िस्म के व्यंजन भी परोस रही हैं। इनमें मुख्य रूप से शहरों में प्रचलित चाइनीज़ व्यंजन के तर्ज़ पर कस्बाई ढंग से चाऊमीन और बर्गर का प्रचलन कुछ अधिक ही बढ़ गया है। यह भी देखना महत्त्वपूर्ण है कि अधिकतर बाज़ारों के छोर पर मांस, मछली की दुकानें भी लगती हैं।

फ़ैज़ाबाद जनपद की ऐसी साप्ताहिक बाज़ारों में प्रमुख रूप से दर्ज़ की जाने वाली बाज़ारें हैं– महोबरा, शंकरगढ़, मुमताजनगर, मुबारकगंज, मंगलसी, ड्योढ़ी बाज़ार, शुजागंज, बारुन बाज़ार, देवगाँव, बीकापुर, कुचेरा बाज़ार, चौरे बाज़ार, खजुरहट, रामपुर भगन, तारुन बाज़ार, हैदरगंज, नन्सा बाज़ार, कोंछा बाज़ार, हैरिंग्टनगंज, इनायत नगर, मिल्कीपुर, कुमारगंज, मऊ-शिवाला, रानी बाज़ार, सुचित्तागंज, मया बाज़ार, पूरा बाज़ार, मवई, मसौधा, गद्दौपुर, सैदपुर, खण्डासा, अमानीगंज, बाबा बाज़ार, शाहगंज, रेवतीगंज, हनुमत नगर चौराहा, गोसाईंगंज, पटरंगा, दिलासीगंज, महबूबगंज, जलालपुर, टाण्डा, बसखारी, भीटी, रसूलाबाद तथा गोसाईंगंज आदि।

इनसे अलग जुबेरगंज और आचारी का सगरा अपने साप्ताहिक पशु-बाज़ार के लिए विख्यात है, जिसमें जुबेरगंज में रविवार और आचारी का सगरा में मंगलवार को यह बाज़ार लगती है। वर्तमान में जुबेरगंज बाज़ार की व्याप्ति काफ़ी व्यापक स्तर पर हो गयी है।

नोट : **उपर्युक्त बाज़ारों के सर्वेक्षण तथा अधिकांश बाज़ारों के व्यापारियों व निवासियों से बातचीत तथा अजीत सिंह बिसेन, दीपक मिश्र, प्रदीप तिवारी, प्रभात कुमार द्विवेदी, अविनाश पाण्डेय, सत्येन्द्र पाल सिंह एवं सुभाष चौहान से प्राप्त जानकारियों के आधार पर इस अंक के सम्पादक यतीन्द्र मिश्र तथा रोहित शर्मा द्वारा संयुक्त रूप से लिखी गयी टिप्पणी। पहली बार प्रकाशित।**

बाज़ार के कुछ अनूठे रंग

गजाधर प्रसाद लक्ष्मी नारायण सुगन्ध वाले
इत्र और अगरबत्तियों की दुकान
चौक : घण्टाघर

फ़ैज़ाबाद नगर के चौक बाज़ार में घण्टाघर के समीप इत्रफ़रोशी के काम के लिए विख्यात 'गजाधर प्रसाद लक्ष्मी नारायण परफ्यूमर्स' की दुकान सन् 1885 ई. में स्थापित हुई थी, जो सुगन्ध व्यापार की इस शहर की सबसे पुरानी और एकमात्र दुकान मानी जाती है। आज भी शहर की अन्य दुकानों पर जहाँ पूजा का सामान और अगरबत्तियाँ मिलती हैं, भले ही फुटकर ढंग से इत्र बेचा जा रहा हो, मगर पुराने ज़माने की याद दिलाने वाले इत्र की खुश्बू का इतना लम्बा और पुराना व्यापार इसी दुकान के मार्फ़त सम्पन्न होता है।

सन् 1961 से इस दुकान को संचालित कर रहे श्री श्याम नारायण अग्रवाल के दादा स्व. श्री गजाधर प्रसाद ने इस दुकान की नींव रखी थी। तब से आज तीसरी पीढ़ी की नुमाइन्दगी करते हुए श्री अग्रवाल इत्र के व्यापार में संलग्न हैं, जो तब भी कन्नौज से मँगायी जाती थी और आज भी वहीं से आती है। वे बताते हैं कि जब उन्होंने दुकान में बैठना शुरु किया था, उस समय इत्र की सबसे छोटी शीशी अधिकतम एक रुपये में बिकती थी, जिसे आज दस रुपये में बेचा जाता है। उनके अनुसार गुलाब और बेला के इत्र सर्वाधिक माँग में रहते आये हैं, जबकि हिना, फिरदौस, अम्बर और समामा जैसे इत्र मुस्लिम समुदाय के लोगों की विशेष पसन्द में शामिल हैं। उनकी दुकान से बिकने वाले ढेरों प्रकार की खुश्बुओं में इन इत्रों को

छोड़कर केवड़ा, खस, मोगरा, चमेली, मोतिया भी खूब बिकते हैं।

इन इत्रों के अलावा उनकी दुकान में कूलर का परफ्यूम कमरे के लिए स्प्रे और शरीर पर छिड़कने वाले सेण्ट भी मिलते हैं। सन् 1961 के बाद से उन्होंने दुकान में अगरबत्तियाँ रखना भी शुरु किया। उस दौर में दिल्ली की एक कम्पनी 'गुलाब सिंह जौहरी, चाँदनी चौक वाले' की जाफरानी अगरबत्ती बेहद प्रसिद्ध थी और यही सर्वाधिक बिकती थी। आजकल इन्दौर (मध्य प्रदेश), अहमदाबाद (गुजरात) और बंगलौर (कर्नाटक) की अगरबत्तियों की अधिक माँग है।

यह पूछे जाने पर कि पुराने समय से आज कितना अन्तर आया है, श्री श्याम नारायण अग्रवाल यह बताते हैं कि आज के समय में पहले की अपेक्षा व्यापार ज़्यादा बढ़िया हो रहा है। यह देखना सुखद है कि सुगन्ध फैलाने का यह काम पिछले एक सौ इकतीस वर्षों से नगर के चौक इलाके से बदस्तूर जारी है।

टोपीवाले की दुकान
ज़री, मुकुट, पोशाक और गोटे-पत्ते की दुकान
बजाजा

फ़ैज़ाबाद नगर के चौक इलाके में बजाजा की ओर जाने वाले तिनदरे के अन्तिम दरे से भीतर जाने पर सर्राफा पटरी पर दाहिनी ओर कोने में यह दुकान स्थित है। इस दुकान को इसी रूप में स्थापित हुए और पहचान मिले अस्सी वर्षों से कुछ अधिक का समय बीत चुका है। वर्तमान में इस दुकान को बुजुर्ग श्री अब्दुल कय्यूम ख़ाँ और उनके साहबजादे मो. अंजुम ख़ाँ सम्भाल रहे हैं। श्री अंजुम ख़ाँ बताते हैं कि वे यहाँ पर पाँचवीं पीढ़ी के रूप में मौजूद हैं और 'टोपीवाले की दुकान' लगातार पिछली पाँच पीढ़ियों से यही काम कर रही है।

जब यह दुकान शुरु हुई थी, तब यहाँ कई प्रकार की सिर्फ टोपियाँ बिकती थीं। उस ज़माने में रंग-बिरंगी टोपियों से लेकर सादे सफेद कपड़ों की टोपियाँ और हैट तक बिकते थे। तब टोपियों का बड़ा-बड़ा खाँचा आगरा से यहाँ बिकने के लिए आता था। अब्दुल कय्यूम ख़ाँ साहब बताते हैं कि 'आज से पचास साल पहले समाज में टोपी पहनने का रिवाज़ था। किसी भी धर्म या समुदाय का कोई व्यक्ति हो, वह बिना सर ढँके घर से बाहर बाज़ार या गली में निकल नहीं सकता था। यह एक प्रकार की रवायत थी,

जिसका सभी पालन करते थे। कभी अगर कोई बिना टोपी पहनकर निकल आता था, तो उसका यह अर्थ लगाया जाता था कि उस व्यक्ति के घर में कोई ग़मी हो गयी है। एक तरह से सर उघारकर निकलना इस बात का संकेत था कि हमारे यहाँ कोई आकस्मिक दुर्घटना घट गयी है या किसी पारिवारिक सदस्य की मृत्यु हो गयी है। इस तरह हम लोगों ने टोपियों का कारोबार किया है और इतनी टोपियाँ बेची हैं कि कई बार तो त्यौहारों के मौकों पर उनका हिसाब रख पाना मुश्किल हो जाता था। हैट तो पेटी की पेटी बिकती थी।'

ज़माने के दस्तूर बदलने के साथ जिस तरह समाज में टोपी पहनने का रिवाज़ कम हुआ, इस दुकान में भी टोपी बिकनी कम हुई और बाद में धीरे-धीरे बन्द होने के कगार पर पहुँच गयी। इसका परिणाम यह रहा कि पचास सालों से यहाँ टोपी के अतिरिक्त गोटा, गोटे का फूल, ज़री, ज़री-मुकुट, सलमा-सितारा, बेल, लेस, मोती, पोत की मोतियाँ, विभिन्न रंगों के तामड़े, रामलीला की पोशाक, नाटकों में पहने जाने वाले विभिन्न प्रकार के केश और शादी से सम्बन्धित श्रृंगार के अन्य सामान बिकने लगे।

इनके अलावा अष्टधातु की मूर्तियों को सजाने के लिए मुकुट, कर्णफूल, पोशाक, मोतियों की मालाएँ, ठाकुर जी को लगाये जाने वाले पत्थर के नेत्र तथा अन्यान्य श्रृंगार की वस्तुएँ भी टोपीवाले की दुकान की पहचान बन गयी। एक तरह से पिछले कई दशकों से शहर में यह जुमला ही मशहूर हो गया कि पूजा-पाठ, नाटक-रामलीला, संगीत-नृत्य और अन्यान्य कलारूपों के तहत प्रयुक्त की जाने वाली छोटी-बड़ी ज़रूरत की चीज़ें अगर कोई उपलब्ध करा सकता है, तो वह टोपीवाले की दुकान से ही सम्भव है।

पटवों का काम

सिन्धौरा, मौरी-मौरा और वरमाला की दुकान

चौक : तिनदरा

पटवा, पटहार या देववंशी समुदाय के लोग विगत लगभग सत्तर वर्षों से कुछ अधिक समय से फ़ैज़ाबाद नगर के चौक इलाके में बजाजा की ओर जाने वाले तिनदरे के पहले दरे के भीतर अपनी दुकानें सजाए हुए हैं। इस दरे में पटवों के आठ-नौ परिवार हैं, जो यह काम कई पीढ़ियों से कर रहे हैं। पटवा का काम रेशमी धागों से माला गूँथने और आभूषणों में महीन मोतियों को पिरोने का होता है, जिसे 'पुहाई' या 'गुहाई' का काम भी

कहते हैं। हालाँकि पटवों का काम माला गूँथने के अलावा हिन्दू धर्म में विवाह के अवसर पर प्रयुक्त होने वाले मांगलिक सामानों– दूल्हे का साफा और जयमाल, मौरा-मौरी, डाल, सिन्धौरा, सिन्दूर और ताग-पाट बेचने से सम्बन्धित भी रहा है।

इस दरे में जगदम्बा प्रसाद पटवा, हरिश्चन्द्र पटवा, गोपाल प्रसाद पटवा, मदन पटवा, भगेलू प्रसाद पटवा, विनोद कुमार पटवा और काली प्रसाद पटवा की दुकानें आज भी संचालित हैं। श्री गोपाल प्रसाद पटवा बताते हैं कि उनके दादा स्व. श्री स्वयंबर प्रसाद पटवा ने लगभग अस्सी बरस पहले यह दुकान शुरु की थी, जब उन्हें गुहाई के लिए पारिश्रमिक के तौर पर छेद वाले ताँबे के पैसे मिलते थे। बाद में वह एक आना, दो आना मेहनताने से लेकर अधिकतम एक रुपये तक गया। एक रुपये मेहनताना उन्हें सन् 1965 के दौरान मिलता था। आज मिलने वाली 'पुहाई' के काम का अधिकतम पारिश्रमिक तीस रुपये है। सुनारों के यहाँ जेवर में डोरी लगाने, माला गूँथने के लिए प्रत्येक नग (एक माले की गुहाइ) बीस रुपये मिलते हैं। इसी दरे के जगदम्बा प्रसादं पटवा बताते हैं कि वे सन् 1950 से लगातार यहाँ बैठ रहे हैं। वे सब तरह की मालाएँ गूँथते हैं, जिनमें अधिकतर माँग रुद्राक्ष के माले की गुहाई को लेकर रहती है। इसके अतिरिक्त मंगलसूत्र की पुहाई, बच्चों के हाथों में पहनाए जाने वाले काले धागों में गुँथी 'नजरिया' और कमर में पहनी जाने वाली 'करधन' बनाना विशेष तौर पर शामिल है।

रंग-बिरंगे लकड़ी के सिन्धौरों, ज़री और गोटे के फूलों से लकदक वरमालों और चमकती मौरियों से सजा हुआ यह छोटा सा दरा पटवों के हुनर का बखान करता है, जो कहीं न कहीं शहर की अपनी संस्कृति का एक दस्तावेज़ भी है।

बन्दे हसन 'पतंग वाले'

पतंग की दुकान

चौक : गुदड़ी बाज़ार

नवाबों के दौर में मनोरंजन के ढेरों साधनों में पतंगबाजी या कनकउआ उड़ाना बेहद लोकप्रिय शगल रहा है। फ़ैज़ाबाद चौक से गुदड़ी बाज़ार की ओर जाने पर बायीं ओर बन्दे हसन 'पतंग वाले' की दुकान पड़ती है। यह दुकान उन्होंने आज़ादी के दौरान सन् 1947 के आस-पास खोली थी। इस दुकान से पतंग बेचने का करोबार बाद में लगभग तिरसठ-चौंसठ सालों तक

अबाध गति से चला है। बन्दे हसन की तीसरी पीढ़ी में मौजूद श्री कमाल हैदर ने सन् 2010 में यह धन्धा बन्द करके रस्सी-बाधी की दुकान खोल ली, तब से पतंग की सबसे पुरानी दुकान जैसे अतीत के पन्नों में कहीं गुम हो गयी है। हालाँकि चौक इकदरे से गुदड़ी बाज़ार की ओर निकलते ही बायीं ओर की गली में तीन-चार पतंग वालों की दुकानें आज भी मौजूद हैं, जहाँ पतंगे बिकती हैं। यह अलग बात है कि यह सारी दुकानें बन्दे हसन की दुकान के बहुत बाद की हैं।

कमाल हैदर बताते हैं कि जब उनके दादा ने यह दुकान खोली थी, तब लखनऊ और कलकत्ते से पतंगे मँगवायी जाती थीं। एक आना से शुरु होकर बाद के दशकों में अधिकतम पच्चीस पैसे तक उनके दादा पतंगे बेचते थे, जिनमें कुछ अनूठे नामों की पतंगे– अद्धा छाप, गेंदतारा, चाँदतारा, पटियल, तिरंगा, पुच्छल और नागिन शामिल हैं। जब कमाल हैदर ने यह कारोबार बन्द किया, तब तक एक पतंग की कीमत पचास पैसे से लेकर अधिकतम दस रुपये तक पहुँच गयी थी। नवाबों के आमोद-प्रमोद के लिए मशहूर पतंगों की रंग-बिरंगी दुनिया, फ़ैज़ाबाद शहर में आज भी कमोबेश झिलमिला रही है, मगर वो पुराना दौर बीत चुका है, जिसमें बन्दे हसन जैसे पतंग वाले मौजूद होते थे।

रमज़ानी चूड़ीहारिन और चूड़ी बाज़ार

काँच और लाख की चूड़ियों की दुकानें

रीडगंज

आज़ादी के और पहले से फ़ैज़ाबाद के रीडगंज मुहल्ले में चूड़ीहारिनों से गुलज़ार चूड़ी बाज़ार मौजूद रहा है। इसकी शुरुआत सबसे पहले रमज़ानी चूड़ीहारिन ने ही की थी। उन्होंने सन् 1945 के आस-पास अपने पति हाज़ी बदल के साथ कोतवाली रीडगंज के बगल एक छोटे से टीन के शेड में यह दुकान खोली थी। सन् 1945 से 1950 के दरम्यान आगे-पीछे कई अन्य दुकानें भी खुलीं, जो इन्हीं के परिवार से सम्बन्धित नातेदारों की रही हैं। इनमें रमज़ानी की दुकान के अलावा सकीना ख़ातून की 'सुहाग चूड़ी स्टोर' और सन् 1964 के बाद की शकीला की 'सबरंग फैन्सी सुहाग चूड़ी भण्डार' प्रमुख हैं।

आज रमज़ानी की पुरानी दुकान, उनके पोते मो. तौसीफ चला रहे हैं, जिसका नाम सन् 1980 में बदलकर 'भारत चूड़ी स्टोर' कर दिया गया था। इस

नाम से यह दुकान सन् 2005 तक चली और बाद में सन् 2006 से यह दुकान 'दुल्हन चूड़ी स्टोर' के नाम से चल रही है। हालाँकि आज भी पुराने लोग इस दुकान को रमज़ानी चूड़ीहारिन की दुकान ही जानते हैं।

इस पूरे इलाके में हाज़ी बदल और रमज़ानी की ही बड़ी प्रतिष्ठा रही है, जिन्हें इस इलाके के नयी पीढ़ी के लोग दादा और दादी पुकारते हैं। मो. तौसीफ ने बातचीत में यह बताया कि उस ज़माने में एक ही चूड़ी बनती थी, जिसे 'पक्के काम की चूड़ी' या 'कामदार चूड़ी' कहते थे। इसे ही ज़्यादातर महिलाओं को पहनाया जाता था। उस दौर में चूड़ियाँ 'तोड़े' के रूप में आती थीं। एक 'तोड़ा' चूड़ी में चौबीस दर्जन चूड़ियों का लच्छा बँधा होता है। यह एक तोड़ा तीन रुपये से लेकर पाँच रुपये तक का होता था। बाद में फैशन वाली चूड़ियाँ पिछले पच्चीस-तीस सालों से चलन में आयीं, जिन्हें 'फैन्सी चूड़ी' कहते हैं। इनसे अलग एक रंग की सादी चूड़ियों को 'रेशमी चूड़ी' कहा जाता है, जिनका फैशन किसी दौर में नहीं बदला। अधिकतर बड़े घरों की औरतें इन चूड़ियों को पहनती थीं। इन चूड़ियों की माँग दुर्गा जी की पूजा व सुहाग के सामान चढ़ाने से लेकर शादी-ब्याह के अवसर पर डाल में ले जाने तक रही है।

तौसीफ की पत्नी तबस्सुम भी दुकान में बैठती हैं और बताती हैं कि आजकल पक्की चूड़ी तीस रुपये दर्जन और फैन्सी चूड़ी पन्द्रह रुपये दर्जन में बिकती है। लाख के कड़े पहले बनारस से आते थे, जबकि आजकल जयपुर के लाख के कड़े चलन में हैं। वे यह भी बताती हैं कि सभी धर्मों के लोग उनकी चूड़ियों को खरीदते रहे हैं और रेशमी सतरंगी चूड़ियाँ तो बम्बई और कलकत्ता के लोग भी खूब खरीदकर ले जाते हैं। रमज़ानी की पहल से शुरु हुआ रीडगंज का चूड़ी बाज़ार आज भी सदाबहार ढंग से कायम है।

फ़ैज़ाबाद कोतवाली से सटी हुई यह तीन चार दुकानें, जिनमें 'दुल्हन चूड़ी स्टोर', 'सबरंग फैन्सी सुहाग चूड़ी भण्डार', 'सुहाग चूड़ी स्टोर' और सामने की पटरी पर 'फैन्सी चूड़ी ज्वैलरी पैलेस' शामिल हैं, के अतिरिक्त हाल के वर्षों में चौक, बजाजा में शुरु हुई लगभग एक दर्जन दुकानें अपनी खनक से शृंगार के इस मांगलिक पहनावे के कारोबार को फ़ैज़ाबाद में आज भी चलन में बनाए हुए हैं।

महाविष्णु-लक्ष्मी चित्रशाला
मिट्टी के खिलौने और मूर्तियों की दुकान
जमुनियाबाग

फ़ैज़ाबाद शहर के रीडगंज मोहल्ले के दो दरे से होते हुए जमुनिया बाग में चौक की तरफ आगे बढ़ने पर दाहिनी पट्टी पर एक पुराना सा मकान मिलता है, जिस पर लगे साइन बोर्ड पर लिखा है 'महा विष्णु-लक्ष्मी चित्रशाला'। इसे पढ़ते हुए यह बात समझ में आती है कि बोर्ड से उतर गये रंग और लगभग पुराने पड़ते इस पते के साथ नगर का एक ऐसा इतिहास भी जुड़ा है, जो हमारे त्यौहारों और लोक-कलाओं के आँगन तक जाता है। यह दुकान लगभग पचास वर्ष से भी अधिक पुरानी है और इसे सरजू प्रसाद प्रजापति ने साठ के दशक में खोला था। इस दुकान में जन्माष्टमी, कजरी तीज, करवा चौथ और दीपावली के पर्व पर पिछले कई दशकों से मिट्टी के खिलौने, बर्तन और देवी-देवताओं की मूर्तियों को बेचने का काम किया जाता रहा है।

वर्तमान में इस दुकान के संचालक और स्व. सरजू प्रसाद प्रजापति के पौत्र श्री त्रिवेणी प्रसाद प्रजापति बताते हैं कि उनके घर में मिट्टी का काम बहुत पुराने समय से हो रहा है। उनके दादा जी ने यह काम शुरु किया था और बाद में उन तक आते हुए तीन पीढ़ियों ने इस काम को सँभाला। वे बताते हैं कि शहर की यही एकमात्र पुरानी दुकान थी, जब महिलाएँ कजरी तीज पर यहाँ मिट्टी के शंकर-पार्वती खरीदती थीं और करवा चौथ के दिनों में करवा बिकते थे। अयोध्या-फ़ैज़ाबाद के कुछ प्रमुख घरों में जहाँ परम्परागत ढंग से जन्माष्टमी के पर्व पर झाँकियाँ सजायी जाती थीं, यही प्रजापति परिवार उन घरों में कई प्रकार के मिट्टी की मूर्तियाँ, पुतले-पुतलियाँ और देवी-देवता मुहैया कराते थे। पुराने समयों में आज से लगभग चालीस-पैंतालीस वर्ष पूर्व जब फ़ैज़ाबाद शहर और उसके आस-पास के क्षेत्रों में शादी-ब्याह के मौके पर बारात में देवी-देवताओं की बड़ी-बड़ी प्रतिमाओं को लेकर चलने का रिवाज़ था, तब उसका विशेष ऑर्डर भी 'महा विष्णु-लक्ष्मी चित्रशाला' को ही मिलता था। त्रिवेणी प्रसाद प्रजापति के दादा पूरी तन्मयता से वह सब बनवाकर उपलब्ध कराते थे। धीरे-धीरे समय बदला और मिट्टी के काम का प्रचलन कम होने लगा, तो इस दुकान पर भी उसका असर आया और परम्परागत ढंग से बनने वाली मूर्तियाँ और फुलवारियाँ बननी बन्द हो गयीं। अब लगभग पिछले दस-पन्द्रह वर्षों से इस दुकान ने मिट्टी से

लोक-मंगल रचने का काम बन्द कर दिया है और बाहर से खरीदकर इन त्यौहारों पर आपूर्ति की जाती है।

आज भी यह दुकान स्व. सरजू प्रसाद प्रजापति के बनाये हुए पुश्तैनी मकान 'अशर्फी लाल भवन' में मौजूद है, जिसका निर्माण सन् 1971 ई. में हुआ था और पुरानी दुकान को तब से इसी इमारत में सजा दिया गया था। आज भले ही लालबाग में रहने वाले कुम्हारों के परिवार अथवा रिकाबगंज चौराहे से नियावां रोड पर जाते हुए बायीं तरफ़ मिट्टी के बर्तनों और खिलौनों की दुकानें मिलती हैं, मगर उनका इतिहास दो दशक से अधिक पुराना नहीं है। सबसे प्रामाणिक और पुरानी दुकान को चिन्हित करने के लिहाज़ से इस बात से इनकार नहीं किया जा सकता कि जन्माष्टमी के मौकों पर चार-चार फुट की शंकर-पार्वती और कृष्ण-बलराम और राधा की मूर्तियाँ रचने वाला प्रजापति परिवार अपनी परम्परा की यादों को ही आज सिर्फ़ बचा पाया है, बाक़ी सब अतीत की बात हो चुकी है। 'महाविष्णु-लक्ष्मी चित्रशाला' भी इसी रूप में फ़ैज़ाबाद की सांस्कृतिक आहट का एक पुराना दस्तावेज़ भर रह गयी है।

अग्रवाल पूजन भण्डार

पूजन सामग्री की सबसे पुरानी दुकान

चौक

फ़ैज़ाबाद चौक इकदरे से रिकाबगंज जाने वाले मार्ग पर तकरीबन दो सौ मीटर आगे दाहिनी पटरी पर 'अग्रवाल पूजन भण्डार' की दुकान मिलती है, जिसकी स्थापना सन् 1910 के आस-पास हुई थी। एक शताब्दी से कुछ अधिक वर्षों की हो चुकी इस दुकान में शुरुआती दौर में किराने का काम भी होता था, जब स्व. श्री बद्रीप्रसाद अग्रवाल ने इस दुकान का शुभारम्भ किया था। बाद में समय बीतने के साथ लगभग चालीस साल पहले उनके पौत्र और इस दुकान के वर्तमान संचालक श्री आलोक अग्रवाल के पिता ने यह तय किया कि किराने का सामान हटाकर उनकी दुकान हिन्दू धर्म के समस्त व्रत, अनुष्ठानों और पर्वों में इस्तेमाल होने वाले सामानों की उपलब्धता का केन्द्र बनेगी। इसी के साथ अग्रवाल पूजन भण्डार की विशिष्टता स्थापित होने लगी और देखते-देखते पूरे फ़ैज़ाबाद नगर में इस दुकान की पहचान ही पूजा के सामानों के एकमात्र अनूठे प्रतिष्ठान के रूप में दर्ज़ हो गयी।

श्री आलोक अग्रवाल बताते हैं— 'जो कहीं न मिले, पूजा का वह सारा

सामान यहीं मिलेगा।' इसके समर्थन में वे कुछ चीज़ों का हवाला देते हैं, जिसमें पुत्र-जीवक माला, जयन्त धूप, हत्था-जोड़ी (पेड़ के जड़ जैसी औषधि), एकाक्षी नारियल (एक आँख वाला नारियल), भोजपत्र तथा विभिन्न औषधियों से निर्मित हवन सामग्री की उपलब्धता प्रमुख है। उनकी दुकान में इन दुर्लभ चीजों के अलावा पीतल की भगवान की मूर्तियाँ, ठाकुर जी के कपड़े, अगरबत्तियाँ और आजकल प्रचलित फेंगशुई के सामान भी मिलने लगे हैं। एक हद तक पूजन सामग्री की छोटी-बड़ी समस्त चीज़ों के लिए, 'अग्रवाल पूजन भण्डार' एक आदर्श दुकान के रूप में प्रसिद्ध है।

साभार : **इस अंक के सम्पादक यतीन्द्र मिश्र द्वारा लिखी गयी टिप्पणी। इन समस्त दुकानों के सर्वेक्षण के आधार पर विकसित इस टिप्पणी में त्रिवेणी प्रसाद प्रजापति, आलोक अग्रवाल, श्याम नारायण अग्रवाल, अब्दुल कय्यूम ख़ाँ, मो. अंजुम ख़ाँ, गोपाल प्रसाद पटवा, कमाल हैदर, मो. तौसीफ से प्राप्त सूचनाएँ और जानकारियाँ शामिल रही हैं। पहली बार प्रकाशित।**

हाथ से छपाई का काम और बटौली साड़ी
टाण्डा

आज से तकरीबन पैंतीस-चालीस साल पहले का समय था, जब टाण्डा, फ़ैज़ाबाद (अब अम्बेडकरनगर) में हाथ से छपाई के काम की साड़ियाँ बनती थीं। छपाई का काम अधिकतर हिन्दू समुदाय के लोग करते थे, जिनमें जायसवालों का परिवार अग्रणी था, जबकि टाण्डा में बुनकर का काम अधिकांशतः मुस्लिम परिवारों के पास था।

उस जमाने में छपाई के काम की साड़ियों की सर्वाधिक माँग नेपाल में हुआ करती थी, क्योंकि इस तरह की साड़ियों को नेपाल में चुनरी के बतर्ज प्रयोग में लाया जाता था, जिसके बगैर वहाँ कोई भी शादी सम्पन्न नहीं होती थी। इन्हें **'बटौली साड़ी'** *कहा जाता था, जिन पर हाथ से छापे का काम बनाया जाता था। छापे कई तरह के होते थे, जिनमें* 'फूल-पत्ती', 'मोरपंख' *या 'आलंकारिक आलेखनों' का छापा प्रमुख तौर पर बनता था। नेपालगंज और बुटवल बाज़ार में यह साड़ियाँ बिकने के लिए जाती थीं और टाण्डा की यह दस्तकारी बहुत सम्मान के साथ वहाँ खरीदी जाती थी। बटौली साड़ी के लिए सबसे लोकप्रिय प्रतिष्ठान टाण्डा में उन दिनों* **'मेसर्स सुमई राम रामकिशुन'** *की होती थी, जो जायसवाल परिवार का ही प्रतिष्ठान था। हालाँकि टाण्डा के अलावा, मुरादाबाद शहर के काँठ शहर में भी यह साड़ी बनती थी, मगर टाण्डा की चुनरी नेपाल में ज़्यादा मशहूर थी।*

जिस लकड़ी के गुटके पर छापे के लिए डिजाईनों को उकेरा जाता था, उसे **'डट्टा'** *कहते थे। अधिकतर डट्टे कलकत्ते से बनकर आते थे। टाण्डा में एकमात्र मुस्लिम परिवार ऐसा था, जिसके* **मास्टर नूरुल गनी** *के यहाँ डट्टा बनता था। इलाके में यह ही अकेले ऐसे उत्कृष्ट कलाकार थे, जो किसी भी*

तरह की डिजाइन को बड़े सधे हाथों से डट्टे पर उतार देते थे। इसीलिए इन्हें 'डट्टा मास्टर' भी कहा जाता था। टाण्डा जाने पर नूरुल गनी साहब के बेटे श्री महफूज आलम से मुलाकात हुई, जिन्होंने बड़े मनोयोग से अपने पिता के बनाये हुए कुछ डिजाईनों और विज्ञापनों के नमूने फाईल से निकालकर दिखलाए। नूरुल गनी साहब की मृत्यु सन् 2014 में हुई। तब से डट्टे का काम टाण्डा के लिए इतिहास की चीज़ बन गया। महफूज आलम ने यह बताया कि अकबरपुर (अब अम्बेडकरनगर) के ऐतिहासिक गाँधी आश्रम में सारी हाथ की छपाई का काम यहीं टाण्डा से बनकर जाता था।

'डट्टा' शीशम की लकड़ी पर बनता था और सारे आलेखन, चित्रांकन और लिखावट उल्टी बनायी जाती थी, जिससे छापे जाने पर वह सीधी दिखाई पड़े। रंगने या छपाई का काम भी बहुत अनूठे ढंग से यहाँ टाण्डा में क्रियान्वित होता था। सबसे पहले गेरू, फिटकरी और गोंद डालकर रंग बनाया जाता था, फिर उसके बाद छपाई होती थी और बाद में धुलाई। एक बड़े से कड़ाहे में पानी भरकर फिर उसमें इलेजरीन रंग में धौ का फूल डालकर पकाया जाता था। छपाई के काम को इस रंग में डालते ही वह लाल होकर उभर आती थी। बाद में, चूना और गोंद को आपस में मिलाकर छपे हुए फूल और अन्य आलेखनों की छपाई पर लगा दिया ज़ाता था। फिर जिस रंग में धोतियों को रंगने की ज़रूरत होती थी, मसलन हरा, पीला, नीला, गुलाबी, बैंगनी या केसरिया.... उस रंग में धोतियाँ रंगी जाती थीं। चूने और गोंद लगे होने के कारण फूल और डिजाइन वैसी ही रहती थी, जैसी वह छपाई के दौरान इलेजरीन और धौ के फूल से लाल हो जाती थी। इस समय दूसरे रंगों में धोतियाँ रंगते हुए इन पर वे नये रंग नहीं चढ़ते थे। इस तरह एक बटौली साड़ी तैयार होती थी, जो आठ मीटर की मारकीन की सूती साड़ी पर मानक ढंग से तैयार की जाती थी। यही नेपाल की वह चुनरी थी, जिसे नेपाल की बुटवल बाज़ार में टाण्डा की दस्तकारी घर-घर सत्तर और अस्सी के दशक में पहुँचाती थीं।

आज भी **'मेसर्स सुमई राम राम किशुन फर्म'** *के अलावा उस दौर की* **'मेसर्स सुमई राम राम नारायन'** *तथा* **'मेसर्स गया प्रसाद पुदई राम'** *फर्म के नाम को पुराने लोग याद करते हैं।*

बटौली साड़ी से अलग छपाई के अन्य कामों में भी टाण्डा की दस्तकारी सत्तर-अस्सी के दशक में शिखर पर थी, जिनमें ग़ल्ते की बुनाई भी अवध की कारीगरी का एक प्रमुख प्रकार थी। यह भी टाण्डा, फ़ैज़ाबाद (अब

अम्बेडकरनगर) में बनती थी। सैय्यद मसूद हसन रिज़वी रुदौलवी ने 'लखनऊ की हस्तकला' लेख में इस बात पर गम्भीरता से इशारा किया है। उनके अनुसार– 'उस दौर में एक ही परिवार की दो शाखाएँ यह काम कर रही थीं। बाद में, एक शाखा पाकिस्तान चली गयी और दूसरी ने ग़ल्ते का काम बन्द करके रेशमी साड़ियों का काम अपना लिया। 1946 ई. के पश्चात ग़ल्ते की छपाई बन्द हो गयी। फिर शामूस, खद्दर, लांग क्लाथ, सिल्क, तनज़ेब और दूसरे सूती, रेशमी और ऊनी कपड़ों की छपाई होती रही। अब ऊनी और रेशमी कपड़ों की छपाई भी लगभग बन्द हो गयी है। अब केवल सूती कपड़ों की छपाई चल रही है।'

सैय्यद मसूद हसन रिज़वी रुदौलवी साहब दस्तकारी की जिस विधा की ओर इशारा कर रहे हैं, उनमें बाद तक बनने वाली छपाई की वस्तुओं में प्रमुख हैं– रजाई, लिहाफ, दस्तरखान, छींट, पलंगपोश, मेजपोश, साड़ी, तकिये का गिलाफ़, रूमाल, शाल (ऊनी चादरें) आदि। यह देखना भी टाण्डा की दस्तकारी कला के सन्दर्भ में अनूठा है कि किस तरह पिछली शताब्दी में फ़ैज़ाबाद का यह छोटा सा कस्बा अपनी विशिष्ट कलात्मक शैली के चलते कपड़ों की छपाई के व्यापार में अग्रणी रहता आया था।

साभार : **लखनऊ की हस्तकला - सय्यद मसूद हसन रिज़वी रुदौलवी, नया दौर - अवध अंक, सम्पादक - सय्यद अमजद हुसैन, सूचना एवं जन-सम्पर्क विभाग, उत्तर प्रदेश से संक्षिप्त रूप में लेने के अतिरिक्त महफूज आलम, देवेन्द्र जायसवाल और धर्मवीर सिंह बग्गा से प्राप्त जानकारियों के आधार पर इस अंक के सम्पादक यतीन्द्र मिश्र द्वारा लिखी गयी टिप्पणी। पहली बार प्रकाशित।**

टाण्डा के बुनकर
हथकरघा और बिजलीकरघा से कपड़े बुनने का काम

धागों के आपसी रिश्तों से बनने वाले कपड़ों के लिए मशहूर फ़ैज़ाबाद के टाण्डा (अब अम्बेडकरनगर में स्थित) की गणना अवध क्षेत्र के ऐसे नगर के रूप में रही है, जहाँ कपड़ों को बुनने का व्यवसाय होता रहा है। दो लाख की आबादी वाले इस शहर में आज भी लगभग डेढ़ लाख लोग इसी व्यवसाय से परोक्ष या अपरोक्ष रूप से जुड़े हुए हैं। टाण्डा में जिन जगहों पर आज भी हथकरघे (हैण्डलूम) और बिजली करघा (पॉवरलूम) का काम होता है, उनमें विशेष रूप से **छज्जापुर, सकरावल, अलीगंज, मुसाहाँ, मुबारकपुर, सिटकहाँ, इल्तफातगंज, नैपुरा, अलहदातपुर, सिकन्दराबाद** *और* **भोलेपुर** *के नाम लिये जा सकते हैं।*

इन जगहों पर आज भी गमछे, मर्दानी धोती, लुंगी, शर्टिंग और कुरते का कपड़ा बनता है। आजकल यहाँ बनने वाले कपड़ों में सूती (कॉटन) के कपड़े अधिक हैं, हालाँकि यह नगर अपने टेरीकॉट के कपड़ों की वजह से जाना गया। सत्तर के दशक के अन्त में जब टेरीकॉट आया, तब इस क्षेत्र का तेजी से विकास हुआ। अस्सी का दशक इस व्यवसाय के लिए सबसे सुनहरा वक्त था और उस समय यहाँ का **'टाण्डा टेरीकॉट'** *देश में दूर-दूर तक मशहूर हो चुका था। इस व्यवसाय से जुड़े हुए और शायरी में हाथ आजमाने वाले अनीस टाण्डवी बड़ी चुटीली बात कहते हैं कि 'गरीबों के लिए भारत में दो चीज़ें ज़रूरी रही हैं। पहली पेट भरने के लिए आलू, और दूसरी तन ढँकने के लिए टाण्डा टेरीकॉट।'*

यह देखना सुखद है कि आज भी टाण्डा के बुनकरों की एक सार्वजनिक बाज़ार हर शनिवार को जिस तीन बीघे के बड़े से क्षेत्र में पिछले लगभग तीस

वर्षों से लग रही है, उसे यहाँ 'हक्कानी हाट' कहा जाता है। कोआपरेटिव सोसाइटी के पूर्व चेयरमैन और इस व्यवसाय से गहरे जुड़े हुए श्री मसरूर हसन बताते हैं कि यह बाज़ार इस मायने में अनूठी है कि यह पूरी तरह बुनकरों द्वारा स्थापित व संचालित है, जिसमें किसी भी प्रकार से सरकारी-तंत्र का जुड़ाव नहीं रहा है। हालाँकि वे यह बात भी स्वीकारते हैं कि 'बुनकरों को पूर्व और वर्तमान सरकारों ने मदद दी हैं और पॉवरलूम को चलाये रखने के लिए अलग से इस क्षेत्र को अतिरिक्त बिजली मुहैया करायी है।'

हालाँकि इससे भी बात उतनी बनती नहीं, क्योंकि यहाँ से बनने वाले कपड़ों की डिमाण्ड बाज़ार में काफ़ी कम हो गयी है और ज़्यादातर बुनकर गरीबी की रेखा से ऊपर उठकर अपना जीवन निम्न मध्यम वर्ग तक ही सीमित रख पाए हैं। बावजूद इसके यह देखना अचम्भित करता है कि टाण्डा में आज भी जकार्ड, कॉटन और टेरीकॉट की चीजें बन रही हैं और बाहर भी आपूर्ति के लिए जा रही हैं। यहाँ भूलेपुर में बनने वाली 'स्टेपल' की चादरों की विशेष पहचान रही है, जिन्हें आज 'विसकॉस' के नाम से जाना जाता है। इसी तरह बेहद छोटे चेक के गमछे भी बाहर मशहूर रहे हैं, जिन्हें 'गावटी गमछा' कहा जाता है। यह आज भी लाल, हरे, नीले, पीले चेक के रंगों में बाज़ार में मिलते हैं।

टाण्डा, एक मुस्लिम बाहुल्य क्षेत्र है, जिनमें अधिकांश अंसारी बिरादरी के लोग हैं, जो पुराने दौर में जुलाहे के पेशे में आए थे। आज भी अधिकतर बुनकर इसी बिरादरी से हैं। इसी तरह, इस काम से रंगरेजों का परिवार भी जुड़ा हुआ है, जो कपड़ा बन जाने के बाद थान की धुलाई और डाई करते हैं। ये अधिकतर सब्बाग बिरादरी के लोग हैं, जिन्हें रंगाई वाले भी कहा जाता है। टाण्डा में कपड़े बुनने के व्यवसाय के साथ-साथ ठप्पे से छपाई और रंगने का काम भी होता था, जो वर्तमान समय में बेहद कम हो गया है या कह सकते हैं कि नाम मात्र को भी नहीं बचा है।

बुनकरों का जीवन करघे के ऊपर आधारित रहा है, जो सीधे कबीर जुलाहा की याद दिलाता है। यह एक विचित्र संयोग है कि कबीर ने भी अपना पूरा जीवन कपड़ा बुनते और रंगते हुए बिताया था, जिनमें उनकी बेहद साधारण ज़िन्दगी और सादगी का दर्शन सन्निहित है। कुछ-कुछ यही कहानी टाण्डा के बुनकर बिरादरी की भी रही है, जिनका जीवन पुराने करघे के दौर में बहुत कठिन था और उस समय धागों में माड़ी लगाने का काम और

भी अधिक दुरुह माना जाता था। उस पर महीन ढंग से हाथ के काम की कीमत आँक पाना उस दौर में और भी कठिन था, बाद में तो वह हथकरघे के काम के छीजते जाने से बस किस्से कहानियों की बात बनकर इतिहास में कहीं अटक गया है।

नोट : लेखक धर्मवीर सिंह बग्गा का विशेष आभारी है, जिन्होंने बुनकरों से मिलवाने और पॉवरलूमों के निरीक्षण का अवसर प्रदान किया।

साभार : टाण्डा के मसरूर हसन, अनीस टाण्डवी, गुफरान अहमद अंसारी और धर्मवीर सिंह बग्गा से प्राप्त जानकारियों के आधार पर इस अंक के सम्पादक यतीन्द्र मिश्र द्वारा लिखी गयी टिप्पणी। पहली बार प्रकाशित।

फ़ैज़ाबाद : दस्तावेज़-183

ज़ामदानी परिवार
सिराज़ अहमद की ख़ानदानी कला

मलमल के कपड़े पर सूती धागे के महीन और कलात्मक काम को **ज़ामदानी** *का काम कहा जाता है। ज़ामदानी में एक ही तरह के जाल या गुलबूटे को पूरे थान पर एक-सा बनाया जाता है। फ़ैज़ाबाद के टाण्डा (अब अम्बेडकरनगर में स्थित) में ज़ामदानी का काम भी शुरु हुआ था, जो इस शहर के लिए बड़े गौरव की बात समझी जाती थी। यह काम* **सिराज़ अहमद** *के ख़ानदान में उनके परदादा ने सन् 1955-56 में आरम्भ किया था, जब उन्होंने इस नगर के मीरानपुरा मोहल्ले में उस वक्त ज़ामदानी का एक हथकरघा स्थापित किया था। इसके लिए उन्हें सन् 1956 में भारत के तत्कालीन प्रधानमंत्री पण्डित जवाहर लाल नेहरू से पदक भी प्राप्त हुआ था। सिराज अहमद के पास मौजूद एक चित्र वह भी है, जिसमें पण्डित जवाहर लाल नेहरू उनके हैण्डलूम में आकर काम होता हुआ देख रहे हैं। यह फ़ैज़ाबाद के लिए भी गर्व की बात है कि एक विशिष्ट कलात्मक हुनर को देखने के लिए टाण्डा के एक बुनकर के घर में भारत के पहले प्रधानमंत्री चलकर गये हैं।*

सिराज अहमद आज तंगी के चलते बन्द हो चुके इस व्यवसाय की दर्दभरी दास्ताँ सुनाते हुए भी गौरव से भर उठते हैं, जब वे उन तमाम ब्लैक एण्ड व्हॉइट तस्वीरों को दिखाते हैं, जिनमें उनके दादा स्व. हाफिज़ सत्तार और पिता स्व. श्री अली अहमद, पण्डित जवाहर लाल नेहरू के साथ पुरस्कार लेने के लिए खड़े हैं। दूसरी तस्वीरों में वे स्वयं स्व. श्रीमती इन्दिरा गाँधी के हाथों पुरस्कृत हो रहे हैं, जब 1983 ई. में ज़ामदानी के काम के लिए भारत सरकार के हथकरघा विभाग से उन्हें प्रशस्ति-पत्र दिया गया था।

वे बड़ी प्रसन्नता से स्वीकारते हैं कि उन्हीं का ख़ानदान यहाँ अकेला टाण्डा

में ज़ामदानी की पच्चीकारी करता था, जिसमें उनके चाचा रफ़ीक़ साहब का परिवार भी शामिल था। उनके अनुसार ज़ामदानी की एक साड़ी पाँच मीटर की बनती थी और हाथ से काम करने के कारण एक साड़ी को बनाने में कम से कम आठ महीने का समय लगता था। कई बार कुछ विशेष मौकों पर उन्होंने मलमल पर जरी से भी ज़ामदानी का काम किया है, जब किसी विशिष्ट ग्राहक ने ऐसा बनाने का आग्रह किया। हालाँकि अधिकांशतः सफेद मलमल के कपड़े पर सफेद धागे से ही यह बनती और खिलती थी।

आज लगभग पच्चीस वर्षों से अधिक का समय बीत चुका है, जब सिराज अहमद ने आर्थिक तंगी के चलते ज़ामदानी का अनूठा और महँगा काम करना बन्द कर दिया है। वे बड़े दुःख से बताते हैं कि उनके बड़े भाई इक़बाल अहमद का हैण्डलूम का काम जारी है और कभी-कभी किसी के विशेष आग्रह पर वे कोई ज़ामदानी की छोटी-मोटी चीज़ आज भी बनाते हैं, मसलन— रूमाल या मेजपोश आदि। सिराज अहमद वर्तमान में बढ़ई का काम करते हैं और अपने सुनहरे अतीत से धीरे-धीरे कटते जा रहे हैं। ज़ामदानी गढ़ने वाला अकेला यह परिवार, अब बस अपने सुनहरे अतीत को कभी किसी आगन्तुक या मिलने-जुलने वाले के सामने याद करके प्रसन्न हो लेता है।

साभार : **टाण्डा के सिराज अहमद, महफूज़ आलम और धर्मवीर सिंह बग्गा से प्राप्त जानकारियों के आधार पर इस अंक के सम्पादक यतीन्द्र मिश्र द्वारा लिखी गयी टिप्पणी। पहली बार प्रकाशित।**

बजाजा का पुराना हाट-बाज़ार
कपड़े का कारोबार और रंगरेजों का काम

फ़ैज़ाबाद, चौक तिनदरे से दक्षिण चलने पर मिलने वाली कपड़ों की सबसे पुरानी बाज़ार 'बजाजा' कहलाती है और कपड़ा बेचने वाले 'बजाज समुदाय' के लोग। आज़ादी के दौर में, विभाजन के बाद पाकिस्तान के सीमावर्ती इलाकों से उत्तर भारत की ओर भाग आए शरणार्थियों ने भी सन् 1947 से 1950 के मध्य बजाजा में गुमटियाँ रखकर कपड़ों की दुकानें खोली थीं। इन अधिकांश रिफ्यूजी लोगों के अलावा कपड़ों के व्यवसायी अधिकतर रस्तोगी, केसरवानी, मेहरोत्रा और सहगल वर्ग के लोग थे।

उस दौर में, जो सन् 1947 के बाद का समय है, अधिकांशतः सूती, रेशमी और मलमल का कपड़ा ही इस बाज़ार में अधिक बेचा जाता था। बजाजा के सन्दर्भ में यह जानना दिलचस्प है कि इस पूरे हाट-बाज़ार की बनक में मशहूर कपड़ा व्यवसायियों के प्रतिष्ठानों से इतर कुछ अन्य दुकानें भी आबाद रही हैं। इसमें एक ओर जहाँ शरणार्थियों की दुकानें रही हैं, जो अपनी अस्थायी लकड़ी की गुमटियों में बजाजा की दोनों तरफ की पटरियों पर कपड़े की दुकान लगाते थे; तो दूसरी ओर बजाजा से टकसाल जाने वाले मार्ग पर बड़े-बड़े भगौनों को चूल्हे पर रखकर सूती कपड़ों को तन्मयता से रंगते रंगरेजों की पंगत बैठती थी।

चालीस और पचास के दशक में यहाँ मौजूद कपड़ों की दुकानों के प्रतिष्ठानों का नाम कुछ दूसरा हुआ करता था, जो सत्तर के दशक के बाद काफ़ी बदल भी गया। उदाहरण के तौर पर आज की **'साड़ी म्युजियम'** *कभी* **'मेसर्स सरजू सरन राम भरोसे लाल'** *हुआ करती थी। यह दुकान सन् 1910 के लगभग बजाजा में स्थापित हुई और इसके व्यवसायी कपड़े के कारोबार*

में उतरने से पहले बैंकर्स रहे थे। ठीक इसी तरह **'मेहरोत्रा क्लॉथ हाऊस'** कभी **'मेसर्स सुखनन्दन प्रसाद सत्य नारायण'** नामक फर्म थी, जो 1900 ई. के आस-पास आरम्भ हुई। इसी तरह वर्तमान में अनूप सहगल की दुकान उनके दादा गंगा बिशन सहगल ने **'मेसर्स गंगा बिशन मदन मोहन'** के नाम से सन् 1905 में शुरु की थी। आज का मशहूर **'दीपशिखा'** तब **'मेसर्स नवल किशोर रस्तोगी प्रतिष्ठान'** हुआ करती थी। कुछ दुकानों के नाम उस ज़माने में भी वही थे, जो आज हैं। मसलन– **'मेसर्स कन्हैयालाल बल्देव प्रसाद'**, **'मेसर्स भोलानाथ प्रेमचन्द्र रस्तोगी'** और **'साहनी साड़ी केन्द्र'**। यहीं पर पहले-पहल **'सरदार क्लॉथ हाऊस'** और **'पंजाब क्लॉथ हाउस'** की गुमटियाँ भी लगती थीं, जो बाद के दौर में चौक से रिकाबगंज जाने वाले मार्ग पर **'श्रीराम रघुवीरलाल सर्राफ'** की नामचीन सर्राफा की दुकान के समीप प्रतिष्ठित हो गयीं। इनमें 'सरदार क्लॉथ हाउस' सन् 1960 में स्थानान्तरित होकर यहीं से गयी थी। 'साहनी साड़ी केन्द्र', 'सरदार क्लॉथ हाउस' और 'पंजाब क्लॉथ हाउस' रिफ्यूजियों की दुकानें हुआ करती थीं, जबकि 'कन्हैया लाल बल्देव प्रसाद' की दुकान शुरुआत से ही यहाँ की स्थानीय दुकान के रूप में मौजूद रही। यही दुकान सम्भवतः सबसे पुरानी कपड़ों की दुकान है, क्योंकि इसकी स्थापना का वर्ष सन् 1890 का है।

इन दुकानों से अलग पिछली शताब्दी के चौथे दशक में आरम्भ हुई कुछ अन्य दुकानें, आज बजाजा की प्रतिष्ठित दुकानों में शुमार की जाती हैं। इनमें **'श्रीराम राधारमन'** की दुकान सन् 1939 में स्थापित हुई, जिसे श्रीराम रस्तोगी ने खोला था। आज इस दुकान में उनकी चौथी पीढ़ी के वंशज श्री सचिन रस्तोगी बैठते हैं। सन् 1945 में डॉ. बृजकिशोर अग्रवाल ने एक दुकान बजाजा में किराए पर ली, जिसमें **'बृजकिशोर सर्राफ एण्ड सन्स'** नाम से गहनों की एक दुकान खोली। इसी के साथ उन्होंने दुकान के आधे हिस्से में साड़ी का काम भी शुरु किया था, जिसमें बनारसी साड़ियों का कारोबार किया जाता था। साड़ियों का यह काम **'मेसर्स बंसल साड़ी निकेतन'** के नाम से शुरु हुआ था, जो 1945 से 1970 ई. तक चला। सन् 1970 के बाद बनारसी साड़ियों का व्यापार समेट लेने के साथ यह दुकान केवल सोने-चाँदी के आभूषणों के बड़े प्रतिष्ठान के रूप में चलती रही। वर्तमान में 'बृजकिशोर सर्राफ एण्ड संस' की दुकान आज नगर में एक प्रतिष्ठित सर्राफा प्रतिष्ठान के रूप में जानी जाती है।

उसी दौर में **'मेसर्स रामेश्वर प्रसाद रस्तोगी'** की दुकान भी खुली, जो बाद

में **रस्तोगी क्लॉथ हाउस** *के नाम से जानी गयी। बाद की दुकानों में* **'प्रकाश वस्त्रालय'** *का नाम लिया जा सकता है, जिसे सन् 1965 में श्री श्याम प्रकाश अग्रवाल ने स्थापित किया था। पिछले पच्चीस-तीस वर्षों में बजाजा में विकसित हुई प्रमुख दुकानों में* **'दरवेश वस्त्र भण्डार', 'साड़ी पैलेस', 'साड़ी म्युजियम', 'फैशन इम्पोरियम', 'आँचल साड़ीज', 'न्यू सेलेक्शन हाउस'** *और* **'पण्डित वस्त्रालय** *के नाम लिये जा सकते हैं।*

इस बाज़ार में कपड़ों के व्यवसाय को अलग से रंगत देने में रंगरेज भी आगे रहते थे, जो मलमल और मारकीन के कपड़ों पर ठप्पे से छपाई का काम करते थे। 'कन्हैयालाल बल्देव प्रसाद फर्म' के श्री जे.पी. केसरवानी साहब बताते हैं कि सत्तर के दशक के अन्त तक यहाँ मारकीन की चादर पर छपाई करके उसी की रजाई बनती थी। वे बसन्त पंचमी के दिन को विशेष तौर पर याद करते हैं, जिस दिन पूरे बजाजा में रंगरेज बसन्ती या पीले रंग की जनानी धोतियाँ रंगकर टाँगते थे और खरीददार उन्हें खरीदने आते थे। इस दिन पूरा बजाजा ही पीले रंग से पटा रहता था, जिनमें ऐसी जनानी धोतियाँ भी हल्दी या कच्चे पीले रंग में रंगी होती थीं, जिनके चौड़े बॉर्डर पर फूल, पत्ती, किनारी, मुरैला आदि बना होता था।

वे **ईदू पहलवान, पीलू पहलवान** *और* **नवाब नाम** *के रंगरेजों को भी याद करते हैं, जिनके रंगने का काम बजाजा में सर्वाधिक प्रसिद्ध था। आज भी साबिर रंगरेज की दुकान मौजूद है, जिसके साइन-बोर्ड पर लिखा है–* **'साबिर दुपट्टा मैचिंग : यहाँ पर समस्त प्रकार के कपड़ों की रंगाई होती है।'** *इस सन्दर्भ में अवध संस्कृति के जानकार योगेश प्रवीन लिखते हैं–'अवध में (खासकर फ़ैज़ाबाद और लखनऊ) रंगाई के तरीके समय-समय पर बदलते रहे। रंगों की विविधता के अलग-अलग जो उदाहरण हैं, उनके क़रीब तौर से कहने के लिए अकसर अपनी रोजमर्रा की ज़िन्दगी की कुछ चीजों से उन्हें जोड़ा जाता है। जैसे, लाल, हरे, पीले, नीले, सफेद और काले नामों से अधिक यहाँ गुलाबी, चम्पई, जाफ़रानी, मोतिया, सन्दली, किश्मिशी, शरबती, बादामी, पिस्तई, फिरोजी, आसमानी, अबीरी, नारंगी, बैंगनी, सुरमई, कासनी, काही, बसन्ती, धानी, ऊदी, मूँगिया, गुलेनारी, फालसई, सुआपंखी नाम पुकारे जाते हैं। इन रंगों के रंगने वाले कपड़ों की किस्म के अनुसार उन्हें बड़े एहतियात से रंगा जाता है। पुराने समय में प्राकृतिक स्रोतों से यह रंग प्राप्त किये जाते थे, जिनमें हरसिंगार, टेसू, गुड़हल, अनार, कत्था, कुसुम, हल्दी, नीम और हिरमिंजी का उपयोग किया जाता था।'*

बजाजा में कपड़ों की दशकों से प्रतिष्ठित दुकानों से भिन्न, जो सबसे पुरानी दुकान अपनी ऐतिहासिकता के साथ मौजूद रही है, उनमें **भज्जामल-छंगामल प्रतिष्ठान** *को गिना जा सकता है। इसकी स्थापना सन् 1885 में हुई थी। जड़ी बूटियों और आयुर्वेदिक औषधियों के लिए विख्यात यह फर्म बाद में* **श्री वैद्यनाथ प्रसाद एण्ड संस** *और* **कुंज बिहारी लाल** *की अलग-अलग दुकानों में तब्दील हुईं, जो सभी अपने प्रतिष्ठानों को* **'भज्जामल की दुकान'** *कहना ही पसन्द करते हैं। वर्तमान में 'भज्जामल छंगामल' की सबसे पुरानी दुकान, जिसके साईन-बोर्ड पर स्व. महावीर प्रसाद तथा स्व. जगत कुमार वैद्य का नाम अंकित है, उनकी पाँचवीं पीढ़ी के श्री अजय कुमार वैद्य संचालित कर रहे हैं। इस दुकान में परम्परागत जड़ी-बूटियों, औषधियों, पूजा-पाठ तथा हवन की सामग्रियों के अतिरिक्त उनकी पुरानी वैद्य परम्परा में बनाये जाने वाले गुलकन्द, मुरब्बा, अदरक की चटनी तथा विभिन्न प्रकार के दर्द निवारक तेल आज भी बिकते हैं।*

कभी कपड़ों के हाट के रूप में विकसित हुए इस रंग-बिरंगे और आज दुकानों से पट गये इस बाज़ार के बारे में ऐतिहासिक तथ्य यह भी रहा है कि बजाजा कभी नवाब शुजाउद्दौला की घुड़साल होती थी, जहाँ घोड़े पाले जाते थे... और उसी से सटे हुए इलाके पालकीखाना में नवाब की बेगमों की पालकियाँ रखी जाती थीं। आज भी बजाजा से फतेहगंज को जाने वाली सड़क उसी दौर की याद दिलाती है, जिसे नवाबी शासनकाल में ईंट, गिट्टी व पत्थर से बनाया गया था और जिस पर कभी शाही टमटम, बग्घियाँ व इक्के गुजरते थे।

साभार : **आपका लखनऊ : डॉ. योगेश प्रवीन, प्रकाशक : लखनऊ महोत्सव पत्रिका समिति, लखनऊ, संस्करण : 2002 से संक्षिप्त रूप में लेने के अतिरिक्त बजाजा के प्रतिष्ठित व्यवसायियों क्रमशः जे.पी. केसरवानी, अजय प्रकाश केसरवानी, अनूप सहगल, अतुल रस्तोगी, सचिन रस्तोगी, अजय कुमार वैद्य, आलोक बंसल एवं मनीष बंसल से बातचीत के आधार पर इस अंक के सम्पादक यतीन्द्र मिश्र द्वारा लिखी गयी टिप्पणी। पहली बार प्रकाशित।**

पुराने बाज़ार की नमक और मिठास

मिठाई और नमकीन की दुकानें

पिछले सौ बरस का आकलन

अवध की अपनी खास परम्पराओं, लोक-जीवन, कलाओं व पहनावे के साथ खान-पान का विशेष महत्त्व रहा है। विभिन्न स्थानों के साथ-साथ इस नगर के आस्वाद में भी नमक व मिठास की खास दस्तक मौजूद रही है। इस दस्तक की गवाह रही तमाम दुकानें व उसे परोसने वाले हाथ अब हमारे बीच नहीं हैं, मगर उनके हुनर का दस्तावेज़ीकरण इस नगर की संस्कृति को समझने का एक नायाब मौका सुलभ कराता है। इसी सन्दर्भ में फ़ैज़ाबाद शहर में पिछले सौ बरसों में हुई मिठाई व नमकीन की दुकानों का एक ब्यौरा यहाँ दिया जा रहा है।

फ़ैज़ाबाद के केन्द्र घण्टाघर पर पुराने समय में आबाद रहने वाली आधा दर्जन दुकानों का वजूद अब समाप्त हो चुका है। इनकी जगह नयी दुकानों और हाथों ने ज़रूर ले ली है, पर पुरानी देशी मिठाईयों और यहाँ हमेशा उठने वाली देशी घी की गन्ध को लोग भूले नहीं हैं। **फतेहगंज** *की ओर जाने वाले मार्ग में पड़ने वाले इकदरे में कभी* **मंगल हलवाई की दुकान** *हुआ करती थी। यहाँ की देशी घी की जलेबी, इमरती व बालूशाही की प्रसिद्धि दूर-दूर तक थी। मंगल हलवाई की दुकान के देशी घी में ही बने समोसे, सेव-दालमोठ भी खूब पसन्द किये जाते थे। ताँगों पर बैठकर दूर-दूर से आने वाले रईसों व जमींदारों का शहर आने पर यहाँ तक खिंचे चले आना इन मिठाईयों के स्वाद पर विशिष्टता की मुहर लगाता था।*

हिन्दू-मुस्लिम साझा तहज़ीब के इस केन्द्र के पुराने बाशिन्दे **गुरबत अली की रबड़ी** *का स्वाद भी नहीं भूले हैं। घण्टाघर पर शाम के समय दुकान*

लगाने वाले गुरबत अली वास्तव में हिन्दू थे और उनका नाम गुरबचन था। पहलवानी के शौक में अखाड़े पहुँचने पर उनके उस्ताद ने उनका नाम गुरबत अली कर दिया था। बुजुर्गों का कहना है कि रबड़ी का वह स्वाद आज दुर्लभ हो चुका है। देशी मिठाइयों में सोहन हलुआ का खास लगाव इस शहर से रहा है। चौक की पानी टंकी के पास कुछ ठेले आज भी इस परम्परा को कायम किए हुए हैं। दो दशक पहले तक **'गोबरे का ठेला'** – 'हलुआ सोहन है, गरमा गरम है' आवाज़ लगाते हुए नगर के अहम हिस्से में फेरी लगाता था। इस 'सोहन हलुआ' के लिए गुदड़ी बाज़ार में **रामखेलावन** विशेष रूप से याद किये जाते हैं। उनका हलुआ 'बाबा का सोहन हलुआ' के नाम से प्रसिद्ध था और दुकान ठेले पर लगती थी। चौक में मिठास परोसने का जिम्मा अरसे पहले **'वैष्णव मिष्ठान भण्डार'** के पास हुआ करता था। **भगवती पहलवान** की इस दुकान के छेना, पूड़ी-सब्जी व पेड़ा की खास पूछ थी। इसके अलावा घण्टाघर के आस-पास **'गुरुचरन लाल-महादेव प्रसाद'** व **'सूरज-कृष्ण मिष्ठान भण्डार'** भी पूड़ी-कचौड़ी के लिए जाने जाते थे। **लड्डूलाल हलवाई** व सब्जी मण्डी के भीतर **धन्नूमल की दुकान** भी देशी मिठाइयों बालूशाही व इमरती की उपलब्धता का केन्द्र हुआ करती थी। पुरानी बाज़ार फतेहगंज में **'जिम्मी हलवाई का परेठा व पूड़ी'** नाश्ते के लिए अपनी तरफ लोगों को खींच लाता था। इसके अलावा मैजेस्टिक सिनेमाघर के पास बंगाली मिठाइयाँ परोसने वाली बंगालिन व **हरिप्रसाद की चाट** का स्वाद भी इतिहास की बात हो चुकी है। एक-एक कर समाप्त हुई इन दुकानों का वजूद यहाँ चालीस से पचास वर्ष पूर्व तक पूरी शिद्दत के साथ रहा। आज की बाज़ार में भी इस पुराने स्वाद को सालों से कायम रखने वाले कुछ नाम मौजूद हैं। रिकाबगंज के प्रसिद्ध **कालका मिष्ठान भण्डार** की शुरुआत सन् 1932 में हुई थी। नगर को बंगाल की मिठाइयों से परिचित कराने वाले पार्वतीचरण नन्दी, वर्धमान (पश्चिम बंगाल) से यहाँ आये थे। शुरुआत में वह ठेले पर रसगुल्ला, चमचम, बंगाली समोसा, मलाई चाप व खीर मोहन बेचकर प्रसिद्ध हुए। आज उनकी बड़ी सी दुकान आशीष कुमार नन्दी देख रहे हैं। छेने की मिठाइयों के साथ उनके समोसे को एक ज़माने में ख़ास पसन्द किया जाता रहा था।

सुभाष नगर में पुराने समय की गवाह **'चिरौंजीलाल'** की दुकान आज भी मौजूद है। चिरौंजीलाल जी ने इसकी शुरुआत 1930 ई. में की थी। तब से आज तक लस्सी, रबड़ी व पेड़ा के लिए उन्हें जाना जाता है। आज उनके पुत्र यमुना प्रसाद के हाथ लस्सी का वही स्वाद परोस रहे हैं। रीडगंज रेलवे

क्रासिंग के पहले स्थित खोये के पेड़ों के लिए मशहूर **'रामआसरे'** की दुकान भी 1925 ई. में खुली थी। रामआसरे यादव पेड़ों के साथ दही व रबड़ी उपलब्ध कराते थे। उनके पुत्र रामशंकर यादव पेड़ों का वह स्वाद बचाये हुए हैं और उनकी ख्याति दूर-दूर तक आज भी मौजूद है।

पुराने अवध के नमक की चर्चा **'महावीर की टिकिया'** के बगैर अधूरी ही रह जायेगी। आलू की टिकिया यूँ तो पूरे देश में हर तरफ़ अपने-अपने अन्दाज़ में परोसी जाती है, पर महावीर का अन्दाज़ सबसे जुदा है। उनकी शैली की टिकिया केवल इस शहर को ही उपलब्ध है। रिकाबगंज में पुलिस चौकी के सामने ज़मीन पर तीन दशक से भी ज़्यादा समय तक दुकान लगाने वाले महावीर अब हमारे बीच नहीं हैं, पर वहाँ पर टिकिया के लिए लगने वाली कतार लोगों के जेहन में अभी तक महफूज़ है। आज महावीर की यह दुकान चौराहे से हटकर नियावाँ मार्ग पर आ गयी है और उनके बेटे इसे मुस्तैदी से चला रहे हैं। महावीर के दो शागिर्द **प्रहलाद** रिकाबगंज में व दूसरे चौक में इस खास अन्दाज़ की टिकिया वर्षों से शहर को खिलाते आ रहे हैं।

महावीर की टिकिया के साथ **बरुआ महाराज** के समोसे भी शहर में आकर्षण का केन्द्र रहे हैं। गोण्डा से यहाँ आये बरुआ महाराज, अपने भाई के साथ शुरुआत में मैजेस्टिक सिनेमा के पास चाट का ठेला लगाते थे। इस ठेले में चाट के सभी सामान सट्टल्ला, समोसा, टिकिया, पपड़ी, आलू आदि मौजूद रहते थे। सत्तर का दशक लगने के साथ बरुआ महाराज साहबगंज आ गये और यहाँ पर सिर्फ़ समोसों के होकर रह गये। समोसों के पर्याय बन चुके बरुआ महाराज उर्द के दाल की स्वादिष्ट इमरती भी बनाते थे। नगर को समोसे का खास स्वाद देने का श्रेय उन्हीं को है। आज उनकी यह दुकान तो चल ही रही है, पर हर इलाके में समोसे के लिए कुछ खास नाम जाने जाते हैं। चौक में **समोसे वाली गली** है, तो रीडगंज में **मोती के समोसे** हैं। नाका हनुमानगढ़ी का इलाका भी समोसों के लिए जाना जाता है, जबकि फतेहगंज चौराहे पर **जगदीश के समोसे** की खासी मौज़ है। नवाबी शासनकाल में स्थापित फ़ैज़ाबाद के बाज़ार की ठाठ आज कुछ बदल सी गयी है। उपर्युक्त विवेचित पुरानी दुकानों की सजावट और लोकप्रियता में नये ज़माने में देखते-देखते काफ़ी कमी आयी है।

वर्तमान समय में चौक में अब दर्जन भर से अधिक रात के समय ठेले लगते हैं, जिनमें मिठाई, रबड़ी और कुछ ठेलों पर भुने हुए आलू भी मिलते हैं। इनमें से ज़्यादातर **हैदरगंज इलाके के ठेले** होते हैं। इसी समय उन फेरी वालों को भी याद करना चाहिए, जो अपने सिर पर बड़ी-बड़ी टोकरियों (दौरी) में

'मक्खन-मलइया' लिए हुए नगर के प्रमुख बाज़ारों में घूमते हुए मिल जाते हैं। मक्खन मलइया एक तरह से मलाई से बनायी गयी मक्खननुमा मिठाई है, जो शिशिर ऋतु में उस दौरान तैयार की जाती है, जब गर्मी के मौसम से ऋतु परिवर्तन होते हुए ओस गिरने की शुरुआत होती है। यह मक्खन मलइया बहुत हल्की और नफासती ढंग की झागनुमा चीज़ है, जिसे नवाबी दौर में **'निमिश'** भी कहा जाता था। हल्की मीठी और केसरिया दूध के रंग की यह मक्खन मलइया फ़ैज़ाबाद की एक पुरानी पहचान के रूप में क़ायम है, जिसे अक्टूबर-नवम्बर के माह में बज़ाजा, फतेहगंज, रिकाबगंज, नाका, सआदतगंज, चौक आदि इलाकों में इनके बनाने वालों को झाबों-टोकरियों से बेचते हुए देखा जा सकता है।

मक्खन-मलइया के चलते-फिरते बाज़ार से अलग चौक में मौजूद **स्टार बेकरी** की अपनी शान रही है। यह अकेली ऐसी बेकरी थी, जिसका जलवा पिछले तीस-चालीस सालों में जस का तस कायम रहा। एक ज़माने में आधुनिक ढंग से कुकीज, बिस्किट और केक बनाने की परम्परा इसी दुकान के खाते में दर्ज़ रही है। अलग से **स्टार होटल** की बिरयानी और तीतर-बटेर का पारम्परिक नवाबी दस्तरख़ान इसकी पुरानी पहचान रहे हैं। स्टार बेकरी आज भी चल रही है और वहाँ के केक, बिस्किट को उसके पुराने ग्राहक खरीद रहे हैं, भले ही आज इसे **मिनी महल** और **परम पेस्ट्रीज और स्वीट्स** जैसी आधुनिक दुकानों ने कड़ा मुकाबला देकर थोड़ा पीछे कर दिया है। पिछले बीस-पचीस वर्षों में रिकाबगंज मोहल्ले में एक दुकान **मोहन स्वीट्स** ऐसी खुली, जिसने अपनी परम्परा धीरे-धीरे बना ली है। इस दुकान में मिलने वाले इमरती, समोसे का विशेष नाम है। परम पेस्ट्रीज और स्वीट्स के सामने ही एक ज़माने में मशहूर **अनुराग स्वीट्स** हुआ करती थी, जो आज बन्द हो चुकी है। हालाँकि इस दुकान ने भी कुछ वर्षों तक मिठाई की दुनिया में नगर का नाम दूर-दूर तक प्रचलित कर रखा था। आजकल एक नयी दुकान, दूर संचार भवन के निकट **अवन्तिका स्वीट्स** के नाम से आरम्भ हुई है। यह अपने नये कलेवर व मिठाइयों के विभिन्न प्रकार के साथ खरीददारों को आकर्षित कर रही है।

अगर प्रतीक रूप में आज नगर की एकमात्र दुकान का ज़िक्र करना हो, जहाँ पर मिठाई अपने स्तर और स्वाद में सर्वाधिक उच्च गुणवत्ता के साथ मिलती है, तो उसमें चौक घण्टाघर के सामने स्थित **मधुर स्वीट्स** का ही नाम आयेगा। 1980 ई. के आस-पास स्थापित हुई, इस दुकान में मिलने वाली विभिन्न मिठाइयाँ अपने स्वाद में कई जिलों की दुकानों से आगे निकलने में

होड़ ले सकती हैं। इनमें मुख्य रूप से मोतीचूर के लड्डू, चन्द्रकला, गुलाब जामुन, काजू, बादाम और पिस्ता की बर्फियाँ, डोडा बर्फी, जाड़ों में मिलने वाला मूँग और गाजर का हलुआ समेत बारहों मास मिलने वाले रसगुल्ला, रसमलाई और छेना पायस अद्भुत हैं। फिर भी, अवध के इस पुराने शहर की नमक और मिठास का कोई सानी इन आधुनिक दुकानों के पास नहीं है, जिसने अपने पीछे एक ऐतिहासिक परम्परा को संजोये रखा है।

नोट : इस लेख में मिठाई और नमकीन की दुकानों में से कुछ चुनिन्दा दुकानों का ही ज़िक्र किया गया है, जो अपनी ऐतिहासिकता और प्रसिद्धि के कारण नगर के जीवन का अभिन्न अंग रही हैं। यह आलेख जन-चर्चा में मशहूर हुई दुकानों के दस्तावेज़ का हिस्सा है।

— सम्पादक

साभार : सभी तरह की दुकानों के सर्वेक्षण तथा परम्परा में व्याप्त इन जगहों की विशेषताओं के आधार पर युवा पत्रकार दीपक मिश्र एवं इस अंक के सम्पादक यतीन्द्र मिश्र द्वारा संयुक्त रूप से लिखी गयी टिप्पणी। पहली बार प्रकाशित।

खण्ड-5

प्रमुख समाजसेवी नायक तथा विशिष्ट संस्थान

फ़ैज़ाबाद : दस्तावेज़-186

पं. परमेश्वर नाथ सप्रू
नगर के यशस्वी समाजसेवी - एक

फ़ैज़ाबाद के एक प्रमुख समाज सेवी के रूप में प्रतिष्ठित पं. परमेश्वर नाथ सप्रू एक लोकप्रिय अधिवक्ता थे। वे कश्मीरी मूल के तेजस्वी व्यक्तित्व वाले एक ऐसे मनीषी थे, जिन्होंने शिक्षा के क्षेत्र में भी इस शहर के लिए अविस्मरणीय योगदान किया है। उन्हीं की दृढ़ इच्छाशक्ति के तहत अवध क्षेत्र में उच्च शिक्षा के लिए अयोध्या में स्थापित कामता प्रसाद सुन्दरलाल साकेत स्नातकोत्तर महाविद्यालय की आधारशिला रखी जा सकी थी, जिसमें उनके अलावा आचार्य नरेन्द्र देव और बाबा राघवदास ने विचार के स्तर पर महाविद्यालय का प्रारूप विकसित किया था और उसे क्रियान्वित करने के लिए पं. परमेश्वर नाथ सप्रू के आग्रह पर अयोध्या के पूर्व नरेश राजा जगदम्बिका प्रताप नारायण सिंह तथा फ़ैज़ाबाद के रईस बाबू महावीर प्रसाद अग्रवाल ने अपना योगदान देते हुए इस महाविद्यालय की संस्थापना करायी थी।

पं. परमेश्वर नाथ सप्रू इस महाविद्यालय की प्रबन्ध समिति के प्रथम अवैतनिक मंत्री के रूप में अपनी सेवाएँ देने के लिए भी याद किये जाते हैं। फ़ैज़ाबाद बार एसोसिएशन (स्थापित 1902 ई.) के अध्यक्ष के रूप में सर्वाधिक बार अध्यक्ष पद पर चुने जाने का गौरव भी इन्हें प्राप्त है। सप्रू साहब पहली बार सन् 1926 ई. में बार एसोसिएशन के अध्यक्ष चुने गये और उसके उपरान्त उन्होंने तेरह बार इस पद को सुशोभित किया, जिनके वर्ष क्रमशः 1928, 1929, 1932, 1933, 1934, 1940, 1945, 1946, 1947, 1948, 1949, 1950 तथा 1960 हैं। एक कुशल नेतृत्वकर्ता, सहृदय सामाजिक और विवेकशील अधिवक्ता के रूप में पं. परमेश्वर नाथ सप्रू का नाम फ़ैज़ाबाद

के सन्दर्भ में अमर है। उनकी मृत्यु 17 अगस्त, 1964 ई. को हुई थी।

नोट **फ़ैज़ाबाद बार एशोसिएशन : शताब्दी स्मारिका, प्रकाशन वर्ष : 2006 तथा साकेत सुधा, प्रकाशक : का.सु. साकेत स्नातकोत्तर महाविद्यालय, अयोध्या, फ़ैज़ाबाद, अंक : 59, संस्करण : 2015 से संक्षिप्त एवं संशोधित रूप में लेने के आधार पर इस अंक के सम्पादक यतीन्द्र मिश्र द्वारा लिखी गयी टिप्पणी। पहली बार प्रकाशित।**

फ़ैज़ाबाद : दस्तावेज़-187

चौधरी मोहम्मद अली

नगर के यशस्वी समाजसेवी - दो

रुदौली तहसील, फ़ैज़ाबाद के अमीरपुर तालुकेदारी से सम्बन्धित और उर्दू के मशहूर लेखक चौधरी मोहम्मद अली को एक संवेदनशील समाजसेवी के रूप में जाना जाता है। वे एक ऐसे जागरूक और चिन्तनशील लेखक के रूप में समादृत हैं कि उनकी कृतियों पर आज भी चर्चा होती है तथा उनमें से कुछ पाठ्यक्रमों का हिस्सा भी बने हैं। उनकी लिखी प्रमुख किताबों में 'गोया दबिस्तां खुल गया', 'गुनाह का खौफ़', 'कशकोल' तथा 'सलाहकार' को याद किया जा सकता है। वे एक उच्च स्तर के पत्र-लेखक भी रहे, जिनका लेखन पत्र-साहित्य विधा का एक उल्लेखनीय दस्तावेज़ माना जाता है।

अपने सामाजिक कार्यों के लिए वे आज भी प्रासंगिक बने हुए हैं। इनमें, रुदौली तहसील को रेल सेवा से जोड़ने में निभायी गयी उनकी भूमिका का मामला रहा हो या अपनी ताल्लुकेदारी के गाँव का अंश रेलवे स्टेशन के निर्माण के लिए अंग्रेज सरकार को दान में देने का काम, सभी जगह चौधरी मोहम्मद अली एक पूर्णकालिक समाजसेवी के तौर पर उभरकर सामने आते हैं। उनके सन्दर्भ में यह भी कहानी प्रचलित रही है कि एक शर्त उस समय यह भी तय हुई थी कि गुजरने वाली प्रत्येक ट्रेन का ठहराव यहाँ रुदौली में अवश्य होगा।

इसके अतिरिक्त कस्बे के बीचो-बीच अस्पताल के लिए उन्होंने भूमि दान दी थी और अपनी पहली पत्नी स्वर्गीया आबिदा बेगम के नाम से महिला वार्ड का निर्माण भी करवाया था। रुदौली में प्रथम व्यावसायिक ट्रेनिंग स्कूल (लेदर स्कूल) की स्थापना भी उन्हीं की देन मानी जाती है। इस ट्रेनिंग स्कूल के यहाँ स्थापित होने का सुफल यह रहा कि ग़रीब बच्चों ने

चमड़े का प्रयोग कर विभिन्न वस्तुओं को बनाने का हुनर मुफ़्त में सीखा था। हालाँकि आज यह स्कूल समाप्त हो चुका है और रुदौली में इसके अवशेष भी बाक़ी नहीं रहे। उनके पौत्र एहसान मोहम्मद अली 'चौधरी शहरयार' बताते हैं कि 'चौधरी मोहम्मद अली ग़रीब बच्चों की शिक्षा के बड़े पैरोकार थे और उन्होंने कई युवाओं को उच्च शिक्षा के लिए बाहर पढ़ने के लिए भेजा था।'

चौधरी साहब के सामाजिक कार्यों से प्रभावित होकर ब्रिटिश सरकार ने उन्हें विधान परिषद का सदस्य नामित किया था। रुदौली के सन्दर्भ में अपनी युगान्तरकारी सोच के कारण चौधरी मोहम्मद अली को एक गम्भीर सहृदय सामाजिक के रूप में आज भी याद किया जाता है। 19 सितम्बर, 1959 ई. को फ़ैज़ाबाद की इस बड़ी शख़्सियत का निधन हुआ।

साभार : **रुदौली के स्थानीय निवासियों, एहसान मोहम्मद अली 'चौधरी शहरयार' से बातचीत तथा दैनिक जागरण पत्र में पूर्व प्रकाशित टिप्पणी से संक्षिप्त एवं संशोधित रूप में लेने के आधार पर इस अंक के सम्पादक यतीन्द्र मिश्र द्वारा लिखी गयी टिप्पणी। पहली बार प्रकाशित।**

फ़ैज़ाबाद : दस्तावेज़-188

राय श्रीराम बहादुर

नगर के यशस्वी समाजसेवी - तीन

फ़ैज़ाबाद जनपद के रसूलपुर तालुकेदारी के सम्मानित राय श्रीराम बहादुर लखनऊ के प्रसिद्ध वकील माने जाते थे। इनकी समाज-सेवा के आज भी चर्चे होते हैं, जिसमें अयोध्या में बनवाया गया अस्पताल 'श्रीराम हॉस्पिटल' और लखनऊ में एक अनाथालय का निर्माण प्रमुख हैं। ये अपने पिता बाबू सीतापति राग साहब के निधन के पश्चात रसूलपुर क्षेत्र के तालुकेदार हुए। इनकी सारी शिक्षा लखनऊ में सम्पन्न हुई, जिसमें सेंट फ्रांसिस कॉलेज, जुबली स्कूल, केनिंग कॉलेज और रीड क्रिश्चियन कॉलेज प्रमुख हैं।

राय श्रीराम बहादुर ने कई पदों पर रहकर समाज-सेवा का कार्य किया था, जिनमें 1916 ई. में ऑल इण्डिया लैण्ड होल्डर्स एसोसिएशन के ऑनरेरी सेक्रेटरी तथा 1921 से 1932 ई. तक बनारस हिन्दू विश्वविद्यालय के कोर्ट के निर्वाचित सदस्य का पद विशेष उल्लेखनीय है। 13 अक्टूबर, 1927 ई. को अंजुमन तालुकेदार अवध के सम्मानित ज्वाइंट सेक्रेटरी निर्वाचित हुए और 17 दिसम्बर, 1933 ई. तक निरन्तर इस पद पर कार्यरत रहे। 1929 ई. में लखनऊ विश्वविद्यालय के कोर्ट के सदस्य और 1930 ई. में लखनऊ म्युनिसिपल बोर्ड के सदस्य भी बने। इसी तरह, 1931 से 1932 ई. तक लेडी डफरिन अस्पताल कमेटी, लखनऊ के सदस्य पद को सुशोभित किया। 1932 ई. में आप अंजुमन की ओर से प्राविंशियल फ्रेंचाइज कमेटी के समक्ष साक्ष्य देने के लिए निर्वाचित हुए। इतना ही नहीं, वे 1937 ई. में अंजुमन अवध के सम्मानित सचिव भी नियुक्त किए गये थे।

उपर्युक्त पदों पर अपनी सेवाएँ देने के अलावा बाबू राय श्रीराम बहादुर को हैराल्ड समाचार-पत्र का सम्पादक भी बनाया गया था, जो अंग्रेजी, उर्दू

और हिन्दी में एक साथ प्रकाशित होता था। इनके सम्मान के खाते में एक पुस्तक 'आर्मोरियल बियरिंग्स' भी शामिल है, जो उन्होंने स्वयं लिखी थी।

इस तरह देखने पर यह बात पता लगती है कि रसूलपुर तालुकेदारी के राजा के रूप में ही नहीं, बल्कि एक कर्मठ समाजसेवी के रूप में भी राय बहादुर श्रीराम साहब का नाम सम्मानित ढंग से अमर है।

नोट : अवध के तालुकदार : पवन बख्शी, प्रकाशक : रूपा एण्ड कम्पनी, नयी दिल्ली, संस्करण : प्रथम-2009 से संक्षिप्त व संशोधित रूप में लेने के आधार पर इस अंक के सम्पादक यतीन्द्र मिश्र द्वारा लिखी गयी टिप्पणी। पहली बार प्रकाशित।

रईस बाबू बालकराम
नगर के यशस्वी समाजसेवी - चार

उन्नीसवीं शताब्दी के उत्तरार्द्ध में फ़ैज़ाबाद जनपद में जो चन्द प्रबुद्ध समाजसेवी हुए हैं, उनमें रईस बाबू बालकराम का नाम उल्लेखनीय है। इनका ख़ानदान आरम्भ से ही फ़ैज़ाबाद के समृद्ध रईसों में गिना जाता था, जिनमें इनके पूर्वज लाला फकीर चन्द अवध के नवाब सआदत अली ख़ाँ के दरबार में शाही खजाने के दीवान नियुक्त हुए थे तथा परिवार परम्परा के ही एक अन्य सदस्य लाला गंगा प्रसाद को अन्तिम नवाब वाज़िद अली शाह ने राजा की उपाधि प्रदान की थी। ये फारसी के अधिकारी विद्वान और कवि थे। साथ ही, अपनी योग्यता में अवध दरबार के कृपापात्र भी रहे। इसी परम्परा में बाबू बालकराम के दादा दीवान अनन्तराम को लॉर्ड कैनिंग ने 1859 ई. में फ़ैज़ाबाद जिले के रसूलपुर का ताल्लुकेदार भी बनाया था। उन्होंने अनन्तराम को उस ज़माने में पाँच हजार रुपये धनराशि और प्रशस्ति-पत्र स्वरूप एक खिल्लत भी प्रदान की थी।

इसी परिवार परम्परा में हुए बाबू बालकराम दीवान मेवाराम के सबसे छोटे बेटे थे। उन्होंने वकालत का सम्मानित पेशा अपनाया था और उच्च न्यायालय, इलाहाबाद में अधिवक्ता के रूप में वर्षों तक अपनी सेवाएँ दीं। उन्हें फ़ैज़ाबाद जिले में एक ऐसे समाजसेवी के रूप में याद किया जाता है, जिन्होंने सन् 1885 ई. से लेकर सन् 1908 ई., लगभग तेईस वर्षों तक विभिन्न संस्थानिक और गैर संस्थानिक पदों पर रहकर अपनी सेवाएँ दीं। इनमें प्रमुख रूप से फ़ैज़ाबाद का म्युनिसिपल बोर्ड, टाण्डा का म्युनिसिपल बोर्ड, अजुध्या फेयर कमेटी, कायस्थ सभा, प्रताप धर्म सेतु वक्फ अयोध्या और अन्यान्य संस्थाएँ शामिल हैं।

विभिन्न सरकारी गजेटों और प्रपत्रों को जाँचने पर यह ज्ञात होता है कि उन्होंने सामाजिक क्षेत्र में उस वक्त बेहद उल्लेखनीय कार्य किये, जब वे फ़ैज़ाबाद म्युनिसिपल बोर्ड के सदस्य और बाद में उसके उपाध्यक्ष रहे। उन्होंने फ़ैज़ाबाद में एक समय जब प्लेग फैला था, तो उसके रोक-थाम और बचाव के लिए सराहनीय कार्य किए, जिससे इस रोग पर तुरन्त काबू पाया जा सका था। इस सन्दर्भ में सन् 1903 और 1904 में उन्हें लिखे गये तमाम उन पत्रों की रोशनी में देखा जा सकता है, जो उनकी प्रशंसा और शाबाशी से भरे हैं। इनमें प्रमुख रूप से फ़ैज़ाबाद के तत्कालीन कमिश्नर जी. डब्ल्यू. एनसन, लेफ्टीनेण्ट कर्नल जे. जे. प्रैट, सी.ए. मरकर, जी. डब्ल्यू. होज़ और एफ.जे. पर्ट के नाम लिये जा सकते हैं, जिनका बाबू बालकराम की प्रशंसा में जारी किया गया सर्टीफिकेट उस ज़माने में किसी सनद या खिल्लत से कम न था।

यह देखना रईस बाबू बालकराम के सन्दर्भ में आज ऐतिहासिक है कि लगभग सौ वर्ष से कुछ ज़्यादा समय पूर्व उन्होंने अपनी विद्वता, सूझबूझ, नेकनीयती और सामाजिक सद्भाव के चलते फ़ैज़ाबाद शहर में शिक्षा, स्वास्थ्य और जन-जीवन में व्याप्त सामान्य जीवन-यापन की प्रणालियों में सुधार करते हुए अपनी सहभागिता सुनिश्चित की थी। एक अधिवक्ता के रूप में वे जितने महत्त्वपूर्ण और कामयाब व्यक्ति थे, उतने ही डिस्ट्रिक्ट बोर्ड के उपाध्यक्ष, म्युनिसिपल बोर्ड के सदस्य और लेडी डफरिन फण्ड कमेटी के सदस्य के रूप में सेवाएँ देते हुए लगभग पैंतीस संस्थाओं के कार्यकारी सदस्य रहे। उन्हें एक योग्य आदर्श नागरिक के रूप में भी फ़ैज़ाबाद के इतिहास में आसानी से दर्ज किया जा सकता है, जिन्होंने अपनी सामाजिक सेवाओं के चलते इस जनपद को बेहतरीन बनाने में कोई कसर बाकी नहीं रखी थी। साथ ही यह उल्लेख करना भी ज़रूरी है कि उन्होंने कई महत्त्वपूर्ण संगठनों, संस्थाओं और आपदा के समय कार्यदायी संस्थाओं को स्व-अर्जित पेशे से सम्मानित ढंग से चन्दा दिया था, जो उस दौर में किसी भी व्यक्ति द्वारा व्यक्तिगत स्तर पर किये गये प्रयासों में अलग से रेखांकित किये जाने योग्य है। ऐसे में हिन्दू बोर्डिंग हाऊस, इलाहाबाद, प्रिंस ऑफ वेल्स मेडिकल कॉलेज, विक्टोरिया मेमोरियल फण्ड, फेमिन रिलीफ फण्ड और डिस्ट्रिक्ट बोर्ड टूर्नामेण्ट आदि शामिल हैं। ऐसे कृत्यों की फेहरिस्त काफ़ी लम्बी है, जो उन्होंने सन् 1896 से 1908 के मध्य सम्पादित किये हैं।

रईस बाबू बालकराम निश्चित ही फ़ैज़ाबाद के इतिहास में एक समाजसेवी नायक के रूप में उल्लेख और प्रशस्ति के योग्य किरदार के रूप में अमर हैं।

साभार : **बाबू बालकराम : शॉर्ट फेमिली हिस्ट्री एण्ड कॉपीज़ ऑफ टेस्टीमोनियल्स ऑफ बाबू बालकराम, प्रकाशक : द इण्डियन डेली टेलीग्रॉफ प्रेस, लखनऊ से संक्षिप्त व संशोधित रूप में लेने के आधार पर इस अंक के सम्पादक यतीन्द्र मिश्र द्वारा लिखी गयी टिप्पणी। पहली बार प्रकाशित।**

फ़ैज़ाबाद : दस्तावेज़-190

मोहम्मद शरीफ
नगर के यशस्वी समाजसेवी - पाँच

फ़ैज़ाबाद नगर के खिड़की अलीबेग मुहल्ले के निवासी मोहम्मद शरीफ़ विगत पन्द्रह वर्षों से लावारिस लाशों का अन्तिम संस्कार करते आ रहे हैं। अपने इस संकल्प को पूरा करने में उन्होंने जाति व धर्म की दीवार को आड़े नहीं आने दिया। निःस्वार्थ भाव से किये जा रहे उनके इस सेवा कार्य में उन्हें 'लावारिस लाशों के वारिस' की संज्ञा प्रदान करा दी है।

सेवा का यह भाव उनके भीतर अपने युवा पुत्र की असामयिक मृत्यु और उसके अन्तिम संस्कार के बाद उपजा था। उनका बाईस वर्षीय पुत्र लापता हो गया था और अन्ततः उसका शव भी उन्हें देखना नसीब न हो सका। पुलिस से इन्हें पता चला था कि सुलतानपुर जनपद के कूरेभार कस्बे में रेलवे लाइन के पास मिले उनके पुत्र के शव को पुलिस ने लावारिस मानकर दफना दिया था। अपने बेटे का क्रिया-कर्म न कर पाने की पीड़ा ने इन्हें इस कदर झकझोर दिया कि इनके जीवन का दर्शन और लक्ष्य ही बदल गया। इन्होंने लावारिस लाशों के अन्तिम संस्कार का जिम्मा अपने सिर पर ले लिया।

पेशे से साइकिल मिस्त्री मो. शरीफ वर्ष 1992 से यह कार्य करते आ रहे हैं। मानवता की सेवा करते हुए अब उन्हें 'जाति', 'लिंग', 'भाषा', 'धर्म', 'प्रान्त' से कोई सरोकार नहीं है। लावारिस लाशों का अन्तिम संस्कार करने के पीछे बस यही तमन्ना है कि कोई परिवार ऐसी स्थिति और पीड़ा का सामना न करे। वह इस संकल्प के साथ आठ सदस्यीय परिवार का भरण-पोषण करने की जिम्मेदारी भी उठा रहे हैं। परिवार का पूरा सहयोग उन्हें इस सत्कार्य में मिल रहा है। इतना ही नहीं उन्होंने बाक़ायदा जनाना

अस्पताल रोड पर ताड़ की तकिया में लावारिस लाश स्नान-गृह भी बनवाया है, जिसके वह अध्यक्ष हैं और स्वयं ही लाशों का स्नान और क्रिया कर्म करते हैं। इनके मानवता के इस कार्य में समाज के कुछ व्यवसायी, कर्मचारी व समाजसेवी भी शामिल हैं।

सेवा व समर्पण की भावना से लगे मो. शरीफ को उनके इस कार्य से प्रसन्न होकर वर्ष 1998 में दिल्ली की पूर्व मुख्यमंत्री शीला दीक्षित, 2003 में पूर्व केन्द्रीय मंत्री सलमान खुर्शीद, 2004 में मैग्सेसे पुरस्कार विजेता सन्दीप पाण्डेय सहित कई समाजसेवी संस्थाओं द्वारा पुरस्कृत भी किया गया है। साथ ही फ़ैज़ाबाद परिक्षेत्र के पुलिस उपमहानिरीक्षक, जिलाधिकारी, वरिष्ठ पुलिस अधीक्षक, मुख्य चिकित्साधिकारी से प्रशस्ति-पत्र भी मिला है। मो. शरीफ को फ़िल्म अभिनेता आमिर ख़ाँ द्वारा प्रस्तुत टी.वी. शो 'सत्यमेव जयते' में भी आमंत्रित किया गया था।

साभार : युवा पत्रकार दीपक मिश्र द्वारा लिखी गयी टिप्पणी। पहली बार प्रकाशित।

अन्तर्राष्ट्रीय मुक्केबाज अखिल कुमार
फ़ैज़ाबाद का गौरव

फ़ैज़ाबाद की धरती से निकलकर अन्तर्राष्ट्रीय फलक पर खेलों के क्षेत्र में अगर देखा जाये, तो सबसे चमकता हुआ नाम है पूर्व ओलम्पियन अखिल कुमार का। अखिल कुमार का जन्म फ़ैज़ाबाद जनपद के बीकापुर तहसील की ग्रामसभा : भैरवपुर टिकरा में 27 मार्च, सन् 1981 को हुआ था। तेरह वर्ष की उम्र में उन्होंने मुक्केबाजी शुरु की। उनका पहला मुक्केबाजी का मुकाबला हरियाणा राज्य के लिए स्कूली स्तर पर था।

'ओपन गार्डेड' शैली में पारंगत अखिल कुमार ने सन् 1999 में पहली बार अन्तर्राष्ट्रीय मुक्केबाजी मुकाबले में प्रतिभाग किया और छठवें वाई.एम. सी.ए. जूनियर अन्तर्राष्ट्रीय बॉक्सिंग चैम्पियनशिप में स्वर्णपदक जीता था। सन् 2001 में उन्होंने रूस में इण्टरनेशनल इन्विटेशन बॉक्सिंग चैम्पियनशिप में एक और स्वर्ण पदक जीता। पुनः सन् 2003 में इसी प्रतियोगिता में प्रतिभाग करते हुए स्वर्ण पदक जीता। अखिल कुमार ने चीन के गुआंगझू में आयोजित प्रथम ए.आई.बी.ए. एशियन-2004 ओलम्पिक क्वालीफाइंग प्रतियोगिता में दूसरा स्थान हासिल कर एथेन्स ओलम्पिक गेम्स के लिए क्वालीफाई किया। हालाँकि 2004 एथेन्स ओलम्पिक गेम्स में वे जेरोम थॉमस से पहले राउण्ड में हार गये।

अखिल कुमार ने सन् 2005 में स्कॉटलैण्ड के ग्लास्गो में चौथे कॉमनवेल्थ फेडरेशन बॉक्सिंग चैम्पियनशिप में स्वर्ण पदक जीता। इस प्रतियोगिता में उन्होंने 54 किलोग्राम भार वर्ग के फाइनल में दक्षिण अफ्रीका के बोंगानी महालैंगू को हराया। इसके बाद सन् 2006 में मेलबर्न, आस्ट्रेलिया में आयोजित राष्ट्रमण्डल खेलों में उन्होंने बैंटमवेट के 54 किलोग्राम भार वर्ग

में पहले नाईजीरियाई नेस्टर बोलूम को हराया और फिर फाइनल में मॉरिशस के ब्रूनो जूली को हराकर स्वर्णपदक जीता।

अखिल कुमार ने सन् 2008 बीजिंग ओलम्पिक खेलों के लिए बैंटमवेट 54 किलोग्राम भार वर्ग के लिए क्वालीफाई किया। ओलम्पिक मुकाबले में उन्होंने फ्रांसीसी अली हलब को 12-5 से हराकर दूसरे दौर में जगह बनायी। राउण्ड-16 के दूसरे मुकाबले में 2-6 से पिछड़ने के बावजूद उन्होंने बड़े ही शानदार तरीके से तत्कालीन विश्व चैम्पियन सर्गेयी वोदोप्यानीव को हरा दिया। 18 अगस्त, 2008 को क्वार्टर फाइनल में वे मालडोवा के वीएसेस्लाव गोजान से हार गये। इस मुकाबले में वे हार तो ज़रूर गये परन्तु करोड़ों देशवासियों का दिल ज़रूर जीता।

खेल जगत में उनके इस योगदान के लिए सन् 2005 में भारत सरकार की ओर से खिलाड़ियों को दिये जाने वाले सर्वोच्च पुरस्कारों में से एक 'अर्जुन अवॉर्ड' से सम्मानित किया गया।

वर्तमान में अन्तर्राष्ट्रीय खेल जगत में चर्चित अखिल कुमार, रोहतक, हरियाणा में रहकर बॉक्सिंग में प्रशिक्षण देने का कार्य कर रहे हैं तथा अपनी खेल-साधना को जारी रखे हुए हैं। वे अपने कॅरियर में अब तक बारह स्वर्ण, एक रजत और चार कांस्य पदकों के अलावा तीन बार सर्वश्रेष्ठ मुक्केबाज का अॅवार्ड जीत चुके हैं। यह फ़ैज़ाबाद जनपदवासियों के लिए अत्यन्त हर्ष और गौरव की बात है कि उसकी माटी से निकलकर देश को खेलों का एक ऐसा नायक मिला है, जिसने भारत की पहचान को अन्तर्राष्ट्रीय स्तर पर प्रतिष्ठित करने में महत्त्वपूर्ण भूमिका निभाई है। 'दस्तावेज़ : फ़ैज़ाबाद' के लिए भी अपने ऐसे नायक को दर्ज़ करना अत्यन्त मान की बात है।

साभार : **इस अंक के सहयोगी तथा बास्केटबॉल के राष्ट्रीय स्तर पर प्रतिभागी (वर्ष 1998) रहे रोहित शर्मा द्वारा लिखी गयी टिप्पणी। पहली बार प्रकाशित।**

अवध विश्वविद्यालय की स्थापना का इतिहास
डॉ. राम मनोहर लोहिया अवध विश्वविद्यालय, फ़ैज़ाबाद

फ़ैज़ाबाद जनपद के विकास खण्ड : मसौधा में इस क्षेत्र के पहले विश्वविद्यालय 'अवध विश्वविद्यालय' की स्थापना सन् 1975 ई. में की गयी थी। यह स्थापना उत्तर प्रदेश सरकार के उच्च शिक्षा अनुभाग-10 द्वारा निर्गत शासनादेश संख्या - 1192/पन्द्रह-10-46(6)-1975, दिनांक 4 मार्च, 1975 के तहत की गयी थी। बिल्कुल शुरुआती दौर में, इस विश्वविद्यालय की सम्बद्धता चौबीस महाविद्यालयों को सम्बद्ध करने के साथ हुई थी, जिसमें फ़ैज़ाबाद, गोण्डा, बाराबंकी, सुलतानपुर और प्रतापगढ़ जिलों के महाविद्यालय इसके अन्तर्गत आते थे।

विस्कॉन्सिन विश्वविद्यालय, यू.एस.ए. के राजनीतिशास्त्र के प्रोफेसर डॉ. सुरेन्द्र सिंह इस विश्वविद्यालय के प्रथम कुलपति नियुक्त हुए। इसी तरह श्री राम सूरत प्रथम कुलसचिव एवं श्री लक्ष्मीकान्त श्रीवास्तव प्रथम वित्त अधिकारी के पदों पर आसीन हुए। 9 सितम्बर, 1975 के मांगलिक दिन तत्कालीन मुख्यमंत्री श्री हेमवन्तीनन्दन बहुगुणा ने इस विश्वविद्यालय के पहले शिक्षण-सत्र का उद्घाटन किया था। इसके उपरान्त लगभग छह माह बाद, शासकीय प्रयत्नों से भूमि अधिग्रहण की प्रक्रिया सन् 1976 में आरम्भ हुई और इसके स्वरूप को योजना का व्यापक अंग बनाते हुए तत्कालीन राज्यपाल एवं कुलाधिपति महामहिम श्री जी.डी. तपासे ने 2 मई, 1978 ई. को इक्कीस लाख, पचास हजार रुपये के अनुदान से बनने वाले वर्तमान प्रशासनिक भवन का शिलान्यास किया।

अब तक (सन् 2016) इस विश्वविद्यालय ने अपनी विकास-यात्रा में कुल सोलह कुलपतियों का कार्यकाल देखा है, जिनके नाम हैं— डॉ. सुरेन्द्र

सिंह, डॉ. ए.पी. मेहरोत्रा, प्रो. ए.सी. बनर्जी, प्रो. आर.बी. मिश्र, प्रो. के.पी. नौटियाल, प्रो. अँगने लाल, डॉ. शिव मोहन सिंह (कार्यवाहक), डॉ. गिरीश चन्द्र सक्सेना, प्रो. राम अचल सिंह, डॉ. एस.बी. सिंह, प्रो. पी.के. सिन्हा (कार्यवाहक), प्रो. ए.के. मित्तल, प्रो. वी.के. सारस्वत, प्रो. वी.के. गुप्ता, प्रो. पी.सी. त्रिवेदी एवं प्रो जी.सी.आर. जायसवाल।

इस विश्वविद्यालय का प्रथम दीक्षान्त समारोह 10 दिसम्बर, 1976 को आयोजित हुआ था और अब तक इस विश्वविद्यालय की 41 वर्षों की गौरवमयी रचनात्मक यात्रा के दौरान कुल बीस (20) दीक्षान्त समारोह सम्पन्न हो चुके हैं। यह भी विश्वविद्यालय के गौरवमयी इतिहास के लिए जानना ज़रूरी है कि कई बार देश के स्वनामधन्य लोगों को यहाँ से मानद उपाधियाँ प्रदान की गयी हैं, जिनमें पखावज वादक स्वामी रामशंकर दास 'पागलदास', वैज्ञानिक प्रो. यशपाल, इतिहासकार प्रो. रोमिला थापर, जैन सन्त सुश्री ज्ञानमती माता एवं राजनेता श्री राजनाथ सिंह प्रमुख हैं।

विश्वविद्यालय के कुल-चिह्न के आलेखन में जिस सूक्ति 'ज्योतिषां ज्योतिरेकम' का उपयोग किया गया है, उसे शुक्ल यजुर्वेद के चौतीसवें अध्याय शिव-संकल्प सूक्त के प्रथम मंत्र के एक अंश से लिया गया है। इसमें मनुष्य की कर्त्तव्यशक्ति की अद्वितीयता और उसके दुर्लभ ज्ञानबोध और संकल्प शक्ति की शुभता की प्रार्थना की गयी है। पूरा मंत्र इस तरह है—

यज्जाग्रतो दूरमुदैति दैवं, तदु सुप्तस्य तथैवैति।
दूरङ्गमं ज्योतिषां ज्योतिरेकं, तन्मे मनः शिवसङ्कल्पमस्तु।।

(शुक्ल यजुर्वेद)

विश्वविद्यालय के कुलचिह्न की अवधारणा हमारे भारतीय दर्शन, विचार और मनीषा को जीवन-मूल्यों के प्रति आस्थावान बनाने के सन्दर्भ से प्रेरित है। कुलचिह्न में प्रदर्शित आन्तरिक वृत्त में जल तथा सूर्य की प्रतीकात्मकता का आशय सृष्टि के आदि कारण व स्रोत के रूप में जल का प्रदर्शन है, जो जीवन का मूल तथा अविभाजित अंश माना जाता है। इसी तरह सूर्य का आह्वान उस तेज और प्रकाश के सन्दर्भ में है, जो मनुष्य की बुद्धि को निर्मल करते हुए ज्ञान और सच्चाई के रास्ते पर जाने के लिए प्रेरित करता है।

विश्वविद्यालय कुलगीत 'यही है ज्ञान का मन्दिर, कला-विज्ञान का मन्दिर/ हमारा विश्वविद्यालय, अवध की शान का मन्दिर' की रचना हिन्दी के प्रतिष्ठित नवगीतकार डॉ. शम्भूनाथ सिंह ने विश्वविद्यालय के दूसरे कुलपति

डॉ. ए.पी. मेहरोत्रा के आग्रह और प्रयत्नों के बाद की थी। यह गीत पहली बार विश्वविद्यालय के परिदृश्य में सन् 1980 के दौरान आया। इस गीत की रचना के समय डॉ. शम्भूनाथ सिंह हिन्दी विभाग, काशी विद्यापीठ, वाराणसी में आचार्य के पद पर कार्यरत थे। उनकी प्रतिष्ठा नवगीत को एक साहित्यिक विधा के रूप में प्रतिष्ठित करने वाले विद्वान, कवि, गीतकार की रही है। उन्होंने 'नवगीत अर्द्धशती' और 'नवगीत सप्तक' का सम्पादन भी किया था।

वर्ष 1993 में राज्य सरकार ने इस विश्वविद्यालय का नाम 'अवध विश्वविद्यालय' से परिवर्तित करते हुए 'डॉ. राम मनोहर लोहिया विश्वविद्यालय' किया। वर्ष 1994 में पुनः विश्वविद्यालय अधिनियम में संशोधन करते हुए इसका नामकरण 'डॉ. राम मनोहर लोहिया अवध विश्वविद्यालय' किया, जो इसका वर्तमान नाम भी है। इस विश्वविद्यालय से सम्बद्ध महाविद्यालयों के अन्तर्गत पढ़ाये जाने वाले पाठ्यक्रमों से अलग आवासीय परिसर में एक प्रौद्योगिकी एवं तकनीकी संस्थान सहित आठ परास्नातक व शोध-विभाग सक्रिय हैं, जिनमें आधुनिक तकनीकी से छात्र-छात्राओं को छब्बीस (26) सम-सामयिक विषयों में उच्च शिक्षा उपलब्ध करायी जा रही है।

साभार : डॉ. राम मनोहर लोहिया अवध विश्वविद्यालय के भौतिक एवं इलेक्ट्रानिक्स विभाग के अध्यक्ष डॉ. सच्चिदानन्द शुक्ल द्वारा लिखी गयी टिप्पणी। पहली बार प्रकाशित।

फ़ैज़ाबाद : दस्तावेज़-193

नरेन्द्र देव कृषि विश्वविद्यालय की स्थापना का इतिहास

नरेन्द्र देव कृषि एवं प्रौद्योगिकी विश्वविद्यालय, कुमारगंज, फ़ैज़ाबाद

समाजवादी विचारधारा के आचार्य नरेन्द्र देव जी के नाम पर स्थापित नरेन्द्र देव कृषि एवं प्रौद्योगिकी विश्वविद्यालय, कुमारगंज, फ़ैज़ाबाद मात्र उच्च स्तर की शिक्षा प्रदान करने का एक विश्वविद्यालय ही नहीं है, बल्कि यह आचार्य जी के सिद्धान्तों के पुण्य स्मरण के साथ बनाया गया ऐसा संस्थान है, जिसकी नींव किसानों को आत्मनिर्भर बनाने एवं कृषि-क्षेत्र के आधुनिकीकरण के लिए रखी गयी थी। इसकी स्थापना 15 जनवरी, 1974 ई. को हुई थी और इसका कुमारगंज परिसर में स्थानान्तरण 10 अक्टूबर, सन् 1975 को किया गया था। इसका उद्‌घाटन तत्कालीन प्रधानमंत्री श्रीमती इन्दिरा गाँधी के हाथों सम्पन्न हुआ था। इस विश्वविद्यालय के पहले कुलपति होने का गौरव सेवा-निवृत्त आई.ए.एस. श्री ए.डी. पाण्डेय को प्राप्त हुआ था। विश्वविद्यालय के पहले कुलसचिव डॉ. आर.पी. चन्दोला हुए। इस विश्वविद्यालय के वर्तमान कुलपति प्रो. अख़्तर हसीब हैं।

अपनी स्थापना के शुरुआती वर्षों में ही धान की 'सरयू-52' प्रजाति ईजाद की। इसी के बाद विश्वविद्यालय में विविध फसलों की शोध-परम्परा आगे बढ़ी। धान की चौवालीस प्रजातियाँ समेत कुल एक सौ छिहत्तर प्रजातियाँ अब तक विकसित हुई हैं। प्रतापगढ़ के विश्वप्रसिद्ध बनी आँवला पट्टी के विकास में भी इसका शोध निर्णायक बना, तो बेल की उन्नत क़िस्म विकसित करने और उसके उत्पादन में क्रान्तिकारी वृद्धि का श्रेय भी नरेन्द्र देव कृषि विश्वविद्यालय को है। शिक्षा के साथ शोध व प्रसार में भी विश्वविद्यालय ने नाम कमाया है। किसानों को इसी परिसर में कृषकीय प्रणाली सहित नयी तकनीकि आसानी से मिलती है।

जिला मुख्यालय से चालीस किलोमीटर दूर जिस कुमारगंज बाज़ार में विश्वविद्यालय स्थापित है, वह क्षेत्र ऊसर माना जाता रहा है, पर यह विश्वविद्यालय के शोधार्थियों की देन है कि आज वही ऊसर भूमि एक हजार हेक्टेयर से अधिक भू-भाग पर फलदार वृक्षों से आच्छादित है। विश्वविद्यालयीय शोध की ही देन है कि इस प्रकार के भू-भाग में धान का प्रचुर मात्रा में उत्पादन होता है। विश्वविद्यालय का अपना परिसर चार सौ एकड़ क्षेत्र में है, जो भाँति-भाँति के वृक्षों और फसलों की वानस्पतिक सम्पत्ति से समृद्ध है। विश्वविद्यालय शिक्षा, शोध और प्रसार के प्रकल्प संचालित कर रहा है। इसी का परिणाम है कि पूर्वांचल के ढाई दर्जन जिले खाद्यान्न उत्पादन में राष्ट्रीय मानक के हैं। नरेन्द्र देव कृषि विश्वविद्यालय का नाम कुछ खास वैज्ञानिकों व शिक्षकों की मेहनत के दम पर वैश्विक स्तर पर भी छाया, जिनमें डॉ. डी.एम. मौर्य द्वारा विकसित धान की 'सरजू-52' प्रजाति ने विश्वविद्यालय का नाम वैश्विक स्तर पर प्रतिष्ठित किया। डॉ. आर.के. पाठक ने आँवले व बेल की कई बेहतरीन प्रजातियाँ विकसित कीं।

इसी दौर में वैज्ञानिक डॉ. इन्द्रसेन सिंह की पुस्तक 'तोड़ाई के उपरान्त फल सँभालना' खासी लोकप्रिय हुई। डॉ. सिंह को 'राष्ट्रपति डॉ. राजेन्द्र प्रसाद पदक' हासिल हुआ। डॉ. सिंह ने वर्ष 1985 में बंजर भूमि विकास की नयी तकनीक ईज़ाद की। गेहूँ शोध के लिए डॉ. बी.एन. सिंह प्रमुख वैज्ञानिक रहे। तिलहन में डॉ. वाई.एस. चौहान, दलहल में डॉ. डी.पी. सिंह ने कई नामचीन प्रजातियाँ विकसित कीं। डॉ. ओम प्रकाश औषधीय एवं सुगन्ध की फसलों के शोध के लिए जाने गये। वर्तमान में मसालों की खेती में वैज्ञानिक डॉ. विक्रमा प्रसाद पाण्डेय सक्रिय हैं। इनके कार्यकाल में 'नरेन्द्र हल्दी-1, 2, 3', 'नरेन्द्र धनिया-2', 'नरेन्द्र मेथी-1, 2', सौंफ में 'नरेन्द्र-1' प्रजाति सामने आयी। इनके साथ ही अलग-अलग विभाग में कई वैज्ञानिकों ने शोध की विधा में विश्वविद्यालय की साख में इज़ाफा किया।

वर्तमान में विश्वविद्यालय से सात महाविद्यालय सम्बद्ध हैं। इस विश्वविद्यालय में कुल शिक्षक शोधार्थियों की संख्या छह सौ से अधिक है तथा इससे सम्बद्ध दो कृषि महाविद्यालय गोण्डा व आज़मगढ़ में स्थित हैं। इस विश्वविद्यालय में अलग-अलग समयों में कुछ विशिष्ट महाविद्यालय भी स्थापित हुए, जिनमें मत्स्यिकी महाविद्यालय (स्थापना वर्ष 2005), उद्यान एवं वानिकी महाविद्यालय (स्थापना वर्ष 2003), गृह-विज्ञान महाविद्यालय (स्थापना वर्ष

1993), पशु चिकित्सा एवं पशुपालन महाविद्यालय (स्थापना वर्ष 1999), कृषि महाविद्यालय, डाभासेमर (स्थापना वर्ष 1977), कॉलेज ऑफ एग्रीकल्चरल इंजीनियरिंग (स्थापना वर्ष 2003), इंस्टीट्यूट ऑफ़ प्लांट बॉयोडायवर्सिटी (स्थापना वर्ष 2004-05) प्रमुख हैं।

पशु-चिकित्सा एवं पशु-पालन महाविद्यालय के अन्तर्गत स्थित पॉली क्लिनिक में जानवरों की जटिल से जटिल बीमारियों का निदान व शल्य क्रिया होती है। उद्यान एवं वानिकी महाविद्यालय में स्थित प्रसंस्करण यूनिट भी खासी लोकप्रिय है। यहाँ पर फल समेत अन्य फसलों की प्रसंस्करण (प्रोसेसिंग) नये खाद्य पदार्थ तैयार किए जाते हैं। दूसरी तरफ किसानों को मौसमगत जानकारी देने के लिए यहाँ मौसम विज्ञान विभाग दशकों से तीनों फसलों (रबी, जायद, खरीफ) के लिए मौसम का पूर्वानुमान मुहैया कराता है।

साभार : नरेन्द्र देव कृषि विश्वविद्यालय, कुमारगंज, फ़ैज़ाबाद से प्राप्त जानकारियों के आधार पर युवा पत्रकार प्रवीण तिवारी द्वारा लिखी गयी टिप्पणी। पहली बार प्रकाशित।

फ़ैज़ाबाद : दस्तावेज़-194

लॉज़ अजोध्या ऑन सरजू नम्बर-13
ऑन रॉल ऑफ़ ग्रैण्ड लॉज़ ऑफ़ इण्डिया
फ़ैज़ाबाद

दुनिया के कोने-कोने में फैले हुए फ्री मेसनरी के सिद्धान्तों के अनुरुप गढ़े गये मेसॉनिक लॉज़ के सदस्यों का उद्देश्य परोपकार, संयम, धैर्य, विवेक और न्याय जैसे मानवीय गुणों को आपस में प्रोत्साहित करना है, जिसे वे 'ब्रदर हुड' के नाम पर लॉज़ ब्रदर्स के रूप में देखते हैं। यह एक तरह से सभी लोगों में भाईचारे को बढ़ावा देते हुए दुःखी और पीड़ितों को राहत उपलब्ध कराने जैसा उद्देश्य है। फ्री मेसनरी का प्रारम्भ राजा सोलोमन के समय से माना जाता है, लेकिन अपने वर्तमान स्वरूप में यह सन् 1717 में इंग्लैण्ड में पैदा हुआ और बाद में 1719 ई. में भारत पहुँचा। इस मेसॉनिक लॉज़ के अनेक सदस्य विशिष्ट पहचान के वे लोग रहे हैं, जिन्होंने मेसॉनिक दुनिया में बड़ा नाम कमाया है और इनमें से अधिकांश को 'नाईट हुड' की उपाधियाँ भी प्राप्त हुई हैं।

आज यह दुनिया के 190 देशों में सक्रिय है और भारत में 142 स्थानों पर इसकी स्थापना की गयी है। इसके सदस्यों में भारत के तमाम महान विचारक और नेता शामिल रहे हैं, जिनमें से स्वामी विवेकानन्द, मोतीलाल नेहरू, चक्रवर्ती राजगोपालाचारी, डॉ. राजेन्द्र प्रसाद, डॉ. सर्वपल्ली राधाकृष्णन सरीखे लोगों का नाम प्रमुख रूप से देखा जा सकता है। इस सन्दर्भ में फ़ैज़ाबाद के लिए यह गौरवशाली इतिहास है कि यह डेढ़ सौ वर्षों के लम्बे कालखण्ड से गुजरता हुआ और अनेकों उतार-चढ़ाव झेलकर आज भी अपना वजूद बनाये रखने में कामयाब रहा है। सन् 1940 तक इसका नाम 'अजुधिया लॉज़ लाइट' था और इसके अधिकांश सदस्य एच.एम. 84 रेजीमेण्ट, नौवीं

बंगाल कैवेलरी और बंगाल स्टाफ कोर से थे।

इस लॉज़ ने 17 मई, 1894 को अपनी सम्पत्तियों को सात हज़ार रुपये में गिरवी रखकर अपनी निजी ज़मीन, भवन और फर्नीचर हासिल किया। सरयू स्थित लॉज़ अजोध्या नम्बर 836 एक फ्री मेसनरी लॉज़ है, जिसके तहत यह समझा जा सकता है कि इसकी स्थापना किसी धर्म पर आधारित नहीं है और न ही यह कोई राजनीतिक या सामाजिक संगठन ही है। यह अलग बात है कि यह ईश्वर में विश्वास करना और सभी धर्मों का सम्मान करना सिखाता है। यह सारी धारणाएँ चूँकि फ्री मेसनरी की धारणाएँ होती हैं, इसलिए अयोध्या और फ़ैज़ाबाद का यह लॉज़ भी उसी सिद्धान्त पर स्थापित किया गया है।

फ़ैज़ाबाद के सन्दर्भ में लॉज़ का इतिहास खँगालने पर कुछ रोचक तथ्य हाथ आते हैं। उनमें से एक तथ्य यह भी है कि कभी-कभी इस लॉज़ की सदस्य संख्या बहुत घट जाती थी क्योंकि इसके सदस्य अनेक मिलिटरी यूनिटों से होते थे, जिनका समय-समय पर स्थानान्तरण होता रहता था। इस लॉज़ को बचाये रखने के लिए लॉज़ सरजू को कई बार त्यागपूर्ण योगदान भी करना पड़ता था, जैसा कि दिसम्बर, 1939 ई. में हुआ, जब लॉज़ सरजू के सदस्यों को इसमें बिना शुल्क के शामिल किया गया।

04 दिसम्बर, 1940 को मोस्ट वर्शिपफुल ग्रैण्ड मास्टर की अनुमति से इन दोनों लॉज़ों का नाम बदलकर 'लॉज़ अजोध्या ऑन सरजू नम्बर-13' कर दिया गया। तब से यह लॉज़ इसी नाम से चल रहा है। इसकी स्थापना के समय पहले वर्शिपफुल ब्रदर 1860 ई. में जे.पी. कॉलफील्ड थे और तब से आज तक फ़ैज़ाबाद को एक सौ छप्पन वर्शिपफुल मास्टर मिल चुके हैं, जिसमें वर्तमान में यह पद शहर के व्यवसायी श्री संजीव गोयल के पास है।

साभार : **फ़ैज़ाबाद के प्रतिष्ठित व्यवसायी और लॉज के सदस्य हर्ष मोहन द्वारा लिखी गयी टिप्पणी। वे सन् 2011 में फ़ैज़ाबाद लॉज के वर्शिपफुल मास्टर के पद पर रह चुके हैं। मूल अंग्रेजी से अनुवाद : राधेश्याम पाण्डेय एवं यतीन्द्र मिश्र। पहली बार प्रकाशित।**

डेवर्स क्लब

नगर पालिका परिसर, फ़ैज़ाबाद

फ़ैज़ाबाद में सम्भ्रान्त वर्ग के लोगों में क्लब संस्कृति का आगाज़ डेवर्स क्लब की स्थापना के साथ ही माना जाता है। यह फ़ैज़ाबाद नगर पालिका परिषद, कार्यालय परिसर में स्थित है। डेवर्स क्लब की स्थापना प्रख्यात समाज सेवी, रईस बाबू बालकराम के द्वारा सन् 1912 में हुई थी, जब वे इस वर्ष में फ़ैज़ाबाद म्युनिसिपल बोर्ड के चेयरमैन के पद पर कार्यरत थे। सन् 1912 के लगभग चौदह वर्ष बाद फ़ैज़ाबाद के डिप्टी कमिश्नर आर.सी. होबर्ट (आई.सी.एस.) ने 12 अप्रैल, 1926 ई. को इस क्लब के भवन की आधारशिला रखी थी। वर्तमान भवन पर मौजूद इसकी स्थापना के शिलापट पर यह भी अंकित है कि यह इमारत होबर्ट के व्यक्तिगत प्रयासों और उत्साह के चलते सम्भव हो सकी थी। इसी कारण डेवर्स क्लब के मुख्य भवन को 'होबर्ट हॉल' का नाम दिया गया है।

डेवर्स क्लब में उन दिनों समाज के उच्च वर्ग के लिए खेल से सम्बन्धित सभी प्रमुख विधाओं की चीज़ें उपलब्ध थीं, जिसमें बिलियर्ड टेबल, पपलू व ब्रिज़ खेलने की व्यवस्था, टेबल टेनिस तथा बाहर लॉन टेनिस के लिए घास का मैदान प्रमुख थे। आज भी यह सारी चीज़ें डेवर्स क्लब का प्रमुख अंग मानी जाती हैं, जिसमें पिछले दस-पन्द्रह वर्षों पूर्व स्क्वैश खेलने के लिए एक इनडोर हॉल तथा टेनिस के लिए सीमेण्टेड कोर्ट का निर्माण किया गया है।

डेवर्स क्लब एक पंजीकृत संस्था है, जो उत्तर प्रदेश सरकार द्वारा सोसायटी रजिस्ट्रेशन एक्ट के अन्तर्गत आती है। मण्डलायुक्त इस क्लब के पदेन

अध्यक्ष होते हैं, जबकि सचिव व अन्य पदों पर चयन इस क्लब के सदस्यगण निर्वाचन प्रक्रिया के तहत करते हैं।

साभार : **डेवर्स क्लब के सर्वेक्षण तथा वर्तमान सचिव के.के. सिन्हा से बातचीत के आधार पर इस अंक के सम्पादक यतीन्द्र मिश्र तथा युवा पत्रकार दीपक मिश्र द्वारा संयुक्त रूप से लिखी गयी टिप्पणी। पहली बार प्रकाशित।**

लेडीज क्लब
महिलाओं की सार्थक अभिव्यक्ति का केन्द्र
नगर पालिका परिसर, फ़ैज़ाबाद

लेडीज क्लब की स्थापना वर्ष 1944-45 में फ़ैज़ाबाद जनपद के तत्कालीन कलेक्टर श्री पी. डब्ल्यू. रैडिश की पत्नी तथा श्री आर. दयाल द्वारा की गयी थी। यह क्लब नगर पालिका परिसर, सिविल लाइन्स में तिलक हॉल के पीछे स्थित है। इस क्लब को बनाने में जिन महिलाओं ने अपना योगदान किया था, वे सभी इसके संस्थापक सदस्य के तौर पर जानी जाती हैं। इनमें श्रीमती प्रकाशवती मनूचा, अयोध्या की राजकुमारी श्रीमती विमला देवी, श्रीमती प्रभा राजे, श्री रामनाथ शांगलू, श्रीमती प्रियादत्त राम, श्रीमती डा. अख़्तर हुसैन और श्रीमती शान्ता सावन्त शामिल थीं।

श्रीमती प्रकाशवती मनूचा ने जब इस क्लब की स्थापना के लिए सहयोग किया था, तब वे अपने पति के साथ काफ़ी लम्बा समय लन्दन में बिताकर फ़ैज़ाबाद आयी थीं। आधुनिक सोच से सम्पन्न प्रकाशवती जी को यह लगता था कि इस नगर की स्त्रियों के आपसी मुलाकात, विमर्श और समाज सेवा के लिए एक मंच होना चाहिए। इसी सोच के तहत लेडीज क्लब का अस्तित्त्व सामने आया, जिसमें समाज की इन सम्मानित महिलाओं ने अपना योगदान दिया था। यह जानना भी महत्त्वपूर्ण है कि प्रकाशवती जी के अलावा अन्य प्रतिष्ठित महिलाएँ भी समाज के उन परिवारों का प्रतिनिधित्व कर रही थीं, जिनके यहाँ आरम्भ से ही समाज सेवा और सांस्कृतिक सक्रियता का वातावरण था। इसमें शिक्षा, स्वास्थ्य, कला, संस्कृति और अन्य सामाजिक दायित्वों के निर्वाह में इन स्त्रियों का व्यक्तिगत और पारिवारिक योगदान शुमार था। यह देखना भी महत्त्वपूर्ण होगा कि प्रकाशवती मनूचा जीवन-पर्यन्त

इस क्लब की निर्विरोध सचिव रहीं तथा उनके साथ श्रीमती प्रभा राजे के नेतृत्व में बाल-विवाह, सती प्रथा जैसी कुरीतियों का विरोध शामिल रहा है।

नारी शक्ति व नारी सम्मान के प्रतीक के रूप में समादृत लेडीज क्लब में वर्तमान में एक सौ पचास से अधिक सदस्याएँ सम्मिलित हैं, जो अपने पारिवारिक दायित्वों का सफलतापूर्वक निर्वाह करते हुए सामाजिक गतिविधियों में बढ़-चढ़कर भाग लेती रही हैं। यह जानना भी सार्थक है कि लेडीज क्लब समय-समय पर प्राकृतिक आपदाओं, समाज के निचले वर्ग पर आये हुए संकट तथा अन्य सरोकारों के साथ सदैव मदद के लिए तत्पर रहा है। वर्तमान में यह क्लब स्त्रियों की अस्मिता व उनकी मुखर अभिव्यक्ति का एक लोकतांत्रिक मंच है, जिससे फ़ैज़ाबाद नगर की हर वर्ग की महिलाओं का जुड़ाव शामिल है। वर्तमान में क्लब की अध्यक्ष श्रीमती अंजू खन्ना तथा सचिव श्रीमती शीना राजे हैं।

साभार : **क्लब के सर्वेक्षण तथा वरिष्ठ सदस्यों क्रमशः श्रीमती गुरुशरण कौर, श्रीमती मीताली सूद, श्रीमती शीना राजे तथा प्रणव मनूचा से प्राप्त जानकारियों के आधार पर इस अंक के सम्पादक यतीन्द्र मिश्र द्वारा लिखी गयी टिप्पणी। पहली बार प्रकाशित।**

पुस्तकालयों से बनने वाला समाज

अनीस चकबस्त लाइब्रेरी

फ़ैज़ाबाद नगर कोतवाली के निकट रीडगंज से दो दरे को पार करते ही बायीं तरफ हैदरगंज गली के मुहाने पर स्थित यह पुस्तकालय अपना एक खास मुकाम रखता है। यह पुस्तकालय शहर के ही दो अहम शायरों मीर अनीस तथा पं. ब्रज नारायण 'चकबस्त' की स्मृति में स्थापित है। वर्ष 1975 ई. में इस पुस्तकालय की स्थापना शायर मीर अनीस के इमामबाड़े में की गयी थी। मीर अनीस का यह इमामबाड़ा उस समय कांजी हाउस में तब्दील हो चुका था। कांजी हाउस को हटाकर इस अज़ीम शायर की स्मृति को सहेजने का विचार राठहवेली स्थित इमामबाड़े के निवासी अज़हर अली आब्दी के मन में आया था। अपने इस विचार को अमल में लाने के लिए उनको शहर के ही आई.ए.एस. अतहर हुसैन आब्दी का सहयोग मिल गया था।

उनके प्रयास से इस मकान से कांजी हाउस हटा दिया गया था और सरकार से मिले एक लाख रुपयों के अनुदान से भवन व फर्नीचर की व्यवस्था कर लाइब्रेरी की विधिवत शुरुआत हुई। आरम्भ में दो-चार सौ पुस्तकों से लोगों ने इसकी शुरुआत करायी थी, जिसकी वर्तमान में संख्या दस हजार से भी ऊपर जा पहुँची है। इसकी देखभाल स्थानीय लोगों की एक समिति करती है, जिसके वर्तमान सचिव श्री परवेज़ आब्दी हैं। शुरु से ही इस पुस्तकालय की किताबों का रख-रखाव व लेखा-जोखा रखने वाले लाइब्रेरियन अली अथर आब्दी का साथ छूटने के बाद यह पुस्तकालय थोड़ा अनियमित हो गया है। हाल ही में राज्य-सभा सदस्य रहे वरिष्ठ पत्रकार शाहिद सिद्धीकी की निधि

से लाइब्रेरी के ऊपर एक सभा कक्ष का निर्माण भी किया गया है, जिसका इस्तेमाल अव्यावसायिक तौर पर साहित्यिक व सांस्कृतिक आयोजनों के लिए होता है।

सरस्वती लाइब्रेरी

फ़ैज़ाबाद नगर में चौक से रिकाबगंज चौराहे की तरफ चलने पर चौराहे से क़रीब पचास मीटर पहले बाँयी पटरी पर स्थित 'सरस्वती स्टेशनर्स' की दुकान में आज भी साहित्यिक कृतियाँ सजी हुईं हैं। यह कृतियाँ इस दुकान के विगत दो दशकों की साहित्यिक सेवा की कहानी कहती हैं, जब इस प्रतिष्ठान को 'सरस्वती लाइब्रेरी' के नाम से जाना जाता था। उस दौर में पाठकों की बड़ी संख्या के कारण इसकी धाक दिल्ली के बड़े प्रकाशकों तक कायम थी। ज़िन्दगी जीने की जद्दोज़हद के लिए शुरु किये गये इस कारोबार ने एक इतिहास ही बना डाला था। पढ़ने के शौक में आयी कमी के चलते वर्ष 1995 ई. में लाइब्रेरी को बन्द कर स्टेशनर्स में तब्दील कर दिया गया।

वर्ष 1978 ई. में इस पुस्तकालय व वाचनालय की स्थापना करने वाले श्री किशन बिहारी अग्रवाल की आँखें अतीत की चर्चा करते ही चमक उठती हैं। वह बताते हैं कि पिता अैर माता दोनों की मृत्यु हो जाने के बाद जीने के लिए व्यवसाय के नाम पर क़रीब बारह-तेरह साल की अवस्था में कक्षा छह में पढ़ते हुए लाइब्रेरी की शुरुआत की थी। तब इसके केन्द्र में बाल पत्रिकाएँ व कॉमिक्स हुआ करते थे। लेकिन इसके बाद इस प्रतिष्ठान ने शहर को यहाँ न उपलब्ध होने वाली हिन्दी-अंग्रेजी साहित्य की कृतियों का दुर्लभ संसार परोसकर पढ़ने का शौक रखने वालों को सम्मोहित कर लिया। श्री अग्रवाल बताते हैं कि इस लाइब्रेरी की सदस्य संख्या डेढ़ हजार तक रही, जिसमें आठ सौ नियमित पाठक थे। उन पर किताबें जुटाने का जुनून सवार हो गया था, छोटी उम्र में अकेले दिल्ली जाकर नयी सड़क, चावड़ी बाज़ार, दरियागंज व कनाट प्लेस में फुटपाथ से तलाश कर किताबें लेकर आए। कबाड़ियों व रद्दी खरीदने वालों से कई दुर्लभ पुस्तकें मिलीं। देश-विदेश की सभी प्रमुख प्रत्रिकाओं के साथ हिन्दी-अंग्रेजी के सारे समाचार-पत्र यहाँ उपलब्ध थे। यहाँ बैठकर अध्ययन करने की भी व्यवस्था थी। बाद के समय में यह लाइब्रेरी भी बन्द हो गयी। आज वहाँ स्टेशनरी से सम्बन्धित सामान बिकते हैं।

जिला पुस्तकालय

इस पुस्तकालय की स्थापना प्रदेश के शिक्षा विभाग की योजना के तहत सिविल लाइन्स क्षेत्र में जिला विद्यालय निरीक्षक कार्यालय (शिक्षा भवन) के सामने की पटरी पर सन् 1984 में की गयी थी। वर्तमान में इस पुस्तकालय में उपलब्ध किताबों की संख्या 48 हजार के क़रीब बतायी जाती है। समाचार-पत्र व पत्रिकाएँ भी नियमित रूप से यहाँ मँगायी जाती हैं। इस परिसर में बैठकर पढ़ने की सुविधा होने के कारण यह पुस्तकालय प्रतियोगी व विभिन्न पाठ्यक्रमों में अध्ययनरत छात्रों के लिए विशेष उपयोगी साबित होता रहा है। वर्तमान में इसके पुस्तकालयाध्यक्ष श्री रईस अहमद हैं।

नारायण दास खत्री स्मृति अध्ययन केन्द्र

स्वतंत्रता संग्राम सेनानी व विद्वान अधिवक्ता स्व. नारायण दास खत्री की स्मृति में इस अध्ययन केन्द्र की स्थापना वर्ष 2003 में शहर के सिविल लाइन्स इलाके में स्थित पुष्पराज चौराहे के निकट होटल कृष्णा पैलेस परिसर में की गयी थी।

नारायण दास खत्री ने स्वतंत्रता आन्दोलन में एक निर्भीक सिपाही की तरह भूमिका निभाई थी। उन्हें देश के गौरव और स्वाभिमान के लिए लड़ने के जुर्म में अंग्रेज सरकार ने अक्टूबर, 1942 ई. में गिरफ़्तार कर लिया और नवम्बर, 1943 ई. तक फ़ैज़ाबाद और वाराणसी की जेलों में बन्द रखा। जेल-यात्रा के दौरान ही अनेक जाने-माने स्वतन्त्रता सेनानियों के साथ ने उन्हें मजबूती प्रदान की। शुरु में कांग्रेसी विचारधारा से प्रेरित श्री नारायण दास खत्री इस दौरान वामपन्थी नेताओं के गहरे प्रभाव में आए और उन्होंने कम्युनिस्ट पार्टी की सदस्यता ग्रहण कर ली। जेल-यात्रा का उपयोग उन्होंने विभिन्न विषयों पर चिन्तन-मनन और स्वाध्याय में किया था। इसका यह सुफल रहा कि एक गम्भीर अध्येता की झलक बाद में उनकी उदार सामाजिक छवि से बराबर प्रदर्शित होती रही। स्वतंत्रता प्राप्ति के बाद वे जनपद में एक प्रतिष्ठित विधिवेत्ता के तौर पर जाने गये।

इस अध्ययन केन्द्र की आधारशिला श्री खत्री की विशेष अध्ययन रुचि व पुस्तकों के प्रति असीम अनुराग के कारण रखी जा सकी। मृत्यु के पूर्व बीमारी के दिनों में वे अपनी संग्रहीत पुस्तकों की सुरक्षा व संरक्षण की चिन्ता रह-रहकर परिजनों से जाहिर करते रहे थे। इसे व्यापकता प्रदान

करते हुए खत्री परिवार ने उनकी व्यक्तिगत लाइब्रेरी की पैंतीस सौ से ज़्यादा साहित्यिक पुस्तकों को व्यवस्थित करते हुए सामाजिक उद्देश्य के एक बड़े अध्ययन केन्द्र में तब्दील कर दिया।

इस अध्ययन केन्द्र की देखभाल 'नारायण दास खत्री मेमोरियल ट्रस्ट' फ़ैज़ाबाद करता है। वर्ष 2005 ई. से इस प्रयास को व्यापकता प्रदान करते हुए 'फ़ैज़ाबाद पुस्तक मेला' आयोजित करने की परम्परा डाली गयी। यह मेला पुस्तकों की उपलब्धता के मामले में शहर को किताबों का एक व्यापक संसार उपलब्ध कराते हुए दस साल से ऊपर का सफर तय कर चुका है। इस पुस्तकालय के पुस्तकों का संसार आज पचासी सौ किताबों के आँकड़े तक जा पहुँचा है। नारायण दास खत्री मेमोरियल ट्रस्ट के कोषाध्यक्ष राजकुमार खत्री बताते हैं 'सभी समाचार-पत्र व पत्रिकाओं की उपलब्धता के साथ अध्ययन केन्द्र नियमित रूप से प्रतिदिन खुलता है। स्थानाभाव के कारण हम थोड़े दिनों में नयी किताबों की आमद कर पुरानी को हटा लेते हैं।' वर्तमान में किताबों की उपलब्धता व अध्ययन का यह इकलौता गैर सरकारी प्रयास पूरी शिद्दत के साथ अपनी मौजूदगी दर्ज़ करा रहा है।

साभार : विभिन्न पुस्तकालयों के सर्वेक्षण तथा उनसे सम्बन्धित लोगों क्रमशः राजकुमार खत्री, किशन बिहारी अग्रवाल, परवेज़ आब्दी, रईस अहमद से बातचीत के आधार पर युवा पत्रकार दीपक मिश्र द्वारा लिखी गयी टिप्पणी। पहली बार प्रकाशित।

प्रमुख सरकारी एवं ग़ैर सरकारी संस्थाएँ
स्थापना का इतिहास

फ़ैज़ाबाद छावनी परिषद

फ़ैज़ाबाद कैंटोनमेण्ट बोर्ड सन् 1856 में अस्तित्त्व में आया। इसका गठन प्रमुख रूप से सशस्त्र सेनाओं के लिए हुआ था। यह कैन्टोनमेण्ट्स एक्ट 1924 के अधीन संचालित है। छावनी परिषद पाँच हजार नौ सौ अट्ठाइस (5928) एकड़ क्षेत्र में फैला हुआ है। इस बोर्ड में आठ सदस्य होते हैं, जिनमें चार का चुनाव होता है और चार नामित होते हैं। नामित सदस्यों में स्वास्थ्य अधिकारी, जिलाधिकारी तथा सेना के इंजीनियर के प्रतिनिधि होते हैं, जबकि स्टेशन कमाण्डर इस बोर्ड का पदेन अध्यक्ष होता है।

फ़ैज़ाबाद मण्डलीय कारागार

वर्तमान में फ़ैज़ाबाद का मण्डलीय कारागार, पहले जिला जेल कहलाता था, जिसकी स्थापना सन् 1869 में फ़ैज़ाबाद रेलवे स्टेशन के निकट सिविल लाइन्स में की गयी थी। 'उत्तर प्रदेश डिस्ट्रिक्ट गजेटियर फ़ैज़ाबाद' (प्रकाशित सन् 1960) में दर्ज़ है कि उस वक्त तक इस जेल में कुल आठ सौ चौंतीस (834) कैदियों के रहने की व्यवस्था थी। जिला जेल से इसका मण्डलीय कारागार में उच्चीकरण सन् 1999 में हुआ और वर्तमान में इस जेल में कुल साढ़े सात सौ (750) कैदियों के रहने की व्यवस्था है।

इस कारागार की ऐतिहासिक महत्ता रही है, क्योंकि यहीं पर काकोरी काण्ड के क्रान्तिकारी अशफ़ाक उल्ला ख़ाँ को अंग्रेजी हुकूमत ने फाँसी की सजा दी थी। जिस स्थान पर इस अमर शहीद को फाँसी दी गयी थी, वर्तमान

में उस जगह को एक शहीद स्मारक के रूप में विकसित कर दिया गया है तथा वहाँ प्रवेश करने वाले द्वार को 'अमर शहीद अशफ़ाक उल्ला ख़ाँ द्वार' कहा जाता है।

जिला चिकित्सालय

फ़ैज़ाबाद जिला चिकित्सालय की स्थापना सन् 1861 में सुरसरि रियासत (जनकपुर, तिरहुत) के राजा विष्णु प्रकाश नारायण सिंह ने अपने निजी कोष से करायी थी। यह चिकित्सालय रिकाबगंज चौराहे से सिविल लाइन्स की तरफ चलने पर लगभग सौ मीटर आगे बायीं तरफ स्थित है। जिस समय यह अस्पताल स्थापित किया गया था, उस वक्त इसके शिलापट पर डिस्पेन्सरी अंकित था, जिसका उसी शिलापट पर हिन्दी में अनुवाद 'रोग विमुक्त-स्थान' लिखा गया था। उस समय इस चिकित्सालय के प्रमुख के रूप में सिविल सर्जन का पद होता था, जो जिले की सम्पूर्ण चिकित्सा व्यवस्था का प्रभारी होता था। यह पद लगभग पिछली शताब्दी में साठ के दशक तक रहा।

वर्तमान समय में जिला चिकित्सालय में सबसे बड़ा पद 'प्रमुख चिकित्सा अधीक्षक' का होता है। इस समय यहाँ रोगियों के उपचार के लिए कुल दो सौ बारह (212) शैय्या की व्यवस्था है। इसके अतिरिक्त 12 वार्डों के अन्तर्गत विभिन्न रोगों का इलाज़ उनके विशेषज्ञ चिकित्सकों द्वारा किया जाता है। ये वार्ड हैं– इमरजेन्सी, न्यू इमरजेन्सी, मेडिकल, सर्जिकल, बर्न, चाईल्ड, फीमेल मेडिकल, फीमेल सर्जिकल, हृदय रोग (आई.सी.यू.), आर्थो, ई.एन.टी., पेईंग वार्ड। इस चिकित्सालय में एक ब्लड बैंक भी संचालित है, जिसकी सेवाएँ चौबीस घण्टे उपलब्ध रहती हैं।

फ़ैज़ाबाद बार एसोसिएशन

फ़ैज़ाबाद बार एसोसिएशन की स्थापना 8 जनवरी, 1902 ई. को हुई थी। हालाँकि सन् 1904 ई. तक आते-आते बार एसोसिएशन, फ़ैज़ाबाद ने एक अपंजीकृत संस्था के रूप में अपना कार्य आरम्भ कर दिया था। इसका पंजीकरण एक्ट 21, 1860 के अन्तर्गत 19 जून, 1911 ई. को किया गया। बार एसोसिएशन की मुख्य बिल्डिंग दो चरणों में बनी। लखनऊ रोड की तरफ वाला हिस्सा उत्तर दिशा की ओर है, जिसका निर्माण सन् 1912 में हुआ। वस्तुतः यही हिस्सा पहले मुख्य हिस्सा था, जो कि आज पिछले

हिस्से के रूप में इस्तेमाल हो रहा है। इसी तरह जो हिस्सा बाद में बार एसोसिएशन के पिछले हिस्से के रूप में 1940 ई. में निर्मित हुआ था, वही आजकल मुख्य हिस्से के रूप में प्रयुक्त हो रहा है।

फ़ैज़ाबाद बार एसोसिएशन से कई मूर्धन्य समाज सेवी व नेतागण सदस्य के रूप में जुड़े हुए थे, जिनमें सुप्रसिद्ध समाजवादी चिन्तक **आचार्य नरेन्द्र देव**, *उत्तर प्रदेश विधान-सभा के पूर्व स्पीकर* **बाबू मदन मोहन लाल वर्मा**, *स्वतंत्रता संग्राम सेनानी* **रमानाथ मेहरोत्रा**, *स्वतंत्रता संग्राम सेनानी तथा शिक्षा के क्षेत्र में सक्रिय* **बाबू माता प्रसाद सिंह**, *हाईकोर्ट के पूर्व* **जज मुर्तज़ा हुसैन** *तथा उत्तर प्रदेश बार काउंसिल के पूर्व चेयरमैन* **शशिधर पाठक** *का नाम प्रमुख है।*

बार एसोसिएशन की स्थापना के वर्ष 1902 ई. में इसके सम्मानित अध्यक्ष **श्री इम्तियाज़ अली** *थे, जबकि इसके अध्यक्ष पद को समाज सेवी व उत्कृष्ट अधिवक्ता* **पं. परमेश्वर नाथ सप्रू** *ने सर्वाधिक चौदह बार सुशोभित किया था। वर्तमान में बार एसोसिएशन के अध्यक्ष तथा सचिव पद के साथ कार्यकारिणी का चयन प्रतिवर्ष चुनाव प्रक्रिया व मतदान के जरिए होता है।*

नोट : 1. उत्तर प्रदेश डिस्ट्रिक्ट गजेटियर फ़ैज़ाबाद : ई.बी. जोशी, प्रकाशक : इण्डियन प्रेस लि. इलाहाबाद, उत्तर प्रदेश, संस्करण : 1960, 2. फ़ैज़ाबाद बार एसोसिएशन : शताब्दी समारोह वर्ष स्मारिका, 2006 से संक्षिप्त एवं संशोधित रूप में लेने के अतिरिक्त मण्डलीय कारागार अधीक्षक राधाकृष्ण मिश्र, एडवोकेट मदन मोहन पाण्डेय तथा अजीत सिंह बिसेन से बातचीत के आधार पर इस अंक के सम्पादक यतीन्द्र मिश्र द्वारा लिखी गयी टिप्पणी। पहली बार प्रकाशित।

वर्तमान फ़ैज़ाबाद की कुछ अन्य विशिष्टताएँ
जनपदवासियों का राष्ट्रीय स्तर पर योगदान : कुछ तथ्य

इस दस्तावेज़ में फ़ैज़ाबाद (अम्बेडकरनगर को शामिल करते हुए) के उन महानुभावों के योगदान को रेखांकित किया जा रहा है, जिन्होंने इस शहर को राष्ट्रीय स्तर पर अपनी उपस्थिति से गौरवान्वित किया है।

1. *एशियाई देश समूह के सबसे बड़े खेल आयोजन एशियाड, जो सन् 1982 में दिल्ली में सम्पन्न हुए थे, उसमें फ़ैज़ाबाद के* **स्व. श्री नन्दलाल कपूर** *एवं* **स्व. श्री शाह जगतनारायण** *को बैडमिण्टन प्रतिस्पर्धा के रेफरी (निर्णायक) के तौर पर आमंत्रित किया गया था। इसी स्पर्धा के लिए* **श्री माणिक चन्द्र अग्रवाल** *को भी लाईन मैन के रूप में शिरकत करने का सौभाग्य मिला था।*

2. *फ़ैज़ाबाद के जनौरा क्षेत्र के निवासी* **श्री केशव राणा** *ने पचास से सत्तर के दशक तक हिन्दी फ़िल्मों में बतौर खलनायक और चरित्र-अभिनेता के रूप में काम किया है। इन्होंने लगभग पचासों फ़िल्मों में छोटी-बड़ी भूमिकाएँ निभायी हैं।*

3. *फ़ैज़ाबाद के दो बार सांसद रहे तथा कांग्रेस कमेटी के भूतपूर्व प्रदेश अध्यक्ष* **श्री निर्मल खत्री** *ने फ़ैज़ाबाद में फ़िल्माई गयी एक टेलीफ़िल्म* **'न भूले हैं न भूलेंगे'** *में बतौर अभिनेता काम किया था। इस फ़िल्म में अभिनेत्री के तौर पर टेलीविजन कलाकार* **जमुना** *शामिल थीं। क्रान्तिकारियों के जीवन पर आधारित इस फ़िल्म के निर्देशक बीते दौर के अभिनेता* **प्रदीप कुमार** *थे।*

4. *फ़ैज़ाबाद जनपद और उसके आस-पास के इलाकों से सम्बन्धित कुछ ऐसे पत्रकार भी हुए, जिन्होंने राष्ट्रीय-अन्तर्राष्ट्रीय स्तर पर पत्रकारिता के क्षेत्र में अपनी पहचान स्थापित की है। इनमें प्रमुख रूप से उल्लेखनीय*

नाम हैं– **सर्वश्री मधुकर उपाध्याय, राजनाथ सिंह 'सूर्य', राधेश्याम शुक्ल,** *तथा* **रणविजय सिंह** *।*

5. *फ़ैज़ाबाद जनपद से कुछ ऐसे कलाकारों का नाम भी जुड़ा है, जिन्होंने हिन्दी सिनेमा के क्षेत्र में आधुनिक दौर में अपने काम से ख्याति अर्जित की है। इनमें उल्लेखनीय और लोकप्रिय नाम इस तरह हैं–* **सर्वश्री विजय कृष्ण आचार्य** *('टशन' और 'धूम-3' फ़िल्म के निर्देशक),* **अभिषेक चौबे** *('इश्किया' और 'डेढ़ इश्किया' फ़िल्म के निर्देशक) तथा* **प्रशान्त पाण्डेय** *('सरकार राज' और 'रक्तचरित्र' जैसी फ़िल्मों के पटकथा एवं संवाद लेखक)।*

6. *समाजसेवी* **श्रीमती रीता खत्री,** *'केन्द्रीय फ़िल्म प्रमाणन बोर्ड' की सलाहकार समिति की नामित सदस्य के रूप में तीन वर्ष (कार्यकाल : 2009-2012) तक कार्यरत रहीं।*

7. *युवा लेखक एवं संगीत व सिनेमा अध्येता* **यतीन्द्र मिश्र** *ने दूरदर्शन (प्रसार भारती) के कला-संस्कृति के चैनल डी.डी. भारती में सलाहकार के रूप में सन् 2014-2016 तक अपनी सेवाएँ दी हैं।*

8. *फ़ैज़ाबाद से सम्बन्धित विभिन्न क्षेत्रों में राष्ट्रीय स्तर पर अपनी पहचान बनाने वाले मूर्धन्यों में कुछ विशिष्ट नाम यहाँ दिये जा रहे हैं, जिनके योगदान पर यह शहर गौरवान्वित महसूस करता है। इनमें प्रमुख रूप से शामिल हैं–* **सर्वश्री कुँवर नारायण** *(हिन्दी कवि और विद्वान),* **डॉ. भरत झुनझुनवाला** *(अर्थशास्त्री),* **शीतला सिंह** *(वरिष्ठ पत्रकार),* **पं. किरन मिश्र** *(गीतकार),* **मनु शर्मा** *(उपन्यासकार),* **स्व. स्वामी रामशंकर दास 'पागलदास'** *(प्रख्यात पखावज-वादक) एवं* **अखिल कुमार** *(अन्तर्राष्ट्रीय स्तर पर प्रतिष्ठित मुक्केबाज)।*

नोट : **विभिन्न स्रोतों से प्राप्त जानकारियों तथा दीपकृष्ण वर्मा, डॉ. सच्चिदानन्द शुक्ल, मिर्ज़ा शहाब शाह, अनिल अग्रवाल, मुकेश कुमार पाण्डेय, दीपक मिश्र एवं रोहित शर्मा से बातचीत के आधार पर इस अंक के सम्पादक यतीन्द्र मिश्र द्वारा लिखी गयी टिप्पणी। पहली बार प्रकाशित।**

फ़ैज़ाबाद : दस्तावेज़-200

फ़ैज़ाबाद की गौरव-गाथा

अवध की शाम कविता का पाठ

'शहरनामा फ़ैज़ाबाद' *अंक को समर्पित हमारा यह अन्तिम दस्तावेज़ है, जिसे प्रसिद्ध शायर सैय्यद शमीम अहमद 'शमीम' की फ़ैज़ाबाद पर लिखी गयी एक दुर्लभ कविता के रूप में प्रस्तुत किया जा रहा है। यह कविता फ़ैज़ाबाद की ऐतिहासिक तथा सांस्कृतिक पड़ताल करती है, जिसमें यहाँ के जीवन का अद्‌भुत स्पन्दन दर्शित होता है।*

सभ्यताओं का इसे शीश महल कहते हैं
कुछ तो ऐसे हैं जो जन्नत का बदल[1] कहते हैं

कोई कहता है अवध और कोई फ़ैज़ाबाद
हम जुनूँ वाले इसे शहर-ए-ग़ज़ल कहते हैं

अवध की शाम महकती है बहारों की तरह
बज़्म[2] सजती है यहाँ चाँद-सितारों की तरह

राम की धरती है लक्ष्मण का वतन भी है यही
घर का आँगन है तो सीता का चमन है भी यही

यही है शहर जो दशरथ की राजधानी है
भरत से भाई का ईसार[3] है कुरबानी है

कश्ती-ए-नूह, जहाँ दफ़न है वह दर है यही
और आराम-गाहे शीश पैयम्बर है यही

हर एक सिम्त[4] यहाँ अमन की गुलकारी है
बड़ी बुआ की दुआओं का फैज़[5] जारी है

रश्क-ए-फिरदौस बरीं है, यह ख़ुर्द मक्का है
देवताओं की जनमभूमि यह अजुध्या है

यहीं से भक्तों ने देखा है उस ख़ुदा का जमाल
यहीं से तुलसी के फ़न को मिला है औज-ए-कमाल[6]

यहीं लोहिया का वतन है, यहीं आचार्य का घर
यह है चकबस्त की ड्योढ़ी, अनीस का है नगर

यहीं दबीर थे, नासिक थे और रत्नाकर
अहमद उल्ला यहीं थे यही है उनका नगर

बहू बेगम की निगाहे करम से शाद है यह
फैज़े शान-ए-अवध से फ़ैज़ाबाद है यह

सरे बाज़ार यह मस्ज़िद यह हसीन मीनारें
कमालेफ़न से मुनक्क़श[7] है इसकी दीवारें

दरों से आज भी अज़मत[8] के निशां बाक़ी हैं
शुजाउद्दौला की सितवत[9] के निशां बाक़ी हैं

आबे जू की है रवानी से यह खित्ता[10] शादाब
गुलाबबाड़ी में खिलतें हैं सौ तरह के गुलाब

कुर्रए अर्ज़ में येह खित्ता माहपारा[11] है
यही तहज़ीब-व-तमद्दुन[12] का गहवारा[13] है

अख़तरी छेड़े जो बरबत, ग़ज़ल मचलती है
फ़न के साँचे में याँ उमराओ जान ढलती है

यहाँ की शाम जो मशहूर है ज़माने में
ढली है ठीक से क़ुदरत के कारखाने में

लबे सरजू यहाँ शाम-ए-अवध नहाती है
ज़ेर-ए-लब प्यार के नग़मात गुनगुनाती है

शाम होती है तो सारा शहर महकता है
जमाल-ए-हुस्न से सारा नगर दमकता है।

सन्दर्भ : *1. उसकी जगह पर, 2. महफ़िल, 3. कुर्बानी, त्याग, 4. दिशा, 5. आशीष, 6. बुलन्दी, 7. सजा हुआ, 8. बड़ाई, 9. शान औ शौकत, 10. जगह, इलाका 11. चाँद का टुकड़ा, 12. रहन-सहन, 13. गोद*

साभार : इंक़लाबी शायर स्व. सैय्यद शमीम अहमद 'शमीम' की लम्बी नज़्म से चुनिन्दा अशआरों की प्रस्तुति। यह कविता महाराजा इण्टर कॉलेज़, अयोध्या, फ़ैज़ाबाद की प्लेटिनम जुबली स्मारिका, प्रकाशन वर्ष-1994 से साभार ली गयी है।

□□

आभार

फ़ैज़ाबाद परिक्षेत्र की तथ्यगत जानकारी उपलब्ध कराने, इतिहासपरक सामग्री संकलन, दुर्लभ पुस्तकों, कैटलॉग, पत्र-पत्रिकाओं तथा अन्यान्य संचार माध्यमों से सूचनाएँ मुहैया कराने के अतिरिक्त इस ग्रन्थ के निर्माण में ढेरों महानुभावों का सहयोग सम्मिलित रहा है। इन सभी के प्रति सम्पादक एवं सहयोगी-गण हार्दिक आभारी हैं। 'शहरनामा फ़ैज़ाबाद' ऐसे समस्त आदरणीयों के प्रति कृतज्ञ अनुभव करता है। इनमें शामिल महानुभावों की सूची इस तरह है–

सर्वश्री मानव प्रकाश, डॉ. जनार्दन उपाध्याय, रमाशरण अवस्थी, आदर्श शुक्ल, पवन बख़्शी, स्वप्निल श्रीवास्तव, ए.पी. गौड़, डॉ. राधिका देवी, अब्बास अली ज़ैदी 'रुश्दी मियाँ', रघुवंशमणि, सुमन गुप्ता, रामतीर्थ विकल, सुरेश पाठक, मनोज मेहरोत्रा, डॉ. तारिक सईद, ज्योतिपति राम, दीपकृष्ण वर्मा, राजेन्द्र सिंह छाबड़ा, राधेश्याम शुक्ल, पण्डित किरण मिश्र, चौधरी शहरयार, गीता शर्मा 'लाली बहन', रीता खत्री, गुरुशरण कौर, मिथिलेश नन्दिनी शरण, चन्द्रमणि त्रिपाठी 'सहनशील', राजकुमार खत्री, अतुल कुमार सिंह, संजय घई, सुनील पाठक, पुजारी रामदास, जे. पी. केसरवानी, अतुल रस्तोगी, सतनाम सिंह, आदित्य उपाध्याय, मुकेश कुमार पाण्डेय, अधीर प्रदीप, नवनीत श्रीवास्तव, श्रीकृष्ण सिंह, अशोक टण्डन, सर्वेन्द्र विक्रम सिंह, हिमांशु वाजपेयी, धर्मवीर सिंह 'बग्गा', सैय्यद अब्दुल रब मख़दूमी 'चाँद बाबू', फादर डेमियन गोम्ज़, फादर रवि, ज्ञानी महेन्द्र सिंह, पण्डित रेवत प्रकाश पाण्डेय, गोपाल प्रसाद पटवा, दुर्गा प्रसाद तिवारी 'आफत', ऋषिकेश उपाध्याय, उज़ैर अहमद सिद्दीकी, हर्ष मोहन, निरुपम मिश्र, आशीष अग्रवाल, डॉ. इन्द्रनील बनर्जी, अंकित अरोरा, मनीष बंसल, तेजेन्द्र सिंह गाँधी, प्रणव मनूचा, अरुण कुमार अग्रवाल, दिलीप यादव, राहुल सिंह, प्रवीण तिवारी, अजीत प्रताप सिंह, प्रमोदकान्त मिश्र, अवधेश वर्मा, ओम प्रकाश गुप्ता, सुयश सिंह एवं राधाकृष्ण मिश्र (मण्डलीय जेल अधीक्षक- फ़ैज़ाबाद)।